Organization & Public Management

Herausgegeben von
Petra Hiller, Nordhausen, Deutschland
Georg Krücken, Kassel, Deutschland

Katharina Kloke

Qualitätsentwicklung an deutschen Hochschulen

Professionstheoretische
Untersuchung eines
neuen Tätigkeitsfeldes

Mit einem Geleitwort von
Prof. Dr. Georg Krücken und Prof. Dr. Uwe Schimank

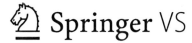 Springer VS

Katharina Kloke
Bonn, Deutschland

Dissertation Deutsche Universität für Verwaltungswissenschaften Speyer, 2013

ISBN 978-3-658-04182-3   ISBN 978-3-658-04183-0 (eBook)
DOI 10.1007/978-3-658-04183-0

Die Deutsche Nationalbibliothek verzeichnet diese Publikation in der Deutschen Natio-
nalbibliografie; detaillierte bibliografische Daten sind im Internet über http://dnb.d-nb.de
abrufbar.

Springer VS
© Springer Fachmedien Wiesbaden 2014

Springer VS ist eine Marke von Springer DE. Springer DE ist Teil der Fachverlagsgruppe
Springer Science+Business Media.
www.springer-vs.de

Geleitwort

Das Thema des vorliegenden Buches ist ein wichtiges Ingredienz der „New Public Management"-Reformen des Hochschulsystems, die seit etwa zehn Jahren auch in Deutschland Fuß gefasst haben. Deren Stoßrichtung einer Konkurrenzintensivierung unter Bedingungen von Deregulierung, Stärkung der Organisationsleitungen und Schwächung der akademischen Selbstverwaltung hat als eine der Erfolgsvoraussetzungen die Herausbildung und Etablierung einer Gruppe von Berufen, die unter dem Etikett des Hochschulmanagements subsumiert werden. Ihre Gemeinsamkeit besteht darin, dass sie zwischen den beiden traditionellen Stühlen sitzen. Es handelt sich weder um Wissenschaftler, die in den Gremien der akademischen Selbstverwaltung Angelegenheiten von Forschung und Lehre regeln – noch werden von den Hochschulmanagern klassische Verwaltungstätigkeiten wahrgenommen. Anders gesagt geht es beim Hochschulmanagement zum einen um Fragen, die sich auf den „technical core" (Thompson) der hochschulischen Leistungsproduktion beziehen, und nicht bloß um deren personal- oder haushaltsrechtliche Rahmenbedingungen. Zum anderen sind diese Berufe jedoch nicht direkt an Lehre und Forschung beteiligt, sondern Teil von deren Rahmenbedingungen – die aber eben anderer Art als die klassisch administrativen sind. Das Entstehen und die Wirkungen dieser neuartigen Tätigkeitsfelder, etwa in Bereichen des Qualitätsmanagements, des Wissens- und Technologietransfers, der Alumni-Arbeit oder der Internationalisierung, wird durchaus kontrovers diskutiert: Findet hier eine dringend erforderliche Professionalisierung statt oder handelt es sich vielmehr um Prozesse des „windowdressing" oder gar der zusätzlichen Gängelung der Wissenschaftler? Genau an dieser Stelle setzt Katharina Kloke an, die für die Teilgruppe der Qualitätsentwickler die dringend gebotene soziologische Aufklärung in einem von Meinungswissen dominierten Feld verspricht.

Kloke nähert sich dem Thema, indem sie zunächst die Rahmenbedingungen der Veränderungen in der Hochschulverwaltung theoretisch und empirisch rekonstruiert. Hier diskutiert sie vor allem die zunehmende Konstituierung von Hochschulen als eigenständigen organisationalen Akteuren. Zu diesem Zweck werden die wichtigsten deutschsprachigen und internationalen Arbeiten zu Hochschul-Governance und -Organisation vorgestellt. Dabei werden nicht nur veränderte Rahmenbedingungen, sondern auch die Grenzen des Hochschulmanagements analytisch herausgearbeitet. Beide Aspekte sind gleichermaßen wichtig, um die Einbettung der Qualitätsentwickler in den Hochschulkontext zu verstehen.

Nach dieser eher allgemeinen Kontextierung wird im nächsten Schritt dann konkret die Etablierung der Qualitätsentwicklung an deutschen Hochschulen beleuchtet. Dabei werden die in der Diskussion befindlichen Begriffe, die sich um „Qualität" drehen, genauer behandelt, ebenso unterschiedliche Instrumente der Qualitätssicherung. Das Spektrum wird hier breit aufgefächert, indem Kloke sowohl Verfahren des wissenschaftlichen Peer Review als auch Qualitätsmanagementsysteme in Wirtschaftsunternehmen heranzieht, um solchermaßen die Arbeit der Qualitätsentwickler an Hochschulen auch vergleichend genauer zu konturieren.

Hieran anschließend wird das breitere Tätigkeitsfeld der administrativen Hochschulmanager umrissen, die Kloke von herkömmlichen akademischen Hochschulmanagern unterscheidet. Ersteren sind auch die Qualitätsentwickler zuzuordnen. In einer weit ausholenden Literaturübersicht werden dabei sowohl qualitative als auch quantitative Untersuchungen dargestellt, die von Fragen des Selbstverständnisses der administrativen Hochschulmanager bis zu Fragen ihrer quantitativen Entwicklung im Kontext anderer Tätigkeits- und Laufbahngruppen reichen. Die referierten Untersuchungen insbesondere zu Deutschland, Großbritannien, Norwegen und den USA weisen auf auffällige Gemeinsamkeiten (z.B. hinsichtlich der Schnittstellenfunktion der administrativen Hochschulmanager) ebenso wie auf Differenzen (z.B. hinsichtlich der Entwicklung der Personalzahlen im wissenschaftlichen und nicht-wissenschaftlichen Bereich) hin. Das Zwischenfazit der bis hierher erfolgten Literatursichtung zeigt, dass erstens empirisch das Tätigkeitsfeld der Qualitätsentwickler als Teilgebiet des neuen Hochschulmanagements sowohl international als auch erst recht für Deutschland noch weitgehend unerforscht ist und zweitens theoretisch eine professionssoziologische Interpretation des empirischen Materials vielversprechend ist, was ebenfalls bislang nur in ganz vereinzelten Studien geschah.

Bevor die Autorin nun die eigene Empirie zu Qualitätsentwicklern an deutschen Hochschulen präsentiert, wendet sie sich folgerichtig zuvor der Professionssoziologie zu. Diese bietet, wie mit einer großen Fülle an Material demonstriert wird, nicht das beste Bild dar. Die Autorin bedient sich einer in der Diskussion üblichen Gegenüberstellung von ‚traditioneller' und ‚neuer' Professionstheorie, um zunächst Erstere und daran anschließend Letztere zu schildern. Bei Ersterer verkürzt sie nicht, was oft geschieht, auf die Parsons-Tradition, sondern bezieht insbesondere die interaktionistische Perspektive mit ein. Kloke rubriziert unter der ‚neueren' Professionstheorie dann vor allem Arbeiten aus den letzten zwanzig Jahren, die sie jeweils als Fortführungen bestimmter Stränge der 'traditionellen'

Perspektive verortet. Gingen ‚traditionelle' Professionstheorien von einer besonderen Form der Beruflichkeit aus, die sich durch hohe Autonomie, Selbstregulation und den Bezug auf einen gesellschaftlichen Zentralwert auszeichnet, richten
neuere Professionstheorien den Fokus vielmehr auf Fragen der ‚Performativität'
von Professionalität und professionellem Handeln. Damit korrespondiert auch eine
unterschiedliche Einschätzung des Verhältnisses von Profession und Organisation.
Sehen ‚traditionelle' Ansätze hierin vor allem ein Spannungsverhältnis, das häufig
konflikthaft bewältigt wird, entstehen neueren Ansätzen zufolge Professionalität
und professionelles Handeln erst im Kontext formaler Organisation.

Entscheidend für die Strukturierung der Darstellung dieser verwickelten Dis-
kussionen sind sechs analytische Dimensionen, von denen die Autorin fünf aus
den Hauptmerkmalen gewinnt, die in der ‚traditionellen' Professionstheorie Aufmerksamkeit finden: Genese von Professionen, deren Handlungslogik, Zuständigkeitsanspruch, Wissens- und Kompetenzbasis sowie deren Organisationsform in
Fachvereinigungen. Als sechstes kommt das schon erwähnte Merkmal des Verhältnisses zur Beschäftigungsorganisation der Professionellen hinzu. Es gelingt der
Autorin, sowohl die einschlägigen Aussagen der ‚traditionellen' und der ‚neuen'
Professionstheorie sinnfällig nach diesen sechs Dimensionen zu ordnen. Damit ist
dann auch die Anlage der eigenen empirischen Untersuchung in ihren Grundzü-
gen vorstrukturiert. Fünf der sechs genannten Analysedimensionen – die Genese
wird ausgeklammert – strukturieren im Weiteren die Darstellung der empirischen
Befunde, wobei der Professionsanalyse eine Betrachtung vorgeschaltet wird, die
die organisatorisch-technischen Arbeitsbedingungen als Rahmenbedingungen für
Professionalität behandelt.

Die empirische Analyse fügt Ergebnisse aus Online-Befragungen, qualitativen
Interviews sowie der Inhaltsanalyse von Stellenausschreibungen zu einem dich-
ten Bild der Qualitätsentwickler an deutschen Hochschulen zusammen. Die Fülle
der Einzelergebnisse soll hier nicht vorweggenommen werden. Um nur wenige
Befunde hervorzuheben: Deutlich wird die gestiegene Nachfrage nach Qualitäts-
managern. Von besonderem Interesse ist deren berufliche Handlungslogik. Hierbei
zeigt sich, dass Qualitätsentwickler über informelle, nicht jedoch über formale
Machtressourcen verfügen, die nur im Zusammenspiel mit anderen Hochschul-
akteuren, insbesondere der Hochschulleitung, zum Tragen kommen. Ebenso ist
die Primärorientierung im Unterschied zu klassischen Professionen organisati-
onsintern, und die Einbindung in das organisationale Hierarchiegefüge wird als
unproblematisch erlebt. Auch die Wissens- und Kompetenzbasis ist nicht wie bei
klassischen Professionen vergleichsweise klar umrissen. Vielmehr ist eine fallspe-
zifische Mischung aus allgemeinen Methodenkenntnissen, Affinität zum Wissenschaftssystem, Soft Skills sowie Projektmanagement- und Verwaltungskenntnissen

von Bedeutung. Trotz der starken organisationsinternen Orientierung existiert eine Vielzahl an berufsbezogenen Vereinigungen, wobei mitgliedschaftsbasierte Organisationen und offenere Netzwerke zu unterscheiden sind. Aufgrund des noch jungen Tätigkeitsfeldes, dessen Legitimation im Gegensatz zu klassischen Professionen prekär und unsicher ist, muss der Wert der Tätigkeit insbesondere den Wissenschaftlern gegenüber regelmäßig dargestellt und begründet werden. Mit all dem bestätigt sich die Startintuition der Autorin, dass sich die Qualitätsentwickler besser vor dem Hintergrund der ‚neueren' als der ‚traditionellen' Professionssoziologie erfassen lassen.

Der besondere Verdienst dieser Studie besteht darin, dass durch die Kombination professions- und organisationssoziologischer Einsichten zu einer bislang in der Hochschulforschung nicht geleisteten theoretischen Erfassung administrativer Hochschulmanager wie der von ihr untersuchten Qualitätsentwickler gelangt wird. Dies ersetzt begrifflich unbestimmte Bezeichnungen wie ‚Hopros' oder ‚managerial professionals', wie sie die gegenwärtige Diskussion dominieren, und führt deutlich über den Forschungsstand hinaus. Dass die Autorin dabei den aufwändigen Weg über die Professionssoziologie geht, ohne hochschulspezifische Fragen von Governance und Organisation aus dem Blick zu verlieren, zahlt sich aus, wie die empirische Fallanalyse zeigt. Mit viel Gespür, aber auch immer der notwendigen Distanz zum Untersuchungsgegenstand, dessen Selbstbeschreibungen als ‚Professionelle' sie gerade nicht übernimmt, werden die Handlungslogiken, organisationale Einbettungen, Kompetenzen und Legitimationsgrundlagen der Qualitätsentwickler analytisch präzise herausgearbeitet und vor dem Hintergrund klar formulierter theoretischer Kategorien diskutiert.

Die Arbeit setzt somit Maßstäbe für anspruchsvolle Untersuchungen zu Professionalisierungstendenzen in ähnlichen Tätigkeitsfeldern, nicht nur im Hochschulbereich, sondern auch darüber hinaus. Die Analyse eröffnet zahlreiche, über den Fall hinausgehende Perspektiven für Wissenschaft und Praxis. Von besonderer Bedeutung erscheint uns unter anderem, dass Kloke auch einen Beitrag zur Diskussion des Themas „Macht in Hochschulorganisationen" geleistet hat, der über den gegenwärtigen Stand „Universität als klassische Expertenorganisation vs. New-Public-Management-Universität" hinausreicht. Ebenso sind die Bezüge zu ganz anderen Organisationstypen von Interesse. So ergeben sich aus der Analyse auch für den Bereich der öffentlichen Verwaltung, der ebenfalls von der „New Public Management"-Diskussion und ihren Folgen dominiert wird, zahlreiche Anknüpfungspunkte.

Insgesamt sollte das vorliegende Buch aus mindestens drei Gründen auf große Resonanz stoßen. Erstens ist es für die Organisations- und Professionssoziologie wichtig. Hierbei ist nicht nur an Analysen zum Hochschulbereich zu denken,

sondern auch an andere Felder, wie z.B. den Gesundheitsbereich, Beratungsein-
richtungen oder NGOs, in denen sich ebenfalls organisationale und professionelle ‚Projekte' überlappen, kreuzen und zum Teil auch zueinander in Konflikt
treten. Zweitens wird die interdisziplinäre Hochschulforschung, in der zwar viel
von Professionalisierung die Rede ist, jedoch selten der Versuch einer präzisen,
aus der Theorie abgeleiteten Begriffsbestimmung geleistet wird, sowohl von den
allgemeinen Einsichten Klokes als auch von der konkreten Fallanalyse der Qualitätsentwicklung an deutschen Hochschulen Impulse erhalten. Drittens schließlich
sind die Ergebnisse der Arbeit auch auf ganz unterschiedlichen Ebenen für die
Hochschulpraxis und -politik, insbesondere die Qualitätsentwickler selbst, hochschulische Planer und Controller, Dekane, (Vize-)Präsidenten, ministerielle Steu-
erungsinstanzen sowie nicht zuletzt an Hochschulen tätige Wissenschaftler von
erheblicher Bedeutung. Klokes soziologische Reflexion der Qualitätsentwicklung
an Hochschulen ist auch für Fachfremde nachvollziehbar und anregend. Sie leistet
damit einen Beitrag zur soziologischen Aufklärung eines neuen und für die Hochschulentwicklung wichtiger werdenden Tätigkeitsfeldes, der in ihm Tätigen sowie
derjenigen, die mit ihm unmittelbar oder mittelbar zu tun haben.

Georg Krücken
Uwe Schimank

Inhaltsverzeichnis

Abbildungsverzeichnis

Tabellenverzeichnis

1 Einleitung

1.1 Motivation und Fragestellung: Spezifika der Professionalität der Qualitätsentwickler[1] an deutschen Hochschulen

Das Hochschulsystem befindet sich seit einigen Jahren unter erheblichem Reformdruck. Zum einen kann eine Zunahme gesellschaftlicher Erwartungen an die Leistungs- und Problemlösungsfähigkeit der Wissenschaft konstatiert werden, die zu einer Erweiterung der Aufgaben der Hochschulen führte (beispielsweise Ausbildungsstätte für breite Bevölkerungsmassen, Betätigung im Technologietransfer und in der wissenschaftlichen Weiterbildung). Zum anderen durchlaufen die Hochschulen, ähnlich wie andere Organisationsfelder des öffentlichen Sektors, durch die Einführung von an „New Public Management" orientierten Steuerungsmechanismen einen steuerungspolitischen Paradigmenwechsel (vgl. Kehm/Lanzendorf 2007; Lange/Schimank 2007). Durch den sukzessiven Rückzug des Staates aus der Detailsteuerung der Hochschulen hin zu einer mehr ‚supervisorischen' Rolle ist die institutionelle Autonomie von Hochschulen im Hinblick auf Budgetierung sowie Personal- und Organisationsentwicklung erweitert worden. Zudem steuern die Hochschulen in verstärktem Maße management- und wettbewerbsorientiert, was zu einer Stärkung des institutionellen Managements und der Integration von Managementinstrumenten führte. Gesteigert wurden diese Reformtendenzen durch einen Vertrauensverlust in die Selbststeuerungsfähigkeit der akademischen Gemeinschaft. Um diesen zu kompensieren, wird von den Hochschulen eine verstärkte öffentliche Rechenschaftslegung in Form des Beweises von Leistungsqualität durch Evaluationen und Akkreditierung gefordert (vgl. Stichweh 2004; Enders/Kaulisch 2005).

Organisationssoziologisch betrachtet bedeutet dies einen tiefgreifenden Wandel der Organisation Hochschule. Sie entwickelt sich von einem „lose gekoppelten System" (Weick 1976), einer „organisierten Anarchie" (vgl. Cohen et al. 1972) hin zu einem „organisationalen Akteur" mit eigenen formalen Strukturen und Zie-

---

[1] In vorliegender Arbeit wird aus Gründen der sprachlichen Vereinfachung sowie der Anonymisierung der Interviewpartner nur die männliche grammatikalische Form bei Personen- und Funktionsbezeichnungen angegeben. Es sind jedoch stets Personen männlichen und weiblichen Geschlechts gleichermaßen gemeint.

len sowie rationalisierten Entscheidungsstrukturen, welcher als steuernder Akteur gegenüber den wissenschaftlichen Mitgliedern, der Öffentlichkeit und dem Staat auftritt (vgl. Krücken/Meier 2006). Dieses geht einher mit einem sich wandelnden Governance-Regime: Während die alte Steuerungsform eine Dominanz der akademischen Profession und des Staates beschreibt, ist nunmehr ein Vorherrschen von Markt und Organisation angestrebt (vgl. Schimank 2005).

Um diese veränderten Rahmenbedingungen wissenschaftsintern verarbeiten zu können und endogene Antworten darauf zu entwickeln, haben sich in den letzten Jahren neue Tätigkeitsfelder an den Schnittstellen zwischen Wissenschaft auf der einen Seite und Management, Politik und Gesellschaft auf der anderen Seite gebildet. Für diese Tätigkeiten hat sich im deutschsprachigen Kontext noch kein feststehender Begriff gebildet. Häufig wird von „neuen Hochschulprofessionen" (vgl. Kehm et al. 2010) gesprochen; im internationalen Kontext werden diese beispielsweise als ‚managerial professionals' (vgl. Rhoades/Sporn 2002), oder ‚professional managers' (vgl. Whitchurch 2008b) bezeichnet. Diese ‚Professionalisierungstendenzen' scheinen zu einem zentralen Topos im Kontext der Hochschulreform avanciert zu sein, und auch von bildungspolitischer Seite wird empfohlen, das Hochschulmanagement zu professionalisieren (vgl. WR 2003, 2006; Stifterverband 2006; Müller-Böling 1999; Nickel/Fedrowitz 2011; Nickel/ Ziegele 2006). Diese Entwicklung ist allerdings nicht nur auf den hochschulischen Bereich beschränkt, sondern der zunehmende Rekurs auf Professionalität und Professionalisierung scheint ein omnipräsenter Reflex auf den durch Managementreformen induzierten Wandel von Organisationen und Tätigkeitsfeldern, vor allem im öffentlichen und Non-Profit-Sektor, zu sein (vgl. Evetts 2003: 415).

Dieses zeigen zwei auf den ersten Blick widersprüchlich erscheinende Entwicklungen auf: Auf der einen Seite werden die Begriffe ‚Profession' und ‚Professionalisierung' für immer mehr Tätigkeiten in Anschlag gebracht, aber gleichzeitig sind die zumindest in ‚traditionellen Professionstheorien' untrennbar mit diesen Konzepten verbundenen Kategorien Vertrauen, Autonomie und Kompetenz einem Wandel unterzogen. Dieses zeigt sich auch im Hochschulbereich. So konstatieren einige Forscher, dass vor allem die ‚Managerialisierung' der Hochschulen mit einer organisationsinternen Schwächung der professionellen Autonomie der Wissenschaftler einhergeht, indem die selbstorganisierte, kollegiale Steuerung durch Hierarchisierung, Formalisierung und Entlohnung ergänzt wird (vgl. Schimank 2005; Stock/Wernet 2005; Bleiklie/Kogan 2007). Gleichzeitig kann eine „professionalization of everyone" (Wilensky 1964) beobachtet werden, und „Professionalism is seen as condition as well as solution for improving performance" (Noordegraf 2007: 6).

Wie kann diese Widersprüchlichkeit erklärt werden und um was für eine Art von Professionalität handelt es sich bei den ‚neuen Hochschulprofessionen', den ‚managerial professionals' oder den ‚professional managers'? Dieses wird exemplarisch anhand der Art der Professionalität der Qualitätsentwickler[2] an deutschen Hochschulen untersucht. Die Fokussierung auf die Qualitätsentwicklung erfolgte aus dreierlei Gründen. Sie erfolgte zum einen, da die Einführung von qualitätssichernden Maßnahmen als ‚Produkt' eines veränderten Steuerungsparadigmas sowohl zwischen Staat und Universität als auch universitätsintern zwischen Hochschulleitung und Wissenschaftlern gilt (vgl. Winter/Reil 2002: 6f.). Die zunehmende Autonomisierung und Verwettbewerblichung führte zum Ruf nach mehr Legitimation der Hochschulen gegenüber dem Staat, der Öffentlichkeit und den Studenten, welches sich unter anderem in der Einführung von qualitätssichernden Maßnahmen an Hochschulen zeigt. Auch im Zuge der Organisationswerdung der Hochschulen werden qualitätssichernde Maßnahmen verwendet, um die Regulierung und Steuerung durch hierarchische Strukturen zu unterstützen (vgl. Krücken/ Meier 2006; Nickel 2007; Pasternack 2007; Winde 2010). Zweitens sind, wie noch gezeigt wird, in diesem Bereich mit die stärksten Wachstumsquoten an neu etablierten Organisationseinheiten sowie Stellen zu verzeichnen. Drittens wird gerade in Bezug auf die Qualitätsentwicklung auf eine drohende ‚Entprofessionalisierung' der Wissenschaftler an deutschen Hochschulen hingewiesen (vgl. Schimank 2005; Stock/Wernet 2006), also der konträre Prozess zur Professionalisierung der Qualitätsentwickler (wenngleich hier, wie im Folgenden noch ausgeführt wird, zwischen verschiedenen Arten der Professionalisierung unterschieden werden muss).

Forschungsstand

Ungeachtet der Omnipräsenz des Professionalisierungstopos in der hochschul- und wissenschaftspolitischen Öffentlichkeit gibt es zumindest in Deutschland kaum empirische Untersuchungen zu personellen und organisationalen Veränderungen im administrativen Hochschulmanagement[3] und hierbei vor allem in Bereichen, die

---

[2] Im Verlauf der Arbeit wird von der Qualitätsentwicklung und den Qualitätsentwicklern gesprochen, da Qualitätssicherung und Qualitätsmanagement zwei Ausprägungen der Qualitätsentwicklung darstellen und Qualitätsentwicklung somit den Oberbegriff darstellt. Lediglich bei einem Bezug auf konkrete Maßnahmen und Instrumente wird von Qualitätssicherung gesprochen (nähere Ausführungen siehe Kapitel 3.2).

[3] Unter administrativen Hochschulmanagement wird, wie im Folgenden noch weiter ausgeführt wird, Personal verstanden, das im Regelfall mit 100 % seiner Arbeitskraft Verwaltungstätigkeiten nachgeht und nicht wissenschaftlich arbeitet. Hiermit unterscheiden sie sich vom akademischen Hochschulmanagement, welches in der Regeln von Wissenschaftlern besetzt ist, die Managementpositionen zum größten Teil nur temporär einnehmen und später wieder in Forschung und Lehre

nicht der traditionellen Hochschulverwaltung (Finanzen, Personal, Liegenschaf-
ten) zuzuordnen sind. Ausnahmen bilden hier die Studien bzw. Projekte am Internationalen Centrum für Hochschulforschung an der Universität Kassel (Projekt:
„Die Rolle der Neuen Hochschulprofessionen für die Neugestaltung von Lehre
und Studium", Leitung: Prof. Dr. Barbara Kehm, siehe z. B. Kehm et al. 2010;
Merkator/Schneijderberg 2011) sowie die Studie „Karrieren im Wissenschaftsmanagement" von Nickel und Ziegele (2010). Für spezifische Tätigkeitsfelder seien
die Studie zu Fakultätsmanagern (Leichsenring 2007) und Forschungsreferenten
(Adamczak et al. 2007) genannt.

Die verschiedenen Bereiche des administrativen Hochschulmanagements übergreifenden Studien zeichnen sich jedoch im Falle der Studie am INCHER durch
eine fehlende ‚Makrofundierung' aus, da lediglich der einzelne ‚Hochschulprofessionelle' befragt wird, jedoch übergeordnete Trends, wie z. B. das Entstehen
neuer Stellen und Einheiten, nicht untersucht werden.[4] Die ‚Mikrofundierung' fehlt
hingegen in der Studie von Nickel und Ziegele (2010), da dort lediglich Dekane,
Fakultätsmanager sowie Absolventen des Studiengangs Wissenschaftsmanagement an der FH Osnabrück befragt werden, jedoch nicht eine breitere Population
von administrativen Hochschulmanagern.

Somit existiert bis dato kein umfangreiches empirisches Material, welches die
Genese, das Tätigkeitsfeld und die Handlungslogik, den Zuständigkeitsanspruch
bzw. die Legitimität, die Wissens- und Kompetenzbasis sowie die (fachlichen)
Vereinigungen der administrativen Hochschulmanager und der Qualitätsentwickler im Besonderen an deutschen Hochschulen quantitativ und qualitativ untersucht.
Die vorhandenen nationalen und internationalen Studien zu den neuen Positionen
im Hochschulmanagement und zu den Qualitätsentwicklern an deutschen Hochschulen werden in Kapitel 4 dargestellt, jedoch ist anzumerken, dass dort Professionalisierung eher als grobe Forschungsheuristik verwendet wird und zumeist nicht
deutlich wird, warum von ‚Profession', ‚Professionalisierung' und ‚Professionalität' gesprochen wird und was darunter verstanden wird. Zudem basieren die Studien zu den deutschen Qualitätsentwicklern nicht auf einer breiten, systematisch
erhobenen Datengrundlage bzw. fokussieren nicht auf administrative Hochschulmanager im Bereich Qualitätsentwicklung (vgl. Kapitel 4).

Diese theoretische und empirische ‚Lücke' wird mit folgender Arbeit, die auf
berufs- und professionssoziologische Ansätze rekurriert sowie auf einer breiten
Datenbasis beruht, geschlossen werden.

---

zurückkehren (vgl. Nickel/Ziegele 2010).
[4]   Zudem unterscheidet sich das Datensample der INCHER Studie von vorliegender Studie: In vor-
      liegender Studie werden lediglich leitende MitarbeiterInnen im Qualitätsmanagement inkludiert
      sowie solche, die in der Regel keine wissenschaftliche Tätigkeit wahrnehmen.

1.1.1 Fragestellungen

Der empirische Teil der Arbeit fokussiert auf die Entstehung, Entwicklung sowie die Art der Professionalität des administrativen Hochschulmanagements am Beispiel der Qualitätsentwickler an deutschen Hochschulen. Es wird analysiert, was im Kontext der Etablierung des Tätigkeitsfelds Qualitätsentwicklung Professionalität bedeutet. Entspringt diese Art der Professionalität der Zugehörigkeit zu einer Profession im klassischen professionssoziologischen Sinne, welche sich durch klare Merkmale wie beispielsweise Autonomie, eine festgelegte akademische Ausbildung sowie das Vorhandensein eines mächtigen Berufsverbandes kennzeichnet (vgl. Abbott 1988; Freidson 2001; Goode 1972; Hughes 1958, 1971; Larson 1977; Luhmann 1977, 2002, 2005, 2011; Oevermann 1996; Parsons 1939, 1968, 1970, 1978; Schütze 1984, 1992)? Oder handelt es sich vielmehr um eine Professionalität, die vor allem in Bereichen des Non-Profit-Sektors anzufinden ist, welche sich durch Bedeutungsbestimmung und Konstruktion von uneindeutigen Situationen, Rollen und Beziehungen in Kontexten kennzeichnet, in denen Verbindungen zur Außenwelt, organisationale Rationalitäten und Verbindungen zu anderen Professionellen wichtiger werden und die professionelles Handeln nicht auf die ‚traditionellen Professionen' beschränkt (vgl. Alvesson/Johansson 2002; Alvesson/Kärremann 2004, 2006; Brint 1994; Evetts 2003, 2006, 2008, 2009, 2001; Flood 2011; Fournier 1999; Hwang/Powell 2009; Kipping et al. 2006; Kipping 2011; Watson 2000; Langer/Manzeschke 2009; Muzio/Kirkpatrick 2011; Noordegraf 2007; Suddaby/Viale 2011; Watson 2000). Um dieses analysieren zu können, wird anhand von den Professionalisierungsdimensionen ‚Handlungslogik', ‚Zuständigkeitsanspruch/Legitimation', ‚Wissens- und Kompetenzbasis' und ‚Berufliche Vereinigungen', die durch den theoretischen Vergleich ‚neuer und alter Professionstheorien' gewonnen wurden, die Spezifität der Professionalität der Qualitätsentwickler an deutschen Hochschulen analysiert.

1.1.2 Analytischer Rahmen

Zunächst werden die Rahmenbedingungen für die Entstehung des Tätigkeitsfelds ‚administratives Hochschulmanagement' erläutert. Es wird angenommen, dass dieses Tätigkeitsfeld aufgrund neu entstehender Anforderungen an die Hochschulen, veränderter Governance-Strukturen sowie der Organisationswerdung der Hochschule geschaffen wurde. Hierzu wird auf aktuelle Annahmen der Hochschulforschung zurückgegriffen. Es wird argumentiert, dass aufgrund des Governancewandels in europäischen Hochschulsystemen die Organisationsebene der

Hochschule gestärkt wurde. Dieses führt dazu, dass sich die Hochschule zunehmend in einen organisationalen Akteur wandelt, welcher sich durch den Aufbau einer manageriellen Kapazität kennzeichnet, was sich in entsprechenden Organisationseinheiten und Stellen niederschlägt. Jedoch wird auch angeführt, dass sich Hochschulen durch distinkte Spezifika, beispielsweise im Vergleich zu Wirtschaftsunternehmen, auszeichnen, die einem Management Grenzen setzten. Ebenfalls wird argumentiert, dass die endogene Antwort auf neue Anforderungen an die Hochschulen (z. B. dritte akademische Mission, Inklusion einer breiteren Gruppe von Studierenden und vieles mehr) oft eine Etablierung von Organisationseinheiten und Stellen in den jeweiligen Bereichen ist.

Dieses wird auch in der internationalen und nationalen Literatur diskutiert, auf die in diesem Kapitel auch Bezug genommen wird. Dort wird davon ausgegangen, dass sich die traditionelle Hochschulverwaltung quantitativ, aber auch qualitativ restrukturiert. So wird konstatiert, dass sich, ablesbar an Personalzahlen oder -kosten, ein neues Segment an hochqualifizierten Tätigkeiten herausgebildet hat, die weder eindeutig der traditionellen Verwaltung noch der Wissenschaft zugeordnet werden können. Es ist auffällig, dass in der diesbezüglichen Forschungsliteratur stets Bezug auf ‚Professionalisierung‘, ‚Professionalität‘ oder ‚Professionelle‘ genommen wird, dabei aber selten professionssoziologische Theorien zu Grunde gelegt werden, die erklären könnten, was ‚Professionalität‘ in diesem Bereich ausmacht. Um diese ‚Lücke‘ zu füllen und zu verstehen, was ‚Professionalität‘ im Zuge der Restrukturierung der Verwaltung und in Bezug auf die Qualitätsentwicklung bedeutet, wird auf verschiedene professionstheoretische Ansätze eingegangen. Dabei werden traditionelle Ansätze der Professionssoziologie, die die Autonomie, eine spezialisierte akademische Ausbildung sowie häufig das Gemeinwohl in den Vordergrund stellen, mit solchen kontrastiert, die eher auf ‚Professionalität‘ als Handeln einer bestimmten Qualität verweisen, welches sich auch unabhängig vom berufs- und professionssoziologisch bestimmten Typ des Professionsmitglieds bestimmen lässt (vgl. Pfadenhauer 2005: 10). Zuvor wird jedoch analysiert, wie sich das Tätigkeitsfeld und der Arbeitsmarkt der Qualitätsentwickler darstellen, um unter diesen Voraussetzungen profundere Einschätzungen zur Art der ‚Professionalität‘ geben zu können.

Um *empirisch* die Frage nach den distinkten Spezifika der Professionalität der Qualitätsentwickler klären zu können, wird auf verschiedene Datenquellen zurückgegriffen.

Zur Analyse des Tätigkeitsprofils sowie der Arbeitsbedingungen (Befristung, Verbeamtung, Bezahlung, nachgefragte Kompetenzen) wird neben Stellenanzeigen im Bereich Qualitätsentwicklung in der Wochenzeitschrift ‚Die Zeit‘ auf Aussagen der Qualitätsentwickler zurückgegriffen, welche im Rahmen einer Online-Befragung mit leitenden Mitarbeitern in der Qualitätsentwicklung erhoben wurden (Rücklauf 69 Personen, Rücklaufquote 40 %)[5]. Diese, sowie durchgeführte Experteninterviews mit 13 Qualitätsentwicklern dienen als Grundlage, um die Spezifika der Professionalität der Qualitätsentwickler an deutschen Hochschulen zu untersuchen.[6]

In vorliegender Arbeit erfolgten aus forschungspragmatischen Gründen Einschränkungen in Bezug auf theoretische, methodische und vor allem thematische Zugänge. Somit wird in der Untersuchung nur kurz darauf eingegangen, inwiefern das Entstehen neuer Tätigkeitsfelder Änderungen auf das häufig thematisierte Spannungsverhältnis Wissenschaft-Verwaltung zur Folge hat (vgl. Kapitel 7.3.5). Auch kann lediglich kurz thematisiert werden, inwiefern sich durch die Etablierung neuer Tätigkeitsfelder, hier am Beispiel der Qualitätsentwicklung, der Organisationstypus der Hochschule ändert. Auch bleiben die Auswirkungen von qualitätssichernden Maßnahmen auf die Effizienz, Effektivität sowie Güte wissenschaftlicher Leistungen ausgespart.

1.2 Aufbau der Arbeit

Die Arbeit unterteilt sich in einen theoretischen Bereich, in dem der aktuelle Stand der Forschung sowie der theoretische Bezugsrahmen dargestellt und die resultierenden Forschungsfragen entwickelt werden, sowie ein anschließendes empirisches Kapitel, in dem diese Forschungsfragen behandelt werden.

In *Kapitel 2* wird die empirische Analyse in den Diskurs um die Rahmenbedingungen für die Restrukturierung des Verwaltungspersonals sowie des Entstehens der administrativen Hochschulmanager eingebettet. Es wird nach den Auslösern für das Entstehen neuer Tätigkeiten gefragt und argumentiert, dass diese aufgrund neu entstehender Anforderungen an die Hochschulen, veränderter Governance-Strukturen sowie der Organisationswerdung der Hochschulen geschaffen wurden.

---

[5] Die Erhebung wurde im Rahmen des Forschungsprojektes „Professionalisierung im deutschen Hochschulsystem", angesiedelt am deutschen Forschungsinstitut für öffentliche Verwaltung in Speyer unter der Leitung von Prof. Dr. Georg Krücken, durchgeführt (Laufzeit: 15.04.2007–31.12.2010). Nähere Informationen zum Projekt sind auf der Projekthomepage einsehbar: www.foev-speyer.de/hochschulprofessionalisierung, letzter Zugriff am 03.01.2013).

[6] Die Interviews wurden teilweise im Rahmen des BMBF-geförderten Forschungsprojektes „Conflicting goals at universities Congo@universities" durchgeführt. Das Projekt ist ein interdisziplinäres Forschungsvorhaben an der Schnittstelle von Organisationssoziologie und Psychologie, angesiedelt am Forschungsinstitut für Öffentliche Verwaltung sowie der Universität Bielefeld unter der Leitung von Prof. Dr. Georg Krücken sowie Prof. Dr. Elke Wild (Laufzeit: 01.08.2009–30.11.2011). Nähere Informationen zum Projekt sind auf der Projekthomepage einsehbar: www.foev-speyer.de/multiplehochschulziele, letzter Zugriff am 03.01.2013).

Es wird auch auf die Schwierigkeiten des Managements von Hochschulen eingegangen, die sich aus der besonderen Organisationsform der Hochschule ergeben,
welche sich durch a) die Spezifika der Kernprozesse Forschung und Lehre und b)
unklare Zielprioritäten der Hochschulen sowie c) den starken Professionsbezug
der Wissenschaftler auszeichnet und die somit wahrscheinlich auch die Arbeit der
Qualitätsentwickler beeinflussen.

In *Kapitel 3* wird der Gegenstand vorliegender Untersuchung dargestellt, und
zwar die Qualitätsentwicklung an deutschen Hochschulen. Es werden Gründe für
die Etablierung der Qualitätsentwicklung an deutschen Hochschulen aufgezeigt,
es wird eine Definition von Qualität, Qualitätsentwicklung und Qualitätssicherung gegeben, Instrumente der Qualitätssicherung und deren Umsetzung werden
dargestellt und es werden Funktionen der Qualitätsentwicklung genannt. Ferner
wird der Zusammenhang zwischen Qualitätsentwicklung und Hochschulsteuerung
erörtert, und es wird auf die Organisation der Qualitätsentwicklung an deutschen
Hochschulen eingegangen.

In *Kapitel 4* wird die aktuelle Forschungsliteratur vorgestellt, die sich mit der
Restrukturierung der Hochschulverwaltung sowie dem Entstehen von neuen Tätigkeitsbereichen beschäftigt. Es werden Studien dargestellt, die das Tätigkeitsfeld,
die Verortung sowie die Identität eines neuartigen Typus an Verwaltungsmitarbeitern qualitativ analysieren. Hierbei werden in einem gesonderten Unterkapitel deutsche Studien dargestellt, die sich mit dem Tätigkeitsfeld der Qualitätsentwickler an
deutschen Hochschulen beschäftigen. Danach werden Ergebnisse internationaler
quantitativer Studien dargelegt, welche sich mit Restrukturierung der Verwaltung
befassen. Dabei wird tiefergehend auf die deutsche Situation eingegangen. Im Anschluss an die skizzierte Forschungsproblematik werden die forschungsleitenden
Fragen formuliert, die durch Rückgriff auf den theoretischen Bezugsrahmen noch
spezifiziert werden.

In *Kapitel 5* wird der theoretische Bezugsrahmen dargelegt, welcher sich auf
professionstheoretische Annahmen bezieht und anhand dessen analysiert werden
soll, welche Charakteristika die Professionalität der Qualitätsentwickler an deutschen Hochschulen ausmacht. Es wird unter Rückbezug auf die ‚neuen Professionstheoretiker' argumentiert, dass ein Shift weg von Konzepten der Profession
und der Professionalisierung hin zu einer Analyse des Konzeptes von Professionalität notwendig ist. Es wird untersucht, inwiefern die spezifischen Charakteristika einer neuen Art von Professionalität auch auf die Qualitätsentwickler an
deutschen Hochschulen zutreffen. Diese neue Art von Professionalität zeichnet
sich dadurch aus, dass die ‚neuen Professionellen' über interdisziplinäres Wissen
und interaktive Fähigkeiten verfügen, sie wissen, wie sie sich in organisierten,
interdisziplinären Settings mit hybriden Steuerungslogiken zu verhalten haben.

Dabei liegt ihre Professionalität in der Bedeutungsbestimmung und Konstruktion von uneindeutigen Situationen, Rollen und Beziehungen in Kontexten, in denen Verbindungen zur Außenwelt, organisationale Rationalitäten und Verbindungen zu anderen Professionellen wichtiger werden; eine Beschreibung, die sicherlich auch auf den deutschen Hochschulsektor zutrifft. In Zeiten, in denen sich professionelle und managerielle Kontrollen vermischen, bringen die ‚hybriden Professionellen‘ verschiedene Arten von Expertise zusammen und vermitteln zwischen professioneller und managerieller Kontrolle. Den Ansätzen der ‚neueren Professionstheoretiker‘ zufolge ist somit Professionalität auch jenseits der ‚traditionellen Professionen‘ möglich.

In *Kapitel 6* werden die zentralen Fragen für die empirische Analyse zusammengefasst sowie der methodische Ansatz sowie die Datengrundlage dargestellt.

Die empirische Analyse erfolgt in *Kapitel 7*. Diese orientiert sich an den im vorherigen Kapitel generierten Dimensionen von Professionalität. So wird, nach der Darstellung des Datensamples, der organisatorisch-technischen Arbeitsbedingungen und der Frage nach der Existenz eines Arbeitsmarktes für die Qualitätsentwickler an deutschen Hochschulen, die spezifische Professionalität der Qualitätsentwickler an deutschen Hochschulen unter den Dimensionen ‚Handlungslogik‘, ‚Wissens- und Kompetenzbasis‘, ‚fachliche Vereinigungen‘ und ‚Zuständigkeitsanspruch/Legitimität‘ analysiert.

In *Kapitel 8* werden die Untersuchungsergebnisse zusammengefasst, es wird auf offenen Forschungsbedarf hingewiesen und wissenschaftspolitische Implikationen werden dargestelt.

2 Rahmenbedingungen: Governancewandel und Organisationswerdung der Hochschulen

Während des letzten Jahrzehnts durchlief das Hochschulwesen in Deutschland durch die Einführung von an ‚New Public Management' orientierten Steuerungsmechanismen einen Wandel der Governance-Strukturen (vgl. Kehm/Lanzendorf 2007; Lange/Schimank 2007). Durch den sukzessiven Rückzug des Staates aus der Detailsteuerung der Hochschulen hin zu einer mehr supervisorischen Rolle ist die institutionelle Autonomie in Hinblick auf Budgetierung sowie Personal- und Organisationsentwicklung erweitert worden (vgl. Lange/Schimank 2007: 524ff.). Dieses führte dazu, dass die Hochschulen interne, zum Teil an betriebswirtschaftlichen Managementinstrumenten angelehnte Steuerungs- und Managementsysteme etablierten. Gleichzeitig wurden und werden die Hochschulen mit einer Vielzahl von neuen Anforderungen und Erwartungen konfrontiert, beispielsweise der Internationalisierung und zunehmenden Wettbewerbsorientierung der Bildungs- und Forschungsmärkte, der Inklusion von breiten und heterogeneren Bevölkerungsschichten sowie der Anforderungen an die Hochschulen, aktiv zum volkswirtschaftlichen Wachstum beizutragen, unter anderem durch eine Betätigung in der wissenschaftlichen Weiterbildung oder im Technologietransfer (also die sogenannte ‚Dritte Mission' der Hochschulen) (vgl. Dill/Sporn 1995; Meyer/Schofer 2007; Etzkowitz/Leydesdorff 1997).

Vor dem Hintergrund dieser tiefgreifenden Veränderungen der Governance-Strukturen sowie komplexerer Beziehungen zu ihren gesellschaftlichen Umwelten durchlaufen Hochschulen einen umfassenden Organisationswandel, bei dem sich die ehemals „lose gekoppelten Systeme" (Weick 1976) zu einem „organisationalen Akteur" (Krücken/Meier 2006) wandeln, welcher sich durch die Existenz zentraler Koordinations- und Regelungssysteme mit eigenen formalen Strukturen sowie eine stärker rationalisierte Hierarchie auszeichnet (vgl. Krücken/Meier 2006).

Diese genannten Kontextfaktoren – vermehrte Anforderungen an die Hochschulen, Governancewandel sowie die Organisationswerdung, welche im Folgenden noch näher ausgeführt werden – zeigen dabei Auswirkungen sowohl auf die bislang durch die akademische Selbststeuerung dominierten universitären Entscheidungsstrukturen als auch auf das Hochschulmanagement und die Hochschulverwaltung. So wird davon ausgegangen, dass

> „die zunehmende Verfasstheit der Universität als eigenständiger und handlungsfähiger Organisationsakteur zu einer fortschreitenden Differenzierung und Spezialisierung der Hochschulverwaltung [führt], da die Universität ihre organisatorische Zuständigkeit in immer mehr Handlungsbereiche ausdehnt" (Krücken et al. 2010: 235).

In diesen Bereichen ist, wie in Kapitel 7.3.1. noch gezeigt wird, eine Etablierung neuer Stellen am Schnittpunkt zwischen Hochschuladministration und Wissenschaft zu beobachten, die von spezialisiertem Personal wahrgenommen wird.

Da davon ausgegangen werden kann, dass diese internen und externen Rahmenbedingungen die Arbeit der Mitarbeiter in den Hochschulen und damit auch der Qualitätsentwickler beeinflussen, werden im Folgenden die Governance-Strukturen sowie die Spezifika der Organisation Hochschule dargestellt. Diese Kontextbedingungen stellen dabei die Rahmung für die Fragen nach der Professionalität der Qualitätsentwickler dar, sind jedoch nicht im engeren Sinne forschungsleitend.

2.1   Governancewandel

Die Governance-Forschung[7] untersucht Regelungen und Koordinationen in Systemen und deren grundlegende Formen der Handlungskoordination sowie deren Zusammenspiel. So stellen Governance-Mechanismen „Muster der Interdependenzbewältigung zwischen Akteuren" (Schimank 2007b: 29) dar. In diesem Sinne hat Burton Clark in seiner zum Klassiker gewordenen Arbeit „The Higher Education System. Academic Organization in Cross-National Perspective" (1983) Hochschulsysteme[8] in einem Dreieck („triangle of coordination") zwischen Markt, Staat und akademischer Oligarchie verortet und somit unter-

---

[7]   Das Konzept der Governance wird sehr heterogen verwendet, was bereits bei der Übersetzung des Begriffes Governance deutlich wird (hierzu siehe Hüther 2010: 85). In dieser Arbeit wird unter Governance in Anlehnung an Benz (2004) „Steuern und Koordinieren" verstanden.

[8]   In der verwendeten englischsprachigen Literatur wird auf „Universities" Bezug genommen. Inwieweit damit auch Fachhochschulen gemeint sind (universites of applied sciences, polytechnics, technical colleges) kann nicht eingeschätzt werden. M. E. gibt es keine Anhaltspunkte, dass sich die getätigten Aussagen nicht auch auf Fachhochschulen beziehen können. Dementsprechend sind, wenn im Folgenden von Hochschulen gesprochen wird, Universitäten und Fachhochschulen gemeint.

schiedliche Rollen der einzelnen Steuerungsmodi anschaulich gemacht. Clarks Dreieck bildet dabei zwei Dimensionen ab, und zwar zum einen, wie sich die Autorität zwischen Staat und akademischer Profession verteilt, zum anderen untersuchte er, inwiefern Koordination über Marktmechanismen oder über politische Einflussnahme erfolgt. Je nachdem, „welches relative Gewicht jedem der drei Regulierungsmodelle zukommt" (Braun 2001: 248), können die verschiedenen Governance-Regime verschiedener nationaler Hochschulsysteme eingeordnet werden. Das deutsche Universitätssystem im Jahre 1983 ist Clark zufolge durch „a combination of political regulation by the state and self-control by academic oligarchies" (Clark 1983: 140) gekennzeichnet, während Marktmechanismen kaum eine Rolle spielen. Die starke staatliche Regulierung der traditionellen deutschen Hochschulsteuerung zeigt sich anhand dreier Dimensionen, nämlich der Festsetzung von Finanzierungsregeln (Hauhaltsrecht), dem Personalrecht sowie Mitentscheidungsrechten des Ministeriums, beispielsweise bei der Genehmigung von Studien- und Prüfungsordnungen und Berufungsentscheidungen (vgl. Schimank 2002: 5). Allerdings beschränkt sich diese regulative Macht vor allem auf die prozedurale, jedoch nicht auf die substanzielle Autonomie der einzelnen Wissenschaftler (vgl. Meier 2009: 111). Diese substanzielle Autonomie bezieht sich auf die Wahl der eigenen Ziele und Vorgehensweisen, also inhaltliche Fragen der Kernprozesse der akademischen Tätigkeit in Forschung und Lehre („the what of academic", Berdahl 1990: 172); die prozedurale Autonomie verweist auf die Art, wie wissenschaftliche Ziele und Programme umgesetzt werden („the how of academia", ebd.: 172).

Diese starke Stellung des Lehrkörpers innerhalb der Selbstverwaltung der traditionellen Ordinarienuniversität sowie die hohe Autonomie der individuellen Handlungsträger führten dazu, dass Clark das Kollegium der inter pares als „akademische Oligarchie" bezeichnete (Clark 1983: 110ff.). In diesem Governance-Modell ist der individuelle Professor sowohl intern als auch extern der zentrale Ansprechpartner, was sich beispielsweise in der personalisierten Mittelzuweisung zeigt. Änderungen in der starken Stellung der akademischen Oligarchie hätten durch den Wandel der Ordinarienuniversität zur Gruppen- bzw. Gremienuniversität in den frühen 1970er-Jahren erwartet werden können, allerdings ist dieses nicht zu beobachten gewesen. Grund hierfür war zum einen der fortwährende hohe Wert der Kollegialität, welcher „Nichtangriffspakte" (Schimank 2001: 233) wahrscheinlich machte, gewährleistet durch ein „Gesetz der Zurückhaltung durch Gegenseitigkeit" (Plessner 1924: 240).

Neues Steuerungsmodell an deutschen Hochschulen

Nun hat die international vergleichende Hochschul-Governance-Forschung für zahlreiche Länder einen Wandel der Governance an Hochschulen konstatiert, und zwar weg vom soeben beschriebenen Modell hin zu einem ‚manageriellen' Muster der Hochschulsteuerung (vgl. Lange/Schimank 2007; Kehm/Lanzendorf 2006; Amaral/Meek/Larsen 2003). Die Gründe für diese Entwicklung sind mannigfaltig, am wichtigsten erscheinen jedoch die zunehmende gesellschaftliche Erwartung an die Leistungs- und Problemlösungsfähigkeit der Wissenschaft, die jedoch begleitet ist durch einen zunehmenden Vertrauensverlust in die Selbststeuerungsfähigkeit der Wissenschaft (vgl. Weingart 2001: 248ff.). Dieses führt zu einem erhöhten Legitimationsdruck bezüglich der verwendeten finanziellen Ressourcen, verschärft durch knappe finanzielle Ressourcen des Staates (vgl. Lange 2009). Begleitet wird dieses durch einen zunehmenden (internationalen) intellektuellen, finanziellen und institutionellen Wettbewerb, dem sich die Hochschulen zu stellen haben (vgl. Bleiklie/Kogan 2007; Lange/Schimank 2007).

Die Reform der Governance-Muster der Hochschulen steht im Kontext einer internationalen und sich auf den gesamten öffentlichen Sektor beziehenden Bewegung des New Public Managements (NPM) (vgl. Osborne/Gaebler 1992; Budäus et al. 1998; Ferlie et al. 1996; Naschold/Bogumil 2000), auf Deutsch zumeist mit ‚Neues Steuerungsmodell' übersetzt. Bei NPM handelt es sich um einen Ansatz zur Verwaltungs- und Staatsmodernisierung (vgl. Reichard/Röber 2001), bei dem es sich um kein in sich geschlossenes Theoriegerüst handelt, sondern eher um eine Art „Handlungsanleitung" (Klug 2008: 21), die sich auf verschiedene theoretische Ansätze stützt und vor allem der beruflichen Verwaltungspraxis Handlungsorientierung geben soll[9] (vgl. Vogel 2006).

Im Kern der NPM-Reformen steht der Gedanke, als effizient empfundene Lösungen aus dem Bereich der Privatwirtschaft auf öffentliche Einrichtungen zu übertragen. Die ‚managerielle' Steuerungskonzeption umfasst programmatische Kernelemente wie Outputorientierung, dezentralisierte und flexible Entscheidungsstrukturen, Wettbewerb, Leistungsmessung sowie Rechenschaftlichkeit („accountability") (vgl. Meier 2007: 766).

An Hochschulen besteht das ‚Reformpaket NPM' aus einer Reihe von Einzelmaßnahmen, die sich in vier Kategorien einteilen lassen. Der Staat zieht sich aus der Detailregulierung zurück und steuert stattdessen durch Kontrakte oder eine an

---

[9]   Eine geeignete Zusammenfassung liefert m. E. die Definition von Brüggemeier, der Public Management als „eine verwaltungswissenschaftlich aufgeklärte Lehre von der effizienz- und effektivitätsorientierten Gestaltung und Steuerung der Wahrnehmung öffentlicher Aufgaben" bezeichnet (Brüggemeier 2001: 377).

Zielerreichung orientierte Ressourcenvorgabe. Parallel hierzu erhalten die Hochschulen mehr institutionelle Autonomie in Hinblick auf Budgetierung sowie Personal- und Organisationsentwicklung. Als Anpassungsmaßnahme der Hochschulen an den Rückzug des Staates wird die interne Leitungsebene (Rektoren, Dekane) durch Ausweitung der zentralen Entscheidungsbefugnisse gestärkt. Die Hierarchisierung wird dazu verwendet, eine management- und wettbewerbsorientierte Selbststeuerung der Hochschule zu ermöglichen. Wettbewerbs- und Anreizelemente werden im Rahmen einer stärkeren Outputsteuerung in Form einer zunehmenden wettbewerblichen Vergabe von Forschungsmitteln, Entlohnungsstrukturen u. ä. gesetzt (vgl. Schubert 2008: 14f.).

Diese NPM-Reformen, so wird zumindest in der einschlägigen Literatur angenommen (vgl. Kehm/Lanzendorf 2006; Lange/Schimank 2007; de Boer/ Enders/Schimank 2007), führen zu einer Änderung der traditionellen Hochschul-Governance hin zu einem NPM-Modell. Dieses kann gut durch eine von Uwe Schimank (2007) vorgenommene fünfdimensionale Charakterisierung von Governance-Regimen an Hochschulen erklärt werden. Anhand des von ihm entworfenen sogenannten Governance-Equalizers können Governance-Regime nationaler Hochschulsysteme im Wandel und im Vergleich untereinander kategorisiert werden. Die fünf Dimension (staatliche Regulierung, Steuerung durch externe Stakeholder, akademische Selbstorganisation, managerielle Selbststeuerung und Wettbewerb) werden als ‚Equalizer' benutzt, d. h. als Schieberegler, der in unterschiedlichen Ländern verschieden weit geschoben ist. Die *staatliche Regulierung*, welche die hierarchische Detailsteuerung der Universitäten durch den Staat kennzeichnet, sowie die *Steuerung durch externe Stakeholder* (beispielsweise durch die Einbeziehung von Vertretern aus Politik, Wirtschaft und Kultur in hochschulische Entscheidungsprozesse) wirken dementsprechend beide auf die externe Steuerung der Hochschulen ein. Die Governance-Mechanismen *hierarchische Selbststeuerung* und *akademische Selbstorganisation* beziehen sich hingegen auf die internen Entscheidungsstrukturen der Universitäten. Hierarchische Selbststeuerung betrachtet die Stellung der internen Leitungspositionen (Rektoren/Präsidenten, Dekane) in Entscheidungsprozessen; die akademische Selbstorganisation bezieht sich hingegen auf das Entscheidungsprimat von Wissenschaftlern durch von ihnen dominierte Gremien. Der fünfte Governance-Mechanismus *Wettbewerb* stellt dabei die Konkurrenz zwischen, aber auch innerhalb von Universitäten, um Mittel, Personal und Reputation dar (vgl. Schimank 2002: 4ff.; Schimank 2007a: 240).

Das traditionelle deutsche Steuerungsmodell zeichnete sich Schimank zufolge durch eine starke staatliche Regulierung sowie die akademische Selbststeuerung (im Sinne der akademischen Oligarchie Clarks) aus, während Steuerung durch externe Stakeholder, managerielle Steuerung durch Rektoren und Dekane sowie

Wettbewerb nur eine untergeordnete Rolle spielen. Im Gegensatz hierzu ist das managerielle NPM-Muster durch eine verstärkte Steuerung durch Wettbewerb, Steuerung durch Stakeholder und managerielle Selbststeuerung gekennzeichnet, während die Selbststeuerung durch die akademische Profession sowie den Staat nur noch von untergeordneter Bedeutung sind (vgl. Schimank 2007a: 240f).

Generell kann festgestellt werden, dass im ‚NPM-Modell' vor allem die Hochschulorganisation als eigenständige Governance-Instanz zwischen den Wissenschaftlern und der staatlichen Außensteuerung aufgewertet wurde (vgl. Meier 2010: 4). Diese vorherige vergleichsweise ‚schwache' Organisation ist dadurch zu erklären, dass „caught between the academic profession and the state, there was not much legitimate space for institutional management" (Krücken/Meier 2006: 241f.) und somit auch kein Raum für eine ‚starke' Organisation als eigenständige Ebene der Entscheidungsfindung. Anders als in Clarks Dreieck findet die Organisation in Schimanks Governance-Equalizer somit – wenn auch nur indirekt – Berücksichtigung, da die Dimensionen

> „das handelnde Zusammenwirken von drei Arten von Akteuren [regeln] und […] aus deren handelndem Zusammenwirken hervor[gehen]: Hochschulen als Organisation, Wissenschaftler als Angehörige der akademischen Profession und staatliche Akteure sowie staatlich lizenzierte Gegenüber der Hochschulen, wie z. B. Unternehmen oder Evaluationsagenturen. Pointiert: Organisation – Profession – Staat" (Schimank 2007a: 241).[10]

Somit rücken auch die internen Strukturen der Universität, anders als im Clark'schen Dreieck, stärker in den Vordergrund. Die stärkere Betonung der Organisation findet sich auch bei Christine Musselin (2004). Sie verwendet anstelle des Governance-Begriffes den der Universitätskonfiguration, der Interdependenzen und Verbindungen zwischen drei verschiedenen Arten von kollektiven Handlungsstrukturen beschreibt, und zwar die der Hochschulen, den überwachenden Autoritäten und der akademischen Profession (vgl. Musselin 2004: 112). Diese Konfiguration stellt dabei aber keine deterministische Struktur des Handelns dar, sondern sie „produce meaning and give legitimacy to certain principles over others" (Musselin 2004: 118).

Zur genaueren Darstellung der internen Strukturen der Universität und damit einhergehend innerorganisatorischer Entscheidungsprozesse wird im Folgenden auf organisationssoziologische Arbeiten zur Universität rekurriert, die deren Leitungs- und Koordinationsstrukturen analysieren, d. h. es findet eine Fokussierung auf die Meso-Ebene statt. Die organisationssoziologische Darstellung der Hoch-

---

[10] Dabei können analytisch die folgenden drei Ebenen unterschieden werden: Makro-Ebene: die Ebene der Politik und die Beziehung zwischen Staat und Hochschule, Meso-Ebene: die Ebene der Entscheidungsfindung innerhalb der Hochschulen, Mikro-Ebene: die Entscheidungsfindung auf Lehrstuhl-Ebene oder auf der Ebene des einzelnen Wissenschaftlers (vgl. Schimank 2007a: 232ff.).

schule ist von besonderer Bedeutung, da der im Folgenden vorgestellte Wandel von einer eher lose gekoppelten Interessensgemeinschaft vorwiegend individuell agierender Wissenschaftler (vgl. Weick 1976) zu einem zielgerichtet handelnden, arbeitsteiligen „organisationalen Akteur" (Krücken/Meier 2006) auch Auswirkungen auf das Personal der Hochschule nimmt.

2.2 Hochschulen aus der Organisationsperspektive

Seit Ende der 1980er-Jahre ist der globale Trend beobachtbar, dass traditionelle Charakteristika der spezifischen Organisationsform der Hochschulen hinterfragt werden. Aufgrund der Emergenz neuer, soeben dargestellter Governance-Modelle im Hochschulbereich, gewann die Vorstellung an Kraft, dass die Hochschulen nicht länger als spezifische Organisationen betrachtet werden sollten, sondern „first and foremost as organizations, having typical organizational problems and being in need for efficient organizational solutions" (Krücken/Meier 2006: 242).

Dieser Konstitutionsprozess der Hochschule zu einer „complete organization", wie sie von de Boer et al. (2007) in Anlehnung an Brunsson und Sahlin-Andersson (2000) bezeichnet wird, oder eines „organisationalen Akteurs" (Krücken/Meier 2006) stellt eine Abkehr von traditionellen Organisationsmodellen der Hochschule, wie beispielsweise dem „loosely coupled system" im Sinne Weicks (1976) oder einer „organized anarchy" im Sinne Cohens et al. (1972), oder der „Expertenbürokratie" im Sinne Mintzbergs (1992) dar. Den ersten beiden ‚klassischen' Aufsätze hochschulischer Organisationsstudien, aber auch den Überlegungen Mintzbergs ist gemein, dass sie die organisationale Spezifizität von Hochschulen betonen und somit auf Abweichungen der internen Strukturen der Hochschulen im Vergleich zu rational-bürokratischen Organisations- oder Entscheidungsmodellen hinweisen.

2.2.1 Looseley coupled system, organized anarchy und Expertenbürokratie

Weick (1976) beschreibt Organisationen des amerikanischen Bildungssystems als lose gekoppelte Systeme. Dieses bedeutet, dass der ‚operative Kern' keineswegs eine monolithische Größe darstellt, sondern aus einzelnen Einheiten besteht, die weitgehend unabhängig voneinander operieren (können):

> „By loose coupling, the author intends to convey the image that coupled events are responsive, but each event also preserves its own identity and some evidence of its physical or logical separateness. Thus, in the case of an educational organization, it may be the case that the counselor's office is loosely coupled to the principal's office. The image is that principal and the counselor are somehow attached, but that each retains some identity

and separateness and that their attachment may be circumscribed, infrequent, weak in its mutual affects, unimportant, and/or slow to respond" (Weick 1976: 3).

Lose gekoppelte Systeme zeichnen sich Weick (1976) demzufolge durch Fehlen zentraler Koordination und Regulation sowie dem Fehlen eines Kontrollsystems aus.[11]

Cohen et al. (1972) beschreiben Universitäten als organisierte Anarchien, in denen nach dem „garbage can model" entschieden wird. Sie gehen davon aus, dass spezifische Bedingungen an Hochschulen („problematic preferences", „unclear technology" und „fluid participation", nähere Erklärungen siehe Kapitel 2.4 ‚Grenzen des Managements') dazu führen, dass Prozesse der Entscheidungsfindung anarchische Züge aufweisen, die die Rationalität von Entscheidungsprozessen in Frage stellen:

> „To understand processes within organizations, one can view a choice opportunity as a garbage can into which various kinds of problems and solutions are dumped by participants as they are generated. The mix of garbage in a single can depends on the mix of cans available, on the labels attached to the alternative cans, on what garbage is currently being produced, and on the speed with which garbage is collected and removed from the scene" (Cohen et al. 1972: 2).

Mintzberg (1992) zeigt anhand von Hochschulen die grundlegenden Probleme des *Managements von Professionen* auf (vgl. Mintzberg 1992; siehe auch Pellert 1999; Scott 1965, 1982; Blau 1955; Hartmann 1964; vgl. Kapitel 5.1.6). Diese besteht darin, dass es sich bei Organisationen der Wissenschaft um solche handelt, in denen professionelle Tätigkeiten ausgeübt werden, deren Leistungserbringung sich schwierig steuern lässt. Entsprechend verfügen Professionelle, in diesem Fall die Wissenschaftler[12], über ein hohes Maß an Autonomie (vgl. Mintzberg 1979). Diese

---

[11]   Anders als Annahmen von rationalen Modellen bürokratischer Organisationen stellt die lose Kopplung Weick zufolge keine Pathologie dar, sondern wird als durchaus vorteilhaft für Organisationen erkannt. So verfügen lose gekoppelte Organisationen im Gegensatz zu eng gekoppelten Organisationen über mehr Stabilität, höhere Anpassungsfähigkeit an die Umwelt sowie Freiräume für professionelles, d. h. ein unter anderem durch eine hohe Autonomie gekennzeichnetes, Handeln. Weiterhin ermöglichen lose gekoppelte Systeme, dass unterschiedliche Wertesysteme und Rationalitätskriterien nebeneinander bestehen können (beispielsweise Verwaltung und Wissenschaft).

[12]   Die Diskussion, ob Wissenschaftler oder im engeren Sinne Professoren überhaupt als Professionelle anzusehen sind, wird hier nicht näher erläutert. In vorliegender Arbeit wird davon ausgegangen, dass es sich bei den Wissenschaftlern um eine Profession handelt. Prominente Vertreter, die Professoren nicht als Professionelle ansehen, sind beispielsweise Luhmann (2002: 148, Fußnote 12) sowie Stichweh (1994a: 337ff., bes. 354, da die Frage, ob es sich bei den Studenten um Klienten handelt, nicht eindeutig beantwortet werden kann). Prominente Vertreter, die Professoren als Professionelle betrachten, sind Parsons und Platt (1973) sowie Oevermann (2005).

Ebenfalls wird hier nicht näher diskutiert, ob es sich bei der Profession der Wissenschaftler um eine einheitliche Profession oder eher um eine Profession eines jeweiligen Faches handelt. In der einschlägigen Literatur wird eher davon ausgegangen, dass die Fachdisziplin als Profession gilt (vgl. Enders 1998: 58; Light 1974: 12; Becher 1987). In dieser Arbeit hingegen wird aus Gründen

Autonomie ist zum einen funktional begründet, da es schwierig ist, Forschung und Lehre zu bürokratisieren und zu standardisieren (da es sich um hochspezialisiertes Wissen im Sinne von „unclear technologies" handelt, siehe Ausführungen im Kapitel 2.4 und 5.1.2.), zum anderen aber auch, da es den Professionellen zumeist gelingt, ihre Autonomie normativ durchzusetzen (vgl. Meier/Schimank 2010: 108). Diese hohe Autonomie führt dazu, dass die Hochschule durch ein hohes Maß an Dezentralisierung gekennzeichnet ist und somit über kein ausgeprägtes Machtzentrum verfügt. Der entsprechende Organisationstyp, in dem Professionelle dann arbeiten, ist der der Expertenorganisation oder Profibürokratie. Mintzberg (1992) unterscheidet Organisationstypen je nach Bedeutung von fünf Basiskomponenten (betrieblicher Kern, strategische Spitze, Mittellinie, Technostruktur, Hilfsstab). Der *betriebliche Kern* (operating core) umfasst diejenigen Mitarbeiter, deren Arbeit direkt mit der Fertigung von Produkten und der Bereitstellung von Dienstleistungen verbunden ist. Dieser stellt quasi das ‚Herzstück' der Organisation dar. Bei den Hochschulen handelt es sich dabei um die Wissenschaftler. Die *strategische Spitze* (strategic appex) ist für das ‚Funktionieren', also für eine effektive Aufgabenerfüllung der Gesamtorganisation zuständig, nimmt die Interessen der Organisation wahr und vertritt diese nach außen. Die strategische Spitze ist mit dem betrieblichen Kern über eine formale Autoritätskette von Führungskräften der *Mittellinie* oder des *mittleren Managements* (middle line) verbunden. Die Mittellinie nimmt Weisungen von oben und unterhalb der eigenen Position wahr, vermittelt zwischen betrieblichen Kern und Mitarbeitern und stellt so das Bindeglied zwischen den Ebenen dar. Dabei verfügt das mittlere Management auch über formale, durch die strategische Spitze übertragene Macht. In der einschlägigen Literatur wird unter dem mittleren Management an Hochschulen häufig die Dekanatsebene verstanden (vgl. Hanft 2000b: 11; Nickel 2006; Klug 2008: 57). Die Technostruktur (technostructure) setzt sich aus Analytikern zusammen, die Einfluss auf die Arbeit anderer nehmen, aber außerhalb des betrieblichen Arbeitsablaufes stehen. Zwar gestalten, planen oder verändern die Mitarbeiter den betrieblichen Arbeitsablauf, erledigen die betrieblichen Arbeiten aber nicht selbst. Mitarbeiter der Technostruktur sind so für die Standardisierung von Arbeitsprozessen und Arbeitsprodukten zuständig und somit auch für Formen der Standardisierung. Auch sorgen Mitarbeiter der *Technostruktur* für den Wandel der Organisation durch deren Anpassung an Veränderungen in der Umwelt (vgl. Mintzberg 1992: 34). Als Beispiele für die Technostruktur an den Hochschulen werden Planungsabteilungen, Controlling,

---

der Vereinfachung von einer Profession der Wissenschaftler ausgegangen, da die Frage, inwiefern es sich um eine oder mehrere Professionen der Wissenschaftler handelt, für die Argumentation irrelevant ist.

Informationssysteme, aber auch das Qualitätsmanagement genannt (vgl. Hanft 2000b: 11; Klug 2008: 57).

Die *Hilfsstäbe* sind (supporting staff) spezielle Einheiten, die mit ihren Diensten die Organisation außerhalb des betrieblichen Arbeitsablaufes unterstützen. Sie beschäftigen sich – anders als die Technostruktur – in keiner Weise mit Standardisierung und üben im Allgemeinen keine Beratungsfunktion aus. Als Beispiele für Hilfsstäbe an Universitäten nennt Mintzberg „Kopierdienste, Klubs, Alma-Mater-Fonds, Verlage, Archive, Sportzentren, Bibliotheken, Rechenzentren" (Mintzberg 1992: 262).

Mintzberg beschreibt die Hochschule als Profiorganisationen, deren wichtigstes Organisationsteil der betriebliche Kern und die darin arbeitenden Professionellen sind. Ebenso voll ausgebaut ist der Hilfsstab, der hauptsächlich auf die Bedürfnisse des betrieblichen Kerns ausgerichtet ist. Wenig entwickelt sind hingegen die strategische Spitze, die Technostruktur und die Mittellinie, da es keiner Koordination der Arbeit im betrieblichen Kern bedarf.

> „Die Profiorganisation setzt zur Erreichung von Koordination die Standardisierung von Qualifikationen und den damit verbundenen Gestaltungsparameter der Ausbildung und Indoktrination ein. Sie beschäftigt für die Ausführung der Arbeiten im betrieblichen Kern professionelle Mitarbeiter mit entsprechender Ausbildung und Indoktrination und gesteht ihnen dann ein erhebliches Maß an Kontrolle über die eigene Arbeit zu" (Mintzberg 1992: 256f.).

In Expertenorganisationen existieren nach Mintzberg meist parallele Hierarchien. So stehen sich eine Bottom-up-Organisation des akademischen Bereichs (z. B. durch Gremien) und eine Top-down-Organisation des administrativen Bereichs (also in Hochschulen der Hochschulverwaltung gegenüber" (vgl. Mintzberg 1992: 267; Hanft 2000b: 12f.).

Aus Sicht der Organisationsforschung jedoch führen die Governance-Reformen und vor allem die weitere Verbreitung des ‚Management-Modells' der Hochschulsteuerung zu einer tiefgreifenden Transformation der Organisation Hochschule, unter anderem auch, weil der von Mintzberg beschriebene situative Faktor der Profibürokratie „komplexe, stabile Umwelt" (Mintzberg 1992: 256) nicht mehr gegeben ist. Diese Restrukturierung führt dazu, dass die strategische Spitze durch die Stärkung der Leitungsebene ausgebaut wird, dieses zeigt sich unter anderem durch die in den meisten seit 1998 reformierten Landeshochschulgesetzen und Hochschulordnungen festgelegte Erweiterung der Kompetenzen und Amtszeiten von Mitgliedern der Hochschulleitungen (vgl. Hüther 2010: 366ff.). Auch dem mittleren Management kommt durch die Stärkung der Dekanatsebene eine wichtigere Rolle im Organisationsgefüge der Hochschulen zu (vgl. Hüther 2008). In diesem Zuge wird zudem ein deutlicher Ausbau der Technostruktur erwartet, da die strategische Planung, die Qualitätskontrolle und Anforderungen an Informationsgenerierung steigen; Funktionen, die in der Technostruktur wahrgenommen werden" (vgl. Klug 2008: 60; vgl. Nickel 2006).

2.2.2 Hochschulen als organisationale Akteure

Krücken/Meier (2006), de Boer, Enders und Leisyte (2008) sowie Whitley (2008) beschreiben, dass sich die ehemals „lose gekoppelten Systeme", die „organisierten Anarchien" oder die „Expertenbürokratie Hochschule" zunehmend zu Akteuren mit festen formalen Strukturen und Zielen sowie rationalisierten, hierarchisierten Entscheidungsstrukturen wandeln. Diese Konstituierung von Hochschulen als handlungsfähige Akteure kennzeichnet eine grundlegende Änderung im Governance-Regime der deutschen Hochschulen, da die Hochschulorganisation, wie oben angeführt, bislang kaum als steuernder Akteur, weder gegenüber ihren professoralen Mitgliedern noch gegenüber den Fachkollegien oder dem Staat, wirksam geworden ist (vgl. Clark 1983: 140). Krücken und Meier (2006) beschreiben dieses als einen Wandel der Hochschule in einen „organisationalen Akteur". Hiermit verbinden sie die Vorstellung einer ganzheitlichen, zielorientierten Einheit, die eigene Handlungen bewusst wählt und für diese auch verantwortlich gemacht wird (vgl. Krücken/Meier 2006: 241). Weiterhin unterscheiden sie weitere vier Entwicklungstendenzen, die die Organisationswerdung der Hochschulen ausmachen. Dabei muss erwähnt werden, dass es sich den Autoren zufolge nicht um isoliert nur an Hochschulen stattfindende Prozesse handelt, sondern diese Akteurswerdung eine Antwort auf globale Rationalisierungsdiskurse darstellt, die Auswirkungen auf Organisationen im privaten Sektor, im Non-Profit-Bereich sowie im öffentlichen Sektor haben (vgl. Brunsson/Sahlin-Andersson 2000).

Das erste zentrale Merkmal des organisationalen Akteurs ist das der ‚accountability', was mit Rechenschaftspflicht übersetzt werden kann. Die zunehmende Rechenschaftspflicht kann vor allem an der Einführung von Qualitätssicherungsmaßnahmen, wie Evaluationen und Akkreditierungen, abgelesen werden. Im Rahmen der Organisationswerdung der Hochschulen wird dabei die Verantwortung über diese Rechenschaftspflicht auf die Organisation als Ganzes übertragen und nicht mehr auf den einzelnen Wissenschaftler. Dieses führt dazu, dass der ‚Output', als messbare Konsequenz von organisationalen Entscheidungen der Hochschule zugerechnet wird (vgl. Krücken/Meier 2006: 247f.).[13] Für vorliegende Arbeit hat

---

[13] Allerdings ist hier anzumerken, dass es sich bei beiden Leitbildern und Profilen und den hierauf bezogenen Organisationszielen häufig um eine lose Kopplung zwischen Formal- und Aktivitätsstruktur im Sinne Meyer und Rowans (1977) handelt.

die ‚accountability' besondere Bewandtnis, da innerhalb der Hochschulen die Qualitätsentwickler für die qualitätsentwickelnden Maßnahmen und somit auch für die Erhöhung der ‚accountability' zuständig sind.

Der zweite Entwicklungsprozess in der Akteurswerdung der Hochschulen besteht in der eigenen Zielbildung und -setzung. Die Hochschulen sind aufgefordert, eigene Ziele und so genannte ‚Mission Statements' zu entwickeln. Profilbildung dient dabei zum einen der Wettbewerbspositionierung, zum anderen als Mittel des organisationalen Managements in Form von Zielvereinbarungen, die eine verstärkte Verbindung nicht nur zwischen Staat und Organisation, sondern vor allem zwischen Organisation und Organisationsmitglied herstellen sollen (vgl. Krücken/ Meier 2006: 248f.). So findet sich auch die Qualitätsentwicklung mittlerweile in vielen ‚Mission Statements' und Leitbildern von Hochschulen.[14]

Drittens führt die zunehmende Verfasstheit der Universität als eigenständiger und handlungsfähiger organisationaler Akteur zu einer fortschreitenden Differenzierung und Spezialisierung der Organisationsstruktur der Hochschule. Da sich die Komplexität als auch die Anzahl der internen und externen Anforderungen an die Hochschulen erhöht hat, werden diese in Form von speziell für diesen Aufgabenbereich etablierten Einheiten umgesetzt („elaboration of formal structures", Krücken/Meier 2006: 250f. So ist zu erwarten, dass die zunehmenden gesellschaftlichen Anforderungen sich in der Etablierung von differenzierten, für den jeweiligen Bereich zuständigen Stellen innerhalb der Hochschule niederschlagen. Dieses bedeutet, dass die Aufgabe dann in den Bereich organisationaler managerieller Verantwortung überführt wird und nicht mehr in der Verantwortung des einzelnen Wissenschaftlers liegt. Somit wird „einer spezialisierten organisationalen Stelle [...] ein organisationales Problem zugeordnet, dessen erfolgreiche oder weniger erfolgreiche Behandlung dann der Organisation als korporativen Akteur zugerechnet werden kann" (Meier 2009: 151). Folglich dient das Einrichten einer Stelle auch dazu, „unbestimmte in bestimmte Unsicherheiten zu transformieren" (Brosziewski 1998: 10), unter anderem auch durch persönliche Zurechnung. Grund hierfür ist, dass Stellen auf sachlicher und sozialer Ebene eine Ordnung in unübersichtliche Verhältnisse bringen können:

---

[14] Vgl. beispielsweise Leitbild Hochschule Coburg: „Es ist unser Ziel, die Qualitätsentwicklung an unserer Hochschule ganzheitlich zu betreiben. Die Erfordernisse, die wir dabei festlegen, berücksichtigen die Anforderungen und Charakteristika der unterschiedlichen Bereiche und Disziplinen" (http://www.hs-coburg.de/ uploads/media/Leitbild_HochschuleCoburg_1_.pdf, letzter Zugriff am 03.01.2013) oder in dem Leitbild der Universität Hildesheim: „Die Autonomie und Eigenverantwortlichkeit, die wir als Stiftungsuniversität gewonnen haben, verstehen wir als Verpflichtung, die Qualität von Lehre und Forschung, Studium und Weiterbildung kontinuierlich zu prüfen und internationalen Maßstäben entsprechend weiterzuentwickeln" (http:// www.uni-hildesheim.de/media/presse/Senat/Leitbild_-_2011-11-30.pdf, letzter Zugriff am 03.01.2012).

> „Sie ermöglichen Vereinfachungen und erzeugen Ansatzpunkte, die von innen wie von
> außen zur Beobachtung, Beeinflussung und Behandlung unsicherer Sachverhalte einge-
> setzt werden können. Ist erst mal ein Zweck identifiziert und eine Stelle gefunden, der
> man die Verantwortung für Anordnungen und Rückfragen zuordnen kann, dann lässt sich
> von dort aus ein Überblick über die Probleme gewinnen. Und vor allem: Sie suggerieren
> Kontrolle und Kontrollierbarkeit, wo das Erreichen wünschenswerter Zustände von den
> Vorgängen her gesehen unwahrscheinlich ist" (Brosziewski 1998: 10).

Diese Überführung von vormals individuellen Verantwortlichkeiten in organisationale kann am Beispiel der Qualitätsentwicklung verdeutlicht werden: Traditionell
wurde Qualitätssicherung außerhalb der Hochschule durchgeführt und hier vor
allem durch die akademische Profession, in dem diese die Ausbildung potentieller
Kandidaten steuerte sowie durch die fortwährend kollegiale Kontrolle, z. B. im
Peer-Review, Qualitätsstandards überwachte. Ergänzend hinzu traten verschiedene
Qualitätssicherungsmaßnahmen auf staatlicher Seite, beispielsweise durch Rah-
menprüfungsordnungen. Mit der Einführung von organisationalen Stellen für die
Qualitätsentwicklung wird die Qualität der universitären Kernprozesse Forschung
und Lehre nun in den Bereich organisationaler und damit auch managerieller Ver-
antwortung überführt.

> „Auch wenn die Qualität von Forschung und Lehre immer noch davon abhängt, was die
> Angehörigen der akademischen Profession im Einzelnen leisten, und die Durchgriffschan-
> cen der Hochschulleitungen formal und faktisch begrenzt bleiben, müssen sich Letztere
> nun fragen lassen, ob sie die richtigen Maßnahmen einsetzen, um die Qualität von For-
> schung Lehre zu sichern und zu verbessern" (Meier 2010: 7).

Was aus dem bisher Geschriebenen deutlich wird, ist, dass die Organisationswerdung mit einem stärkeren institutionellen Management einhergeht, welches zur
Herausbildung von Managementfunktionen und damit einhergehend einem Anstieg an „managerial professions" (ebd.: 251) führt. Dieses stellt laut Krücken
und Meier (2006) den vierten Entwicklungsprozess in der Akteurswerdung der
Hochschulen dar.

Nun sind für diese Art der ‚Managerialisierung' zwei Szenarien denkbar: Auf
der einen Seite ist denkbar, dass immer mehr Managementaufgaben zu den ur-
sprünglichen Aufgaben Forschung und Lehre der Wissenschaftler hinzugefügt
werden. Dieses stellt eine Entwicklung dar, die an deutschen Hochschulen auch
empirisch beobachtet werden kann, beispielsweise abzulesen an der Zunahme von
‚manageriellen' Aufgaben von Dekanen (vgl. Hüther 2008). Ebenfalls ist aber, wie
für andere Länder im Folgenden noch empirisch gezeigt werden kann, vor allem
ein Anwachs an Managementpositionen zu beobachten, die nicht durch Wissenschaftler ausgefüllt werden, sondern durch hauptberufliche administrative Hochschulmanager (vgl. Kapitel 4), deren spezifische Charakteristika in vorliegender
Arbeit anhand der Qualitätsentwickler untersucht werden soll.

2.3   Grenzen des Managements

Allerdings ist davon auszugehen, dass es nach wie vor noch Spezifika der Hochschule gibt, die dem Management von Hochschulen Grenzen setzen. Dazu zählen die nach wie vor noch aktuellen von Cohen- und March genannten Spezifika der „problematic preferences", „unclear technology" und „fluid participation"; hinzu kommen aber auch noch die besonderen Organisationsgrenzen von Hochschulen sowie die spezifischen Karriere- und Beschäftigungsbedingungen (vgl. Baldridge 1971; Cohen/March 1972; Hanft 2008b, Hüther/Krücken 2011; Weick 1976) von Hochschulen. Diese Bedingungen werden im Folgenden näher ausgeführt.

Zumeist verfolgen Organisationen relativ klare *Ziele*, an denen ihre Organisations- und Entscheidungsstrukturen ausgerichtet sind. Im Gegenzug hierzu fällt eine genaue Zielformulierung in Wissenschaftseinrichtungen schwerer. Zum einen liegt dieses daran, dass Hochschulen Gegenstand des öffentlichen Diskurses sind und so versuchen müssen, verschiedene Anforderungen und Ziele unterschiedlicher Stakeholder in Einklang zu bringen (vgl. Esdar et al. 2011). Zum anderen sind Ziele in Forschung und Lehre schwer zu bestimmen, da die Wissenschaftler aufgrund der ihnen zugesprochenen Autonomie resultierend aus Artikel 5 GG sich eigenständig Forschungs- und Lehrziele setzen können, die gegebenenfalls auch von denen der Gesamtorganisation abweichen können.

Die Zielbestimmung und -erreichung von Hochschulen hängt ebenfalls stark mit der Frage zusammen, inwiefern die „Universität tatsächlich als Organisation tätig ist" (Meier 2009: 116); d. h. wo die Organisationsgrenzen zu setzen sind. Dabei ist jedoch zwischen den Kernbereichen Forschung und Lehre zu unterscheiden. Stichweh geht davon aus, dass

> „im Erziehungssystem [...] die Universität tatsächlich als Organisation tätig [ist]. Bestimmte Erziehungs- und Ausbildungsangebote, die Curricula und die zugehörige personelle und materielle Infrastruktur sind Angebote der Universität und ihrer Subeinheiten, die diese organisatorisch leisten und verantworten müssen" (Stichweh 2004: 124).

Oder wie Luhmann beschreibt:

> „Lehre ist besser organisierbar als Forschung, zumindest was ihre zeitlich/räumlich/ thematische Fixierung angeht. Auch die Fernüberwachung der Lehre mittels statistischer Kontrollen und Vergleichszahlen lässt sich leichter bewerkstelligen" (Luhmann 1987: 204).

Der Grund hierfür ist, dass sich die Forschung durch „eine ausgeprägte Selbstorganisation und „hohe Prozessautonomie" (Schimank/Winnes 2001: 318) auszeichnet, während die Lehre deutlich formalisierter verläuft.

> „Insgesamt übernehmen Hochschulen für die quantitative und qualitative Entwicklung ihrer Studienangebote eine deutlich höhere institutionelle Verantwortung als für ihre Forschungsaktivitäten [...]" (Nickel 2012: 281).

Jedoch ist auch hier kritisch anzumerken, dass sich die Lehre an den Hochschulen vor allem auf die Disziplin beschränkt, aber naturgemäß nicht hochschulübergreifend ist (vgl. Musselin 2007: 70f.). Im Bereich Forschung sind die Organisationsgrenzen noch schwieriger auszuloten, da

> „die Universität [...] nicht als Universität [forscht und publiziert], vielmehr partizipiert sie am Wissenschaftssystem nur vermittelt über ihre einzelnen Mitglieder, die im Wissenschaftssystem als einigermaßen autonome Agenturen auftreten, für deren Tätigkeit und Erfolg ihre organisatorische in der Universität oft nur eine geringe Rolle hat" (Stichweh 2004: 125).[15]

Die Relevanz- und Entlohnungsstrukturen liegen also außerhalb der eigenen Hochschule.

Dementsprechend sollte es dem Management an Hochschulen leichter fallen, auf Prozesse im Bereich der Lehre als im Bereich der Forschung einwirken zu können. Allerdings ist auch dieses zusätzlich erschwert, da sich die Kernprozesse an Hochschulen, Forschung und Lehre dadurch auszeichnen, dass Kausalbeziehungen zwischen Mitteleinsatz und Outcome, der dazu noch unbekannt ist, nicht genau zu bestimmen sind, es sich also um „unclear technologies" (Musselin 2007: 72) handelt. Dieses gilt sowohl für Forschung, da es nicht möglich erscheint, verlässliche Praktiken für die Gewinnung von neuen Wissen zu bekommen (vgl. Musselin 2007: 72). Ähnliches gilt aber auch für die Lehre, da die Güte der Lehre als Dienstleistungsarbeit, a) durch Interpersonalität b) durch Professionsstandards und c) durch das zeitnahe Zusammenfallen von Produktion und Konsumtion charakterisiert wird, und somit schwer erfassbar ist. Mit anderen Worten weisen personenbezogene Dienstleistungen, wie z. B. der Transfer und die Aneignung von Wissen und Informationen, einen kommunikativ-kooperativen Charakter auf, sodass Lehr-/Lernsituationen prinzipiell offen sind, d. h. die Möglichkeit des Scheiterns in sich tragen (vgl. Luhmann/Schorr 1979: 118ff.). Das heißt, dass Lehre als Kommunikationsprozess einer schwer prognostizierbaren Eigendynamik unterliegt, die weder technologisch kompensierbar noch standardisierbar ist (vgl. Luhmann 1987: 182ff.). Somit ist eine Steuerung der Kernprozesse Forschung und Lehre beschränkt. Allerdings muss hier meines Erachtens auf die bereits angeführte Unterscheidung von Berdahl (1990) zurückgegriffen werden: So ist vorstellbar, in Forschung und Lehre ‚prozedurale Entscheidungen' zu managen, d. h.

---

[15] Allerdings ist anzumerken, dass hier vor allem durch die Exzellenzinitiative der deutschen Bundesregierung und deren Anforderung, interne, hochschulübergreifende Forschungsstrategien und -cluster zu formulieren, zunehmend auch die Organisation Hochschule Einfluss auf die Forschung hat und eine stärkere Rolle spielt.

solche, die den Ablauf, die Reproduktion und die Organisation von Forschung und Lehre steuern, beispielsweise in Form von Lehrevaluationen oder durch das Setzen von Schwerpunktprogrammen im Bereich der Forschung. Allerdings wird das Management aufgrund der ‚unklaren Technologien' in Forschung und Lehre, des teilweise fehlenden Organisationsbezuges sowie der grundgesetzlich geschützten Wissenschaftsfreiheit nur eingeschränkt auf inhaltliche Kernprozesse, nämlich Wahl des Gegenstandes sowie Vorgehensweise (vgl. Berdahl 1990: 172), Einfluss nehmen können.

Das Management von Hochschulen ist grundsätzlich durch den häufigen Wechsel von Akteuren der Entscheidungsfindung begrenzt („fluid participation" im Sinne von Cohen et al. 1972). So zeigt beispielsweise Röbken (2006), dass 2003 die durchschnittliche Amtsdauer von Präsidenten/Rektoren an staatlichen und privaten Universitäten und Hochschulen lediglich 4,5 Jahre betrug (vgl. Röbken 2006: 22). Die ‚fluid participation' zeigt sich auch in den spezifischen Formen der Karrierebindungen an Hochschulen. Karrieren im wissenschaftlichen System erfolgen, bis auf die wenigen Ausnahmen der Juniorprofessuren, nicht an der eigenen Hochschule. Somit verfügen die Hochschulen, anders als typische Wirtschaftsorganisationen, nicht über die Möglichkeit von Vorgesetzten, das Handeln der Mitglieder durch die Verteilung von begehrten Stellen in der Organisation zu steuern; also über die von Luhmann (1975: 106) bezeichnete Personalmacht (vgl. Hüther/Krücken 2011). Auch besitzen Hochschulen nicht die von Luhmann als Organisationsmacht (1975: 104ff.) bezeichnete Machtquelle der Ausschlussmöglichkeit von Mitgliedern, was vor allem daran liegt, dass die meisten Professoren Beamte auf Lebenszeit sind. Auch bei den wissenschaftlichen Mitarbeitern greift keine Organisationsmacht, da zumeist die Professoren diese anstellen und auch wieder entlassen (vgl. Hüther/Krücken 2011).

2.4   Zusammenfassung

Im vorliegenden Kapitel wurden die Rahmenbedingungen für die Entstehung der Positionen der administrativen Hochschulmanager gezeigt. Hier ist vor allem der Governancewandel im europäischen und deutschen Hochschulsystem zu nennen, der Auswirkungen auf das Hochschulmanagement und die Hochschulverwaltung zeigt. So wurde als Antwort auf die zunehmende Autonomie der Hochschulen im Bereich Budgetierung sowie Personal- und Organisationsentwicklung die managementorientierte Selbststeuerung der Hochschulen gestärkt, was mit einer stärkeren Hierarchisierung der Entscheidungsstrukturen sowie einer zunehmenden ‚Managerialisierung' einherging. Dieses führte, neben den steigenden externen Anforderungen, dazu, dass die Hochschulorganisation als eigenständige Governance-Instanz zwischen den Wissenschaftlern und der staatlichen Aufgabensteuerung aufgewertet wurde und sie sich von einer ehemals lose gekoppelten Organisation in einen ‚organisationalen Akteur' wandelt. Im Zuge dieser Organisationswerdung gleichen sich Hochschulen ‚normalen Organisationen' an, die folglich auch mit ‚normalen' Managementtechniken und -instrumenten geleitet und verwaltet werden können.

Jedoch ist auch davon auszugehen, dass distinkte Spezifika von Hochschulen das Management innerhalb der Hochschulen erschweren und somit auch den Einfluss der Qualitätsentwickler, vor allem auf die Arbeit der Wissenschaftler, begrenzen. Dieses ist zum einen auf die den Wissenschaftlern inhärente, grundgesetzlich garantierte Autonomie, die externen Relevanz- und Entlohnungsstrukturen, die schwere Standardisierbarkeit von Forschung und Lehre („unclear technologies") und den eingeschränkten Organisationsbezug zurückzuführen. Im Zuge der Organisationswerdung mit dem inhärenten Steuerungsimperativ ist aber davon auszugehen, dass die Qualitätsentwickler Einfluss auf „prozedurale Entscheidungen" (Berdahl 1990) der Wissenschaftler nehmen können, d. h. es ist denkbar, dass sie auf den Ablauf, die Reproduktion und die Organisation von Forschung und vor allem Lehre, die wie beschrieben einen stärkeren Organisationsbezug aufweist, wirken können.

3 Etablierung der Qualitätsentwicklung an deutschen Hochschulen

Im folgenden Kapitel werden – neben einer genaueren Definition von Qualität, Qualitätsentwicklung, Qualitätssicherung und Qualitätsmanagement – zunächst die Gründe für die Etablierung von qualitätssichernden und qualitätsmanagenden Verfahren und Instrumenten an deutschen Hochschulen dargestellt. Es wird argumentiert, dass dieses zum einen allgemeinen gesellschaftlichen Trend, der unter dem Stichwort „Audit Society" (Power 1993, 1996) gefasst wird, widerspiegelt, zum anderen im Bereich der Forschung auf den erhöhte Wettbewerbsdruck und im Bereich der Lehre auf eine Multiplikation von Anforderungen an diese sowie den Bologna-Prozess zurückzuführen ist. Es werden hochschul-/wissenschaftsspezifische Instrumente der Qualitätssicherung/des Qualitätsmanagements dargestellt, aber auch solche, die aus dem wirtschaftlichen Bereich kommen. Ebenfalls werden die, zumeist auf quantitativen Indikatoren beruhenden Instrumente der Zielvereinbarung und der leistungsorientierten Mittelvergabe abgebildet sowie der Stand der Umsetzung der genannten Instrumente an deutschen Hochschulen referiert. Weiterhin werden Funktionen der Qualitätssicherung/des Qualitätsmanagements sowie die in der deutschen Hochschullandschaft anzufindenden Organisationstypen im Bereich der Qualitätsentwicklung benannt.

3.1 Gründe für die Etablierung von Qualitätsentwicklung an deutschen Hochschulen

Am Beispiel der Qualitätsentwicklung lässt sich die eben beschriebene Organisationswerdung gut ablesen, da die Qualitätsentwicklung einen Ausdruck der organisationalen Verantwortungszuschreibung für ehemals individuelle Verantwortlichkeiten sowie der gestiegenen ‚accountability' der Hochschulen darstellt. Diese von den Hochschulen geforderte verstärkte öffentliche Rechenschaftslegung in Form des Beweises von Leistungsqualität durch qualitätsentwickelnde Maßnahmen spiegelt einen breiten sozialen Trend wider, den Michael Power in seinem Buch „Audit society" (1993; 1996) reflektiert. Power führt die aufkommende ‚Audit society' auf den Verlust des Vertrauens in Professionen und Organisationen zurück. „Audit represents a social world in which action can no longer be coordinated by trust alone" (Power 1993: 4). Auditierung wird somit als „technology of mistrust" (Power 1993: 4) bezeichnet, in der zu den Professionsangehörigen oder anderen Organisationsmitgliedern professionsexterne Experten oder Organisationen hinzugenommen werden (in Deutschland vor allem die entstandenen Evaluations- und Akkreditierungsagenturen (vgl. Kloke 2005), aber eben auch die Qualitätsentwickler), um so Vertrauen und ‚credibility' wiederherzustellen und um transparente Rechenschaft über die Verwendung von Ressourcen zu geben.

Im Bereich der *Forschung* kann die zunehmend anzufindende, jenseits des Peer-Reviews durchgeführte Qualitätssicherung auf den steigenden Wettbewerb um Forschungsgelder zurückgeführt werden. Seit den 1990er-Jahren wurde zunehmend versucht, durch leistungsabhängige Mittelverteilungen an und in den Universitäten zu steuern, zudem wurde die Forschung zunehmend durch Drittmittel gefördert. Grund hierfür war, dass die Grundfinanzierung mit ihrer Tendenz zur Gleichverteilung nicht geeignet erschien, überdurchschnittliche Leistungen zu motivieren und zu belohnen:

> „Somit ergaben sich damit sowohl auf individueller als auch individueller Ebene Bedingungen eines wachsenden Wettbewerbs um knappe Ressourcen um Ansehen, Karrierechancen, Publikationsmöglichkeiten und Forschungsgelder" (Neidhardt 2010: 281).

Diese Entwicklungen schufen die strukturellen Voraussetzungen für den ansteigenden Bedarf an Peer-Review und der Leistungsmessung über quantitative Indikatoren, Instrumente der Qualitätssicherung in der Forschung, welche im Folgenden noch weiter ausgeführt werden.

Die Qualitätssicherung im Bereich der Lehre gewann ab den späten 1990er-Jahren an Prominenz. Dieses ist zum einen auf den Bologna-Prozess zurückzuführen, in dem die Herstellung von Transparenz und die Vergleichbarkeit von Studienangeboten durch Qualitätssicherung eine zentrale Rolle einnahm. Zum anderen gelangten mit der Multiplizierung von Funktionsansprüchen (z. B. praxisnahe Ausbildung) und veränderten Inklusionsanforderungen (ein größerer Anteil einer Alterskohorte soll eine akademische Ausbildung erlangen) auch Fragen der zeitlichen Dauer des Studiums, der Abbrecherquote, der Praxisrelevanz der Studiengänge usw. in den Vordergrund und wurde zunehmend Gegenstand qualitätssichernder Maßnahmen an Hochschulen (vgl. HRK 2010).

Generell muss jedoch beachtet werden, dass besonderen Charakteristika der Organisation Hochschule (Zielunklarheit, Organisationsgrenzen und -bezug sowie der starke Professionsbezug) eine Steuerung von Forschung und Lehre an der Hochschule erschweren, wie bereits im vorherigen Kapitel 2.4 ausgeführt wurde.

3.2   Definition ‚Qualität‘, ‚Qualitätssicherung‘ und ‚-management‘

Die wachsende Bedeutung von qualitätsentwickelnden Maßnahmen fand ihren Niederschlag auch in den Hochschulgesetzen. So sind nunmehr alle Hochschulen und Wissenschaftseinrichtungen gesetzlich zur Qualitätssicherung verpflichtet. So schrieb das Hochschulrahmengesetz (in der Fassung von 1999) in § 6 vor, dass die Arbeit in Forschung und Lehre, die Förderung des wissenschaftlichen Nachwuchses sowie die Erfüllung des Gleichstellungsauftrags regelmäßig zu bewerten sei. In den Ländergesetzen wurden diese Forderungen weitgehend übernommen. Im Bereich der Lehre haben Hochschulen laut Beschluss der KMK vom 22.9.2005 die Aufgabe, die Qualität der Lehre zu sichern und zu entwickeln (vgl. Hanft 2008b: 264 f.).

Der Begriff der *Qualität* ist nicht näher definiert. Etymologisch leitet sich der Begriff aus dem lateinischen „qualitas" ab und bedeutet Art, Beschaffenheit, Güte oder Wert. Diese diffusen Begriffe sind schwer direkt messbar, so dass für Qualität keine einheitliche Definition existiert. Beispielsweise kann Qualität subjektiv und objektiv interpretiert werden. Vor diesem Hintergrund kann Qualität anhand verschiedener Merkmale definiert werden, z. B. über vorgegebene Qualitätsnormen (DIN EN ISO 9000 ff.), über Zielvereinbarungen (zwischen Staat und Hochschulen) oder über (Kunden-)Befragungen (z. B. von Studierenden). Qualität wird also

> „nicht absolut gesetzt, sondern in Beziehung gebracht zu Standards und Normen, die von der Organisation selbst, aber auch von außen gesetzt werden können. In einem solchen technischen Verständnis ist Qualität messbar" (Hanft 2008b: 261).

Der Begriff Qualität baut ferner auf unterschiedlichen Konzeptionen wie Qualitätsentwicklung, Qualitätssicherung und Qualitätsmanagement auf, mit denen unterschiedliche Zielsetzungen verbunden sind.

Qualitätsentwicklung fragt im Grunde danach, wie die Qualitätsziele einer Organisation erreicht werden können, d. h. es handelt sich um einen Oberbegriff, der sich in zwei grundlegende Ansätze unterscheiden lässt: Qualitätssicherung und Qualitätsmanagement (QM).

> „Unter dem Begriff Qualitätssicherung werden alle geplanten und systematischen Maßnahmen einer Organisation verstanden, die der Sicherung organisationsseitig definierter Qualitätsanforderungen dienen. Bei Abweichungen zwischen Soll-Qualität und erreichter Ist-Qualität sind Maßnahmen der Qualitätsentwicklung einzuleiten [...]. Vollzieht sich dies in einem umfassenden Managementprozess, der von der gezielten Planung über die Steuerung und Kontrolle alle Qualitätsaspekte und Dimensionen einer Organisation um-

fasst, spricht man von Qualitätsmanagement. Dieses zielt auf die ständige Verbesserung der organisatorischen Leistungsprozesse und geht über die Sicherung normierter Qualitätserwartungen hinaus" (Hanft 2008b: 262f.).

Das heißt, dass das Qualitätsmanagement, anders als die Qualitätssicherung, als Regelkreis beschrieben wird, in dem die Resultate mit den strategischen Zielsetzungen der Hochschule abgeglichen werden und Defizite in der Qualität erkannt, analysiert und idealiter abgestellt werden (vgl. Heusser/Felder/Gerber 2009). Somit stellt das Qualitätsmanagement die Verbindung zwischen Qualitätssicherung und Steuerung dar. Im Verlauf der Arbeit wird bei der Vorstellung konkreter Instrumente und Maßnahmen von ‚Qualitätssicherung' gesprochen; ansonsten wird der Oberbegriff ‚Qualitätsentwicklung' verwendet, da an einigen der analysierten Universitäten Qualitätssicherungssysteme, an anderen Qualitätsmanagementsysteme anzufinden sind.

Unter Rückgriff auf Wolter (1995) und Becher und Kogan (1992) kann zwischen verschiedenen Ebenen qualitätssichernder oder –managender Maßnahmen unterschieden werden, und zwar nach Mikro-, Meso- und Makro-Ebene. Die Mikroebene bezieht sich im Bereich der Lehre auf die einzelne Lehrveranstaltung bzw. den Lehrenden, im Bereich der Forschung auf das persönliche Forschungshandeln. Die Meso-Ebene hingegen bezieht sich im Bereich der Lehre auf die Ebene einzelner Studiengänge bzw. Fachbereiche und Fakultäten, im Bereich der Forschung auf die Ebene einzelner Forschungsgruppen oder auch Fachbereiche und Fakultäten. Unter Makro-Ebene wird schließlich die Ebene der Hochschule selbst verstanden.

Somit muss generell zwischen Wirkungen der Qualitätssicherung auf a) der Individualebene, d. h. des (wissenschaftlichen) Personals, b) auf der Ebene der Institute und Fakultäten c) der Hochschulleitung d) der gesamten Hochschule unterschieden werden. Ferner muss noch unterschieden werden, welchen Zweck die Qualitätssicherung verfolgt. Soll a) direkt auf die Qualität von Forschung und Lehre eingewirkt werden oder b) soll indirekt auf die Qualität der Lehre/der Forschung durch die Beeinflussung des Lehr- /Forschungsengagements des einzelnen Wissenschaftlers und/oder der Fakultäts- /Hochschulleitung Einfluss genommen werden.

Je nach Intention können hierfür verschiedene Instrumente von Qualitätssicherung verwendet werden, welche im Folgenden vorgestellt werden.

3.3   Instrumente der Qualitätssicherung

Bisher hat sich seit den 1990er-Jahren eine Reihe von Instrumenten und Verfahren
der Qualitätssicherung herauskristallisiert, welche sich zum einen in qualitätssichernde Verfahren für Forschung oder für Lehre differenzieren lassen sowie nach
hochschulspezifischen oder wirtschaftsaffinen Qualitätssicherungsverfahren. Als
spezielle Ausformung von Instrumenten der Qualitätssicherung können Zielvereinbarungen und indikatorbasierte Mittelverteilung betrachtet werden, welche ebenfalls im Folgenden dargestellt werden.

3.3.1   Hochschulspezifische Qualitätssicherungsverfahren

Den hochschulspezifischen Qualitätssicherungsverfahren in Forschung und Lehre
ist gemeinsam, dass sie bis Anfang (Forschung) bzw. Ende (Lehre) der 1990er-
Jahre nicht als Aufgabe der Hochschulen verstanden wurden. Während die Qua-
litätssicherung im Bereich der Lehre ebenfalls ein Novum der eben genannten
Zeitperiode ist, ist die der *Qualitätssicherung in der Forschung* anhand des Peer-
Reviews bis in das 17. Jahrhundert zurückzuführen. Dieser organisierte Evaluati-
onsprozess entstand im 17. Jahrhundert in der britischen Royal Society, die „das
Peer Review zur Prüfung wissenschaftlicher Erkenntnisansprüche und zugleich als
Legitimationsbasis für die Befreiung von staatlicher Zensur etablierte" (Hornbostel
2010: 293). Auch wenn sich diese frühen Formen der Forschungsevaluation weit
zurückverfolgen lassen, beginnt die systematische Entwicklung und Verbreitung
von Forschungsevaluationen in den 1950er-Jahren mit den Programmevaluatio-
nen durch das organisierte Peer-Review in den USA. Das Peer-Review, welches
bis heute ein wichtiges und sehr häufig verwendetes Verfahren zur Qualitätsbe-
wertung in der Forschung ist, übernimmt zwei Funktionen: zum einen eine Se-
lektionsfunktion, „nämlich um die Auswahl von Personen, Projekten und Texten
für den Zuschlag knapper symbolischer und materieller Ressourcen" (Neidhardt
2010: 281). Daneben tritt auch eine Konstruktionsfunktion: „Die Peers greifen als
Gutachter sowohl prohibitiv als auch produktiv in den Wissenschaftsprozess ein,
um die von ihnen wahrgenommenen Fachstandards durchzusetzen" (ebd.: 281.).
Der Ausgangspunkt von Peer-Review ist, dass nur Angehörige der jeweiligen
Fachdisziplin sachkundig den Gehalt wissenschaftlicher Arbeit beurteilen können
(vgl. Weingart 2005: 89).

Das Peer-Review stellt auch das zentrale Instrumentarium von den vor allem
in den letzten Jahren stark zugenommenen *Forschungsevaluationen* in verschie-
densten Zusammenhängen (Exzellenzinitiative, DFG, Wissenschaftsratsbegutach-

tungen, Bundesinitiativen, Evaluierung aller Ressortforschungseinrichtungen des Bundes, routinemäßige Evaluierungen der außeruniversitären Forschungseinrichtungen usw.) dar (vgl. KMK 2011: 17).

Allerdings wird mittlerweile zunehmend Kritik am Peer-Review geäußert. Dieses bezieht sich auf eine fehlende Reliabilität, fehlende Fairness, mangelnde prognostische Validität des Verfahren, opportunistisches Verhalten der Autoren, Gutachter und Herausgeber (siehe zusammenfassend Osterloh/Frey 2008; Hornbostel 2008: 66f.; Bornmann/Daniel 2003). Es wird versucht, diese Kritik aufzunehmen; so wird beispielsweise durch ein internes Monitoring versucht, mehr Transparenz und verstärkte Rückmeldungen für die Reviewer zu erreichen, außerdem sollen sich auf diese Weise Reliabilität, Fairness und Validität der Verfahren erhöhen (vgl. Combrink 2008:22) und das Peer-Review durch die Hinzunahme von Forschungsindikatoren auf eine ‚objektivere' Basis stellen. Anders als beim qualitativen Verfahren des Peer-Reviews steht bei der Bewertung von Forschungsqualität durch Indikatoren die Komplexitätsbewältigung im Vordergrund, sie „dienen der Bewältigung der Informationsflut" (Hornbostel 1997: 327). Die verwendeten Forschungsindikatoren werden unter 3.3.3 näher ausgeführt. Weiterhin gibt es im Bereich der Qualitätssicherung der Forschung *Forschungsratings* wie das des Wissenschaftsrats oder die *Forschungsrankings* von der DFG und vom CHE.

Die spätere Entwicklung der *Qualitätssicherung im Bereich der Lehre* ist auf das Humboldtsche Universitätsbild zurückzuführen, welches das Qualitätsverständnis der Lehre bis heute geprägt hat. Dieses ist durch die Einheit von Forschung und Lehre gekennzeichnet, die dadurch charakterisiert war und ist, dass sich Forschung und Lehre wechselseitig positiv beeinflussen und das eine größtmögliche Lehr- und Lernfreiheit an Universitäten vorherrschen solle. Dieses vor allem auf die ‚reine' Wissenschaft bezogene Studium setzt wiederum einen Studierenden voraus, der aufgrund von individueller Begabung und persönlicher Hingabe den Erwerb von Wissen selbstbestimmt organisiert und als gleichberechtigter Partner gegenüber dem Professor auftritt (vgl. Jasper/Rossmann 1961). Diese Freiheit und Selbstständigkeit der Studierenden sowie die Idee einer positiven Wechselwirkung von Lehre und Forschung führten dazu, dass die Qualität der Lehre als gegeben betrachtet wurde, weil „der beste Forscher zugleich der einzige gute Lehrer ist" (Jasper/Rossmann 1961:76 f). Somit wurde auch die Qualität der Hochschullehre von der Universität entkoppelt, da sie als gegeben vorausgesetzt und somit einem öffentlichen Diskurs entzogen und an der Person des in Einsamkeit forschenden, an der wissenschaftlichen Gemeinschaft orientierten Universitätslehrers gebunden war:

> „Das Qualitätsbewusstsein an den deutschen Hochschulen war also stark von den Nor-
> men der jeweiligen wissenschaftlichen Gemeinschaft bestimmt und bis dahin nicht mit
> Rechenschaftslegungen gegenüber der Öffentlichkeit, Studierenden, Arbeitgebern oder
> der Verwaltung gedanklich verbunden" (Müller/Köcher 2009: 5).

Aus diesem Qualitätsverständnis folgte, dass formalisierte Verfahren der Qualitätssicherung in der Lehre nicht „als Regelaufgabe der Hochschulen" verstanden
worden sind (vgl. Welbers 2007: 78).

Dieses ändert sich durch die oben aufgeführten Rahmenbedingungen Ende der
1990er-Jahre, als vor allem Lehrveranstaltungsbeurteilungen und Evaluationen im
Bereich der Lehre in Deutschland an Bedeutung gewonnen haben.

Lehrveranstaltungsbeurteilungen sind nach oben dargestellter Ebenenunter-
scheidung auf der Mikro-Ebene anzuordnen und dienen der Verbesserung einzelner
Lehrveranstaltungen. Vor allem durch Fragebögen wird nach einem studentischen
Urteil zumeist zum Aufbau, zur Didaktik, zur Durchführung oder zum Workload
der jeweiligen Veranstaltung gefragt (vgl. HRK 2007a 9f.). Das Follow-up von
Lehrveranstaltungsbeurteilungen kann unterschiedlich ausgestaltet sein. Es reicht
von Gesprächen zwischen Lehrenden und Studierenden über die Lehrveranstal-
tungsergebnisse, über die Weitergabe der Ergebnisse an die Studiendekane bis hin
zum öffentlichen Aushang. Allerdings geht Wolter (1995) davon aus, dass

> „eine sinnvolle Evaluation der Hochschullehre [...] sich im Interesse einer ständigen
> Qualitätsverbesserung der Lehre primär auf die Ebene der Studiengänge, ihrer Stärken
> und Schwächen, auf die Strukturen der Studienorganisation und des akademischen Lehr-
> betriebes konzentrieren, statt auf einzelne Personen oder Lehrveranstaltungen" (ebd.: 76).

Diese Qualitätssicherungsverfahren im Bereich der Lehre sollten somit zusätzlich
auf der von Wolter als „Meso-Ebene" bezeichneten Ebene stattfinden, d. h. auf
der der Studiengänge, einschließlich deren Studienprogramme, des Lehrveranstal-
tungsangebots und institutionellen Rahmenbedingungen (z. B. Studienordnungen,
Ausstattungssituation etc.). Zu den Qualitätssicherungsverfahren auf dieser Ebene,
vor allem im Bereich von Studium und Lehre, aber auch von Forschung bzw. von
Verwaltung und Dienstleistungen zählen *Evaluationen.* Evaluation ist ein Verfahren zur Leistungsbewertung und dient der kontinuierlichen Verbesserung der
eben aufgeführten Bereiche. Es kann zwischen internen und externen Evaluationen unterschieden werden. Interne Evaluationen werden mit dem Ziel verfolgt,
dass sich die Hochschulen, insbesondere die Fächer und Fachbereiche kritisch mit
ihren Leistungen auseinandersetzen. Die interne Evaluation ist im Wesentlichen
eine systematische Bestandsaufnahme durch die Fächer oder Fachbereiche selbst.
Häufig wird durch interne Evaluation die Ausrichtung des Fachbereichs/der Fächer
mit der strategischen Ausrichtung der Hochschule geklärt. Die interne Evaluation

endet mit einem Selbstreport, in dem Stärken und Schwächen sowie zukünftige Maßnahmen festgehalten werden (vgl. HRK 2007a: 7f.).

Bei der *externen Evaluation* beurteilen externe Peers Lehre, Studium, Forschung und Dienstleistungen auf der Basis des Selbstreports und einer Vor-Ort-Begehung. Ihre Empfehlungen und Anregungen erläutern die Peers zum Abschluss des Vorgehens und erstellen dann einen schriftlichen Bericht. Als dritte Stufe der Evaluation wird dann das sogenannte Follow-Up bezeichnet, d. h. es wird festgehalten, ob aus der internen und externen Analyse Schlüsse gezogen werden. Teilweise geschieht dieses über Zielvereinbarungen zwischen der evaluierten Einheit und der Hochschulleitung (vgl. HRK 2007a: 7f.; HRK 2010: 14).

Die *Akkreditierung* von Studiengängen wurde im Zuge des Bologna-Prozesses etabliert. Im Einvernehmen mit der Hochschulrektorenkonferenz hat die KMK mit Beschluss vom 3.12.1998 ein Akkreditierungsverfahren für Bachelor- und Masterstudiengänge eingeführt. Aufgabe der Akkreditierung ist die Sicherstellung fachlich-inhaltlicher Standards, die mit der Überprüfung des Studiengangskonzepts und der Studierbarkeit des Lehrangebots auch die Qualität der Lehre sowie die Überprüfung der Berufsrelevanz einschließt. Sie beruht auf dem Prinzip ‚Peer Review‘, wobei die Berufspraxis beteiligt werden muss.

Das deutsche Akkreditierungssystem ist durch dezentrale Agenturen gekennzeichnet, bei denen im Wesentlichen das Geschehen der Akkreditierung liegt, und einer zentralen Akkreditierungseinrichtung (Akkreditierungsrat), der die Agenturen akkreditiert. Es können verschiedene Formen der Akkreditierung unterschieden werden. So gibt es die Programmakkreditierung, in der jeder einzelne Studiengang akkreditiert wird, aber auch die Clusterakkreditierung, in der Studienprogramme, deren Inhalte, Organisation und Ressourcen in engem Zusammenhang stehen und in einem Bündel akkreditiert werden (vgl. HRK 2007a: 12ff). Systemakkreditierung bedeutet wiederum, dass das ganze Qualitätssystem und -verfahren in Hochschulen akkreditiert wird. Unter Systemakkreditierung fasst die HRK auch die sogenannte Prozessakkreditierung. In der Prozessakkreditierung wird begutachtet, ob Prozesse existieren, die die Qualität der Studienangebote einer Hochschule zu jedem Zeitpunkt sichern, überprüfen und verbessern. Unter Prozessen sind Entscheidungsfindungsverfahren sowie Entscheidungsabläufe zu verstehen, die im Bereich Lehre und Studium greifen. Die Prozessakkreditierung überprüft dabei Maßnahmen, die die Hochschule ergreift, um ein funktionierendes Qualitätsmanagementsystem im Bereich Lehre und Studium zu etablieren (vgl. Webler 2007: 30ff.). Allerdings wird dieses im Jahr 2012 lediglich probehalber an einigen Hochschulen durchgeführt.

Berichtssysteme zeichnen sich meist dadurch aus, dass sie von außen auferlegt werden. In Lehrberichten werden alle Informationen über die Leistungen einer

Hochschule in Studium und Lehre für die Öffentlichkeit dargestellt. Lehrberichte bestehen in der Regel aus statistischen Daten mit deskriptiver Aussagekraft. In diesem Zusammenhang kann von „einem einheitlichen oder eigenständigen Instrument der Qualitätssicherung [...] kaum gesprochen werden, da diese in ihrem Aufbau und Umfang bundesweit nicht einheitlich geregelt sind" (HRK 2007a: 9). Ferner werden *Absolventenbefragungen* als Instrument der Qualitätssicherung immer wichtiger, z. B. für die Akkreditierung, um beispielsweise Informationen über den beruflichen Verbleib oder Berufseinmündungsdauer der Absolventen zu erheben.

Hochschulrankings dienen vor allem dazu, mehr Transparenz in die vielfältigen Angebote und Leistungen der Hochschulen zu bringen. Für unterschiedliche Bereiche wie z. B. Forschung und Lehre werden Leistungsdimensionen bestimmt, dann die erforderlichen Kennzahlen errechnet und schließlich die Messgrößen in eine Reihenfolge gebracht, d. h. es handelt sich um einen relativen Vergleich innerhalb ausgewählter Leistungsbereiche (vgl. HRK 2007a: 16).

3.3.2   Wirtschaftsaffine Qualitätsmanagementsysteme

In der Wirtschaft haben sich verschiedene Qualitätsmanagementsysteme und ihre Zertifizierungen durchgesetzt, die über Konzepttransfers in den Hochschulsektor gelangten (vgl. Pasternack 2007: 91).

Der Begriff *Benchmarking* bezeichnet einen Prozess, bei dem verschiedene Geschäftsbereiche eines Unternehmens mit denen anderer Unternehmen verglichen werden. Dabei werden Prozesse, Methoden und Praktiken systematisch verglichen. So können Prozesse und Methoden der Besten des jeweiligen Unternehmens erkannt und ggf. übernommen werden (Best Practices) (vgl. HRK 2007a: 21).

Die *Balanced Scorecard* stellt einen Steuerungsansatz dar, bei dem präzise formulierte Zielwerte in einer Organisation in einem festgelegten Zeitrahmen erreicht werden sollen. In einer Balanced Scorecard werden die Visionen und Strategien einer Organisation in Ziele ausgedrückt und einem transparenten Ziel- und Indikatorensystem eingefügt

Zur Darstellung qualitativer Sachverhalte wurde das Instrument der *Wissensbilanzen* in der Wirtschaft entwickelt. Mit der Übertragung dieses Instruments auf den Hochschulbereich soll das intellektuelle Vermögen einer Hochschule (differenziert in Human-, Struktur- und Beziehungskapital) erfasst, dokumentiert und bewertet werden. Wissensbilanzen sollen in zwei Punkten Transparenz schaffen: a) Darstellung des hochschulinternen Wissensmanagements und b) die Darstellung externer Effekte bei der Kommunikation und dem Transfer wissenschaftlichen Wissens (vgl. Pasternack 2006: 455).

Ein ‚technisches' Verfahren der Qualitätssicherung stellen Zertifizierungen nach der DIN-EN-ISO-Normreihe 9000ff. dar, ein Modell zur Zertifizierung der Qualitätsfähigkeit einer Institution (vgl. Pasternack 2004: 38). Der Grundgedanke der DIN-EN-ISO-9000ff.-Verfahren ist, dass standardisierte Prozesse zu einer gleichbleibenden Produktqualität führen. Zertifiziert wird jedoch nicht die Qualität des Endprodukts, sondern das Befolgen verschiedener Verfahrensschritte. Der Entstehungsweg wird nach der DIN-EN-ISO-Normreihe-9000ff. dokumentiert und durch eine Zertifizierungsagentur geprüft, respektive auditiert.

Das *Total Quality Management (TQM)* verfolgt weniger eine Standardisierungsstrategie wie die DIN-EN-ISO-Normreihe-9000ff., sondern es handelt sich bei TQM um einen Ansatz, der durch eine „systematische und konsequente Anwendung bestimmter Methoden und [...] Veränderung von Verhaltensweisen" die Qualität und Kundenzufriedenheit erhöht (vgl. HRK 2007a: 23). Beim TQM geht es stärker um eine Steigerung der Leistungsfähigkeit und weniger um die Einführung von Standards. Durch Selbstbewertungen soll anhand eines transparenten Modells ein kontinuierlicher Verbesserungsprozess in Gang gesetzt werden. Bei allen vorgestellten Verfahren, die ursprünglich aus der Wirtschaft stammen, gilt es, diese „einer Hochschulverträglichkeitsprüfung zu unterziehen und hinsichtlich des konkreten Anwendungsfall auf ihre jeweilige Eignung zu prüfen" (Pasternack 2007: 92).

3.3.3   *Zielvereinbarungen und indikatorbasierte Mittelverteilung*

Zielvereinbarungen und die indikatorbasierte Mittelverteilung werden nicht direkt zu den Instrumenten der Qualitätssicherung bzw. des Qualitätsmanagements gezählt. Sie sind eine „indirekte Bewertungstechnologie, aber nicht a priori eine *Qualitäts*bewertungstechnologie" (Pasternack 2004: 93). Im Folgenden werden sie aber trotzdem vorgestellt, da sie zum einen relevante Auswirkungen auf die Qualität von Lehre und Forschung haben können, da sie als ‚Follow-Up'-Instrumente anderer Maßnahmen der Qualitätssicherung dienen können, zum anderen auch, da z. B. über die Anzahl der Publikationen in hoch angesehenen Journals Rückschlüsse auf die Qualität der Forschung gezogen werden können.

Mit Blick auf die ziel- und leistungsorientierte Steuerung der internen Ressourcenallokation haben sich in den vergangenen Jahren insbesondere zwei Instrumente etabliert und zwar Verfahren der indikatorgestützten Mittelverteilungen und Zielvereinbarungen. Während bei formelgebundenen Vergabeverfahren die

Zuweisung finanzieller Mittel automatisiert auf Basis der Werte bestimmter Indikatoren (z. B. Absolventen- oder Promotionszahlen) erfolgt, stellen Zielvereinbarungen das Ergebnis eines Aushandlungsprozesses zwischen Zuweisungsgeber und Zuweisungsnehmer dar (vgl. Jaeger/Leszczensky 2007b: 12).

Zielvereinbarungen sind ein Resultat der zunehmenden deregulierten Hochschulsteuerung. Anstatt einer direkten Regulierung wird davon ausgegangen, dass die Hochschulen mit dem Land gemeinsam Schwerpunkte für die Entwicklung und Profilbildung festlegen. Zielvereinbarungen zwischen Land und Hochschulen werden inzwischen in allen Bundesländern eingesetzt, teilweise ergänzt um Hochschulpakte (vgl. Jäger 2007: 153). Dabei sind zwei Umsetzungsformen zu unterscheiden, und zwar zum einen die der Zielvereinbarungen als Gegenleistung bzw. Legitimation der Grundfinanzierung; zum anderen werden Zielvereinbarungen als Mittel zur Profilbildung verwendet (vgl. Ziegele 2002). Auch innerhalb der Hochschulen werden Zielvereinbarungen weitverbreitet eingesetzt, und hierbei vor allem auf der Ebene zwischen Hochschulleitung und Fakultäten. Zielvereinbarungen sollen im Kontext der neuen Steuerung primär als Instrument des strategischen Managements der Hochschulleitung verstanden werden, das auf Ziele und zu erreichende Leistungen ausgerichtet ist, während die operative Umsetzung in der Aufgabe der dezentralen Einheiten liegt (vgl. Jaeger 2007: 153). Inhaltlich zeigt sich eine Dominanz lehrbezogener Themen (z. B. Einführung der neuen Studienstrukturen, Evaluation der Lehre, Maßnahmen zur Verkürzung der Studienzeiten) gegenüber dem Forschungsbereich (z. B. Beantragung bzw. Einwerbung von Forschungsdrittmitteln in bestimmten Schwerpunktbereichen, Förderung der Interdisziplinarität). Weitere häufige Themen sind die Förderung des wissenschaftlichen Nachwuchses und Aspekte des Wissens- und Technologietransfers (vgl. Jaeger 2007a: 156). Inwiefern Zielvereinbarungen mit finanziellen Allokationen verknüpft sind, variiert zwischen den einzelnen Hochschulen (vgl. Jaeger/Leszczensky 2007: 14).

Seit einigen Jahren kommt auch Modellen indikatorenbasierter, formelgebundener Hochschulfinanzierung eine zunehmende Bedeutung zu (vgl. Banscherus 2011: 25). Die leistungsorientierte Mittelvergabe (LOM) stellt dabei ein Instrument sowohl der staatlichen als auch der internen Hochschulsteuerung dar, welches durch monetäre Anreize eine Leistungsverbesserung erzeugen soll. Mittlerweile setzen alle deutschen Länder Finanzierungsformeln für die Bemessung von Teilen der staatlichen Hochschulzuschüsse ein, wobei sich die Höhe als auch die Modi der Verteilung stark zwischen den einzelnen Bundesländern unterscheiden (vgl. Jaeger 2008: 37). Auch in nahezu jeder deutschen Hochschule werden mittlerweile Finanzierungsformeln eingesetzt (vgl. HRK 2009: 65), allerdings werden an den meisten Hochschulen nur Teile der laufenden Sachmittel und damit nur geringe

Budgetanteile über eine Formel gesteuert (vgl. Jaeger/Leszczensky 2007b: 13). An vielen Hochschulen ist die interne Weitergabe der Mittel an die Fakultäten an die angewandten Kennzahlen der Länder angelehnt (vgl. Jaeger 2007: 41). Auch die im Rahmen der professoralen Besoldungsordnung W eingeführten leistungsabhängigen Besoldungszulagen sind Form einer leistungsorientierten Mittelvergabe. Hierbei können Grundgehälter durch leistungsabhängige Zulagen erhöht werden. Diese Zulagen können aus Anlass von Berufungs- und Bleibever-handlungen, für besondere Leistungen in Forschung und Lehre oder bestimmte Positionen (z. B. Studiendekan) vergeben werden. Die leistungsorientierte Mittel-vergabe wird in den meisten Fällen anhand von Indikatoren im Bereich der Lehre und im Bereich der Forschung bestimmt; teilweise werden auch Erfolge z. B. in der Gleichstellungspolitik gratifiziert.

Indikatoren, die vor allem für die leistungsorientierte Mittelvergabe auf der Ebene zwischen Land und Hochschule, aber auch zwischen der Hochschulleitung und der Fakultätsebene verwendet werden, sind für die Lehre beispielsweise die Anzahl der Studierenden, die Anzahl der Studierenden in Regelstudienzeit, die Anzahl der Absolventen; im Bereich der Forschung Publikationen, Patente, Pro-motionen, Habilitationen, Forschungsaufenthalte und eingeworbene Drittmittel nach Herkunftsart (vgl. Hornbostel 2006: 223). Allerdings sind diese quantitativen Indikatoren nicht unumstritten. Zentrale Kritik ist die Frage, ob Qualität von For-

Hochschulspezifische Qualitätssicherungsverfahren	Forschung: • Peer-Review • Forschungsevaluationen • Forschungsrating • Forschungsranking Lehre: • Lehrveranstaltungsbeurteilungen • Evaluationen (intern/extern), zumeist auf Fächer- und/oder Fachbereichsebene • Akkreditierung • Lehrberichte • Absolventenbefragungen • Hochschulrankings
Wirtschaftsaffine Qualitäts-managementsysteme	• Benchmarking • Balanced Scorecard • Wissensbilanzen • EN-ISO-Normreihe-9000 ff. • Total Quality Management
Zielvereinbarungen, indika-torenbasierte Mittelverteilung	• Zielvereinbarungen • Indikatorenbasierte, formelgebundene Mittelverteilung • W-Besoldung

Tab. 3.1   Übersicht über Qualitätssicherungsverfahren. Quelle: Eigene Darstellung

schung, aber auch von Lehre, über Indikatoren abgebildet werden kann, und dass die Validität der Indikatoren in den meisten Fällen nicht wissenschaftlich getestet und nachgewiesen ist. Zudem wird kritisiert, dass es sich bei einer Bewertung auf Basis von Indikatoren um eine reine schematische Bewertung handelt und nicht intendierte Effekte (im Bereich der Forschung: ‚Matthäus-Effekt'; Fokussierung auf Mainstream Forschung; künstliche Aufteilung von Publikationen; im Bereich der Lehre: Absenkung des Niveaus; Qualität der Lehre kann schwer über Quantität abgebildet werden) auftreten können (vgl. für die Forschung Hornbostel 2006; für die Lehre Krempkow 2005: 74) (siehe Tab. 3.1).

3.4 Umsetzung von qualitätssichernden Maßnahmen/ Qualitätsmanagement

In der deutschen Hochschullandschaft ist eine zunehmende Etablierung von (zentralen) Stellen im Bereich der Qualitätsentwicklung (und hier vor allem im Bereich der Lehre) zu beobachten. So konnte das Projekt Q[16] in seiner im Jahr 2010 durchgeführten Umfrage zeigen, dass es an 86,6 % der befragten Hochschulen eine hochschulweite Ansprechstelle für Qualitätsentwicklung gibt. In einer im Jahr 2008 unter deutschen KanzlerInnen bzw. hauptamtlichen VizepräsidentenInnen durchgeführten Befragung gaben diese an, dass vor allem in der Qualitätsentwicklung im Bereich der Lehre in den letzten fünf Jahre neue organisatorische Einheiten und/oder neue Stellen eingerichtet bzw. ausgebaut wurden (Krücken et al. 2010: 237). Auch Nickel/Ziegele (2010) zeigten in ihrer Befragung unter Leitungskräften aus 363 staatlichen Hochschulen sowie 2045 Mitgliedern aus Dekanaten (Dekane, Prodekane, Fakultätsmanager), dass vor allem der Bereich Qualitätsentwicklung im administrativen Bereich des Wissenschaftsmanagements einen Haupt-Wachstumsbereich darstellt (vgl. Nickel/Ziegele 2010: 53).

Seit 1999 veröffentlicht das Projekt Q der HRK Ergebnisse einer Umfrage unter Hochschulleitungen, Fachbereichsleitungen und Qualitätsentwicklern zum Implementierungsstand von Qualitätssicherungsverfahren (vor allem im Bereich der Lehre). Im Folgenden werden die zentralen Ergebnisse der aktuellsten Umfrage des Projekts ‚Qualitätsmanagement der Hochschulrektorenkonferenz', die im Frühjahr 2010 unter Hochschulleitern und Dekanen deutscher Hochschulen durchgeführt wurde, kurz vorgestellt.

Auffällig ist vor allem der starke Personalzuwachs an Stellen im Bereich der Qualitätsentwicklung an deutschen Hochschulen von durchschnittlich 1,56 Stellen

---

[16] Das Projekt ‚Q- Qualitätssicherung' – ab 2007 ‚Projekt QM' genannt – bestand von 1998 bis 2010 bei der Hochschulrektorenkonferenz (HRK). Näheres zum Aufgabenbereich siehe Kapitel 7.3.4.

im Jahr 2007 auf durchschnittlich 2,63 Stellen in 2010. Von den Instrumenten
der Qualitätssicherung im Bereich der Lehre war die studentische Lehrveranstal-
tungskritik am meisten verbreitet, diese wurde in 96,5 % aller befragten Hochschulen durchgeführt. An der zweiten Stelle standen Programmakkreditierungen,
die an 85,9 % der befragten Hochschulen durchgeführt wurden. Dahinter folgen
Erstsemesterbefragungen und Absolventenstudien, welche an ca. drei Viertel der
Hochschulen existierten (vgl. HRK 2010: 26f.). Circa die Hälfte der Befragten gab
an, dass Evaluationen von Studiengängen durchgeführt wurden, dabei handelte
es sich in 56 % der Fälle um eine reine Selbstevaluation, lediglich bei 28,5 % der
Befragten waren externe Akteure beteiligt (vgl. HRK 2010: 32).

Wirtschaftsaffine Qualitätsmanagementsysteme sind an deutschen Hochschulen eher wenig anzufinden, lediglich 8,7 % der Hochschulleitungen gaben an, formalisierte Qualitätsmanagementverfahren wie DIN-EN-ISO-9000ff etabliert zu
haben; 4,7 % TQM-Modelle oder Verfahren der Balanced Scorecard (vgl. HRK
2010: 11).

Hingegen sind Zielvereinbarungen und die leistungsorientierte Mittelvergabe,
wie bereits erwähnt auf der Ebene zwischen dem jeweiligen Land und den Hochschulen, aber auch innerhalb der Hochschulen, flächendeckend eingeführt, wenn
auch mit stark divergierenden Ausprägungen (vgl. Jaeger /Leszczensky 2007a).
Allerdings führt der Einsatz von Verfahren der Qualitätssicherung nur teilweise
zu verbindlichen Empfehlungen oder zu Zielvereinbarungen mit Fristsetzung zwischen Hochschulleitung und Fachbereich. Lediglich 10,3 % der Fachhochschulen
und 16,7 % der Universitäten gaben an, dass sie generell im Anschluss an Qualitätssicherungsmaßnahmen ein solches Vorgehen wählen. In den meisten Fällen erfolgt eine weniger strukturierte Form der Einflussnahme der Hochschulleitung: So
berichteten 85,4 % der Hochschulleitungen, dass sie über Qualitätssicherungsverfahren, deren Ergebnisse und die Umsetzung von Verbesserungsmaßnahmen der
dezentralen Einrichtungen (Fakultäten, Fachbereiche) in Kenntnis gesetzt werden
(vgl. HRK 2010: 14). Inwiefern die Ergebnisse qualitätssichernder Verfahren (und
hiermit sind nicht die quantitativen Indikatoren gemeint) in die leistungsorientierte
Mittelvergabe einfließen, ist nicht flächendeckend erhoben.

3.5   Funktionen der Qualitätssicherung

Die qualitätssichernden Maßnahmen verfolgen abhängig von den verfolgten
Zwecken und Fragestellungen unterschiedliche Funktionen. Wie bei den Wirkungen, ist auch zwischen den Funktionen der Qualitätssicherung auf a) der Individual-

ebene, d. h. des (wissenschaftlichen) Personals, b) auf der Ebene der Institute und Fakultäten c) der Hochschulleitung d) der gesamten Hochschule zu unterscheiden. Schmidt (2008) und Hornbostel (2010) benennen unterschiedliche Funktionen von qualitätssichernden Maßnahmen. Zwar verwenden beide Autoren ein unterschiedliches Vokabular, gehen aber zusammengefasst beide davon aus, dass die Qualitätssicherung eine Kontrollfunktion hat. In diesem Sinne dienen qualitätssichernde Maßnahmen dem Controlling und dem Audit von Leistungen im Sinne eines Abgleichens von Zielen oder Erwartungen mit deren Erfüllung (vgl. Schmidt 2008: 4; Hornbostel 2010: 293). Hierbei können wieder die Leistungen des einzelnen Wissenschaftlers, des einzelnen Fachbereiches, der Hochschulleitung und der gesamten Hochschule kontrolliert werden.

Zweitens hat die Qualitätssicherung eine *Erkenntnis-* bzw. *Entwicklungsfunktion*, welche allen Beteiligten Informationen über Beschaffenheit und Wirkungen von Forschung und Lehre usw. bereiten und Entwicklungspotenziale aufzeigen soll. Das heißt, dass durch die Qualitätssicherung den relevanten Akteuren (d. h. den Wissenschaftlern selbst, der Verwaltung, den Leitungskräften zentraler und dezentraler Ebene; aber auch der Politik und sonstigen Stakeholdern) Informationen zur Verbesserung und Weiterentwicklung der persönlichen bzw. der organisationalen Lehr- und Forschungstätigkeiten zur Verfügung gestellt werden.

Schmidt (2008) und Hornbostel (2010) beschreiben zudem, dass qualitätssichernde Verfahren auch eine *Legitimationsfunktion* haben, diese folglich Entscheidungen legitimieren und der Rechenschaftslegung dienen sollen (vgl. Hornbostel 2010: 294; Schmidt 208: 4). Jedoch sei es, vor allem in Bezug auf die Legitimationsfunktion, die Ergebnisse der Qualitätssicherung für Entscheidungen der Hochschulleitung haben können, kontextabhängig, ob qualitätssichernde Maßnahmen zum Ausgangspunkt von Maßnahmen werden oder lediglich „argumentatives Material für bereits getroffene Entscheidungen liefern" (Hornbostel 2010: 294).

Schmidt (2008: 4) benennt als weitere Funktion der Qualitätssicherung eine *Forschungsfunktion*, worunter er Qualitätssicherung als Instrument zur Generierung neuen wissenschaftlichen Wissens fasst, Hornbostel (2010) hingegen führt als weitere Funktion von qualitätssichernden Maßnahmen die der *Dialogfunktion* an. Diese stellt ihm zufolge einen Nebeneffekt von Evaluationen dar, nämlich „die Stimulierung von Selbstverständigungs- und Kommunikationsprozessen unter den Beteiligten, die in der Alltagsroutine nicht stattfinden" (Hornbostel 2010: 294).

Insgesamt kann zwischen der formativen und der summativen Funktion der Qualitätssicherung unterschieden werden. Die formative Qualitätssicherung findet prozessbegleitend statt und hat eine unterstützende und beratende Funktion. Die summative Qualitätssicherung hingegen dient der Bewertung, der Kontrolle und der Rechenschaftslegung. Allerdings sind diese beiden schwierig abzugrenzen, in der Realität vermischen sich häufig beide Formen, beispielsweise ist es schwer, bei Evaluationen zwischen Beratung und Prüfung zu distinguieren (vgl. Hornbostel 2010: 303). Welche Funktion überwiegt, hängt unter anderem auch von der Organisationsform der Qualitätssicherung an Hochschulen ab, wie im Folgenden dargelegt wird.

3.6   Qualitätsmanagement und Hochschulsteuerung

Die verschiedenen Funktionen der Qualitätssicherung können nach der Funktion unterschieden werden, die sie für den Wissenschaftler, die Fakultätsebene, die Hochschule bzw. das ganze Hochschulsystem, aber auch für die Hochschulleitungsebene haben. Besonders bedeutend ist dabei die Funktion für die Hochschulleitung, was unter anderem daran abzulesen ist, dass, wie bereits beschrieben, nur dann von Qualitätsmanagement zu sprechen ist, wenn eine Verbindung zwischen Qualitätssicherung und Steuerung besteht. Besonders im Kontext des Governancewandels und der damit einhergehenden Organisationswerdung der Hochschulen ist die Qualitätssicherung bzw. das Qualitätsmanagement nicht nur im Verhältnis Staat-Hochschule bzw. externe Stakeholder-Hochschule zu einem zentralen Governance-Mechanismus geworden, sondern ist auch hochschulintern zur einer Managementaufgabe avanciert (vgl. Kapitel 2). Allerdings wird in der einschlägigen Literatur davon ausgegangen, dass die am häufigsten anzufindende Funktion der Qualitätssicherung für die Hochschulleitung die der Entwicklungsfunktion ist, während die Kontroll- und Legitimationsfunktion eher weniger ausgeprägt ist (vgl. Nickel 2007: 17; Winde 2010; Schmidt 2008: 13; Grendel et al. 2006).[17]

Diese Entwicklungsfunktion zeigt sich beispielsweise im Bereitstellen von Wissen über die Qualität der Leistung der Hochschulen, und ermöglicht so eine evidenzbasierte Steuerung der Hochschulen durch die Hochschulleitungen. Somit erhält die Hochschulleitung durch die in der Qualitätssicherung stattfindende Informationsgenerierung und Verbreitung faktisches Steuerungswissen (vgl. Meier 2010: 2; Teixeira et al. 2004: 226).

„Die Messung und Dokumentation der Maßnahmen und Ergebnisse im Bereich von Lehre und Studium dient dem Zweck, die erforderlichen Informationen bereitzustellen,

---

[17]   Die differenzierteren Aussagen Schmidts (2008: 13), der die Funktionen der Qualitätssicherung nach eingesetzten Instrument unterscheidet, erscheint dem Gegenstand angemessener. So geht er davon aus, dass Evaluationen im deutschen Hochschulraum primär eine „Entwicklungsfunktion mit Bezügen zur Kontroll- und Legitimationsfunktion haben und vorrangig auf den Maßstab der Zielerreichung abstellen (…), Indikatoren [hingegen] vorrangig eine Kontroll- und Legitimationsfunktion [haben]" (Schmidt 2008: 13).

um die Qualität dieses Leistungsbereiches der Hochschule durch steuernde Eingriffe sichern und weiterentwickeln zu können" (Künzel 2008: 16).

Da Evaluationsmaßnahmen in vielen Hochschulen (bisher) nicht in Steuerungsprozesse einbezogen sind, ist die Kontrollfunktion eher schwach ausgeprägt (vgl. Nickel 2007: 37; Schmidt 2009b: 5; HRK 2009: 45ff.).[18] Dieser Zustand wird einerseits als notwendig erachtet, weil „Lehr- und Forschungsevaluationen vorrangig der akademischen Selbstkontrolle und Weiterentwicklung dienen und deshalb wissenschaftsintern bleiben sollen" (Nickel 2007: 38), allerdings gibt dieses auch Anlass zu Kritik, da an Entscheidungen ungebundene Evaluationen weniger Wirkung zeigten (vgl. Nickel 2007: 38).

3.7 Organisation der Qualitätsentwicklung

Einer Umfrage des ‚Projekt Q' unter deutschen Hochschul- und Fakultätsleitungen im Jahr 2007 zufolge sind 46,2 % der zentralen Ansprechstellen für Fragen der Qualitätsentwicklung in Form einer Stabsstelle organisiert, bei 20,4 % der befragten Hochschulen ist die Stelle einem Dezernat der Verwaltung angegliedert. In 6,5 % der Fälle existiert an der Hochschule ein eigenes Zentrum oder Institut für Qualitätsfragen und in 2,2 % eine eigene Abteilung innerhalb der zentralen Universitätsverwaltung; der Rest hat alternative organisationale Lösungen gefunden (vgl. Projekt Q 2008: 9). Für den jeweiligen Organisationstypus lassen sich Vor- und Nachteile finden (vgl. HRK 2009: 25ff.; Fischer-Bluhm 2010: 58f.; Pohlenz 2010: 97ff.; Klug 2010: 91), welche im Folgenden referiert werden. Die jeweiligen Organisationstypen werden im Folgenden jeweils anhand einer beispielhaften Einrichtung dargestellt.

Das *Zentrumsmodell* zeichnet sich durch eine häufig anzutreffende weitgehende Autonomie von Gremien und anderen Einheiten der Hochschule aus. Sie treten zumeist als Instanz zwischen Hochschulleitung und -fächern auf, wobei die Hochschulleitung häufig als direkte oder indirekte Auftraggeberin von Verfahren fungiert, die vom Zentrum dann in den Fächern organisiert und durchgeführt werden. Nachteil dieses Modells ist dem ‚Projekt Q' der HRK (2009) zufolge die hohe Kostenintensität aufgrund der häufig anzufindenden hohen Mitarbeiterzahl. Problematisch ist außerdem, dass teilweise nicht alle Bereiche der strategischen Hochschulentwicklung oder des Controllings abgedeckt sind, sodass es häufig

---

[18] Allerdings geht z. B. Nickel (2008) auch davon aus, dass die Kopplung zwischen Hochschulmanagement und Qualitätssicherung enger wird, nicht zuletzt um sich im Wettbewerb erfolgreich positionieren zu können; aber auch, da durch die Einführung der Systemakkreditierung Impulse für eine derartige Entwicklung ausgelöst wurden (vgl. Nickel 2008: 17f.).

noch zusätzlich Stabsstellen oder Verwaltungseinheiten für diese Aufgaben gibt, wodurch Transaktionskosten entstehen. Vorteilhaft ist hingegen die zentrale Rolle, die das Zentrum bei einem übergreifenden Qualitätsmanagement einnehmen kann (vgl. HRK 2009: 27). Fischer-Bluhm zufolge signalisiert eine (wissenschaftliche) Zentrumsorganisation, dass die Qualitätsentwicklung als Entwicklungs- und Serviceaufgaben dem Wissenschaftsbereich zugeordnet wird, was sich auch darin zeigt, dass ein eigener Forschungsanteil erwartet wird (vgl. Fischer-Bluhm 2011: 59). Als Beispiel für das Organisationsmodell eines wissenschaftlichen Zentrums kann das Zentrum für Qualitätssicherung und -entwicklung an der Universität Mainz (ZQ) genannt werden. Dieses fühlt sich als ‚intermediäre Instanz' sowohl den übergreifenden Interessen der Hochschulentwicklung als auch den Interessen der Fächer verpflichtet (Schmidt 2009b: 13ff.). Schmidt, der Leiter des ZQ führt aus, dass durch diese hybride Aufgabenstellung ein Spagat zwischen Bewertung und Beratung zu leisten ist und damit auch eine Balance zwischen der strukturellen Unabhängigkeit im Hinblick auf die Bewertungsfunktion, zum anderen eine hinreichende Bindung an die Hochschulentwicklung und -steuerung, um eine Verbindung zwischen der Qualitätssicherung und der Hochschulsteuerung zu gewährleisten (vgl. Schmidt 2009b: 19). Diese zweiseitige Ausrichtung spielt sich auch in der organisatorischen Einbindung des ZQ wieder. Es ist eine wissenschaftliche Einrichtung unter der Verantwortung des Präsidenten, verfügt zudem aber über einen gesonderten Senatsausschuss, der in Grundsatzfragen entscheidet. Darüber hinaus wird dem ZQ jedoch zusätzlich im Rahmen seiner Organisationsregelung methodische Unabhängigkeit zugesichert (vgl. Schmidt 2009b: 13).

Qualitätsentwickelnde Einrichtungen sind zudem als *Verwaltungseinheiten* organisiert. Dabei ist der Aufgabenbereich der Qualitätsentwicklung entweder innerhalb eines Verwaltungsdezernates (z. B. Zuständigkeiten für Lehrqualität im Dezernat für Studium und Lehre; für Forschungsqualität im entsprechenden Dezernat für Forschung)[19] oder in einem eigenen Dezernat organisiert; hier sind dann sämtliche qualitätsrelevanten Arbeitsfelder in einem Dezernat für z. B. Planung/ Entwicklung/Controlling zusammengefasst. Vorteilhaft ist bei dieser Organisationsform die Möglichkeit der Koordination mit anderen Bereichen der Verwaltung, auch kann über die institutionelle Anbindung an die Verwaltung und an die Leitung der Hochschule über den Instanzenweg eine stärkere Integration in die Arbeit der gesamten Hochschule bewirkt werden. Ebenso ist durch die Verwaltungseinbindung durch die häufige Ausstattung mit Planstellen eine dauerhafte institutionelle Fundierung eher gewährleistet als beispielsweise bei wissenschaftlichen Zentren

---

[19] Dieses kann der Studie der HRK (2009) zufolge, ähnlich wie bei dem wissenschaftlichen Zentrum beschrieben, zu Reibungsverlusten führen, die aus einem erhöhten Bedarf an Koordination von Abläufen der verschiedenen Verwaltungseinrichtungen erwachsen.

oder auch bei Stabsstellen. Problematisch bei diesem Organisationstypus ist einer Studie des ‚Projekt Q' zufolge, dass, anders als bei einer Stabsstelle, lediglich eine mittelbare Anbindung an den Rektor gewährleistet ist (vgl. HRK 2009: 28). Zudem kann die naheliegende Konzentration auf Controlling-Aspekte eine mangelnde strategische Ausrichtung bedingen. Die direkte Verwaltungseinbindung kann ebenso für die Akzeptanz seitens der Wissenschaftler nachteilig sein, da die Verwaltung etwaig unter einem „Bürokratieverdacht" (HRK 2009: 28) steht und ihr somit mit Misstrauen begegnet wird. Diese Problematik thematisiert auch Klug (2010), Leiterin des Referats Qualitätsmanagement an der TU Darmstadt, welches im Dezernat I, Struktur und Strategie, angesiedelt ist. Sie beschreibt, dass eine Ansiedlung der Qualitätsentwicklung in der Verwaltung aufgrund der benötigten Wissenschaftsnähe nicht unbedingt vorteilhaft ist.

> „Möglicherweise komme es darauf an, die Ansiedlung in ‚echten' Verwaltungseinheiten in der täglichen Praxis nicht dazu führen zu lassen, dass sich auch Philosophie und Prozesse in Richtung der klassischen Verwaltung entwickeln. Ein Verständnis über die besondere Rolle von Qualitätsmanagerinnen und -managern gegenüber klassischem Verwaltungshandeln [Ausführung von Regeln; Anm. der Autorin] muss dringend kommuniziert und konsequent gelebt werden" (Klug 2010: 91).

Das häufigste Modell der zentralen Qualitätsentwicklung ist die der Organisation in einer *Stabsstelle*. Dabei sind Stabsstellen, die allein für den Bereich der Lehre zuständig sind, häufig dem Prorektor/Vizepräsidenten für Lehre zugeordnet, bzw. wenn sie für den Bereich der Forschung zuständig sind, dem Prorektor/Vizepräsidenten für Forschung. Stabsstellen mit einem leistungsbereichsübergreifenden Aufgabenportfolio, wie Hochschulentwicklung oder Qualitätsmanagement, sind meist direkt dem Rektor/dem Präsidenten zugeordnet. Stabsstellen sind durch diese Ansiedlung außerhalb der üblichen Verwaltungshierarchie verortet (vgl. HRK 2009: 29). Diese Organisationsform entspricht zum Teil Überlegungen des Total Quality Managements, da die Verantwortung für die Qualität von Produktion und Dienstleistungen auf den Mitarbeiter verlagert wird und nicht länger bei einer gesonderten Abteilung für Qualitätskontrolle liegt. Das Qualitätsmanagement in Form einer Stabsstelle, welche direkt der Leitung unterstellt ist, hat die Aufgabe das Qualitätsmanagementsystem zu entwickeln, zu verbessern, geeignete Instrumente zu implementieren sowie die Führungskräfte und die Mitarbeiter zu beraten (vgl. Bröckling 2007: 219; zitiert in HRK 2009: 29). Somit „(kontrollieren) die Qualitätsspezialisten [...] nicht mehr die Produkte, sondern die Selbstkontrolle der Produzenten" (Bröckling 2007: 219).[20] Diese Funktion schreibt auch Pohlenz

---

[20] Dieser Ansatz stammt ursprünglich aus Wirtschaftsunternehmen, lässt sich der Studie der HRK zufolge aber im Grundsatz auf Hochschulen übertragen (vgl. HRK 2009: 29). Jedoch ist davon auszugehen, dass durch die Spezifika der Organisation und des Managements von Hochschulen (siehe Kapitel 2.4) einer Übertragung deutliche Grenzen gesetzt sind.

(2010) dem Zentrum für Qualitätsentwicklung in Lehre und Studium der Universität Potsdam zu, dessen Leiter er ist. Durch die Organisation in Form einer Stabsstelle würde das Verständnis von Qualitätsentwicklung in Lehre und Studium als Managementaufgabe der Leitung verstanden. Die inhaltliche Umsetzung der Qualitätsentwicklung läge dabei aber in der dezentralen Verantwortung der Fakultäten, welche auf die Leistungen des Zentrums zurückgreifen. Zwar können die Fakultäten eigene Wege der Qualitätssicherung gehen, „ihnen wird aber im Rahmen von extern durchgeführten ‚Metaevaluationen' Rechenschaft über die Effektivität und Wirkungsweise ihrer je kontextspezifischen Ansätze abverlangt" (Pohlenz 2010: 98).

In der Studie der HRK von 2009 wird jedoch beschrieben, dass diese übergeordnete auditierende Funktion von Stabsstellen noch nicht stark ausgebaut ist, sondern die direkte Durchführung von Verfahren im Arbeitsalltag für die meisten Stabsstellen immer noch eine wichtige Rolle spielt, auch wenn anerkannt wird, dass die Stabsstelle eigentlich eine zentrale Koordinationsfunktion haben sollte.

> „Dieses Vorgehen setzt aber auf der dezentralen Ebene hohe Kompetenzen bei der eigenständigen Durchführung von Qualitätssicherungsverfahren voraus, die in dieser Form häufig noch nicht ausgebildet sind" (HRK 2009: 30).

Die Vorteile einer Stabsstelle liegen der Studie der HRK zufolge in der direkten Anbindung an die Hochschulleitungen und somit einer guten Möglichkeit der direkten Kommunikation, wodurch die Einbindung von Ergebnissen der Qualitätssicherung und die Einschätzungen der Qualitätsentwicklerin die strategische Steuerung verbessert würden. Die Unabhängigkeit der Stabsstelle von anderen Verwaltungseinrichtungen macht ein freieres Agieren in Fragen der Verwaltungsevaluationen und -reformen möglich und fördert zudem auch häufig die Akzeptanz solcher Verfahren beim wissenschaftlichen Personal der Hochschulen. Allerdings kann sich diese Loslösung von der Hochschulverwaltung auch nachteilig auswirken, da als Reaktion auf den befürchteten Verlust von Kompetenzen es zu Animositäten seitens der Verwaltung kommen und dieses eine gute Kommunikation und Zusammenarbeit erschweren kann (vgl. HRK 2009: 31). Zudem sind durch Organisation in einer *Stabsstelle* auch die Möglichkeiten des direkten Instanzenweges, wie z. B. in der Verwaltung, nicht gegeben. Pohlenz (2010) sieht als weitere Gefahr, dass, ähnlich wie bei der Organisation der Qualitätsentwicklung in einer Verwaltungseinheit, diese Art der Organisation signalisieren könnte, dass die Qualitätsentwicklung eine „exekutive Funktion im Bereich der Leistungskontrolle übernehmen soll" (Pohlenz 2010: 100). Somit besteht eine wichtige Entwicklungsaufgabe des Zentrums darin, die „Akzeptanz und das Vertrauen (…) als wissenschaftlicher Dienstleister für die Lehrenden, Fächer und Fakultäten zu erwerben" (Pohlenz 2010: 100).

3.8   Zusammenfassung

Durch den Governancewandel und der damit einhergehenden Transformation der Hochschule in einen organisationalen Akteur gewann die Qualitätsentwicklung an Bedeutung. Dieses zeigt sich auch an der nunmehr in allen Landesgesetzen zu findenden gesetzlichen Verpflichtung der Hochschulen zur Qualitätsentwicklung. Der Begriff ‚Qualität‘ baut auf unterschiedlichen Konzeptionen auf, dabei ist zwischen Qualitätsentwicklung (Wie können die Qualitätsziele einer Organisation erreicht werden?), Qualitätssicherung (alle geplanten und systematischen Maßnahmen einer Organisation, die der Sicherung organisationsseitig definierter Qualitätsanforderungen dienen) sowie Qualitätsmanagement (gezielte Planung über die Steuerung und Kontrolle aller Qualitätsaspekte und Dimensionen einer Organisation) zu unterscheiden. Allerdings werden diese Begriffe in der wissenschaftspolitischen, aber auch wissenschaftlichen Literatur unterschiedlich und häufig vermischt verwendet. In vorliegender Arbeit wird von ‚Qualitätsentwicklung‘ und ‚Qualitätsentwicklern‘ gesprochen, da dieses den Überbegriff für ‚Qualitätssicherung‘ darstellt und damit dem Umstand Rechnung trägt, dass, wie im Folgenden noch gezeigt wird, an einigen Universitäten ein System der Qualitätssicherung, an anderen aber eines des Qualitätsmanagements anzufinden ist. Lediglich in Bezug auf konkrete Instrumente und Verfahren wird der Begriff ‚Qualitätssicherung‘ verwendet, da dieser, wie beschrieben, auf konkrete Maßnahmen abzielt.

Es existieren, je nach Fragestellung, viele verschiedene Verfahren der Qualitätssicherung und des Qualitätsmanagements. Unter der Kategorie hochschulspezifische Qualitätssicherungsverfahren können im Bereich der Lehre die Lehrveranstaltungsbefragungen, Akkreditierungen, Evaluationen, Lehrberichte, Absolventenbefragungen und Hochschulratings gefasst werden, wobei die ersten drei Verfahren die am häufigsten an deutschen Hochschulen angewandten Verfahren sind. Im Bereich der Forschung sind die gängigen Verfahren das Peer-Review, Forschungsevaluationen und Forschungsrankings und -ratings. Qualitätssicherung im Bereich der Forschung ist an deutschen Hochschulen jedoch nicht so weit verbreitet wie die qualitätssichernde Maßnahmen im Bereich der Lehre, was aber mit einer von Hochschul- und Wissenschaftsforschern postulierten schwierigeren Steuerung von Forschung zu erklären ist. Auch Instrumente der Qualitätssicherung aus der Wirtschaft, die jedoch auch an Hochschulen angewendet werden, wie das Benchmarking, die Balanced Scorecard, DIN EN-ISO-9000ff. und das Total Quality Management, finden eine vergleichsweise geringe Verbreitung an Hochschulen. Bei Zielvereinbarungen sowie der indikatorengestützten Mittelverteilung handelt es sich nicht um qualitätssichernde Maßnahmen im engeren Sinne, sondern eher um eine „Qualitätsbewertungstechnologie" (Pasternack 2004: 93). Zum gegenwärtigen Zeitpunkt werden anhand von quantitativen Indikatoren in Forschung (z. B. Anzahl an Publikationen, Höhe der Drittmittel) und Lehre (Anzahl an Studierenden, Anzahl an Absolventen in Regelstudienzeit) an fast allen deutschen Hochschulen Zielvereinbarungen abgeschlossen sowie finanzielle Mittel verteilt.

Die qualitätssichernden Maßnahmen können abhängig von den verfolgten Zwecken und Fragestellungen unterschiedliche Funktionen haben, es kann dabei zwischen einer Kontroll- einer Legitimation-, einer Entwicklungs-, einer Wissenschaftsfunktion sowie einer Kommunikationsfunktion unterschieden werden. Diese Funktionen lassen sich unter die formative und die summative Funktion der Qualitätssicherung subsumieren. Die formative Qualitätssicherung findet prozessbegleitend statt und hat eine unterstützende und beratende Funktion. Die summative Qualitätssicherung hingegen dient der Bewertung, der Kontrolle und der Rechenschaftslegung.

Die *Organisation der Qualitätsentwicklung* divergiert zwischen den einzelnen deutschen Hochschulen. Am häufigsten anzutreffen ist die Stabsstelle, d. h. eine direkte Anordnung an den (Vize)Präsidenten/Rektor. Vorteilhaft ist hierbei, dass durch die direkte Anbindung an die Hochschulleitung eine erhöhte Einbindung von Ergebnissen der Qualitätssicherung in Entscheidungen gewährleistet werden kann, als Gefahr kann allerdings gesehen werden, dass ‚Kompetenzgerangel‘ mit der Verwaltung entstehen kann. Weiterhin besteht die Möglichkeit, dass diese Art der Organisation den Wissenschaftlern signalisiert, dass es sich bei der qualitätssichernden Einrichtung lediglich um eine kontrollierende Instanz handle und somit die Akzeptanz seitens der Wissenschaftler gefährdet wird. Diese Akzeptanzerlangung ist nach Tenor der einschlägigen Literatur einfacher bei Zentrumsmodellen zu erreichen, da diese häufig autonom von Gremien und anderen Einheiten der Hochschule agiert sowie diese Zentren häufig eine Entwicklungs- und Servicefunktion artikulieren. Problematisch ist diese strukturelle Unabhängigkeit aber in Hinblick auf eine hinreichende Bindung an die Hochschulsteuerung. Ebenfalls an deutschen Hochschulen anzufinden ist die Organisation der Qualitätssicherung in einer Verwaltungseinheit. Vorteilhaft ist dabei, dass durch den Instanzenweg eine stärkere Integration in die Arbeit der gesamten Hochschule bewirkt werden kann, nachteilig kann sich die lediglich mittelbare Anbindung an den Rektor auswirken. Ebenso kann der ‚Bürokratieverdacht‘ der Verwaltung die Akzeptanz seitens der Wissenschaftler schmälern.

Die dargestellte zunehmende Bedeutung der Qualitätsentwicklung an deutschen Hochschulen zeigt sich unter anderem in der fortschreitenden Etablierung von Einrichtungen und Stellen in der Qualitätsentwicklung. Allerdings gibt es, wie bereits erwähnt, keine umfassenden empirischen und theoretisch fundierten Studien zur Arbeitsmarktsituation, zum Aufgaben- und Tätigkeitsprofil, zum

Kompetenzportfolio und dem Erwerb der Kompetenzen, zur Verortung und den
Einflussmöglichkeiten innerhalb der Hochschule, zu den fachlichen Vereinigungen; zusammenfasst also zu übergeordneten Fragen nach der Bedeutung und den
Charakteristika von Professionalität im Bereich Hochschulmanagement und auch
nicht im Tätigkeitsfeld Qualitätsentwicklung. Die existierenden Studien zum Tätigkeitsfeld Hochschulmanagement im Allgemeinen und zum Tätigkeitsfeld Qualitätsentwicklung werden im folgenden dargestellt.

4 Forschungsüberblick: Definition, Tätigkeiten und Verortung der administrativen Hochschulmanager in neuen Funktionalbereichen

Während die Auswirkungen der Governance-Reformen in der einschlägigen Hochschulforschungsliteratur bereits Gegenstand vieler Untersuchungen sind (vgl. u. a. Lange/Schimank 2007; Jansen 2007, 2009, 2010; Enders/de Boer/Leisyte 2009), sind Restrukturierungsprozesse im Bereich des Verwaltungspersonals bisher seltener Gegenstand der Hochschulforschung gewesen. Die Studien, die es in diesem Bereich gibt, werden im folgenden Kapitel dargestellt. Diese Studien lassen sich zunächst grob in zwei verschiedene Arten unterteilen. Zum einen gibt es solche, die schwerpunktmäßig unter Bezug auf vor allem qualitative Untersuchungen das Tätigkeitsfeld, die Verortung innerhalb der Hochschule sowie die Identität des neuartigen Typus an Verwaltungsmitarbeitern analysieren. Hier lässt sich weiter zwischen solchen Studien unterscheiden, die

a) neue Expertengruppen, welche häufig als ‚Professionelle' bezeichnet werden, als übergeordnete Gruppe fokussieren (*Deutsche Studien*: Armbruster 2008; Donner 2008; Hanft 2008a; Kehm/Mayer/Teichler 2008; Kehm/Merkator/Schneijderberg 2010; Klumpp/Teichler 2008; Joerk 2008; Merkator/Schneijderberg 2011; Nickel/Ziegele 2010; *ausländische Studien*: Clark 1998; Gornitzka et al. 1998; Gornitzka/Larsen 2004; McInnis 1998; Rhoades/Sporn 2002; Rosser 2004; Scott 1995; Szekeres 2004/2006; Whitchurch 2006a-c, 2007a, b, 2008a-d, 2009a, b, 2010a-c; Gordon/Whitchurch 2007, 2010; Whitchurch/Gordon 2010, 2011).

b) auf ein spezifisches Tätigkeitsfeld innerhalb der neuen Expertengruppen (z. B. zu Fakultätsreferenten in Deutschland: Leichsenring 2007, 2009; zu Forschungsreferenten: Adamczak et al. 2007) abzielen. Für vorliegende Arbeit sind dabei vor allem die Studien zu den Qualitätsentwicklern an deutschen Hochschulen (Nickel 2011b; Schneijderberg/Merkator 2010; Pohlenz 2010; Fischer-Bluhm 2010, Klug 2010) von Bedeutung.

Diese neuen Expertengruppen werden, wie im folgenden Unterkapitel noch näher ausgeführt wird, in vorliegender Arbeit als ‚administrative Hochschulmanager in neuen Funktionalbereichen' bezeichnet; hierunter fallen auch die Qualitätsentwickler.

Den zweiten Bereich der einschlägigen Forschung stellen Studien dar, welche anhand von vor allem quantitativer Datenanalyse das Verhältnis des nicht-wissenschaftlichen Personals zum wissenschaftlichen Personal im Zeitverlauf untersuchen sowie die interne Restrukturierung des nicht-wissenschaftlichen Personals thematisieren (Rhoades/Sporn 2002; Visakorpi 1996; Gumpert/Puser 1995; Leslie/Rhoades 1995; Goldwater Institute 2010; Gornitzka et al. 1998; Gornitzka/Larsen 2004; Gornitzka et al. 2008; Netz 2008; Blümel et al. 2010).[21]

Den meisten hier vorgestellten Studien ist gemein, dass das Entstehen neuer Tätigkeitsfelder im Hochschulmanagement zumeist als ‚Professionalisierung' gefasst wird, wobei Professionalisierung dabei eher als Heuristik verwendet wird, ohne dass genauer ausgeführt wird, was unter Professionalisierung verstanden oder Bezug auf professionstheoretische Annahmen genommen wird.[22] Es gibt m. E. bislang keine empirischen Studien, die unter Bezug auf professionssoziologische Theorien das Tätigkeitsfeld von administrativen Hochschulmanagern im Allgemeinen sowie der Qualitätsentwickler im Speziellen analysieren.[23]

Begonnen wird folgendes Kapitel 2 mit einer Abgrenzung zwischen administrativem und akademischem Hochschulmanagement, da in vorliegender Arbeit lediglich auf die erste Gruppe Bezug genommen wird; weiterhin wird zwischen verschiedenen hierarchischen Stufen sowie nach traditionellen Verwaltungsbereichen und neueren Aufgabenbereichen der Verwaltung (sog. ‚Funktionalbereiche') unterschieden.

Danach werden die verschiedenen Definitionen der neuen Expertengruppen vorgestellt, die schon vielfach Hinweise auf die Tätigkeitsfelder sowie die Einbettung dieser in die Organisationsstruktur der Hochschule geben. Zunächst werden deutsche Studien vorgestellt, welche sich dem Themengegenstand entweder nor-

---

[21]   Wobei zu bemerken ist, dass dieses lediglich die Schwerpunktsetzung der Artikel darstellt. So analysieren Rhoades und Sporn (2002) sowie Gornitzka und Larsen (2004) ebenfalls die Tätigkeitsfelder und die Einbettung neuer Expertengruppen innerhalb der Hochschulverwaltung.

[22]   Eine Ausnahme bildet hier die Studie von Gornitzka und Larsen (2004), die Bezug auf eine Professionsdefinition von Di Maggio und Powell (1991) nimmt sowie die Studie von Adamczak et al. (2007), die Bezug auf Wilenskys Professionsmodell nimmt.

[23]   Zu den Studien von Kehm et al. (2010), Schneijderberg/Merkator 2011 sowie Nickel/Ziegele (2011) siehe Kapitel 1.

mativ-beschreibend nähern und/oder meist auf sehr kleinen Fallzahlen gründender qualitativer Forschungen beruhen. Danach werden qualitative internationale Studien im Bereich administratives Hochschulmanagement aufgezeigt. Da die Studien zu den Qualitätsentwicklern an deutschen Hochschulen (Nickel 2011b; Schneijderberg/Merkator 2011; Pohlenz 2010; Klug 2010; Fischer-Bluhm 2010) teilweise Bezug auf die internationalen qualitativen Studien nehmen, werden die Studien zu den Qualitätsentwicklern an deutschen Hochschulen anschließend dargestellt.

Im Anschluss werden Ergebnisse internationaler quantitativer Studien referiert, welche sich zum einen mit Restrukturierungen im Hochschulpersonal insgesamt – vor allem dem Verhältnis zwischen wissenschaftlichem und nicht-wissenschaftlichem Personal – sowie mit Restrukturierungen im Verwaltungspersonal beschäftigen. Dabei wird auch kurz auf eine im Kontext des Projektes ‚Professionalisierung im Hochschulsystem' durchgeführte Analyse von Personalzahlen an deutschen Hochschulen eingegangen.

Anhand der Aufführung bisheriger Forschungsarbeiten zu neuen Tätigkeitsfeldern im administrativen Hochschulmanagement sollen theoretische und empirische Forschungsdesiderate aufgezeigt werden, die in vorliegender Arbeit aufgegriffen und für deren Analyse professions- und organisationstheoretische Ansätze herangezogen werden. Somit soll letztendlich in vorliegender Arbeit analysiert werden, was – auch in Auseinandersetzung mit den vorgestellten Forschungsarbeiten zum Hochschulmanagement – theoretisch und empirisch fundiert, die Professionalität der Qualitätsentwickler an deutschen Hochschulen ausmacht.

4.1   Begriffliche Abgrenzung: administratives Hochschulmanagement

Unter dem Begriff ‚Wissenschaftsmanagement' können die Funktionen Planung, Organisation, Personal sowie Kontrolle (vgl. Budäus 1994) von Hochschulen und Forschungseinrichtungen verstanden werden. In vorliegender Arbeit wird zwischen Hochschulmanagement und Wissenschaftsmanagement unterschieden, erstes bezieht sich dabei ausschließlich auf Hochschulen, letzteres auf außeruniversitäre Forschungsinstitutionen, welche sich in Deutschland parallel zum Hochschulbereich herausgebildet haben. Weiterhin wird in vorliegender Arbeit auf die von Nickel und Ziegele (2010) vorgenommene Unterscheidung zwischen akademischen und administrativen Hochschulmanagement zurückgegriffen und auch auf deren Unterscheidung zwischen verschiedenen hierarchischen Stufen, in denen Managementpositionen zu verzeichnen sind (vgl. Nickel/Ziegele 2010: 13).

Im *akademischen Hochschulmanagement* sind im Top-Management die Rektoren, Präsidentinnen und Vizerektoren von Hochschulen anzufinden, im mittleren

Management Dekane, Leiter von Graduate Schools oder Forschungsverbünden sowie Studienprogrammleiter, in Einstiegpositionen finden sich Manager von Graduate Schools oder Forschungsverbünden. Gemeinsam ist diesen Positionen, dass sie von Wissenschaftlern besetzt sind, die diese Managementposition zum größten Teil nur temporär einnehmen und später wieder in Forschung und Lehre zurückkehren. Ein kleinerer Teil dieser Personen verweilt auch dauerhaft auf diesen Positionen, vom im Folgenden vorgestellten administrativen Hochschulmanagement unterscheiden sie sich aber dadurch, dass sie aufgrund ihrer bisherigen wissenschaftlichen Karriere in dieses Amt gelangen, und nicht wie z. B. ein Dezernent in der Hochschulverwaltung aufgrund einer Verwaltungskarriere.

Das administrative Hochschulmanagement kann ebenfalls in Einstiegspositionen, mittleres Management sowie Top- Management untergliedert werden. Auf der Ebene des Top-Managements befinden sich KanzlerInnen bzw. hauptamtliche VizepräsidentInnen sowie die LeiterInnen von zentralen Einrichtungen (z. B. Bibliothek, IT) an Hochschulen. Im mittleren Management sind Referats-, Dezernats- und AbteilungsleiterInnen anzusiedeln. In diesem Bereich finden sich sowohl Personen, die in der traditionellen Hochschulverwaltung (Haushalts- und Wirtschaftsangelegenheiten, Personalverwaltung, Grundstücks- und Gebäudever-

	Akademisches Hochschulmanagement	Administratives Hochschulmanagement (traditionelle und neue Funktionalbereiche)
Einstiegspositionen	• Manager von Graduate Schools oder Forschungsverbünden	• Mitarbeiter in der traditionellen Hochschulverwaltung (Haushalts- und Wirtschaftsangelegenheiten, Personalverwaltung, Grundstücks- und Gebäudeverwaltung) • Mitarbeiter in Funktionalbereichen wie z. B. Strategie und Planung, Controlling, Qualitätsentwicklung, Marketing usw.
Mittleres Management	• Dekane • Leiter von Graduate Schools • Leiter von Forschungsverbünden sowie Studienprogrammleiter	• Referats-, Dezernats-und Abteilungsleiterinnen traditionelle Hochschulverwaltung • Leiter von Einheiten in Funktionalbereichen
Top-Management	• Rektoren, Präsidenten • Vizerektoren	• Kanzler/hauptamtlicher Vizepräsident • Leiter von zentralen Einrichtungen (z. B. Bibliothek, IT)

Tab. 4.1   Unterscheidung akademisches und administratives Hochschulmanagement, vgl. Nickel/ Ziegele 2010: 12; eigene Unterscheidung nach traditioneller Verwaltung und Funktionalbereichen.

waltung) (vgl. Lüthje 2010: 262) tätig sind, aber auch solche, die in eher neuartig entstandenen, in vorliegender Arbeit als Funktionalbereiche bezeichneten Einheiten, beispielsweise Planung und Controlling, Marketing sowie Qualitätsentwicklung arbeiten und dort eine organisatorische Einheit leiten. Diese Zweiteilung in traditionelle Verwaltungspositionen und neue Funktionalbereiche findet sich auch auf den Einstiegpositionen. Gemeinsam ist den Positionen im administrativen Hochschulmanagement, dass sie im Regelfall mit 100 % ihrer Arbeitskraft Verwaltungstätigkeiten nachgehen und nicht wissenschaftlich arbeiten. Zusammengefasst kann die Differenzierung zwischen akademischen und administrativen Hochschulmanagement auf verschiedenen hierarchischen Stufen nach Nickel und Ziegele (2010) sowie die Unterteilung im administrativen Hochschulmanagement zwischen traditionellen Hochschulmanagement und neueren Funktionalbereichen wie in Tab. 4.1 dargestellt werden.

4.2 Definition, Tätigkeiten und Verortung der administrativen Hochschulmanager in den Funktionalbereichen

Dass im Zuge der in Kapitel 2 wandelnden Umweltbedingungen der Hochschulen die Notwendigkeit eines Hochschulmanagements evident wird, stellt den Tenor der Studien dar, welche sich dem Thema des Entstehens neuer Expertengruppen in den Hochschulen widmen. Begonnen wird die Darstellung des Forschungsüberblicks mit Studien aus Deutschland, die sich diesem Thema eher normativ-beschreibend (Nickel/Ziegele 2006; Donner 2008; Armbruster 2008; Jopp 2008; Hanft 2008a; Kehm/Mayer/Teichler 2008; Nullmeier 2001) annähern oder unter Bezug auf vor allem qualitative Untersuchungen das Tätigkeitsfeld, die Verortung innerhalb der Hochschule sowie die Identität des neuartigen Typus an Verwaltungsmitarbeitern analysieren (Klumpp/Teichler 2008; Kehm et al. 2010; Merkator/Schneijderberg 2011). Dabei wird auch kurz auf deutschsprachige Studien eingegangen, die Untersuchungen für bestimmte Funktionalbereiche vorgenommen haben (Leichsenring 2009; Adamczak et al. 2008); Studien aus dem Bereich Qualitätsentwicklung werden ausführlicher vorgestellt (Fischer-Bluhm 2010; Schneijderberg/Merkator 2011; Nickel 2011b; Pohlenz 2011; Klug 2010). Anschließend werden internationale Arbeiten aufgezeigt, die sich mit Restrukturierungsprozessen in der allgemeinen Hochschulverwaltung (Szekeres 2006; Rosser 2004; McInnis 1998) befassen, um anschließend Studien vorzustellen, die sich stärker auf neue Typen des Verwaltungspersonal sowie deren Verortung in der Hochschule konzentrieren (Whitchurch 2006a-c, 2007a, b, 2008a-d, 2009a, b, 2010a-c; Gordon/Whitchurch 2007, 2010; Whitchurch/Gordon 2010, 2011; Rhoades/Sporn 2002; Gornitzka et al. 1998; Gornitzka/Larsen 2004; Scott 1995; Clark 1998; Curie et al. 2003; Reed 2002).

Den zweiten Teil des Kapitels stellen Studien dar, die durch quantitative Datenanalysen personelle Restrukturierungsprozesse an Hochschulen analysieren (Rhoades/Sporn 2002; Visakorpi 1996; Gumpert/Puser 1995; Leslie/Rhoades 1995; Goldwater Institute 2010; Gornitzka et al. 1998; Gornitzka/Larsen 2004; Gornitzka 2008).[24] Ebenso werden Ergebnisse einer im Rahmen des Forschungsprojektes „Professionalisierung im deutschen Hochschulsystem" erfolgten Analyse von Personaldaten an deutschen Hochschulen dargestellt (Blümel et al. 2010).

4.2.1 *Definition, Tätigkeiten und Verortung der administrativen Hochschulmanager in den Funktionalbereichen: deutsche Studien*

Bisher hat sich im deutschsprachigen Raum keine feste Definition oder Klassifikation für Mitarbeiter im administrativen Hochschulmanagement gebildet, die in den neuen Expertenfunktionen tätig sind. Gemein ist den im Folgenden vorgestellten Definitionen, dass die Personen in den Expertenfunktionen nicht der traditionellen Verwaltung zuzuordnen sind, aber auch nicht unmittelbar in Forschung und Lehre tätig sind, sondern eine ‚Hybridfunktion' zwischen beiden Bereichen einnehmen.

Nickel und Ziegele (2006) stellen unter der Überschrift „Profis ins Hochschulmanagement" dar, dass die aufgrund der zunehmenden Autonomie der Hochschulen entstandenen neuen Aufgaben der Hochschule sowie neuartige gesellschaftliche Anforderungen durch Personen umgesetzt werden müssen, die eine fundierte und an den Bedürfnissen der Hochschule ausgerichtete Ausbildung genossen haben. Dafür sei es wichtig, dass vor allem in Hochschulleitungspositionen, auf die der Beitrag maßgeblich abstellt, Personen anzufinden sind, die „die Kluft zwischen Wissenschaft und Verwaltung" (Nickel/Ziegele 2006: 3) überwinden. Dieses wird dadurch erreicht, dass das Management wissenschaftsnah gestaltet wird, gleichzeitig aber auch ein großes Verständnis für die Belange der Verwaltung aufbracht wird.

Der Begriff ‚neue Hochschulprofessionen' wurde erstmals in einem 2006 erschienen Band der Zeitschrift hochschule innovativ (2006 bzw. 2008)[25] des IN-

---

[24] Wobei zu bemerken ist, dass dieses lediglich die Schwerpunktsetzung der Artikel darstellt. So analysieren Rhoades und Sporn (2002) sowie Gornitzka und Larsen (2004) ebenfalls die Tätigkeitsfelder und die Einbettung neuer Expertengruppen innerhalb der Hochschulverwaltung, weswegen sie auch bei den Studien erwähnt werden, die das Tätigkeitsprofil, die Verortung sowie die Identität der neuen Expertengruppen vornehmen.

[25] Die Originalausgabe der Zeitschrift erschien 2006, im Jahr 2008 wurden die einzelnen Hefte in einer Sammelausgabe herausgegeben, anhand derer im Folgenden zitiert wird.

CHER Kassel mit dem Titel „Hochschulprofessionen zwischen Wissenschaft und Administration" vorgestellt.

Die Herausgeber des obengenannten Bandes, Kehm, Meyer, Teichler und Rittergott (2008), gehen davon aus, dass die ‚neuen Hochschulprofessionen' nicht ausschließlich in neuen Aufgabenbereichen arbeiten, die früher unbekannt waren, z. B. Fundraising, sondern dass sich auch ‚neue Hochschulprofessionen' in Bereichen finden, in denen alteingesessene Tätigkeiten einen deutlichen Wandel in Tätigkeit und Qualifikationsanforderungen finden, wie beispielsweise bei vielen traditionellen Verwaltungstätigkeiten. Zudem entstehen auch neue Hochschulprofessionen in bisher kaum beruflich ausdifferenzierten Bereichen, die sich aber zunehmend durch wachsende professionelle Ansprüche und Kompetenzen auszeichnen, z. B. Studienberatung. Auch entwickeln sich bisherige Nebenaufgaben zu neuen Berufsrollen, beispielsweise die Studiengangsentwicklung (vgl. Kehm et al. 2008: 199). Die Autoren beschreiben, dass

> „für die Professionalisierung der institutionellen Gestaltung der Hochschulen [...] die alten Grenzen von Management und Dienstleistungen immer fließender werden. ‚Management' ist wohl eher ein Terminus für eine vor-professionelle Gestaltung der Institution Hochschule" (ebd.: 199f.).

Die Aufgaben und die Expertise der ‚neuen Hochschulprofessionen' beziehen sich nur teilweise auf Fragen der organisatorischen Gestaltung, sondern vielmehr auf Fragen von „Wissensgenerierung und -verwendung, Lernen und Persönlichkeit, Curriculumentwicklung" (ebd.: 200); zudem sei nur „ein Teil der Professionellen primär in Bereichen der Entscheidungsvorbereitung und -umsetzung tätig" (ebd.: 199f.). Kehm et al. (2008) konstatieren, dass sich für die ‚neuen Hochschulprofessionen' noch keine klaren Karrieren herausgebildet haben, und dass erst berufsbegleitend die benötigten Kompetenzen erworben würden. Die Berufsrolle der ‚neuen Hochschulprofessionen' zeichnet sich dabei darin aus, dass die Hochschulprofessionellen „Profis in ausgewählten Bereichen der Gestaltung" sein müssen und „zugleich als Amateure die fachlichen Bereiche der Forschung und Lehre" verstehen müssen (ebd.: 199).

Donner (2008) geht in seinem Beitrag in der *hochschule innovativ* davon aus, dass aufgrund der „größeren Distanz der Hochschulen zum Staat, ihrer stärkeren Hinwendung zu Wirtschaft und Gesellschaft und den gewachsenen Spielräumen der Selbstgestaltung" (Donner 2008: 175) eine Ausdifferenzierung der Aufgaben und eine gestiegene Eigenverantwortung an der Hochschule einhergeht, für die anderes Personal als bisher benötigt wird. Er zeigt am Beispiel der Universität Lüneburg auf, dass sich die Anzahl der Stellen an ‚neuen Hochschulprofessionellen' von einer BAT-II-Stelle für eine persönliche Referentin und eine halbe BAT-II-Stelle für Presse- und Öffentlichkeitsarbeit auf eine Vielzahl diverser Stabs- und

Projektstellen „unterschiedlicher Wertigkeiten und Aufgabenzuschnitte an den
Schnittstellen zum akademischen Bereich und nach außen" (ebd.: 176) gebildet
hätten. Die Personen, die beispielsweise in den Bereichen Kommunikation, Stif-
tungsmanagement, Evaluation und Qualitätssicherung und Forschungsförderung
tätig sind, werden dabei entweder aus den Hochschulen selbst rekrutiert oder aus
den Geschäftsführungen der Landeshochschulkonferenzen und der HRK, aus Ak-
kreditierungs- und Evaluations-Agenturen sowie aus Einrichtungen der Wissen-
schaftsförderung.

Armbruster (2008) stellt in seinem Beitrag die ‚neuen Hochschulprofessionen' als „Schnittstellenmanager" dar, die sich auf der einen Seite aufgrund der
wachsenden Verflechtung und Einbindung von Wissenschaft und Hochschule in
Politik, Wirtschaft und Gesellschaft, auf der anderen Seite aufgrund der durch die
NPM-Reformen entstehenden neuen Managementmodelle in Hochschulen herausgebildet haben. An Schnittstellen in diesem sich „komplex ausdifferenzierenden
Systems von Vernetzungen und Verflechtungen" (ebd.: 179) bilden sich neue Aufgaben, Funktionen und Rollen aus, die „weder in der Reichweite von klassischen
Verwaltungen noch von klassischen Wissenschaftlern" liegen. Diesen in vielfältigen Bereichen tätigen Positionen ist gemeinsam, dass sie „im Idealfall unter der
strategischen Regie der Hochschulleitung operative Mittlerfunktionen (wahrnehmen), oder anders formuliert (…) professionelles Schnittstellenmanagement an
den internen und externen Knotenpunkten der Hochschule [sichern]" (ebd.: 180).
Um diese Tätigkeiten leisten zu können, benötigen die Schnittstellenmanager Qualifikationsanforderungen, die teils quer zu den klassischen Berufsbildern in Wissenschaft und Verwaltung liegen, teilweise über diese herausgehen.

> „Die disziplinäre wissenschaftliche Qualifikation genügt in diesen Berufen nur noch
> als Basis, die durch fachliche Doppelqualifikationen neue Berufsbiographien erzeugt, in
> denen neben professionellen Expertenkompetenzen auch Management-Qualifikationen
> und andere Schlüsselqualifikationen an Bedeutung gewinnen" (ebd.: 180).

Die Definition der ‚neuen Hochschulprofessionen' als Schnittstellenmanager fin-
det sich auch in der Dissertation von Joerk (2008), in der sie sich mit dem Wissen-
schaftsmanagement an außeruniversitären Forschungseinrichtungen beschäftigt.
Sie beschreibt Wissenschaftsmanagement unter anderem als „professionelle Ge-
staltung von institutionsinternen Schnittstellen zwischen Forschung, akademischer
Selbstverwaltung, Administration und Management" sowie von „Schnittstellen zu
Wissenschaftsgemeinschaften und zu anderen gesellschaftlichen Teilsystemen"
(Joerk 2008: 28).

Auf die Bedeutung verschiedener Arten von Kompetenzen für die Tätigkeit
der Hochschulprofessionen geht auch Jopp (2008) ein. Er unterscheidet analytisch
drei Kompetenzbereiche, die bei allen ‚Hochschulprofessionen' von Bedeutung

sind. Zum einem benennt er aufgaben- und gegenstandspezifische Kompetenzen. Darunter fasst er einen fundierten Überblick über „das Wesen und die Funktionsweisen von Hochschulen" (ebd.: 182). Zudem seien auch institutionsspezifische Kompetenzen, also Wissen über die eigene Hochschule, unabdingbar, da sich die Hochschulen je nach personellen Konstellationen und Rahmenbedingungen voneinander unterscheiden. Drittens sind übertragbare Kompetenzen, also Schlüsselkompetenzen, von Bedeutung, vor allem Projektmanagement-Kompetenzen. ‚Hochschulprofessionelle' müssen in der Lage sein, grenzüberschreitend, systemisch und ganzheitlich zu denken.

> „So ist es nicht verwunderlich, dass in bestimmten Bereichen der Hochschuladminis-
> tration zunehmend wissenschaftlich ausgebildete Mitarbeiter anzutreffen sind, die eine
> Menge übertragbare Kompetenzen mitbringen, sich aber die aufgabenspezifischen Kom-
> petenzen zum Teil erst noch aneignen müssten" (ebd.: 183).

Hauptvoraussetzung für eine Tätigkeit als Hochschulprofessioneller sei jedoch „ein hohes Maß an Identifikation mit der eigenen Arbeit" (ebd.: 183).

Hanft (2008) leistet in ihrem Beitrag den Versuch einer Systematisierung des Professionalitätsverständnisses in Hochschulen, in dem sie zum einen die Frage der Entwicklung von Professionen, zum anderen das Verständnis sowie Veränderungstendenzen von Professionalität in verschiedenen Hochschulbereichen aufzeigt. Sie identifiziert drei Entwicklungen von Professionen, die mal eher personenbezogen, mal eher organisationsbezogen angelegt sind. Zum einen betrachtet sie „Professionen als Ergebnis akademischer Ausbildung" (ebd.: 196), eine Variante, die stark an die ursprüngliche Begriffsfassung von ‚Professionen' anbindet. So konstatiert sie, dass es seit einiger Zeit in Deutschland zunehmend die Möglichkeit besteht, eine akademische Ausbildung im Hochschul- und Wissenschaftsmanagement zu erhalten. Zum zweiten betrachtet sie „Professionen als Ergebnis von Weiterbildung/ Personalentwicklung" (ebd.: 196), welches ihrer Meinung nach derzeit vor allem in der Hochschulverwaltung dem dominierenden Verständnis von ‚Profession' entspricht. So wird durch Personalentwicklung versucht, die in einer Gegenüberstellung von (veränderten) Anforderungen auf der einen Seite und (veränderten) Qualifikationen/Qualifikationsanforderungen erkannten Missverhältnissen in Deckung zu bringen. Drittens versteht sie unter ‚Professionen' das Ergebnis emergenten Lernens. Diese bisher wenig betrachtete Variante der Herausbildung von Professionen ist „mit dem Begriff des emergenten Lernens verbunden und weist einen starken Organisationsbezug auf, (es geht) um die Entwicklung von Neuem, bislang im Hochschulsystemen nicht Vorhandenen" (ebd.: 196). Dabei werden die zunächst projektförmig organisierten Themen und Neuerungen im Laufe der Zeit institutionalisiert und zum Bestandteil des professionellen Selbstverständnisses. Inwiefern die Arbeit der ‚neuen Hochschulprofessionen' positiv auf die Gesamtentwicklung der Hochschule wirkt, ist Hanft zufolge von einer gelungenen Integration dieser in die Hochschulen abhängig, was sich unter anderem darin zeigt, ob diese durch die Hochschulleitung und das wissenschaftliche Personal unterstützt und akzeptiert, aber nicht als „wesensfremd" (ebd.: 196) wahrgenommen werden. Eine Studie, die sich dem Phänomen der ‚neuen Hochschulprofessionen' empirisch nähert ist die von Klumpp und Teichler (2008: 169ff.). Sie stellen in zwei Fallstudien an hessischen Universitäten fest, dass sich ein neuer, stark expandierender hybrider Bereich des Hochschulmanagements neben der Hochschulleitung und der leitenden Routineverwaltung herausgebildet hat, welche sie als ‚neue Hochschulprofessionen' bezeichnen. Die Mitarbeiter, für die sich noch kein klar umrissenes Berufsfeld etabliert hat, zeichnen sich dadurch aus, dass sie

> „weder in Bereichen der klassischen Standardaufgaben von Verwaltung und Dienstleistung [Finanzverwaltung, Bibliothek o. ä] noch direkt in Forschung und Lehre zu verorten sind, sondern verschiedene Aufgaben der Vorbereitung und Durchführung von Entscheidungen, der laufenden Gestaltung und der Dienstleistungen […] erfüllen" (Teichler 2008: 79).

Mitglieder der Hochschulprofessionen übernehmen somit

> „Aufgaben wie beispielsweise Studienberatung, Organisation der Weiterbildung, hochschuldidaktische Qualifizierung, Unterstützung von Studiengangsplanung, Forschungsmanagement und internationale Beziehungen, Technologie-Transfer, Career Services, Koordination der Evaluation oder Vor- und Nachbereitung von Entscheidungen der Hochschul- und Fachbereichsleitung" (Klumpp/Teichler 2008: 170).

Die Aufgabenbereiche der ‚Hochschulprofessionen' umfassen dabei zum einen Recherche, Konzeptausarbeitung und Projektierung, zum anderen Entscheidungsumsetzung und laufende professionelle Dienstleistungen. Auch die Initiierung und Koordinierung von Projekten der Hochschulentwicklung ist Teil des Tätigkeitsprofils der ‚Hochschulprofessionen'. Diese zeichnen sich durch eine hohe Affinität zum Wissenschafts- und Bildungsbereich aus, welches auch für ihre Arbeit unabdingbar ist, da sie – anders als Spezialisten von Management und Verwaltung – „Experten des Hochschulsystems sein müssen" (ebd. 170), da „für ihre Tätigkeit große Vertrautheit mit den Kernfunktionen der Hochschulen unentbehrlich" (ebd.: 170) sind.

Als Einbettung der ‚Hochschulprofessionen' in die Organisation schlagen Klumpp und Teichler keine klare Untergliederung in Managementbereich und Dienstleistungsbereich vor, sondern sie zeigen an einem Beispiel von Verantwortlichen für internationale Beziehungen, dass diese dann am meisten für die Hochschule leisten, „wenn sie weder nur Management- noch nur Dienstleistungsfunktionen haben, sondern diese miteinander verknüpfen" (ebd.: 171).

In einem BMBF-geförderten Projekt untersuchte eine Forschergruppe unter der Leitung von Teichler und Kehm die Situation der „neuen Hochschulprofessionen"

(Kehm et al. 2010; Merkator/Schneijderberg 2011) im Bereich der Lehre an elf deutschen Hochschulen. In einer fragebogengestützten Untersuchung fanden sie heraus, dass es sich bei den ‚Hochschulprofessionellen‘ um Mitarbeiter handelt, die

> „mit unterschiedlich disziplinären, aber akademischen Hintergrund [...] multiple Dienstleistungsfunktionen erfüllen, welche zumeist in Form von Beratungs- und Management-Tätigkeiten ausgeführt werden [...] (Kehm et al. 2010: 34).

Als Kernkompetenzen werden vor allem ‚Soft Skills‘ wie Verantwortungsbewusstsein für die häufig eigenständige Arbeit sowie Kommunikationskompetenz für die Kooperation mit verschiedenen Statusgruppen genannt (vgl. ebd.: 34).

Studien zu spezifischen Funktionalbereichen

Bisher existieren in Deutschland Studien zu den Tätigkeitsprofilen, der Einbindung in die Hochschulstrukturen, Qualifikationsprofilen und -anforderungen sowie der Berufszufriedenheit von Mitarbeitern im Bereich des Forschungsmanagements (Forschungsreferenten) (Adamczak et al. 2007) und des Fakultätsmanagements (Leichsenring 2007, 2009).[26]

In ihrer Studie zu den Forschungsreferenten stellen Adamczak et al. (2007) diese als für ihr Tätigkeitsfeld hoch spezialisierte Hochschulmitarbeiter dar, die in den Hochschulen eigenen Angaben zufolge eine hohe Akzeptanz genießen. Dieses sei darauf zurückzuführen, dass Themen- oder Ressourcenkonkurrenz weder mit der traditionellen Verwaltung noch mit den Wissenschaftlern herrschen würde. Ihre Einbindung in Prozesse der Hochschulentwicklung ist dabei eher informell statt institutionell geregelt. Da es keine institutionalisierte Qualifizierung für diese Arbeit gibt, wurde die Expertise der Forschungsreferenten im Job aneignet.

Die hohe Arbeitszufriedenheit sei dabei unter anderem darauf zurückzuführen, dass sehr viel Raum für Eigeninitiative vorhanden sei. Auffällig ist der hohe Frauenanteil bei den Forschungsreferenten, der sich auch bei den Fakultätsmanagern zeigt. Adamczak et al. stellen fest, dass der „Professionalisierung“ der Forschungsreferenten, gemessen an typischen Professionalisierungselementen wie beispielsweise Existenz einer exklusiven Berufsorganisation, Bindung an einen kodifizierten Berufsethos und einer hohe Autonomie, Grenzen gesetzt sind (vgl.

---

[26] Ggf. hätte hier auch die Dissertation zur „Bedeutungszunahme und Qualitätsentwicklung der Career Service-Arbeit an deutschen Hochschulen“ von Luckwald (2010) genannt werden können, da sich diese aber – wie der Titel ja auch schon beschreibt – auf das Gewicht des Career Service im Aufgabenprofil der Hochschulen bezieht, wird in vorliegender Arbeit auf die Dissertation nicht näher Bezug genommen.

ebd.: 36). In Anlehnung als Gouldners (1957) Analysen zur Einbindung von Professionen in organisationale Kontexte werden die Forschungsreferenten eher als ‚locals' bezeichnet, d. h. als lokal orientierte Bürokraten, die sich stark mit ihrer Organisation identifizieren, und weniger als kosmopolitischen Profession, die ihre ‚Peers' als primäre Bezugsgruppe betrachten. So würden auch für ihre Tätigkeit gute Kenntnisse der spezifischen Organisation verlangt.

> „Mit dieser Verwurzelung wächst auch die Loyalität gegenüber der eigenen Hochschule. Dies wirkt sowohl einer Orientierung an übergeordneten Maßstäben als auch einer weiterführenden beruflichen Karriere an anderer Stelle entgegen" (ebd: 36).

Zudem sind sie Adamczak et al. (2008) zufolge durch die Eingebundenheit in die Hierarchie der Hochschule in ihrer Autonomie eingeschränkt.

In ihren Studien zum Tätigkeitsprofil der Fakultätsmanager an deutschen Hochschulen kommt Leichsenring (2007, 2009) zu dem Ergebnis, dass vor allem generelle Kenntnisse des Wissenschaftssystems sowie Managementkenntnisse von Bedeutung sind, noch wichtiger aber die fachliche Affinität zu der Fachrichtung der jeweiligen gemanagten Fakultät. Die wichtigste Aufgabe der Fakultätsmanager besteht darin, den Kontakt zur zentralen Verwaltung und/oder zur Hochschulleitung zu halten, aber auch der Funktion eines „verlässlichen und kompetenten Ansprechpartner[s] auf Fakultätsebene" wird eine hohe Priorität eingeräumt (Leichsenring 2009: 24). Dabei sind auch die Fakultätsreferenten wie die Forschungsreferenten in die Hierarchie der Hochschule, hier genauer der Fakultät, eingebunden. So sind die Fakultätsreferenten in ihren Entscheidungen und Tätigkeit dem Dekan gegenüber weisungsgebunden und auch in der Implementation dieser von dem Dekan abhängig.[27]

4.2.2 Definition, Tätigkeiten und Verortung der administrativen Wissenschaftsmanager in Funktionalbereichen: internationale Studien

Wie im deutschsprachigen Kontext gehen auch internationale Studien davon aus, dass sich durch die Zunahme von managerieller Kontrolle, den zunehmenden Wettbewerb, eine erhöhte gesellschaftliche Verantwortlichkeit sowie den Wandel der Strukturen und Operationen der Hochschulen in eine korporative Organisation, die Tätigkeiten und die Rolle des Verwaltungspersonal ändern (vgl. Gornitzka/Larsen 2004; Gumport/Sporn 1999;McInnis 1998;Rhoades/Sporn 2002; Scott 1995, 1997; Szekeres 2004, 2006; Whitchurch beispielhaft 2008 a und b) und sich neue

---

[27] Wenngleich es auch hier Unterschiede zwischen der jeweiligen Stellengestaltung gibt und die Weisungsbefugnisse des Dekans changieren (vgl. Leichsenring 2009: 12ff.).

Tätigkeitsprofile in den Hochschulen bilden, die wie in der deutschsprachigen Literatur beschrieben, weder der traditionellen Verwaltung noch dem wissenschaftlichen Bereich zugeordnet werden.

Trotz der konstatierten zunehmenden Bedeutung von neuen Expertenfunktionen in den Hochschulverwaltungen hat sich auch im internationalen Raum keine einheitliche Definition für diese Tätigkeiten herausgebildet. Einhergehend mit einem fehlenden Verständnis der Rollen wird somit von ‚invisible workers' (Szekeres 2004) gesprochen.

> „There is little recognition beyond administrators themselves that a definable occupational grouping exists. The existence of administrators with qualifications equal to those of a university's professors is a new phenomenon, and not all these 'super administrators' are simply academics who have transferred from academe" (Dobson/Conway 2003: 125).

Gleichzeitig wird anerkannt, dass die ursprüngliche binäre Kategorisierung in Verwaltung und Wissenschaft nicht mehr zutreffend sei. Dadurch sei es notwendig „to develop a fuller understanding of managerial professional's daily lives and everyday practices" (Rhoades 1998: 143).

Im Folgenden werden internationale Studien vorgestellt, die Restrukturierungsprozesse in der Hochschulverwaltung erfassen, neue Typen von Verwaltungspersonal beschreiben und auf deren Tätigkeits- und Kompetenzbeschreibungen sowie eine Verortung im Personalgefüge der Hochschulen eingehen (Clark 1998; Gordon/Whitchurch 2009; Gornitzka/Larsen 2004; Gornall 1999; Gumport/Sporn 1999; McInnis 1998; Reed 2002; Rhoades/Sporn 2002; Rosser 2004; Scott 1995, 1997; Szekeres 2004, 2006; Whitchurch 2006a-c, 2007a, b, 2008a-d, 2009a, b, 2010a-c; Gordon/Whitchurch 2007, 2010; Whitchurch/Gordon 2010, 2011).[28]

Szekeres (2004, 2006) geht davon aus, dass sich mit der Zunahme von managerieller Kontrolle (managerialism), dem zunehmenden Wettbewerb (marketisation), einer erhöhten Verantwortlichkeit (audit) sowie dem Wandel der Strukturen und Operationen der Hochschulen in eine korporative Organisation (corporate university) die Funktionen und die Bedeutung des Verwaltungspersonals ändert (ebd.: 2004). Unter Verwaltungspersonal fasst Szekeres dabei Personen, deren Arbeit

> "is about either supporting the work of the academic staff, dealing with students on non-academic matters or working in an administrative function such as finance, human resources, marketing, public relations, business development, student administrations, academic administration, library, information technology, capital or property" (ebd.: 2004: 8).

---

[28] Allerdings beziehen Nickel/Ziegele (2011) nicht nur Managementpersonal im Verwaltungsbereich in ihre Analyse ein, sondern auch akademisches Managementpersonal, wie beispielsweise Rektoren, Dekane und akademische Nachwuchswissenschaftler.

also einen Personenkreis umfasst, der dem der ‚neuen Hochschulprofessionen' im deutschsprachigen Raum entspricht. Sie konstatiert, dass sich im Zuge der Organisationswerdung der Hochschulen der Einfluss, die Bedeutung und die Zentralität für die Kernfunktionen Forschung und Lehre der zunehmend hochqualifizierten Verwaltungsmitarbeiter deutlich gestärkt wurde. Hierdurch würde die Umwandlung der traditionellen Universität in eine „corporate university", d. h. eine stärker hierarchisierte, durch betriebliche Managementinstrumente geleitete und an externen Anforderungen orientierte Universität, vorangetrieben (ebd.: 2004: 10).

Rosser (2004) verwendet für ihre US-weite Untersuchung zu Demografie, Arbeitsbedingungen und -zufriedenheit sowie Moral von Verwaltungsmitarbeitern für die neuen Expertengruppen an Hochschulen den Terminus „midlevel leaders", der in seiner Beschreibung ebenfalls stark an die der ‚neuen Hochschulprofessionen' erinnert. *„Midlevel leaders are defined as academic or non-academic support personnel within the structure of higher education organizations"* (ebd.: 324). Die ‚midlevel leaders' werden oft nach der Einheit benannt, in der sie tätig sind, beispielsweise in den Bereichen Alumni-Arbeit, Zulassung und Studierendenangelegenheiten (ebd.: 319). Sie dienen den Zielen und Missionen ihrer Hochschule, indem sie die Primärfunktionen der Hochschule „teaching, research and service" (ebd.: 319) unterstützen. Die ‚midlevel leaders', die sich an internen und externen Schnittstellen der Hochschule befinden, werden von Rosser weiterhin als ‚unsung professionals' beschrieben, obgleich sie seit Beginn der 1980er-Jahre mit zu der am schnellsten wachsenden Beschäftigungsgruppe im amerikanischen Hochschulsektor gehören. Sie bezeichnet sie als ‚unsung', da ihre Leistungen, die sie für die Hochschule erbringen, nicht anerkannt werden. Sie bezeichnet sie als Professionelle aufgrund ihres Commitments, ihrer Ausbildung, und ihrer Hinwendung zu hohen Performanzstandards und Exzellenz in ihrem Expertisebereich (ebd.: 317). Aufgrund ihrer ‚middleness' in der akademischen Organisation müssen sie versuchen, die Balance zu halten zwischen den Anweisungen ihrer Vorgesetzten und den Ansprüchen von denen, die ihre Unterstützung und ihre Dienstleistungen benötigen. Dabei stehen sie in ‚erster Schusslinie' (firing-line), wenn es um das Monitoring von Politiken und Verfahren geht, haben aber selten die Verantwortung, diese Regulierungen, die sie umsetzten müssen, zu ändern oder zu entwickeln: „Midlevel leaders are often placed between institutional decision-making and policy implementation" (ebd.: 331). Indem sie eine Vielzahl von Dienstleistungen für verschiedene Personengruppen innerhalb der Hochschulen überblicken und anbieten, verhalten sie sich loyal gegenüber ihrer Organisation und fühlen sich ihr gegenüber auch verpflichtet (ebd.: 319). Rosser (2004) fand in einer Umfrage unter 4000 ‚midlevel leaders' im Jahre 2002 an sämtlichen amerikanischen Hochschulen heraus, dass die Arbeitszufriedenheit der ‚midlevel leaders' stark von einer positiven Karriereunterstützung sowie einer Anerkennung ihrer Arbeit und der ihnen inhärenten Kompetenzen seitens der Hochschule abhängt. Von den Befragten wurde dabei betont, dass eine wichtige Karriereunterstützung in einer detaillierten, festgeschriebenen Definition von Performanzkriterien für ihre Position bestünde, da so eher die Möglichkeit eines internen und externen Aufstiegs gegeben sei.

McInnis (1998) zufolge stellt der sich zunehmend etablierende „specialist administrative staff" (ebd.: 161) (z. B. Marketing, Beratung, strategische Planung) eine Antwort auf die zunehmende Umweltkomplexität der Hochschulen dar. Er geht davon aus, dass durch zunehmende Aufgabenüberschneidungen zwischen Verwaltung und Wissenschaft die unterschiedlichen Kompetenzen und Werte zu zunehmenden Spannungen zwischen diesen beiden Gruppen führen. In einer im Jahre 1996 durchgeführten Untersuchung unter hochqualifizierten Verwaltungsmitarbeitern an 18 australischen Universitäten (N=1281) analysierte er Zufriedenheit, Rollenidentität sowie mögliche Konfliktlinien innerhalb der Hochschulen. Es zeigte sich, dass, obgleich 70 % der Verwaltungsarbeiter zufrieden mit ihrer beruflichen Situation waren, vor allem die fehlende Anerkennung ihrer Expertise seitens der Wissenschaftler bemängelt wurde (ebd.: 168). Er stellt fest, dass Spannung zwischen Wissenschaftlern und dem sich zunehmend etablierenden „specialist administrative staff" (in der Tätigkeitsbeschreibung kongruent zu den deutschen ‚Hochschulprofessionellen') dann entstünden, wenn letztere starke Anforderungen stellen, als gleichberechtigte Partner im strategischen Management der Hochschule tätig zu werden.

Gumport und Sporn (1999) zufolge reagieren die Hochschulen auf zunehmende gesellschaftliche Anforderung und Rahmenbedingungen (verknappte finanzielle Ressourcen, zunehmender Wettbewerb, ‚Third-Mission-Aktivitäten', zunehmende ‚accountability') mit einer Umstrukturierung der Autoritätsstruktur in Universitäten, und zwar in dem Sinne, dass die Rolle der Verwaltung in den Universitäten gestärkt wird. Gumport und Sporn (1999) gehen dabei wie Krücken und Meier (2007) davon aus, dass die Organisation selbst für ein internes Kostenmanagement, eine hohe Qualität von Forschung und Lehre und effiziente und rationale Problemlösungen zuständig ist und somit ein stärkeres internes Management benötigt wird. Hierbei stellt die Verwaltung zunehmend einen Schlüsselakteur dar. Die Aufgabe der Verwaltung sei es dabei, die externen Anforderungen zu bearbeiten, und zwischen der Organisation und den relevanten Umwelten zu vermitteln (vgl. Gumport/Sporn 1999: 105).

Gornitzka et al. (Gornitzka et al. 1998; Gornitzka /Larsen 2004; Gornitzka 2008) beschreiben anhand von durchgeführten Fallstudien an den vier existierenden norwegischen Universitäten, dass sich die Tätigkeiten der Hochschulverwaltungen immer stärker ausdifferenzieren und neue Tätigkeitsfelder entwickeln. Für die in diesen Bereichen tätigen Personen hat sich jedoch bisher noch kein dominantes Selbstverständnis herausgebildet, vorrangig wird dieses als Dienstleister für die Wissenschaftler beschrieben. Obwohl sie gestaltend in der Hochschulentwicklung wirken und sich als ‚Ausführende' der Gesamtmission der Hochschule begreifen, beschreiben sie ihre Rolle eher als zuarbeitend, um so potentielle Rollenüberschneidungen und -konflikte zu vermeiden und die Kooperationsbereitschaft auf Seiten der Wissenschaftler zu erhöhen (vgl. Kehm et al. 2010: 35). Dementsprechend begreifen sie sich auch als Personen, die über eine anonyme, funktionale Macht verfügen, und weniger als mächtiger, durchsetzungsstarker Akteur (vgl. Gornitzka/Larsen 2004: 465) im Hochschulgefüge. Somit sind sie auch in ihrer täglichen Arbeit abhängig von der Unterstützung der gewählten akademischen Vertreter und den akademischen Führungspersonen.

Unter Rückgriff auf Di Maggios Definition einer Profession fragen sich Gornitzka und Larsen (2004), inwiefern die Restrukturierung des administrativen Personals als Professionalisierung der Hochschulverwaltung verstanden werden kann. Voraussetzung hierfür ist, dass

a) eine formale Statuserhöhung von administrativen Positionen
   zu beobachten ist,
b) die formal qualifikatorischen Anforderungen steigen,
c) eine gemeinsame kognitive Basis vorherrscht,
d) und sich formalisierte Netzwerke herausbilden.

Dass sich der formale Status der Hochschuladministration erhöht, wird anhand der Untersuchung der Personaldaten (siehe Beschreibung im folgenden Unterkapitel) gezeigt. Auch steigen die Qualifikationsanforderungen an das administrative Personal, es werden zunehmend Hochschulabsolventen rekrutiert. Allerdings hat sich noch keine gemeinsame Wissensbasis herausgebildet, da, anders als in anderen Bereichen der öffentlichen Verwaltung, in der vor allem Juristen beschäftigt sind, heterogene Studienhintergründe anzufinden sind. Allerdings zeigt sich ein hoher Anteil an Geisteswissenschaftlern (33 %), auffällig ist ebenfalls eine hohe Frauenquote (vgl. ebd.: 461). Zwar etablieren sich zunehmend formalisierte Programme im Bereich Hochschul- und Wissenschaftsmanagement, meist findet aber ein ‚training-on-the-job' innerhalb der jeweiligen Universität statt. Auch ist eine Zunahme an formellen und informellen Netzwerken der norwegischen Universitätsverwalter zu verzeichnen, die einen Kanal für die Schaffung und die Diffusion von gemeinsamen Praktiken und Wissen darstellen können. Jedoch ist es aufgrund der „non-uniform (…) and diversified nature of university administration" (ebd.: 463), die sich durch die große Varietät der Kompetenzen und Funktionen zeigt, schwierig, von einer homogenen Profession zu sprechen. Dieses führt dazu, dass „university administrators are not a settled and comfortable position" (Gornitza/Larsen 2004: 469), was dazu führt, dass sie ihre Rollen kontinuierlich aushandeln und definieren müssen. Erschwerend für den Prozess der Professionalisierung ist, wie ebenfalls schon von Adamczak et al. (2008) beschrieben wurde, dass sich die Hochschulverwalter durch eine starke Loyalität und Hinwendung zur eigenen Organisation kennzeichnen.

Whitchurch (2004, 2006a-c, 2007a, b, 2008a-c, 2009a, b, 2010a, b; Gordon/ Whitchurch 2007; Whitchurch/Gordon 2010, 2011) argumentiert, dass es innerhalb des Hochschulmanagements an Universitäten in Großbritannien zu einer Diversifizierung des Personals gekommen ist. Neben einer wachsenden Anzahl von ‚administrativen Managern' mit klaren Funktionen und Arbeitsbeschreibungen etabliert sich demnach eine wichtiger werdende hybride Gruppe von Spezialisten im Hochschulmanagement, deren Aufgabenbereich und Verortung in der Organisation sich an spezifischen Themenfeldern der Hochschulentwicklung ausrichtet, wie z. B. Studiengangsentwicklung, Studierendenauswahl oder Organisationsentwicklung (Whitchurch 2004, 2006a, b). Diese von Whitchurch je nach Aufgabengebiet als „bounded", cross-boundary", „unbounded" (Whitchurch 2008b, d) oder „blended professionals"[29] (Whitchurch 2009a) bezeichneten Mitarbeiter verbinden bei ihrer Arbeit wissenschaftliche Expertise und spezifische Managementkenntnisse. Die Tätigkeit der Hochschulprofessionellen bewegt sich im Spannungsfeld zwischen Innovationsmanagement und Regelbetrieb. Die Personen, die in diesem Bereich tätig sind, werden von Whitchurch und Gordon (2007) wie folgt beschrieben:

> "[Persons] who are not employed on academic contracts, but who undertake professional roles, either in general management; in specialist areas […] in niche areas […] or in quasi-academic areas such as learning support" (Gordon/Whitchurch 2007: 12).

Nach Whitchurch sind diese Personen in einem sogenannten ‚third-space' (Whitchurch 2008c) tätig, der zwischen der traditioneller Hochschulverwaltung und der Wissenschaft liegt. In diesem Bereich sind vor allem Personen beschäftigt, die über eine akademische Qualifikation sowie einen beruflichen Hintergrund in Forschung und Lehre verfügen. Sie fungieren an den Schnittstellen zwischen

---

[29] Die Aufgabenprofile der verschiedenen Arten von Professionellen lassen sich wie folgt differenzieren: (Whitchurch 2008d: 382ff; 2009b)
‚Bounded professionals': Personen, die ihr Aufgabengebiet stärker in den traditionellen Bereichen (Lehre, Forschung, akademische Selbstverwaltung) angesiedelt sehen. Ihre Aufgabe wird von Whitchurch als Aufrechterhaltung von Prozessen und Strukturen beschrieben.
‚Cross-boundary professionals': Personen, die die wesentliche Aufgabe in der Vermittlung zwischen den traditionellen und neuen Aufgabengebieten (Management, Planung, Steuerung) der Hochschulen sehen.

Fakultäten, Hochschulleitung, Verwaltung und/oder technischen Betrieb und übernehmen dabei eine Übersetzerfunktion zwischen den verschiedenen Bereichen,
aber auch zwischen verschiedenen Handlungslogiken (vor allem zwischen Verwaltung und Wissenschaft) (vgl. Whitchurch 2008a-c, 2009a, b, 2010a, b). Häufig
können die Mitarbeiter im ‚third-space' ihre Aufgabenbereiche und Handlungsfel-
der eigenständig definieren. Durch das Überschreiten traditioneller Grenzen stellt
das Ausüben dieser Zwischenpositionen hohe Anforderungen an Fähigkeiten und
Qualifikationen der in diesem Bereich Tätigen. Whitchurch zufolge führt die Entstehung des ‚third-space' zu Irritationen und misstrauischem Verhalten, da dessen
Entstehung einen organisationskulturellen Bruch darstellt. Grund hierfür ist, dass
da die traditionellen Berufsmodelle, klar getrennt nach Verwaltung und Wissenschaft, diffuser werden. Allerdings hat sich in dem ‚third-space' Whitchurch und
Gordon (2007) zufolge noch kein gemeinsames professionelles Selbstverständnis herausgebildet, da die Aufgabenbereiche und Qualifikationsniveaus noch zu
heterogen gestaltet seien. Zwar würde versucht, z. B. durch eine Definition von
vorausgesetzten Wissen und Skills oder durch einen ‚code of professionals' der
Association of University Administrators, der ein Set an grundlegenden Wer-
ten enthält, eine gemeinsame Identität herzustellen. Dieses ist aber aufgrund der

> "increasing diversity of professional managers as a grouping, and the fact that identi-
> ties are increasingly built across multiple zones of activity, rather than comprising core
> elements that are inherited or adopted on the assumption of a particular role or position"
> (Whitchurch 2007b: 10)

erschwert.

Trotzdem beobachtet sie, dass die ‚Professionalisierung' im ‚third-space' vor-
anschreitet. ‚Professionalisierung' bedeutet dabei für Whitchurch et al. (Gordon/
Whitchurch 2007; Whitchurch/Gordon 2010, 2011), dass die ‚Professionellen'
nicht nur Regeln befolgen, sondern auch in der Lage sind, kreativ mit beruflichen Anforderungen umzugehen und z. B. Abläufe eigenverantwortlich gestalten können. Diese Professionalität speist sich dabei aus verschiedenen Faktoren:
Zum einen durch die Generierung neuen Wissens (z. B. über die Qualität in der
Lehre, über Bedeutung überregionaler Arbeitsmärkte), zum anderen ruht ihre
Professionalität auf der Möglichkeit, verschiedene Aufgabenbereiche miteinander zu verbinden und so beispielsweise als ‚cross-boundary-professionals', d. h.
Personen, die die wesentliche Aufgabe in der Vermittlung zwischen den tradi-
tionellen und neuen Aufgabengebieten (Management, Planung, Steuerung) der
Hochschulen sehen, eine neue berufliche Identität zu entwickeln. Dabei geht
Whitchurch davon aus, dass sich im Hochschulbereich je nach Funktionalbereich
eine spezialisierte Professionalität herausbildet, und keine allgemeine Profession
der Hochschulmanager (Whitchurch 2006c: 165). Trotzdem führt ihr zufolge die

zunehmende Einbindung von ‚third-space-professionals' in die Hochschulen dazu, dass „the university is transformed from a community of scholars into a community of professionals" (Association of University Teachers 2001, zitiert in Gordon/ Whitchurch 2007: 138).

Auch Gornall 1999 beschäftigt sich wie Whitchurch mit ‚new professionals' an britischen Universitäten. Darunter versteht sie Personen, die weder eindeutig dem akademischen noch dem nicht-akademischen Bereich zuzuordnen sind und deren spezifische Eigenschaften auch sonst nicht eindeutig festzulegen sind. Sie charakterisiert diese als „an emergent new group, associated with the support of teaching and learning, who are neither wholly lecturing nor technical nor support staff, and indeed who may not have any of the ‚traditional' backgrounds at all" (Gornall 1999: 45). Conway (2000) setzt sich mit Gornalls Definitionsansatz auseinander und hält es für verfrüht, die neu entstehenden Aufgabenbereiche als Profession zu bezeichnen. Vielmehr geht sie davon aus, dass die Grenzen zwischen Wissenschaft und Administration sich im Zeitverlauf auflösen und sich Beschäftigungsfelder herausbilden werden, die als ‚university work' bezeichnet werden.

Rhoades (1998; 2001) bzw. Rhoades und Sporn (2002) beschäftigen sich insbesondere mit sogenannten ‚managerial professionals'. Darunter werden Mitarbeiter im Hochschulmanagement auf allen Ebenen der Hochschule verstanden, welche weder zur Routine-Administration, noch zum leitenden Senior-Management der Hochschule gehören (Rhoades/Sporn 2002: 17). Sie verfügen über institutionalisierte Formen des Austausches, wie beispielsweise eigene Konferenzen, Journale und über eigene Wissensbestände, sind aber in ihrer Autonomie durch eine Abhängigkeit von den Wissenschaftlern eingeschränkt.

> „Neither professors nor administrators, these personnel have professional associations, conferences, journals and bodies of knowledge that inform their practice, but they lack the independence of faculty. They are closely subordinated to managerial power and closely linked to its purposes" (ebd.: 16).

Ausgehend von ihren empirischen Analysen zum amerikanischen System argumentieren sie, dass ‚managerial professionals' sowohl aufgrund ihrer steigenden Anzahl als auch durch ihre spezifischen Kompetenzen für die Hochschulentwicklung eine zunehmend zentrale Rolle spielen. Ein wesentliches Indiz dafür ist aus der Sicht von Rhoades und Sporn die deutliche Zunahme von in Vollzeit angestellten ‚managerial professionals'. Sie argumentieren, dass der Anstieg und der vergrößerte Handlungsspielraum dieser Berufsgruppe insbesondere in Bereichen stattfinden, in denen Potenzial zur Kapitalisierung von Wissen und eine Vergrößerung der Mitteleinnahmen steckt (z. B. Technologietransfer, Marketing und Studenten-Recruitment). Rhoades und Sporn (2002) gehen davon aus, dass durch die Entstehung des neuen Segments der ‚managerial professionals' die Kompetenzen und der Handlungsspielraum der Wissenschaftler begrenzt werden und sich somit der Typus der Hochschule ändert. Während im traditionellen Modell der Hochschule die ‚managerial professionals' eine periphere Rolle einnahmen, sind sie mittlerweile zentral für die Aktivitäten im Bereich Forschung und Lehre: „The periphery has become the center" (Rhoades/Sporn 2002: 17). Dieses führt dazu, dass im Management-Modell der Hochschule Forschung und Lehre mehr einer „matrix mode of production" (ebd.: 2002: 17) gleichen, „in which production is less a function of isolated professors activities than of the interrelated activities of professors and various managerial professionals" (ebd.: 2002: 17).

Auch Scott (1995, 1997) beobachtet ein „upgrading of managerial capcity", ein Phänomen, welches durch Planungsinitiativen professioneller Administratoren und Manager hervorgerufen wurde. Dadurch entstand ein managerieller Kader, „ready to support a more executive leadership, in place of the docile clerks, who had instinctively acknowledged the innate authority of academics" (Scott 1995: 64). Dementsprechend sehen sich diese professionellen Manager konfligierenden Identitäten ausgesetzt: Wenn sie eine Serviceorientierung betonen, besteht die Gefahr, dass sie als „docile clerks" (Scott 1995: 64) betrachtet werden, auf der anderen Seite könnten sie als übermäßig machtorientiert gesehen werden, wenn sie stark auf Entscheidungen und Politiken der Wissenschaftler einwirken.

Ein anderes Entwicklungsszenario findet sich hingegen in den neueren Werken von Clark (1998). Während er 1983 noch davon ausgeht, dass „a cadre of professional experts replace the professor-amateur, in campus, provincial and national administration" (Clark 1983: 89), welche über eigene Rollensets und Interessen verfügen, betont er 1998, dass sich managerielle und akademische Werte im „strenghtened steering core" der „entrepreneurial university" verbinden. Danach stellt die größte Anforderung an das Management von Hochschulen die Fusion von „new managerial values with tradtional/academic ones" (Clark 1998: 137) dar. Ähnlich argumentieren auch Curie et al. (2003). Ihnen zufolge soll sich das Management von Wissenschaftseinrichtungen als eine „hybridization of Higher Education management models" darstellen, „fusing collegial values with the demands of modern management efficiency" (Curie et al. 2003: 245). Würde den Besonderheiten des Wissenschaftssystems keine Rechnung getragen, wäre es, so eindeutiger Tenor in der einschlägigen Literatur, schwierig, die Unterstützung der Wissenschaftlicher zu erlangen (u. a. Krücken 2008; Winter/Sarros 2002; Curie et al. 2003,).

Diese Möglichkeit ist Reed (2002) zufolge eher in kontinentaleuropäischen Universitäten als in anglo-amerikanischen gegeben. Dieses führt er darauf zurück, dass in Kontinentaleuropa nicht so stark wie in anderen öffentlichen Bereichen, z. B. im Bereich des Gesundheitswesens, externe Manager rekrutiert wurden und somit viele der Manager an Hochschulen qua beruflicher Herkunft die professionellen und akademischen Werte ihrer akademischen Kollegen teilen.

4.2.3 Definition, Tätigkeiten und ‚Professionalität' der Qualitätsentwickler an deutschen Hochschulen

Die meisten Studien zu den Qualitätsentwicklern wurden Ende 2010/Anfang 2011 publiziert (Nickel 2011b; Schneijderberg/Merkator 2011; Fischer-Bluhm 2010; Klug 2010; Pohlenz 2010). Mit Ausnahme der Studie von Schneijderberg und Merkator (2011) basieren die Aufsätze nicht auf einer breiten empirischen Basis, sondern es handelt sich häufig um deskriptiv-narrative Studien vor dem Hintergrund einer Tätigkeit der Autoren in der Qualitätsentwicklung (Fischer-Bluhm 2010; Klug 2010; Pohlenz 2010; teilweise Schmidt 2009b), bzw. es wird aus Experteninterviews und quantitativen Befragungen einer breiten Population von administrativen Hochschulmanagern auf die Besonderheiten der Tätigkeit der Qualitätsentwickler geschlossen (Nickel 2011b). Die genannten Studien werden im Folgenden dargestellt. Gemeinsam ist den Studien, dass sie alle von einem Stellenwachstum im Bereich Qualitätsentwicklung ausgehen und die Qualitätsentwickler als sich zwischen Wissenschaft und (Kern) Verwaltung befindend beschreiben. Ferne verfügen die Qualitätsentwickler den Autoren zufolge über einen akademischen Hintergrund und eine wissenschaftliche Sozialisation.

4.2.3.1 Tätigkeit, Rolle und Ausbildung von Qualitätsmanagern

Nickel (2007, 2011) beschreibt, dass – obwohl die Qualitätsentwicklung ein „institutioneller Erfolgsfaktor" (Nickel 2011b: 9) sei – die Hochschulen den steigenden Anforderungen nach systematischer Qualitätsentwicklung mit „naturwüchsigem Aktionismus" (Nickel 2011b: 9) begegnen würden. So würden sich Hochschulleitungen wenig Gedanken über die Implikationen der strukturellen Verankerung, der personellen und materiellen Ausstattung sowie die Aufgaben und Funktionen des Qualitätsmanagements machen. Daraus ergeben sich auch Probleme für die Qualitätsmanager (Nickel verwendet den Begriff Qualitätsmanager) selbst, da eine mangelnde Rollenklärung dazu führt, dass Stelleninhaber häufig „Mädchen für Alles" (Nickel 2011b: 9) sind. Die eigene Position innerhalb der Organisation zu finden sei aber auch für die Qualitätsmanager selbst nicht einfach, da sich diese aufgrund der Ansiedlung zwischen Verwaltung und Wissenschaft traditionellen Zuordnungsmustern entziehen. Sowohl in Deutschland als auch in Europa entwickelt sich der Arbeitsmarkt für Qualitätsmanager sehr dynamisch, jedoch sei es schwierig, aufgrund des hybriden Charakters der Qualitätsentwickler geeignete Arbeitskräfte zu finden, sodass die Hochschulen und Forschungseinrichtungen gefordert sind, durch gezielte Personalentwicklung Qualitätsentwickler aufzubauen und weiter zu qualifizieren (vgl. Nickel 2011b: 1). Die Qualitätsmanager müssen für die Vermittlung zwischen Wissenschaft und (Kern) Verwaltung über eine akademische Spezialisierung und Techniken und Methoden wissenschaftlichen Arbeitens verfügen. Ferner benötigen sie – neben Kenntnissen der empirischen Sozialforschung – „Kompetenzen für die Gestaltung organisatorischer Abläufe und die Einhaltung von Vorschriften" sowie „ein gewisses Maß an Erfahrung, um valide Einschätzungen und Empfehlungen abgeben zu können" (Nickel 2011b: 12). Hierfür ist es notwendig, dass jemand einige Jahre in diesem Feld beschäftigt ist und sich weiterentwickeln kann. Dieses sei aber Nickel zufolge schwierig, da Aufstiegs- und Spezialisierungsmöglichkeiten für eine von ihr nicht näher definierte ‚Professionalisierung' nicht gegeben seien und es keine Laufbahn im Sinne einer Reihe beruflicher Entwicklungsmöglichkeiten für die Qualitätsmanager gebe. Hieraus würde die Frage nach der dauerhaften Motivation und Leistungsfähigkeit der Qualitätsmanager resultieren bzw. auch zu einer verringerten Attraktivität für qualifiziertes Personal (vgl. Nickel 2011b: 13).

Klug (2010) baut auf Whitchurchs Beschreibung der ‚third-space-professionals' (siehe Beschreibung im vorangegangenen Unterkapitel) auf und beschreibt die Tätigkeit der Qualitätsentwickler ebenfalls als eine Hybridfunktion zwischen Wissenschaft und Verwaltung. Dabei spricht Klug in ihrem Beitrag dezidiert von Tätigkeiten im Qualitäts*management*, d. h. die Qualitätssicherung umfasst alle Kernbereiche in der Hochschule und ist mit strategischen Entscheidungen der Führungsebene verbunden. Somit geht Klug in Bezugnahme auf Kogan (2007) davon aus, dass die Qualitätsmanager die Wissenschaftler zwar nicht direkt managen, aber die Autorität des Rektors oder des Kanzlers haben, Regeln aufzustellen und umzusetzen, die die Akademiker befolgen müssen (Klug 2010: 82). Dabei ist eine kontinuierliche Anbindung an die Leitungsebene wichtig, da ein wirkungsstarkes Qualitätsmanagement von der Unterstützung und Verantwortung der Leitungsebene abhängig sei (Klug 2010: 91). Die Arbeit der Qualitätsmanager zeichnet sich durch eine Anwendung unterschiedlicher Kompetenzen und Fähigkeiten aus. Klug beschreibt, dass eine von ihr in Anlehnung an Whitchurch beschriebene Professionalisierung im Qualitätsmanagement mit der Anforderung einhergeht, eigenverantwortlich Arbeitsabläufe gestalten zu können und kreative Lösungen für gestellte Aufgaben zu finden, da sich das Qualitätsmanagement in einem „permanenten Konzeptions-, Entwicklungs- und Reflexionsprozess" (Klug 2010: 88) befindet. Für den Umgang mit diesen Prozessen benötigen die Qualitätsmanager

Kompetenzen und interdisziplinäres Geschick, da sie Aushandlungs- und Vermitt-lungsprozesse begleiten; ferner brauchen sie aber auch Kenntnisse der Lehr- und Forschungsbewertung sowie Methoden der empirischen Sozialforschung. Weiter-hin müssen sich die Qualitätsmanager an aktuellen Forschungsergebnissen z. B. auf dem Gebiet der Hochschulforschung orientieren, sie sind jedoch „keine Wis-senschaftlerinnen und Wissenschaftler, da die Umsetzung von Konzepten und Ver-fahren (…) das Kerngeschäft dieser Beschäftigtengruppe [ist]" (Klug 2010: 89). Neben der eigenverantwortlichen und kreativen Gestaltung von Arbeitsaufläufen und Problemlösungen sind Klug zufolge Anzeichen für Professionalisierungs-tendenzen in dem Bereich Qualitätsmanagement eine steigende Anzahl an Wei-terbildungs- und Studienprogrammen, Wettbewerben und Ausschreibungen. Als eine wichtige Herausforderung an die Qualitätsmanager wird die Herstellung der bisher noch eher im geringeren Maße anzufindenden Akzeptanz seitens der Wis-senschaftler genannt (vgl. Klug 2010: 90).

Die besondere Stellung und Bedeutung der Qualitätsmanager für die erfolgrei-che Institutionalisierung von Qualitätsentwicklung beschreibt auch Pohlenz (2010) in seiner Fallstudie des Zentrums für Qualitätsentwicklung in Lehre und Studium (ZfQ) an der Universität Potsdam. Er schreibt, dass dieses – neben der breiten hochschulinternen Partizipation aller Statusgruppen – von der ‚Professionalität' der Qualitätsentwickler abhängig ist. Dieses bezieht sich Pohlenz zufolge nicht nur auf ihre fachliche Kompetenz im Bereich qualitätssichernder Instrumente, sondern auch auf eine breite Feldkenntnis, verstanden als ein

> „tiefes Verständnis für die Spezifika der Hochschule als Institution, also beispielsweise auch für etwaige Interessengegensätze zwischen den Akteursgruppen sowie Konfliktli-nien, Widerstände und Beharrungskräfte" (Pohlenz 2010: 95f.).

Somit sei es notwendig, Interessen und Informationsbedarf der Wissenschaftler zu kennen und zu versuchen, die Arbeit der Qualitätsentwickler auf eine breite Akzeptanz zu stellen. Die Professionalität der am ZfQ Tätigen besteht auch darin,

> „an sich selber den Anspruch zu stellen, aktiv an Gestaltungsprozessen in der Quali-tätsentwicklung von Lehre und Studium teilzunehmen und die entsprechende Diskussion auch wissenschaftlich zu bereichern" (Pohlenz 2010: 101).

Die Mitarbeiter des ZfQ, die fast ausschließlich als Quereinsteiger begonnen haben, verfügen alle über einen wissenschaftlichen Ausbildungshintergrund und gelten als „Grenzgänger" (Pohlenz 2011: 102) zwischen den verschiedenen Be-reichen der Hochschule und vermitteln zwischen dem Wissenschaftsbetrieb und den verschiedenen Aspekten des Hochschulmanagements (ebd.: 102) oder anders ausgedrückt als „Dolmetscher bzw. Brückenbauer zwischen Akademia und Ver-waltung" (Pohlenz 2010: 99). Die Qualitätsmanager werden als Mitarbeiter mit beruflicher Professionalität im Sinne Evetts (2003, 2006, 2008, 2009, 2011) beschrieben, welche sich durch Ermessensentscheidungen und autonomes, professionelles Beurteilungsvermögen in komplexen Situationen auszeichnet (vgl. Pohlenz 2010: 102).[30]

Fischer-Bluhm (2010) beschreibt in ihren „Überlegungen zur Rolle und Positionen von Qualitätsreferenten in Hochschulen" (ebd.: 2010: 55), dass sich das Tätigkeitsfeld der Qualitätsentwickler noch in der Institutionalisierungsphase befindet, da es u. a. noch keine einheitliche Bezeichnung für die Qualitätsentwickler und noch eine festgelegte Ausbildung gäbe. Somit ist es den in diesem Feld Tätigen aber auch möglich (vor allem denen, die nicht in der traditionellen Verwaltung angesiedelt sind), ihre perzipierte Rolle selbst auszugestalten, sei es „als Hochschulentwickler, als Hochschulforscherinnen, als Organisationsberaterin oder oder..." (ebd.: 2010: 59). Durch diese Bezeichnung wird deutlich, dass von den Qualitätsentwicklern „keine Verwaltungsaufgaben und kein Verwaltungshandeln erwartet werden, sondern Expertenwissen, Beratung und Moderation" (ebd.: 59). Fischer-Bluhm beschreibt, dass die meisten Qualitätsentwickler mit der Aufgabe eingestellt wurden „die Anforderungen aus der Evaluation von Studium und Lehre sowie der Akkreditierung von Studienprogrammen bewältigen zu helfen. Inzwischen kommt die Einführung dessen, was in den Hochschulen als Qualitätsmanagement bezeichnet wird, hinzu" (ebd.: 61). Die Referenten im Bereich der Qualitätssicherung der Forschung, die allerdings noch nicht so stark ausgebaut sei wie die im Bereich der Lehre, wurden eingestellt, um Ratings und Rankings zu beobachten und zu bedienen sowie Forschungsdatenbanken und -berichte aufzubauen und die Einwerbung von Forschungsförderungsmitteln zu unterstützen. Weitere Bereiche, für die die Qualitätsentwickler zuständig sind und die zu ihren Tätigkeiten zählen, sind die Beratung und Betreuung von Selbstreports und Gutachterkommissionen, die Erhebung, Auswertung von Statistiken und Leistungsvergleichen, die Entwicklung und Nutzung von Instrumenten für die Qualitätssicherung, der Entwurf von Konzepten und Prinzipien für die Qualitätsentwicklung sowie die Vorbereitung und Beratung von Gremien (Fischer-Bluhm 2011: 61ff.). Für diese Tätigkeiten benötigen sie dabei Verhandlungsgeschick, einen Überblick über die aktuelle Forschungsliteratur und die Fähigkeit, neue Instrumente zu entwerfen und zu konzipieren. Zum Erwerb dieser Kompetenzen besuchen die Qualitätsentwickler vor allem Fortbildungen, da es bis auf die Studienprogramme für Evaluation an den Universitäten Saarbrücken und Bonn keine spezifischen Ausbildungsgänge für Qualitätsmanager gibt. Dieses würde teilweise durch die Netzwerke im Bereich Qualitätsent-

---

[30] Pohlenz stellt m. E. die Konzeption der beruflichen Professionalität von Evetts sehr verkürzt dar. Er geht lediglich auf die Handlungslogik ein, vernachlässigt aber die Frage der Einbindung in organisationale und hierarchische Zusammenhänge sowie die Frage nach der professionellen vs. organisationale Orientierung (siehe Kapitel 5.3).

wicklung durchgeführt. Fischer-Bluhm nennt hier das mittlerweile ausgelaufene ‚Projekt Q' der Hochschulrektorenkonferenz sowie den Arbeitskreis ‚Hochschule' der Deutschen Gesellschaft für Evaluation (nähere Ausführungen siehe Kapitel 7.3.4.). Diese Netzwerke dienen als Kommunikationsplattform, um sich auszutauschen, ein gemeinsames Selbstverständnis zu entwickeln oder Netzwerke für zukünftige berufliche Entscheidungen zu bilden (vgl. Fischer-Bluhm 2011: 61). Weiterhin sollten diese der Weiterbildung und Entwicklung „der Grundsätze einer „ordentlichen Arbeit als Qualitätssicherer (professional beliefs) dienen" (ebd.: 96), wobei nicht näher ausgeführt wird, was mit ‚professional beliefs' gemeint ist. Die Netzwerke sollten auch zur hochschulübergreifenden Bearbeitung und Vereinbarung von Standards für Leitungsbeurteilungen genutzt werden, damit Qualitätsentwickler sich in ihrer Hochschule vor ständig wechselnden Anforderungen und Beurteilungen schützen können (ebd.: 69).

Die Studie von Schneijderberg und Merkator (2011) zu den Qualitätsentwicklern baut auf den empirischen Ergebnissen der Studie ‚Die Rolle der neuen Hochschulprofessionen für die Neugestaltung von Studium und Lehre' auf, so ordnen sie die Qualitätsentwickler auch den ‚neuen Hochschulprofessionen' zu. Die Studie basiert auf Fallstudien an elf Universitäten. In dem Sample von 53 Personen, die Schneijderberg und Merkator als „Hochschulprofessionelle im Bereich Qualitätsentwicklung" (ebd.: 15) bezeichnen, gehören Personen, die in ihrer offiziellen Dienst- und Positionsbezeichnung und/oder im Namen ihrer Organisationseinheit und/oder als wichtigsten beruflichen Aufgabenbereich innerhalb ihrer Tätigkeit Evaluation, Qualitätsmanager oder Hochschulstatistik und Evaluation haben. Allerdings ist kritisch anzumerken, dass keine Differenzierung nach akademischen und administrativen Hochschulmanagement erfolgt und zudem Personen beteiligt sind, die sich nur nebenberuflich mit Qualitätssicherung beschäftigen, z. B. Ombudsfrauen. Schneijderberg und Merkator (2011) untersuchen die Professionalisierung der Qualitätsentwickler anhand des auch von Gornitzkas (2008) in Anlehnung an Di Maggio und Powells (1991) verwendeten Schemata. Diesem zufolge kennzeichnet sich eine Professionalisierung durch a) steigende Ansprüche an die formale Ausbildung für administrative Positionen b) einen formalen Statusanstieg dieser c) dem Entstehen einer gemeinsamen kognitiven Basis und d) dem Entstehen und Formalisieren von Netzwerken des entsprechenden Personenkreises und einer gemeinsamen Identität. In Bezug auf die steigende formale Ausbildung stellen sie fest, dass die Qualifikationen der Qualitätsentwickler sehr hoch sind, da fast alle der überwiegend weiblichen Befragten (72 %) über einen Universitätsabschluss, zumeist im Bereich Sozialwissenschaften, aber auch Rechts- und Wirtschaftswissenschaften verfügen. 72 % der Befragten waren vor ihrer derzeitigen Tätigkeit an einer Hochschule oder einer Forschungseinrichtung tätig; von diesen

72 % waren 64 % direkt in Forschung und Lehre tätig, 26 % in der Verwaltung angestellt und 28 % als ‚Hochschulprofessionelle'. Die meisten der Befragten sind mit ihrer Arbeitssituation zufrieden, da sie über hohe Gestaltungsspielräume und Möglichkeiten verfügen.

Auch die Sichtbarkeit ihres Arbeitsplatzes und ihrer Arbeitsergebnisse wird positiv eingeschätzt. Eher unzufrieden sind die Qualitätsentwickler mit der Anerkennung ihre Funktion/ihrer Tätigkeit an ihrer Hochschule. Die Qualitätsentwickler verstehen sich selbst maßgeblich als Dienstleister, für deren Arbeit eine Vertrautheit mit den Kernfunktionen der Hochschule, Forschung und Lehre notwendig ist. Inwiefern die befragten Qualitätsentwickler in einem Netzwerk organisiert sind, wurde nicht erhoben. Es wurde lediglich genannt, dass das Netzwerk DeGEval- Gesellschaft für Evaluation mit seinem Arbeitskreis Hochschule existiert und dadurch der vierte von Gornitzka und Larsen (2004) genannte Professionalisierungsaspekt ‚Entstehung und Formalisierung von Netzwerken des entsprechenden Personenkreises und einer gemeinsamen Identität' erfüllt sei. Diese Schlussfolgerung ist m. E. zu kurz gegriffen, da allein durch das Vorhandensein eines Netzwerkes nicht automatisch von einer gemeinsamen Identität auszugehen ist. Insgesamt kann auch die Passung des theoretische Analyserahmens (‚Professionalisierung' in Anlehnung an Di Maggio/Powell (1991) bzw. an Gornitzka und Larsen (2004)) kritisch hinterfragt werden. Folglich schreiben die Autoren selbst, dass die Analyse des Qualifikationsniveaus sowie der gemeinsamen kognitiven Basis anhand ihrer Daten nicht erfolgen kann, sodass die empirische Analyse losgelöst von der theoretischen Herangehensweise erscheint.

Fischer-Bluhm (2010), Kaufmann (Verfasser der HRK-Studie 2009) und Nickel (2007) beschreiben in ihren Aufsätzen weiterhin, dass die Zusammenarbeit, der Führungsstil und das Verhältnis zur Hochschulleitung starken Einfluss auf die tägliche Arbeit und auch den Einfluss der Qualitätsentwickler selbst haben. Nickel führt dieses darauf zurück, dass ein QM-Beauftragter oder eine Stabsstelle nicht die nötige Durchsetzungskraft hätten, um Entscheidungen umzusetzen (Nickel 2008: 31). In einer Studie des ‚Projekts Q' der Hochschulrektorenkonferenz (HRK 2009) wird beschrieben, dass vor allem die Umsetzung von Folgemaßnahmen von qualitätssichernden Elementen von der Selbstwahrnehmung der Hochschulleitung als steuernde Instanz abhängig sei und somit die Arbeit und den Einfluss der Qualität nachhaltig beeinflussen kann. So kann z. B. die Hochschulleitung entscheiden, dass das Nachhalten der Ergebnisse von Evaluationen und die Initiierung von Follow-up-Prozessen entweder in die Verantwortung der Fachbereiche gegeben wird, womit die Qualitätsentwickler lediglich eingeschränkte Steuerungsbefugnisse hätten, oder dieses durch die Leitungsebene der Hochschulleitung erfolgt (HRK 2009: 32ff.)

Fischer-Bluhm (2010) beschreibt die Problematik eines diametralen Steuerungsverständnisses von Hochschulleitung und Qualitätssicherung wie folgt:

> „Niemand kann in der Qualitätssicherung gegen ein Klima von Kontrolle an arbei-
> ten, wenn die Hochschulleitung dazu neigt, kontrollierend einzugreifen. Ebenso wenig
> kann jemand in der Qualitätssicherung Sanktionen irgendeiner Art durchsetzen, wenn die
> Hochschulleitung ausschließlich auf die informierte Selbststeuerung ihrer Einrichtungen
> setzt. Insofern ist es ein Glücksfall für die Hochschule und die Referentin, wenn der Füh-
> rungsstil der Hochschulleitung und die Grundeinstellung des Referenten übereinstimmen"
> (Fischer-Bluhm 2011: 66f.).

Diese Abhängigkeit von dem Steuerungsanspruch der Hochschulleitung und der
Inanspruchnahme von Leistungen der Qualitätsentwicklung konnten auch Kloke
und Krücken (2012b: 323) zeigen (vgl. hierzu auch Kapitel 7.3.5).

4.2.4 *Internationale, quantitative Studien zu Restrukturierungsprozessen des Hochschulpersonals*

Neben den bisher vorgestellten normativ-deskriptiven und vor allem auf qualitativen Daten beruhenden Studien werden im Folgenden solche vorgestellt, die
anhand von vor allem quantitativer Datenanalyse das Verhältnis des nicht-wissenschaftlichen Personals zum wissenschaftlichen Personal im Zeitverlauf untersuchen sowie die interne Restrukturierung des nicht-wissenschaftlichen Personals
thematisieren (Blümel et al. 2010; Goldwater Institute 2010; Gornitzka et al. 1998;
Gornitzka/Larsen 2004; Gornitzka 2008; Gumpert/Puser 1995; Leslie/Rhoades
1995;Rhoades/Sporn 2002; Visakorpi 1996). Dabei stellen die Untersuchungen
zu Norwegen, Finnland sowie den USA fest, dass seit den 1990er-Jahren ein stärkerer Zuwachs an Personal im nicht-wissenschaftlichen als im wissenschaftlichen
Bereich zu verzeichnen ist.[31] Zudem konstatieren sie eine interne Restrukturierung
nicht-wissenschaftlichen Personals durch eine zunehmende Rekrutierung höher
qualifizierter Mitarbeiter.

Gumport/Pusser (1995) gehen davon aus, dass sich aufgrund der Anpassung
der Hochschulen an die zunehmende Umweltkomplexität die Universitätsverwaltung ausdehnt sowie ausdifferenziert. Allerdings führen sie dieses nicht nur
auf eben erwähnte funktionale Imperative zurück, sondern konstatieren vielmehr,
dass in vielen administrativen Bereichen Personal zur externen Legitimation angestellt wurde (vgl. Ausführungen Kapitel 1). Anhand der Personalausgaben der
University of California zeigen sie, dass „over the past twenty-five years the rate

---

[31] Gumport/Pusser (1995) und Leslie/Rhoades (1995) weisen den Anstieg des Verwaltungspersonals
nicht auf der Basis von Personaldaten, sondern anhand von Finanzstatistiken nach.

of growth in expenditures for administration has significantly exceeded the rate of growth in expenditures for instruction and the rate of students" (ebd.: 501), d. h., es ist ein überproportionales Wachstum von Verwaltungsausgaben im Vergleich zu den Ausgaben für Forschung und Lehre zu beobachten. So stiegen die Ausgaben für Lehre und wissenschaftliches Personal im Zeitraum von 1966 bis 1991 um 61 % bzw. 104 %, während die für die Verwaltung um 151 % stiegen. Moderat fallen diese Wachstumsraten aus, wenn man lediglich den Zeitraum von 1986 bis 1991 betrachtet. Hier stiegen die Ausgaben für Lehre und wissenschaftliches Personal um 9 % bzw. 10 %, während die für die Verwaltung um 18 % stiegen.

Auch Leslie/Rhoades (1995) untersuchen, wie sich die Personalstruktur hinsichtlich des Verhältnisses wissenschaftliches/nicht-wissenschaftliches Personal an amerikanischen Universitäten darstellt. Anhand von offiziellen Personal- und Finanzstatistiken stellen sie fest, dass zwischen 1975 und 1990 die Anzahl des administrativen Personals stärker wuchs als die des wissenschaftlichen Personals, und zwar im Zeitraum von 1985–1990 für das wissenschaftliche Personal um 9 %, um 14 % im Bereich ‚executive, administrative, and managerial employees' und um 28 % im Bereich ‚other professionals', d. h. Personen mit einem Universitätsabschluss.[32] Lediglich im Bereich ‚service and maintenance personnel' konnte eine abnehmende Beschäftigungszahl beobachtet werden.

Neuere Daten zur Anzahl und den Ausgaben für wissenschaftliches und nicht-wissenschaftliches Personal an amerikanischen Hochschulen finden sich im Policy-Report des Goldwater Instituts (2010). Sie zeigen, dass zwischen 1993 und 2007 die Anzahl an Vollzeit-Administratoren per 100 Studierenden an 198 untersuchten privaten und staatlichen 4-year-colleges mit Doktorandenausbildung und einer hohen Forschungsquote um 39 % wuchs, während die für wissenschaftliches Personal nur um 18 % stieg. Kongruent hierzu verhalten sich die finanziellen Ausgaben: Im gleichen Zeitraum wuchsen die Ausgaben für die Administration um 61 %, während die Ausgaben pro Student für Lehre lediglich um 39 % wuchsen. Die Autoren der Studie führen den Anwuchs des administrativen Personals darauf zurück, dass die Studenten nur einen kleinen Anteil an den Verwaltungsausgaben bezahlen, während der Hauptteil dieser Ausgaben von staatlichen Behörden getragen wird und diese ihre Zuwendungen an die Hochschulen in den letzten Jahren erhöht haben, die ungeprüft durch die Verwaltung für deren Finanzierung verwendet werden.

Rhoades und Sporn (2002) untersuchen für die USA im Zeitraum von 1976 bis 1995 das Verhältnis von wissenschaftlichem Personal zu nicht-wissenschaftlichem Personal und stellen fest, dass der Anteil des wissenschaftlichen Personals in die-

---

[32] Diese Differenzierung ist m. E. nicht trennscharf und ebenfalls finden sich im Artikel selbst keine
      näheren Erläuterungen zur Unterscheidung zwischen den beiden Kategorien.

sem Zeitraum von 69,3 % auf 61,0 % gefallen ist. Weiterhin zeigen sie, dass das Wachstum und der vergrößerte Entscheidungsspielraum der ‚managerial professionals' vor allem im Verhältnis und auf Kosten der Vollzeitprofessoren sowie der traditionellen administrativen Mitarbeiter zurückzuführen ist: Während die Gruppe der ‚managerial professionals' von 19 % auf knapp 30 % stieg, wuchs die Anzahl der Wissenschaftler lediglich um 7 % (ebd.: 17). Dieses Wachstum zeigen sie ebenfalls exemplarisch am Bereich des Technologietransfers. Waren 1990 709 Technologie-Transfer Manager in der US-amerikanischen Association of University Technology Managers organisiert, stieg diese Zahl bis zum Jahr 2000 auf 2117 Mitglieder. Aufbauend auf diesen Beobachtungen analysieren Rhoades und Sporn auf der Basis von Fallstudien und Daten der Bildungsministerien auch die Entwicklungen in Deutschland, Österreich und Italien (ebd.: 7–15). So konstatieren sie beispielsweise für Österreich für den Zeitraum von 1993 bis 1999 einen Anstieg von 7 % im Bereich der zentralen Administration sowie in der Fakultätsverwaltung, eine Abnahme von 13 % hingegen für den Bereich von Serviceeinheiten wie Bibliotheken und akademischen Auslandsämtern. Allerdings kann auch in Österreich eine starke Zunahme (+11 %) des wissenschaftlichen Personals im gleichen Zeitraum beobachtet werden. Insgesamt gehen Rhoades und Sporn 2002 davon aus, dass sich die Personalstruktur auch an europäischen Hochschulen stärker den Entwicklungen im anglo-amerikanischen Bereich angleichen und damit auf eine Stärkung und Expansion administrativer Managementpositionen hinausläuft.

Detaillierte Ergebnisse hierzu liefern auch Gornitzka und Larsen (2004)[33] anhand einer Auswertung von Personaldaten an vier norwegischen Universitäten. Sie zeigen zunächst, dass es einen generellen Anstieg beim Hochschulpersonal gegeben hat, und zwar um 56 % beim wissenschaftlichen Personal und 66 % beim nicht-wissenschaftlichen Personal im Zeitraum von 1987 bis 1999. Dabei ist der Anstieg des nicht-wissenschaftlichen Personals vor allem auf eine verstärkte Rekrutierung von ‚higher administrative staff' zurückzuführen, deren Anzahl sich in den Jahren 1987–1999 verdreifachte (+ 215 %), während die Gruppe der einfacheren Büroangestellten (‚clerical staff') ein Minus von 28 % verzeichnete (vgl. Gornitzka/Larsen 2004: 458). Dadurch stieg der Anteil des hoch qualifizierten Verwaltungspersonals von ca. einem Drittel im Jahr 1987 auf etwa drei Viertel des nicht-wissenschaftlichen Personals im Jahre 1999. Gornitza und Larson schlussfolgern daher, dass „by the turn of the century, executive officers, advisors and administrative managers made up over 70 per cent of the administrative corps at the four

---

[33] Der zitierte Artikel baut auf einem Vorgängerartikel von Gornitzka, Kyvik und Larsen aus dem Jahr 1998 auf, der von der Fragestellung her ähnlich angelegt ist. Da der Artikel aus dem Jahr 2004 neuere Daten erhält, wird im Folgenden auf diesen aktuelleren Artikel Bezug genommen.

Norwegian universities" (ebd.: 458). Somit kann von einer Restrukturierung der Qualifikationsstruktur des nicht-wissenschaftlichen Personals gesprochen werden. Ähnliche Entwicklungen lassen sich auch in Finnland beobachten. Visakorpi (1996) beschreibt einen im Vergleich zum wissenschaftlichen Personal starken Aufwuchs des nicht-wissenschaftlichen Personals im Zeitraum von 1987 bis 1992. Dieses ist vor allem auf einen wachsenden Anteil des hochqualifizierten nicht-wissenschaftlichen Personals zurückzuführen: in dem genannten Zeitraum wuchs diese Gruppe um 39 %, während der Anteil des niedrig qualifizierten technischen Personals und Verwaltungspersonals um 11,8 % abnahm. Visakorpi schlussfolgert deshalb, dass in Zukunft das „non-teaching or non-academic personnel will increasingly be academic; they will need more and more education (...) [and] special skills" (ebd.: 49). Weiterhin geht er davon aus, dass die Zunahme an höher qualifiziertem Personal zu einer Entstehung von neuen Berufsgruppen im Hochschulsektor führen wird.

Wie Blümel, Kloke, Krücken und Netz (2010) zeigen konnten, kann dieser internationale Trend der Zunahme an nicht-wissenschaftlichem Personal zu Ungunsten des wissenschaftlichen Personals an deutschen Hochschulen nicht beobachtet werden. Wie anhand von Personaldaten[34] im Zeitraum von 1992 bis 2007 gezeigt werden konnte, ist die Anzahl von Personen, die insgesamt an deutschen Hochschulen beschäftigt sind, in den letzten Jahren deutlich angestiegen, und zwar um 14,2 %. Eine nach Personalgruppen differenzierte Analyse zeigt jedoch, dass dieser Anstieg auf den Zuwachs des wissenschaftlichen Personals zurückgeführt werden kann, und zwar stieg im genannten Zeitraum deren Anzahl um 28,3 % (bzw. 39.935 Personen). Das nicht-wissenschaftliche Personal hingegen wurde von 1992–2007 abgebaut, und zwar um den Prozentwert 4,6 %, was 5.262 Personen entspricht (vgl. Blümel et al. 2010: 161). Allerdings ist wie in den anderen referierten Ländern auch eine interne Restrukturierung des nicht-wissenschaftlichen Personals zu beobachten, welches sich in einer zunehmenden Höherqualifizierung, abzulesen an der Eingruppierung des Personals in die Laufbahngruppen einfacher, gehobener, mittlerer und höherer Dienst[35] des nicht-wissenschaftlichen Personals zeigt. So wuchs im Zeitraum zwischen 2002 bis 2007 der Anteil der Beschäftigten im höheren nicht-wissenschaftlichen Dienst um 20,9 % (+1401 Personen), der im gehobenen nicht-wissenschaftlichen Dienst um 19,5 % (+5921 Personen); wäh-

---

[34]   Zur Analyse der Entwicklung des wissenschaftlichen sowie des nicht-wissenschaftlichen Hochschulpersonals in Deutschland wurde auf die durch die ICEland-Datenbank des Hochschul-Informations-Systems (HIS) aufbereiteten Personaldaten der Jahre 1992 bis 2007 zurückgegriffen. Im Rahmen der Hochschulstatistik wird das gesamte an Hochschulen tätige Personal erhoben, unabhängig von der Finanzierungsart, d. h. die Daten beinhalten auch durch Drittmittel finanzierte Stellen (vgl. Blümel et al. 2010: 160).

[35]   Zur Methodik siehe Blümel et al. 2010: 162.

rend der Anteil der Beschäftigten im mittleren nicht-wissenschaftlichen Dienst leicht abnahm (-0,9 % bzw. -515 Personen). Die stärkste Abnahme ist jedoch im einfachen nicht-wissenschaftlichen Dienst zu verzeichnen (in diesem Segment befinden sich vor allem Reinigungs- und Wartungskräfte); zwischen 2002–2007 nahm hier die Anzahl der Beschäftigten um 32,0 % (-5565 Personen) ab (vgl. Blümel et al. 2010: 163).

Jedoch muss bei diesen Aussagen berücksichtigt werden, dass der Zuwachs des höheren nicht-wissenschaftlichen Personals nach Tätigkeitsbereichen (Verwaltungspersonal, Bibliothekspersonal, technisches Personal, sonstiges Personal) divergiert. So hat das Verwaltungspersonal im höheren Dienst mit Abstand die stärksten Zuwachsraten zu verzeichnen. Ebenfalls ist im Zeitraum von 1992–2007 ein Zuwachs von 90,1 % des höheren Verwaltungspersonals (+2579 Personen) zu beobachten, während das höhere Bibliothekspersonal bzw. das höhere technische Personal nur um 10,0 % (+74) bzw. 12,5 % (+139) aufgestockt wurde. Dieses führte dazu, dass sich der Anteil des höheren Verwaltungspersonals am gesamten nicht-wissenschaftlichen Personal von einem Anteil von 55,3 % im Jahre 1992 auf einen Anteil von 67,0 % im Jahr 2007 erhöhte. Somit

> „lässt sich schlussfolgern, dass Hochschulen dem Ausbau einer Gruppe von formal hoch qualifizierten Verwaltungsmitarbeitern, welche die administrativen Aufgaben an Fakultäten und in zentralen Einrichtungen wahrnehmen, eine höhere Priorität eingeräumt haben als dem Ausbau bzw. der Konsolidierung des Bibliotheks-, technischen und sonstigen Personals" (Blümel et al. 2010: 165).

Wie in Kapitel 6.3.1 noch gezeigt werden wird, ist dieses an deutschen Hochschulen vor allem auf ein Wachstum an Stellen im administrativen Hochschulmanagement in den neuen Funktionalbereichen (und darunter besonders stark in der Qualitätsentwicklung) zurückzuführen.

4.3   Zusammenfassung und Erkenntnisse für die Arbeit

Es kann anhand von Finanz- und Personaldaten gezeigt werden, dass in den USA, Finnland und Norwegen im Vergleich zum wissenschaftlichen Personal verstärkt nicht-wissenschaftliches Personal rekrutiert wurde und dieses zu einem Anstieg des nicht-wissenschaftlichen Personals und einer Abnahme an wissenschaftlichem Personal in der Personalkonfiguration der Hochschulen geführt hat. An deutschen Hochschulen kann diese Entwicklung nicht beobachtet werden, dort wurde stark wissenschaftliches Personal aufgebaut, während im nicht-wissenschaftlichen Bereich sogar ein leichter Rückgang an beschäftigtem Personal zu verzeichnen ist. In allen referierten Ländern (auch in Deutschland)

lassen sich interne Restrukturierungsprozesse im Bereich des nicht-wissenschaftlichen Personals verzeichnen: So kann unisono eine zunehmende Höherqualifizierung des nicht-wissenschaftlichen Personals und eine Abnahme von
Stellen im einfachem nicht-wissenschaftlichen Personal beobachtet werden.
Dieses ist vor allem für hochqualifizierte Stellen im Verwaltungsbereich zutreffend. In der vorgestellten Literatur wird angenommen, dass diese hochqualifizierten Mitarbeiter zunehmend in spezialisierten Bereichen beschäftigt sind, die

a) aufgrund neuer Anforderungen an die Hochschulen in den Bereichen Lehre,
   Forschung und veränderte gesellschaftliche Legitimationsbasis geschaffen
   wurden,
b) in Bereichen, in denen als Antwort auf den Rückzug des Staates zunehmend
   management- und wettbewerbsorientiert gesteuert wird (z. B. Unterstützung bzw. Ersatz der akademischen Leitung auf Leitungs- und Fakultätsebene),
c) in Managementpositionen, in denen sie die Missionen ,des organisationalen
   Akteurs Hochschule' umsetzten.

Für die Mitarbeiter in diesen Bereichen hat sich noch keine einheitliche Definition herausgebildet, sie reichen von ,neue Hochschulprofessionen, im deutschsprachigen Bereich, ,managerial professionals', ,midlevel leaders', ,specialist
administrative staff', ,third-space-professionals' und ,new professionals' im englischsprachigen Raum; in vorliegender Arbeit hingegen werden sie, wie bereits
dargelegt, als ,administrative Hochschulmanager in Funktionalbereichen', kurz
,administrative Hochschulmanager' bezeichnet. Gemeinsam ist den Beschreibungen in der vorgestellten Literatur, dass die administrativen Hochschulmanager
nicht unmittelbar Forschungs- und Lehrtätigkeiten nachgehen, sich in ihren Tätigkeiten aber auch von der traditionellen Verwaltung, wie sie idealtypisch bereits von
Max Weber (1972) beschrieben wurde (starke Hierarchisierung und Formalisierung, Orientierung an rechtlichen und administrativen Regeln, Aktenmäßigkeit)[36],
unterscheiden. Sie befassen sich mit der Generierung von neuem Wissen und Methoden, bereiten Entscheidungen vor und führen diese auch durch und nehmen
Service- und Dienstleistungsfunktionen für die Wissenschaftler wahr. Sie befinden
sich oft an Schnittstellen der Hochschule, entweder an internen Schnittstellen, d. h.

---

[36] "Die bureaukratisch-monokratische aktenmäßige Verwaltung ist nach allen Erfahrungen die an
      Präzision, Stetigkeit, Disziplin, Straffheit und Verlässlichkeit, also: Berechenbarkeit für den Her-
      ren wie für die Interessenten, Intensität und Extensität der Leistung, formal universeller Anwend-
      barkeit auf alle Aufgaben, rein technisch zum Höchstmaß der Leistung vervollkommenbare, in all
      diesen Bedeutungen: formal rationalste, Form der Herrschaftsausübung" (Weber 1972: 128).

zwischen Verwaltung und Wissenschaft oder Top-Management und Wissenschaftlern, oder aber an externen Schnittstellen, d. h. zwischen der Hochschule und externen Partnern. Sie nehmen also „operative Mittlerfunktionen" oder „professionelles Schnittstellenmanagement" (Armbruster 2008: 180) wahr. Infolgedessen dienen sie häufig als „Übersetzer" zwischen verschiedenen Logiken, häufig zwischen Verwaltung bzw. Management und Wissenschaft, aber auch zwischen Wissenschaft und externen Partnern (Wirtschaft, Medien, Politik).

Sie fungieren als verlässlicher Ansprechpartner und Orientierungspunkt für Wissenschaftler und Hochschulleitung und entsprechen somit der von Krücken und Meier (2006) und Brosziewski (1998) beschriebenen Funktion des Überführens von Verantwortlichkeiten und des Überblickens von Problemlagen. Für diese Aufgaben sind profunde Kenntnisse von Forschung und Lehre oder anders ausgedrückt „Vertrautheit mit den Kernfunktionen der Hochschule" (Klumpp/Teichler 2008: 170) notwendig, aber auch Expertise in dem jeweiligen spezifischen Tätigkeitsbereich (Funktionalbereich). Weiterhin werden Management bzw. Verwaltungskenntnisse, aber auch Soft Skills benötigt. Idealiter verbinden die administrativen Hochschulmanager in ihren Tätigkeiten ‚alte, wissenschaftliche Werte, sowie neue, ‚managementorientierte Werte' (vgl. Clark 1998) und verfügen über profunde Kenntnisse der Organisation, in der sie beschäftigt sind. Diese Fähigkeiten erlangen die administrativen Hochschulmanager nicht in etablierten Ausbildungsgängen, sondern zumeist durch ‚learning-on-the-job', es existieren somit auch keine klar definierten Berufswege. Dieses führt dazu, dass auch die Karrierechancen der administrativen Hochschulmanager schwer absehbar sind, da diese, wie Rosser (2004) zeigt, von einer genauen Definition der Tätigkeiten abhängig sind. Das Gros der zumeist weiblichen Mitarbeiter entstammt dabei aber aus den Hochschulen oder aus wissenschaftsnahen Feldern (z. B. Wissenschaftsministerien, Forschungsförderorganisationen). Diese Wissenschaftsaffinität ist von besonderer Bedeutung, da sonst die Unterstützung durch die Wissenschaftler, auf die die administrativen Hochschulmanager angewiesen sind, schwierig sei.

Die administrativen Hochschulmanager sind in das hierarchische Gefüge der Hochschule eingebunden und sind somit in ihren Entscheidungen und Tätigkeiten von der Hochschulleitung- bzw. Fakultätsleitung abhängig. Ihre Einbindung in Prozesse der Hochschulentwicklung ist vielfach informell geregelt, sie übernehmen das Monitoring und die Umsetzung von Entscheidungen, sind aber seltener in die Entscheidungsfindung eingebunden. Aufgrund ihrer ‚middleness' (Rosser 2004) stehen sie in der ‚Schusslinie', da sie zwischen Wissenschaftlern und Hochschulleitung ‚eingeklemmt' sind.

Eine gelingende Integration der administrativen Hochschulmanager in die Hochschule ist davon abhängig, dass sie zum einen nicht als ‚wesensfremd', also

die Besonderheiten von Forschung und Lehre akzeptierend und aus diesen Bereichen stammend, wahrgenommen werden, zum anderen aber auch, wenn keine
Themen- oder Ressourcenkonkurrenz vorherrscht. So beschreiben auch McInnis
(1998) und Clark (1998), dass vor allem dann Spannungen zwischen Wissenschaftlern und administrativen Hochschulmanagement auftreten, wenn letztere zu stark
in Hochschulentwicklungsprozesse eingreifen.

Gornitzka und Larsen (2005) und Gordon und Whitchurch (2007) argumentieren, dass sich noch keine gemeinsame Profession der administrativen Hochschulmanager herausgebildet hat, da die Aufgaben und Tätigkeitsprofile der
übergeordneten Gruppe zu heterogen seien. Auch in den einzelnen Funktionalbereichen sei dieses nicht der Fall, da sie dort ihre Aufgabenbereiche und Kompetenzen ständig neu definieren und aushandeln müssen. Zudem fehlt ihnen eine
gemeinsame kognitive Wissensbasis, die z. B. durch eine fest definierte Ausbildung erworben worden ist, die durch institutionalisierte und mit Machtbefugnissen
ausgestattete Berufsverbände kontrolliert wird. Trotzdem werden sie, wie durch
die Definitionen deutlich wird, zumeist als ‚Professionelle‘ bezeichnet, ohne dass,
mit Ausnahme von Gordon und Whitchurch (2007), verdeutlicht wird, warum
diese als ‚Professionelle‘ bezeichnet werden. Gordon und Whitchurch (2007) zufolge zeichnet sich die Professionalität der administrativen Hochschulmanager
durch die Generierung neuen Wissens aus, mit welchem sie eigenverantwortlich
umzugehen wissen, außerdem ruht ihre Professionalität auf der Möglichkeit, zwischen verschiedenen Aufgabenbereichen und Logiken innerhalb der Hochschule
zu vermitteln.

Die Beschreibung des Tätigkeitsfeldes, der Kompetenzen und der Verortung
der Qualitätsentwickler in den dargestellten Studien (Nickel 2011b; Schneijder-
berg/Merkator 2011; Fischer-Bluhm 2010; Klug 2010; Pohlenz 2010) entspricht
weitestgehend den beschriebenen Charakteristika der übergeordneten Gruppe der
administrativen Hochschulmanager. Auch die Qualitätsentwickler werden als
Übersetzer zwischen Wissenschaft und Verwaltung beschrieben, die keine traditionellen Verwaltungsaufgaben übernehmen, sondern mit Expertenwissen, Beratungen und Moderationen sich für die Belange der eigenen Hochschule einsetzen. Die
Tätigkeit der Qualitätsentwickler besteht in der Umsetzung und Gestaltung von
qualitätssichernden Instrumenten und in der Begleitung von Aushandlungs- und
Vermittlungsprozessen. Hierfür benötigen sie, wie auch die administrativen Hochschulmanager, kommunikative Kompetenzen und interdisziplinäres Geschick, aber
auch, und dieses unterscheidet sie von den administrativen Hochschulmanagern,
Kenntnisse der empirischen Sozialforschung. Gemeinsam ist beiden Gruppen hingegen, dass sie Vertrautheit mit Forschungs- und Lehrprozessen aufweisen sollten,
dieses aber durch ihre akademischen, interdisziplinären Hintergründe sowie eine

sehr häufige vorherige Beschäftigung in Hochschulen und/oder Forschungseinrichtungen auch besitzen. Unterschiede scheint es in der Beschreibung der Verortung und der Wahrnehmung des Aufgabenprofils zwischen den Qualitätsentwicklern und den meisten administrativen Hochschulmanagern zu geben: Während letzte eindeutig als ‚Servicedienstleister' für die Wissenschaftler beschrieben werden, wird bei den Qualitätsentwicklern neben dieser Funktion zudem die Verbundenheit mit strategischen Entscheidungen der Hochschulleitung beschrieben sowie durch Klug (2010) und Kaufmann (HRK 2009) sogar, zumindest im Falle einer Organisation als Verwaltungseinheit, mit Einfluss- und auch Kontrollmöglichkeiten gegenüber den Wissenschaftlern. Diese Möglichkeiten sind jedoch Fischer-Bluhm (2010), Kaufmann (HRK 2009) und Nickel (2007) zufolge von dem Verhältnis der Qualitätsentwickler zur Hochschulleitung abhängig (vgl. zu diesem Aspekt Kapitel 6.3.5).

4.4   Zwischenfazit, Erkenntnisse für die Arbeit, resultierende Forschungsfragen

Aus dem Überblick über den Stand der Forschung werden Forschungsdesiderate deutlich, die sich zum einen eher auf fehlende empirische Daten, zum anderen eher auf eine fehlende theoretische Einbettung beziehen. Als Forschungsdesiderate auf *empirischer Ebene* ist dabei zu nennen, dass es bis dato in Deutschland keine Studien gibt, die übergreifend und detailliert den Arbeitsmarkt, das Aufgaben und -Kompetenzprofil, den beruflichen Werdegang, die Vernetzung, die Verortung innerhalb der Hochschule und das Einflusspotential der administrativen Hochschulmanager bzw. im Speziellen der Qualitätsentwickler empirisch untersuchen. Auf *theoretischer Ebene* ist zu bemerken, dass mit Ausnahme von Gornitzka und Larsen (2004) und in Anlehnung hieran Schneijderberg und Merkator (2010) sowie Adamczak et al. (2007) nicht auf Professionstheorien eingegangen wird; bzw. wird nicht, mit Ausnahme von Gordon und Whitchurch (2007), erläutert, warum von Professionalität bzw. Professionelle gesprochen wird, obgleich in beinah jeder Definition darauf Bezug genommen wird (‚managerial professionals', ‚Hochschulprofessionen', ‚third-space-professionals'). Die Studien von Gornitzka und Larsen (2004) bzw. Schneijderberg und Merkator (2010) und Adamczak et al. (2007) zeichnen sich durch einen verkürzten Zugang zu Professionstheorien[37] aus, der nicht die Breite der Professionstheorien abdeckt. Zudem kommen sie zu der Erkenntnis, dass es sich bei den administrativen Hochschulmanagern nicht

---

[37]   Gornitzka und Larsen (2004) greifen lediglich auf die Definition einer Profession von Di Maggio und Powells (1991) zurück, Adamczak et al. (2008) auf die von Wilensky (1964).

um eine Profession handelt, stellen aber im Gegenzug auch nicht dar, um was es sich beim administrativen Hochschulmanagement stattdessen handelt und warum von Professionellen gesprochen wird. Dieses erfolgt bei Gordon und Whitchurch (2007), hier jedoch ohne Bezug auf professionstheoretische Annahmen, was dazu führt, dass diese Art der Professionalität konturenlos erscheint.

Somit wird im Laufe der vorliegenden Arbeit zum einen detaillierter dargelegt, warum es sich bei den administrativen Hochschulmanagern, hier am Beispiel der Qualitätsentwickler, nicht um eine Profession im traditionellen, wie von Gornitzka und Larsen (2004) sowie Adamczak et al. (2007) beschriebenen Sinne handelt. Es wird aber auch dargelegt werden, warum diese Konzepte in der gegenwärtigen Professionssoziologie immer mehr in Frage gestellt werden, und sich stattdessen vor allem für eine Analyse der Professionalität der Qualitätsentwickler Konzepte anbieten, die von Professionalität auch jenseits von ‚traditionellen Professionen‘ sprechen. In diesen neueren Ansätzen werden auch Erklärungsansätze geboten, die erläutern können, warum die administrativen Hochschulmanager im Diskurs als ‚Professionelle‘ bezeichnet werden und welche Vorteile sich hiermit verbinden. Somit wird in vorliegender Arbeit auch die Frage beantwortet, wodurch sich die Professionalität der Qualitätsentwickler kennzeichnet.

5 Soziologische Professionstheorien

Wie im vorherigen Kapitel beschrieben, wird davon ausgegangen, dass sich zur Verarbeitung der veränderten externen und internen Rahmenbedingungen der Hochschulen in den letzten Jahren neue Tätigkeitsfelder an den Schnittstellen zwischen Wissenschaft auf der einen Seite und Management, Politik und Gesellschaft auf der anderen Seite gebildet haben. Für diese Tätigkeiten hat sich im hochschulpolitischen Kontext der Begriff ‚neue Hochschulprofessionen' etabliert (siehe Darstellungen im vorhergegangenen Kapitel). Doch warum findet dieser Rekurs auf Professionalität statt? Und vor allem was bedeutet in diesem Zusammenhang ‚Professionalität'?

Diese Frage lässt sich in zweierlei Hinsicht behandeln: Zum einen kann Professionalität über die Akteure, die handeln, als professionell bezeichnet werden, das heißt, es wird davon ausgegangen, dass ein Angehöriger einer Profession auch professionell handelt. Hierzu gilt zu klären, was Spezifika einer Profession sind. Zudem ist zu analysieren, welche Gründe für die Genese von Professionen anzufinden sind. Hierzu wird im Folgenden zunächst auf von der Autorin in vorliegender Arbeit als ‚traditionelle Professionstheorien' bezeichnete Theorien zurückgegriffen, die Professionen anhand bestimmter Merkmale und Kriterien von anderen Berufen unterscheiden (Parsons 1939, 1947, 1968; Goode 1972, Hughes 1958, 1971; Abbott 1988; Larson 1977; Freidson 2001; Luhmann 1977; Stichweh 1994, 1996; Kurtz 1997, 1998, 2002; Oevermann 1996).[38]

Zum anderen kann Professionalität als Handeln einer bestimmten Qualität begriffen werden, welches sich auch unabhängig vom berufs- und professionssoziologisch bestimmten Typ des Professionsmitglieds bestimmen lässt (vgl. Pfadenhauer 2005: 10). Hierzu wird auf neuere professionssoziologische Ansätze (Alvesson/ Johansson 2002; Alvesson/Kärremann 2004; Barley/Tolbert 1991; Evetts 2003, 2006, 2008, 2009, 2011; Flood 2011; Fournier 1999; Hwang/Powell 2009; Heisig 2007; Kipping et al. 2006; Kipping 2011; Langer/Manzeschke 2008; Muzio/ Kirkpatrick 2011; Noordegraf 2007; Powell/Di Maggio 1991; Pfadenhauer 2003;

---

[38] Der machttheoretische Ansatz ist als Gegenposition zu strukturfunktionalistischen Vorstellungen von Professionen ausgearbeitet worden, kann aber durch die korrespondierenden Grundannahmen in Bezug auf die Handlungslogiken (vor allem bei Freidson (2001)) auch dem interaktionistischen Paradigma zugeordnet werden (vgl. Brandt 2009: 23).

Suddaby/Viale 2011; Watson 2000) rekurriert, die eine Verlagerung von Konzepten der Profession und der Professionalisierung hin zu einer Analyse des Konzeptes von Professionalität und professionellem Handeln für die Untersuchung von Professionalität vor allem im öffentlichen und Non-Profit-Sektor vornehmen, der durch Ambiguitäten, Ungewissheiten, nicht eindeutige Rationalitäten und Wertorientierungen gekennzeichnet ist. Diese Professionstheorien werden im Folgenden als ‚neuere Professionstheorien' bezeichnet werden.[39]

Das Anliegen dieser Studie ist es, eine theoretisch fundierte, empirische Analyse des gegenwärtigen Professionalisierungsstandes der Qualitätsentwickler an deutschen Hochschulen zu geben. Den theoretischen Bezugsrahmen liefern hierfür die genannten Ansätze der deutschsprachigen und anglo-amerikanischen Berufs- und Professionssoziologie. In der Arbeit soll nicht der Versuch unternommen werden, in umfassender Weise unterschiedliche Professionsansätze vergleichend gegenüberzustellen. Vielmehr ist von Interesse, und hierin orientiert sich die vorliegende Arbeit an der Vorgehensweise von Brandt (2009), inwiefern die in verschiedenen Professionsansätzen verwendeten Analysedimensionen herangezogen werden können, um spezifische Charakteristika im Feld der Qualitätsentwicklung an deutschen Hochschulen nachzuzeichnen und zu erklären. Dabei wird unter Rückgriff auf ‚traditionelle' und ‚neue' professionssoziologische Ansätze eine Forschungsheuristik entwickelt, die nicht hypothesentestend ausgerichtet ist, sondern „auf eine möglichst umfassende Bestandsaufnahme der einzelnen theoretischen Professionalisierungsdimensionen" (Brandt 2009: 17).

Im Folgenden werden zunächst kurz die ‚traditionellen Professionsansätze' vorgestellt, aus denen dann Analysedimensionen generiert werden. Diese Analysedimensionen stellen Merkmale von Professionen dar, die vor allem in den traditionellen Ansätzen als kennzeichnend für eine Profession aufgezeigt werden. Diese Vorgehensweise wurde gewählt, da die neueren Ansätze sich auf die traditionellen Ansätze beziehen und eine Fortentwicklung dieser Ansätze darstellen. Es ist auffällig, dass die neueren Ansätze dieselben Kategorien für die Darstellung von Professionalität verwenden wie die traditionellen Ansätze für die Frage, was eine Profession ausmacht. So nimmt z. B. bei den traditionellen und den neuen professionssoziologischen Ansätzen die Frage nach der spezifischen Handlungslogik von Professionen bzw. professionellen Handelns eine prominente Rolle ein; d. h. die interessierende Kategorie ist dieselbe, nur dass die inhaltlichen Ausführungen unterschiedlich sind.

---

[39]   Diese Unterscheidung findet sich auch bei Kühl (2006: 6f.). Allerdings bezeichnet er den ‚traditionellen' Professionsbegriff als ‚engeren' Professionsbegriff (oder Professionsbegriff 1), und den der ‚neueren' Professionstheorien als ‚weiteren' Professionsbegriff (oder Professionsbegriff 2).

Dementsprechend werden die Ausprägungen der Dimensionen der ‚traditionellen' und der ‚neuen Professionsansätze' gegenübergestellt, um somit ein Raster für die Analyse der Spezifika der Professionalität der deutschen Qualitätsentwickler darzustellen. Dabei werden nicht nur die Spezifika der jeweiligen Art von Professionalität dargestellt, sondern es sollen auch Hintergründe für die hinter den Argumentationen stehende Motivlage für die jeweilige Interpretation von Professionalität erläutert werden, da davon ausgegangen wird, dass Professionalität auch immer durch die gesellschaftlichen und organisatorischen Rahmenbedingungen beeinflusst wird.

5.1   Soziologische Professionstheorien: ‚traditionelle Professionstheorien'

Da Professionen zumindest nach Annahmen der ‚traditionellen Professionstheoretiker' eine Weiterentwicklung von Beruf darstellt, wird im Folgenden zunächst auf grundlegende berufssoziologische Annahmen eingegangen.

Der Begriff Beruf ist ein vielschichtiges Konzept zur Beschreibung von bestimmten Tätigkeitsmustern in einer Gesellschaft und beschreibt eine spezifische Organisationsform gesellschaftlicher Arbeit. Wer sich mit dem Begriff des Berufes auseinandersetzt, ist auf eine lange Tradition verwiesen. Bereits bei Platon und Aristoteles sind erste Erörterungen zur ‚Arbeit', wenn auch nicht zum Beruf, zu finden Dabei werden unter ‚Arbeit' vor allem körperliche Tätigkeiten und der Landbau verstanden, der von Sklaven, Knechten und Fremden ausgeübt wurde. Der Begriff ‚Arbeit' war dabei für diese Personengruppen reserviert, die freien Bürger gingen anderen Tätigkeiten nach, die mit den Begriffen ‚Bürgertugend, Bildung und Muße' verbunden waren. Abhängige Erwerbsarbeit wurde mit Sklavenarbeit gleichgesetzt, da es den Anschein des Sichverkaufens erweckte (vgl. Kurtz 2002: 9f.). Dieses änderte sich im Christentum, Arbeit wurde dort als „Erfüllung des Lebens, sofern sie im christlich-brüderlichen Geiste mit Gebet verrichtet wurde" (Conze 1972a: 159; zitiert in Kurzt 2002: 10) verstanden. Eine frühe Form der Arbeitsteilung setzte sich im 11. Jahrhundert im Okzident durch, allerdings beruht diese, anders als die spätere funktionale Arbeitsteilung, auf der Unterscheidung nach Ständen, und zwar den Klerikern, den kämpfenden Rittern und den Arbeitenden des Dritten Standes, wie den Bauern und später auch den Kaufleuten und den Handwerkern. Eine Wendung des Begriffes ‚Arbeit' kann durch Luther im 16. Jahrhundert beobachtet werden. Er übersetzte das griechische Wort für Arbeit mit Beruf, wobei hierunter die Berufung zur Arbeit verstanden wird und in der

Arbeits- und Berufsethik ihren sinnstiftenden und verhaltensprägenden Ausdruck findet (vgl. Kurtz 2002: 11).

Erst im Zuge der Säkularisierung in der zweiten Hälfte des 18. Jahrhunderts löste sich der Begriff von seiner theologischen Bindung und wurde dadurch ökonomisiert, dass er als eine dem Lebensunterhalt dienende Tätigkeit verstanden wurde (vgl. Conze 1972: 493ff.; zitiert in Kurtz 2002: 11).

Mit dem Übergang zur modernen Gesellschaft, als sich die traditionellen beruflich-ständischen Korporationen auflösten und Berufe frei gewählt werden konnten, diente und dient Beruf auch noch heute als Mittel zur Persönlichkeitsverwirklichung und des sozialen Aufstieg. So kann der Beruf als gesellschaftlich institutionalisierte Statusrolle verstanden werden, dieses bedeutet, dass der Beruf die Position innerhalb des gesellschaftlichen Schichtungssystems bestimmt, verbunden mit Ansprüchen auf Einkommen und Prestige (vgl. Endruweit/Trommsdorf 2002: 53). Zu dieser Zeit bildete sich auch die heutige bekannte Berufsbildung hervor, resultierend aus der stattfindenden Trennung von Beruf und Betrieb, die bis dahin eine Einheit bildeten und sich nun zu Organisationsformen eigener Art entwickelten.

> „Während der Beruf als Sinnschema das zertifizierte und auf dem Arbeitsmarkt offerierte Arbeitsvermögen von Personen symbolisierte, wandelt sich der Betrieb zu einer Organisationsform, die auf die im Beruf enthaltenen Qualifikationsbündel zugreift und sie in einer wirtschaftlichen Verwertung unterzieht. Hieraus folgt, dass man in der Moderne auch zwei Formen der Arbeitsteilung unterscheiden muss, und zwar zwischen der betrieblichen Arbeitsteilung, und der betriebsübergreifenden beruflichen Arbeitsteilung, die auf eine funktionale Differenzierung hinweist" (Kurtz 2002: 10).

Demzufolge kann man Thomas Luckmann und Walter Sprondel zufolge von Berufen erst dann sprechen, wenn sich „Arbeit in ausdifferenzierter Rollenstruktur [...] konstituiert" (Luckmann/Sprondel 1972: 13). Hierbei wird ein Bezug zu dem strukturfunktionalistischen Ansatz in Durkheimscher Tradition deutlich, der auf der Vorstellung basiert, dass es im Rahmen der fortschreitenden Entwicklung von Gesellschaften, die als Systeme gedacht werden, zu einer Ausdifferenzierung notwendiger Funktionen kommt, worauf die entsprechende Ausdifferenzierung von Berufen eine Art technische Bewältigung darstellt (vgl. Schäfers 2000: 31).

Neben Durkheim war es vor allem Max Weber, der grundlegende Annahmen zu einer Soziologie des Berufes macht. Weber setzt mit seiner im Folgenden genannten Definition von ‚Beruf' ein „sehr elaboriertes, geradezu multiperspektiv herangehendes Berufskonzept" (Kurtz 2002: 20) vor. Unter ‚Beruf' versteht Weber:

> „jene Spezifizierung, Spezialisierung und Kombination von Leistungen einer Person [...], welche für sie Grundlage einer kontinuierlichen Versorgungs- und Erwerbschance ist" (Weber 1972: 80),

also ein Komplex von Tätigkeiten und Fertigkeiten, der den Erwerb des Lebens-
unterhaltes sichert. Daraus folgt, dass die ‚Ware' Arbeitskraft auch auf einem
Arbeitsmarkt nachgefragt werden muss, auf dem Angebot und Nachfrage nach
Arbeitskraft aufeinander treffen (vgl. Bäcker et al. 2000: 283). Beck, Brater und
Daheim (1980) drücken dieses wie folgt aus:

> „[Es können] grundsätzlich nur solche gesellschaftlichen Probleme, Bedürfnisse und
> Aufgaben in Form von Berufen bearbeitet werden, die mit entsprechender Kaufkraft ver-
> bunden sind und einen Träger – Kunden, Staat, Betrieb usw – finden, der sie marktge-
> recht ausschreibt [...]. Probleme und Bedürfnisse, die weder wirtschaftlichen Gewinn
> versprechen, noch den Anerkennungsprozess eines öffentlichen Problems [...] erfolgreich
> bestanden haben, können in Form von Berufen nicht bearbeitet werden" (Beck/Brater/
> Daheim 1980: 246ff.).

Hiermit wird auf die Zentralstellung von ‚Beruf' für die gesellschaftliche Positio-
nierung und Lebensführung verwiesen und damit von *reinen Ehrenämtern* oder informellen Tätigkeitsrollen unterschieden (vgl. Endruweit/Trommsdorf 2002: 53).

Weiterhin ergänzt Weber seinen Berufsbegriff durch den Aspekt der qualifi
zierten Erwerbsarbeit: „Zum Gegenstand selbständiger und stabiler Berufe werden nur Leistungen, welche ein Mindestmaß von Schulung voraussetzen" (Weber
1972: 80).

Das heißt, dass für die Ausübung eines Berufes Wissen, Fertigkeiten und Fähigkeiten benötigt werden, die in der Gesamtheit zur Ausübung eines bestimmten
Berufs notwendig sind (vgl. Fuchs-Heinritz et al. 2007: 84). Bolte, Beck und Brater
(1988) sprechen sich dafür aus, dass der Begriff ‚Beruf' jene spezifischen *Quali-
fikationsbündel* bezeichnen soll, die Menschen in Ausbildungsprozessen im Hinblick auf ihre Beteiligung am Erwerbsleben vermittelt werden, weisen gleichzeitig
jedoch darauf hin, dass mit dem Beruf vielfach die „für bestimmte Arbeitsplätze
spezifische Kombination ausgeübter Tätigkeiten" (Bolte/Beck/Brater 1988: 46f.)
und auch benötigten Qualifikationen im Vordergrund stehen. Somit ist auch auf
eine weitere wichtige berufssoziologische Unterscheidung hinzuweisen, und zwar
auf die zwischen erlerntem Beruf (Ausstattung des Einzelnen mit Qualifikationen und normativen Orientierungen; Fähigkeiten) und ausgeübten Beruf (Erwar-
tungsmuster im organisatorisch bestimmten Kontext des Arbeitsplatzes; konkrete
Tätigkeiten), der aus einer Kombination von am Arbeitsmarkt nachgefragten
personen- und organisationsspezifischen Merkmalen besteht (vgl. Zimmermann
2000: 35; Büschges 1975). Durch diese Trennung lassen sich die unterschiedlichen Dimensionen beruflichen Lebens analysieren, die sich unter anderem in
Divergenzen zwischen Berufsbildungs- und Beschäftigungssystem zeigen. Dieses
zeigt sich auch bei der universitären Ausbildung, die eine Vielzahl von Beschäf-
tigungsmöglichkeiten vorsieht. Viele neue Berufe (auch die Qualitätsentwicklung
an deutschen Hochschulen, da es hier, wie noch gezeigt wird, keine standardisierte

Ausbildung gibt, vgl. Kapitel 6.3.3) passen nicht mehr in dieses Schema ‚erlernter Beruf'=‚ausgeübter Beruf' und lassen die Untersuchung dieser Passung als wenig adäquat erscheinen (vgl. Brater 2010: 818ff.). Dementsprechend wird z. B. von Blaschke und Stegmann (1989: 67) davon ausgegangen, dass neu entstehende Berufe eher anhand von Qualifikationen und nicht entlang von Berufsbezeichnungen geordnet werden sollten (vgl. Blaschke/Stegmann 1989: 67). Dieser Ansatz wurde z. B. auch in der neuen Klassifikation der Berufe der Bundesagentur für Arbeit verfolgt, jedoch wird hier immer noch von einem Berufsverständnis ausgegangen, dass sich unter anderem durch eine Berufsfachlichkeit kennzeichnet. ‚Berufsfachlichkeit' meint dabei „die auf berufliche Inhalte bezogene Bündelung von Fachkompetenzen [...], die in der Aus- und Weiterbildung vermittelt sowie bei der Ausübung des Berufes erworben werden" (Paulus et al. 2010: 7). Somit wird hier auch der Tatsache Rechnung getragen, dass berufliche Fertigkeiten auch während der Tätigkeit erworben werden, allerdings ist die Vermittlung dieser nach wie vor noch an eine geregelte Aus- und Weiterbildung gebunden. Zudem zeichnet sich das Berufsverständnis der Bundesagentur für Arbeit dadurch aus, dass Berufe anhand von Kernkompetenzen geordnet werden. „Dieses sind strukturgebend für den ‚Beruf' [...] und damit für die Klassifikation selbst. Ausgeschlossen werden somit überfachliche Kompetenzen wie Soft Skills, Arbeitsorte und Branchen" (Paulus et al. 2010: 7). Bei ‚Berufen', die sich – neben oben aufgeführten Charakteristika eines Berufes durch einen Komplex beruflicher Tätigkeiten kennzeichnen und sich in ihren Arbeitsanforderungen gleichen, aber nicht durch eine formalisierte Aus- und Weiterbildung vermittelt werden sowie deren Spezifika maßgeblich durch die beschäftigende Organisation bzw. Branche geprägt sind, bietet es sich m. E. eher an, von einem Berufs- oder Tätigkeitsfeld zu sprechen (vgl. hierzu auch Wienand 2003: 37). Somit ist es auch passender, im Fall der Qualitätsentwicklung von einem Berufsfeld oder einem Tätigkeitsfeld als von einem Beruf im engeren Sinne zu reden, da es a) keine geregelte Aus- und Weiterbildung gibt b) zumindest hypothetisch – die Arbeitsanforderungen durch die Spezifika des besonderen Organisation Hochschule (siehe Kapitel 2.3) gekennzeichnet sind.

Die für eine bestimmte Tätigkeit in Betracht kommenden Merkmale und Qualifikationen, die eine Person, die eine Tätigkeit in einem Beruf oder Berufsfeld ausüben will, aufweisen bzw. erwerben sollte, können in einer Anforderungsanalyse zusammengefasst werden. Diese umfasst tätigkeitsspezifische, aber auch tätigkeitsübergreifende Anforderungen. Die relevanten Anforderungsmerkmale können zu Kompetenzbereichen zusammengefasst werden. Die in der Arbeits- und Organisationspsychologie häufig genannten Kompetenzbereiche sind dabei Fachkompetenzen (z. B. Faktenwissen, Kenntnisse, Ausbildungen, Studienprofil, Weiterbildungsprofil, Funktionserfahrungen, Aufgabenerfahrungen, Organisationserfahrungen), Methodenkompetenzen (Analysefähigkeiten, Prozesswissen), soziale Kompetenz (Führungsstärke, Visionsstärke, aber auch Soft Skills) und die persönliche Kompetenz (Charakter der Person, der die Interessen bestimmt) (vgl. Gnahs 2010: 26).

Ein breites Feld der Berufssoziologie befasst sich mit sogenannten Berufsfeldstudien. In diesen werden Einsichten in die organisatorisch-technischen Arbeitsbedingungen in Fragen der Ausbildung, der Berufswahl, des Berufsverlaufes und des Verhältnisses zu anderen Berufen (vgl. von der Hagen/Voß 2010: 760) gegeben. Die Zufriedenheit bezüglich des Einkommens, der Tätigkeitsart, der Aufstiegschancen und der Autoritätsbeziehungen wird in der Berufszufriedenheitsforschung thematisiert. Hier wird die „subjektiv empfundene, rationale und emotionale, positive oder negative Bewertung" (Reinhold 1997: 55) analysiert.

Professionen

Die Professionen wiederum nehmen in der beruflichen Struktur eine besondere Stellung ein und können – in Anlehnung an Hartmann (1972) als Steigerung von ,Beruf' verstanden werden, oder als ,Beruf einer besonderen Güte,. Hartmann (1972) entwickelt ein Kontinuum Arbeit-Beruf-Profession, wobei Profession der Endpunkt eines langen Entwicklungsprozesses bedeutet. Für die Unterscheidung zwischen den drei Ausprägungen führt er als analytische Bezugspunkte der Unterscheidung eine ,funktionale' und eine ,gesellschaftliche' Dimension beruflicher Tätigkeit ein. Der funktionale Aspekt beschreibt dabei die Fertigkeiten, Fähigkeiten und den Wissensstoff, über die verfügt wird. Der gesellschaftliche Aspekt wiederum besteht in der sozialen Bedeutung ausgeübter Tätigkeiten und dem Prestige und Einfluss, der auf die Gesellschaft genommen wird. Hartmann zufolge ist ,Arbeit' eine wenig systematisierte, individuell verrichtete Tätigkeit; ,Beruf' eine arbeitsteilig organisierte, spezialisierte Beschäftigung, dessen Wissen auf der funktionalen Dimension noch weitgehend technischen Charakter hat, da es Zweck-Mittel-Orientierungen verhaftet bleibt, also Handlungswissen darstellt (vgl. Hartman 1972: 36ff.). Eine ,Profession' hingegen ist eine hochgradig spezialisierte, verwissenschaftlichte und sozial orientierte Aufgabenerfüllung, die durch eine organisierte Einflussnahme auf die Gesamtgesellschaft gekennzeichnet ist (vgl. Hartmann 1972: 41f.). Somit können Professionen als Weiterentwicklung von Berufen verstanden werden bzw. als besondere Berufe ausgewiesen werden, die sich durch spezifische Merkmale von herkömmlichen Berufen unterscheiden.

Nach Durchsicht der verschiedenen traditionellen Professionsansätze kann ein Katalog erstellt werden, der die am häufigsten thematisierten Merkmale und Kri-

terien zur Bestimmung professioneller Berufsgruppen enthält (vgl. Kurtz 2002: 49;
Mieg/Pfadenhauer 2003: 15ff.; Brandt 2009: 21):

a) Die Professionellen verfügen über eine relativ große Autonomie bezüglich
   der Kontrolle ihrer Arbeitsbedingungen (Selbstverwaltung, Kontrolle über
   Berufsausübung und -organisation, kollegiale Binnenkontrolle).
b) Es existiert in diesem Bereich ein spezifisches Handlungs- und Erklärungswissen, für das eine gesellschaftlich artikulierte Nachfrage nach einem Pro-
   blemlösungsbedarf vorliegen muss.
c) Professionen zeichnen sich durch eine spezifische Handlungslogik, welche
   auf
d) abstraktem, systematischem und wissenschaftlichem Wissen beruht, welches in einer spezialisierten, institutionalisierten und universitären Ausbildung vermittelt wird.
e) Die Organisation der in dem Feld tätigen Akteure erfolgt in einem selbst
   verwalteten Berufsverband, welcher auch spezifische Verhaltensregeln in
   Form einer Berufsethik erstellt.
f) Sie weisen eine Gemeinwohlorientierung und
g) einen Bezug zu einem gesellschaftlichen Zentralwert auf.

Professionalität ergibt es sich hierbei durch die Zugehörigkeit zu der Profession, als idealtypische Beispiele werden Ärzte oder Anwälte genannt. Als Professionalisierung wird in diesen traditionellen Ansätzen die Entwicklung eines Berufes
zur Profession verstanden (vgl. u. a. Hartmann 1972, Wilensky 1964).
   Diese Kriterien finden sich auch in den sogenannten ‚Professionskriterien-
ansätzen' (beispielhaft Hodson/Sullivan 1990; Millerson 1964; Wilensky 1964).
Diese überprüfen anhand bestimmter Kriterien, ob es sich bei einem Beruf um eine
Profession handelt oder nicht. Allerdings herrscht in der Professionssoziologie
mittlerweile ein weitgehender Konsens darüber, dass ein rein definitorischer, d. h.
merkmalspolitischer Ansatz „noch keine Professionstheorie ergibt" (vgl. Kurtz
2002: 49) und im „Anbetracht theoretisch anspruchsvollerer Professionsansätze
als überholt angesehen" (Pfadenhauer 2005: 37) wird.
   Als Ordnungsrahmen für die im Folgenden vorgestellten Hauptströme der professionssoziologischen Theorien sind die Kriterien jedoch sehr geeignet, da sämtliche traditionelle Ansätze die oben vorgestellten Kriterien thematisieren. Zudem
wird bei der Vorstellung der neueren professionssoziologischen Ansätze deutlich,
dass die Kategorien bzw. Thematiken, die in den neueren Ansätzen behandelt werden, die der traditionellen Ansätze aufgreifen. Zwar werden diese mit neuen Inhal-
ten gefüllt, die Kategorien bleiben aber dieselben. Dementsprechend bieten sich

die am häufigsten thematisierten Merkmale und Kriterien als Ordnungsrahmen für einen Vergleich der ‚neuen und alten Professionstheorien' an. Die Frage, wie und warum es zur Entstehung von Professionen und den jeweiligen Ausprägungen kommt, wird innerhalb der traditionellen Professionssoziologie, aber auch in den neueren Ansätzen, kontrovers diskutiert. In Anlehnung an Kurtz (2002) und Mieg und Pfadenhauer (2003) können dabei vier theoretische *Hauptströme* unterschieden werden:[40]

a) der *strukturfunktionalistische Ansatz* (grundlegend Parsons 1939, 1947, 1968, 1978; Goode 1972),

b) *interaktionistische Ansätze* (grundlegend Hughes 1958, 1971; Schütze 1992) Weiterentwicklung durch Abbott 1988; Oevermann 1996),[41]

c) *machttheoretische Ansätze* (vor allem Larson 1977; weiterführend Freidson 1986, 2001),[42]

d) ein in Anschluss an Luhmann (1977) entwickelter, vor allem im deutschsprachigen Raum anzufindender *systemtheoretischer Ansatz* (weiterführend: Stichweh 1994, 1996; Kurtz 1997, 1998, 2002).

Die jeweiligen Ansätze setzen unterschiedliche thematische Schwerpunkte. Während im strukturfunktionalistischen Ansatz Professionen und deren Funktion für die Gesellschaft im Ganzen bzw. im systemtheoretischen Ansatz gesellschaftliche Teilsysteme im Vordergrund stehen, fokussieren interaktionistische Ansätze und der strukturtheoretische Ansatz vor allem auf den Interaktionskontext zwischen Professionellen und Klienten und den konkreten Arbeitsbedingungen und Arbeitsvollzügen der Professionellen, wobei letztere sich durch eine spezifische Handlungslogik auszeichnen. Diese Betonung der spezifischen Handlungslogik ist auch im machttheoretischen Ansatz in der Lesart von Freidson (2001) zu finden, allerdings stehen beim machttheoretischen Ansatz im Gegensatz zum interaktionistischen Ansatz die gemeinsamen Interessenlagen der Profession sowie deren Verhältnis zu anderen beruflichen Gruppen im Vordergrund (vgl. Brand 2009: 23).

---

[40] Zur Kritik an der Systematisierung siehe Schmeiser (2006: 296).

[41] Pfadenhauer (2003) sowie Kurtz (2002) benennen Oevermanns strukturtheoretischen Ansatz der „revidierten Theorie professionellen Handelns" (Oevermann 1996) als eigene Hauptströmung, da dieser aber wie die interaktionistischen Ansätze auch auf Handlungsorientierungen und -logiken der Professionellen fokussiert, wird in vorliegender Arbeit dieser Ansatz auch den interaktionistischen Ansätzen zugeordnet.

[42] Der machttheoretische Ansatz ist explizit als Gegenposition zu strukturfunktionalistischen Vorstellungen von Professionen formuliert worden, kann aber von den Grundannahmen vor allem bei Freidson bezüglich der Handlungslogiken von Professionen dem interaktionistischen Paradigma zugeordnet werden (vgl. Brandt 2009: 23).

Anhand der oben dargestellten, in allen Ansätzen zu findenden thematisierten Merkmale und Kriterien zur Bestimmung professioneller Berufsgruppen werden im Folgenden synthetisierend die jeweiligen Argumentationsstrukturen der verschiedenen Ansätze nachgezeichnet. Die oben aufgeführten Merkmale wurden aus Gründen der besseren Darstellung noch stärker zusammengefasst, sodass letztendlich sechs ‚Professions-/Professionalitätsdimensionen' der Gliederung des theoretischen Materials (und hierbei vor allem der Gegenüberstellung der ‚traditionellen und neuen Professionstheorien') dienen.

a) Gründe für die Genese von Professionen
b) spezifische Handlungslogik von Professionen
c) Zuständigkeitsanspruch/Legitimation
d) Wissens- und Kompetenzbasis
e) fachliche Vereinigungen

Als sechste Dimension, welche nicht explizit in den Professionskriterien aufgeführt ist, aber dennoch in der professionstheoretischen Literatur entweder explizit oder implizit behandelt wird, ist die des *Verhältnisses von Organisation und Profession*, die im Verlaufe der Arbeit auch die theoretische Auseinandersetzung mit den ‚traditionellen und den neueren Professionstheorien' strukturiert.

Diese umfassende Darstellung der jeweiligen verschiedenen theoretischen Ansätze, subsumiert unter die destillierten Professionskriterien, bietet einen, m. E. in der professionstheoretischen Literatur bisher nicht zu findenden Überblick über die Unterschiede und Gemeinsamkeiten ‚neuerer und traditioneller professionstheoretischer Ansätze'.[43]

Im Folgenden werden zunächst die in den verschiedenen Ansätzen zu findenden unterschiedlichen Begründungen für die Entstehung von Professionen zusammengefasst.

5.1.1   Gründe für die Genese von Professionen

Die Entstehungsbedingungen für Professionen, bzw. die Frage, warum sich aus einem Beruf eine Profession entwickelt, wird in den oben genannten Ansätzen unterschiedlich erklärt.

---

[43]   Die Unterteilung in verschiedene Professionalisierungsdimensionen findet sich auch bei Brandt (2009), der jedoch nicht nach ‚neuen und traditionellen Professionstheorien' unterscheidet, sondern nach struktureller, institutioneller Ebene sowie einer individuellen, handlungsbezogenen Ebene (vgl. ebd.: 19f.).

Der *strukturfunktionalistische Ansatz*, der eng mit dem Namen *Parsons* verbunden ist und die professionssoziologische Literatur nachdrücklich geprägt hat (vgl. Mikl-Horke 2001: 211), setzt für das Entstehen von Professionen eine funktionale Arbeitsteilung voraus, das heißt, das eine Ausdifferenzierung von Funktionen und Leistungen zu beobachten ist. Somit ist der Ausgangspunkt seiner Betrachtungen die Komplexitätssteigerung in der modernen Gesellschaft, die zunehmend Professionen zur Unterstützung und Bewältigung des alltäglichen Lebens bedarf (vgl. Parsons 1968: 536, 545f.). Parsons zufolge entwickeln sich Professionen nur in Bereichen, die als gesellschaftlich wertvoll angesehen werden und besondere Fähigkeiten erfordern. Die Professionen verwalten gesellschaftliche Zentralwerte (z. B. Erziehung, Gerechtigkeit, Gesundheit etc.) und erfüllen die Funktion der gesellschaftlichen Werteverwirklichung und der Normenkontrolle (vgl. Parsons/ Platt 1973: 97ff.; 254ff.). So übernimmt ein Jurist beispielsweise nicht nur die Vertretung eines Mandanten, um ihm bei seinem persönlichen Problem zu helfen, sondern es wird das dahinterliegende Problem, Herstellen von Gerechtigkeit, als Voraussetzung für das Funktionieren des Gesamtsystems interpretiert. Folglich wird die Lösung von individuellen Problemen als Lösung gesellschaftlicher Probleme betrachtet (Parsons 1978: 40ff.,75ff.). Voraussetzung für die professionelle Arbeit ist ein hohes Maß an Autonomie in der Ausübung ihrer Tätigkeit, jedoch auch Selbstkontrolle und Gemeinwohlorientierung (Parsons 1978: 45 ff.) (siehe Ausführungen im folgenden Unterkapitel ‚Spezifische Handlungslogik').

Luhmanns Arbeiten[44], Ausgangspunkt für die *systemtheoretischen Ansätze*, schließen an die klassischen Konzepte von Parsons (und auch an die von Hughes 1958, 1971, siehe folgende Ausführungen) an. Wie Parsons gehen auch die Theoretiker der Systemtheorie von einem Primat funktionaler Differenzierung aus. Während aber Parsons (1978: 35ff.) von dem ‚professional complex' spricht, der die gesamten gesellschaftlich ausdifferenzierten Teilsysteme umfasst, ist für Luhmann (1984) nicht die gesamte Gesellschaft der Referenzkontext, sondern das einzelne Funktionssystem. Luhmann (1984) geht davon aus, dass sich durch die funktionale Differenzierung der Gesellschaft autopoetische Systeme ausbilden, die duale oder binäre Schematismen, später binäre Codes genannt, ausbilden. Dadurch werden zwei Zustände erzeugt, die als Gegensatzpaar fungieren und in hohem Maße technisierbar sind Während beispielsweise in den Systemen der Wissenschaft und Politik Wahrheit und Geld als Kommunikationsmedien wirken und die präferierte Seite der binären Codes besetzen, ist in den Funktionsbereichen Reli-

---

[44] Bei Luhmann findet sich keine geschlossene Professionstheorie, sondern eher skizzenhaft vorliegende Überlegungen zu Professionen, die er vor allem in seinen religions- und rechtssoziologischen Schriften sowie in einigen seiner Analysen zum Erziehungssystem entwickelt hat (vgl. Kurtz 2002: 55f.).

gion, Erziehung und Krankenbehandlung diese Technisierbarkeit allerdings nicht gewährleistet. Hier muss der professionelle Praktiker zwischen den beiden Seiten der Unterscheidung vermitteln, beispielsweise glauben statt nicht glauben, gesund statt krank, vermittelbar statt nicht vermittelbar. Die positive Veränderung einer Person in Bezug auf diesen Wert wird mithilfe eines Professionellen erarbeitet (vgl. Luhmann 1977: 190ff). Professionen werden also in den Teilbereichen ausdifferenziert, in denen die Arbeit an Personen im Vordergrund steht, kongruent zu dem ‚people processing' des *interaktionistischen Ansatzes* im Sinne Hughes (1958, 1971), auf welchen im Folgenden eingegangen wird. Im Luhmannschen Sinne bietet der Professionelle Lösungswege für das Differenzproblem an, kann aber nicht garantieren, dass „die Überführung von einer Welt in die andere" (Luhmann 1977: 191) auch gelingt.

Die *interaktionistische Perspektive* entwickelte sich im Umfeld der Chicago School des Symbolischen Interaktionismus und geht vor allem auf den Berufs- und Professionssoziologen Hughes zurück. Im Mittelpunkt des Interesses stehen die Probleme von Klienten (zumeist trost- oder hilfsbedürftige, kranke, streitende oder zu erziehende Personen), die im Interaktionsprozess zwischen Professionellen und Klienten gelöst werden sollen (vgl. Hughes 1958, 1971; Bucher und Strauss 1961; zusammenfassend Kurtz 2002: 52). Der Fokus der interaktionistisch-orientierten Betrachtungsweise liegt somit auf den konkreten Arbeitsbedingungen und Arbeitsvollzügen. Die Entwicklung der Professionen erfolgt selbstreferentiell aus sich selbst heraus, entlang der Arbeit an einem bestimmten Problemkontext (vgl. z. B. Hughes 1971: 375ff.), sodass ein Analysegegenstand der Vertreter des interaktionistischen Ansatzes auch Wandlungsprozesse im Gefüge der Professionen sind, z. B. um die Konkurrenz zwischen etablierten und neu entstehenden Professionen (vgl. Kurtz 2002: 52). Diese Perspektive greift *Abbott* (1991) auf, der die Entwicklung von Professionen als interprofessionelle Statusbemühungen (d. h. Durchsetzung eines Kompetenz- und Zuständigkeitsanspruches) definiert. Damit zeigen sich Parallelen zum konfliktorischen Ansatz. Während der systemtheoretische und der strukturtheoretische Ansatz nicht auf Konkurrenz um Zuständigkeiten und Aushandlungskämpfe innerhalb wie auch zwischen verschiedenen Professionen eingehen, sind im *machttheoretischen/konfliktorischen Ansatz* kollektive und individuelle Interessen der Ausgangspunkt. Die prominenteste Vertreterin dieses Ansatzes ist Larson (1977). Sie betrachtet Ausdifferenzierungsprozesse von Professionen im Kontext sozialer Macht und Ungleichheit und beleuchtet die herrschaftslegitimierenden Funktionen der Professionen in der modernen Industriegesellschaft. Aus machttheoretischer Perspektive werden die Errungenschaften professioneller Gruppen, ihrer Machtpositionen und ihrer Privilegien nicht als gegeben verstanden, sondern der Prozess der Professionalisierung dient der Verfolgung monopolistischer Ziele der jeweiligen Professionsgruppe (vgl. Larson 1977). Neben der klientenorientierten Tätigkeit arbeiten die Professionen an der Konservierung ihrer Machtprivilegien: „Durch Kontrolle der entsprechenden Märkte ist es ihnen gelungen, Einkommen, Prestige, Autonomie und Selbstverwirklichung in ihrer Tätigkeit zu erreichen" (Daheim 1992: 23). Professionalisierung wird weiterhin als probates Mittel bezeichnet, den Zugang zu einem Beruf auf diejenigen Personen zu beschränken, die den von der jeweiligen Profession definierten Qualitätsstandards entsprechen. Larson geht ebenfalls davon aus, dass Professionen dazu dienen, eine zentrale ,opportunity of income' zu monopolisieren.

> „Professionalization is thus an attempt to translate one order of scarce resources- special knowledge and skills- into another- social and economic rewards. To remain scarcity implies a tendency to monopoly: monopoly of expertise in the market, monopoly of status in system of stratification" (Larson 1977: XVII).

Professionen sind dementsprechend als soziale Konstrukte anzusehen, an deren Entstehen verschiedene Parteien interessiert und beteiligt sind. Auch Freidson (2001) verfolgt einen sozial-konstruktivistischen Ansatz, allerdings setzt er, anders als Larson, in seiner Monographie „Professionalism – The third logic" (2001) an der Beschreibung der idealtypischen Handlungslogik von Professionen an. Freidson zufolge können Professionen, wie bei Parsons, als Spezialisierungen in der gesamtgesellschaftlichen Arbeitsteilung angesehen werden (Freidson 2001: 88f.). Er unterscheidet dabei zwischen drei verschiedenen Formen der Arbeitsteilung, die bedingt sind durch die jeweils in den spezifischen Berufen anzutreffenden Handlungslogiken. Die drei Formen der Arbeitsteilung sind zum einen die bürokratisch-managerielle, die konkurrenzbasierte-konsumeristische und die beruflich-professionelle Form. Diese Differenzierung beruht auf unterschiedlichen Graden und Bedingungen der Kontrolle der Arbeitsbedingungen, dem Problem- oder Aufgabenbezug und den spezifischen Arbeitsweisen (vgl. Freidson 2001: 63). So haben bei der beruflich-professionellen Form der Arbeitsteilung die Professionellen selbst die Definition über die Bestimmung ihrer Aufgaben, die Ausübung und die Kontrolle dieser. Die Arbeit von Professionen wird bei spezialisierten Problemen benötigt, bei denen im Aufgabenvollzug Ermessensspielräume notwendig und vorhanden sind, d. h. sie behandeln Tätigkeiten, die nicht standardisierbar sind (nähere Ausführungen siehe c) Spezifische Handlungslogik).

Diese Argumentationsstruktur findet sich auch im *strukturtheoretischen Ansatz* Oevermanns (1996). Wie bei Freidson (2001), aber auch schon bei Parsons (1939, 1968, 1978) zu finden, geht er davon aus, dass moderne Gesellschaften professioneller Tätigkeiten bedürfen, die weder vom Markt noch vom Staat angemessen kontrolliert werden können (vgl. Oevermann 1996: 70). Allerdings kritisiert er an Parsons, aber auch an Hughes,

„dass sie sich mit der Explikation der institutionellen Erscheinungsformen der relativen
Autonomie der Professionen weitgehend begnügten, aber deren innere, auf die von ihnen
typischerweise zu lösenden Handlungsprobleme zurückzuführende handlungslogische
Notwendigkeit nicht hinreichend explizit erfasst, aus der sich erst jene institutionellen
Ausprägungen herleiten lassen" (Oevermann 1996: 70f.).

So sei es für die professionelle Tätigkeit nicht ausreichend, auf wissenschaftliche Expertise und einen gesellschaftlichen Zentralwert zu verweisen, sondern der
Aspekt der Krisenbewältigung muss notwendigerweise hinzutreten (Oevermann
1996: 88ff.).

5.1.2   Spezifische Handlungslogik von Professionen

Mit Ausnahme des konfliktorischen Ansatzes nach Larson wird in den ‚traditionellen Professionstheorien' beschrieben, dass sich die den Professionen inhärente
Handlungsautonomie vor allem auf deren spezifische Handlungsorientierung und
-logik auswirkt.

Parsons (1970) zufolge zeichnet sich professionelles Handeln im Gegensatz zum privatwirtschaftlichen Handeln durch eine Kollektivorientierung
und keine Selbstorientierung aus und ist im Gegensatz zu Sozialbeziehungen
an formale, nicht an personale Identitäten oder Gruppenzugehörigkeiten gebunden (vgl. Parsons 1970: 14).[45] Da die Expertise des Professionellen aufgrund des Wissensgefälles durch die Klienten nicht kontrolliert werden kann,
der Klient aber aufgrund seiner Hilfsbedürftigkeit dem Professionellen vertrauen muss, muss der Kontrollverlust kompensiert werden. Goode (1969,
1972) und Parsons (1972: 39ff.) zufolge ist hierfür die autonome, kollegiale
Selbstkontrolle der Professionen (spezifische Ausbildungswege, Berufskodex)
eine funktionale Lösung. In Bezug auf die spezifische Handlungslogik von Professionen argumentiert Parsons (1939, 1968), dass diese mit ihrer Orientierung
an „Rationalität, Funktionalität und Universalismus die Funktionsvoraussetzun-
gen moderner Gesellschaften in idealer Weise umsetzen" (Heidenreich 1999: 40),
da sie „professionelles Handeln auf eine objektive, wissenschaftlich legitimierte
Kompetenzbasis stützen, die rationales Handeln erwarten lässt" (ebd.: 40). Professionalisierung erscheint somit deckungsgleich mit Rationalisierung (Stichweh

---

[45]   Allerdings relativiert Parsons dieses später vor allem in Bezug auf die Rolle des Arztes, da Patienten auch Themen in die Klienten-Professionellen Beziehung einbringen, die ihre Rolle als Patient
überschreiten und dieses für die Problembehandlung auch funktional ist. Somit ist eine affektive
Zuwendung zum Patienten trotz gebotener Affektneutralität unumgänglich (vgl. Parsons 1970:
42ff.).

1994: 280; zitiert in Pfadenhauer 2003: 37).[46] Aus dieser kognitiven Rationalität ergibt sich eine enge Bindung zu den akademischen Disziplinen. Allerdings wenden die Professionen das akademisch erworbene Wissen nicht einfach an, da es sich beim professionellen Handeln nicht um eine völlig routinisierbare Kompetenz handelt. Stattdessen stehen die Professionen in enger Kopplung mit den Wissenschaften und sind ein zentraler Faktor in der Erzeugung, Anwendung, Verbesserung und Vermittlung von Wissen (Schützeichel 2007: 556) (weitere Ausführungen siehe c) ‚Abstraktes Wissen').

Diese spezifische Handlungslogik von Professionen findet sich auch bei den *interaktionistischen Ansätzen*. Eine Profession ist im Sinne Schützes „ein von der alltäglichen Laienwelt, aber auch von anderen Expertensinnwelten relativ abgegrenzter Orientierungs- und Handlungsbereich" (Schütze 1992: 135), innerhalb dessen bestimmte Sinnressourcen (Behandlungswege, Wirkungserwartungen) zur Verfügung stehen. Die spezifischen Sinnwelten des Professionellen, die sich aus einem Verbund höhersymbolischer Teil-Sinnwelten im Sinne von Wissenschaftsdisziplinen zusammensetzen (vgl. Schütze 1992: 135), unterscheiden sich somit von denen der Laien bzw. der Klienten. Dementsprechend muss erstmals eine Definition des zu behandelnden Problems erfolgen, welches im interaktiven Konstruktionsprozess zwischen Professionellen und Klienten erörtert wird. Von dieser Problemdefinition aus bestimmt sich das weitere Vorgehen, welches jedoch ein hohes Maß an Fehlerquellen beinhaltet, da Professionen „prekäre Zentralprobleme ausdifferenzierter Gesellschaften [behandeln müssen], die mit alltäglichen Handlungsmitteln nicht beherrschbar sind" (Schütze 2000: 89).

Oevermann (1996) geht wie Parsons (1939, 1968, 1970) und Freidson (2001) davon aus, dass moderne Gesellschaften professioneller Tätigkeiten bedürfen, die weder vom Markt noch vom Staat angemessen kontrolliert werden können. Oevermann kritisiert allerdings an Parsons, dass dieser unzureichend erklärt, warum Professionen „sich selbst verwaltende, in Berufsausbildung und Berufsausübung relativ autonome, durch kollegiale Binnenkontrolle geprägte korporative Gebilde sind" (Pfadenhauer 2003: 39f.) Diese Autonomie erklärt sich Oevermann zufolge aus der inhärenten Handlungsproblematik der Professionen. Professionen befinden sich in der ambivalenten Situation, bei der Lösung von Problemen von Klienten zwischen zwei Handlungskomponenten agieren zu müssen, und zwar durch die doppelte Bezugnahme des professionell Handelnden sowohl auf wissenschaftliches Regelwissen als auch auf alltagspragmatisches Handeln (vgl. Olk und Otto 1989: XXI). Die Professionellen müssen in ihrer Berufspraxis zwischen Theorie und Praxis vermitteln (vgl. Oevermann 1996: 79), und dieses „unter Be-

---

[46] Weber verwendet verschiedene Rationalitätsbegriffe (vgl. Kalberg 1981).

dingungen der verwissenschaftlichten Rationalität, das heißt unter Bedingungen der wissenschaftlich zu begründenden Problemlösung in der Praxis" (ebd.: 80). Dabei erfordert die Spezifik des jeweiligen Problems, dass der Professionelle „eine nicht-standardisierte, nicht routinierte Lösung [wählt], die sich ihm im Rückgriff auf sein Fach- und Erfahrungswissen, aber keineswegs systematisch erschließt" (Pfadenhauer 2003: 42). Professionelles Handeln entspricht also nicht einer bloßen Applikation von Wissen auf Problemlagen, sondern dem Handlungswissen, Prozesswissen, Interaktions- und Situationswissen wird großer Stellenwert beigemessen. Demzufolge setzt sich nach Baer (1986) die Wissensbasis von Professionen auch aus wissenschaftlichem Wissen, Berufswissen, aber auch Alltagswissen zusammen.

Allerdings handelt es sich laut Oevermann (1996) nur bei solchen Berufen um Professionen, die in ‚lebensweltlichen Krisen' intervenieren und fasst hierunter keine bürokratischen und technischen Berufe. Für Oevermann gibt es drei Komplexe professionalisierter Tätigkeiten: Zum einen den therapeutischen Komplex für die „Gewährleistung leiblicher- und psychosozialer Integrität der individuellen Lebenspraxis", den „rechtspflegerischen für die Sicherung eines hinreichenden Konsens kollektiver Ordnungsvorstellung", und den Komplex von Wissenschaften und Kunst für die „methodisch kontrollierte, erkenntnismäßige Explikation von Geltungsgründen" (Oevermann 1996: 88), welche alle konstitutiv in lebenspraktische Krisen involviert sind.

Luhmann und den *systemtheoretischen Ansätzen* zufolge vermittelt der Professionelle zwischen dem positiven Wert von binären Codes und dem Klienten, wobei ein Risiko des Misslingens entsteht, da diese Arbeit durch ein Technologiedefizit gekennzeichnet ist (vgl. Luhmann/Schorr 1982: 118ff.) Dieses ist auf der einen Seite darauf zurückzuführen, dass die Arbeit an Personen unter Zeitnot und Entscheidungsdruck durchgeführt wird. Auf der anderen Seite ist die Lösungsstrategie durch Ungewissheit geprägt, was auf der Seite der Professionellen „subjektive Komponenten wie Intuition, Urteilsfähigkeit, Risikofreudigkeit und Verantwortungsübernahme, auf der Seite der Klienten Vertrauen erfordert" (Stichweh 1994: 296). Das Risiko des Misslingens ist Luhmann zufolge der Grund dafür, dass Professionen –quasi als Kompensation – über ein hohes gesellschaftliches Prestige verfügen (vgl. Luhmann 2011: 18).

Freidson beschreibt in seiner Monographie „Professionalism – The Third Logic" (2001) eine idealtypische Beschreibung der Handlungslogik professioneller Berufe. Wie Parsons betrachtet Freidson Professionen als eine aus dem Prozess der gesellschaftlichen Ausdifferenzierung entstehende Herausbildung spezifischer, spezialisierter Berufe, die sich auf einen begrenzten Bereich von Problemlösungen beziehen, und nur im Verhältnis und in Abgrenzung zu anderen Berufen (im

Sinne von Abbott 2001) betrachtet werden können (siehe folgende Ausführungen zur abgrenzbarer Wissensbasis) (vgl. Freidson 2001: 36ff.) Freidson unterscheidet grundsätzlich zwischen einer bürokratisch-manageriellen, konkurrenzbasierten-konsumeristischen und einer beruflich-professionellen Form der Arbeitsteilung. Hierbei ist das grundsätzliche Differenzierungskriterium die Frage nach der Kontrolle der eigenen Arbeitsbedingungen, nach dem Problem- oder Aufgabenbezug und nach den spezifischen Arbeitsweisen und Zielen (vgl. Freidson 2001: 17ff.). Bürokratisch-managerielles Handeln rekonstruiert Freidson im Anschluss an Max Webers Bürokratietheorie; marktorientiertes Handeln in der Tradition von Adam Smith (vgl. Freidson 2001: 5; 46ff.). Kennzeichnend für diese beiden Typen ist, dass das Handeln im Gegensatz zu dem der Professionellen nicht durch diese selbst kontrolliert und koordiniert wird. In *Bürokratien* wird das Handeln der Mitarbeiter vornehmlich durch kodifizierte Regeln koordiniert und die Kontrolle der Arbeit durch detaillierte Verfahrensvorschriften organisiert. Die Mitarbeiter in Bürokratien sind den hierarchisch höhergestellten Mitgliedern der Organisation unterstellt, welche mit Autorität ausgestattet sind und die innerorganisatorische Arbeitsteilung nach funktionalen Erwägungen festlegen (vgl. Freidson 2001: 48ff.). In einer Bürokratie dient der Verwaltungsstab zur Durchsetzung von legaler, rationaler Herrschaftsausübung (vgl. Weber 1972: 124ff.), dieser ist der hierarchischen Weisungsbefugnis der Vorgesetzten ausgesetzt. Das Commitment und die Hinwendung der Mitarbeiter in Bürokratien ist auf die Organisation gerichtet („Amtsloyalität" im Sinne Webers (Weber 1972: 570).

In der *konkurrenzbasierten konsumeristischen Form* erfolgt – in Anlehnung an Smith (1776) – die Ausdifferenzierung von Tätigkeiten auf einem freien Markt, auf dem gering qualifizierte Mitarbeiter nachfrageorientiert von einer Tätigkeit zur anderen wechseln (vgl. Freidson 2001: 49). Hier ist die Definitionshoheit über die Bestimmung der Aufgaben und der Handlungsvollzugs durch die Konkurrenzsituation der Arbeitenden bestimmt, die versuchen Kundenbedürfnissen nachzukommen (ebd.: 56).

In der *beruflich-professionellen Form* der Arbeitsteilung verfügen die Professionen über eine relative Autonomie gegenüber der Marktlogik, aber auch eine relative Autonomie gegenüber hierarchischen Organisationsformen. Im Gegensatz zu Anbietern von Gütern oder Dienstleistungen sind sie nicht auf einem Markt dem Wettbewerb unterworfen und sind im Unterschied zu administrativ geordneten Positionen weisungsunabhängig. Die Professionellen übernehmen selbst die Definition über die Bestimmung ihrer Aufgaben und über die Kontrolle, d. h. sie sind autonom im Sinne der Unabhängigkeit von Kontroll- und Koordinationsmechanismen (vgl. Freidson 2001: Kapitel 1). Die Arbeit von Professionen wird bei spezialisierten Problemen benötigt, bei denen im Aufgabenvollzug Ermessensspielräume notwendig und vorhanden sind, d. h. sie behandeln Tätigkeiten, die nicht standardisierbar und routinisierbar sind. Ihre Expertise für diese Tätigkeit beruht dabei auf einer abstrakten Wissensbasis im Sinne Abbotts (vgl. Freidson 2001: 153; siehe Kapitel 5.1.4.). Aufgrund der spezifischen, komplexen Handlungskontexte kann die Autonomie dann funktionalistisch damit erklärt werden, dass sich das professionelle Handeln aufgrund seiner Logik und Komplexität einer Kontrolle und Beurteilung durch Marktmechanismen oder formalisierte bürokratische Strukturen entzieht. Somit verbleibt als Lösung die Selbstkontrolle durch die Profession selbst, da nur diese ebenfalls über die entsprechenden Kompetenzen verfügt (vgl. Freidson 2001: Kapitel 10). Dementsprechend zeichnet sich also die Autonomie von Professionen dadurch aus, dass „ihnen als Gruppe sowohl von den Klienten als auch von den beschäftigenden Organisationen Autonomie zuerkannt wird" (Daheim 1992: 26). Der Orientierungs- und Referenzpunkt ist dabei die eigene Profession.

Freidson bezeichnet die Überformung professioneller Logiken durch marktorientierte Handlungsformen als „consumerism", die durch bürokratische Formen von Kooperation und Koordination als „managerialism" (Freidson 2001: 106).

Die bisher vorgestellten Ansätze führen die Handlungslogik und die damit verbundene Autonomie auf funktionale Erfordernisse zurück und vertreten gemeinsam die Auffassung, „dass professionelles Handeln nicht mit einer technokratischen Applikation von Wissen auf Problemlagen im Sinne eines subsumptionslogischen Vorgehens der Regelbefolgung gleich[zu]setzen sei" (Pfadenhauer 2003: 36). Zudem weisen alle Ansätze mit unterschiedlichen Begrifflichkeiten auf die Ungewissheit, die Fehleranfälligkeit und das ‚Technologiedefizit' professionellen Handelns hin, da dieses wenig technisierbar, formalisierbar und standardisierbar sei und deswegen auch schwer von außen mess- und damit auch kontrollierbar ist (vgl. de Sombre/Mieg 2005). Somit handelt es sich bei professioneller Arbeit immer auch um Ermessensarbeit (vgl. Heisig 2005: 41). Schützeichel (2007) beschreibt diesen Sachverhalt wie folgt:

> „Da die Anforderungsstruktur der Praxis [professionellen Wissens] ergebnisoffen, diffus und sehr heterogen ist, können die Verfahrensweisen nicht standardisiert werden. Es bestehen beträchtliche Entscheidungs- und Ermessensspielräume. Es ist Zeichen der Expertise und der ‚jurisdiction' (Abbott 1988), der sachgerechten Entscheidung von Professionsvertretern, diese Spielräume auf der Basis ihres formalen Wissens eigenständig zu beurteilen und zu bearbeiten" (Schützeichel 2007: 567f.).

Freidson (2001) hingegen, und dementsprechend wird er auch dem konfliktorischen/machttheoretischen Ansatz zugeordnet, geht neben den dargestellten funktionalen Erfordernissen davon aus, dass die für eine Profession notwendige Abgrenzung und die alleinige Zuständigkeit für einen bestimmten Aufgabenbereich nur im Verhältnis und in Abgrenzung zu anderen Professionen betrachtet werden kann, der Prozess der Ausdifferenzierung also sozial reguliert ist:

> „Functionally related occupations negotiate with each other over the boundaries or jurisdictions of the specializations that their members are allowed to offer and perform, often with some ambiguities when tasks overlap" (Freidson 2001: 56).

Diese Argumentationslinie findet sich auch bei Abbott (1988), der ebengenannte interprofessionelle Statusbemühungen (d. h. Durchsetzung eines Kompetenz- und Zuständigkeitsanspruches unter Einsatz professionspolitischer Strategien gegenüber anderen Berufsgruppen) aufzeigt.

5.1.3　Zuständigkeitsanspruch/Legitimation

Eine Grundvoraussetzung für die Entwicklung professioneller Strukturen ist die Herausbildung und Etablierung eines gesellschaftlich relevanten Bereichs an spezifischem Handlungs- und Erklärungswissen (Abbott 1988; Freidson 1994; Goode 1969; Larson 1977), innerhalb dessen eine Profession einen Zuständigkeitsanspruch reklamiert und auch durchsetzen kann.

Der Zuständigkeitsanspruch[47] wird im Wettbewerb zwischen verschiedenen Berufsgruppen mittels konkurrierender Problemdefinition ausgetragen. „Das Fachwissen derjenigen Berufsgruppe, die dieses Ringen für sich entscheidet, wird für die Art der Problemlösung maßgebend sein" (Mieg/de Sombre 2004: 1). Somit bedeutet Profession vor allem Abgrenzung zu fremden Zuständigkeitsbereichen und anderen Professionen, d. h. eine Profession lässt sich nicht unabhängig vom „system of professions" im Sinne Abbotts (1988) definieren. In diesem System der Professionen werden die Beziehungen zwischen den beruflichen Gruppen dadurch determiniert, wie die Professionen ihr Wissen und ihr Können kontrollieren können.

Das Durchsetzen von Kompetenz- und Kontrollansprüchen der Profession ist von der gesellschaftlichen Akzeptanz abhängig: „Society [has] to recognize its cognitive structure through exclusive rights" (Abbott 1988: 59), und dieses im Rechtssystem, in der öffentlichen Meinung und am Arbeitsplatz (ebd.: 59). Dieses ist Abbott zufolge vor allem durch Bezug auf ein distinktes, wissenschaftlich abstraktes Wissen möglich (siehe Kapitel 5.1.4).

Neben dem Abstraktionsgrad der jeweiligen Wissensbasis wird in der professionssoziologischen Literatur angeführt, dass der Bezug zu einem gesellschaftlichen

---

[47] Dieser Zuständigkeitsanspruch kann wiederum nach ‚jurisdiction' (Recht auf Zuständigkeit), ‚jurisdictional claim' (Anspruch auf Zuständigkeit) und ‚juristdictional control' unterschieden werden (Abbott 1988: 59ff.; Übersetzung nach Helsper et al. 2000).

Zentralwert, wie er sich beispielsweise in Form einer Gemeinwohl- und Klientenorientierung zeigt, Berufsgruppen einen Vorteil im Erlangen eines professionellen
Status bringt (Goode 1972; Larson 1977). Aus funktionaler Perspektive wird die
Gemeinwohlorientierung, welche in beruflichen Sozialisationsprozessen inter-
nalisiert wird, als ein institutionell bedingtes Charakteristikum von Professionen
verstanden, anhand dessen sich deren spezifische Autonomie legitimieren lässt. So
stehen die hilfebedürftigen Klienten und die Verantwortung gegenüber diesen und
der Gesellschaft im Vordergrund, jedoch nicht ökonomische Individualinteressen
(vgl. Kapitel 5.1.1).

Gegenüber dieser Vorstellung betrachten machttheoretische Ansätze (vor allem
Larson 1977) die Artikulation eines Zentralwertbezugs als Strategie zur Durchsetzung von ökonomischen und statusbezogenen Interessen und zur Sicherung
der Realisierung von Marktchancen. Dieses wird vor allem durch staatliche
Unterstützung gewährleistet. Allerdings ist die Rolle des Staates im Professio-
nalisierungsprozess nicht unumstritten. Während vor allem in Deutschland und
Kontinentaleuropa dem Staat der Status „eines Professionalisierungsagenten"
(Pfadenhauer 2003: 51) bei der Etablierung von Professionen zugewiesen wird,
bzw. bei Siegrist (1988: 23ff.) von einer „Professionalisierung von oben", bei
Combe und Helsper (1996: 14f.) von einer „Staatsvermitteltheit der Professionen
in Deutschland" und bei Stichweh von einem „Bündnis der Profession mit dem
Staat" (Stichweh 1994: 382) gesprochen wird, stellt sich die Professionalisierung
in England ebenso wie in den USA als ‚Bottom-up' Prozess dar.

> „Während der professionelle Status von Professionen dort wesentlich auf die kollekti-
> ven Bemühungen der Berufsangehörigen zurückzuführen ist, darf in Kontinentaleuropa
> die Rolle des Staates bei der Entstehung der modernen Professionen nicht unterschätzt
> werden (vgl. Stichweh 1994: 382).

So fand beispielsweise die Ausbildung von Ärzten in Preußen schon vor der Modernisierung des traditionellen Arztberufes in staatlich kontrollierten und finanzierten Institutionen statt, ebenso obliegt die Reglung des Berufszugangs der Kontrolle
von staatlichen Organen (Staatsexamen) (vgl. Huerkamp 1985: 28). Dieses zeigt
sich heute auch noch u. a. in der Existenz von Staatsexamina in der Medizin, Phar-
mazie und den Rechtswissenschaften, welches wiederum auf die Bedeutung einer
spezialisierten, wissenschaftlichen Ausbildung verweist.

5.1.4   Wissens- und Kompetenzbasis

Laut Abbott (1988) benötigt eine Profession ein spezifisches Repertoire an Er-
kenntnis- und Handlungswissen auf akademischer, wissenschaftlicher Basis, da sie

nur so die Macht erlangt, Probleme und Lösungen zu definieren. Hierfür ist abstraktes Wissen notwendig, um einen exklusiven Problembereich als den eigenen zu definieren (Abbott 1988: 102). Dieses Wissen wird von Abbott (1988: 8f.) als „abstract knowledge", von Parsons als „intellectual component" (Parsons 1968: 536) und von Freidson als „formal knowledge" (Freidson 1986) bezeichnet.

> „For abstraction is the quality that sets interprofessional competition apart from competition among occupations in general. Any occupation can obtain licensure or develop an ethics code [...]. But only a knowledge system governed by abstraction can redefine its problems and task, defend them from interlopers, and seize new problems [...]. Abstraction enables survival in the competitive system of professions" (Abbott 1988: 8f.).

> "The ideal typical position of professionalism is founded on the official belief that the knowledge and skill of a particular specialization requires a foundation in abstract concepts and formal learning" (Freidson 2001: 35f.).

Eine gesellschaftlich anerkannte, abstrakte Wissensbasis stellt somit den Ausgangspunkt für Kompetenz- und Kontrollansprüche dar und auch die Legitimationsgrundlage des professionellen Wissens und Expertise (vgl. Abbott 1988: 196).

Da die Arbeit von Professionen sich auf spezialisierte, nicht standardisierbare Probleme bezieht, bei denen im Aufgabenvollzug Ermessensspielräume notwendig sind, ist die vorherige Vermittlung abstrakten Wissens nötig, welches nicht unmittelbar auf bestimmte Fälle und Situationen bezogen ist (vgl. Abbott 1988: 86ff.; Freidson 2001: Kap. 7).[48] So konzentriert sich die professionelle Ausbildung auf

> „theory and abstract concepts. This is justified by claiming that whatever practitioners must do at work may require extensive exercise of discretionary judgment rather than the choice and routine application of a limited number of mechanical techniques" (Freidson 2001: 95).

Diese professionelle Ausbildung erfolgt im idealtypischen Sinne an Bildungsinstitutionen, die sich durch ein hohes Renommee und einen hohen gesellschaftlichen Status kennzeichnen. Besonders wird dabei die Rolle der Universität als „center of the whole professional complex" (Parsons 1968: 540) hervorgehoben.

Dieses ist zum einen darauf zurückzuführen, dass in Universitäten das professionelle Wissen disziplinär produziert und vermittelt wird. Zum anderen findet an Universitäten die Wissensproduktion in

> „relativer Unabhängigkeit von der konkreten Anwendung in der Berufspraxis statt, und ist frei von den Ansprüchen Dritter. Dadurch kann es zu einer Institutionalisierung der Produktion von abstraktem Wissen kommen, welches sich nicht in Handreichungen für

---

[48] Allerdings ist, wie bereits schon unter 5.1.2 beschreiben, nicht nur die Anwendung dieser abstrakten Wissensressourcen für die professionelle Tätigkeit von Bedeutung, sondern ebenso ist für die konkrete Fallbehandlung auch nicht kodifizierbares, implizites Wissen notwendig, welches während der professionellen Sozialisation und der praktischen Berufsausübung eingeübt wird.

die Lösung konkreter Praxisprobleme erschöpft und Basis für eine jeweils fallangemessene Anwendung von Urteilskraft und Ermessensspielräumen ist" (Beckmann 2009: 83).

Des Weiteren wird durch die Festlegung des professionellen Curriculums auch ein verbindlicher Wissenskanons gelegt (Freidson 2001: 96ff.), welcher wiederum Voraussetzung für eine dauerhafte, gemeinsame Identitätsbildung der Professionsangehörigen ist (vgl. Larson 1977: 46). Ebenso findet die professionelle Sozialisation individueller Akteure (zunächst) innerhalb der Universtäten statt (vgl. Freidson 2001: 84). Auch sind Universitäten „active in the codification, refinement, and expansion of the occupation's body of knowledge and skill by both theorizing and doing research" (Freidson 2001: 92). So ist die Voraussetzung für eine ständige Weiterentwicklung und Anpassung an gesellschaftliche Änderungsprozesse (Freidson 2001: 96) gegeben.

Die Bedeutung der Zertifizierung von Ausbildungsprogrammen findet sich vor allem bei Freidson (2001) und Larson (1977), aber auch bei Abbott (1988) und Hughes (1971) und rückt die Frage nach der Bedeutung der Legitimation professioneller Tätigkeit in den Vordergrund.

Die professionelle Tätigkeit, die bei Hughes (1953, 1971) vor allem darin besteht, in den gesamten Lebenszusammenhang der Klienten intervenieren zu können, ist mit den zentralen Kategorien ‚Lizenz' und ‚Mandat' verbunden:

> „An occupation consists in part in the implied or explicit license that some people claim and are given to carry out certain activities rather different from those of other people and to do so in exchange for money, goods, or services. Generally, if the people in the occupation have any sense of identity and solidarity, they will also claim a mandate to define – not merely for themselves, but for others as well – proper conduct with respect to the matters concerned in their work. They also will seek to define and possibly succeed in defining, not merely proper conduct but even modes of thinking and belief for everyone individually and for the body social and politic with respect to some broad area of life which they believe to be in their occupational domain" (Hughes 1971: 287).

Die zentralen Kategorien Lizenz und Mandat weisen darauf hin, dass der professionelle Status und die damit verbundene gesellschaftliche Anerkennung der Legitimation bedürfen. Diese Legitimation speist sich aus dem exklusiven Sonderwissensbestand der Professionen, das heißt, sie verfügen über einen zentralen Bereich gesellschaftlichen Wissens, das nicht jedermann zugängig und verständlich ist (vgl. Pfadenhauer 2003: 49). So bezeichnet Hughes professionelles Wissens als „esoteric knowledge" (Hughes 1971: 376) und professionelle Leistung als „esoteric service" (Hughes 1971: 374). Durch eine Lizenz erhält der Professionelle die auf seiner Fachausbildung beruhende formale Erlaubnis, in einem bestimmten Geltungsbereich tätig zu werden. Das Mandat weist über diese formale Befugnis hinaus und impliziert, dass die Professionen „mit ihrem Mandat die Definitionsmacht gegenüber den Sachverhalten und Dienstleistungen in ihrem Geltungsbereich" haben (Nagel 1997: 58), und dieses nicht nur gegenüber den Klienten, sondern auch gegenüber anderen, untergeordneten Berufsgruppen.

Die Lizenz kann zudem in Form eines Bildungszertifikats Hinweise über die erlernten, standardisierten Fähigkeiten eines Individuums geben und so im Sinne des Konzepts des „Labor Market Signals" im Sinne von Spence (1974) dafür sorgen, dass Such- und Passungskosten zwischen Arbeitnehmer- und Arbeitgeber auf dem Arbeitsmarkt minimiert werden und auch der Zugang zu bestimmten Tätigkeitsbereichen gesteuert werden kann. Auch kann ein Zertifikat „eine nach außen getragene ‚Gewährleistung' einer vorhandenen Mindestqualifikation von Akteuren" sein (Brandt 2009: 56) und somit eine Art „Qualitätsindikator" (ebd.: 56) darstellen.

Von Vertretern des konfliktorischen Ansatzes hingegen wird die mit Professionalisierungstendenzen einhergehende universitäre Ausbildung der Professionsmitglieder nicht als Notwendigkeit für professionelles Handeln aufgefasst, sondern als Besitz von für Laien oft nicht kommunizierbarem Spezialwissen, welches durch Titel und Zertifikate gezeigt wird. Dieses dient wiederum der Legitimation für das hohe Ansehen der Professionen und ihrer Machtsicherung (vgl. Illich 1977). Durch Bildungszertifikate würde es den Professionen zudem gelingen, den Eintritt in einen spezifischen Arbeitsmarkt mit hohen selbst gesetzten Barrieren zu versehen, welches die soziale Schließung durch eine Monopolisierung von Marktzugängen impliziert (Schützeichel 2007: 564). Die Definition und Kontrolle der Ausbildungsinhalte und die Zertifikatserteilung liegt dabei idealtypischerweise bei den professionellen Berufsverbänden (vgl. Larson 1977: Xf., 66ff.).

5.1.5   Fachliche Vereinigungen

In den traditionellen Professionstheorien, und hierbei vor allem bei den machttheoretischen Ansätzen, ist für die Professionalisierung ein organisatorischer Zusammenschluss der professionellen Mitglieder in organisatorischen Einheiten (z. B. Berufsverbände, Fachverbände) eine zentrale Bedingung (Freidson 2001; Abbott 1988; Larson 1977; Goode 1971). Abbott (1988) führt dieses darauf zurück, dass der Anspruch einer Profession, exklusiv in einem distinkten Bereich tätig zu werden, umso einfacher durchsetzbar ist, je höher der Organisationsgrad ist. Der Grad der Organisiertheit zeigt sich dabei an der Existenz eines leicht zu identifizierenden (nationalen) Berufsverbandes, der Abbott zufolge notwendige Voraussetzung ist, um öffentliche oder rechtliche Ansprüche zu erheben (Abbott 1988: 83). Zudem sei es für nicht auf einen Schwerpunkt fokussierte Professionen und weniger organisierte Professionen schwieriger, in täglichen Arbeitsstrukturen

ihren ‚jurisdictional claim' zu behaupten. Grund hierfür ist, dass es für stark organisierte Professionen zwar an Flexibilität fehlt, in neue Arbeitsarenen einzudringen,
sie dafür aber auch in ihren Kernbereichen weniger Wettbewerb und Angriffen von
weniger organisierten Berufsgruppen ausgesetzt seien (Abbott 1988: 83ff.). Somit
dient die organisatorische Zusammenfassung der Mitglieder der Mobilisierungs-
fähigkeit und Durchsetzung eigener Interessen und dient dem Lobbyismus für die
Interessen ihrer Mitglieder (vgl. Burrage et al. 1990: 208). Diese Argumentation
findet sich auch bei Larson (1977), die die Entwicklung einer Profession im Sinne
einer Verschwörung auffasst. Ihr zufolge ist eine Profession demnach ein Verband,
der das Monopol für einen Dienstleistungsbereich zu erlangen sucht (vgl. Larson
1977: 49).

Weiterhin nimmt die fachliche Organisation eine wichtige Rolle in der Festlegung und Weiterentwicklung hinsichtlich der Etablierung von Ausbildungsprogrammen und Standards professionellen Handelns ein, da die Wissensbasis und
die entsprechenden Ausbildungsinhalte durch die Fachorganisation mitbestimmt
werden, welches im Rückschluss wiederum zur Geschlossenheit der fachlichen
Organisation beitragen kann (vgl. Freidson 2001: 147ff.). Ebenfalls werden häufig
Fort- und Weiterbildungen durch die Berufsverbände initiiert, durchgeführt und
auch kontrolliert (vgl. Millerson 1964). Die Zertifizierung dieser Ausbildungen und
die damit zusammenhängende Lizensierung erfolgt ebenso durch die Professionsverbände (im anglo-amerikanischen Bereich) bzw. durch die Professionsverbände
unter Beteiligung des Staates (in Kontinentaleuropa). Somit ist Voraussetzung für
eine Tätigkeit in diesem Bereich das Innehaben einer Lizenzierung durch die professionelle Vereinigung (z. B. die ärztliche Approbation in Deutschland oder in
den USA das ‚Bar Exam', d. h. die Zulassung zur Anwaltschaft).

Aus funktionalistischer Sicht dienen professionelle Vereinigungen auch dazu,
das Gefühl einer gemeinsamen beruflichen Identität zu entwickeln sowie gemeinsame Wertvorstellungen zu vertreten und nach außen zu artikulieren. Dieses zeigt
sich unter anderem in der Herausbildung beruflicher Kodizes und Standards, welche das professionelle ‚Ethos' widerspiegeln. Die beruflichen Kodizes und Standards werden im Rahmen der traditionellen professionssoziologischen Diskussion
(Carr-Saunders/Wilson 1933; Goode 1972; Wilensky 1964; Abbott 1983; Freidson
2001; Stichweh 1994) als grundlegendes Charakteristikum von Professionen verstanden. Im Rahmen professioneller Strukturen nehmen die Kodizes und Standards
zwei wichtige Funktionen ein:

> „Zum einen liefern sie eine formalisierte Orientierung- und Reflexionsbasis für pro-
> fessionelles Handeln von Akteuren und zum anderen treten sie als nach außen hin sicht-
> barer Ausdruck des Normen- und Wertebezugs von professionellem Handeln bzw. von
> Professionen als organisierten Altersgruppen in Erscheinung. In diesem Sinne lassen sich

Regelwerke sowohl als Steuerungs- und Kontrollmechanismus als auch als Instrument der Kommunikations- und Öffentlichkeitsarbeit deuten" (Brandt 2009: 51). Weiterhin können sie auch der Vertrauensbildung zwischen Professionellen und Klienten dienen, indem sie z. B. eine Kontrollwirkung durch das Herstellen von Transparenz haben (Stichweh 1994: 306). Zum anderen stellen sie die Sicherstellung der Einhaltung ethischer Prinzipien und beruflicher Standards der Professionellen selbst dar und dienen der Selbstverpflichtung der professionellen Akteure auf individueller Ebene, welche im Rahmen der beruflichen Sozialisation und der hierbei erfolgenden Internalisierung der professionsspezifischen Normen und Werte erfolgt (vgl. Goode 1972; 1939, 1968).

5.1.6   Verhältnis Organisation und Profession

Das Verhältnis von Organisation und Profession wurde bei den traditionellen Professionstheorien – mit Ausnahme des systemtheoretischen Ansatzes[49] – wenig beleuchtet. In der Organisationssoziologie wurde das Verhältnis von professionellen Organisationen vor allem in den 1960er- und 1970er-Jahren behandelt, gelangte danach aber in den Hintergrund (Klatezki/Tacke 2005: 7). Theoriegeschichtlich betrachtet wurden in den ‚traditionelleren' Ansätzen vor allem Spannungen zwischen Professionen und Organisationen. Häufig wurde dabei betont, dass eine zunehmende Unterordnung von Professionellen unter Formen hierarchischer, technischer und marktlicher Rationalitäten die Autonomie und die Unabhängigkeit der Professionellen beschränke. Dieses wurde häufig unter den Stichworten einer zunehmenden Entprofessionalisierung und Proletarisierung (zentral hierfür: Oppenheimer 1973; Haug 1973) thematisiert.

Aktuell wird dieses Verhältnis neu aufgegriffen, was vor allem auf die im folgenden Unterkapitel aufgezeigten empirischen Veränderungen der gesellschaftlichen Rahmenbedingungen zurückzuführen ist, die Auswirkungen auf die Professionen, aber auch auf deren beschäftigende Organisationen zeigen (vgl. Klatezki/Tacke 2005: 7).

Der Ausgangspunkt der Befassung mit dem Zusammenhang Organisation und Profession findet sich bei Blau (1955), der die Frage ins Zentrum rückt, ob, und wenn ja, wie bürokratische und professionelle Strukturelemente miteinander vereinbar sind. Blau beschreibt, dass aufgrund der unterschiedlichen Strukturelemente

---

[49]   Bei Luhmanns Systemtheorie handelt es sich um eine „Theorie der Gesellschaft (…) und um eine Theorie der Organisation (…), [die] nicht nur Potenziale für eine gesellschaftstheoretisch informierte Organisationssoziologie (…), sondern (…) zugleich auch über einen Begriff der Profession (…) [verfügt]" (Klatezki/Tacke 2005: 9).

und Funktionsweisen zwischen Bürokratie und Profession ein grundlegender Konflikt herrscht. So ist die bürokratische Organisation durch ein hierarchisches System von Ämtern bestimmt, das auf der Basis von Regeln operiert und in dem die Autorität an Ämter gebunden ist. Das Handeln der Organisationsmitglieder folgt hierarchischen Anweisungen und ist fremdbestimmt.

Die Autorität beruht dabei auf einer formalen Autorität im Sinne Hartmanns (1964), der zwischen einer ‚funktionalen Autorität' und einer ‚formalen Autorität' unterscheidet. Die formale Autorität kennzeichnet sich dadurch, dass diese aufgrund des eingenommenen Amtes bzw. qua Hierarchie besteht. Diese Art der Autorität ist idealtypisch in bürokratischen Organisationen zu finden. Im Gegensatz dazu kennzeichnet sich die Autorität der Professionen durch eine auf „Sachverständigkeit beruhende Autorität" (Hartmann 1964: VII) aus, welche darauf basiert, dass den Professionellen ein gesondertes Wissen und eine spezifische Expertise zugeschrieben wird (vgl. Hartmann 1964). Auch divergiert die Orientierung bzw. der Referenzpunkt zwischen den Mitarbeitern in einer bürokratischen Organisation und den Professionen. In Anlehnung an Gouldners (1957) Analysen zur Einbindung von Professionen in organisationale Kontexte kann zwischen ‚locals'– lokal orientierten Bürokraten, die sich stark mit ihrer Organisation identifizieren – und ‚kosmopolitischen Professionen', die sich mit ihrer Profession identifizieren, unterschieden werden. Spannungen ergeben sich, da die Bürokratien versuchen, die Mitarbeiter auf eine Orientierung an der jeweiligen ‚lokalen' Organisation zu verpflichten, die Professionellen sich in ihren Zielen und Funktionslogiken aber eher an ihren Professionskollegen orientieren. Der grundlegende Konflikt der Integration beider Handlungslogiken wird dabei vor allem darin gesehen, dass das

> „unabhängige, selbstbestimmte Handeln Beiträge zur Erfüllung auch der lokalen Systembedürfnisse und –ziele nicht gewährleistet [...] da die Inklusion von Professionellen [...] das ‚Linienprinzip', die Befehlskette der Bürokratie [unterminiert], und parallele und konkurrierende Autoritätsformen schafft" (Klatezki/Tacke 2005: 14).

Diese hohe Autonomie – vor allem gegenüber dem Markt und gegenüber hierarchischen Organisationsformen – findet sich, wie ja im vorherigen Unterkapitel bereits beschrieben, auch in der Darstellung der professionellen Handlungslogik bei Freidson (2001).

Scott (1965) entwickelte in seinem bekannten Aufsatz „Reactions to supervision in an heteronomous professional organization" in Hinblick auf die Frage der Eingebundenheit von Professionen in Organisationen zunächst zwei Modell der professionellen Organisation (autonome und heteronome Organisation), in einem späteren Aufsatz ergänzt er diese beiden um ein drittes Modell, und zwar das der ‚conjoint organization' (vgl. Scott 1982).

Das erste Modell beschreibt das traditionelle, idealtypische Professionsmodell, in dem Professionelle die Autorität über ihr eigenes Handeln besitzen und deren Leistungen durch die eigenen Peers kontrolliert wird. Im zweiten Modell, der heteronomen Organisation, sind die Professionellen administrativen Instanzen unterworfen und ‚büßen' so an Autonomie ein. Als Beispiel sei hier an die Ärzteschaft zu denken, deren Handlungsentscheidungen durch Kosten- und Effizienzerwägungen der Gesamtorganisation Krankenhaus (mit)bestimmt werden. In der dritten Form, der ‚conjoint organization', gibt es eine Machtebene der Professionellen und eine der Administratoren und die Ebenen vermischen sich auch nicht. Doch anstatt des konfliktuellen Spannungsverhältnisses, von dem Scott in seinem früheren Ansatz sprach, wird hier von perzipierten Vorteilen dieser Zusammenarbeit auf beiden Seiten ausgegangen.

An dieser Stelle sei kurz auf Mintzberg (1992) verwiesen, der wie bereits in Kapitel 2.3 beschrieben, anhand des Typus der ‚professionellen Bürokratie' das Verhältnis Organisation und Profession beschreibt.

Auch Etzioni (1996) thematisiert mit seiner in der Professionssoziologie zum ‚Klassiker' avancierten Beschreibung von „Semi-Professionen" den Einbezug von Berufen, die aufgrund der Einbindung in bürokratische Organisationen nie das Ausmaß an Autonomie und damit auch den Status von traditionellen Profession erreichen. Neben dieser Einbettung in bürokratische Organisationen führt die im Vergleich zu den traditionellen Professionen kürzere Ausbildung der Semi-Professionen (als idealtypische Beispiele werden zumeist Krankenschwestern oder Sozialarbeiter genannt), ihre weniger spezialisierte Wissensbasis, und ihre starke Abhängigkeit von einer ‚dominanten' traditionellen Professionen (vgl. ebd.: 5) dazu, dass sie „nur teilweise oder unvollkommen qua sozialer Mechanismen eine eigenen Fachkompetenz gegenüber dem Laienpublikum wie auch gegenüber der Gesellschaft als ganzer für sich beanspruchen und/oder durchsetzen können" (Dewe et al. 1986: 195).

Gegenwärtig ist in der Organisations- und Professionsforschung ein Wandel zu beobachten, und zwar der, dass die Organisation neben den traditionellen Akteuren für die Entwicklung von Professionen (die Zugehörigen einer Profession, den Klienten, den Staat und die Universitäten (vgl. Burrage et al. 1990) eine zunehmend wichtige Rolle spielt (vgl. Sonderheft Current Sociology: 2011). Dabei werden in neueren Theorien, die das Verhältnis Organisation und Profession beleuchten, nicht mehr nur Fragen der Anpassung und Auswirkungen der Beschäftigung von Professionellen in Organisationen thematisiert, sondern zunehmend auch „how organizations have in some cases become increasingly significant agents in the development of professional identities and modes of regulation more generally" (Muzio/Kirkpatrick 2011: 391). Dieses, sowie die zunehmende Eingebettetheit von

Professionen in Organisationen wird im Rahmen der Vorstellung der ‚neueren Professionstheorien' thematisiert werden.

5.1.7   Zusammenfassung ‚traditionelle Professionstheorien'

Grundvoraussetzung für die spezifische Berufsform ‚Profession' ist die gesellschaftliche Nachfrage nach einer Problemlösung und der dazugehörigen Expertise. Hinsichtlich des Entstehens der Professionen finden sich in den verschiedenen Ansätzen unterschiedliche Erklärungen, allerdings erfolgt in allen, eine Einbettung der Professionsentwicklung und Modi des professionellen Handelns in modernisierungstheoretische Diagnosen und wird durch differenzierungstheoretische Argumente erklärt. So gehen Parsons (1939, 1968, 1970) und Luhmann (1977) davon aus, dass Professionen im Zuge funktionaler, sozialer Ausdifferenzierung entstanden sind. Professionen stellen demzufolge eine Antwort auf die Komplexitätssteigerung in modernen Gesellschaften dar, die die Problemlösung persönlicher Probleme von Klienten rational gestalten. Bezugs- und Referenzpunkt ist bei Parsons (1939, 1968, 1970) die Gesamtgesellschaft, bei Luhmann die einzelnen Funktionssysteme (1984).

Die interaktionistischen Ansätze (Hughes 1958, 1971; Schütze 1992, 2000) aber auch der strukturtheoretische Ansatz von Oevermann (1996) verfolgen ebenfalls eine differenzierungstheoretische Argumentation, allerdings beziehen diese sich auf konkrete Arbeitsbedingungen und Arbeitsvollzüge. Professionen entwickeln sich diesen Ansätzen zufolge in Bereichen, in denen Tätigkeiten benötigt werden, die nicht ausreichend vom Staat und vom Markt kontrolliert werden können. Die konflikttheoretischen Theoretiker (Larson 1977; Freidson 1986, 2001) sehen in der Entstehung von Professionen ein probates Mittel, Arbeitsmärkte zu monopolisieren und zur sozialen Differenzierung beizutragen.

Alle Ansätze weisen mit unterschiedlichen Begrifflichkeiten auf die besonderen Strukturen der professionellen Handlungslogik hin, „welche[s] durch Riskanz, Ungewissheit, paradoxe oder antimonische Anforderungen, Fehleranfälligkeit und eine spezifische Strukturlogik gekennzeichnet ist" (Helsper/Krüger/Rabe-Kleber 2000: 9). Die Beschreibung einer besonderen Professionellen-Klienten Beziehung, welche sich durch Wissens- und Machtasymmetrien sowie eine besondere Vertrauensbeziehung auszeichnet, ist ebenfalls in allen Ansätzen zu finden.

In allen Ansätzen findet sich die Beschreibung von

> „widerspruchsvolle[n] bzw. paradoxe[n] Spannungen im professionellen Handeln […],
> die das professionelle Handeln weder als wissenschaftlich steuerbar noch bürokratisch

lenkbares bzw. expertokratisch aus allgemeinen Regelsätzen ableitbares erscheinen lassen" (Helsper/Krüger/Rabe 2000: 9).

Aus diesen spezifischen Handlungsanforderungen resultiert, vor allem aus strukturfunktionalistischer, systemtheoretischer und strukturtheoretischer Sicht, eine hohe Autonomie, da die Qualität der Handlungen nicht von außen, sondern nur im Rückgriff auf in langjähriger Ausbildung und praktischer Erfahrung gewonnenes Wissen beurteilt, kontrolliert und gesichert werden kann.

Diese hohe Autonomie – vor allem gegenüber dem Markt und gegenüber hierarchischen Organisationsformen – findet sich auch in der Beschreibung der professionellen Handlungslogik bei Freidson (2001). Er begründet die hohe Autonomie mit der Unmöglichkeit von Externen, professionelles Handeln zu beurteilen und zu kontrollieren, da hierfür die entsprechende Expertise fehlt.

Freidson (2001) geht wie auch Abbott (1988) davon aus, dass eine Profession ihren Zuständigkeitsanspruch in Abgrenzung zu anderen Professionen entwickeln muss, und dass für die Durchsetzung von Kompetenz- und Kontrollansprüchen die gesellschaftliche Akzeptanz notwendig ist. Dieses wird in den ‚traditionellen Professionsansätzen‘ vor allem durch den Bezug zu einem gesellschaftlichen Zentralwert und durch die proklamierte Gemeinwohlorientierung erreicht. Dem konfliktorischen Ansatz zufolge dient dieses jedoch lediglich der Sicherung der Realisierung von Marktchancen. In Deutschland und den kontinentaleuropäischen Ländern wird dem Staat eine wichtige Rolle in der Entstehung der modernen Profession zugesprochen, beispielsweise durch die staatlich vermittelte Kontrolle des Berufszugangs.

Das Durchsetzen von Kompetenz- und Kontrollansprüchen wird durch das Vorhandensein einer gesellschaftlich anerkannten, abstrakten Wissensbasis legitimiert. Die Universität nimmt dabei bei der Wissensproduktion, -weiterentwicklung und -vermittlung eine zentrale Rolle ein, da nur dort Wissen in Unabhängigkeit von Dritten und praktischen Ansprüchen gebildet und weitergegeben werden kann. Des Weiteren findet an Universitäten die professionelle Sozialisation und Habitusbildung statt. Das im Rahmen der universitären Ausbildung gewonnene Wissen wird zertifiziert; dieses Zertifikat dient als Lizenz, professionell tätig zu werden und somit auch der Schließung von Marktchancen.

Die Zertifikatserteilung wird auch über den Berufsverband mit kontrolliert, da dieser die Festlegung und Weiterentwicklung von Ausbildungsinhalten verantwortet. Weitere Ziele und Funktionen von Berufsverbänden sind die Durchsetzung von Zuständigkeits- und Kontrollansprüchen der Profession und die Aufstellung und Überprüfung der Einhaltung von beruflichen Kodizes und Standards. Auch dienen sie der Herstellung einer gemeinsamen Identität. Konfliktorischen Ansät-

zen zufolge besteht die Hauptaufgabe von Berufsverbänden allerdings darin, das
Monopol für einen bestimmten Dienstleistungsbereich durchzusetzen.
   Die ausführliche Darstellung der ‚traditionellen Professionssoziologien' erfolgte, da die im Folgenden vorgestellten ‚neueren Professionssoziologien' auf den
traditionellen Theorien aufbauen und den Wandel der traditionellen Spezifika von
Professionen darstellen. Dabei gehen sie von denselben Kategorien aus, die in den
traditionellen Theorien thematisiert werden, jedoch beziehen die neuen Theorien
die veränderten gesellschaftlichen Rahmenbedingungen in ihre Überlegungen mit
ein, was zu veränderten Spezifika von Professionen bzw. Professionalität führt.

5.2   Änderung der gesellschaftlichen Rahmenbedingungen: ‚Krise' der
         Professionen

Während wie im vorherigen Kapitel vorgestellt die ‚traditionellen Professionsmo-
delle' (mit unterschiedlichen Schwerpunktsetzungen) die autonome Expertise, eine
Gemeinwohlorientierung sowie das Kollegialitätsprinzip betonen, finden sich die
‚heutigen Professionen' in Kontexten wieder, die dem Idealtypus einer Profession
entgegenstehen. Hierbei können analytisch vier Rahmenbedingungen unterschieden werden, die im Zusammenwirken Auswirkungen auf die Professionen im traditionellen Sinne haben.[50]
   Zum einen geraten die ‚traditionellen Professionen' unter den zunehmenden
Druck einer *Markt- und Kundenorientierung*. So konstatieren einige Professionsforscher, dass nicht mehr eine Gemeinwohlorientierung und ein starker Klienten-
bezug, sondern im Zuge zunehmender Ansprüche an Effizienz und Effektivität
Wirtschaftlichkeitserwägungen und Markteffizienzen im professionellen Handeln
am Bedeutung gewinnen würden (Leicht und Fennell 2008: 437). Auch tritt, und
dieses findet sich in ‚neueren Professionsansätzen' wieder (vgl. Brint 1994; Heisig 2005; Kurtz 2002, 2005) der Zentralwertbezug in den Hintergrund. So beschreibt beispielsweise Brint (1994, 1996) Professionen nicht mehr als „trustees
of socially important knowledge" (Brint 1996: 5), sondern als funktional und organisatorisch zersplitterte Klasse von Wissensarbeitern, die nicht mehr den Anspruch erheben, als Treuhänder gesellschaftlicher Interessen aufzutreten, sondern
in ihrer Expertise eine marktförmige Ressource sehen. Dementsprechend kann
also eine Verschiebung vom „social trustee professionalism" hin zum „expert
professionalism" beobachtet werden (Brint 1994: 11). Somit wird in den ‚neuen
Professionstheorien' auch teilweise von Kunden bzw. Konsumenten als Empfän-

---

[50]   Diese stellen analytische Kategorien dar und bedingen und beeinflussen sich gegenseitig.

ger professioneller Leistungen gesprochen (vgl. Evetts 2008: 102; Leicht/Fennell 2008: 427ff.).

Zweitens ist es durch die zunehmende Globalisierung, aber auch durch eine sich wandelnde Rolle des Staates (Zurücknahme des Staates, ‚steering at a distance', ‚soft modes of regulation') schwierig geworden, die im traditionellen Sinne vor allem im kontinentaleuropäischen Raum wichtige Legitimation durch nationale staatliche Lizensierung zu erhalten (vgl. Moran 2002).

Dritte Rahmenbedingung für die „Krise des Professionalismus" (Pfadenhauer 2003: 271) ist eine veränderte Klienten-Professionellen Beziehung. Generell kann ein Vertrauensverlust in die ‚traditionellen Professionen' konstatiert werden, nicht zuletzt aufgrund unprofessionellen Verhaltens (Leicht/Fennell 2008: 434), in dessen Folge die Nachfrage nach mehr Transparenz und Rechenschaftspflicht gestiegen ist.[51] Auch wird der im ‚traditionellen Professionsverständnis' angenommene Wissensvorsprung der Professionellen gegenüber ihren Klienten durch letztere hinterfragt; sie entwickeln sich zu „selbstbewussten Nutzern" (Pfadenhauer 2003: 174) professioneller Expertise, nicht zuletzt dadurch, dass das Sonderwissen von Professionellen durch neue Massenmedien zugänglicher wird (vgl. Pfadenhauer 2003: 174).

Die vierte Rahmenbedingung, die einen Wandel der ‚traditionellen Professionen' evoziert, ist die der zunehmenden Eingebundenheit von Professionen in organisationale Kontexte, auf die bereits im vorherigen Unterkapitel eingegangen wurde und die zudem im Kapitel 5.3.6 bei der Darstellung der ‚neueren Professionstheorien' erläutert wird.

Diese vier Rahmenbedingungen, eine zunehmende Marktlogik, eine sich wandelnde Rolle des Staates, eine geänderte Beziehung zwischen Professionellen und Klienten sowie die vermehrte Beschäftigung von Professionellen in Organisationen haben Auswirkungen auf die Selbstregulation und das Handeln der Professionellen, aber auch auf die demografische Zusammensetzung und die interne professionelle Solidarität. Dominierten früher, vor allem im angelsächsischen Raum, weiße Männer die Professionen, ist zunehmend ein größerer Anteil an Frauen und ethnischen Minoritäten in den Professionen anzufinden. Zudem führen zunehmende Einkommensdifferenzen zu einer Schwächung der professionellen Solidarität (vgl. Leicht/Fennell 2008: 436). Die erschwerte Herausbildung der materiellen und sozialen Basis für die Erzeugung von gemeinsamen beruflichen Communities in den Professionen behindert auch die Durchsetzung und das Beibehalten des dominanten professionellen Typus, welcher Autonomie, Gleichheit und eine gemeinsame Grundlage von Ethiken im professionellen Handeln beinhaltet.

---

[51] Dass dieses besonders im wissenschaftlichen Bereich von Bewandtnis ist, wurde ja bereits in Kapitel 3.1 beschrieben.

Gleichzeitig, und im scheinbaren Widerspruch zu den durch die aufgezeigten geänderten Rahmenbedingungen induzierten De-Professionalisierungen, zeigt sich, dass die Interpretationsfolie der Profession, der Professionalisierung und der Professionalität immer häufiger und auch in nichtakademischen Berufsfeldern aufgegriffen wird. Widersprüchlicherweise führt diese Art der ‚Professionalisierung' zu einer Schwächung der ‚alten Professionen' und dazu, dass neue berufliche Gruppen, die neben die alten Professionen treten um die professionelle Kontrolle zu restrukturieren und zu kontrollieren, selbst versuchen, die alten Professionen zu kopieren (vgl. Alvesson/Kärremann (2004); Alvesson/Johansson (2002), Evetts (2003, 2006, 2008, 2009, 2011); Hwang/Powell (2009); Kipping et al. (2006); Kipping (2011); Langer/Manzeschke (2009) sowie Noordegraf 2007). So intendieren sie beispielsweise, durch die Gründung von professionellen Vereinigungen mehr Einfluss zu erhalten, und durch die Etablierung von eigenen Zeitschriften Kanäle des Wissensaustausches zu etablieren. Allerdings ist diese Art der Professionalisierung sehr widersprüchlich. Auf der einen Seite verlange der moderne Arbeitsmarkt zunehmend flexible Spezialisierungen mit einer Kundenorientierung sowie Selbst- und Performanzmanagement, auf der anderen Seite ist es schwierig, professionelle Autonomien beizubehalten oder zu erstellen (vgl. Heisig 2005: 27ff.).

> „This means professionalism is attractive, but there will be strong barriers for establishing professionals – both the maintenance of classic professionalism and the rise of new professionalism will be restricted" (Noordegraf 2007: 763).

Die Frage, die sich nun stellt, ist die, inwiefern die skizzierten Entwicklungen in akademischen Berufsfeldern noch hinreichend im Rahmen der klassischen Professionsanalyse erfasst werden können. Kaum berücksichtig wurde bislang die Frage, ob sich nicht völlig neue, von traditionellen Pfaden abweichende Wege der Aufwertung bzw. Professionalisierung von Berufen herausbilden. Diese Ansicht teilt auch die britische Professionssoziologin Julia Evetts und fordert dementsprechend:

> „A shift in analytical focus is needed, away from the concepts of professions and professionalization, and instead the further analysis of the concept of professionalism and how it is being used becomes more important" (Evetts 2008: 98).

Dieser Ansatz wird auch im folgenden Kapitel verfolgt, es werden verschiedene professionssoziologische Ansätze vorgestellt, die von Professionalität und professionellen Handelns auch jenseits der ‚traditionellen Professionen' ausgehen.

Hierbei wird sich an den dargestellten Dimensionen der ‚traditionellen Professionstheorien' orientiert. Somit werden im folgenden Kapitel die Gründe für die Genese der neuen Art von Professionellen bzw. der neuen Art von Professionalität gezeigt, zudem wird erörtert, warum von Professionalisierung gesprochen wird, obwohl es sich nicht um eine Professionalisierung im traditionellen Sinne handelt. Parallel zu den oben aufgeführten Kategorien wird auch die spezifische Handlungslogik der neuen Art von Professionellen dargestellt, und es wird die Frage nach der Wissens- und Kompetenzbasis und der Ausbildung gestellt. Für welche Bereiche und wie ein Zuständigkeitsanspruch erhoben werden kann und welche Rolle dabei fachliche Vereinigungen spielen, wird ebenfalls analysiert. Auch wird auf die sich ändernde Rolle des Verhältnisses von Profession und Organisation eingegangen.

5.3   ‚Neue Professionstheorien‘

Die Ansätze der ‚neueren Professionstheorien‘, die eine Verlagerung von Konzepten der Profession und der Professionalisierung hin zu einer Analyse des Konzeptes von Professionalität und professionellen Handelns vornehmen, lassen sich, wie die ‚traditionellen Theorien‘ auch, nach Hauptströmen unterscheiden. Jedoch ist hier die Trennschärfe weit weniger gegeben als bei den ‚alten Professionstheorien‘, da die ‚neueren Ansätze‘ (teilweise) Bezug auf mehrere ‚traditionelle Ansätze‘ beziehen und deren Foki vereinen.

Gemeinsam ist jedoch allen ‚neueren Ansätzen‘, dass sie die für die Professionen relevanten gesellschaftlichen Änderungen in ihren Konzepten aufnehmen und vor allem die wichtiger werdende Rolle der beschäftigenden Organisation berücksichtigen.[52] Somit ist es auch schwieriger, eine trennscharfe Unterscheidung zwischen Professions- und Organisationstheoretikern zu fällen. So würden sich z. B. die im Folgenden als ‚neue institutionalistische Professionstheoretiker‘ bezeichneten Autoren wahrscheinlich nicht originär als Professionstheoretiker identifizieren, sondern eher als Organisationstheoretiker. Da die Frage nach Professionalität aber eine wichtige Rolle in diesen eher ‚organisationstheoretisch-lastigen‘ Ansätzen spielt, werden diese im Folgenden unter ‚neue Professionstheorien‘ gefasst.

Es können drei Hauptströme der ‚neuen Professionstheorien‘ identifiziert werden.

a) Professionalität als Diskurs ('neuer funktionalistischer Ansatz')

In den als ‚neuen funktionalistischen Ansatz‘ bezeichneten Beiträgen geht es, wie im ‚traditionellen Ansatz‘, um die Funktion von Professionen (‚traditionelle An-

---

[52]   Während Thorstendahl (1990) nur vier Schlüsselakteure für die Entwicklung von Professionen nennt (die professionellen Praktiker selbst, die Klienten, Staaten und Universitäten) gehen Evetts (2011: 407) sowie Muzio et al. (2011) davon aus, dass ein fünftes Element, und zwar die beschäftigende Organisation wichtiger wird.

sätze') bzw. die Funktion der Verwendung des Begriffes ‚Professionalität' bzw. ‚Professionalismus'. In den ‚neuen funktionalistischen Ansätzen' steht, anders als im ‚traditionellen strukturfunktionalistischen Ansatz', die Funktion der Verwendung von Professionalität für die Organisation bzw. für das Individuum im Vordergrund und nicht für die Gesellschaft.

Unter den ‚neuen funktionalistischen Ansatz' werden im Folgenden die Ansätze von Alvesson und Kärremann (2004, 2006), Alvesson und Johansson (2002), Evetts (2003, 2006, 2008, 2009, 2011), Fournier (1999), Kipping et al.(2006), Kipping (2011) sowie Watson (2000) gefasst. Da in den Ansätzen von Evetts, Alvesson und Kärremann sowie Watson auch die Verwendung von ‚Professionalität' zum Vorteil der Individuen bzw. der ‚Professionellen' (regulatorische Verhandlungen, Schließung Arbeitsmarkt) thematisiert wird, könnten diese auch im Sinne des traditionellen ‚Gegenparts' als konfliktorische bzw. machttheoretische Ansätze bezeichnet werden.

b) Spezifische Handlungslogik ('neuer interaktionistischer Ansatz')

Wie in den ‚traditionellen interaktionistischen Ansätzen' liegt der Fokus auf den konkreten Arbeitsbedingungen und Arbeitsvollzügen der Professionellen.

Unter diesen Ansatz werden die Arbeiten von Hwang und Powell (2009), Langer und Manzeschke (2009), Noordegraf (2007) und Brint (1994) gefasst. Die genannten Autoren gehen davon aus, dass sich die Grundstruktur professionellen Arbeitens (ergebnissoffen, diffus) nicht verändert hat, dass sich aber die professionelle Handlungslogik mit denen des Marktes und der Bürokratie vermischt. Noordegraf (2007) sieht ferner sogar das Überbrücken von verschiedenen Logiken als das Spezifikum der Arbeit der ‚neuen Professionellen'.

c) Profession und Institution ('neue institutionalistische Ansätze')

Die Arbeiten von Barley und Tolbert (1991), Flood (2011), Muzio/Kirkpatrick (2011), Powell und Di Maggio (1991) sowie Suddaby und Viale (2011) untersuchen, inwiefern die ‚neuen Professionellen' als ‚institutionelle Entrepreneure' (vgl. Di Maggio 1988) gelten können, die bestimmte Handlungs- und Organisationsmodelle in einem bestimmten Sektor vorantreiben, und stellen somit auf den Zusammenhang Profession und Institution ab.[53]

---

[53] Die unter a) genannten Ansätze widmen sich ebenfalls der Institutionalisierung neuer Formen und Modelle von Professionalität. Da sie aber auf die funktionelle Rolle der Verwendung von ‚Profes-

Im Folgenden werden die ‚neuen Professionsansätze', parallel zu der im Rahmen der Vorstellung der ‚alten Professionstheorien' erfolgten Systematisierung, synthetisierend dargestellt.

5.3.1 Gründe für die Genese von ‚Professionalität'

Während in den traditionellen Theorien die Genese von Professionen eine Antwort auf Komplexitätssteigerungen im Bereich persönlicher lebensweltlicher Probleme darstellt, führen Hwang und Powell (2009) das Entstehen von ihnen als sogenannte ‚managerial professionals' bezeichneten Professionellen auf Komplexitätssteigerung in Organisationen zurück. Hwang und Powell erläutern allerdings nicht, warum von ‚Professionals' gesprochen wird. Erklärungen hierfür finden sich bei Evetts (2003, 2006, 2008, 2009, 2011), Kipping et al. (2006) Kipping (2011), Alvesson und Johansson (2002), Watson (2000), Alvesson und Kärremann (2004), Kipping (2011) sowie Fournier (1999), die beschreiben, dass der Rekurs auf Professionalität

a) als Diskurs für organisationalen Wandel,
b) als Mittel für die soziale Kontrolle der organisationalen Mitglieder und
c) zum Vorteil der Individuen und der ‚professionellen' Gruppe dient.

Im Folgenden werden zunächst die Annahmen von Hwang und Powell (2009) sowie die von Barley und Tolbert (1991) beschrieben, die das Entstehen von ‚managerial professionals' bzw. neuen beruflichen Positionen als Ausdruck von Rationalisierungsprozessen in Organisationen betrachten. Danach wird auf Erklärungsansätze eingegangen, die Gründe für die Verwendung von ‚Professionalität' erläutern (vor allem Evetts 2003, 2009, 2011; Kipping et al. 2006; Kipping 2011; Alvesson/Johansson 2002).

5.3.1.1 ‚Managerial professionals' als Ausdruck von Rationalisierungsprozessen in Organisationen

Hwang und Powell (2009) konstatieren, dass Wechselwirkungen zwischen Rationalisierung und der Entstehung eines distinkten Tätigkeitsbereiches für sogenannte ‚managerial professionals' existieren. Anhand von Untersuchungen im

---

sionalität' fokussieren, stellen sie m. E. eine eigene Kategorie dar.

Non-Profit-Bereich zeigen sie auf, dass sich in diesem Bereich als Antwort auf erhöhten Wettbewerbsdruck sowie einer Nachfrage seitens der Stakeholder nach mehr Rechenschaftspflicht, strategischen Plänen, unabhängigen finanziellen Audits und Evaluationen von Programmen ‚managerial professionals' etablierten. Diese tragen dazu bei, organisationales Verhalten zu messen, zu formalisieren und zu standardisieren, sodass das Verhalten von Organisationen vorhersehbarer wird. Diese explizite Formulierung von Prozeduren und antizipierten Arbeitsergebnissen ist Hwang und Powell (2009) zufolge die Essenz der modernen Rationalisierung. Sie zeigen dieses am Beispiel von Wohltätigkeitsorganisationen, deren Management von nebenberuflichen, nicht geschulten Mitarbeitern auf ‚professionalisierte' Mitarbeiter übergeht, was laut Hwang und Powell (2009) unter anderem bedeutet, dass sie a) dieser Tätigkeit nicht mehr ehrenamtlich nachgehen b) für diese Tätigkeit entlohnt werden und c) für diesen Bereich geschult sind. Somit wird, wie in den ‚alten Professionstheorien', auch in den ‚neuen Professionstheorien' für Professionalität eine Beruflichkeit vorausgesetzt. Dieses bedeutet, dass neben einem Mindestmaß an Qualifikation eine Nachfrage nach und ein entsprechendes Angebot für Arbeitskraft vorhanden ist, d. h. ein Arbeitsmarkt existiert.

Der postulierte Zusammenhang zwischen Rationalisierung und Professionalisierung findet sich auch bei Barley und Tolbert (1991), die davon ausgehen, dass

> „the process of occupationalization is an important aspect of the progressive rationalization of organizations in contemporary society, reflecting the efforts of business and government to bring increasingly specialized knowledge to bear in organizational problem solving" (Barley/Tolbert 1991: 3).[54]

Um diese neuen Anforderungen umsetzen zu können, wurden neue Positionen geschaffen, und dieses unter dem Label ‚Professionalisierung' deklariert; Prozesse, die wie in der Forschungsübersicht in Kapitel 2 beschrieben, auch im Hochschulsektor zu beobachten sind.

Das bedeutet, dass eine so verstandene Professionalisierung und Rationalisierung als rekursive Prozesse zu betrachten sind, in denen die Ausbreitung und Institutionalisierung des einen, Auswirkung auf das andere hat (siehe auch Kapitel 5.3.6). Rationalisierung und damit auch Professionalisierung *„denotes the integration of formalized roles and rules around unified sovereignty, entailing the construction of nonprofits as 'actors with clear identities'* (Hwang/Powell 2009: 272). Somit zeigen sich auch hier Parallelen zum Hochschulsektor, da wie in Kapitel 2.2.2 beschrieben, davon ausgegangen wird, dass die ‚neuen Hochschulprofessionen' Ausdruck der Organisationswerdung der Hochschulen sind.

---

[54]   Tolbert und Barley (1991) sprechen statt von Professionalisierung von „Occupationalization", da letzteres nicht ein „theoretische Gepäck (theoretical baggage)" (ebd.: 7) trägt.

Die Personen, die eben genannte Anforderungen umsetzen, bezeichnen Hwang und Powell (2009) als ‚managerial professionals‘.[55] Diese ‚managerial professionals‘ entstehen Hwang und Powell (2009) zufolge vor allem in Organisationen im Non-Profit-Bereich, in denen sich ‚alte Professionen‘ mit abnehmender Autorität neuen ‚managerial professionals‘ gegenüberstehen. Während Erstgenannte ihre Autorität auf Wissen in einer Disziplin zurückführen, gewinnen letztere Macht durch hierarchische oder administrative Befugnisse und ihr Wissen basiert auf Managementkenntnissen. Durch den Rekurs auf Rationalisierung können Hwang und Powell (2009) als Weiterentwicklung des Parsonsschen Ansatzes gedacht werden, in beiden theoretischen Ansätzen geht es darum zu zeigen, dass durch die Integration von ‚professionellen‘ Prinzipien wie funktionale Spezifizität, Machtbegrenzung und die Anwendung universalistischer, nicht-persönlicher Standards umgesetzt werden. Allerdings stellen bei Parsons Professionen eine Antwort auf Komplexitätssteigerung im Bereich persönlicher lebensweltlicher Probleme und deren Lösung dar, bei Hwang und Powell (2009) hingegen eine Antwort auf Komplexitätssteigerung in Organisationen. Zudem ist bei Parsons der Bezugspunkt die kollegiale Organisation und die geteilte Identität der Professionellen, bei Hwang und Powell (2009) hingegen die beschäftigende Organisation

Hwang und Powell (2009) erklären zwar, warum ‚managerial professionals‘ entstehen, gehen aber ebenso wenig wie die in Kapitel 4 referierten Hochschulforscher darauf ein, warum von ‚professionals‘ und ‚professionalism‘ gesprochen wird. Erklärungsansätze hierfür finden sich in den im folgenden vorgestellten Ansätzen, die davon ausgehen, dass es sich bei dem Bezug auf Professionalität um einen Diskurs (Evetts 2003, 2009, 2011), um die Herstellung eines bestimmtes Images (‚image professionalism‘) (Kipping et al. 2006; Kipping 2011) oder um eine ‚powerful resource‘ (Alvesson/Johansson 2002) handelt, die dazu dient

a) organisationalen Wandel voranzutreiben und die Arbeit der ‚Professionellen‘ zu legitimieren,
b) als disziplinärer Mechanismus auf Mikroebene zu wirken,
c) individuelle Vorteile für ‚Professionelle‘ herzustellen.

---

[55] Auffällig ist hier auch, dass Rhoades und Sporn (2002) die administrativen Hochschulmanager als ‚managerial professionals‘ bezeichnen, also dieselbe Bezeichnung, die auch Hwang und Powell (2009) für die Mitarbeiter im Non-Profit-Bereich verwenden.

5.3.1.2   Professionalität als Diskurs und Mittel für organisationalen Wandel (Makro-Ebene)

Die britische Professionsforscherin Evetts (2003, 2006, 2009, 2011) beschreibt die Verwendung von ‚Professionalität'[56] als einen wirkungsmächtigen Diskurs, der dazu dient, organisationalen Wandel voranzutreiben und zu legitimieren. Dabei zeigt sie eine von ihr als Paradoxon beschriebene Entwicklung auf. Dieses Paradoxon besteht darin, dass einerseits die Konzepte Profession und Professionalität für immer mehr Tätigkeiten in Beschlag genommen würden, andererseits aber die bislang untrennbar mit diesen Konzepten verbundenen Kategorien Vertrauen, Autonomie und Kompetenz einem Wandel unterzogen werden. So argumentiert sie, dass, bedingt durch eine Expansion der wissensbasierten Arbeit, einer Ausweitung des hochschulischen Sektors sowie einer zunehmenden Nachfrage nach Managern in Organisationen, die Kontrolle und Wissen über Dienstleistungen ausüben, ein Shift von den Konzepten der Profession und Professionalisierung notwendig ist, und stattdessen das Konzept ‚Professionatlität' und seine Verwendung analysiert werden sollte (vgl. Evetts 2008: 98).

Evetts untersucht folglich die zunehmende Nutzung des Diskurses von ‚Professionalität' und stellt fest, dass dieser als wirkungsvolles Instrument des beruflichen Wandels sowie der sozialen Kontrolle auf Makro- sowie Mikroebene zu verstehen ist und von der Tätigkeitsgruppe selbst verwendet wird, um eine eigene berufliche Identität herzustellen, zur Imageherstellung mit Klienten und Kunden und um Verhandlungen um den ‚jurisdictional claim' im Sinne Abbotts (1988) zu beeinflussen (siehe weitere Ausführungen unter b) und c).

Evetts (2003, 2006, 2008, 2009, 2011) zufolge wird ‚Professionalität als Diskurs' zumeist ‚von oben' (Evetts 2011: 408), und zwar von Managern verwendet. Dabei handelte es sich aber um einen „false or selective discourse" (Evetts 2008: 101), da die Verwendung von Professionalität durch Manager dazu führt, dass ein Mythos von Professionalität dargestellt wird, der aber nicht der Realität entspricht. So umfasst der Mythos Aspekte der traditionellen Professionen wie einem exklusiven Handlungsbereich, hohem Status und hohem Gehalt, Autonomie und Diskretion in der Arbeit sowie die eigene Kontrolle der Arbeit. Die Realität stellt sich Evetts (2003, 2006, 2008, 2009, 2011) zufolge aber anders dar. Wenn Manager von Professionalität sprechen, inkludiert dieses die

- „substitution of organizational for professional values,
- bureaucratic, hierarchal and managerial controls rather than collegial relations,

---

[56]   Julia Evetts verwendet den Begriff ‚professionalism', der im Folgenden mit Professionalität übersetzt wird. In deutschen Ansätzen wird teilweise der Begriff Professionalismus verwendet.

- managerial and organizational objectives rather than discretion, performance targets,
- accountability and sometimes increased political control" (Evetts 2008: 103).

Somit gelingt es, Professionalität so umzudefinieren, dass es „more commercially aware, budget-focused, managerial, entrepreneurial and so forth" (Hanlon 1999: 121) wird.

Um die veränderten Entwicklungen darzustellen, unterscheidet sie dabei idealtypisch zwischen zwei Formen von Professionalität in Gegenwartsgesellschaften: ‚occupational vs. organisational professionalism‘. Mit letzteren öffnet sie den gesamten Bereich beruflichen Arbeitshandelns in Organisationen für professionssoziologische Analysen und fokussiert die Kontroll- und Steuerungswirkungen des insbesondere von Managern implementierten Professionalitätskonzeptes. Im Unterschied zu der auf Klientenvertrauen und weitgehender Entscheidungsfreiheit beruhenden beruflichen Professionalität ist die organisationale Professionalität eng an die Ziele und Hierarchien der jeweiligen Organisation ausgerichtet, die auch die geleistete Arbeit kontrolliert. Die sich dabei herauskristallisierten ‚Professionen‘ mit dem Anspruch professioneller Leistungserbringung auf der Basis systematisierten Wissens und standardisierter Organisationspraktiken verfügen jedoch über eine, wenn überhaupt, eng auf den jeweiligen Wissens- und Anwendungsbereich begrenzte Entscheidungsautonomie.

Dass die Verwendung von ‚Professionalität‘ im Vorteil von Organisationen liegt, zeigen auch Alvesson und Johansson (2002), Alvesson und Kärremann (2004), Kipping et al. (2006) und Kipping (2011) am Beispiel von Management-Beratungsfirmen. Sie zeigen auf, dass es Managementconsultants weder ausschließlich aufgrund ihrer fragmentierten Wissensbasis noch wegen fehlender und divergierender Interessen nicht gelingt, eine Professionalisierung im traditionellen Sinne zu durchlaufen. Stattdessen sind es Kipping et al. (2006) zufolge die großen Firmen in diesem Bereich, die derartige Veränderungen verhindern. Diese seien eher daran interessiert, einen ‚corporate professionalism‘ (Kipping et al. 2006; Muzio et al. 2011) herzustellen, in dem die Firmen selbst der Ort für ‚professionelles‘ Handeln, Schließungsprozesse und Regulationen sind. Beim ‚corporate professionalism‘ handelt es sich dabei, wie auch schon bei Evetts beschrieben, um „proxies" von Professionalität bzw. um „image professionalism" (Kipping 2001: 531), der lediglich symbolischer Natur sei und nur noch auf einer „purely linguistic notion, akin to professional sports" (Kipping 2011: 531) beruhe. Dementsprechend stellt die Arbeit der ‚Professionellen‘ in den Organisationen eher das Gegenteil professioneller Arbeit im traditionellen Sinne dar:

„One outcome of this is that the organization of these firms has become increasingly bureaucratic, a far cry from the upbeat image of empowered workers" (Kipping et al. 2006: 155).

Die Organisationen nehmen Rekurs auf Professionalität, da dieses eine ‚powerful ressource' (Alvesson/Johansson 2002) darstellt, welche dazu dient, Autorität, Status und Glaubwürdigkeit gegenüber Klienten und Kunden herzustellen und somit externe Legitimität zu erlangen (vgl. Alvesson/Johansson 2002: 231).

„Being able to draw upon the prestige and legitimacy of being perceived as a profession [or profession-like] is clearly an advantage in terms of power and politics [...]. To create this image, references to the performances of 'truly professional' services obviously are helpful" (Alvesson/Johansson 2002: 240).

Das Darstellen von Professionalität ist notwendig, da durch die Beratertätigkeiten Informationsasymmetrien auftreten. Dieses findet sich auch in den ‚traditionellen Professionen', jedoch kann hier Misstrauen, das durch die Informationsasymmetrien entsteht, durch die Zugehörigkeit zu einer Profession mit institutionalisierter Ausbildung und interner Selbstkontrolle aufgelöst werden (vgl. Kapitel 5.1). Deswegen bedienen sich große Managementfirmen „politics and rhetorics of professions" (Alvesson/Johansson 2002: 233) und traditioneller professionspolitischer Instrumente wie z. B. eigener Ausbildungsprogramme und festgelegter Zertifikate, dem Erstellen von Kompetenzstandards, die Darlegung von Berufsethiken etc. Allerdings sind diese organisationsgebunden und finden unabhängig von professionellen Assoziationen statt (siehe Kapitel 5.3.5) und dienen vor allem der Verbesserung des Marktwertes und der Reputation der jeweiligen Beratungsfirma. Die Arbeit der ‚professionellen' Managementberater wird dabei jedoch zunehmend standardisiert und bürokratisiert und damit in traditioneller, professionstheoretischer Lesart entprofessionalisiert. Somit entsprechen die Entwicklungen im Bereich des Managementconsulting dem ‚professionellen Paradoxon' im Sinne Evetts.

5.3.1.3   Professionalismus als ‚disziplinärer Mechanismus' (Mikroebene)

Evetts (2003, 2006, 2008, 2009, 2011), Fournier (1999), Kipping (2011), Kipping et al. (2006) sowie Alvesson und Johansson (2002) zufolge dient der Rekurs auf ‚Professionalität' auch als disziplinärer Mechanismus, um angemessenes ‚professionelles Verhalten' von Akteuren einfordern zu können. Dabei nehmen Evetts (2003, 2006, 2008, 2009, 2011) als auch Fournier (1999) Bezug auf den Terminus ‚Normalisierung' im Foucaultschen Sinne (1983, 1994). Foucault versteht darunter die Konstruktion einer idealen, individuellen Verhaltensnorm, welche das

Individuum als ‚taken-for-granted' nimmt, und sein eigenes Verhalten unbewusst anpasst, also ein disziplinärer Mechanismus (Foucault 1983, 1994). Normalisierung ermöglicht somit ein Maximum an sozialer Kontrolle mit einem Minimum an Machtausübung. Fournier (1999) und Evetts (2003, 2006, 2008, 2009, 2011) beschreiben dabei die Verwendung des Professionalitäts-Diskurses als Mittel, in einer großen Dienstleistungsorganisation ‚angemessene' Identitäten, Verhalten und Praktiken zu erzeugen

> „Once self-defined as professionals, the expectations by self and other of the professionals have not limits [...]. Professionals are expected and expect themselves to be committed, even to be morally involved in the work" (Evetts 2009: 99).

Somit ist Fournier (1999) und Evetts (2003,2006, 2009, 2011) zufolge die Hinwendung zu Professionalität

> „a disciplinary logic which includes aspects which ascribes 'autonomous' professional practice within a network of accountability and governs professional conduct at a distance" (Fournier 1999: 280).

Kipping (2011), Kipping et al. (2006) sowie Alvesson und Johansson (2002) betrachten die Verwendung eines ‚images professionalism' in der Managementberatung als ‚powerful resource', die wie bereits dargestellt, nicht nur der externen Legitimation dient, sondern auch, um das Verhalten von ‚professionellen' Mitarbeitern durch „self-imposed-normative controls" (Kipping 2011: 535) beeinflussen zu können. Die genannten Autoren gehen davon aus, dass der Verweis auf Professionalität die Art und den Einsatz der Mitarbeiter, den sie für ihre Arbeit aufwenden, positiv beeinflusst. Normative Ideale fungieren dabei als Templates für die Selbstwahrnehmung und für die Identitätskonstruktion (vgl. Alvesson/ Kärremann 2004: 426). Dabei wird Professionalität nicht mehr mit Zugehörigkeit zu einer exklusiven beruflichen Gruppe gleichgesetzt, sondern es wird eher auf das individuelle Auftreten sowie den Anspruch der führenden Beratungsfirmen, die ‚wahre Elite' und die ‚real professionals' (Kipping 2011: 531) versammelt zu haben, rekurriert.

> „The argument is that the belief to belong to a highly selective elite motivates consultants and therefore positively influences their input, namely the time they dedicate to their work, and possibly, the resulting output [...]. It also prompts them to regulate their own behavior in order to conform to expectation" (Kipping 2011: 533).

Diese Art von normativer Kontrolle ist funktional, da es schwierig ist, mit Unsicherheit belastetes Expertenwissen durch traditionelle Professionelle, aber auch durch formelle, technokratische und bürokratische Kontrollsysteme zu regulieren (Alvesson/Kärremann 2004: 442). Jedoch handelt es sich dabei nicht um eine Professionalität im traditionellen Sinne, sondern eher um etwas, was von Kipping und Kirkpatrick 2008 als „soft bureaucracy" beschrieben wird. Diese „[soft bureaucracy] combines hierarchical, technocratic controls with ‚normative ideals', which includes some watered-down notion of professionalism" (Kipping 2011: 543). Damit gleichen sich die Annahmen der vorgestellten theoretischen Ansätze (Evetts (2003, 2006, 2008, 2009, 2011), Fournier (1999), Kipping (2011), Kipping et al. (2006) sowie Alvesson und Johansson (2002) mit denen der ‚traditionellen Professionstheoretiker', die davon ausgehen, dass durch die professionelle Ausbildung und Sozialisation eine Balance zwischen Selbst- und Kollektivinteressen hergestellt werden, welche durch die Interaktion mit den eigenen Peers hergestellt wird, um innere und äußere Kohärenz und externe Legitimität zu gewinnen bzw. aufrechtzuerhalten. Jedoch ist bei den 'traditionellen Professionstheoretikern'der interne Referenzpunkt die eigenen Peers, nach außen die Klienten bzw. der Staat; bei den ‚neueren Professionstheoretikern' ist der interne Referenzpunkt die Organisation bzw. nach außen sind es die Kunden sowie sonstige Stakeholder.

5.3.1.4 Professionalität zum Vorteil der Tätigkeitsgruppe

Evetts (2003, 2006, 2008, 2009, 2011) unterscheidet in Anlehnung an McClelland (1990) von wem Professionalität als Diskurs verwendet wird, und zwar ob von der Gruppe selbst („from within") oder „from above", d. h. durch Manager (Evetts 2011: 407). Im ersten Fall dient dieser Diskurs der „successful manipulation of the market by the occupational group" (Evetts 203: 398) und somit dem Profit der beruflichen Gruppierung. So wird der Professionalitäts-Diskurs dazu verwendet, eine eigene berufliche Identität herzustellen, ein positives Image gegenüber Klienten und Kunden herzustellen sowie Verhandlungen um regulatorische Zuständigkeiten mit dem Staat positiv zu beeinflussen (vgl. Evetts 2011: 407).

> „In these instances the occupation is using the discourse of professionalism partly in pursuit of its own occupational and practitioner interest but sometimes also as a way of promoting and protecting the public interest" (Evetts 2001: 407).

Eine ähnliche Argumentation findet sich auch bei Heisig (2007), der in seiner an konfliktorische Ansätze erinnernden Argumentation davon ausgeht, dass neue Wissensberufe versuchen, Professionen nachzueifern, um somit eine privilegierte Position auf dem Arbeitsmarkt zu erhalten. Hintergrund dieser Versuche ist, dass Wissensberufe sicherstellen müssen, eine Karriere auch außerhalb der beschäftigenden Organisation zu ermöglichen, da viel des Wissens, das von den Wissensarbeiten erstellt wird, kontext- und organisationsspezifisch ist und somit nicht unbedingt transferierbar. Professionalität[57] kann dann als Strategie für die Siche-

---

[57]   Heisig (2007) spricht von Professionalismus, aus Gründen der Einheitlichkeit mit den englischen

rung der Beschäftigungsperspektive dienen, als Strategie, die darauf abzielt, Wissen in eine Ware zu verwandeln, in dem die ‚Professionellen' sich um mehr oder weniger eindeutig bestimmte Wissensinhalte und Wissensbestände gruppieren, und versuchen, diese im Sinne Abbotts (1988) zu monopolisieren. Auch wird Heisig (2007) zufolge Professionalität als Diskurs genutzt und wird als Wertesystem und Ideologie definiert, um berufliche Autonomie reklamieren zu können und sich externen Kontrollansprüchen zu erwehren. Diese Beschreibung findet sich auch bei Watson (2002), der davon ausgeht, dass berufliche Gruppierungen den Begriff ‚Professionalität' als „bandwagon", also als Mitläufer verwenden – „A vehicle used to further or defend particular occupational interests" (Watson 2002: 94). Professionalität würde so als rhetorisches Mittel und ideologische Ressource gesehen, um Ansprüche von verschiedenen Expertengruppen durchzusetzen (Watson 2002: 98ff.); „to use professional discourse to defend or advance their position (…)" (Watson 2002: 100).

Auch für das individuelles Auftreten und das individuelle Handeln kann es von Vorteil sein, auf die eigene ‚Professionalität' zu verweisen. So kann in politisch schwierigen Beratungen (z. B. ein Berater wurde von Konzernspitze engagiert, um ‚legitimatorisch' zu beraten, d. h. eigentlich bereits entschiedene Vorschläge zu legitimieren) der Verweis auf die Professionalität dem Berater die Möglichkeit geben, sich aus der politischen Situation hinauszubegeben und so auf seine Legitimität und Selbstidentität als Professioneller hinzuweisen, welche auch in solchen Kontexten einen gewissen Grad an Unabhängigkeit von politischen Sachverhalten bieten kann (vgl. Alvesson/Johansson 2002: 237f.). Dabei ist es ausreichend, dass ein Berater als professionell wahrgenommen wird:

> „Being able to draw upon the prestige and legitimacy of being perceived as a profession [or profession-like] is clearly in advantage in terms of power and politics […]. To create this image, references to the performance of 'truly professional' services obviously are helpful […]. The stronger the image of professionalism the better" (Alvesson/Johansson 2002: 240).

Zusammengefasst kann also festgehalten werden, dass es sich bei dem Rekurs auf Professionalität um „a rhetorical device and ideological resource" (Watson 2002: 98) handelt, der die „claims various expert groups and their representative groups make on society's material and cultural base" (Watson 2002: 98) legitimiert.

Diese Argumentationslinie erinnert stark an die traditionellen konfliktorischen Ansätze, die professionelle Schließungsprozesse als Mittel zur Monopolisierung von Einkommens- und Statuschancen sehen.

Übersetzungen wird auch in Bezug auf Heisigs Konzeptualisierungen von Professionalität gesprochen.

5.3.1.5   Zusammenfassung

Aus den vorgestellten Ansätzen wird deutlich, dass ‚Professionalität' stark auf das
Verhältnis von Organisation und Profession und die Vorteile für die Organisation
abstellt. Mitglieder der ‚professionellen' Berufsgruppen sind dabei stärker mit den
Entwicklungsprozessen innerhalb und im Umfeld der jeweiligen Organisationen
verbunden, weswegen der im traditionellen professionssoziologischen Verständnis stark betonte Unterschied zwischen „organizational commitment and professional allegiance" (Di Maggio und Powell 1983: 71) abnimmt, wenn nicht sogar
obsolet wird. Zudem wirkt der Rekurs auf Professionalität auch als ‚disziplinärer
Mechanismus' (Fournier 1999) auf der Ebene des Individuums. Allerdings kann
der ‚Professionalitäts-Diskurs' auch von den ‚Professionellen' selbst verwendet
werden, um eine berufliche Identität und ein positives Image gegenüber Klienten
und Kunden herzustellen, regulatorische Verhandlungen und Ansprüche positiv zu
beeinflussen und Unabhängigkeit in ‚politischen Settings' zu erlangen.

Oben aufgeführten Ansätzen ist gemeinsam, dass sie beschreiben, dass die
Professionalität der ‚neuen Professionellen' nicht der der ‚traditionellen Professionellen' entspricht, da sie in ihrer Autonomie durch technokratische und bürokratische Regularien eingeschränkt sind und ihr Verhalten eng an den Zielen und
Hierarchien der jeweiligen Organisation ausgerichtet ist, während Professionen
im traditionellen Sinne als Orientierungspunkt keine oder nur eine untergeordnete Rolle spielen. Trotzdem wird beschrieben, dass die ‚Professionellen' den
Anspruch haben, professionelle Leistungen zu erbringen bzw. dass es sich um
Experten handelt, die Wissensarbeit leisten.

Im Folgenden wird somit detaillierter dargestellt, welche Charakteristika die
Handlungslogik dieser ‚neuen Professionellen' ausmacht.

5.3.2   Spezifische Handlungslogik der ‚neuen Professionellen'

Evetts (2003, 2006, 2008, 2009, 2011), Kipping et al. (2006), Kipping (2011),
Alvesson und Johansson (2002) sowie Alvesson und Kärremann (2004) gehen
davon aus, dass die Entscheidungs- und Ermessensspielräume durch Ausrichtung an
den Zielen und Hierarchien der jeweiligen Organisation stark eingeschränkt sind.
So verfügen die ‚organisational professionals' (Evetts 2003-2011) über eine eng
auf den jeweiligen Wissens- und Anwendungsbereich begrenzte Entscheidungsautonomie. Innerhalb dieses Wissens- und Anwendungsbereiches entspricht die
Handlungslogik in der Beschreibung der der ‚traditionellen Professionen', da sich
die auszuführenden Tätigkeiten durch eine schwierige Routinisierbarkeit der aus-

zuführenden Tätigkeiten auszeichnen, was zur Folge hat, dass die ‚Professionellen‘ in diesem Bereich über Ermessensspielräume verfügen (vgl. Noordegraf 2007).

Kipping und Kirkpatrick (2011: 543) beschreiben weiter, dass ‚Professionelle‘ sich in Arbeitskontexten wiederfinden, die hierarchische und technokratische Kontrolle mit normativen Idealen verbinden. Die organisationale Professionalität ist eng an den Zielen und Hierarchien der jeweiligen Organisation ausgerichtet, die auch die geleistete Arbeit kontrolliert.

Hwang und Powell (2009) sowie Langer und Manzeschke (2009) nehmen einen anderen Blickwinkel als die ebengenannten Autoren ein, da sie die zunehmende Hierarchisierung und Managerialisierung in ‚professionellen‘ Organisationen als vorteilig für die von ihnen als ‚managerielle Professionelle‘ bezeichneten Tätigkeitsgruppen betrachten. Hwang und Powell zufolge basiert die Macht und Autorität dieser ‚managerial professionals‘, die vor allem in Organisationen im Non-Profit-Bereich entstehen, vor allem auf hierarchischen und/oder administrativen Befugnissen. Somit unterscheiden sie sich von den mit einer abnehmenden Autorität konfrontierten ‚alten Professionen‘, die ihre Autorität auf das ‚substantial‘ Wissen einer Disziplin zurückführen (vgl. Kapitel 5.3.1).

Die Arbeit der ‚managerial professionals‘ kennzeichnet sich dadurch, dass sie ihre Organisationen mit der Umwelt verbinden und den internen und externen Informationsfluss erleichtern. Zudem ‚kolonisieren‘ (Hwang/Powell 2009: 269) sie neue Arbeitsdomänen innerhalb der Organisation und errichten neue Statushierarchien (ebd.: 269).

Noordegraf (2007) beschreibt, ähnlich wie Evetts, die widersprüchliche Entwicklung, dass auf der einen Seite die Autonomie der klassischen Professionen durch ‚neoliberale, managerielle Kontrolle‘ geschwächt wird, und auf der anderen Seite im ‚Namen von Professionalisierung‘ neue ‚professionelle‘ Methoden und Arbeiter entstehen, die die Klassischen imitieren. Diese ‚neuen Professionen‘ entstanden Noordegraf zufolge dadurch, dass

> „professionals have become part of large-scale organizational systems, with cost control; targets; indicators; quality models; and markets mechanisms, prices, and competition. Paradoxically, these very same evidence-based and outcome-oriented movements are also used to professionalized quasi-, proto- or semiprofessional occupations" (Noordegraf 2007: 763).

Diese ‚quasi-, proto- or semiprofessional occupations‘ versuchen dann wiederum, die klassischen Professionen zu imitieren. Um diese Veränderungen analytisch erfassen zu können, unterscheidet Noordegraf drei Arten von Professionalität. Bei der ersten handelt es sich um Professionalität im traditionellen Sinne, das heißt professionelles Handeln ist für Professionen im traditionellen Sinne wie Medizin, Recht und Wissenschaft reserviert und entspricht den vorgenommenen Beschrei-

bungen von Professionen im Kapitel 5.1. Noordegraf (2007) beschreibt diese Art
der Professionalität als „controlled content", wobei „content" die Eigenschaften
des speziellen Wissens und Fertigkeiten der Professionen beschreibt („apply abstract, general, or knowledge to specific individual cases and problems; restricted
to inferential occupations"), die Art der Aneignung (wissenschaftliche Ausbildung
und spätere Erfahrungen) und die Hinwendung zu einer Serviceethik, die zur Darstellung eines professionellen Habitus führt. Unter Kontrolle versteht Noordegraf
die institutionalisierte Kontrolle des professionellen Handelns durch andere Professionelle und die institutionalisierten Berufsverbände. Professionalität im „pure
professionalism" zeichnet sich dadurch aus, dass sie durch Professionen ausgeführt
wird, die die professionelle Arbeit konstituieren, und dieses innerhalb klar definierter Zuständigkeiten (vgl. ebd.: 767).

Die zugenommene Einbettung von Professionen in Organisationen und die
Auswirkungen auf das professionelle Handeln fasst Noordegraf unter dem Be-
griff „situated professionalism" zusammen und beschreibt damit eine Form der
Professionalität, wie sie von Scott (1965, 1982) durch die heteronome Organisa-
tion beschrieben wird, das heißt, dass professionelle Kontrolle in organisationalen
Kontexten geschwächt wird, aber nicht eliminiert, und, dass

> „in an age of organization and knowledge societies, it is difficult to maintain strict pro-
> fessional autonomies, as professionals can no longer evade organizational and financial
> considerations that focus on costs, efficiency, value for money, consumers, demand and
> so forth" (Noordegraf 2007: 772; siehe auch Kapitel 5.2).

Als dritte Form der Professionalität führt Noordegraf den „hybridized professionalism" an, der Professionalität auch Berufsgruppen jenseits der ‚traditionellen
Professionen' zuspricht. Diese Art der Professionalität verfügt zwar nicht über fest
definierte epistemologische Grenzen, ist aber von anderen Tätigkeiten dadurch
abgrenzbar, dass es sich um „inferential, experiential" (ebd.: 775) Arbeit handelt.
Dabei geht es im hybridisierten Professionalismus nicht um die berufliche noch
um die organisationale Kontrolle von professioneller Arbeit wie im ‚pure' oder im
‚situated professionalism', sondern um reflexive Kontrolle; „it is about controlling
the meaning of control, organizing and professionalism" (ebd.: 775). Hybridisierter
Professionalismus bzw. hybride Professionalität ist Noordegraf zufolge auch eine
Antwort auf das Vermischen verschiedener Kontrolltypen in täglichen Arbeitskontexten; er geht davon aus, dass sich im Arbeitsvollzug die bei Freidson (2001)
noch unterschiedenen Logiken der Kontrolle, nämlich „managerial, professional
und markets control" vermischen. Hybridisierte Professionalität stellt somit einen
Versuch dar, Lücken, die durch verschiedene Kontrollarten (beispielsweise auf der
einen Seite Kontrolle durch Expertise, die auf professionellem Wissen im klassischen Sinne beruht, und managerieller Befugnisse auf der anderen Seite) entste-

hen, zu überbrücken und somit „to control ways in which expertise is controlled"
(ebd.: 776). Folglich stellen die ‚hybrid professionals‘ eine Verbindung zwischen
der professionellen Arbeit und Organisationshandeln her, und dieses durch das
Setzen von subtilen, weichen und selektiven Standards. Zusammenfassend kann
festgehalten werden, dass sich die ‚hybriden Professionellen‘ Noordegraf (2007)
zufolge durch ein interdisziplinäres Wissen und interaktive Fähigkeiten auszeichnen, sie wissen, wie sie sich in organisierten, interdisziplinären Settings mit hybriden Steuerungslogiken zu verhalten haben. Ihre Professionalität liegt in der
Bedeutungsbestimmung und Konstruktion von uneindeutigen Situationen, Rollen
und Beziehungen in Kontexten, in denen Verbindungen zur Außenwelt, organisationale Rationalitäten und Verbindungen zu anderen Professionellen wichtiger
werden. In Zeiten, in denen sich professionelle und managerielle Kontrollen vermischen, bringen die ‚hybriden Professionellen‘ verschiedene Arten von Expertise
zusammen und vermitteln zwischen professioneller und managerieller Kontrolle.

5.3.3   Zuständigkeitsanspruch/Legitimation

In den ‚traditionellen Professionsansätzen‘ wird, wie beschrieben, davon ausgegangen, dass Zuständigkeitsansprüche vor allem zwischen Professionen ausgehan-
delt werden und dadurch determiniert sind, wie diese ihr Wissen und ihr Können
kontrollieren. Dabei können sich die beruflichen Gruppen durchsetzen, die über
eine abstrakte Wissensbasis verfügen (vgl. Abbott 1988). Die Arena, in der „professional claims" ausgetragen werden, ist dabei vor allem die öffentliche Meinung
und das Rechtssystem, da dieses Statusrechte an die Professionen vergeben kann,
und der jeweilige Arbeitsplatz (vgl. Abbott 1988: 62ff.). Im Zuge von Prozessen
der staatlichen Deregulierung sowie der wichtiger werdenden Rolle von Organisationen (vgl. Kapitel 5.2) rücken die Verhandlungen um Zuständigkeiten stärker
in die Organisationen herein (vgl. Evetts 2009: 418).

Die erfolgreiche Durchsetzung eines Zuständigkeitsanspruches wird in den
‚alten‘ als auch in den ‚neueren Professionstheorien‘ von Akzeptanz und Legitimation seitens der Klienten (traditionelle Theorien) bzw. Kunden/Konsumenten
(neue Theorien) abhängig gemacht. ‚Traditionellen Theorien‘ zufolge wird dieses
durch eine proklamierte Gemeinwohlorientierung, einen Bezug zu Zentralwerten
und eine Zentralität des Klientens in der professionellen Arbeit hergestellt (vgl.
Parsons 1968). Der Rekurs auf eine Gemeinwohlorientierung und einen Bezug zu
Zentralwerten findet sich auch bei den ‚neueren Professionstheorien‘, allerdings
handelt es sich hierbei, wie bereits unter 5.3.1 beschrieben, um einen Diskurs, der
dazu dient, die eigene Arbeit zu legitimieren und organisationalen Wandel voran-

zutreiben. Stärker wird in den ,neueren Professionstheorien' allerdings Akzeptanz durch die Betonung von Marktwerten hergestellt: So wird die technische Expertise der Professionellen sowie deren kommerzielle Anwendung in den Vordergrund gestellt. Die Akzeptanz der ,neuen Professionellen' beruht somit auf dem „Value Added", der durch die Inanspruchnahme dieser Leistungen hergestellt wird (vgl. Muzio et al. 2011: 455). So beschreibt Brint (1994; 1996) auch Professionen nicht mehr als „trustees of socially important knowledge" (Brint 1996: 5), sondern als funktional und organisatorische zersplitterte Klasse von Wissensarbeitern, die nicht mehr den Anspruch erheben, als Treuhänder gesellschaftlicher Interessen aufzutreten, sondern in ihrer Expertise eine marktförmige Ressource sehen (vgl. Brint 1994: 11). Dieses geht einher mit einem Wandel des Empfängers professioneller Leistungen: Es wird nicht mehr vom hilfebedürftigen Klienten (vgl. Oevermann 1996) gesprochen, sondern vom Kunden (vgl. Evetts 2008: 102) oder vom Konsumenten (vgl. Leicht/Fennell 2008: 438f.), der sich professionelle Leistungen ,einkauft' (vgl. Kapitel 5.2).

Allerdings muss der Wert von Professionalität im täglichen Handeln immer wieder gezeigt und dargestellt werden. Dieser inszenierungstheoretische Ansatz findet sich sowohl bei Alvesson/Johansson (2002) als auch bei Pfadenhauer (2003) (vgl. Kapitel 5.3.1). Sie geht davon aus, dass Professionalität zunehmend als ein Darstellungsproblem zu begreifen ist. Professionalität ist dabei

> „ein Anspruch, den Einzelne oder Kollektiv-Akteure für sich und ihr Handeln erheben und für den sie – interagierend und kommunizierend – je situativ um Zustimmung bzw. Anerkennung werben müssen" (Pfadenhauer 2003: 207).

Auch resultieren Schließungsprozesse professioneller Gruppen nicht mehr – wie in den ,traditionellen Professionstheorien' angenommen – aus formellen und kanonisierten Wissen, welches durch Lizenz und Mandat legitimiert wird (vgl. Hughes 1971: 287). Stattdessen wird versucht, Legitimität und Schließungsprozesse durch das Festlegen individueller und organisationaler Servicestandards, dem Fokussieren der Bedürfnisse des Kundens, Verlässlichkeit und dem erfolgreichen Abschließen vorheriger Projekt zu erlangen (vgl. Muzio, Hodgson et al. 2011: 446).

Somit ist eine Bedeutungserweiterung von ,professionell' zu beobachten; ,professionell' wird nun synonym mit Qualifikation und Fähigkeiten für eine bestimmte Rolle gesetzt, unabhängig vom Besitz von Lizenz und Mandat, welches die ,traditionellen Professionen' kennzeichnete. Dass dieses auch Auswirkungen auf die Ausbildung der ,Professionellen' hat, wird im Folgenden gezeigt.

5.3.4   Wissens- und Kompetenzbasis

Während in den ‚traditionellen Professionstheorien' ein disziplinenspezifisches, abstraktes Wissen die Legitimationsgrundlage professionellen Wissens und Handelns bildet, welches durch ein offizielles Zertifikat lizensiert wird, gehen die ‚neue Professionstheorien' davon aus, dass die Grundlagen professioneller Expertise und professionellen Handelns nicht mehr nur auf einem zertifizierten disziplinären Wissensbestand beruht. Vielmehr schreiben Hwang und Powell (2009), dass die kognitive Basis der professionellen Expertise der ‚managerial professionals' auf einer generellen Expertise im Bereich Management beruht. Letzteres wird dabei in Anlehnung an Townley (2002) als ‚ubiquitous technical skill' verstanden, der sich in verschiedenen Organisationskontexten anwenden lässt. Auch die deutschen Professionsforscher Langer und Manzeschke (2009) schildern, dass sich vor allem im Gesundheits- und Sozialbereich eine neue Art von Professionalität herausbildet, die nicht durch eine fest verankerte Zugehörigkeit zu einer Profession bestimmt wird. Sie gehen wie Hwang und Powell (2009) davon aus, dass ökonomisches und managerielles Wissen, Können und Haltung zum Bestandteil der professionellen Entscheidungsfindung, Legitimation und Handlungsorientierung wird, allerdings beschreiben sie im Unterschied zu Hwang und Powell (2009), dass die kognitive Basis aus einer Kombination von substantiellem Wissen einer Disziplin und Managementwissen besteht. Langer und Manzeschke (2009) erläutern dieses an dem Beispiel der neu entstandenen Berufsgruppe der Medizincontroller: Sie sind in der Lage, medizinisches Fachwissen auf ökonomische Erlösstrukturen abzubilden und sichern auf diese Weise der Organisation das ökonomische Überleben.

Noordegraf hingegen betont, dass die Wissensbasis der ‚Hybriden Professionellen' auf verschiedenen, von den Professionellen zusammenzubringenden interdisziplinären Wissensbeständen beruht, diese aber durch „interactive skills" (ebd.: 775) ergänzt wird. Diese werde benötigt, um Verbindungen zwischen „outside worlds, organizational rationales and other professionals" (ebd.: 774) herzustellen, die ein wichtiger Teil dieser Art von Professionalität sind. Unter diese ‚interactive skills' können m. E. vor allem soziale Kompetenzen verstanden werden.

Die Abkehr von formalen ‚credentials', welche das Vorhandensein eines zertifizierten offiziellen Wissenskanons widerspiegeln, konstatieren Muzio et al. (2011). Anhand der Untersuchung von Mitarbeitern und Organisationen im Bereich der Managementberatung, im Projektmanagement und in der Personalentwicklung, die als „corporate professionals"[58] bezeichnet werden, wird deutlich, dass eher

---

[58]   Der Terminus ‚corporate professionals' übernahmen Muzio et al. (2011) von Kipping et al. (2006).

„alternative types of credentials which emphasize competences, transferable skills and industry knowledge and experience" (Muzio et al. 2011: 451) an Bedeutung gewonnen hätten. Zwar hätten alle drei Bereiche in der Vergangenheit auch Berufsvereinigungen mit dem Ziel gegründet, einen kohärenten und standardisierten Wissenskorpus festzulegen, im Zeitverlauf hat sich der Fokus aber vor allem bei Einstellungen auf Fähigkeiten und Kompetenzen verschoben, die auf bereits gemachten Berufserfahrungen in dem jeweiligen Bereich beruhen. Weiterhin zeichnen sich die eben genannten Arbeiter durch transferierbare „skills" (Muzio et al. 2011: 452f.) aus, die sie in anderen Organisationen und anderen Wirtschaftssektoren einsetzen können. Hierunter fassen Muzio et al. (2011) beispielsweise für den Bereich der Management-Consultants Verhandlungs- und Kommunikationskompetenzen, Projektmanagement, Risikomanagement etc. (vgl. ebd.: 451). Folglich ist nicht mehr von einem Primat wissenschaftlicher, disziplinärer Wissensproduktion auszugehen, sondern stattdessen von einer „co-production of knowledge with industry, situated knowledge, focus on competences" (Muzio et al. 2011: 457). Es geht also eher um Wissen, welches ‚passgenau' auf die jeweilige Situation übertragen wird und weniger, wie in den ‚traditionellen Professionstheorien' dargelegt, um den Besitz abstrakten Wissens. Dieses ‚situated knowledge' wird dann wiederum, wie bereits erwähnt, zum Legitimitätserwerb und für Schließungsprozesse verwendet. Allerdings ist es ohne ein Bildungszertifikat, welches Hinweise über die erlernten, standardisierten Fähigkeiten eines Individuums geben und so im Sinne des Konzept des „labor market signals" im Sinne von Spence (1974) dafür sorgen kann, dass Such- und Passungskosten zwischen Arbeitnehmer und Arbeitgeber auf dem Arbeitsmarkt minimiert werden und auch der Zugang zu bestimmten Tätigkeitsbereichen gesteuert wird, schwieriger, eine privilegierte Position auf dem Arbeitsmarkt zu erhalten. Da viel des Wissens kontext- und organisationsspezifisch und schwer transferierbar ist, wird hier die in Kapitel 5.3.1 beschriebene Bedeutung von Professionalität als Strategie deutlich, die darauf abzielt, Wissen in eine Ware zu verwandeln, in dem versucht wird, bestimmte Wissensinhalte und -bestände zu gruppieren. Welche Rolle hierbei fachliche Vereinigungen spielen, wird im Folgenden erläutert.

5.3.5   Fachliche Vereinigungen

Es ist eine Bedeutungsverschiebung der fachlichen Vereinigungen für die ‚traditionellen Professionen' und für die ‚neuen Professionellen' zu konstatieren: Während den ‚traditionellen Theorien' zufolge diese mit der Durchsetzung von Zuständigkeits- und Kontrollansprüchen, der Festlegung und Weiterentwicklung von Wissensbasen und Ausbildungsinhalten sowie der Erstellung und Überprüfung des Einhaltens von Kodizes und Standards befasst waren, dienen sie heute eher ‚weicheren' Formen des Netzwerkens, der Diffusion und Standardisierung von Praktiken, aber auch als Mittel für große Firmen, eigene Interessen durchzusetzen. Jedoch bleiben die grundlegenden Instrumente und Organe von fachlichen Organisationen im Vergleich zu den ‚traditionellen Professionsvereinigungen' gleich. So gehen auch die Vertreter ‚neuerer professionstheoretischer Ansätze' davon aus, dass sich Netzwerke für das jeweilige berufliche Tätigkeitsfeld etablieren, die neben der Organisation von speziellen Tagungen und Fortbildungsprogrammen auch eigene Magazine veröffentlichen und mitunter sogar einen eigenen Berufskodex verabschieden (vgl. Noordegraf 2007: 776; Hwang/Powell 2009; Suddaby/ Greenwood 2006).

Nach Hwang und Powell (2009) sowie Suddaby und Greenwood (2006) hat dieses die Diffusion gemeinsamer evaluativer und normativer Standards zur Folge, welche aber, anders als in ‚traditionellen Professionen', als ‚Orientierungspunkt' dienen und nicht zuletzt aufgrund der in Kapitel 5.2 beschriebenen veränderten Rolle des Staates, nicht normativ durchsetzbar sind.

Noordegraf (2007) beschreibt in seiner Konzeptualisierung des „hybrid professionalism", dass es auch darum geht, neue Zugehörigkeiten zu entwickeln, eine Eigenschaft, die auch schon als Motor für die Gründung von ‚traditionellen Professionsverbänden' fungierte. Zwar bilden sich im hybriden Professionalismus keine Vereinigungen wie im traditionellen Sinne, aber das Netzwerk „still expresses associational longings" (ebd.: 780).

Die Suche nach Identität im hybridisierten Professionalismus dient dem „coping with trade-offs between individual demands, professional claims, and organized action" (ebd.: 780). Zwar wird dieses von Noordegraf (2007) nicht mit diesem Terminus umschrieben, jedoch verweist er damit indirekt auf ‚Coping-Strategien', die in Netzwerken geschaffen werden. Unter Coping wird in der psychologischen Literatur das Bewältigen von Konflikten oder ein gelingender Umgang mit Schwierigkeiten verstanden, der zwei Zielen dient:

> „Einmal geht es darum, Person-Umwelt-Bezüge, die Stress erzeugen, zu beherrschen oder zu ändern. Das ist ein problemorientiertes Bewältigen. Zum anderen sind Stress geladene Emotionen unter Kontrolle zu bringen. Dies ist ein emotionsorientiertes Bewältigen" (Tewes/Wildgrube 1992: 61).

Weiterhin dienen diese Vereinigungen der Etablierung und Diffusion von Best Practices und damit dem Bemühen, den Sinngehalt von professioneller Arbeit im jeweiligen Themenfeld zu kommunizieren und weniger dem Setzen von Zugangs- und Ausbildungskriterien (vgl. Noordegraf 2007: 779f.).

Während Organisationen, wie bereits erwähnt, in den ‚traditionellen Professionsansätzen' keine oder wenn nur eine untergeordnete Rolle spielen, wird deren für ‚Professionalisierungsprozesse' wichtiger werdende Funktion vor allem bei Betrachtung der Netzwerke deutlich. So zeigt Muzio et al. (2011), dass die ‚neue Professionelle' beschäftigenden Organisationen die Gründung und Nutzung professioneller Netzwerke seitens ihrer Mitglieder fördern, da dieses engeren Kontakt zu der externen Umwelt und zu den im Feld vorherrschenden organisationalen Praktiken ermöglicht (vgl. Muzio et al. 2011: 457f.) Dieser Wandel zeigt sich Muzio et al. (2011) zufolge auch in der veränderten Mitgliedschaft in fachlichen Vereinigungen, die sich dadurch kennzeichnet, dass nicht mehr nur individuelle Praktiker Mitglieder sind, sondern auch/oder große Organisationen, d. h. es ist ein Wandel von „individual membership" zur „corporate membership" (vgl. ebd.: 453) zu beobachten. Hierdurch wird auch das veränderte Verhältnis zwischen Organisation und Profession deutlich, welches im Folgenden ausgeführt wird.

5.3.6   Verhältnis Organisation und Profession

Während in traditionellen Organisations- und Professionstheorien, wie ausgeführt, das Verhältnis von Organisation und Profession vor allem konfliktär betrachtet wurde, und zwar in dem Sinne, dass Organisationen Professionelle ‚bedrohen', gehen ‚neuere' professions- aber vor allem organisationstheoretische Ansätze zunehmend auf die Rolle professioneller Organisationen bei der Schaffung und Institutionalisierung neuer Formen von Professionalismus und Modellen von Professionalisierung (vgl. Ackroyd 1996; Evetts 2002; 2004, 2006; Faulconbridge/ Muzio 2008; Flood 2011; Kipping 2011; Muzio/Kirkpatrick 2011; Reed 1996; Suddaby/Viale 2001) ein. Dabei wird in diesen Ansätzen die Rolle von Organisationen *„both as sigificant actors and sites for professional regulation"* (Muzio/ Kirkpatrick 2011: 394) analysiert (vgl. Kapitel 5.1.1).

Ansätze neoinstitutionalistischer Tradition fokussieren dabei eher auf den Zusammenhang zwischen allgemeinem, institutionellem Wandel und Professionalisierungsprojekten. In diesen Ansätzen wird davon ausgegangen, dass

> „professional projects are essential vehicles of institutionalization and field-level change. As professions create, maintain and extend their jurisdictional boundaries, they, perhaps unwittingly but often with intent, engage in processes of institutional work" (Suddaby/Viale 2011: 426).

Professionen, aber auch weniger etablierte berufliche Gruppierungen, fungieren als ‚institutionelle Entrepreneure' (Di Maggio 1988), die bestimmte Handlungs- und Organisationsmodelle in einem spezifischen Feld theoretisieren und legitimieren

(Muzio/Kirkpatrick 2011: 393; Powell/Di Maggio 1991; Barley and Tolbert 1991; Di Maggio 1991; Suddaby/Viale 2011.) Dieses geschieht zum einen dadurch, dass Professionelle ihre Expertise und Legitimität dazu nutzen, herkömmliche Ordnungen zu hinterfragen und ein neues, bisher unbestrittenes Feld zu definieren. Zweitens nutzen sie das ihnen inhärente soziale Kapital und besetzten ein Feld mit neuen Akteuren und Identitäten. Drittens führen sie neue Regeln und Standards ein, die neue Grenzen eines Feldes bestimmen und viertens, regulieren Professionelle die Nutzung und Reproduktion von sozialem Kapital in einem Feld und erstellen somit eine neue Statushierarchien und Sozialordnungen (vgl. Suddaby/ Viale 2011: 424).

5.3.7   Zusammenfassung ‚neue Professionstheorien‘

In den vorgestellten Ansätzen wird deutlich, dass der Fokus von ‚Professionalität‘ und deren Verwendung stärker auf deren Nexus mit und die funktionale Rolle für den Wandel von Organisationen abstellt. Professionalisierung ist insofern kaum mehr ein linearer Prozess einer exklusiver werdenden Berufsgruppe, sondern vielmehr eine kulturelle Ressource, die in einem organisationsspezifischen Berufsfeld zu einer Schablone für die Entwicklung und Anwendung von Wissen und Instrumenten, zum Organisationswandel, aber auch zur Steuerung des Individuums avanciert (Tolbert/Barley 1991: 3; Evetts 2003, 2009). Professionalität hat somit einen

> „distinctive corporate flavor as it increasingly recognizes the roles of corporations, which had previously been largely absent from the relevant literature, as key sites as vehicles for professionalization projects. In particular, professionalization here becomes bound to and furthered through organizational strategies, tactics, systems and methods as well as through the initiatives and involvement of large corporations" (Muzio et al. 2011: 458).

Diese Vorstellung findet sich vor allem in den ‚neuen funktionalistischen Ansätzen‘, die Gründe für die Genese bzw. die Verwendung des Begriffes ‚Professionalität‘ in den Vordergrund ihrer Ansätze stellen. So handelt es sich bei Evetts (2003-2011) zufolge bei der Verwendung von Professionalität um einen wirkungsmächtigen Diskurs, der dazu dient, organisationalen Wandel voranzutreiben und soziale Kontrolle über die Mitarbeiter auszuüben. Kipping (2011) beschreibt Professionalität in Anlehnung an Alvesson und Johansson (2002) als Ressource, um Autorität, Status und Glaubwürdigkeit gegenüber Klienten herzustellen sowie ebenfalls, um eine Kontrolle der Mitarbeiter zu bewirken. Dabei handelt es sich bei der von ihm als ‚corporate professionalism‘ bezeichneten Art von Professionalität lediglich um ein Image von Professionalität. Obengenannte Autoren sowie auch Fournier (1999) beschreiben zudem die rhetorische Verwendung und den Rekurs auf Professionalität als disziplinären Mechanismus, um auf das Verhalten der individuellen ‚neuen Professionellen' Einfluss zu nehmen. Allerdings ergeben sich aus der positiven Konnotation auch Vorteile für die individuellen Professionellen und/oder das Kollektiv. So wird der Professionalitäts-Diskurs dazu verwendet, eine eigene berufliche Identität herzustellen, ein positives Image gegenüber Klienten und Kunden zu erzeugen, Verhandlungen um regulatorische Zuständigkeiten zu beeinflussen und die Arbeitsmarktchancen zu erhöhen. Somit können die Ansätze, die diese Vorteilnahme betonen (Evetts 2003-2009; Alvesson/Johansson 2002; Heisig 2007; Watson 2002) auch dem konfliktorischen/machttheoretischen Ansatz zugeordnet werden.

In Bezug auf die *Handlungslogik* der ‚neuen Professionellen' ist festzuhalten, dass diese in Bereichen anzufinden ist, die nicht standardisierbar und routinisierbar sind, d. h., dass gewisse Ermessensspielräume notwendig sind. Diese werden allerdings im zunehmenden Maße durch eine verstärkte Kontrolle der beschäftigenden Organisation über die Aufgabendefinition, die -durchführung und -kontrolle eingeschränkt. Die ‚neuen Professionellen' sind somit zunehmend hierarchie- und weisungsgebunden und durch Vorgesetzte kontrolliert. Anderes als im ‚traditionellen Professionsmodell' orientieren sich die ‚neuen Professionellen' an der Organisation und nicht an den eigenen Peers. Einfluss erlangen die ‚neuen Professionellen' je nach theoretischer Lesart durch administrative und hierarchische Befugnisse (Hwang/Powell 2009; Langer/Manzeschke 2009) bzw. dadurch, dass sie in ihrer Arbeit zwischen verschiedenen Logiken (Profession, Markt, Bürokratie) vermitteln (Noordegraf 2007).

Der *Zuständigkeitsanspruch* wird im Wettbewerb zwischen verschiedenen beruflichen Gruppen, und hierbei vor allem innerhalb von Organisationen, durchgesetzt. Legitimation und Akzeptanz der ‚neuen Professionellen' beruht auf einer Imitation bzw. einem dargestellten Rekurs auf die in ‚traditionellen Professionen' zu findende Gemeinwohlorientierung. Stärker aber noch erlangen die ‚neuen Professionellen' Akzeptanz durch einen noch stärkeren und auch dargestellten Klienten- bzw. Kundenbezug sowie die Betonung eines ‚Value Added' bei der Inanspruchnahme professioneller Leistungen. Da die ‚neuen Professionellen' nicht mehr mit einer offiziellen Lizenz ausgestattet sind, sind sie darauf angewiesen, ihre eigene Professionalität offensiv zu inszenieren und für ihre professionelle Tätigkeit zu werben.

Einhergehend mit der fehlenden Lizensierung und Zertifizierung zeichnen sich die ‚neuen Professionellen' im Gegensatz zu den ‚alten Professionellen' durch eine interdisziplinäre *Wissens- und Kompetenzbasis* aus, die durch Expertise in z. B.

Managementwissen und/oder organisationsspezifischem Wissen ergänzt wird. Somit wird bei Einstellungen auch ein Fokus auf bereits vorhandene Kompetenzen und Berufserfahrungen in dem jeweiligen Tätigkeitsbereich gelegt. Auch die ‚neuen Professionellen' gründen Netzwerke und fachliche Vereinigungen, die über traditionelle Mittel und Organe von Berufsverbänden wie Tagungen, Fortbildungsprogramme und Magazine verfügen. Allerdings dienen diese Netzwerke, anders als in den ‚traditionellen Professionstheorien', nicht der Durchsetzung von Zuständigkeits- und Kontrollansprüchen, sondern eher zu Standardsetzung und der Diffusion von Best Practices. In den ‚traditionellen' und den ‚neuen Ansätzen' findet sich die Beschreibung, dass Netzwerke zum Herstellen einer gemeinsamen Identität dienen, um für die Mitglieder ein Zugehörigkeitsgefühl zu entwickeln. Während in traditionellen Ansätzen die fachliche Organisation auf das individuelle Mitglied abstellt, kennzeichnen sich neue Vereinigungen durch den Einbezug von korporativen Mitgliedern aus. Teilweise unterstützen Organisationen die Mitgliedschaft ihrer Mitarbeiter in Netzwerken, da sie so Kontakt zur externen Umwelt erhalten und dadurch Zugang zu den im Feld vorherrschenden Praktiken.

Hierin zeigt sich auch das sich ändernde *Verhältnis zwischen Profession und Organisation*. In ‚traditionellen Ansätzen' wird das Verhältnis zwischen Profession und Organisation konfliktär dargestellt, und zwar in dem Sinne, dass eine bürokratische und hierarchische Ordnung die professionelle Autonomie bedroht. In einigen der ‚neuen professionstheoretischen Ansätze' wird stattdessen die Rolle von Organisationen als „breeding ground" (Tolbert/Barley 1991: 3) für ‚neue professionelle Gruppen' beschrieben. Allerdings muss hier hinzugefügt werden, dass die Organisationen die Bedeutung von Professionen und Professionalität beeinflussen (vgl. Kapitel 5.1.1). Ansätze neo-institutionalistischer Art betonen zudem die Rolle von Professionen als Institutionalisierungsagenten.

5.4 Zusammenfassung und Erkenntnisse für die Arbeit

Im vorherigen Kapitel wurden synthetisierend unter den Dimensionen

a) Gründe für die Genese von Professionen/Gründe für die Verwendung von Professionalität,
b) spezifische Handlungslogik,
c) Zuständigkeitsanspruch/Legitimation,
d) Wissens- und Kompetenzbasis,

e) fachliche Organisation,
f) sowie Verhältnis Organisation und Profession

die verschiedenen Ansätze der ‚neuen' und ‚traditionellen' Professionstheorien synthetisierend dargestellt. Folgende Tabelle verdeutlicht in Kurzform die wichtigsten Unterschiede zwischen den ‚alten' und ‚neuen Professionstheorien' (siehe Tab. 5.1).

Traditionelle Professionsansätze	Neue Professionsansätze
Ansätze und Autoren	
• Strukturfunktionalistisch: Parsons, Goode • Interaktionistisch: Hughes, Schütze, Abbott, Oevermann • Machttheoretisch: Larson, Freidson • Systemtheoretisch: Luhmann, Stichweh, Kurtz	• Neuer funktionalistischer Ansatz: Evetts, Kipping et al.,Watson, Alvesson/Kärremann, Kipping, Fournier • Neuer interaktionistischer Ansatz: Langer/Manzeschke, Noordegraf, Brint (Hwang und Powell) • Institutionalistischer Ansatz: Muzio/Kirkpatrick, Powell/Di Maggio, Barley/Tolbert, Di Maggio, Suddaby/Viale, Flood, Hwang und Powell
Gründe für die Genese von Professionen/Verwendung von Professionalität	
• Komplexitätssteigerung lebensweltlicher Probleme • Bezugssystem: Gesamtgesellschaft, Teilsysteme, Klienten	• Komplexitätssteigerung in Organisationen • Bezugssystem: Organisation (Kunden/Konsumenten) • Diskurs für organisationalen Wandel, soziale Kontrolle, Vorteil für berufliche Gruppe/Individuum
Arbeitsmarkt	
• Nachfrage nach und Angebot von Arbeitskraft auf einem Arbeitsmarkt	• Nachfrage nach und Angebot von Arbeitskraft auf einem Arbeitsmarkt
Handlungslogik	
• in Bereichen, die nicht standardisierbar und routinisierbar sind • hohe Autonomie da hierarchie- und weisungsunabhängig, Selbstkontrolle bzw. externe Kontrolle durch Professionsangehörige (Kollegialitätsprinzip) • eindeutige Handlungslogik • Referenz/Orientierung: eigene Profession	• in Bereichen, die nicht standardisierbar und routinisierbar sind • eingeschränkte Autonomie da hierarchie- und weisungsgebunden, Kontrolle durch Vorgesetzte • hybride Handlungslogiken → Überbrückung • Referenz/Orientierung: Organisation

Zuständigkeitsanspruch/Legitimität	

• wird im Wettbewerb zwischen verschiedenen Professionen ausgetragen
 	
• von gesellschaftlicher Akzeptanz und Legitimität abhängig, wird erreicht durch
  - abstrakte Wissensbasis
  - Gemeinwohlorientierung
  - Verantwortung gegenüber Gesamtgesellschaft und Klienten
 	
• staatliche Lizenz (national)
	• wird im Wettbewerb zwischen verschiedenen beruflichen Gruppen, vor allem innerhalb von Organisationen ausgetragen
	• vor allem von organisationaler Legitimation und Akzeptanz abhängig, wird erreicht durch Imitation/Rekurs auf Gemeinwohlorientierung und Gesamtgesellschaft, aber noch stärker Bezug auf Klientenorientierung, Marktwert
	• Darstellung des 'Value Added' durch professionelle Leistungen
	• keine Lizenz, wenig Regulierung, Staat ist ein Stakeholder unter vielen
	• Notwendigkeit der 'professionellen Inszenierung'

Wissens- und Kompetenzbasis	
• disziplinenspezifische Entwicklung, Weitergabe und Institutionalisierung von Wissen • abstraktes Wissen, vermittelt durch eine spezialisierte, wissenschaftliche Ausbildung • Zertifikat dient als a) Informationsquelle über Wissensbasis und Kompetenzen b) Lizenz, professionell tätig zu werden → Schließung von Marktchancen	• interdisziplinäres Wissen (Noordegraf), Managementwissen (Hwang/Powell), Kombination von Fachwissen und Managementwissen (Langer/Manzeschke) • Co-Produktion von Wissen mit der Industrie, organisationsgebundenes Wissen • keine Zertifizierung und Lizensierung • > Fokus auf Kompetenzen und Berufserfahrung
Fachliche Organisationen/Berufsverbände	
• Durchsetzung von Zuständigkeits- und Kontrollansprüchen • Festlegung und Weiterentwicklung von Wissensbasis/Ausbildungsinhalten • Kontrolle des Zugangs zur Profession, Kontrolle der professionellen Tätigkeit • Erstellung und Überprüfung des Einhaltens von ethischen Kodizes und Standards • Herstellen gemeinsamer Identität • individuelle Mitgliedschaft	• Netzwerke zur Standardsetzung, Diffusion von Best Practices • gemeinsame Entwicklung von Coping-Strategien • Herstellen gemeinsamer Identität • individuelle und organisationale Mitgliedschaft
Verhältnis Organisation und Profession	
• konfliktär • Bedrohung professioneller Autonomie durch Organisation	• Organisationen beeinflussen Bedeutung von Professionalität • Organisationen schaffen neue Professionen • 'Professionelle' als institutionelle Entrepreneure

Tab. 5.1   Synthetisierende Darstellung alter und neuer Professionstheorien.
Quelle: Eigene Darstellung

Diese Matrix bildet den theoretischen Ausgangspunkt für die empirische Analyse der spezifischen Charakteristika der Professionalität der Qualitätsentwickler. In vorliegender Arbeit konzentriert sich die empirische Analyse vor allem auf die Dimensionen ‚spezifische Handlungslogik', ‚Zuständigkeitsanspruch/Legitimität', ‚Wissensbasis' sowie ‚fachliche Vereinigungen', die Dimensionen ‚Gründe für die Genese von Professionen/Verwendung von Professionalität' sowie ‚Verhältnis Organisation und Profession' dienen vor allem der Darstellung der theoretischen Differenzen zwischen ‚traditionellen' und ‚neuen Professionstheorien' sowie der Darstellung der Genese der jeweiligen theoretischen Ansätze.

Bei den ‚neuen' als auch bei den ‚alten Professionstheorien' ist Grundvoraussetzung für jegliche Art von Professionalität, dass sich ein Tätigkeitsbereich herausbildet, in dem ein gesellschaftlich vorhandener Bedarf nach professioneller Tätigkeit artikuliert wird. Dementsprechend wird ein Markt vorausgesetzt, in dem die Nachfrage nach professionellen Tätigkeiten mit einer entsprechenden Expertise befriedigt werden kann (einschlägig hierfür Abbott 1988).

6   Forschungsfragen, Datengrundlage, Methodik, Operationalisierung

6.1   Forschungsfragen

Im vorliegenden Kapitel werden die bereits in den Zwischenfazits der Kapitel vorgestellten Fragestellungen zusammengefasst und synoptisch dargestellt, um dem Leser einen Überblick über die empirisch zu bearbeitenden Fragestellungen zu geben.

Die Fragenstellungen, und damit auch die empirische Gliederung, folgen den aus den professionstheoretischen Überlegungen gewonnenen Professions-/Professionalitätsdimensionen.

Zunächst werden jedoch in der empirischen Analyse der vorliegenden Arbeit die *organisatorisch-technischen Arbeitsbedingungen* der Qualitätsentwickler dargestellt, da angenommen wird, dass diese beeinflussende Kontextfaktoren für die Charakteristiken der Professionalität der Qualitätsentwickler darstellen. Hierbei wird zum einen auf die Ausgestaltung der Organisationseinheit der Qualitätsentwicklung eingegangen (organisatorische Ansiedlung, Zuständigkeitsbereich, Gründungszeitraum, Personenstärke), zum anderen auf die der Positionen der Qualitätsentwickler (Zeitpunkt des Stellenantritts, beruflicher Status laut Arbeitsvertrag, Entlohnung, Befristung, Verbeamtung).

Da die Existenz eines *Arbeitsmarktes* Voraussetzung für einen Beruf ist, und Beruflichkeit in den alten Professionstheorien explizit und in den neuen Professionstheorien teilweise explizit, teilweise implizit Voraussetzung für Profession bzw. Professionalität ist, wird zunächst analysiert, inwiefern hauptberufliche und entlohnte Tätigkeiten im Bereich hochschulischer Qualitätsentwicklung nachgefragt werden.

Im Anschluss erfolgt die empirische Analyse der Professions-/Professionalitätsdimension *Handlungslogik*. Um die Handlungslogik darzustellen, werden nochmals ‚Unterdimensionen' gebildet, die ebenfalls aus der theoretischen Beschäftigung mit den ‚alten' und ‚neuen Professionstheorien', gewonnen wurden. Somit wird analysiert, inwiefern die Qualitätsentwickler Tätigkeiten ausüben, die nicht standardisierbar und routinisierbar sind, wer ihre Aufgaben und Ziele de-

finiert und inwiefern ihre Arbeit kontrolliert wird, sie also in das hierarchische
Gefüge der Hochschule eingebettet sind. Weiterhin wird untersucht, inwiefern
die Qualitätsentwickler die in den ‚neueren professionstheoretischen Ansätzen'
beschriebene Funktion der Überbrückung zwischen verschiedenen Handlungslogiken übernehmen. Ein weiteres zentrales Unterscheidungsmerkmal zwischen
den ‚traditionellen' und den ‚neueren Professionstheorien' ist der unterschiedliche
Referenzpunkt der Professionen, welcher auch wiederum die Handlungslogik beeinflusst: Ist der zentrale Referenzpunkt der Qualitätsentwickler die Organisation,
wie in den ‚neuen Professionstheorien' geschildert, oder orientieren sie sich, wie
in den ‚traditionellen Professionstheorien', vor allem an ihren Professionskollegen,
d. h. an ihren Peers?

Um die *Wissens- und Kompetenzbasis* der Qualitätsentwickler darzustellen,
werden die inhaltlichen und organisatorischen Merkmale der Expertise der Qualitätsentwickler untersucht. Es wird analysiert, inwiefern die Expertise auf inter-
disziplinärem Wissen (vgl. Noordegraf 2007) aufbaut, und/oder ob diese, wie bei
Hwang und Powell (2009) und bei Langer und Manzeschke (2009), auch Managementkompetenzen umfasst. Im Anschluss hieran wird analysiert, wie die Qualitätsentwickler die für ihre Tätigkeit benötigen Kompetenzen erworben haben.
Welche Rolle spielt Wissen, welches in den jeweiligen Organisationen produziert
wird, und inwiefern wird bei der Rekrutierung der Qualitätsentwickler – wie in
den ‚neuen Professionstheorien' beschrieben – ein Fokus auf vorhandene Kompetenzen und Berufserfahrung gelegt? Hierfür wird auch analysiert, in welchen
Bereichen die Befragten vorher tätig waren, d. h. wie ihr bisheriger beruflicher
Karriereweg verlaufen ist. Auch wird das Vorhandensein und ggf. die Rolle von
Zertifikaten und Lizenzen thematisiert.

Die Existenz, Organisation sowie Funktion von *fachlichen Vereinigungen* im
Bereich der hochschulischen Qualitätsentwicklung wird im Anschluss thematisiert. Zunächst werden dafür die einschlägigen fachlichen Organisationen im Feld
der Qualitätssicherung an deutschen Hochschulen beschrieben. Welche Funktionen diese übernehmen (Standardsetzung und/oder Diffusion von Best Practices,
Identitätsgenese?) steht dabei im Fokus dieses Themenkomplexes. Ferner wird
gefragt, wie sich die Modi der Mitgliedschaft in diesen Vereinigungen darstellen.

Die Leitfragen zur Profession-/Professionalitätsdimension *Zuständigkeits-*
anspruch/Legitimation eruieren zunächst danach, wie die Zuständigkeit für den
Bereich Qualitätsentwicklung erlangt wird, die den ‚traditionellen' und ‚neuen
Professionstheorien' zufolge von der Akzeptanz und Legitimation seitens der Klienten bzw. Kunden/Konsumenten abhängig ist. Es wird analysiert, wie die Qualitätsentwickler diese erlangen: Stellen sie eine starke Klientenorientierung in den
Vordergrund und zeigen den ‚Value-Added' ihrer Arbeit, wie in den ‚neueren

professionssoziologischen Ansätzen' dargestellt wird? Sind sie darauf angewiesen, ihre Professionalität zu inszenieren und werbend für ihre Arbeit tätig zu werden?

6.2   Datengrundlage und Methodik

Die im vorherigen Kapitel vorgestellten Forschungsfragen sollen zusammengefasst die Genese und Spezifika des Tätigkeitsfelds ‚Qualitätsentwicklung' an deutschen Hochschulen sowie die spezifische Professionalität der Qualitätsentwickler herausstellen. Das hier gewählte methodische Vorgehen ist aufgrund der Komplexität des Untersuchungsgegenstandes und der Breite der Forschungsfragen im Wesentlichen explorativ und deskriptiv ausgelegt.

Um eine umfangreiche und auf verschiedenen Perspektiven basierende Darstellung der Professionalität der hochschulischen Qualitätsentwicklung zu leisten, wird auf verschiedene empirische Datenquellen zurückgegriffen, die unter der Verwendung verschiedener Methoden erhoben und ausgewertet werden und qualitative sowie quantitative Verfahren der empirischen Sozialforschung vereinen. Diese Form der Methodenintegration, auch ‚Triangulation' genannt, „dient der kumulativen Validierung von Untersuchungsmethoden und -ergebnissen oder aber der komplementären Beleuchtung des Forschungsgegenstandes durch unterschiedliche Daten und Theoriezugänge" (Kühl/Strodtholz 2002: 22).

Die Entwicklung eines Arbeitsmarktes im Bereich Qualitätsentwicklung an deutschen Hochschulen wird zum einem unter Rückgriff auf eine Befragung unter deutschen Hochschulkanzlern und hauptamtlichen Vizepräsidenten untersucht. Diese wurden zu der Entwicklung von organisatorischen Einheiten sowie Stellen im Bereich der Qualitätsentwicklung an der jeweiligen Hochschule befragt. Zum anderen wird die Untersuchung der Entstehung eines Arbeitsmarktes durch die Erfassung ‚objektiverer' Daten ergänzt, nämlich durch die inhaltsanalytische Auswertung von ausgeschriebenen Stellenanzeigen in der Qualitätsentwicklung an deutschen Hochschulen in der Wochenzeitschrift ‚Die Zeit'.

Die Analyse der spezifischen Professionalität der Qualitätsentwickler basiert zum einen auf einer standardisierten Online-Befragung von leitenden Qualitätsentwicklern an deutschen Hochschulen (N=69), sowie auf 13 qualitativen, leitfadengestützten Interviews mit Qualitätsentwicklern an deutschen Universitäten, die sich zum überwiegenden Teil in Leitungspositionen befinden.[59]

---

[59]   Die in den Experteninterviews befragten Qualitätsentwickler in einer leitenden Position hatten nach eigenen Aussagen den Online-Fragebogen ausgefüllt. Aufgrund der anonymen Online-Erhebung konnte dieser aber nicht den Interviewten zugeordnet werden.

Die inhaltliche Konzeption, die Durchführung sowie die Auswertung der empirischen Datengrundlage dieser Arbeit werden im Folgenden beschrieben. Da bei der Befragung der Kanzler nur ein Item des Fragebogens für den Gegenstand vorliegender Arbeit relevant ist, wird diese Erhebung nur kurz dargestellt. In vorliegender Arbeit wird hauptsächlich ein analytisch-deduktives Vorgehen gewählt (Chmielewicz 1994: 101ff.; Schweitzer 2000: 69ff.). Hierbei werden aus theoretisch gewonnenen Grundaussagen Erkenntnisse abgeleitet, die idealiter in Form einer zu überprüfenden Hypothese überführt und anschließend mit der Empirie verglichen werden. Da es sich bei dem Feld der Qualitätsentwicklung an deutschen Hochschulen um ein neues Tätigkeitsfeld handelt, ist es das Anliegen dieser Studie, eine theoretisch fundierte, empirische Analyse der strukturellen Aspekte des Tätigkeitsfeldes sowie der grundlegenden Charakteristika von Professionalität in diesem Feld zu geben. Dieses soll unter Rückgriff auf Ansätze der Professionssoziologie, ergänzt durch Mintzbergs Strukturationsschema (1992) erfolgen. Aus der Theorie werden in vorliegender Arbeit aber nicht Hypothesen entwickelt, sondern Forschungsfragen. Sie stellen hier in diesem Zusammenhang ein funktionales Äquivalent zu Hypothesen dar. Wie bei Hypothesen liegt ihre Funktion in der Bestimmung der für die Beantwortung der Forschungsfragen zu erfassenden Sachverhalte und der Strukturierung der Untersuchung (vgl. Gläser/Laudel 2004: 88f.).

Im Folgenden werden zunächst die verwendeten Daten und die jeweils verwendete Methodik dargestellt, bevor auf die Operationalisierung der in Kapitel 6.1 dargestellten Leitfragen eingegangen wird.

6.2.1   Konzeption, Durchführung und Auswertung der Umfrage unter deutschen Hochschulkanzlern/hauptamtlichen Vizepräsidenten

Im Rahmen des Forschungsprojektes „Professionalisierung im deutschen Hochschulsystem" wurde 2008 eine deutschlandweite Befragung der Kanzler und hauptamtlichen Vizepräsidenten an staatlichen und privaten Universitäten durchgeführt. Die Grundgesamtheit der 267 angeschriebenen Kanzler und hauptamtlichen Vizepräsidenten wurde auf der Basis der Eintragungen im Hochschulkompass (Stand Oktober 2007) ermittelt. Im Datensample enthalten waren 88 staatliche Hochschulen mit Promotionsrecht, 99 staatliche Fachhochschulen sowie 89 private Universitäten und Hochschulen, deren administrative Geschäftsführer zumeist eine dem Kanzler äquivalente Position innehaben. Die kirchlichen Hochschulen sowie die Kunst- und Musikhochschulen wurden aufgrund der besonderen Organisation, Größe und engen fachlichen Ausrichtungen in der Befragung nicht berücksichtigt.

Die Befragung wurde auf der Basis eines standardisierten Fragebogens durchgeführt, der postalisch verschickt wurde. Nach zwei Wochen erfolgte via E-Mail eine Erinnerung. Der Fragebogen umfasst vier Teile. Im ersten Teil wurden allgemeine Informationen zur Hochschule und den Befragten erhoben. Im zweiten Teil, der für vorliegende Arbeit von Interesse ist, wurden die Kanzler/hauptamtlichen Vizepräsidenten zu Einschätzungen zu Professionalisierungsprozessen und Reorganisationsprozessen an ihrer Hochschule befragt. Der dritte Teil stellte auf Arbeitsprofil, Tätigkeitsspektrum, Wissenserwerb, Selbstverständnis sowie Zusammenarbeit ab. Der vierte Teil umfasste Fragen zur Person und zum beruflichen Werdegang. Die Rücklaufquote liegt bei 57 %. Bei den staatlichen Hochschulen konnte mit 68 % bei den Universitäten und 64 % bei den Fachhochschulen eine sehr gute Rücklaufquote erzielt werden. Der Rücklauf bei den privaten Universitäten und Fachhochschulen ist mit nur 33 % bzw. 27 % geringer (vgl. Blümel/ Kloke/Krücken 2010).

Für vorliegende Arbeit ist vor allem die Einschätzung der Kanzler in Bezug auf die Etablierung neuer Organisationseinheiten und neuer Stellen im Bereich Qualitätsentwicklung von Bewandtnis. Die dementsprechenden Fragen lauteten:

a) In welchen Bereichen Ihrer Hochschule sind in den letzten fünf bzw. den letzten zehn Jahren *neue organisatorische Einheiten*, ggf. in Ergänzung zu bereits bestehenden, entstanden?

b) In welchen Bereichen Ihrer Hochschule sind in den letzten fünf bzw. den letzten zehn Jahren *neue Stellen* geschaffen worden?

Hier wurden verschiedene Funktionalbereiche zur Auswahl gegeben, in denen die Etablierung von Stellen bzw. organisatorischen Einheiten dann mit ‚Ja‘ oder ‚Nein‘ beantwortet werden konnte. Im Bereich Qualitätsentwicklung waren die Bereiche ‚Qualitätssicherung in der Lehre‘ und ‚Qualitätssicherung in der Forschung‘ angegeben. Die Antworthäufigkeit wurde dann quantitativ ausgezählt.

6.2.2 Konzeption, Durchführung und Auswertung der Analyse von Stellenanzeigen in der Wochenzeitschrift ‚Die Zeit‘

Die Analyse der Stellenanzeigen in der Wochenzeitschrift ‚Die Zeit‘ wurde als empirische Grundlage gewählt, um so zum einen eine besser objektivierbare Sichtweise auf die Entwicklung des Arbeitsmarktes in der Qualitätsentwicklung an deutschen Hochschulen zu gewinnen als durch Aussagen von unmittelbar involvierten Personen wie z. B. der Kanzler oder der Qualitätsentwickler selbst. Zum anderen sollte auch die Sichtweise der Leistungsabnehmer, also der Hochschulen, berücksichtigt werden.

Die Stellenanzeigen wurden im Archiv des Zeit-Verlages in Papierform gesichtet. Die gefundenen Stellenanzeigen im Bereich Qualitätsentwicklung wurden dann kopiert und mit einer Identifikationsnummer versehen. Jedes Angebot wurde mit einem Vermerk des Veröffentlichungszeitpunktes versehen. Die Anzeigen wurden dann gemäß der für die Häufigkeitsanalyse erstellten Kategorien in das Programm zur statistischen Datenanalyse SPSS übertragen. Die Identifikationsnummer der ausgedruckten Stellenanzeige wurde als Identifikationsnummer in das Statistikprogramm SPSS übertragen. Zur Vermeidung von Duplikaten wurde bei einer Mehrfachschaltung von Anzeigen nur die chronologisch zuerst erschienene Anzeige berücksichtigt.

Es wurde im gesamten Medium im Untersuchungszeitraum von 1997 bis 2008 eine Vollerhebung durchgeführt, d. h., es wurde keine Stichprobe gezogen. Berücksichtigt wurden Stellenausschreibungen, die von privaten und staatlichen Universitäten und Fachhochschulen annonciert wurden.

Anhand der Stellenanzeigen soll zum einen die Entstehung eines Arbeitsmarktes für den Bereich Qualitätsentwicklung an deutschen Hochschulen untersucht werden. Somit wurden nach einer quantitativen Intensivierung von Stellenangeboten für den Bereich Qualitätsentwicklung gesucht. Des Weiteren sollen hierdurch auch Aspekte der organisatorisch-technischen Arbeitsbedingungen sowie der Anforderungsmerkmale analysiert werden, um diese ebenfalls mit den Aussagen der in der Online-Erhebung befragten Qualitätsentwickler zu vergleichen.

In die Untersuchung wurden alle Annoncen aufgenommen, in denen der Begriff bzw. die Begriffe *Qualitätsmanagement bzw. -manager, Qualitätssicherung, Qualitätsentwicklung, (Lehr- und/oder Forschungs-) Evaluation, Akkreditierung, Berichtswesen zur Forschung und/oder Lehre, Controlling im Bereich Forschung und/oder Lehre* genannt wurden.

Es wurden nur solche Anzeigen in das Untersuchungssample integriert, aus denen hervorging, dass es sich um eine Stelle im Bereich des administrativen Hochschulmanagements handelt, d. h. das Haupttätigkeitsfeld nicht im Bereich Forschung und Lehre liegt. Zudem wurden nur solche Anzeigen inkludiert, die nach einer hauptamtlichen Beschäftigung im Bereich Qualitätsentwicklung nachfragen, d. h., es wurde keine Stellenanzeigen inkludiert, in denen nach nebenberuflichen oder ehrenamtlichen Tätigkeiten im Bereich Qualitätsentwicklung gesucht wurde.[60]

---

[60]   Wobei diese – erwartungsgemäß – auch nicht in der ‚Zeit' annonciert wurden.

Somit gingen insgesamt 84 analysierte Stellenanzeigen im Bereich Qualitätsentwicklung in die Analyse ein (siehe Tab. 6.1).

Medium	Stellenanzeigen in der Wochenzeitschrift ‚Die Zeit'
Jahr der Untersuchung	1997–2008
Ausschreibende Institution	staatliche und private Universitäten und Fachhochschulen
Codieranweisung für das Aufgabengebiet ‚Qualitätsentwicklung'	Qualitätsmanagement bzw. -manager, Qualitätssicherung, Qualitätsentwicklung, (Lehr- und/oder Forschungs-) Evaluation, Akkreditierung, Berichtswesen zur Forschung und/oder Lehre, Controlling im Bereich Forschung und/oder Lehre
Inklusionskriterium	administratives Hochschulmanagement
Gesamtsample	N=84

Tab. 6.1   Datensample der Stellenanzeigen im Bereich Qualitätsentwicklung in der ‚Zeit'. Das ausführliche Codebuch für die inhaltsanalytische Auswertung befindet sich im Anhang vorliegender Arbeit.

6.2.3   Online-Umfrage unter leitenden Qualitätsentwicklern an deutschen Hochschulen

6.2.3.1   Konzeption, Durchführung und Rücklauf der Befragung

Die deutschlandweite Umfrage unter Leitern von qualitätssichernden Einrichtungen an deutschen staatlichen und privaten Fachhochschulen und Universitäten[61] wurde im Frühjahr 2009 durchgeführt. Es wurden die Leiter ausgewählt, da davon ausgegangen wurde, dass diese Personen schon länger im Bereich der Qualitätsentwicklung tätig sind und somit profunde Einschätzungen über das Tätigkeitsfeld Qualitätsentwicklung an deutschen Hochschulen geben konnten, zudem wurde somit eine Korrespondenz zu den anderen Erhebungen im Forschungsprojekt ‚Professionalisierungsprozesse im deutschen Hochschulsystem' hergestellt, in dem auch Leiter von Einrichtungen in den Bereichen ‚Wissenschaftliche Weiterbildung', ‚Hochschulkommunikation', ‚Career-Service', ‚Technologietransfer' und ‚Internationales' befragt wurden. Auch konnte durch die Fokussierung auf die Leiter sichergestellt werden, dass zumeist nur eine Person pro Hochschule an der Befragung teilnimmt.[62] Andererseits wäre es bei der Mehrfachteilnahme von Per-

---

[61]   Wie bei der Umfrage unter den Kanzlern/hauptamtlichen Vizepräsidenten wurden die kirchlichen Hochschulen sowie die Kunst- und Musikhochschulen aufgrund der besonderen Organisation, Größe und engen fachlichen Ausrichtungen in der Umfrage nicht berücksichtigt.

[62]   Da aber, wie im Verlaufe der Arbeit noch gezeigt wird, an einigen Hochschulen mehrere Einrich-

sonen an Hochschulen bei der Auswertung des Gesamtdatensatzes möglich, dass Einschätzungen z. B. zum Einfluss der Qualitätsentwicklung auf die Lehre durch die jeweilige Situation an der Hochschule maßgeblich beeinflusst werden und bei mehreren Personen an einer Hochschule die Gesamtauswertung somit verzerrt würde. Eine Gewichtung wäre in diesem Fall auch nicht möglich gewesen, da aus Gründen der Anonymität nicht nach der beschäftigenden Hochschule gefragt wurde.

Die Auswahl der insgesamt 122[63] angeschriebenen Leiter von Einrichtungen der Qualitätsentwicklung an deutschen staatlichen und privaten Fachhochschulen und Universitäten basierte auf verschiedenen Datengrundlagen. Zum einen fand eine Online-Recherche anhand der Homepages der Hochschulen statt, in der die Adressen der Leiter erfasst wurden. Diese Recherche wurde ergänzt und abgeglichen mit einem Adressdatensatz, welcher dankenswerterweise vom ,Projekt Q' der HRK zur Verfügung gestellt wurde, und der ebenfalls die Kontaktdaten von Leitern im Bereich Qualitätsentwicklung enthielt.

Es wurden nur die Leiter angeschrieben, die einer Tätigkeit in der Qualitätsentwicklung hauptamtlich und entgeltlich nachgingen (also keine z. B. Vizerektoren, die für Qualitätsentwicklung zuständig sind oder Professoren, die dieses ehrenamtlich verfolgen). Zudem wurden auch nur Leiter von Einrichtungen der Qualitätsentwicklung mit einbezogen, deren Einheit sich nahezu ausschließlich mit Fragen der Qualitätsentwicklung beschäftigen. Dieses führte zum Ausschluss von Organisationseinheiten an vor allem kleineren Fachhochschulen, da es dort zumeist übergeordnete Einrichtungen gab, die sich mit allgemeinen Fragen der Hochschulentwicklung befassten, und die Qualitätsentwicklung nur einen Teilaspekt des Tätigkeitsspektrums darstellte. Aus Gründen der Vergleichbarkeit wurden diese dann aus dem Sample exkludiert.

Die Befragung wurde internetgestützt als Web-Survey durchgeführt, das heißt, dass der Fragebogen selbst als Programm auf einem Web-Server ausgeführt wurde. Die Zielgruppe wurde via E-Mail eingeladen, über den Zugriff auf einen URL-Link an der Befragung teilzunehmen. Die technische Umsetzung der Erhebung erfolgte mittels der Online-Software ,Globalpark' bzw. ,Unipark'. Die Entscheidung für eine Online-Umfrage fiel vor dem Hintergrund, dass sich durch eine internetgestützte Befragung – im Vergleich zu anderen Befragungsformen – eine kostengünstige sowie relativ schnelle zeitliche Durchführung der Datenerhebung und die automatischen Erfassung der Daten verwirklichen ließ (vgl. Schnell et al. 2005: 377).

---

tungen existieren, die sich mit der Qualitätsentwicklung befassen, wurde jeweils nur der Leiter der übergeordneten Organisationseinheit für Qualitätsentwicklung angeschrieben.

[63]   Insgesamt wurden 148 Personen angeschrieben, bei 26 Personen war aber die E-Mail-Adresse fehlerhaft und konnte nicht nachrecherchiert werden.

Vor der Freischaltung der Befragung wurde der Online-Fragebogen sowohl inhaltlich als auch hinsichtlich seiner technischen Durchführung einer ausführlichen Pretest-Phase unterzogen. Die Einladung zur Umfrage und somit auch die Aktivierung des Online-Fragebogens erfolgten am 19.03.2009. Nach zwei Wochen wurde eine Erinnerungsmail versendet, zehn Tage später eine Mail mit dem Inhalt, dass das Portal der Online-Befragung in vier Tagen geschlossen werde. Insgesamt konnte also vier Wochen auf den Fragebogen zurückgegriffen werden. Insgesamt haben 69 Personen den Fragebogen vollständig bis zum Ende ausgefüllt. Diese 69 Personen, die zudem noch eine geringe Item-Nonresponse-Rate haben (<10 % nicht beantwortete Items), bilden die Grundlage für die folgenden inhaltlichen Analysen. Aufgrund der nicht personalisierten Rücklaufkontrolle ist es schwierig, eine genaue Abbruchquote zu ermitteln. Dieses liegt daran, dass durch die Verwendung einer anonymisierten Befragungsform streng genommen nicht einzelne Befragungsteilnehmer, sondern einzelne Zugriffe auf den Fragebogen dokumentiert werden. Das heißt, es war möglich, sich den Fragebogen zunächst anzuschauen, diesen dann zu schließen und ihn dann später komplett auszufüllen, was als zwei Zugriffe auf den Fragebogen gezählt wurde. In diesem Sinne gab es 179 Zugriffe auf den Fragebogen. Allerdings ist ein mehrfaches, komplettes Ausfüllen des Fragebogens schwer möglich, da bei Beendigung des Fragebogens ein ‚Cookie' gesetzt wurde, der einen Mehrfachzugriff verhindert.[64] Somit ist davon auszugehen, dass es sich bei den 69 komplett ausgefüllten Fragebögen um reale Einzelpersonen handelt.

Legt man nun die 126 angeschriebenen Personen als Gesamtmenge zugrunde, kann von einer Rücklaufquote von 54,8 % ausgegangen werden, was als zufriedenstellend betrachtet werden kann. Durchschnittlich benötigten die Personen 29 Minuten, um den Fragebogen komplett auszufüllen.

Konzeption des Fragebogens

Die Frage- und Antwortformulierungen, die inhaltliche Gestaltung und das Layout des Fragebogens orientierten sich an den grundlegenden Empfehlungen zur Fragebogengestaltungen in der einschlägigen Literatur (Schnell et al. 2005: 342ff.; Diekmann 2008: 479ff., 514ff.; zur spezifischen Verwendung von Online-Fragebögen: Diekmann 2008: 520ff., Schnell et al. 2005: 382ff.).

---

[64] Hierdurch lässt sich jedoch nicht vollkommen eine Mehrfachteilnahme ausschließen, da z.B. ein Zugriff über verschiedene Rechner erfolgen kann oder der Teilnehmer die Nutzung von Cookies auf seinem Rechner deaktiviert hat.

Der Fragebogen, der in Gänze im Anhang abgebildet ist, gliedert sich in sechs Fragenkomplexe:

a) Fragen zu der beschäftigenden Organisation bzw. Organisationseinheit und zur Person des Befragten,
b) Fragen zur Organisation der Einheit zur Qualitätssicherung
c) Fragen zum Tätigkeits- und Kompetenzprofil,
d) Fragen zum Einflussbereich, zur Handlungslogik und dem Selbstverständnis des Qualitätsentwicklers,
e) Fragen zur Zusammenarbeit mit Personen/Institutionen/beruflichen Netzwerken
f) Fragen zur Ausbildung und zu dem b*eruflichen Werdegang des Qualitätsentwicklers.*[65]

Der Fragenkomplex *„Fragen zu der beschäftigenden Organisation bzw. Organisationseinheit und zur Person des Befragten"* begann mit der Frage nach der Art der beschäftigenden Hochschule, nach dem Gründungszeitraum und der Größe der Hochschule, um später etwaige Zusammenhänge zwischen dem Antwortverhalten und der Art der Hochschule analysieren zu können. Der Fragenkomplex *„Angaben zur Organisation der Einheit zur Qualitätssicherung"* beinhaltete die Bitte um Nennung der offiziellen Bezeichnung der qualitätsentwickelnden Einheit, der organisatorischen Ansiedlung an der Hochschule sowie dem Gründungszeitpunkt und der Anzahl der Mitarbeiter. Um die Modalitäten des Beschäftigungsverhältnisses feststellen zu können, wurde gefragt, seit wann der Befragte in seiner derzeitigen Position tätig ist, ob er verbeamtet ist und in welche Tarifgruppe er eingruppiert ist. Weiterhin wurde erhoben, wie er für die derzeitige Tätigkeit rekrutiert wurde und welcher beruflichen Tätigkeit unmittelbar vor der derzeitigen Beschäftigung nachgegangen wurde. Danach folgten Fragen zum Themenkomplex *Tätigkeits- und Kompetenzprofil.* Hierbei wurden zunächst die Bereiche der Qualitätsentwicklung, für die die Organisationseinheit zuständig ist, erfragt. In einem zweiten Schritt wurde, eher breiter gefasst, die Bedeutung von verschiedenen Tätigkeiten erhoben (z. B. Koordination mit verschiedenen Akteuren, Personalführung, Budgetierung etc.). Die hierfür benötigten Kompetenzen wurden im Anschluss ermittelt. Die

---

[65] Einzelne Fragen können dabei teilweise mehreren Themenkomplexen zugeordnet werden, sodass die Gestaltung der Abfolge der Fragen zwar generell der in der einschlägigen Literatur (vgl. z. B. Roth/Heidenreich 1995: 325ff.) genannten Prämisse folgen, dass Fragen, die denselben Aspekt des Themas behandeln, nacheinander abgefragt werden. Aufgrund der genannten mehrfachen Zuordnung von Fragen zu mehreren Komplexen traten aber auch Abweichungen von dieser Prämisse auf..

Befragten wurden zudem gebeten, die Zeit, die mit wissenschaftlichen Arbeiten verbracht wird, einzuschätzen.

Der Fragenkomplex „Einflussbereich, Handlungslogik und Selbstverständnis der Qualitätsentwickler" begann mit der Bitte um Einschätzung der Stärke des Einflusses der eigenen Arbeit auf die Entwicklung und Ausgestaltung der Lehre und der Forschung an der eigenen Hochschule sowie des Einflusses auf die Gesamtentwicklung der eigenen Hochschule. Die Akzeptanz der eigenen Arbeit durch verschiedene Personengruppen innerhalb der Hochschule sollte ebenfalls eingeschätzt werden. Es wurde gefragt, ob man die eigene Arbeit eher im Bereich der Verwaltung oder der Wissenschaft einordnen würde.

Vor der Fragebogenerhebung wurden Experteninterviews mit Personen aus der Qualitätsentwicklung geführt, in denen nach Beschreibungen des beruflichen Selbstverständnisses gefragt wurde. Aus den am häufigsten genannten Beschreibungen wurden ‚Statements' gewonnen, deren Zutreffen bzw. Nicht-Zutreffen im Fragenbogen eingeschätzt werden sollte. Die Art der Handlungslogik sollte unter anderem durch die Ausprägung der Möglichkeit zur Eigeninitiative vermessen werden sowie mit Hilfe der Frage, wie und gemeinsam mit wem wichtige inhaltliche Entscheidungen gefällt werden. Inwiefern sich die derzeitige Arbeitssituation in Bezug auf die Bereiche „*abwechslungsreiche Tätigkeit, verantwortungsvolle Tätigkeit, gute Chancen für die Karriere, flexible Arbeitszeitgestaltung, Teilzeitmöglichkeit und familienfreundliche Ausgestaltung*" (Items im Fragebogen) gestaltet, sollte anschließend beurteilt werden.

Der Fragenkomplex „*Fragen zur Zusammenarbeit mit Personen/Institutionen/ beruflichen Netzwerken*" begann mit der Frage nach der Zusammenarbeit im Arbeitsalltag mit unterschiedlichen Personengruppen und Institutionen. Inwiefern mit diesen wichtige inhaltliche Entscheidungen, die das berufliche Tätigkeitsfeld betreffen, gemeinsam gefällt werden, wurde im Anschluss hieran erfragt. Ergänzt wurde diese Frage durch die Einschätzung der Relevanz von verschiedenen Formen des Austausches, in der auch explizit nach Netzwerken gefragt wurde. Diese Bedeutung wurde auch mit der Frage, wie sich über neue Entwicklungen/Best Practices/neue Impulse im Arbeitsbereich informiert wird, erhoben. Die formale Mitgliedschaft in berufsbezogenen Verbänden/Vereinigungen/(Info) Netzwerken sowie deren inhaltliche Relevanz wurden ebenfalls erfragt.

Der Fragenkomplex zur Ausbildung und zu dem beruflichen Werdegang der Qualitätsentwickler begann mit der Frage nach einem akademischen Hochschulabschluss sowie der Abschlussart (Diplom, Bachelor…) und der Disziplin, in der der hochschulische Abschluss erlangt wurde. Es wurde danach nach Fort- und Weiterbildungen in Bereichen wie z. B. Projektmanagement, aber auch im Wissenschafts- bzw. Hochschulmanagement, gefragt sowie nach sämtlichen Bereichen, in denen der Befragte bereits gearbeitet hat. In Bezug auf eine wissenschaftliche Tätigkeit wurde erhoben, ob und wie lange in einer derartigen Beschäftigung gearbeitet wurde. Erfahrungen in hochschulpolitischen Gremien während der Studienzeit wurde in diesen Fragenkomplex integriert, ebenso wie die Entscheidungsmotive für die Wahl der derzeitigen Tätigkeit.

Entsprechend der in der Methodenliteratur geläufigen Empfehlung, sogenannte demografische Fragen an das Ende eines Fragebogens zu stellen (z. B. vgl. Diekmann 2008: 484) wurde der Fragebogen mit der Frage nach dem Geschlecht und nach dem Alter des Befragten geschlossen.

Zusammengefasst stellt sich der Fragebogen – geordnet nach inhaltlichen Fragekomplexen – also wie folgt dar (siehe Tab. 6.2).

a)	*Fragen zur beschäftigenden Organisation/Organisationseinheit/Person des Befragten*
	• Art, Gründungszeitraum, Studierendenanzahl der beschäftigenden Hochschule
	• Bezeichnung, Ansiedlung, Gründungszeitraum, Anzahl der MitarbeiterInnen der qualitätsentwickelnden Einrichtung
	• Funktion, Dienstbezeichnung, beruflicher Status, Entlohnung, Verbeamtung, Zeitraum der Beschäftigung, Rekrutierung, unmittelbare vorherige Beschäftigung
b)	*Tätigkeits- und Kompetenzprofil*
	• Zuständigkeitsprofil der qualitätsentwickelnden Organisationseinheit
	• Tätigkeits- und Kompetenzprofil des Stelleninhabers
c)	*Einflussbereich, Handlungslogik und Selbstverständnis der Qualitätsentwickler*
	• Stärke des Einflusses auf Forschung/Lehre/gesamte Hochschule
	• Akzeptanz eigener Arbeit
	• Berufliches Selbstverständnis; Einordnung Wissenschaft/Verwaltung
	• Handlungslogik: Eigeninitiative, Modi der Entscheidungsfällung
d)	*Fragen zur Zusammenarbeit mit Personen/Institutionen/beruflichen Netzwerken*
	• Zusammenarbeit mit Personen/Institutionen
	• Formen des Austausches; Mitgliedschaft in und Bedeutung von Netzwerken
e)	*Ausbildung und beruflicher Werdegang*
	• Art und fachlicher Hintergrund des Hochschulabschlusses
	• Fort- und Weiterbildung
	• Beschäftigung in Wissenschaft; vorherige berufliche Stationen; studentisches Gremienengagement
	• Entscheidungsmotivation für derzeitige Tätigkeit

Tab. 6.2   Darstellung der Themenkomplexe des Online-Fragebogens

6.2.4 Experteninterviews mit Leitern von qualitätsentwickelnden Organisationseinheiten

6.2.4.1 Zielsetzung und Methodik der Interviews

Während quantitative Methoden darauf zielen, Aussagen möglichst allgemein und unabhängig von den konkreten untersuchten Fällen zu treffen und beobachtete Phänomene in ihrer Häufigkeit und Verteilung zu bestimmen, beruht qualitative Forschung darauf „sich nicht ausschließlich auf abstrakte und universale Fragen zu konzentrieren, sondern (...) besondere, konkrete Probleme zu behandeln, die nicht allgemein, sondern in bestimmten Arten von Situationen entstehen" (Toulmin 1994: 301). Dementsprechend stellt die qualitative Methode nicht auf einen breit angelegten Vergleich ab, sondern vielmehr „das Eindringen in die Tiefe des Einzelfalls" (Kühl/Strodtholz 2002: 16).

Ziel der Arbeit ist eine umfassende Darstellung der Professionalität der Qualitätsentwickler an deutschen Hochschulen. Deswegen wurde hier das Vorgehen der Methodentriangulation gewählt, in der qualitative und quantitative Ergebnisse verknüpft werden. So können Erkenntnisse gewonnen werden, die umfassender sind als diejenigen, die der eine oder andere Zugang gebracht hätte, zudem können sich die Ergebnisse beider Zugänge wechselseitig validieren (vgl. Flick 2005: 388).

Im Rahmen der qualitativen Interviews mit den Qualitätsentwicklern wurde eine Kombination aus Leitfaden- und Experteninterview gewählt, die laut Liebold und Trinczek (2002) einer der gegenwärtig am häufigsten angewandten qualitativen Methoden ist. Dabei werden Personen befragt, die „im Hinblick auf das jeweilige Forschungsinteresse spezifisches Wissen" (Liebold/Trinczek 2002: 35) mitbringen. Dieses ‚Expertenwissen' kann jedoch nicht als ‚Rezeptwissen' abgefragt werden, sondern das jeweilig relevante Wissen bzw. die Wissenszusammenhänge werden entdeckt und dann interpretativ rekonstruiert (Liebold/Trinczek 2002: 38). Für die Forschung sind die zu befragenden Experten nicht als Personen interessant, sondern sie stehen für Strukturzusammenhänge: „Sie verkörpern organisationale und institutionelle Entscheidungsstrukturen und Problemlösungen" (Liebold/Trinczek 2002: 41). Um die institutionellen Rahmenbedingungen der Arbeit der Qualitätsentwickler zu erfassen, wurden Personen an neun verschiedenen Universitätsstandorten befragt, welche sich hinsichtlich der Merkmale Größe sowie Forschungs- bzw. Lehrorientierung unterschieden. Somit entsprach die Auswahl einem Untersuchungsdesign der „most dissimilar cases", d. h. es wurde auf möglichste viele Unterschiede abgestellt (vgl. Yin 1994: 45). Als besonders *forschungsstark* galten dabei zwei Universitäten, die für ihre Zukunftskonzepte in der Exzellenz-Initiative ausgezeichnet wurden, sowie zwei Universitäten, die in den beiden anderen Förderlinien (Graduiertenkollegs und Exzellenz-Cluster) erfolgreich waren. Als besonders *lehrstark* wurden vier Universitäten ausgewählt, die sich in zwei Fällen durch eine starke Lehramtsausbildung, eine rasche Bachelor-/ Masterumstellung oder eine lange Tradition im Bereich der Qualitätsentwicklung in der Lehre auszeichnen. Darüber hinaus wurden als Kontrollgruppe drei Universitäten ausgewählt, die in Forschung und Lehre gleichermaßen ausgewiesen sind, ohne dass sie jedoch der einen oder anderen Kategorie zuzuordnen sind.

Der Forschungsansatz der Fallstudien stellt einen geeigneten Forschungsansatz zur Untersuchung explanativer Fragestellungen dar (vgl. Lamnek 1989: 10f.). In vorliegender Arbeit geht es aber, anders als in häufig im organisationssoziologischen Bereich angesiedelten Studien, weniger um die Analyse organisatorischer Veränderungsprozesse, sondern der Fokus liegt eindeutig auf den Personen, also den Qualitätsentwicklern, und der Frage, wie organisationale Strukturen auf deren Handeln und deren Selbstverständnis einwirken. Somit stellen die Fallstudien quasi die ‚Rahmenbedingungen' für die Analyse der Professionalität der Qualitätsentwickler dar.

Da sich, wie in der Beschreibung des Datensamples noch deutlich wird, an den deutschen Hochschulen teilweise ‚Doppelstrukturen' im Bereich der Qualitätsentwicklung gebildet haben (z. B. ist häufiger anzufinden, dass eine Verwaltungsabteilung mit eher ‚technischen' Fragen der Qualitätsentwicklung befasst ist und zudem noch eine derartige Stabsstelle existiert), wurden Befragungen mit 13 Leitern von Organisationseinheiten im Bereich der Qualitätsentwicklung an neun deutschen Universitäten durchgeführt. Da aus forschungsökonomischen Gründen die Interviews im Rahmen des Projektes „ConGo@universities – Conflicting goals at universities"[66] geführt wurden, ergaben sich hinsichtlich des Samples und der Forschungsfragen zwei Einschränkungen: Zum einen waren lediglich Universitäten und keine Fachhochschulen im Forschungssample vertreten, zum anderen wurde die Einschätzung der Stärke und der Art des Einflusses am Beispiel von qualitätssichernden Maßnahmen im Bereich der Lehre erläutert.

Mit den 13 leitenden Qualitätsentwicklern an qualitätssichernden Einrichtungen an den 9 Universitäten wurden leitfadengestützte Interviews geführt, die, um

---

[66] Bei dem BMBF-geförderten Projekt „ConGo@universities.– Conflicting goals at universities" (Projektlaufzeit: 1. August 2007 bis 30.11.2011) handelte es sich um ein interdisziplinäres Forschungsvorhaben, welches, gestützt auf organisationssoziologische Ansätze einerseits und psychologische Handlungs- und Motivationsansätze andererseits, das Lehrengagement von Nachwuchswissenschaftlern als Funktion organisationaler und personeller Bedingungen analysiert. Es war am Deutschen Forschungsinstitut für öffentliche Verwaltung Speyer (Projektleitung: Prof. Dr. Georg Krücken, Projektmitarbeiterin: Katharina Kloke) und der Universität Bielefeld (Projektleitung: Prof. Dr. Elke Wild, Projektmitarbeiterinnen: Julia Gorges und Wiebke Esdar) angesiedelt.

eine inhaltliche Fokussierung zu gewährleisten, thematisch strukturiert wurden.[67] Es wurde darauf geachtet, dass die Fragen nicht zu direkt, selektiv oder suggestiv gestellt worden sind, da sonst eine Gefahr der Verfälschung der Antwortmöglichkeiten bestanden hätte. Das Ziel von Experten/Leitfadeninterview ist aber, „die Eigenpräsentation der Akteure durch erzählgenerierende Fragen zu motivieren" (Liebold/Trinczek 2002: 39). Dementsprechend wird der Leitfaden trotz inhaltlicher Fokussierung offen gehandhabt und lässt Raum für Erzählpassagen. Die Interviews dauerten zwischen 60 und 90 Minuten.

Der Leitfaden (in vollständiger Version im Anhang einsehbar) umfasste, neben den Fragen zu Zielkonflikten, die im Rahmen des genannten Forschungsprojektes von Bedeutung waren, insgesamt fünf Fragekomplexe. Teilweise decken diese ähnliche Frageninhalte wie die standardisierte Fragebogenerhebung ab, vor allem zu dem Einflussbereich und zur Handlungslogik wurden aber ausführlichere und differenziertere Fragen gestellt.

a) Fragen zur Organisationseinheit und zur Person des Befragten,
b) Fragen zum Tätigkeits- und Kompetenzprofil sowie zum beruflichen Werdegang,
c) Fragen zur Zusammenarbeit mit Personen und Institutionen,
d) Fragen zum Einflussbereich der Qualitätsentwickler,
e) Fragen zur Handlungslogik und zum professionellen Selbstverständnis.

Im ersten Fragenkomplex „*Fragen zur Organisationseinheit und zur Person des Befragten*" wurden die Qualitätsentwickler gebeten, die Hauptaufgaben und die Finanzierung der Einrichtung zur Qualitätsentwicklung sowie kurz den Gründungszusammenhang zu benennen.

Zur Einschätzung der Verortung der Qualitätsentwicklung in der Hochschule wurde gefragt, wie sich die *Zusammenarbeit* zwischen der Hochschulleitung und dem Qualitätsentwickler gestaltet, und wie sich die Kontakthäufigkeit und die Zusammenarbeit mit den Wissenschaftlern darstellen. Hierbei war zudem von Interesse, wie stark die Akzeptanz der eigenen Arbeit seitens der Wissenschaftlern wahrgenommen wurde, zudem wurde nach Faktoren einer gelingenden Zusammenarbeit gefragt.

Der Fragekomplex zum Einflussbereich fragte nach der Möglichkeit und Art der Einflussnahme der Qualitätsentwickler, zum einem auf das Lehrengagement

---

[67] Die interviewten leitenden Qualitätsentwickler gaben an, den Fragebogen der Online-Befragung ausgefüllt zu haben. Aufgrund der Anonymität war aber eine Zuordnung nicht möglich bzw. war diese auch nicht bezweckt.

der Wissenschaftler, und zum anderen auf die Qualität der Lehre selbst sowie auf Entscheidungen der Hochschul- bzw. Fakultätsleitungen.

Um die Handlungslogik erfassen zu können, wurde nach den Ermessens- und Entscheidungsspielräumen in der Tätigkeit gefragt sowie nach der Zielbestimmung der eigenen Arbeit und wem gegenüber ein Gefühl der Verpflichtung besteht. Es wurde direkt um eine Beschreibung des professionellen Selbstverständnisses gebeten. In diesem Fragenkomplex wurde auch nach der Bedeutung von fachlichen Netzwerken gefragt.

Zusammengefasst stellt sich der Leitfaden – geordnet nach inhaltlichen Fragekomplexen – also wie folgt dar (siehe Tab. 6.3):

a) Fragen zur Organisationseinheit • Hauptaufgaben, Finanzierung, Gründungszusammenhang
b) Fragen zum Tätigkeits- und Kompetenzprofil sowie zum beruflichen Werdegang • beruflicher Werdegang • Tätigkeitsprofil • Kompetenzprofil, Erwerb von Kompetenzen
c) Fragen zur Zusammenarbeit mit Personen und Institutionen • Zusammenarbeit Hochschulleitung • Zusammenarbeit Wissenschaftler und Akzeptanz
d) Fragen zum Einflussbereich der Qualitätsentwickler • Möglichkeit und Art Einflussnahme der Qualitätsentwickler auf Lehrengagement,   Qualität der Lehre, Entscheidungen der Hochschul- bzw. Fakultätsleitungen
e) Fragen zur Handlungslogik und zum professionellen Selbstverständnis • Ermessens- und Entscheidungsspielräume • Zielbestimmung • Vernetzung • Verpflichtung • professionelles Selbstverständnis

Tab. 6.3   Darstellung der Themenkomplexe des Interviewleitfadens

6.2.4.2 Auswertung der Interviews

Die Interviews wurden vollständig transkribiert und mit Hilfe der qualitativen Inhaltsanalyse nach Mayring (2000, 2011) ausgewertet. Die qualitative Inhaltsanalyse ist eine der klassischen Vorgehensweisen zur Analyse von Textmaterial. Ein wesentliches Kennzeichen ist die Verwendung von Kategorien, die aus theoretischen Modellen abgeleitet sind und an das Textmaterial herangetragen werden. Für Mayring ist in diesem Zusammenhang wichtig, dass die „Fragestellung der Analyse vorab genau geklärt sein muss, theoretisch an die bisherige Forschung über den Gegenstand angebunden und in aller Regel in Unterfragestellungen differenziert werden muss" (Mayring 2011: 58).

Ziel ist hierbei vor allem die Reduktion des Materials (Mayring 2011). Mayring unterscheidet zwischen drei verschiedenen Analysetechniken, und zwar die der zusammenfassenden Inhaltsanalyse, der explizierenden Inhaltsanalyse sowie der strukturierenden Inhaltsanalyse. In vorliegender Arbeit wurde vor allem die Interpretationsform der strukturierenden Inhaltsanalyse gewählt. Das Ziel der strukturierenden Analyse ist es, „bestimmte Aspekte aus dem Material herauszufiltern, unter vorher festgelegten Ordnungskriterien einen Querschnitt durch das Material zu legen oder das Material aufgrund bestimmter Kriterien (...) einzuschätzen" (Mayring 2011: 65). Bei der inhaltsanalytischen Auswertung wurde bei der Kodierung und Auswertung auf das Programm MAXQDA zurückgegriffen.

6.3   Operationalisierung der Leitfragen

Im Folgenden wird die Operationalisierung der in Kapitel 6.1 aufgeführten Leitfragen dargestellt. Hierbei wird sich zumeist auf mehrere Datenquellen bezogen, um somit im Sinne der Methodentriangulation den Forschungsgegenstand durch unterschiedliche Daten komplementär durchdringen zu können. Dabei werden einzelne Items aus der Online-Befragung, den Interviews und der Analyse der Stellenanzeigen der Analyse jeweils einer Professions-/Professionalitätsdimension zugeordnet. Jedoch muss an dieser Stelle erwähnt werden, dass es sich hierbei um eine idealtypische Zuordnung handelt, häufig trugen diese auf die Analyse einer spezifischen Professions-/Professionalisierungsdiskussion gerichteten Fragen auch zu der Analyse anderer Dimensionen bei.

Voraussetzung für Professionalisierungsprozesse ist die Existenz eines *Arbeitsmarktes*, auf dem die Arbeitskraft der Qualitätsentwickler nachgefragt wird. Um einzuschätzen, inwiefern es einen Arbeitsmarkt für die Qualitätsentwicklung an deutschen Hochschulen gibt, wird zunächst auf die Einschätzung der Kanzler nach der Schaffung neuer organisatorischer Einheiten bzw. Stellen in den letzten fünf bzw. zehn Jahren im Bereich der Qualitätsentwicklung zurückgegriffen. Komplementiert wird deren Einschätzung durch die Frequenzanalyse der Stellenanzeigen im Bereich Qualitätsentwicklung in der Wochenzeitschrift ‚Die Zeit'.

Da davon ausgegangen wird, dass die *organisatorischen Rahmenbedingungen* Auswirkungen auf die Ausprägungen der Professionalität der Qualitätsentwickler haben, werden anhand der Stellenanzeigen und der Online-Befragung die organisatorischen Rahmenbedingungen für deren Tätigkeit dargestellt. Für die in den Leitfadeninterviews befragten Qualitätsentwickler erfolgte diese Darstellung ebenfalls. Um die organisatorischen Rahmenbedingungen der Stellen der Qualitätsentwickler darzustellen, wird zunächst gefragt, für welche Bereiche der Qualitätsentwicklung die jeweilige Organisationseinheit zuständig ist (Qualitätssicherung/Evaluation im Bereich Studium und Lehre, Forschung, Verwaltung, Akkreditierung; Verfahren, die die gesamte Hochschule betreffen), aber auch inwiefern andere, affine Tätigkeiten in dieser Organisationseinheit angesiedelt sind (z. B. akademisches Controlling, Forschungs- und Lehrberichtserstattung, Studien- und Prüfungsangelegenheiten etc.).

Die Art der Beschäftigung (Vollzeit/Teilzeit), die Befristung sowie das Gehalt wurden zunächst anhand der Stellenanzeigen erhoben. Diese wurden mit den Aussagen der Online-Befragung verglichen, hier wird zunächst dargestellt, wie die offiziellen Bezeichnungen der Organisationseinheit der Qualitätsentwicklung lauten. Im Anschluss daran wird ausgewertet, wie bzw. wo die Organisationseinheit in der Hochschule angesiedelt ist. Um die Stellenmerkmale der Qualitätsentwickler zu analysieren, wurden die empirischen Ergebnisse der Fragen im Online-Fragebogen nach der Position des Befragten, der Befristung des Beschäftigungsverhältnisses, der Anstellung als wissenschaftlicher oder nicht-wissenschaftlicher Mitarbeiter, nach einer Verbeamtung sowie dem Gehalt aufgezeigt. Es wird erläutert, seit wann die in der Online-Befragung befragten Qualitätsentwickler auf ihrer derzeitigen Stelle beschäftigt sind, wo sie unmittelbar vor der derzeitigen Tätigkeit gearbeitet haben, und wie sie für die jetzige Stelle rekrutiert worden sind.

Die Frage nach der Art und den Spezifika der Professionalität der Qualitätsentwickler konzentriert sich auf die aus der theoretischen Beschäftigung gewonnen ‚Professions-/Professionalitätsdimensionen' der Handlungslogik, der Wissens- und Kompetenzbasis, der fachlichen Vereinigungen sowie des Zuständigkeitsanspruches/Legitimation.

Im Rahmen der Analyse der Handlungslogik wurde zunächst das Tätigkeitsprofil der Qualitätsentwickler dargestellt. Hierfür wurde auf den Online-Fragebogen sowie die Leitfadeninterviews zurückgegriffen. In den Leitfadeninterviews wurde offen um eine Darstellung der Tätigkeiten gebeten, in der Online-Umfrage wurde detaillierter gefragt, welche Bedeutung bestimmte Tätigkeiten in der jeweiligen Position des Befragten haben. Es wurde nach der Bedeutung von Aufgaben im Bereich der Qualitätsentwicklung (z. B. Entwicklung neuer Programme und Konzepte zur Qualitätssicherung, Umsetzung von Qualitätssicherungsmaßnahmen), nach der Kontaktpflege und der Zusammenarbeit mit externen und internen Partnern (z. B. mit anderen Wissenschaftseinrichtungen, mit Personen/Organisationen in der Privatwirtschaft; mit den Studierenden, der Hochschulverwaltung) und nach ‚Managementtätigkeiten' (z. B. Personalführung, Personal- und Organisationsentwicklung) gefragt. Weiterhin wurden die Qualitätsentwickler gebeten, den Prozentanteil ihrer Arbeitszeit, den sie mit wissenschaftlicher Arbeit verbringen, einzuschätzen.

Zur Erfassung der Unterdimension ‚Standardisierbarkeit und Routinisierbarkeit' wurde zum einem in der Online-Befragung danach gefragt, inwiefern es sich bei der Tätigkeit um eine abwechslungsreiche Tätigkeit handelt, und zum anderen, inwiefern Raum zur Eigeninitiative besteht. In den Interviews wurde versucht, durch die Schilderung der Tätigkeiten einen Eindruck zu erlangen, inwiefern die ausgeübten Tätigkeiten standardisierbar sind und Routinetätigkeiten entsprechen. Aussagen hierzu wurden auch auf die Leitfadenfrage *Wodurch zeichnet sich Ihre Arbeit aus? Was gefällt Ihnen an Ihrer Tätigkeit besonders, und was gefällt Ihnen nicht so?* getätigt.

Das Ausmaß der Autonomie der Qualitätsentwickler wurde in den Interviews anhand der Frage, wer die Ziele der Einheit für Qualitätsentwicklung bestimmt, und wer die Arbeit der Qualitätsentwickler kontrolliert, eingeschätzt. In der Online-Befragung galt die Antwortmöglichkeit *Treffe ich meistens alleine.* auf die Frage, mit wem und in welchem Ausmaß die Qualitätsentwickler berufliche Entscheidungen treffen, als ein Indikator für eine hohe Autonomie. Dieses wurde im Leitfaden durch die Frage *Wie viel können Sie alleine entscheiden, und welche Entscheidungen müssen durch andere „abgesegnet" werden?* ergänzt.

Um die Rolle und die *Einbindung der Qualitätsentwickler in Entscheidungsprozesse*, und hierbei in verschiedene Entscheidungsschritte, zu analysieren, wurde in Anlehnung auf die in Kapitel 3.3 vorgenommenen Unterscheidungen zwischen dem Einfluss der Qualitätsentwickler auf a) Entscheidungen der Hochschulleitung b) auf das Handeln der Wissenschaftler und c) auf die Qualität von Forschung und Lehre unterschieden. Auch die Möglichkeit der Einflussnahme wurde entlang dieser Unterscheidung eruiert.

Die Analyse des Einbezugs der Qualitätsentwickler in Entscheidungsprozesse sowie des Einflusses auf die Entscheidungsfindung auf der Ebene der Hochschulleitung erfolgt durch folgende Fragen im Interviewleitfaden: *Wie gestaltet sich die Zusammenarbeit zwischen der Hochschulleitung und ihrer Abteilung* und *Inwiefern werden ihre Arbeitsergebnisse/Erfahrungen und Einschätzungen bei Entscheidungen der Hochschulleitung bzw. der Fakultätsleitung berücksichtigt?*

Die Zusammenarbeit und die Art der Einflussnahme auf das wissenschaftliche Personal wurde anhand von Fragen zur Art und Häufigkeit des Kontakts mit Wissenschaftlern sowie der Einbindung in Verfahren der Qualitätsentwicklung erhoben. So lautete beispielsweise eine Frage, inwiefern es typische Probleme gäbe, die bei der Zusammenarbeit zwischen den Qualitätsentwicklern und den Wissenschaftlern auftauchen würden. Auch die Frage *Denken Sie, dass man das Lehrengagement der Wissenschaftler beeinflussen kann?* diente der Analyse der Einflussmöglichkeiten der Qualitätsentwickler auf die Wissenschaftler.

Die an der Online-Befragung teilnehmenden Qualitätsentwickler wurden zur Feststellung der Einschätzung des Einflusses der eigenen Arbeit gebeten, diesen auf die Forschung, die Lehre und die gesamte Hochschule einzuschätzen. Komplementiert wurde dieses durch die Frage nach dem Einfluss der Qualitätsentwicklung im Leitfaden *Wie stark schätzen Sie den Einfluss Ihrer Organisationseinheit auf die Qualität der Lehre ein?*

Die Analyse der Rolle und die Selbstwahrnehmung der Qualitätsentwickler erfolgte zum einen anhand der Frage nach dem beruflichen Selbstverständnis der Qualitätsentwickler. Dieses wurde anhand verschiedener ‚Statements' abgebildet, die aus vorherigen Interviews mit Qualitätsentwicklern aber auch Personalverantwortlichen an Hochschulen gewonnen wurden. So stellte ein Statement auf ein berufliches Selbstverständnis *als BeraterIn für meinen Aufgabenbereich innerhalb der Hochschule* ab, während ein anderes lautete, inwiefern die Qualitätsentwickler sich als *StellvertreterIn der Hochschulleitung, der/die für die effektive Umsetzung von Entscheidungen innerhalb der Hochschule sorgt* betrachten. In den Leitfadeninterviews wurde die Analyse des Selbstverständnisses durch die Frage *Zwischen Hochschulleitung und Wissenschaftlern: Welche Beschreibung trifft auf ihr Selbstverständnis zu: Sehen Sie sich eher, bildlich gesprochen, als verlängerter Arm der Hochschulleitung, d. h. als jemand, der Entscheidungen der Hochschulleitung implementiert und durchsetzt, oder eher als Servicedienstleister für die Wissenschaftler oder als etwas ganz anderes?* sowie durch die Bitte einer Beschreibung des professionellen Selbstverständnisses ergänzt. Durch diese Fragen sowie durch die Beschreibung der Modi der Zusammenarbeit mit hochschulinternen Akteuren konnte zudem die Frage beantwortet werden, inwiefern die Qualitätsentwickler die für die ‚neuen Professionellen' typische Funktion des Überbrückens von Handlungslogiken übernehmen. Der Bezugspunkt der Qualitätsentwickler (kurz: Peers oder Organisation) wurde unter anderem anhand der Leitfadenfrage, wem gegenüber sich die Qualitätsentwickler am meisten verpflichtet fühlt, beantwortet.

Die Darstellung der *Wissen-und Kompetenzbasis* greift auf die empirischen Analysen der Stellenanzeigen, der Online-Befragung sowie der Leitfadeninterviews zurück. Um die aus Sicht der Nachfrager – der Hochschulen – für eine Tätigkeit in der Qualitätsentwicklung notwendigen Kompetenzen darzustellen, werden die empirischen Resultate der Analyse der Stellenanzeigen aufgezeigt. Es wird gezeigt, welche formalen Qualifikationsanforderungen, Fachkompetenzen sowie sozialen Kompetenzen nachgefragt werden. Diese werden mit den in der Online-Befragung genannten Kompetenzen verglichen. In die Beantwortung der Frage nach der Wissens- und Kompetenzbasis gehen auch die Fragen aus dem Online-Fragebogen nach dem akademischen Grad, dem disziplinären Hintergrund, den durchlaufenen Ausbildungen, vorherigen beruflichen Tätigkeiten und der For-

schungserfahrung ein. Dieses wird durch diesbezügliche Aussagen der in den Leitfadeninterviews befragten Qualitätsentwickler ergänzt.

Um die Bedeutung von fachlichen Organisationen für die Arbeit der Qualitäts-
entwickler zu erläutern, wurde zunächst in der Online-Umfrage als auch in den
Interviews erhoben, ob, und wenn ja, in welchen fachlichen Verbänden und Vereinigungen die Qualitätsentwickler Mitglied sind, und es wurde erhoben, welche
Bedeutung institutionalisierte Formen des Austausches (z. B. Arbeitskreise, (Info)
Netzwerke, Vereinigungen) auf regionaler, föderaler, nationaler und internationaler Ebene haben. Ergänzt wurden diese quantitativen Auswertungen durch die
Antworten auf die Leitfadenfrage nach der Bedeutung fachlicher Netzwerke für
den Kompetenzerwerb.

Der *Zuständigkeitsanspruch der Qualitätsentwickler bzw. die Frage nach der
Legitimität* ihrer Arbeit wurde zunächst durch die Frage der Akzeptanz seitens
verschiedener Akteure innerhalb und außerhalb der Hochschule erhoben. Um zu
analysieren, wie diese hergestellt wird, wurde in den Leitfadeninterviews gefragt,
wie sich die Zusammenarbeit der Qualitätsentwickler mit der Hochschulleitung
und den Wissenschaftlern gestalte und worauf eine etwaige Akzeptanz beruhe.
Die Antworten der Qualitätsentwickler auf die Frage im Leitfaden nach der Bedeutung und der Basis von Vertrauen in der täglichen Arbeit trugen ebenfalls zur
Beantwortung der Frage nach dem Zuständigkeitsanspruch/der Legitimität der
Qualitätsentwickler bei.

7   Empirische Auswertung

7.1   Datensample

7.1.1   Online-Befragung

Das Datensample der Online-Befragung zeichnet sich – im Vergleich zur Grundgesamtheit der Universitäten und Fachhochschulen – durch eine überrepräsentative
Anzahl an Universitäten aus, welche aber dadurch erklärt werden kann, dass bei
der Auswahl der angeschriebenen Qualitätsentwickler vor allem kleinere Fachhochschulen aufgrund der nicht ausschließlichen Befassung der Organisationseinheit mit Fragen der Qualitätssicherung aus dem Sample exkludiert wurden (vgl.
Kapitel 6.2.3) (siehe Tab. 7.1).

	Häufigkeit	Gültige Prozent
Universität in staatlicher Trägerschaft (inkl. Stiftungsuniversität)	41	59,4 %
Fachhochschule in staatlicher Trägerschaft (inkl. Stiftungsfachhochschulen)	28	40,6 %
Gesamt	69	100,0 %

Tab. 7.1   Fragebogenrücklauf nach Hochschultyp, N=69, Quelle: Online-Befragung
Qualitätsentwickler 2009

45 % der befragten Qualitätsmanager arbeiten an Hochschulen, die bis einschließlich 1961 gegründet wurden, 55 % an solchen, die nach 1961 gegründet wurden.
  Das Datensample umfasst vor allem Qualitätsentwickler, die an kleinen und
mittelgroßen Hochschulen (bis 20.000 Studierende) arbeiten: 23,2 % (16 Personen)
der Befragten gehen einer Tätigkeit als Qualitätsentwickler an einer Hochschule
nach, die weniger als 5.000 Studierende hat, 24,6 % (17 Personen) der Befragten
an einer Hochschule, die 5.001 bis 10.000 Studierende hat und 29,0 % (20 Personen) an einer Hochschule, die 10.001 bis 20.000 Studierende hat. Im Sample
vertreten sind zudem 11 Personen (15,9 %), die an Hochschulen mit 20.0001 bis
30.000 Studierenden beschäftigt sind und fünf Personen (7,2 %) arbeiten an einer
Hochschule mit mehr als 30.001 Studierenden (siehe Tab. 7.2).

	Häufigkeit	in Prozent
Bis 5.000	16	23,2
5.001 bis 10.000	17	24,6
10.001 bis 20.000	20	29,0
20.001 bis 30.000	11	15,9
30.001 und mehr	5	7,2
Gesamt	69	100,0

Tab. 7.2   Fragebogenrücklauf nach Hochschulgröße, N=69, Quelle: Online-Befragung
Qualitätsentwickler 2009

Erwartungsgemäß handelt es sich bei den kleineren Hochschulen um Fachhochschulen und bei den größeren Hochschulen um Universitäten (siehe Tab. 7.3).

	Staatliche Universität	Staatliche Fachhochschule	Gesamt
Bis 5.000	1 (6,2 %)	15 (93,8 %)	16 (100 %)
5.001 bis 10.000	7 (41,2 %)	10 (58,8 %)	17 (100 %)
10.001 bis 20.000	17 (85,0 %)	3 (15,0 %)	20 (100 %)
20.001 bis 30.000	11 (100 %)	0 (100 %)	11 (100 %)
30.001 und mehr	5 (100 %)	0 (100 %)	5 (100 %)
Gesamt	41 (59,4 %)	28 (40,6 %)	69 (100 %)

Tab. 7.3   Fragebogenrücklauf nach Hochschulgröße und Hochschultyp, N=69, Quelle: Online-
Befragung Qualitätsentwickler 2009

Obgleich durch die Recherche der E-Mail-Adressen sichergestellt werden sollte, dass lediglich Leiter von Einheiten der Qualitätsentwicklung an der Befragung teilnehmen, finden sich in dem Datensample doch 11 Teilnehmer, die sich nicht in einer Vorgesetztenfunktion befinden. Mit einem Anteil von 26,1 % gibt es auch viele Befragte, die als einziges Mitglied in der Organisationseinheit für Qualitätsentwicklung tätig sind bzw. sich als einzige Person um Fragen der Qualitätsentwicklung kümmern (siehe Tab. 7.4).

	Vorgesetzter/ Leiter	Mitarbeiter	'Bin als Einziger/als Einzige in dieser Organisationseinheit tätig'	Insgesamt
Anzahl	40	11	18	69
Prozent	58,0 %	15,9 %	26,1 %	100,0 %

Tab. 7.4   Datensample Experteninterviews, N=13, Quelle: Experteninterviews 2010

58,1 % der Befragten sind weiblich, 41,9 % männlich.[68] Die Verteilung auf die jeweilige Funktion ist zwischen Männern und Frauen annähernd gleich verteilt. Der Altersdurchschnitt der Befragten liegt zum Zeitpunkt der Befragung bei 44 Jahren (Standardabweichung [SD] 9 Jahre), wobei Frauen mit einem durchschnittlichen Geburtsjahrgang von 1967 (SD 8 Jahre) zwei Jahre jünger sind als die Männer mit einem durchschnittlichen Geburtsjahrgang von 1965 (SD 9 Jahre).

7.1.2   Qualitative Interviews

Im Folgenden werden kurz die Interviewpartner und deren beschäftigende Universität dargestellt. Die organisatorischen Merkmale der beschäftigenden qualitätssichernden Einheit (Aufgabenspektrum, Ansiedlung, Finanzierung) werden gesondert unter dem Punkt ‚Organisatorisch-technische Arbeitsbedingungen' (Kapitel 7.2) abgebildet. Die Darstellung der Universitäten erfolgt chronologisch geordnet nach dem Zeitpunkt des Interviews.

Es wurden insgesamt 13 Qualitätsentwickler an zehn Universitäten befragt. Bei den zehn Universitäten handelt es sich um

a) eine kleine Universität (ca.10.000 Studierende), die sich durch eine starke Lehramtsausbildung kennzeichnet (U1),

b) eine große Universität (mehr als 30.000 Studierende), die sich durch eine starke Lehramtsausbildung und eine rasche Bachelor- und Masterumstellung auszeichnet sowie über ein stark ausgebautes Zentrum für Qualitätsmanagement verfügt (U10),

c) zwei große Universitäten (mehr als 30.000 Studierende), die in Forschung und Lehre gleichermaßen ausgewiesen sind (U4, U7) und eine dritte, die neben diese Merkmalen noch über ein stark ausgebautes Zentrum für Qualitätsmanagement verfügt (U2),

d) eine mittelgroße Universität (ca. 20.000 Studierende), die sich durch eine hohe Drittmittelquote sowie erfolgreiche Anträge in der 1. und 2. Förderlinie der Exzellenzinitiative auszeichnet (U3),

e) eine mittelgroße Universität (ca. 20.000 Studierende), die in Forschung und Lehre gleichermaßen ausgewiesen ist (U9),

---

[68]   Die Gründe und Implikationen der hier zu beobachtenden überproportional häufigen Beschäftigung von Frauen (die im Vergleich zu anderen Funktionalbereichen noch eher moderat ausfällt) werden in Kloke et al. 2011 und Krücken et al. 2012b erläutert.

f) zwei große Universitäten (mehr als 30.000 Studierende), die sich durch eine hohe Drittmittelquote sowie erfolgreiche Anträge in der 1., 2. und 3. Förderlinie der Exzellenzinitiative auszeichnen (U5, U6).

Es wurden insgesamt neun Leiter von Einrichtungen im Bereich der Qualitätsentwicklung befragt sowie zwei Mitarbeiter, in deren Referat lediglich die beiden Befragten beschäftigt (exklusive stud. und wiss. Hilfskräfte und Sekretariatskräfte) (I1 und I2) sind. Zudem wurden noch zwei für den Bereich Qualitätsentwicklung Verantwortliche interviewt, die aber keine offizielle Leitungsfunktion einnehmen (I9, I11). Unter den Befragten befanden sich sechs Frauen und sieben Männer (siehe Tab. 7.5).

Interview-partner	Universität	Position Interviewpartner
I1	U1, klein, lehrstark	Mitarbeiter im Referat Qualitätssicherung in einer Stabsstelle für Studium und Lehre (Präsident untergeordnet)
I2	U1, klein, lehrstark	Mitarbeiter im Referat Qualitätssicherung in einer Stabsstelle für Studium und Lehre
I3	U2, groß, forschungs- u. lehrstark	Leiter eines Zentrums für Qualitätssicherung und -entwicklung
I4	U3, mittelgroß, for-schungsstark	Leiter einer Stabsstelle Qualitätsmanagement
I5	U4, groß, Forschung und Lehre gleich	Leiter einer Organisationseinheit für Qualitätsmanagement
I6	U5, groß, forschungsstark	Leiter einer Organisationseinheit für Qualitätssicherung Studium und Lehre
I7	U5, groß, forschungsstark	Mitarbeiter Strategie und Entwicklung (zuständig für Qualitätssicherung Forschung)
I8	U6, groß, forschungsstark	Leiter Bereich Qualitätsmanagement im Präsidialstab
I9	U7, groß, Forschung und Lehre gleich	Verantwortlicher für den Bereich akademisches Controlling und Qualitätssicherung
I10	U8, groß, Forschung und Lehre gleich	Leiter Referat Qualitätsmanagement
I11	U8, groß, Forschung und Lehre gleich	Mitarbeiter Referat Qualität und Recht
I12	U9, mittelgroß, For-schung und Lehre gleich	Leiter Ressort Qualitätsmanagement
I13	U10, groß, lehrstark	Leiter Bereich Qualitätsentwicklung und -management

Tab. 7.5   Datensample Experteninterviews, N=13, Quelle: Experteninterviews 2010

7.2 Organisatorisch-technische Arbeitsbedingungen

Im Folgenden werden die organisatorisch-technischen Arbeitsbedingungen der Qualitätsentwickler vorgestellt. Hierbei wird zwischen Angaben zur Organisationseinheit und Angaben zur Position der Befragten unterschieden. Bei der Darstellung der Organisationseinheit wird die Frage der Bezeichnung der Organisationseinheit, der Ansiedlung, der Mitarbeiteranzahl und des Gründungsdatums erörtert. Hierzu wird auf die Ergebnisse der Online-Befragung sowie auf die der Experteninterviews rekurriert. Die Ausgestaltung der Position wird anhand der Befristung des Beschäftigungsverhältnisses, der Entlohnung und der Verbeamtung dargestellt. Hier werden Ergebnisse der Analyse der Stellenanzeigen sowie der Online-Befragung vorgestellt, in den Experteninterviews stand diese Thematik im Hintergrund.

Diese Darstellung der organisatorisch-technischen Arbeitsbedingungen erfolgt, da davon ausgegangen wird, dass diese das Selbst-, Rollen- und Aufgabenverständnis – und damit auch die Art der Professionalität – beeinflussen.

7.2.1 Angaben zur Organisationseinheit

Im Folgenden wird anhand der Online-Befragung sowie der Experteninterviews die organisatorisch-technischen Ausprägungen der Organisationseinheit (Aufgabenspektrum, Ansiedlung, Finanzierung, Gründungszeitraum, Mitarbeiteranzahl) im Bereich Qualitätsentwicklung vorgestellt.

a) Online-Befragung

In Übereinstimmung mit der Befragung des ‚Projektes Q' (2010) arbeiten die meisten (42 %) der befragten Qualitätsentwickler in Einheiten, die in Form einer Stabsstelle organisiert sind. 37,7 % sind in Einheiten für die Qualitätsentwicklung beschäftigt, die in der Verwaltung angesiedelt sind. Dabei handelt es sich in 26,1 % der Fälle um ein eigenständiges Referat oder ein Dezernat in der zentralen Hochschulverwaltung, in 11,6 % der Fälle um eine Abteilung, die an ein Referat oder Dezernat in der zentralen Hochschulverwaltung angegliedert ist. Im Vergleich zu der Befragung des ‚Projektes Q' (dieses ist wahrscheinlich wieder auf das unterschiedliche Datensample zurückzuführen) arbeiten die befragten Qualitätsentwickler relativ häufig, und zwar zu 11,6 %, in einem eigenen Institut oder Zentrum für Qualitätsentwicklung. Ansonsten findet sich noch die organisatorische Ansiedlung

an eine Fakultät oder an einen Fachbereich oder eine nicht näher benannte Projekt-
stelle (siehe Abb. 7.1) (Kategorie *Sonstige*).

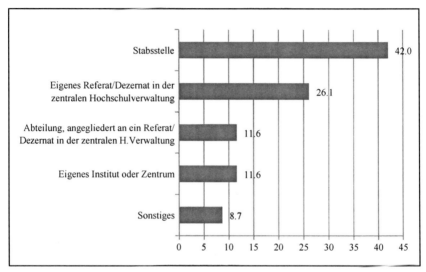

Abb. 7.1   „Wo/wie ist Ihre Organisation in/an der Hochschule angesiedelt?" N=69,
Quelle: Online-Befragung Qualitätsentwickler 2009

Die organisatorischen Einheiten verfügen über durchschnittlich 4,1 (SD 5,0)
Mitarbeiter (inklusive des Befragten, exklusive stud. und wiss. Hilfskräfte und
Sekretariatskräfte); der Median liegt bei 2,9 Mitarbeitern.

Die Mehrzahl der befragen Mitarbeiter arbeitet in organisatorischen Einheiten,
die sich vor allem mit der Qualitätssicherung im Bereich der Lehre befassen, wie
folgende Tabelle zeigt.[69] So geben 79,7 % der Befragten an, dass ihre Organisationseinheit unter anderem für den Bereich der Qualitätssicherung/die Evaluation
von Studium und Lehre zuständig ist; in 52,2 % der Fälle unter anderem für Akkreditierungsverfahren. Häufig wurden mit 47,8 % auch Verfahren des Qualitätsmanagements genannt, die die ganze Hochschule betreffen. Seltener (in 31,9 %
der Fälle) ist die jeweilige Organisationseinheit auch für die Qualitätssicherung/
Evaluation der Verwaltung zuständig, in lediglich 27,5 % auch für die Forschung
(siehe Tab. 7.6).

---

[69]   In diesem Unterkapitel wird anstatt von ‚Qualitätsentwicklung' von ‚Qualitätssicherung' gesprochen, da diese Benennung im Fragebogen verwendet wurde.

„Für welche Bereiche der Qualitätssicherung ist Ihre Organisationseinheit zuständig? (Mehrfachantworten möglich)	
Qualitätssicherung/Evaluation Studium und Lehre	79,7 % (55)
Qualitätssicherung/Evaluation Forschung	27,5 % (19)
Qualitätssicherung/Evaluation Verwaltung	31,9 % (22)
Akkreditierungsverfahren	52,2 % (36)
Verfahren, die die ganze Hochschule betreffen	47,8 % (33)
Sonstiges	29,0 % (20)

Tab. 7.6   „Für welche Bereiche der Qualitätssicherung ist Ihre Organisationseinheit zuständig?" (Mehrfachantworten möglich) N=69, Quelle: Online-Umfrage Qualitätsentwickler 2009

Weiterhin wurden die Qualitätsentwickler noch gebeten, anzugeben, inwiefern sie auch bestimmte Aufgaben in der Qualitätsentwicklung nahen Bereichen übernehmen.[70]

Um festzustellen, inwiefern sich bestimmte Kombinationen von Bereichen der Qualitätsentwicklung in den Organisationseinheiten finden lassen, wurde eine Clusteranalyse durchgeführt.

> „Die Clusteranalyse dient dazu, eine Menge von Objekten derart in Gruppen zu unter teilen, dass die derselben Gruppe zugeordneten Objekte eine möglichst hohe Ähnlichkeit aufweisen, während gleichzeitig die Objekte unterschiedlicher Gruppen deutlich verschieden voneinander sind" (Brosius 2002: 627).

Somit handelt es sich um ein strukturentdeckendes Verfahren in Datenbeständen. Das Ziel der Clusteranalyse ist, Objekte aufgrund ihrer Ähnlichkeit in Hinblick auf spezifische Merkmalskombinationen zu Gruppen zusammenzufassen (vgl. Brosius 2002: 628). Im vorliegenden Fall soll also untersucht werden, ob sich bestimmte Einheiten der Qualitätssicherung durch ähnliche Aufgabenbereiche auszeichnen und sich somit zu Clustern ordnen lassen. Als relevante Variable zur Bestimmung von aufgabenspezifischen Clustern wurden verschiedene Bereiche genannt, für die die Organisationseinheit der Qualitätsentwicklung zuständig ist. Hierbei handelte es sich um folgende Bereiche: a) Qualitätssicherung/Evaluation Studium und Lehre b) Qualitätssicherung/Evaluation Forschung c) Qualitätssicherung/Evaluation Verwaltung d) Akkreditierungsverfahren e) Verfahren des Qualitätsmanagements, die die gesamte Hochschule betreffen (z. B. ISO 9000; TQM). Als Clusteralgorithmus wurde das Ward-Verfahren verwendet. Ziel des Ward-Verfahrens ist es, möglichst homogene Cluster zu bilden. Im Ward-Verfahren werden diejenigen Gruppen vereinigt, die ein vorgegebenes Heterogenitätsmaß am wenigsten vergrößern. Als

---

[70]   Diese Antworten dienten aber lediglich als Kontrollvariable, um solche Einrichtungen, die nicht nur für die Qualitätsentwicklung, sondern auch für viele andere Bereiche zuständig sind, aus dem Datensample zu filtern. Somit wurden 15 beantwortete Fragebögen aus der Auswertung exkludiert.

Heterogenitätsmaß wird das der Fehlerquadratsumme verwendet, als Proximitätsmaß wird dem Ward-Verfahren die quadrierte euklidische Distanz zugrunde gelegt (vgl. Backhaus et al. 2006: 522f.). Die so durchgeführte Clusteranalyse fusioniert also die einzelnen Fälle zu Gruppen. Dabei geht das agglomerative Verfahren der Clusteranalyse nach dem Ward-Verfahren zunächst davon aus, dass alle Fälle ein eigenständiges Cluster sind und endet dann mit der Zusammenfassung aller Fälle in einer großen Gruppe. Dementsprechend muss entschieden werden, welche Anzahl von Gruppen (Clusterlösung) geeignet ist, um die den Clustern zugrunde liegende Gruppierung festlegen zu können. Hierfür wird die Entwicklung des Heterogenitätsmaßes im Fusionierungsprozess betrachtet. Dieses kann anhand des Dendrogramms, einer grafischen Verdeutlichung des Fusionierungsprozesses entschieden werden. Das Dendrogramm des hier durchgeführten Fusionierungsprozesses zeigt, dass der Übergang von der Vier- zur Fünf-Clusterlösung mit einer großen Zunahme der Heterogenität verbunden ist. Dementsprechend wurde eine Vier-Clusterlösung ausgewählt.

	QS Studium und Lehre	QS Forschung	QS Verwaltung	Akkreditierung	Gesamte Hochschule betreffend	Anzahl, prozentualer Anteil
Cluster 1 (Studium und Lehre/	100 %	0,0 %	0 %	100 %	40,9 %	22 (31,9 %)
Cluster 2 (allumfassend)	100 %	66,7 %	100 %	72,2 %	77,8 %	18 (26,1 %)
Cluster 3 (QM Verfahren gesamte Hochschule betreffend)	30 %	0 %	0 %	10 %	100 %	10 (14,5 %)
Cluster 4 (nicht eindeutige Zuordnung, vor allem Studium und Lehre)	68,4 %	26,3 %	21,1 %	0 %	0 %	19 (27,5 %)
Durchschnittliche Nennung	81,2 %	27,5 %	31,9 %	52,2 %	47,8 %	69 (... %)

Tab. 7.7 Darstellung der Kombination von Bereichen der Qualitätsentwicklung (Clusteranalyse), N=69, Quelle: Online-Befragung Qualitätsentwickler 2009

Allerdings ist festzustellen, dass ein Cluster, und zwar Cluster 4, schwer inter-
pretierbar ist. Zwar umfasst dieses Organisationseinheiten, die vornehmlich im Bereich der Qualitätssicherung und Evaluation der Lehre tätig sind, wie aber Tab. 7.7
zeigt, ist diese Nennung im Vergleich zu der sampleübergreifenden Nennung der
Zuständigkeitsbereiche unterdurchschnittlich.

Cluster 1 der qualitätssichernden Einheiten ist für die Qualitätssicherung/Evalu-
ation von Studium und Lehre tätig, ergänzt durch den Bereich der Akkreditierung.
Cluster 2 umfasst Einrichtungen, die für sämtliche Bereiche der Qualitätssicherung
an deutschen Hochschulen zuständig sind, also für die Qualitätssicherung und die
Evaluation von Studium und Lehre, der Forschung sowie der Verwaltung; diese
Einrichtungen sind zudem auch für die Akkreditierung und Verfahren zuständig,
die die gesamte Hochschule betreffen. Cluster 3 hingegen ist vor allem für Verfahren zuständig, die die gesamte Hochschule betreffen. Es ist anzunehmen, dass
es sich bei den entsprechenden Einrichtungen um solche handelt, die, wie bei der
Analyse der Interviews noch deutlicher herausgestellt wird, für die Koordination
und das Zusammenführen von qualitätssichernden Maßnahmen, die in weiteren
hochschulinternen Einrichtungen der Qualitätsentwicklung durchgeführt werden,
zuständig sind.

An deutschen Hochschulen finden sich das Cluster 1 am häufigsten wieder,
das heißt, das Cluster, welches für den Bereich ‚Qualitätssicherung/Evaluation
Studium und Lehre‘ und ‚Akkreditierung‘ zuständig ist; dieses Cluster findet sich
an 31,9 % der untersuchten Hochschulen. Am zweithäufigsten existiert mit 27,5 %
das nicht eindeutig zu identifizierende Cluster 4, über das aber ausgesagt werden
kann, dass die in diesem Cluster anzufindenden Einrichtungen vornehmlich für den
Bereich ‚Qualitätssicherung/Evaluation Studium‘ zuständig sind. Am dritthäufigsten (26,1 % der Fälle) ist das Cluster 2 anzufinden, welches für alle Bereiche der
Qualitätsentwicklung zuständig ist. Nur in 14,5 % handelt es sich bei der Einrichtung für die Qualitätsentwicklung, in der die befragten Qualitätsentwickler arbeiten
um eine, die vor allem für Verfahren der Qualitätsentwicklung, die die gesamte
Hochschule betreffen, zuständig ist.

Der Bereich, für den die jeweilige Organisationseinheit zuständig ist, findet
sich häufig auch in deren Namen wieder, oft ergänzt durch die Stelle, an der die
organisatorische Einheit angesiedelt ist. So finden sich beispielsweise ein ‚Zentrum für Evaluation und Qualitätsmanagement‘, eine ‚Stabsstelle für Lehrqualität‘
oder ein ‚Referat für Studienreform und Lehre‘ im Datensample. Auffällig ist, dass
am häufigsten von Qualitätsmanagement gesprochen wird (in 56,8 % der Fälle),
gefolgt von Qualitätssicherung (24,3 %) und dann erst von Qualitätsentwicklung
(13,5 %), in Ausnahmefällen auch nur von ‚Qualität‘ (5,4 %). Die Bezeichnung der
Organisationseinheit zeigt sich dann auch in der offiziellen Dienst-/Positionsbe-

zeichnung der Befragten. In ungefähr der Hälfte der Fälle wurde diese mit Leiter/
Mitarbeiter/Referent/Beauftragter für ‚Lehrqualität', ‚Qualitätssicherung', ‚Evaluation und Qualitätsmanagement' etc. angegeben, in der anderen Hälfte der Fälle
wurde die Dienst-/Positionsbezeichnung mit ‚Qualitätsmanager' oder ‚Qualitätsbe-
auftragter' angegeben. Somit gibt es im Tätigkeitsfeld Qualitätsentwicklung weder
eine einheitliche Bezeichnung der Organisationseinheiten, noch der Dienst-/Posi-
tionsbezeichnungen. Anhand der geführten Interviews wurde deutlich, dass die
Verwendung von ‚Qualitätsmanagement', ‚Qualitätssicherung' oder ‚Qualitätsentwicklung' von den meisten der Interviewten alternierend verwendet wird, aber nur
selten mit den unterschiedlichen Konzeptionen, die in der theoretischen Literatur
mit diesen Begriffen verbunden werden (vgl. Kapitel 3.2), bezogen werden.

Bei der Analyse der beschäftigenden Organisationseinheit der interviewten
Qualitäts-Entwickler (Aufgabenspektrum, Ansiedlung, Finanzierung) zeigt sich,
dass hier wie in der Online-Befragung die Organisationsform der Stabsstelle überwiegt; diese findet sich an sechs der zehn untersuchten Hochschulen (U1, U3,
U4, U5, U6, U9). An zwei der Hochschulen ist die Qualitätsentwicklung in einem
zentralen, eigenen Institut oder Zentrum organisiert (U2, U10), an zwei anderen
Hochschulen als Teil eines Verwaltungsdezernates (U7, U8).

Das Referat für Qualitätssicherung an der kleinen, lehrstarken Universität (U1)
in der *Interviewpartner 1 und 2* (I1 und I2) arbeiten, beschäftigt sich ausschließlich mit dem Thema Qualitätsentwicklung im Bereich der Lehre. Dieses Referat
ist einer direkt beim Präsidenten angesiedelten Stabsstelle für Studium und Lehre
zugeordnet. In der Qualitätsentwicklung sind lediglich die beiden befragten Mitarbeiter (exklusive stud. und wiss. Hilfskräfte und Sekretariatskräfte) beschäftigt, die
Leitung dieses Referats übernimmt die Leitung der gesamten Stabsstelle Studium
und Lehre. Finanziert werden die Stellen für die Qualitätsentwicklung, von denen
eine 2005 etabliert wurde, die andere 2009, aus Haushaltsmitteln der Hochschule.

Interviewpartner 3 (I3) ist an einer großen Universität (U2) beschäftigt, die in
Forschung und Lehre gleichermaßen ausgewiesen ist. I3 ist Leiter eines Zentrums
für Qualitätssicherung und -entwicklung, welches bereits in den späten 1990er-
Jahren gegründet wurde. Das Zentrum ist für das gesamte Qualitätsmanagement
der U2 zuständig, dieses umfasst Programm-, Fächer- und Fakultätsevaluationen,
Akkreditierungen, Förderung des wissenschaftlichen Nachwuchses und die Hochschuldidaktik. Auch ist das Zentrum an der Ausgestaltung der Zielvereinbarung
zwischen Hochschulleitung und den evaluierten Einrichtungen betraut; ferner operiert es im Bereich Hochschul- und Bildungsforschung. In dem Zentrum sind 24
Mitarbeiter beschäftigt (inklusive des Befragten, exklusive stud. und wiss. Hilfskräfte und Sekretariatskräfte), die zum Teil aus Haushaltsmitteln der Hochschule,
zum Teil aus Sonderprogrammen des Landes und zum Teil aus Drittmitteln finan-

ziert werden. Die Universität verfügt, vor allem im Bereich der Lehre, über ein stark ausgebautes und institutionalisiertes Qualitätsmanagementsystem.

Interviewpartner 4 (I4) ist an einer mittelgroßen Universität (U3) beschäftigt, die sich durch eine hohe Drittmittelquote auszeichnet und deswegen als forschungsstark definiert wurde. Der Interviewpartner ist Leiter einer Stabsstelle für Qualitätsmanagement, die dem Vizepräsidenten für Studium und Lehre zugeordnet ist. Die Stabsstelle, die 2009 gegründet wurde, ist für die Entwicklung und Umsetzung eines umfassenden Qualitätsmanagements zuständig, berät und unterstützt die Fakultäten bei Veranstaltungs- und Einrichtungsevaluationen, Akkreditierungsverfahren oder der Prozessoptimierung. Derzeit fokussiert sich die Arbeit auf den Bereich Lehre, soll aber sukzessive auf die Forschung ausgedehnt werden. Der Aufbau eines umfassenden Qualitätsmanagements ist geplant, aber noch nicht abgeschlossen. Der Interviewpartner ist seit Gründung der Stabsstelle in dieser beschäftigt. Die vier Mitarbeiter (inklusive des Befragten, exklusive Sekretariatskräfte) werden aus Haushaltsmitteln der Hochschule bezahlt.

Interviewpartner 5 (I5) ist an einer großen Universität (U4) beschäftigt, die in Forschung und Lehre gleichermaßen ausgewiesen ist. Er ist Leiter einer Organisationseinheit für Qualitätsmanagement, die Teil einer am Präsidenten angesiedelten Stabsstelle für strategisches Controlling ist. Die Organisationseinheit für das Qualitätsmanagement ist für die Entwicklung und Umsetzung eines umfassenden Qualitätsmanagements verantwortlich, allerdings findet auch hier derzeit eine Fokussierung auf die Lehre statt. So besteht ein großer Teil der Aufgabe der Organisationseinheit in der Qualitätssicherung von Studienprogrammen, in Lehrveranstaltungsevaluationen und Akkreditierungen, aber auch in der Evaluation von Fächern und Fakultäten. Ebenfalls ist die Organisationseinheit für die Kapazitätsplanung und die Kennzahlenerhebung und -auswertung zuständig. Die Universität verfügt über ein stark ausgebautes Qualitätsmanagementsystem (in Anlehnung an DIN-ISO 9001f.), allerdings nur für den Bereich der Lehre. In der Organisationseinheit für Qualitätsmanagement sind neun Personen (inklusive des Befragten, exklusive stud. und wiss. Hilfskräfte und Sekretariatskräfte) beschäftigt, welche zum größeren Teil aus Haushaltsmitteln der Universität bezahlt werden, zum Teil aber auch aus Sonderprogrammen des Landes. Die Organisationseinheit besteht in ihrer derzeitigen Form seit ca. 2006, jedoch reichen die Anfänge der Qualitätssicherung in institutioneller Form an der Universität bis ins Jahr 1997.

Interviewpartner 6 (I6) ist Leiter des Bereichs Qualitätssicherung an einer großen, forschungsstarken Universität (U5). Der Bereich Qualitätssicherung ist einer dem Kanzler untergeordneten Stabsstelle für Strategie und Entwicklung zugeordnet. Die Organisationseinheit bestand zum Zeitpunkt des Interviews erst seit einem halben Jahr, seitdem ist auch der Interviewpartner dort beschäftigt und hat die Leitungsfunktion inne. Die Aufgabe der Einheit ist die der Qualitätsentwicklung im Bereich der Lehre; zum Zeitpunkt des Interviews bestand die Hauptaufgabe des Befragten vor allem in der Aufbauarbeit der Organisationseinheit und der Bestandserhebung von in den Fakultäten durchgeführten qualitätssichernden Maßnahmen. In dem Bereich Qualitätsentwicklung arbeitet neben dem Leiter noch eine weitere Person (exklusive stud. und wiss. Hilfskräfte und Sekretariatskräfte), die wie der Leiter, aus Haushaltsmitteln der Universität bezahlt wird. Für die Qualitätsentwicklung in der Forschung gibt es an der Universität noch eine, auch der Stabsstelle für Strategie und Entwicklung zugeordnete, weitere Stelle. Der dortige Mitarbeiter ist vor allem mit der Indidakorenerhebung und -auswertung im Forschungsbereich beschäftigt.

Interviewpartner 7 (I7) ist an derselben Universität wie I6 beschäftigt. Er ist für den Bereich der Forschungsevaluation inklusive bibliometrischer Analysen zuständig. Dieser Bereich ist jedoch nicht in einer eigenen Organisationseinheit organisiert, sondern ungebunden in die Stabsstelle für Strategie und Entwicklung integriert. I7 beschäftigt sich seit 2007 mit diesem Bereich und wird aus Haushaltsmitteln bezahlt.

Interviewpartner 8 (I8) ist Leiter des Bereichs Qualitätsmanagement, der dem Präsidialstab einer großen forschungsstarken Universität (U6) zugeordnet ist. Der Bereich des Qualitätsmanagements beschränkt sich auf den Bereich der Lehre, dieser ist aber sehr stark ausgebaut und verfügt über eine fest definierte Rückkopplung an die Hochschulleitung. Insgesamt sind in der Organisationseinheit Qualitätsmanagement vier Mitarbeiter beschäftigt (inklusive des Befragten, exklusive stud. und wiss. Hilfskräfte und Sekretariatskräfte), die aus Haushaltsmitteln der Universität bezahlt werden. Die Einrichtung wurde 2007 gegründet.

Interviewpartner 9 (I9) ist an einer großen Universität (U7) beschäftigt, die in Forschung und Lehre gleichermaßen ausgewiesen ist. An dieser ist er stellvertretender Leiter eines Verwaltungsdezernates für Planung, Entwicklung, Controlling; in dem Dezernat ist er für den Bereich akademisches Controlling und Qualitätssicherung verantwortlich. In diesem Bereich sind fünf Mitarbeiterstellen, finanziert aus Haushaltsmitteln, vorgesehen (inklusive des Befragten, exklusive stud. und wiss. Hilfskräfte und Sekretariatskräfte). Zum Zeitpunkt der Befragung waren allerdings nur zwei Stellen besetzt. Die Aufgaben dieser Einheit erstrecken sich auf den Bereich der Kennzahlenerhebung und -Auswertung, aber auch auf die Qualitätssicherung von Studienprogrammen, in Lehrveranstaltungsevaluationen und Akkreditierungen. Da Ergebnisse der Qualitätssicherung nicht umfassend und vor allem nicht fest definiert an die Hochschulleitung rückgemeldet werden, kann auch an U7 nicht von einem Qualitätsmanagementsystem, sondern lediglich von einem qualitätssichernden System gesprochen werden. Der eigene Bereich für die Qualitätssicherung existiert erst seit 2008. *Interviewpartner 10* (I10) ist Leiter eines Referates für Qualitätsmanagement. Das Referat ist in dem Verwaltungsdezernat ‚Universitätsentwicklung' angesiedelt, welches dem Präsidenten einer großen Universität (U9) untersteht, die in Lehre und Forschung gleichermaßen ausgewiesen ist. Das Referat bearbeitet das gesamtuniversitär integrierte Qualitätsmanagement und unterstützt und koordiniert die Qualitätsmanagement-Aktivitäten auf allen Ebenen. Das Referat Qualitätsmanagement wurde erst Anfang 2009 gegründet, sodass sich der Aufbau eines umfassenden Qualitätsmanagements noch in der Aufbauphase befindet. In diesem Referat arbeiten, inklusive des Befragten, aber exklusive Sekretariatskräfte, fünf Personen. Der Befragte ist seit der Etablierung des Referates Qualitätsmanagement dessen Leiter.

An U9 existieren neben dem Referat für Qualitätsmanagement, das ja die übergeordnete Koordination des Qualitätsmanagements verantwortet, weitere Einrichtungen für die Qualitätssicherung im Bereich der Lehre. Mit dem für die Qualitätssicherung der Lehre zuständigen Mitarbeiter wurde ebenfalls ein Interview geführt. Die Abteilung ‚Qualitätssicherung Lehre', in der *Interviewpartner 11* (I11) arbeitet, ist dem Verwaltungsdezernat für Studium und Lehre zugeordnet und dort dem untergeordneten Referat ‚Qualität und Recht'. I11 ist für die Konzeption von Lehrveranstaltungsevaluationen, Evaluationen von Studiengängen, Absolventenbefragungen und die Akkreditierung zuständig. Diesen Themenbereich bearbeitet er mit drei anderen Kollegen, die, wie er auch, erst vor knapp einem Jahr (Mitte 2009), finanziert aus Haushaltsmitteln, eingestellt wurden; auf diesen Zeitpunkt ist auch die Etablierung der zentralen Qualitätssicherung im Bereich der Lehre an U9 zu datieren. Aufgrund der Kürze der Zeit ist I11 zum Zeitpunkt des Interviews vor allem mit der Bestandsaufnahme der qualitätssichernden Instrumente, die innerhalb der Fakultäten verwendet werden, beschäftigt.

Interviewpartner 12 (I12) ist an einer mittelgroßen Universität (U11) beschäftigt, die in Forschung und Lehre gleichermaßen ausgewiesen ist. Er ist Leiter eines Ressorts ‚Qualitätsmanagement', welches Teil des Verwaltungsdezernates Grundsatzangelegenheiten ist. Dieses ist direkt dem Präsidenten unterstellt. Das Ressort ist für den Aufbau eines integrierten Qualitätsmanagementsystems für Forschung, Lehre, Transfer und Dienstleistungen sowie für die bereichsübergreifende institutionelle Evaluation zuständig. Neben diesem Ressort existieren an der Universität noch zwei weitere Einheiten, die mit Fragen der Qualitätssicherung beschäftigt sind, und zwar im Dezernat für Studierende und Hochschulrecht; dort werden die Lehrveranstaltungsevaluationen und Absolventenstudien ausgewertet sowie Fragen der Akkreditierung behandelt. Die Konzeption und Organisation der Lehrveranstaltungsevaluationen und Absolventenstudien hingegen findet in dem hochschuldidaktischen Zentrum statt. I12 ist somit für die Koordination der verteilten Aktivitäten zuständig. Da das Ressort Qualitätsmanagement erst 2008 gegründet wurde, ist es derzeit noch mit dem Aufbau des Qualitätsmanagement beschäftigt. In dem Ressort arbeiten 4 Mitarbeiter (inklusive des Befragten, exklusive stud. und wiss. Hilfskräfte und Sekretariatskräfte), die aus Haushaltsmitteln der Universität bezahlt werden.

Interviewpartner 13 (I13) ist Leiter des Bereiches ‚Qualitätsentwicklung und -management‘, welcher Teil einer zentralen Einrichtung einer großen, lehrstarken Universität ist (U12) ist. Diese zentrale Einrichtung ist neben dem Bereich des Qualitätsmanagements noch für die Bereiche Hochschuldidaktik und Career-Service tätig. Die fünf Mitarbeiter (inklusive des Befragten, exklusive stud. und wiss. Hilfskräfte und Sekretariatskräfte) des Bereiches ‚Qualitätsentwicklung und -management‘ werden aus Hochschulmitteln sowie aus Sondermitteln aus Landesprogrammen finanziert. Die zentrale Einrichtung ist dem Vizepräsidenten für Studium und Lehre zugeordnet. Aufgabe des Bereiches ‚Qualitätsentwicklung und –management‘ ist die Konzeption und Durchführung von Lehrveranstaltungsevaluationen, Akkreditierungen, institutionellen Evaluationen einzelner Fakultäten sowie der Verwaltung und der Hochschulleitung, und ist an dem Abschluss von Zielvereinbarungen zwischen Hochschulleitung und den evaluierten Einrichtungen beteiligt. Die Arbeit des Bereiches konzentriert sich sehr stark auf den Bereich der Lehre, die Forschung wird nur bei den institutionellen Evaluationen mit thematisiert. Insgesamt ist das Qualitätsmanagement an dieser Universität schon weit fortgeschritten. I13 ist seit 2005 in der derzeitigen Position beschäftigt.

Anhand der qualitativen Interviews lassen sich vier Typen von qualitätsentwickelnden Einrichtungen differenzieren. Diese Typisierung greift die im vorherigen Unterkapitel identifizierten Cluster auf, da auch hier zwischen Zuständigkeitsbereichen der Qualitätsentwicklung im Bereich der Lehre und zwischen bereichsübergreifenden Kompetenzen differenziert wird. Die vorliegende Typisierung ergänzt jedoch zudem auch noch die ‚Steuerungstiefe‘, d. h. bezieht die Frage der Verbindung von Qualitätsentwicklung und Steuerung mit ein.

Der erste Typ der Einrichtung ist für qualitätssichernde Maßnahmen im Bereich der Lehre zuständig, ohne dass die Ergebnisse in einen regulierten Managementkreislauf eingespeist werden. Die qualitätssichernden organisationalen Einheiten im Bereich der Lehre sind in zwei Fällen einer Stabsstelle für Strategie und Entwicklung zugeordnet (U5, U7); im Fall der U1 einer Stabsstelle für Studium und Lehre.

Der zweite Typ von qualitätsentwickelnder Einrichtung betreibt ein umfassendes Qualitätsmanagement vornehmlich im Bereich der Lehre, obgleich eine

Ausweitung auf die Bereiche Forschung und Verwaltung geplant, aber noch nicht umgesetzt ist. Im ersten Fall ist dieser Typ in einer eigenständigen Stabsstelle für Qualitätsmanagement organisiert (U3), im zweiten Fall ist die Organisationseinheit für Qualitätsmanagement der präsidialen Stabsstelle ‚Strategisches Controlling' zugeordnet (U4), eine Organisationseinheit ist einem nicht näher benannten Präsidialstab zugeordnet (U6).

Der dritte Typ der qualitätsentwickelnden Einrichtung kennzeichnet sich durch eine Aufteilung von Kompetenzen. So findet sich an zwei Universitäten (U8, U9) eine dem Präsidenten der Universität zugeordnete Verwaltungseinrichtung für Universitätsentwicklung bzw. Strategie und Entwicklung, in der sich dann wiederum eine Einheit für Qualitätsmanagement befindet. Diese ist für die Koordination und das Zusammenführen von qualitätssichernden Maßnahmen zuständig sowie für die Kommunikation mit dem Präsidium. An beiden Universitäten existieren aber zudem noch weitere Einrichtungen, die sich mit Qualitätssicherung im Bereich der Lehre beschäftigen. An der U9 werden die Konzeption, Organisation und Umsetzung der Qualitätssicherung im Bereich der Lehre an einer hochschuldidaktischen Einrichtung durchgeführt; ein Verwaltungsdezernat für Studium und Lehre ist für den Bereich Akkreditierung verantwortlich. An der U8 existiert neben der Einheit für Qualitätsmanagement im Dezernat ‚Strategie und Entwicklung' ein Verwaltungsdezernat für Studium und Lehre, in dem ein Referat für Qualitätssicherung im Bereich der Lehre angesiedelt ist. Hier finden die Konzeption, Organisation und Umsetzung der Qualitätssicherung im Bereich der Lehre sowie die Akkreditierung statt.

Der vierte Typ der qualitätsentwickelnden Einrichtung ist der des zentralen Zentrums für Qualitätsmanagement, welche ein bereichsübergreifendes Qualitätsmanagement durchführt (U2, U10).

Die meisten Einrichtungen, in denen die die Interviewten arbeiten, existieren erst seit kurzer Zeit, durchschnittlich wurden die Einrichtungen 2007 gegründet (Online-Befragung: 2005) (vgl. hierzu auch Ausführungen in Kapitel 7.3.1). Die rezente Gründung erklärt auch, warum die Einrichtungen, die einen umfassenden Anspruch an ein Qualitätsmanagement haben, noch mit der Aufbauarbeit beschäftigt sind. In den Einrichtungen der interviewten Qualitätsentwickler arbeiten durchschnittlich 4,3 Personen[71], auch dieses entspricht annähernd dem Wert von 4,1 in der Online-Befragung.

---

[71] Aus der Mittelwertberechnung für das Zentrum für Qualitätssicherung an der U3 herausgenommen, da nicht eindeutig zugeordnet werden konnte, wie viele Personen dort in der Qualitätssicherung arbeiten, und wie viele in der Hochschuldidaktik bzw. der Nachwuchsförderung.

7.2.2   Angaben zur Stellen-/Positionsausstattung

a) Stellenanzeigen

Um die organisatorisch-technischen Arbeitsbedingungen der Stellen bzw. Positionen der Qualitätsmanager zu erfassen, wurde die in den Stellenanzeigen angegebene Art der Beschäftigung (Voll- oder Teilzeit), das Befristungsverhältnis sowie die Gehaltsstufe kodiert. Zunächst wurde jedoch, um festzustellen für welche Hierarchiestufe die jeweiligen Stellenbedingungen zutreffen, erhoben, inwiefern nach Leitern oder Mitarbeitern in der Qualitätsentwicklung gesucht wurde. So wurden in den im Zeitraum von 1998 bis 2008 in den insgesamt 84 annoncierten Stellenanzeigen in 91,7 % der Fälle (77 Stellenanzeigen) Stellen für Mitarbeiter für den Bereich Qualitätsentwicklung ausgeschrieben, in nur 8,3 % der Fälle (7 Stellenanzeigen) wurde ein Leiter für eine Organisationseinheit im Bereich Qualitätsentwicklung gesucht.

In den meisten Stellenanzeigen wurde eine Tätigkeit in Vollzeit ausgeschrieben (82,1 % bzw. 69 Stellenanzeigen), in lediglich 17,9 % bzw. 15 Stellenanzeigen wurde nach einem Qualitätsentwickler in Teilzeit gesucht. Nur eine leitende Position wurde auch als teilzeitgeeignet ausgeschrieben. Die Stellen für Mitarbeiter

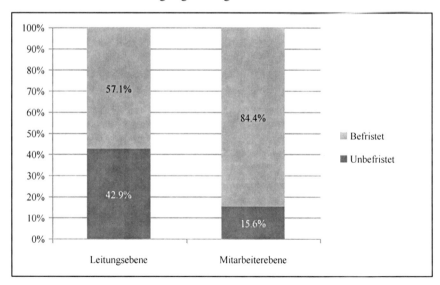

Abb. 7.2   Befristungsverhältnis, N=84, Quelle: Stellenanzeigen Qualitätsentwicklung in der Wochenzeitschrift 'Die Zeit'

im Bereich Qualitätsentwicklung, die in der ‚Zeit' ausgeschrieben waren, sind zum überwiegenden Teil (82,1 % bzw. 69 Stellenanzeigen) befristet, 17,9 % bzw. 15 Stellen sind unbefristet ausgeschrieben. Anders als intuitiv erwartet sind dabei nicht nur die Mitarbeiterstellen befristet, sondern von den sieben ausgeschriebenen Leitungspostionen sind vier ebenfalls befristet ausgeschrieben (siehe Abb. 7.2). Die Entlohnung der befragten Qualitätsentwickler wurde anhand der Einstufung bzw. Eingruppierung in Entgeltstufen (für Beschäftige im öffentlichen Dienst) bzw. Besoldungsgruppen (Beamte) erhoben. Die Mehrzahl der ausgeschriebenen Stellen, nämlich 60,7 % (51 Anzeigen) wurde mit BAT-IIA/ E 13/ A 13 ausgeschrieben, dieses entspricht dem klassischen Einstiegsgehalt eines Universitätsabsolventen im höheren öffentlichen Dienst.[72] In 4,8 % (entspricht 4 Anzeigen) der Anzeigen soll die Stelle als Qualitätsentwickler mit BAT-IB/E 14/A 14 Äquivalent entlohnt werden, in zwei Fällen sogar höher als BAT-Ib/ E 14/ A 14/Äquivalent. In 10 Anzeigen (entspricht 11,9 %) wurde keine nähere Aussage zur Eingruppierung gemacht, es wurde lediglich vermerkt, dass nach BAT/bzw. TV-ÖD entlohnt wird. In weiteren 11,9 % der Anzeigen ist eine Eingruppierung in BAT-IB/E 14/A 14 Äquivalent oder BAT-IIA/ E 13/ A 13 genannt, je nach Qualifikation und Aufgabenübertragung. Für fünf Stellen ist eine Einstufung in die Gruppen BAT-III/ E 12/ A 12/ Äquivalent oder niedriger vorgesehen, in zehn Fällen wurden keine Aussage zum Gehaltsniveau gemacht (siehe Tab. 7.8).

Die Formulierung BAT-IB/E 14/A 14 Äquivalent oder BAT-IIA/ E 13/ A 13 wird nach Aussagen von Personalverantwortlichen, mit denen im Rahmen der Vorbereitung des Projektes ‚Professionalisierung im deutschen Hochschulsystem' gesprochen wurde, dann verwendet, wenn *a)* Leitungspositionen ausgeschrieben

---

[72] Seit dem 1. Oktober 2005 gilt im TVöD eine einheitliche Entgelttabelle für alle Arbeiter, Angestellte und Pflegebeschäftigte (nunmehr einheitlich Beschäftigte genannt – oftmals wird auch der Begriff Tarifbeschäftigte verwendet, um eine verbale Abgrenzung zu den ebenfalls beschäftigten Beamtinnen und Beamten zu finden). Die Entgelttabellen unterscheiden 15 Entgeltgruppen, wobei 1 der niedrigsten Entgeltstufe entspricht und 15 der höchsten. Diese Entgeltgruppen entsprechen den vor dem 1. Oktober 2005 gültigen Bundesangestelltentarifen; die ehemaligen BAT-Entgeltgruppen wurden in die TV-ÖD Entgeltgruppen umgewandelt, sind aber miteinander vergleichbar. So entspricht eine ehemalige BAT-IB Stelle der jetzigen TV-ÖD 14 Entgeltgruppe, eine ehemalige BAT-IIA Eingruppierung entspricht einer jetzigen TV-ÖD 13 Stelle. Anders als bei den Beamtinnen und Beamten, bei denen sich die Besoldung nach dem übertragenen Amt richtet, ist für die Eingruppierung der Tarifbeschäftigten in eine Entgeltgruppe die dauerhaft auszuübende Tätigkeit maßgeblich. Die eingruppierungsrelevanten Merkmale einer Tätigkeit sind durch sog. Tätigkeitsmerkmale tariflich festgelegt. Dazu zählen ggf. auch Anforderungen an die Person, also z. B. der erfolgreiche Abschluss eines Studiums. Für die Gehaltsgruppe E 12 ist somit der Abschluss eines Fachhochschulstudiums, für die Gehaltsgruppe E 13 ein Universitätsstudium Voraussetzung. Die Beamtenbesoldungsgruppen wurden hier mit denen der Beschäftigten gleichgesetzt. Zwar stellen Laufbahngruppen beamtenrechtliche Vorgaben dar, jedoch können diese nach Vorbemerkung 6, Bl.1.3 der Anlage 1a des Bundesangestelltentarifs mit den Vergütungsgruppen der Angestellten verglichen werden.

	Anzahl	Prozent
Höher als BAT-Ib/ E 14/ A 14/Äquivalent	2	2,4
BAT-Ib/ E 14/ A 14/Äquivalent	4	4,8
BAT-Ib/ E 14/ A 14/Äquivalent oder BAT-IIb/ E 13/ A 13/Äquivalent	10	11,9
BAT-IIa/ E 13/ A 13/Äquivalent	51	60,7
BAT-III/ E 12/ A 12/Äquivalent	2	2,4
Niedriger als BAT-III/ E 12/ A 12/Äquivalent	3	3,6
Nach BAT oder TV-ÖD, ohne nähere Angabe	10	11,9
Keine Angabe	2	2,4

Tab. 7.8   Entlohnung der Qualitätsentwickler, N=84, Quelle: Stellenanzeigen Qualitätsentwicklung in der Wochenzeitschrift ‚Die Zeit'

sind, *b)* wenn man einen geeigneten Kandidaten für die die Stelle hat, den man durch eine Eingruppierung in BAT-Ib/ E 14/ A 14 Äquivalent zu gewinnen versucht, *c)* man eine Distinktion zwischen promovierten und nicht-promovierten Bewerbern herstellen möchte. Die Umsetzung dieser Kriterien zeigt sich auch in den Stellenanzeigen, wie anhand der folgenden Tab. 7.9 erläutert werden kann.

	Leitungs-ebene	Mitarbeiter-ebene	Insgesamt
Höher als BAT-Ib/ A 14/Äquivalent	28,6 % (2)	0%	2,4 % (2) (bei 2 Promotion gefordert)
BAT-Ib/ E 14/ A 14/ Äquivalent	28,6 % (2)	2,6 % (2)	4,8 % (4) (bei 3 Promotion gefordert)
BAT-Ib/ E 14/ A 14/Äquivalent oder BAT-IIb/ E 13/ A 13/Äquivalent	14,3 % (1)	11,7 % (9)	11,9 % (10) (bei 1 Promotion gefordert)
BAT-IIa/ E 13/ A 13/ Äquivalent	14,3 % (1)	64,9 % (50)	60,7 % (51) (bei 5 Promotion gefordert
BAT-III/ E 12/ A 12/ Äquivalent	0 %	2,6 % (2)	2,4 % (2) (keine Promotion gefordert)
Niedriger als BAT-III/ E 12/ A 12/Äquivalent	0 %	3,9 % (3)	3,6 % (3) (keine Promotion gefordert)
Nach BAT oder TV-ÖD, ohne nähere Angabe	14,3 % (1)	11,7 % (9)	11,9 % (10) (Bei vier Promotion gefordert)
Keine Angabe	0%	2,6 % (2)	2,4 % (2) (bei 1 Promotion gefordert)
Insgesamt	7 (100 %)	77 (100%)	100 % (84) Insgesamt 16-mal Promotion gefordert = 19 %

Tab. 7.9   Höhe des Gehaltes differenziert nach Leitungsebene und Promotion, N=84, Quelle: Stellenanzeigen Qualitätsentwicklung in der Wochenzeitschrift ‚Die Zeit'

Leitungspositionen sind eher mit höheren Eingruppierungen ausgeschrieben: So sind von den insgesamt vier auf BAT-Ib/ E 14/ A 14/Äquivalent ausgeschriebenen Stellen zwei für eine leitende Funktion ausgeschrieben, auch die beiden mit ‚Höher als BAT-Ib/ E 14/ A 14/Äquivalent' ausgeschriebenen Stellen beziehen sich auf Leitungsfunktionen. Dass eine Promotion zudem häufig ausschlaggebend für eine Eingruppierung ist, kann daran gezeigt werden, dass in drei der vier Stellenanzeigen für eine BAT-Ib/ E 14/ A 14/Äquivalent Stelle sowie in beiden ausgeschriebenen ‚Höher als BAT-Ib/ E 14/ A 14 /Äquivalent' eine Promotion gefordert ist. Insgesamt wird in 19 % der Stellenanzeigen eine Promotion gefordert (nähere Ausführungen hierzu siehe Kapitel 7.3.3.). Die fünf im Datensample zu findenden Stellenausschreibungen, die eine Tätigkeit in der Qualitätsentwicklung mit BAT-III/ E 12/ A 12/Äquivalent (klassische Gruppierung für einen Fachhochschulabsolventen mit Diplom- oder Masterabschluss) (2 Fälle) oder in einer niedrigeren Stufe eingruppieren wollen (3 Fälle), suchen Qualitätsentwickler auf der Mitarbeiterebene.

Somit entspricht die Eingruppierung der ausgeschriebenen Stellen im Bereich der Qualitätsentwicklung auf BAT-IIa/ E 13/ A 13/Äquivalent-Stellen im Vergleich mit anderen mit Hochschulabsolventen besetzen Mitarbeiterstellen im öffentlichen Dienst dem dort üblichen Niveau (vgl. Derlien 2002; vgl. Bull 2006: 19f.; vgl. Anlage 1a des Bundesangestelltentarifs). Auch die Eingruppierung auf BAT-Ib/ E 14/ A 14/Äquivalent oder höher auf Leitungsniveau ist nach Aussagen der befragten Personalverantwortlichen ‚Usus' im deutschen öffentlichen Dienst.

b) Online-Befragung/Qualitative Interviews

Die meisten der in der Online-Umfrage befragten Qualitätsentwickler, namentlich 60,9 %, verfügen über einen unbefristeten Vertrag, 37,7 % über einen befristeten Vertrag (1 Person gab ‚sonstiges' an). Diese im Vergleich zu den Stellenanzeigen hohe Anzahl an unbefristeten Verträgen kann darauf zurückgeführt werden, dass es sich bei der Zielgruppe der Online-Befragung um leitende Mitarbeiter handelt, die bereits über Berufserfahrung verfügen und länger in dem Bereich tätig sind. Dass das Innehaben einer Leitungsposition Auswirkungen auf die Be- oder Entfristung einer Position hat, zeigt sich auch an folgendem Ergebnis der Online-Befragung: 67,5 % der Leiter qualitätsentwickelnder Einrichtungen verfügen über einen unbefristeten Vertrag, bei den Mitarbeitern lediglich 36,4 %.

In Korrespondenz zu den Auswertungen der Stellenanzeigen wird auch bei der Online-Befragung ein Zusammenhang zwischen Position und Gehaltsstufe deutlich: So befinden sich 47,5 % der befragten Leiter in der Gehaltsstufe BAT-IB/

E 14/ A 14/ Äquivalent oder höher als BAT-IB/ E 14/ A 14/ Äquivalent, bei den
Mitarbeitern sind dieses lediglich 9,1 % (siehe Tab. 7.10).

	Vorgesetzte(r), LeiterIn	MitarbeiterIn	'Bin als Einzige(r) in dieser Organisationseinheit tätig'	Insgesamt
Höher als BAT-IB/ A 14/ E 14/ Äquivalent	4	0	0	4
	10,0 %	0 %	0 %	5,8 %
BAT-IB/ A 14/ E 14/ Äquivalent	15	1	3	19
	37,5 %	9,1 %	16,7 %	27,5 %
BAT-IIA/ A 13/ E 13/ Äquivalent	21	6	12	39
	52,5 %	54,5 %	66,7 %	56,5 %
BAT-III/ A 12/ E 12/ Äquivalent	0	1	1	2
	0 %	9,1 %	5,6 %	2,9 %
Niedriger als BAT-III/ A 12/ E 12 Äquivalent	0	3	2	5
	0 %	27,3 %	11,1 %	7,2 %
Insgesamt	40	11	18	69
	100,0 %	100,0 %	100,0 %	100,0 %

Tab. 7.10   Höhe des Gehaltes differenziert nach Leitungsebene, N=69,
Quelle: Onlinebefragung Qualitätsentwickler 2009

Im gesamten Sample der befragten Qualitätsentwickler ist jedoch auch mit 56,5 %
die Eingruppierung in BAT-IIA/ E 13/ A 13/ Äquivalent die häufigste Besoldungs-
gruppe, allerdings sind mit 27,65 % bzw. 5,8 % mehr Personen in der Gehaltsstufe
BAT-IB/ E 14/ A 14 / Äquivalent oder höher als BAT-IB/ E 14/ A 14/ Äquivalent
eingestuft als in den Stellenanzeigen (siehe Abb. 7.3).
      An den Fachhochschulen ist die Eingruppierung niedriger als an den Univer-
sitäten. So sind beispielsweise die Leiter von Einrichtungen der Qualitätsentwicklung an Fachhochschulen zu 17,8 % mit BAT-IB/ A 14/ E 14/Äquivalent oder
höher eingeordnet; bei den Universitäten sind dieses 43,9 %. Auch werden an
Fachhochschulen 21,4 % der Befragten nach BAT-III/ A 12/ E 12/Äquivalent entlohnt, während dieser Anteil an den Universitäten bei lediglich 2,4 % liegt. Interessanterweise kann dieses nicht auf die Art der Hochschule, an der der Abschluss
erlangt wurde, noch auf die Höhe des Abschlusses zurückgeführt werden. So
verfügen mit einer Ausnahme alle Befragten über einen universitären Magister-/
Master-/Diplom- oder Staatsexamen-Abschluss, lediglich ein Qualitätsentwickler
an einer Fachhochschule verfügt über ein Diplom an einer Fachhochschule. Auch
die Anzahl der Promotionen, der an beiden Hochschultypen arbeitenden Quali-

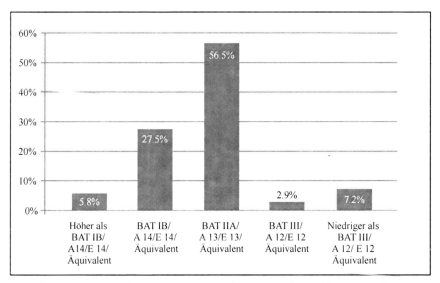

Abb. 7.3 „In welche Tarifgruppe sind Sie eingruppiert bzw. welcher Tarifgruppe entspricht ungefähr Ihr Gehalt?", N=69, Quelle: Online-Befragung Qualitätsentwickler 2009

tätsentwickler unterscheidet sich nicht so stark wie angenommen: So sind an den
Universitäten 41,1 % der Befragten promoviert, an den Fachhochschulen 30,8 %.
Dementsprechend ist anzunehmen, dass sich die Unterschiede in der Bezahlung
nicht oder nur teilweise durch die Ausbildungshöhe erklären lassen, sondern vermutlich vielmehr durch das generelle Bezahlungsniveau an Fachhochschulen, welches nach Aussagen der befragten Personalverantwortlichen an Fachhochschulen
häufig bei BAT-III/ A 12/ E 12/Äquivalent liegt; der Stufe der Eingruppierung,
für die zum Zeitpunkt der Befragung ein Fachhochschulabschluss benötigt wurde.

Von den 69 Befragten sind lediglich 6 verbeamtet. Aufgrund der kurzen Beschäftigungsdauer und des relativ niedrigen Durchschnittsalters der Befragten kann
dieses auf allgemeine Tendenzen im öffentlichen Sektor, Beschäftige zunehmend
nicht mehr zu verbeamten, erklärt werden (vgl. Derlien 2002: 237).

Obgleich in der Umfrage nur hauptamtliche Leiter von Einrichtungen der Qualitätsentwicklung angeschrieben wurden, die den Großteil ihrer Arbeitszeit mit
Tätigkeiten im Bereich Qualitätsentwicklung verbringen sollten, ist auffällig, dass
30,4 % der Befragten als wissenschaftliche Mitarbeiter angestellt sind. Dieses kann
nach Aussagen der interviewten Personalverantwortlichen darauf zurückgeführt
werden, dass vor allem in zentralen Einrichtungen der Qualitätsentwicklung die
Personen häufig als wissenschaftliche Mitarbeiter angestellt sind. Zudem sei der
hohe Anteil an Qualitätsentwicklern, die auf einer wissenschaftlichen Stelle be-

schäftigt sind, vermutlich darauf zurückzuführen, dass in Hochschulen die Schaffung bzw. der Erhalt einer wissenschaftlichen Stelle einfacher zu legitimieren sei als die einer Stelle, die nicht unmittelbar für Aufgaben in Forschung und Lehre gedacht ist. Jedoch ist auch ein Teil der Befragten, wie im Kapitel 7.3.2 noch näher gezeigt wird, durchaus mit Tätigkeiten in Forschung und Lehre betraut, wenn jedoch, wie in den durchgeführten Leitfadeninterviews mit den Qualitätsentwicklern deutlich wurde, mit Forschungsarbeiten mit einem thematischen Bezug zur Qualitätsentwicklung (siehe Tab. 7.11).

	Anzahl	Prozent
Wissenschaftliche(r) MitarbeiterIn	21	30,4
Nichtwissenschaftliche(r) MitarbeiterIn (Verwaltung)	47	68,1
Anstellte(r) der ausgegliederten hochschulexternen Einheit	1	1,4
Gesamt	69	100,0

Tab. 7.11   „Wie ist Ihr beruflicher Status laut Arbeitsvertrag?" N=69,
            Quelle: Online-Befragung Qualitätsentwickler 2009

Inwiefern dieses ein Hinweis auf die Entstehung eines ‚third-space' im Sinne Whitchurchs (z. B. 2008c, 2010a-c) ist, wird ebenfalls im Kapitel 7.3.2 behandelt werden.

Zwischenfazit

Die vorherrschende Organisation der qualitätsentwickelnden Einrichtungen, in denen die befragten Qualitätsentwickler arbeiten, ist die der Stabsstelle, gefolgt von einem eigenen Referat/Dezernat für Qualitätsentwicklung in der zentralen Hochschulverwaltung; einer Abteilung, die an ein Referat/Dezernat angegliedert ist und eines eigenen Zentrums/einem eigenen Institut für Qualitätsentwicklung. Daraus lässt sich schlussfolgern, dass sich die traditionelle Hochschulverwaltung in Deutschland in einer Phase der Ausdifferenzierung befindet, da, wie hier am Beispiel der Qualitätsentwickler gezeigt werden kann, durch die Schaffung von vor allem Stabsstellen neue Verantwortlichkeiten und Zurechnungspunkte geschaffen wurden. Problematisch hierbei ist, dass bei der Einführung, aber auch bei den laufenden Prozessen, Abstimmungsnotwendigkeiten, Verantwortlichkeitsüberschneidungen und Doppelungen entstehen können. Dieses wurde besonders von den Mitarbeitern an den zwei Universitäten geäußert, in denen Doppelstrukturen und geteilte Aufgabenbereiche für die Qualitätsentwicklung bestehen. So kann es neben entstehenden Transaktionskosten sowie Abstimmungsnotwendigkeiten für Externe, aber auch für die Hochschulangehörigen selbst schwierig sein, die richtigen Ansprechpartner zu finden. Daher wird z. B. von Lack (2010) gefordert, dass es langfristig zu einer stärkeren Integration von Stabseinteilungen und kleinen Einheiten kommen sollte. Problematisch ist bei der zunehmenden Schaffung von Stabsstellen auch, dass es dadurch für die in den Stabsstellen Beschäftigten schwieriger wird, an der im öffentlichen Bereich typischerweise an einer klassischen Linienorganisation ausgerichteten Karriereentwicklung zu partizipieren und somit weitere Karriere- und Aufstiegschancen schwieriger sind (vgl. Blümel 2010: 51).

In der Online-Befragung kristallierten sich drei Cluster an Organisationseinheiten heraus, die jeweils über distinkte Aufgabenbereiche verfügen. Das Cluster, welches am häufigsten an deutschen Hochschulen anzufinden ist, ist für sämtliche Bereiche der Qualitätssicherung zuständig, also für die Bereiche Lehre, Forschung, Verwaltung, aber auch Akkreditierung; zudem werden dort qualitätsmanagende Verfahren angewandt, die die gesamte Hochschule umfassen. Am zweithäufigsten finden sich qualitätsentwickelnde Einrichtungen, die für die Qualitätssicherung und Evaluation im Bereich Studium und Lehre sowie die Akkreditierung zuständig sind. Am dritthäufigsten existiert an deutschen Hochschulen ein Cluster an Einrichtungen, deren Aufgabenbereich sich auf die Qualitätssicherung und die Evaluation im Bereich Studium und Lehre beschränkt. Es zeigen sich keine Zusammenhänge zwischen Organisationstypus (Stabsstelle, Verwaltungseinheit, Zentrum) und Clusterzuordnung.

Anhand der qualitativen Interviews konnte diese Typifizierung noch weiter ausdifferenziert werden. Neben den Zuständigkeitsbereichen (solitär für Lehre oder bereichsübergreifend) prägte der Umsetzungstand der Qualitätssicherung, eine etwaige Dopplung von Strukturen sowie die ,Steuerungstiefe' (d. h. die Verbindung von Ergebnissen der Qualitätssicherung mit der Hochschulsteuerung) die Zusammensetzung der insgesamt vier Typen. Der erste Typus ist für die Qualitätssicherung im Bereich der Lehre zuständig; es findet keine geregelte Einspeisung der Ergebnisse der Qualitätssicherung in den Managementkreislauf der Hochschule statt. Der zweite Typus sieht ein bereichsumfassendes Qualitätsmanagement vor, allerdings wird sich vorerst, auch aufgrund der kurzen Existenz der Einrichtungen, auf die Lehre konzentriert. Der dritte Typus von qualitätsentwickelnden Einrichtungen zeichnet sich durch eine Aufteilung von Zuständigkeiten aus. Es gibt eine übergeordnete, bereichsübergreifende organisatorische Einheit, in der die Ergebnisse von qualitätssichernden Einrichtungen der Qualitätssicherung, bisher nur im Bereich der Lehre, integriert werden und an die Hochschulleitung weitergereicht werden. Der vierte Typus ist der des eigenen zentralen Zentrums für Qualitätsmanagement. Hier wird bereichsübergreifendes (Lehre, Forschung,

Dienstleistung, Akkreditierung) Qualitätsmanagement betrieben. Beim ersten und zweiten Typus findet sich die Organisationsform der Stabsstelle, beim dritten der einer Kombination von Verwaltungseinheit und einer weiteren qualitätsentwickelnden Einrichtung, beim vierten Typus ist die Qualitätsentwicklung in einem zentralen Zentrum organisiert.

Die Benennung der Organisationseinheiten erfolgt anhand einer Kombination der Organisationsform und der ‚Steuerungstiefe' der Qualitätsentwicklung; teilweise auch ergänzt durch den Bereich, für den die jeweilige Einheit zuständig ist. Am häufigsten wird dabei der Begriff ‚Qualitätsmanagement' verwendet, gefolgt von ‚Qualitätssicherung', dann ‚Qualitätsentwicklung'. Dabei stimmt der gewählte Namen mit der tatsächlichen ‚Steuerungstiefe' der jeweiligen Organisationseinheit nicht zwangsläufig überein.

Auffällig ist, dass sich – wie durch die Online-Befragung festgestellt und durch die Interviews validiert – mehr als die Hälfte der qualitätsentwickelnden Einrichtungen lediglich auf den Bereich der Lehre bezieht, die andere Hälfte bereichsübergreifend tätig ist, jedoch, wie in den Interviews deutlich wurde, sich teilweise (noch) auf den Bereich der Lehre konzentriert. Im Datensample der Online-Befragung befanden sich somit auch nur 2 von 69 Einrichtungen, die sich auf den Bereich der Forschung beschränken, obgleich in der Erhebung der Adressen der Einrichtungen keine Restriktion auf qualitätsentwickelnde Einrichtungen im Bereich der Lehre bzw. auf bereichsübergreifende Einrichtungen statt fand. Somit scheint die Beschreibung von Stichweh (2004) und Luhmann (1987) zutreffend, dass der Organisationsbezug im Bereich Lehre an Universitäten stärker ist als der im Bereich Forschung, und dass Lehrprozesse besser organisierbar und kontrollierbar sind (vgl. Kapitel 2.3). Hinzu kommt aber m. E., dass im Bereich der Lehre die externe Rechenschaftspflicht, hervorgerufen durch den politischen Druck zur Akkreditierung und der damit verbundenen Pflicht zur Qualitätssicherung sowie durch die Festlegung in Zielvereinbarungen, zum Zeitpunkt der Befragung höher war als im Bereich der Forschung.

Bei den Stellenausgestaltungen ist deutlich zwischen solchen auf Leitungsebene und solchen auf Mitarbeiterebenen zu unterscheiden. So konnte gezeigt werden, dass circa 68 % der leitenden Qualitätsentwickler unbefristet angestellt sind, während in den Anzeigen in der Wochenzeitschrift ‚Die Zeit' lediglich 17,9 % der Stellen auf Mitarbeiterebene unbefristet ausgeschrieben werden. Die häufigste Gehaltsstufe, in der die Qualitätsentwickler eingruppiert sind und die auch am häufigsten in den Stellenanzeigen ausgeschrieben ist, ist BAT-IIA/ E 13/ A 13/ Äquivalent, was der üblichen Bezahlung im öffentlichen Dienst für Universitätsabsolventen entsprich. Allerdings zeigen sich auch hier wieder Unterschiede zwischen Leitungs- und Mitarbeiterpositionen, da erste häufiger mit BAT-IB/ E 14/

A 14/ Äquivalent entlohnt werden. Allerdings erscheint die Anzahl der leitenden Mitarbeiter, die ebenfalls in der Gehaltsgruppe BAT-IIA/ E 13/ A 13/ Äquivalent eingruppiert sind, mit 52,5 % relativ hoch.[73]

30,4 % der befragten Qualitätssicherer sind auf einer wissenschaftlichen Stelle beschäftigt, obwohl sie, wie durch die Sampleauswahl sichergestellt wurde, den Hauptteil ihrer Arbeit nicht mit Forschung und Lehre im weiteren Sinne verbringen.

7.3 Professionalität

Durch den Vergleich der ‚alten' und ‚neuen Professionstheorien' konnten fünf Dimensionen gewonnen werden, die den theoretischen Ausgangspunkt für die Analyse der Art der Professionalität der Qualitätsentwickler darstellen. Somit werden im Folgenden die Dimensionen ‚Arbeitsmarkt', ‚spezifische Handlungslogik', ‚Wissensbasis' sowie ‚fachliche Organisation' empirisch analysiert.

7.3.1 Arbeitsmarkt für Qualitätsentwickler an deutschen Hochschulen

Die Existenz eines Arbeitsmarktes, auf dem Nachfrage und Angebot aufeinandertreffen, ist in den ‚alten' als auch in den ‚neuen Professionstheorien' Voraussetzung für eine Profession im traditionellen Sinne, aber auch für eine ‚Professionalität' in der Lesart der ‚neuen Professionstheorien'.

Dementsprechend wird im Folgenden untersucht, inwiefern Tätigkeiten im Bereich Qualitätsentwicklung auf dem Arbeitsmarkt nachgefragt werden, also Angebot und Nachfrage aufeinandertreffen. Dafür wird auf die Kanzlerbefragung rekurriert, in der nachgefragt wurde, in welchen Bereichen in den letzten Jahren neue organisatorische Einheiten/neue Stellen geschaffen wurden. Weiterhin wurde durch die Analyse der Stellenanzeigen in der ‚Zeit' die Nachfrage nach Qualitätsentwicklern erhoben. Anhand der Aussagen der befragten Qualitätsentwickler zur Datierung der Etablierung von organisatorischen Einheiten und Stellen im Bereich Qualitätsentwicklung soll ebenfalls ein Indikator für einen sich etablierenden Stellen- und Arbeitsmarkt dargestellt werden.

---

[73] Im gesamten Bereich der administrativen Hochschulmanagements zeigen sich geschlechtsspezifische Einkommensunterschiede, die sich auch bei den Qualitätsentwicklern wiederfinden (vgl. Kloke et al. 2011, Krücken et al. 2012b).

a) Kanzlerumfrage

Wie in Kapitel 2 beschrieben, wird davon ausgegangen, dass durch die zunehmenden gesellschaftlichen Ansprüche an die Hochschulen, durch den Gover-
nance-Wandel der Hochschulen und der unter anderem hieraus resultierenden
Transformation der Universität in einen handlungs- und entscheidungsfähigen Akteur (vgl. Krücken/Meier 2006) es zu einer Ausdifferenzierung der Tätigkeitsfelder
und Organisationsstrukturen innerhalb der herkömmlichen Hochschulverwaltung
kommt. Anhand der Antworten der deutschen Hochschulkanzler bzw. hauptamtlichen Vizepräsidenten kann gezeigt werden, dass es zu einem starken Ausbau des
administrativen Hochschulmanagements, vor allem im Bereich der neuen Funktionalbereiche, in den letzten fünf Jahren, gekommen ist (siehe Abb. 7.4).

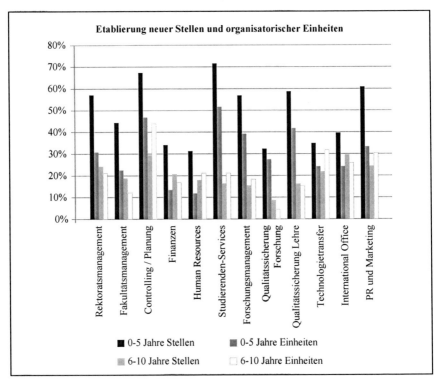

Abb. 7.4   „In welchen Bereichen wurden an Ihrer Hochschule in den letzten 5 bzw. 10 Jahren neue
organisatorische Einheiten/Stellen geschaffen?" (% Ja-Antworten, Mehrfachantworten
möglich) N=153, Quelle: Befragung Hochschulkanzler 2008

Es wird deutlich, dass erstens vor allem in den Bereichen ,Studierendenservices und -verwaltung' (darunter fällt z. B. der Career-Service, Studienberatung, Prüfungswesen) viele Stellen geschaffen wurden. Es kann vermutet werden, dass dieses zum einen auf die Umstellungs- und Anpassungsprozesse im Bereich der Lehre, ausgelöst durch den Bologna-Prozess, zurückgeführt werden kann. Zum anderen kann dieses aber auch auf die Studiengebühren oder viele Sonderprogramme der Länder im Bereich der Lehre, die in die Schaffung von Stellen, respektive organisatorische Einheiten, investiert wurde, zurückgeführt werden. Zweitens wurden häufig Stellen und/oder Organisationseinheiten geschaffen, die eine hohe Relevanz für die Legitimation und die Kommunikation der Hochschule gegenüber externen Stakeholdern haben. So gaben mehr als 60 % der befragten Kanzler an, dass in den letzten fünf Jahren neue Stellen in dem Bereich ,PR und Marketing' geschaffen worden. Drittens wurden häufig Stellen und/oder organisatorische Einheiten geschaffen wurden, die zentral für die interne Steuerung durch die Hochschulung oder die Fakultätsleitung sind und somit auf die zunehmende Entwicklung der Hochschule hin zu einem ,organisationalen' Akteur (Krücken/Meier 2006) weisen. Dieses gilt für den Bereich strategische Planung, Präsidial- und Fakultätsentwicklung sowie Controlling und Planung, aber auch für den Bereich Qualitätsentwicklung (vgl. Krücken et al. 2010; Blümel et al. 2010).

In letzterem ist besonders im Bereich der Lehre, aber auch in dem der Forschung, ein starker Zuwachs an Stellen und organisationalen Einheiten zu verzeichnen. So antworteten 58,5 % der befragten Kanzler, dass in den letzten fünf Jahren Stellen im Bereich Qualitätssicherung der Lehre geschaffen wurden, 32,3 % sagten dieses für den Bereich der Forschung aus. Korrespondierend hierzu wurde auch von 41,7 % der Kanzler konstatiert, dass in den letzten fünf Jahren neue organisatorische Einheiten im Bereich der Qualitätssicherung der Lehre geschaffen wurden, 27,5 % der befragten Kanzler berichten dieses für den Bereich der Forschung. Für die letzten sechs bis zehn Jahre sagen 16,1 % bzw. 8,7 % der Kanzler aus, dass neue Stellen im Bereich der Qualitätssicherung in der Lehre bzw. in der Forschung etabliert wurden; 15,2 % bzw. 4,5 % der Kanzler beschreiben, dass in den letzen sechs bis zehn Jahren organisatorische Einheiten im Bereich der Qualitätssicherung der Lehre bzw. der Forschung geschaffen wurden. Somit wird deutlich, dass die starke Etablierung von Stellen und Einrichtungen in der Qualitätssicherung vor allem ein Phänomen der letzten fünf Jahre ist, und dieses vor allem für den Bereich der Lehre. Dieser hier gemachte Befund korrespondiert mit dem von Nickel und Ziegele (2011), die aussagen, dass vor allem der Bereich Qualitätsentwicklung im administrativen Bereich des Wissenschaftsmanagements einen Haupt-Wachstumsbereich darstellt (siehe Abb. 7.5) (vgl. Kapitel 4.2.3).

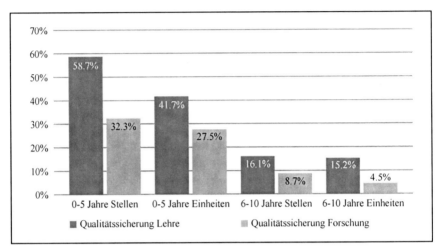

Abb. 7.5 „In welchen Bereichen wurden an Ihrer Hochschule in den letzten 5 bzw. 10 Jahren neue organisatorische Einheiten/Stellen geschaffen?" (% der Ja-Antworten, Mehrfachantworten möglich) N=153, Quelle: Befragung Hochschulkanzler 2008

b) Stellenanzeigen

Im Zeitraum von 1997 bis 2008 wurde in der Wochenzeitschrift ‚Die Zeit' eine Vollerhebung von Stellenanzeigen im Bereich der Qualitätsentwicklung durchgeführt. Berücksichtigt wurden Stellenausschreibungen, die von privaten und staatlichen Universitäten und Fachhochschulen annonciert wurden und in denen Mitarbeiter in folgenden Bereichen gesucht wurden: *Qualitätsmanagement bzw. -manager, Qualitätssicherung, Qualitätsentwicklung, (Lehre- und/oder Forschung) Evaluation, Akkreditierung, Berichtswesen zur Forschung und/oder Lehre, Controlling im Bereich Forschung und oder/Lehre.*

Voraussetzung für eine Aufnahme in das Datensample war zudem, dass in der Annonce nach einer hauptberuflichen Tätigkeit gesucht wurde, die gegen Entgelt ausgeführt wird. Somit wurde sichergestellt, dass das für eine Verberuflichung wichtige Kriterium der Sicherung des Lebensunterhaltes durch eine berufliche Tätigkeit berücksichtigt wird.[74] Bei der Analyse der Anzeigen wurde leider nicht zwischen Anzeigen für eine Tätigkeit in der Qualitätsentwicklung im Bereich der Lehre und im Bereich der Forschung unterschieden, so dass lediglich analysiert werden kann, inwiefern ein genereller Anwachs von Stellen in der Qualitätsentwicklung beobachtet werden kann.

---

[74] Allerdings wurden auch ehrenamtliche Tätigkeiten im Bereich Qualitätsentwicklung – wie erwartet – nicht in ‚Der Zeit' annonciert.

Im obengenannten Zeitraum konnten insgesamt 77 Stellenanzeigen identifiziert werden, auf die die genannten Suchkriterien (vgl. auch Kapitel 6.2.2) zutreffen; also durchschnittlich sieben pro Jahr. Da durch die Frage nach der Art der Rekrutierung in der Online-Befragung gezeigt werden konnte, dass nur 16,1 % der Befragten durch eine Stellenanzeige in ‚Der Zeit' auf ihre derzeitige Stelle aufmerksam geworden sind, kann davon ausgegangen werden, dass der Arbeitsmarkt für die hochschulische Qualitätsentwicklung noch größer ist, als bereits durch die Stellenanzeigen in ‚Der Zeit' anzunehmen ist.[75] Dass es sich um einen wachsenden Arbeitsmarkt handelt, kann daran abgelesen werden, dass im Verlauf von zehn Jahren ein Anstieg an Stellenanzeigen in der Qualitätsentwicklung zu verzeichnen ist, und dieses vor allem in den Jahren 2007 bis 2008. In 2007 wurden insgesamt 16 Anzeigen in ‚Der Zeit' annonciert, im Jahr 2008 waren es 22. Im Vergleich zu den anderen Jahren wurden in 2001 (9 Stellenanzeigen) und 2002 (12 Stellenanzeigen) ebenfalls vergleichsweise viele Anzeigen im Bereich Qualitätsentwicklung geschaltet (siehe Abb. 7.6).

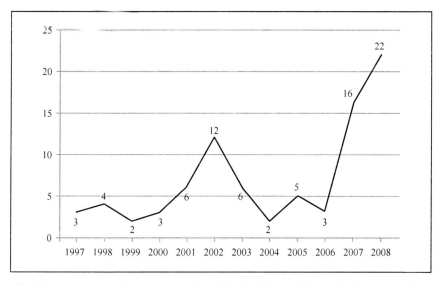

Abb. 7.6   Anzahl der Stellenanzeigen im Bereich der Qualitätsentwicklung, N=84, Quelle: Stellenanzeigen Qualitätsentwicklung in der Wochenzeitschrift ‚Die Zeit'

[75]   So berichten beispielsweise 25,8 % der Befragten, dass sie auf ihre Stelle aufgrund einer Stellenausschreibung der Hochschule (Aushang oder Internet) aufmerksam wurden, 22,6 % der Befragten gaben an, vom Stellenausschreibenden zur Bewerbung aufgefordert worden zu sein, und 19,4 % berichten, dass sie durch eine Stellenanzeige in der überregionalen Presse (außer in ‚Der Zeit') auf ihre derzeitige Position aufmerksam wurden.

Nach dieser Auffälligkeit befragt, berichteten die Interviewpartner, die schon länger in der hochschulischen Qualitätsentwicklung arbeiten sowie ebenfalls zu Rate gezogene Experten in diesem Bereich[76], dass dieser Ausschlag auf den Bologna-Prozess und die damit verbundene Betonung von qualitätssichernden Aspekten im Rahmen der Umstellung auf Bachelor- und Masterstudiengänge zurückzuführen ist. Die hohe Anzahl an Stellenanzeigen im Jahr 2002 wurde darauf zurückgeführt, dass in diesem Jahr durch den Beschluss der KMK ‚Künftige Entwicklungen der länder- und hochschulübergreifenden Qualitätssicherung in Deutschland' vom 1. März 2002 und den Beschluss der KMK ‚Statut für ein länder- und hochschulübergreifendes Akkreditierungsverfahren' vom 24. Mai 2002 in der Fassung vom 19. September 2002 das Akkreditierungssystem in Deutschland dauerhaft etabliert wurde. Um diese Anforderung hochschulintern umsetzten zu können, wurden nach Aussagen der befragten Experten vor allem im Jahr 2002 Qualitätsentwickler für die Hochschulen gesucht.[77]

c) Online-Befragung und Interviews

Auch durch die Online-Befragung und die Interviews wurde deutlich, dass sich die Stellensituation und der Arbeitsmarkt für die Qualitätsentwickler positiv entwickeln. So wurden die qualitätsentwickelnden Einrichtungen, in denen die in den qualitativen Interviews Befragten arbeiten, durchschnittlich im Jahr 2007 gegründet, der durchschnittliche Gründungszeitraum, den die Befragten in der Online-Befragung angeben, liegt bei 2005 (SD 3,9) (siehe Abb. 7.7).

Somit erkennt man, parallel zur Entwicklung der Stellenanzeigen in ‚Der Zeit', dass vor allem in den letzten Jahren ein organisationaler Ausbau an Einrichtungen im Bereich Qualitätsentwicklung an deutschen Hochschulen zu verzeichnen ist. Hiermit geht, wie auch an den Stellenanzeigen zu sehen ist, ein Personalzuwachs an Stellen im Bereich der Qualitätsentwicklung einher. Dieses wurde auch vom ‚Projekt Q' in seiner längsschnittlichen Beobachtung gezeigt, dort wurde von einem Personalanwachs von durchschnittlich 1,56 Stellen im Jahr 2007 auf 1,73 Stellen für die Qualitätsentwicklung an deutschen Hochschulen im Jahr 2010

---

[76] Hierbei handelte es sich um drei ehemalige Hochschulkanzler, zwei Vertreter von Akkreditierungsagenturen und zwei ehemalige Leiterinnen von Evaluationsverbünden, d. h. Personen, die sich durch eine langjährige Tätigkeit im Hochschulmanagement auszeichnen und entweder ebenfalls direkt in der Qualitätsentwicklung arbeiten oder arbeiteten oder mit Fragen der Qualitätsentwickelt befasst waren.

[77] Dieses korrespondiert mit einem starken Stellenausbau in den Akkreditierungsagenturen im Jahr 2002 (vgl. Kloke 2004).

berichtet, hiervon an den Universitäten durchschnittlich 2,6 Stellen (2007: 1,6 Stellen), an den Fachhochschulen 1,2 Stellen (2007: 0,7 Stellen) (vgl. HRK 2010: 8).[78]

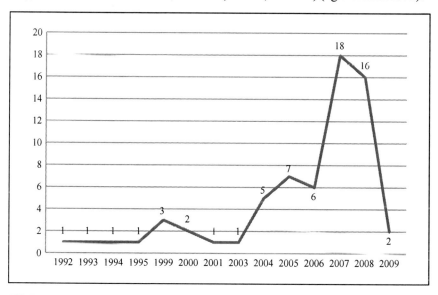

Abb. 7.7 „Seit wann existiert Ihre Organisationseinheit in ihrer derzeitigen Form?" N=69, Quelle: Online-Befragung Qualitätsentwickler 2009

Für einen Zuwachs an Stellen im Bereich Qualitätsentwicklung spricht auch die relativ kurze Beschäftigungsdauer der Befragten in der Online-Befragung, als auch die der Interviewten. Letztere sind seit durchschnittlich seit 2007 auf ihrer Position beschäftigt. Diese relativ kurze Beschäftigungsdauer zeigt sich auch in der Online-Befragung: Hier befinden sich die Befragten seit durchschnittlich 2005 (genau 2004,8; SD 5,0) auf ihrer derzeitigen (leitenden Position) in der Qualitätsentwicklung.[79] Auch hier zeigt sich ein starker Zuwachs von Stellenantritten und hypothe-

---

[78] Somit sind in der von der Autorin durchgeführten Umfrage in den qualitätsentwickelnden Einrichtungen mit durchschnittlich 4,1 Mitarbeitern (SD 5,1) mehr Personen beschäftigt als in der Umfrage des ‚Projektes Q'. Dieses ist darauf zurückzuführen, dass unterschiedliche Datensamples zugrunde lagen: Während das ‚Projekt Q' generell nach zentralen Ansprechpartnern für die Qualitätssicherung fragte, wurden in der vorliegenden Umfrage nur Leiter bzw. hauptamtlich für die Qualitätssicherung zuständige Mitarbeiter in einer eigenständige Organisationseinheiten für Qualitätssicherung befragt, sodass davon auszugehen ist, dass bei Existenz einer eigenen Einrichtung dort auch mehr Mitarbeiter beschäftigt sind.

[79] Wobei zu erwähnen ist, dass diese Frage im Fragebogen eventuell missverständlich ausgedrückt war. Diese lautete: „Seit wann arbeiten Sie auf Ihrer Stelle?"(Angabe der Jahreszahl) und hiermit war intendiert, nach der Dauer der derzeitigen Tätigkeit als Leiter, Mitarbeiter usw. in der derzeitigen Position zu fragen. Der hieraus errechnete durchschnittliche Beginn der Beschäftigungsdauer

tisch auch Stellenschaffungen in den Jahren 2007 und 2008. Seit diesem Zeitpunkt
arbeiten 15 bzw. 16 der Befragten auf ihrer derzeitigen Stelle (siehe Abb. 7.8).

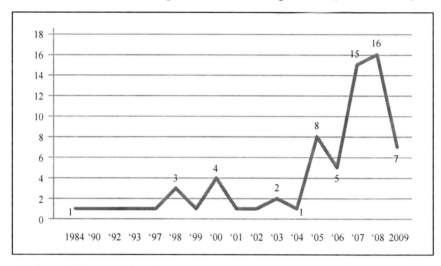

Abb. 7.8   „Seit wann arbeiten Sie auf Ihrer Stelle?" N=69,
            Quelle: Online-Umfrage Qualitätsentwickler 2009

Der starke Anstieg in den letzten Jahren – und es ist davon auszugehen, dass sich
dieser noch stärker fortsetzen wird – ist den befragten Expertinnen zufolge zum
einen auf die stärkere Anzahl von auf Bachelor- und Master umgestellte Studiengänge zurückzuführen, die zum einen akkreditiert werden müssen und die in
der Reakkreditierung einen Nachweis über die Durchführung qualitätssichernder
Maßnahmen bringen müssen. Zudem wurde unisono von den Befragten geäußert,
dass die Anforderungen und Aufgaben im Bereich Qualitätsentwicklung in den
letzten Jahren gestiegen sind.

> „Das heißt, wir haben gemerkt, aha, wir müssen hier jetzt nicht nur die Kapazitäten
> festsetzen, wir müssen nicht nur die ganzen Grundlagen und die Statistiken aufberei-

---

liegt bei 2004,8 mit einer SD von fünf Jahren. Der durchschnittliche Gründungszeitraum der der-
zeitig beschäftigenden Organisationseinheit, errechnet aus den Antworten auf die Frage „Seit wann
existiert Ihre Organisationseinheit in Ihrer derzeitigen Form?" liegt bei 2005,2 mit einer SD von
drei Jahren; d. h der durchschnittliche Gründungszeitraum liegt nach der Beschäftigung. Es wurde
überprüft, inwiefern das an den hohen Abweichungen liegen kann, aber bei der stichprobenartigen
Überprüfung stellte sich heraus, dass einige Personen tatsächlich ein früheres Beschäftigungsdatum
als Gründungsdatum angeben. Somit ist davon auszugehen, dass einige der Befragten die Frage
so interpretiert haben, dass sie das Anfangsdatum einer Beschäftigung als Qualitätsentwickler an
der jeweiligen Hochschule oder in der Qualitätsentwicklung generell angaben, dabei aber nicht die
derzeitige hierarchische Position in der derzeitigen Organisationseinheit berücksichtigten.

ten, wir müssen nicht nur sozusagen gucken, dass unser System sich verbessert, sondern
es gibt von außen gestellte Anforderungen, die wir auch noch berücksichtigen müssen,
nicht nur von innen formulierte, und so haben wir diesen Bereich [Qualitätsentwicklung;
Anmerkung der Autorin] dann aus den vorhandenen Ressourcen heraus versucht so zu
optimieren, dass die Mitarbeiterinnen und Mitarbeiter, ja, peu à peu bestimmte Aufgaben
noch neu dazu bekommen haben. Wir kriegten einfach immer noch ein Stück weit dazu
und manchmal auch noch einen kleinen Stellenanteil dazu. Und irgendwann haben wir
dann die in diesem Bereich Tätigen in einem Bereich zusammengefasst" (15).

Ein starker Impuls zur Etablierung von Organisationseinheiten und Stellen in
den letzen Jahren ist zum anderen aber auch auf die sukzessive Integration der
verpflichtenden Durchführung von qualitätssichernden Maßnahmen in den Landeshochschulgesetzen und in den Zielvereinbarungen zwischen Hochschulen und
Ministerien zurückzuführen. Dass die Etablierung von qualitätsentwickelnden Einrichtungen auch auf gesetzliche Vorgaben bzw. Kontrakten zwischen Land und
Hochschule zurückzuführen ist, wurde von allen 13 Interviewpartnern genannt:

> „In den Zielvereinbarungen steht es halt irgendwie drin, dass es eben auch ein Quali-
> tätsmanagementkonzept in irgendeiner Weise geben soll [...]. Wir müssen ja auch dem
> Ministerium was vorweisen" (15).

> „Früher hatten wir ein Projekt zur Qualitätssicherung, das früher in der Soziologie an-
> gesiedelt war. Jetzt wird das aufgrund der gesetzlichen Lage zentral im Präsidium durch-
> geführt [...]. Das Hochschulgesetz verlangt von uns, dass wir bestimmte Dinge tun und
> umsetzen, und dass wir sie eben auch zentral tun" (18).

Der Druck wurde zudem noch durch externe, zumeist politische, Anreize ergänzt.
So berichten 4 der 13 in den Leitfadeninterviews Befragten, dass die Etablierung
ihrer Organisationseinheit aufgrund von Sondermitteln aus, von zumeist dem Bundesland finanzierten Programmen für die Verbesserung von Studium und Lehre,
resultiert.

> „Das heißt, es gab ein Projekt ‚Förderung von Studium und Lehre' und da hat das
> Ministerium damals Förderprojekte ausgeschrieben und da bestimmte Summen für die
> Hochschulen zur Verfügung gestellt, und die Uni X hat sich früh entschlossen, da mit-
> zumachen, und aus diesen Mitteln wurden die ersten Stellen vom X [Einrichtung zur
> Qualitätssicherung] geschaffen" (13).

Mit einer Ausnahme berichteten die befragten Qualitätsentwickler, dass der Grün-
dungsimpuls für die qualitätssichernde Organisationseinheit aktiv durch die jeweilige Hochschulleitung vorangetrieben wurde. Dieses erfolgte, da somit auf die
von extern geforderten Rechenschaftspflichten reagiert werden und Legitimität
gewonnen werden konnte.

> „Ich glaub', dem Senat war sehr klar und den Wissenschaftlerinnen und Wissenschaft-
> lern dieser Universität, dass der Druck zur Legitimation der eigenen Arbeit deutlich grö-
> ßer wird" (15).

Zudem wurden nach Aussage der Qualitätsentwickler durch die Hochschulleitungen erkannt, dass es für die Sichtbarkeit nach außen und innen zweckdienlich sei, eine zentrale Ansprechstelle zu haben.

> „Ja, es ist natürlich auch in der Außenansicht einfacher, eine Stabsstelle zu haben [...], als sich, sage ich mal, in den ganzen Organisationsgewehr der Uni die einzelnen Stellen raus zu picken, ja? Die Zuständigkeit. Das ist einfach... Es ist kundenfreundlicher" (I4).

Von 10 der 13 Interviewpartner wurde genannt, dass ihre Einrichtung geschaffen wurde, da durch die Ergebnisse der Qualitätssicherung die Hochschulleitung notwendiges Steuerungswissen erhalte; diese Thematik wird noch in Kapitel 7.3.2 ausgeführt werden.

> „Also die Einrichtung des Referats [der Qualitätsentwicklung; Anmerkung der Autorin] wurde auf jeden Fall durch Herrn X [Präsident von U9] vorangetrieben. Er hat die Referate so aufgestellt, dass sie eine Beratungsfunktion für ihn haben, also alle Referate haben im Prinzip direkten Zugang zu Herrn X" (I12).

Allerdings kann diese Entwicklung einer zunehmenden Nachfrage nach Qualitätsentwicklern auch von der ‚anderen' Seite, nämlich der der Anbieter von Arbeitskraft, also den Qualitätsentwicklern selbst, betrachtet werden. Es kann vermutet werden, dass diese die Nachfrage nach ihrer Arbeitskraft auch selbst ‚gepusht' haben, in dem sie neue Programme und Instrumente der Qualitätsentwicklung schufen. Dieses Schaffen von Nachfrage nach dem eigenen Arbeitspotenzial zeigt auch Dobbin in seinem 2009 erschienen Buch „Inventing Equal Opportunities". Er beschreibt die zentrale Rolle, die Personaler bzw. Human Ressource Manager bei der Definition von Ungleichheit und der kontinuierlichen Erstellung und Umsetzung von Gleichstellungsrichtlinien spielen. Durch diesen selbst geschaffenen Zuständigkeitsbereich entsteht eine Nachfrage nach Arbeitskräften, die über Expertise in diesem Bereich verfügen und somit ein Arbeitsmarkt für die neu etablierte ‚Human Ressource Profession' (Dobbin 2009).

Zwischenfazit 'Arbeitsmarkt für Qualitätsentwickler an deutschen Hochschulen'

Es wird deutlich, dass, vor allem seit 2007, die Arbeitskraft von Qualitätsentwicklern nachgefragt wird, wie durch die Zunahme an Stellenanzeigen in ‚Der Zeit' in diesem Bereich, aber auch durch die von den deutschen Hochschulkanzlern konstatierte Zunahme an Organisationseinheiten und Positionen in der Qualitätsentwicklung gezeigt werden konnte. Diese Nachfrage nach der Arbeitskraft trifft dabei auch auf ein vorhandenes Angebot von Arbeitskräften: Parallel zur Etablierung von organisatorischen Einheiten im Bereich der Qualitätsentwicklung ist hier auch vor allem seit 2008 eine zunehmende Stellenbesetzung zu beobachten.

Dieses konnte anhand des Zeitpunktes der Beschäftigung von Qualitätsentwicklern erhoben durch die Online-Befragung, als auch durch die qualitativen Interviews, gezeigt werden. Somit kann von einem Arbeitsmarkt im Bereich der Qualitätsentwicklung ausgegangen werden, auf dem Angebot und Nachfrage aufeinander treffen.

Die Etablierung und der Ausbau von qualitätsentwickelnden Einrichtungen und Stellen wurde dabei von den Qualitätsentwicklern auf die Betonung von qualitätssichernden Aspekten im Rahmen des Bologna-Prozesses sowie die damit verbundende Etablierung des Akkreditierungswesen und der darauf resultierenden hochschulinternen Umsetzung zurückgeführt. Von allen Befragten wurde diese zudem auf die nunmehr in allen Landesgesetzen festgeschriebene Notwendigkeit der Durchführung von qualitätssichernden Maßnahmen zurückgeführt, zusätzlich wurde dieses noch an einigen der untersuchten Universitäten in Zielvereinbarungen zwischen dem jeweiligen Bundesland und der Hochschule festgelegt. Somit dient die Qualitätsentwicklung auch der externen Rechenschaftspflicht und zur Legitimitätsgewinnung. Mit Ausnahme einer Hochschule wurde die Etablierung der qualitätsentwickelnden Einrichtung durch die Hochschulleitung unterstützt, unter anderem, um durch die Zuordnung von Verantwortlichkeiten zu einem zentralen Ansprechpartner Verantwortlichkeiten eindeutig bestimmen zu können (vgl. Kapitel 2.3 und hier Brosziewski, 1998). Zum anderen stellt Qualitätsentwicklung relevantes Steuerungswissen für die Hochschulleitung zur Verfügung. Allerdings ist nur an einigen Hochschulen zu beobachten, dass die „Leitung den Anspruch erhebt (…), durch das fragliche Personal koordinativ oder gar planerisch-gestaltend einzugreifen" (Meier 2010: 2; vgl. Kloke/Krücken 2012a) (nähere Ausführungen siehe folgendes Kapitel).

7.3.2   Handlungslogik

Die Analyse der Handlungslogik der Qualitätsentwickler lässt sich – in Bezugnahme auf den Vergleich der ‚alten' und ‚neuen Professionstheorien' – nochmals in drei untergeordnete Analysedimensionen differenzieren.

In beiden Theorierichtungen wird davon ausgegangen, dass professionelle Arbeit in Bereichen notwendig und anzufinden ist, die nicht standardisierbar und routinisierbar sind. Somit sind folglich Ermessensspielräume notwendig (Analysedimension *Standardisierbarkeit und Routinisierbarkeit*). Inwiefern dieses auf die Arbeit der Qualitätsentwickler an deutschen Hochschulen zutrifft, wird unter dieser Analysedimension untersucht.

Ein wesentliches Distinktionsmerkmal zwischen den ‚alten/traditionellen' und ‚neuen Professionstheorien' ist die des Ausmaßes der Autonomie, über den die Professionellen verfügen. Während die ‚traditionellen Professionellen' vollständig autonom Aufgaben definieren, durchführen und kontrollieren, ist diese Autonomie bei den ‚neuen Professionellen' durch die beschäftigende Organisation eingeschränkt. Somit sind sie hierarchie- und weisungsgebunden und werden durch Vorgesetzte kontrolliert. Folglich ist in Bezug auf die Analysedimension *Einbindung in hierarchische Strukturen* von Interesse, inwiefern die Qualitätsentwickler in das hierarchische Gefüge der Hochschule eingebunden sind und in ihren Entscheidungen und Tätigkeiten von anderen Akteuren innerhalb oder auch außerhalb der Hochschule abhängig sind.

Unter der Analysedimension *Überbrücken von Handlungslogiken/Orientierungs- und Referenzpunkt* wird untersucht, inwiefern die Qualitätsentwickler die von Noordegraf (2007) beschriebene Funktion des Überbrückens und Vermittelns zwischen verschiedenen Logiken wahrnehmen. Hierfür ist zunächst festzustellen, mit wem die Qualitätsentwickler zusammenarbeiten. Ein weiteres wesentliches Distinktionsmerkmal der ‚neuen' und ‚alten Professionstheorien' ist die der Frage des Referenz-/ Orientierungspunktes. Während diese bei den ‚alten Professionen' deutlich die eigene Profession ist, ist diese bei den ‚neuen Professionellen' die eigenen Organisationen, d. h. die organisationale Professionalität ist eng an die Ziele und Hierarchien der eigenen Organisation gebunden (vgl. Evetts 2003, 2006, 2008, 2009, 2011). Inwiefern sich eine starke Orientierung an der eigenen Organisation, also der beschäftigenden Hochschule, auch bei den Qualitätsentwicklern finden lässt, ist ebenfalls Gegenstand der Analyse.

Im Folgenden werden hier nochmal die relevanten Unterschiede zwischen den ‚alten' und ‚neuen Professionstheorien' dargestellt, die handlungsleitend für die empirische Analyse – hier der Handlungslogik – sind.

Handlungslogik	
• in Bereichen, die nicht standardisierbar und routinisierbar sind → Ermessenspielräume notwendig • hohe Autonomie, da Hierarchie- und weisungsunabhängig, Selbstkontrolle bzw. externe Kontrolle durch Professionsangehörige (Kollegialitätsprinzip) • eindeutige Handlungslogik • Referenz/Orientierung: eigene Profession	• in Bereichen, die nicht standardisierbar und routinisierbar sind → Ermessensspielräume notwendig • eingeschränkte Autonomie, da • hierarchie- und weisungsgebunden, • Kontrolle durch Vorgesetzte • hybride Handlungslogiken → Überbrückung • Referenz/Orientierung: Organisation

Tab. 7.12   Zusammenfassender Vergleich der Handlungslogik ‚alter' und ‚neuer Professionstheorien'

Um die Ausprägung der einzelnen Handlungsdimensionen erläutern zu können, ist es zunächst notwendig, das Tätigkeitsprofil der Qualitätsentwickler an deutschen Hochschulen darzustellen und anhand der dort beschriebenen Tätigkeiten die Spezifika der ‚professionellen' Arbeit untersuchen zu können.

Tätigkeitsprofil

Im Folgenden wird analysiert, welche „Spezifizierung, Spezialisierung und Kombination von Leistungen" (Weber 1972: 80) das Tätigkeitsprofil von Qualitätsentwicklern an deutschen Hochschulen prägt. Welche Kombination von Tätigkeiten ist in diesem Feld zu beobachten? Hierzu wurde in der Online-Befragung nach der Bedeutung von Tätigkeiten im Arbeitsalltag gefragt. Es wurden zunächst sehr viele Items abgebildet, um ein genaues Bild des Tätigkeitsprofils zu bekommen. Die Items der Frage nach den Tätigkeiten stellten vier verschiedene Bereiche dar, die, so wurde angenommen, bestimmte Aufgabenkomplexe der Qualitätsentwickler darstellen. Der erste Aufgabenkomplex umfasste dabei Tätigkeiten, die sich auf den Bereich Qualitätsentwicklung beziehen. Der zweite Aufgabenkomplex beinhaltete die Frage nach der Bedeutung der Kontaktpflege und Zusammenarbeit mit verschiedenen externen Stakeholdern, der dritte die Aufgaben ‚interne Zusammenarbeit mit Studierenden' und ‚Koordination mit der Hochschulverwaltung'. Im vierten Aufgabenkomplex wurden anhand mehrerer Items die Managementtätigkeiten für die eigene Organisationseinheit abgebildet.
Dass diese Zusammenfassung zutreffend war, konnte durch eine Faktorenanalyse gezeigt werden. Die Faktorenanalyse ist ein strukturentdeckendes Verfahren, dessen Ausgangspunkt eine große Anzahl von Variablen ist. Von Interesse ist dabei, ob, und in welcher Weise, sie miteinander zusammenhängen. Mit der Faktorenanalyse wird also untersucht, ob sich unter den betrachteten Variablen Gruppen von Variablen befinden, denen jeweils eine komplexe Hintergrundgrundvariable zugrunde liegt (vgl. Brosius 8: 639). „Ziel ist die Bestimmung zugrundeliegender Faktoren, welche die Korrelationsmuster innerhalb eines Satzes beobachtbarer Variablen erklären" (vgl. RRZN 2001: 89). Faktorenanalysen ersetzen also eine Anzahl von manifesten Variablen durch eine geringere Anzahl von im Hintergrund liegenden Faktoren (vgl. Diaz-Bone 2006: 259). Als Extraktionsmethode wurde die Hauptkomponentenanalyse gewählt. In der Hauptkomponentenanalyse wird eine große Anzahl von erhobenen Variablen durch eine möglichst geringe Anzahl von errechneten Faktoren, die Hauptkomponenten heißen, ersetzt. Mit Hilfe der Hauptkomponenten kann man auf diese Weise Variablen ‚bündeln', sodass einzelne Variablengruppen durch je eine Hauptkomponente repräsentiert werden.

Man verdichtet so einen multivariablen Datenraum mit vielen Dimensionen (=Anzahl der Variablen) auf einen Raum, der nur noch wenige Dimensionen (=Anzahl der Hauptkomponenten) hat (Diaz-Bone 2006: 259f.).[80] Aufgenommen in die Faktorenanalyse wurden sämtliche im Fragebogen genannten Tätigkeiten, nach deren Bedeutung in der Position des Qualitätsentwicklers gefragt wurde. Eine Zusammenfassung der Faktorenanalyse unter Angabe der eingeflossenen Variablen findet sich in Tab. 7.13.

Es lassen sich vier Faktoren extrahieren: Unter den ersten Aufgabenkomplex, der sich konkret auf die Qualitätsentwicklung im engeren Sinne bezieht, fallen die Tätigkeiten ‚Entwicklung neuer Programme und Konzepte zur Qualitätssicherung‘, ‚Innovation der Organisation und Methoden der Qualitätssicherung‘, ‚Entwicklung und Erschließung neuer Themen der Qualitätssicherung‘, ‚Koordination von Qualitätssicherungsmaßnahmen‘, ‚Kontrolle der Umsetzung von Qualitätssicherungsmaßnahmen‘, ‚Umsetzung von Qualitätssicherungsmaßnahmen‘ sowie die ‚Disziplinenübergreifende Bearbeitung von Problemstellungen der Qualitätssicherung‘. Innerhalb des gesamten Tätigkeitsfeldes haben diese Aufgaben rund um den Bereich der Qualitätsentwicklung die wichtigste Bedeutung; 78,3 % (Innovation der Organisation und Methoden der Qualitätssicherung) bis 89,0 % der Befragten (Entwicklung und Erschließung neuer Themen der Qualitätssicherung) sagen aus, dass diese Tätigkeiten für ihre Arbeit von hoher oder sehr hoher Bedeutung sind.

Jedoch zeigen sich auch, wenngleich auch auf sehr hohem Niveau, Unterschiede zwischen den einzelnen Bereichen: So ist der Bereich, dem die meisten der befragten Qualitätsentwickler eine sehr hohe Bedeutung einräumen, der der Entwicklung neuer Konzepte und Programme zur Qualitätssicherung (71 %), gefolgt von der Koordination der qualitätssichernden Maßnahmen (69,6 %) bis hin zur Kontrolle der Umsetzung von qualitätssichernden Maßnahmen (64,7 %). Allerdings ist auch zu beobachten, dass 17,6 % der Befragten dieser Tätigkeit auf einer Skala von 1 bis 5 (1=‚Gehört nicht zu meinem Arbeitsbereich‘, 5=‚Sehr hohe Bedeutung‘) zwischen dem Wert 2 und 3 einordnen und somit die Kontrolle der Umsetzung von qualitätssichernden Maßnahmen eher eine untergeordnete Rolle spielt. Bezüglich der Tätigkeit ‘Umsetzung von qualitätssichernden Maßnahmen’ sagen 2,9% der Qualitätsentwickler aus, dass diese nicht zu ihrem Tätigkeitsfeld gehört, 16,2 % der Befragten bewerten die Wichtigkeit dieser Tätigkeit

---

[80]   Statistisch-mathematisch betrachtet werden bei dem Verfahren der Hauptkomponentenanalyse lineare Kombinationen der Variablen gebildet. Der erste Faktor (oder auch die erste Hauptkomponente genannt) wird so bestimmt, dass er einen möglichst großen Teil der Gesamtstreuung aller beobachteten Variablen erklärt. Der zweite Faktor wird anschließend so ermittelt, dass er sich zum ersten Faktor orthogonal verhält (mit diesem also vollkommen unkorreliert ist). Auf diese Weise lassen sich immer weitere Faktoren bestimmen, bis letztendlich so viele Faktoren ermittelt wurden, wie auch beobachtete Variablen im Faktorenmodell enthalten sind (vgl. Brosius 2002: 737).

	1 Qualitätssicherung	2 Kontaktpflege und Außenkontakte	3 Hochschul-interne Zusammenarbeit	3 Verwaltung und Management
Disziplinenübergreifende Bearbeitung von Problemstellungen der Qualitätssicherung	**,682**	,128	-,413	-,095
Innovation der Organisation und Methoden der Qualitätssicherung	**,829**	-,010	-,229	-,008
Kontrolle der Umsetzung von Qualitätssicherungsmaßnahmen	**,773**	-,206	,223	,096
Koordination von Qualitätssicherungsmaßnahmen	**,899**	-,164	-,034	,021
Umsetzung von Qualitätssicherungsmaßnahmen	**,829**	-,215	,087	-,021
Entwicklung und Erschließung neuer Themen der Qualitätssicherung	**,905**	-,163	-,015	-,030
Entwicklung neuer Programme und Konzepte zur Qualitätssicherung	**,744**	-,107	-,264	,141
Außenkommunikation, Marketing und Pressearbeit für meinen Bereich	,076	**,742**	,073	,218
Kontaktpflege und Zusammenarbeit mit Medien und Öffentlichkeit	-,221	**,713**	,434	,140
Kontaktpflege und Zusammenarbeit mit Verbänden/Stiftungen/Kultureinrichtungen	-,218	**,851**	,092	,148
Kontaktpflege und Zusammenarbeit mit Personen/Organisationen in der Privatwirtschaft	-,334	**,820**	,188	,155
Kontaktpflege und Zusammenarbeit mit Personen/Organisationen in der Politik/Verwaltung	-,130	**,879**	-,023	,130
Kontaktpflege und Aufbau von Partnerschaften mit anderen Wissenschaftseinrichtungen	,114	**,624**	,064	,380
Beratung von Studierenden	-,047	,316	**,735**	-,006
Koordination mit der Hochschulverwaltung	,530	,164	**,311**	,075
Budgetierung und Finanzierung	-,027	,250	,192	**,757**
Personal- und Organisationsentwicklung	,099	,153	,019	**,857**
Personalführung	,013	,356	-,213	**,697**

Extraktionsmethode: Hauptkomponentenanalyse. Rotationsmethode: Varimax mit Kaiser-Normalisierung. Fehlende Werte durch Mittelwerte ersetzt. Faktor 1: 34,4 % erklärte Varianz; Faktor 2: 22,8 % erklärte Varianz. Faktor 3: 7,5 % erklärte Varianz; Faktor 4: 5,8 % erklärte Varianz. Maß der Stichprobeneignung nach Kaiser/Meyer-Olkin:0,62; Signifikanz nach Bartlett: 0,00.

Tab. 7.13   Faktorenanalyse Tätigkeitsprofil, Frage: „Welche Bedeutung haben die folgenden Tätigkeiten in Ihrer Position? Schätzen Sie dieses bitte anhand folgender Skala von 1 bis 5 ein, wobei 1 ‚Gehört nicht zu Arbeitsbereich' und 5 ‚Sehr hohe Bedeutung' bedeutet."
N=69, Quelle: Online-Befragung Qualitätsentwickler 2009

mit einer ‚drei', das heißt, dass die Umsetzung nicht eine so wichtige Rolle im Tätigkeitsprofil einiger Qualitätsentwickler hat. Dieses kann auf die organisatorischen
Gegebenheiten der jeweiligen Einrichtung der Qualitätsentwickler zurückgeführt
werden: Wie unter den organisatorischen Rahmenbedingungen festgestellt wurde,
gehörten letztgenannten Tätigkeiten an Hochschulen, die über kein umfassendes
Qualitätsmanagement verfügen, auch nicht zum Aufgabenprofil der Qualitätsentwickler. Es wird deutlich, dass die Qualitätsentwickler stark mit der Entwicklung
und Erschließung neuer Programme, Konzepte und Themen der Qualitätsentwicklung beschäftigt sind; ein erster Hinweis, dass es sich bei der Tätigkeit der Qualitätsentwickler, wie unter der Professionalisierungsdimension ‚Standardisierung
und Routinisierbarkeit' weiter ausgeführt wird, um eine nicht-standardisierbare
und nicht-routinisierbare Tätigkeit handelt.

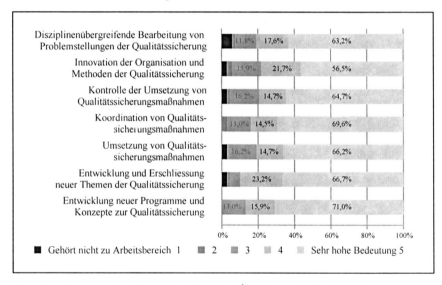

Abb. 7.9   Faktorenanalyse Tätigkeitsprofil, Faktor 1 ‚Qualitätsentwicklung', N=69,
            Quelle: Online-Befragung Qualitätsentwickler 2009[81]

Die Feststellung, dass sich die Qualitätsentwickler hauptsächlich mit Fragen der
Qualitätsentwicklung beschäftigen, erscheint nur auf den ersten Blick trivial: So
konnte in einer Untersuchung zu den Aufgaben der Mitarbeiter in Einrichtungen
des Technologietransfers an deutschen Universitäten gezeigt werden, dass diese
sich nicht mit der originäre Aufgabe der Transferstellen – nämlich der Anbah-

---

[81]   Bei mehr als 5-stufigen Skalen werden hier und im Verlauf der Arbeit aus Gründen der Darstell-
        barkeit nur die Werte angegeben, die größer als 10 % sind.

nung von Kooperationsprojekten (Fritsch et al. 2008: 24) beschäftigen, sondern der Schwerpunkt ihrer Arbeit auf der Zusammenarbeit mit staatlichen Akteuren liegt (siehe Abb. 7.9) (vgl. Kloke/Krücken 2010; Krücken/Meier 2010; Krücken 2003). Die zweite, durch die Faktorenanalyse validierte Komponente des Tätigkeits-profils lässt sich mit *Kontaktpflege und Außenkontakte* zu verschiedenen externen Gruppen der Hochschule beschreiben, und zwar zu anderen Wissenschaftseinrich-tungen, zu Personen und/oder Organisationen in der Privatwirtschaft, in der Politik und Verwaltung, mit Verbänden, Stiftungen und Kultureinrichtungen sowie mit den Medien und der Öffentlichkeit. Das Item „Außenkommunikation, Marketing und Pressearbeit für meinen Bereich" lädt ebenfalls positiv auf diesen Faktor. Ins-gesamt betrachtet haben, im Vergleich zu den Aufgaben, die direkt auf Tätigkei-ten in der Qualitätsentwicklung abzielen, diese Tätigkeiten im Tätigkeitsprofil der Qualitätsentwickler eher ein untergeordnete Rolle. Dabei erscheint der Bereich „Kontaktpflege und Aufbau von Partnerschaften mit anderen Wissenschaftsein-richtungen" noch am wichtigsten, gefolgt von dem mit Personen und Organisati-onen in der Politik und der Verwaltung. Im Tätigkeitsbereich „Kontaktpflege und Außenkontakte" ist die „Außenkommunikation, Marketing und Pressearbeit für

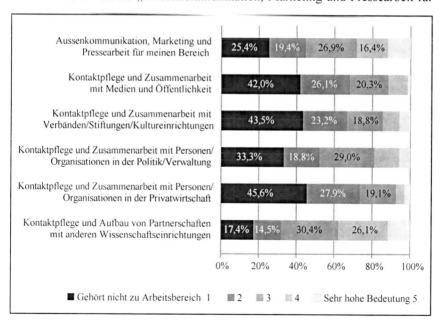

Abb. 7.10 Faktorenanalyse Tätigkeitsprofil, Faktor 2 ‚Kontaktpflege und Außenkontakte', N=69, Quelle: Online-Befragung Qualitätsentwickler 2009

meinen Bereich" das Item, welches noch am ehesten eine Rolle im Aufgabenprofil der Qualitätsentwickler spielt. Eine Erklärung hierfür könnte die Notwendigkeit sein, die eigene Arbeit darstellen zu müssen; dieses wird aber ausführlicher unter der Professionalitätsdimension ‚Zuständigkeitsanspruch' analysiert werden (siehe Abb. 7.10).

Es scheint jedoch so, als ob die Arbeit der Qualitätsentwickler sich eher auf die Arbeit innerhalb der Hochschule bezieht, hier allerdings divergierend nach Personengruppen in unterschiedlicher Stärke, wie folgender Tätigkeitsbereich zeigt (3. Faktor: *Hochschulinterne Zusammenarbeit*). So sagen 75,8 % der befragten Qualitätsentwickler aus, dass die Koordination mit der Hochschulverwaltung eine hohe oder sehr hohe Bedeutung in ihrer Position hat, während dieses nur lediglich 27,7 % für das Item „Beratung von Studierenden" aussagen. Zudem sagen 44,9 % der Befragten aus, dass dieses gar nicht zu ihrem Aufgabenbereich gehört. Dieses zeigt a) dass die Muster der Zusammenarbeit mit verschiedenen Personengruppen innerhalb der Hochschulen unterschiedliche Bedeutung hat und b) sich dieses aber auch noch zwischen den verschiedenen Einrichtungen der Qualitätssicherung divergiert. Die nähere Analyse dieses Aspektes wird unter der untergeordneten Analysedimension ‚Autonomie' erfolgen.[82] Festgehalten werden kann jedoch, dass die Qualitätsentwickler, anders als in der Literatur zum administrativen Hochschulmanagement aufgezeigt, keine externe Schnittstellenfunktion wahrnehmen (siehe Abb. 7.11).

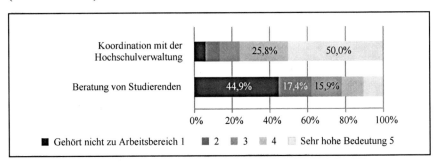

Abb. 7.11   Faktorenanalyse Tätigkeitsprofil, Faktor 3 ‚Hochschulinterne Zusammenarbeit', N=69, Quelle: Online-Befragung Qualitätsentwickler 2009

---

[82]   Das Item „Sekretariatstätigkeiten/Verwaltungstätigkeiten" lädt ebenfalls hoch auf den Faktor „Zusammenarbeit innerhalb der Hochschule". Es wurde ursprünglich angenommen, dass dieses eher auf den im Folgenden vorgestellten Tätigkeitsbereich „Verwaltung und Management" lädt. Allerdings finden sich in diesem Faktor eher Tätigkeiten, die sich auf das Management einer Organisationseinheit beziehen. So wird das Item „Sekretariatstätigkeiten/Verwaltungstätigkeiten" keinem Faktor zugeordnet.

Der vierte Faktor *Verwaltung und Management* umfasst die Items „Budgetierung und Finanzierung", „Personal- und Organisationsentwicklung" sowie „Personalführung", das heißt er umfasst Tätigkeiten, die vor allem für Leitungspositionen von Bewandtnis sind. Bei Erstellung des Fragebogens wurde davon ausgegangen, dass aufgrund der Zielgruppe der Befragung – Leiter von qualitätsentwickelnden Einrichtungen – diese Tätigkeiten eine hohe Bedeutung haben. So zeigt sich auch, dass die einzelnen Tätigkeiten für die Leiter von qualitätsentwickelnden Einheiten eine höhere Bedeutung einnehmen als für Mitarbeiter und Personen, die als einzige Person in der qualitätsentwickelnden Organisationseinheit tätig sind (siehe Tab. 7.14).

	Personal- und Organisationsentwicklung	Personalführung	Budgetierung und Finanzierung
Leiter	3,1 (1,4)	3,3 (1,3)	2,4 (1,4)
Mitarbeiter	2,0 (1,3)	2,3 (1,7)	2,0 (1,5)
′Als Einziger in Organisationseinheit tätig′	2,8 (1,6)	2,2 (1,3)	1,9 (0,8)

Tab. 7.14 Tätigkeitsprofil: Managementaufgaben nach Hierarchieebene, N=69,
Quelle: Online-Befragung Qualitätsentwickler 2009

Auffällig ist auch, dass 40,9 % der Befragten angaben, dass die Budgetierung und Finanzierung nicht zu ihrem Aufgabenbereich gehört. Obwohl vor allem im Rahmen der New-Public Managementreformen Verantwortlichkeiten, verbunden mit budgetären Freiräumen dezentral und somit auch an einzelne Organisationseinheiten, verteilt werden sollten, scheint dieses bei den qualitätssichernden Einrichtungen nur zum Teil der Fall zu sein. Vielmehr erscheint es so, als dass finanzielle Ressourcen detailliert zugewiesen werden, sodass die Budgetierung und Finanzierung nicht im Vordergrund der Arbeit steht. Eine hohe bzw. sehr hohe Bedeutung nimmt, zumindest bei 42,5 % der Befragten, die Personal- und Organisationsentwicklung ein, d. h. es ist davon auszugehen, dass in diesem Bereich Spielräume für die Entwicklung des Personals und der Organisationseinheit im Bereich der Qualitätsentwicklung vorhanden sind. Auch die Personalführung ist zumindest für 41,8 % der befragten Qualitätsentwickler von hoher oder sehr hoher Bedeutung in ihrem Tätigkeitsprofil, allerdings hat konsequenterweise diese Tätigkeit für die Leiter von qualitätsentwickelnden Einrichtungen eine wichtigere Funktion als für die Mitarbeiter oder diejenigen, die als Einzige in einer Organisationseinheit beschäftigt sind (siehe Abb. 7.12).

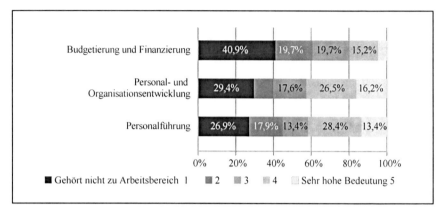

Abb. 7.12   Faktorenanalyse Tätigkeitsprofil, Faktor 4 „Verwaltung und Management", N=69,
Quelle: Online-Befragung Qualitätsentwickler 2008

In den Leitfadeninterviews wurde, wie auch schon durch die Online-Umfrage, deutlich, dass die Qualitätsentwickler den Großteil ihrer Arbeitszeit mit Tätigkeiten verbringen, die direkt dem Bereich ‚Qualitätsentwicklung' zugeordnet werden können. Dabei zeigt sich, dass das Tätigkeitsprofil der jeweiligen Qualitätsentwickler zum einen von der hierarchischen Funktion innerhalb der Organisationseinheit abhängig ist, zum anderen aber auch von der ‚Steuerungstiefe'. So sind die interviewten Qualitätsentwickler, deren Organisationseinheiten nicht für ein umfassendes Qualitätsmanagement zuständig sind, auch nicht oder nur in geringem Maße für die Umsetzung von qualitätssichernden Maßnahmen und deren Kontrolle zuständig. Auch der Gründungszeitraum der beschäftigenden Organisationseinheit hat Einfluss auf das Tätigkeitsprofil der Qualitätsentwickler: Die befragten Mitarbeiter, die in neu geschaffenen Organisationseinheiten arbeiten, sind vor allem mit der Aufbauarbeit beschäftigt.

Im Folgenden werden kurz die Tätigkeitsprofile der Interviewpartner umrissen: *I1* und *I2*, *I9* und *I11* sind vor allem für die Entwicklung von Instrumenten und Erhebungsmethoden im Bereich Qualitätssicherung der Lehre zuständig sowie die Organisation und Koordination der Durchführung in den Fakultäten. Die genannten Interviewpartner sind für die Aufbereitung dieser lehrbezogenen Daten zuständig. I11, der an einer Universität mit ‚Doppelstrukturen' arbeitet, leitet zudem die Ergebnisse an das übergeordnete Referat Qualitätsmanagement weiter. I9 ist für die zentrale Sammlung und Weitergabe an die Hochschulleitung zuständig. Alle Interviewpartner sind nicht für die Kontrolle der Umsetzung von Qualitätssicherungsmaßnahmen zuständig. Sie entwickeln neue Programme und Konzepte zur Qualitätssicherung, um diese an ihrer eigenen Hochschule anzuwenden, führen allerdings keine eigenen Forschungen in dem Bereich durch, d. h. die Innovation der Organisation und die Methoden der Qualitätssicherung sind stark auf die jeweilige Hochschule abgestellt.

I3 ist aufgrund seiner Leitungsposition stark mit Managementaufgaben des Zentrums betraut, z. B. Personalführung, Organisationsentwicklung der eigenen Einrichtung aber auch Finanzierung. Darüber hinaus entwickelt und erschließt er forschungsbasiert neue, organisationsübergreifende Themen der Qualitätsentwicklung sowie deren Organisation und Methoden. Durch die beratende Rolle für Entscheidungsprozesse der Hochschulleitung, die die untersuchte Organisationseinheit wahrnimmt, ist der Interviewpartner häufig in Konsultationen der Hochschulleitung eingebunden.

I4 ist derzeit vor allem mit dem Aufbau eines umfassenden Qualitätsmanagementsystems beschäftigt. Hierfür wird versucht, die Kernprozesse einzelner Bereiche (z. B. Curriculumsentwicklung eines Studiengangs) zu definieren und dafür Standardverfahren zu entwickeln. Zudem ist er für die Entwicklung von Instrumenten und Erhebungsmethoden im Bereich Qualitätssicherung der Lehre zuständig sowie die Organisation und Koordination der Durchführung in den Fakultäten. Anschließend ist er für die zentrale Sammlung und Aufbereitung dieser Daten zuständig und berät auf Nachfrage Hochschulleitungen, die Verwaltung und Wissenschaftler.

I5 ist vor allem mit der Koordination der breitgefächerten Aufgaben seiner neun Mitarbeiter in der Organisationseinheit für Qualitätsmanagement beschäftigt. Er selbst ist aktiv am stärksten in der Kennzahlenerhebung und -auswertung involviert. Die Kontrolle der Umsetzung von Qualitätssicherungsmaßnahmen und die Berichterstellung an die Hochschulleitung umfassen ebenfalls seinen Tätigkeitsbereich.

I6 befasst sich derzeit, auch aufgrund der an der U5 erst rezenten Etablierung einer zentralen Einrichtung der Qualitätssicherung, vor allem mit der Bestandserhebung von qualitätssichernden Verfahren und Instrumenten im Bereich der Lehre an den einzelnen Fakultäten und ist mit der Aufbauarbeit der Organisationseinheit betraut.

I7, der ebenfalls an der U5 tätig ist, ist mit der Forschungsevaluation betraut. Allerdings umfasst diese, nachdem ein großes Projekt zur bibliometrischen Analyse der Forschungsleistungen der Fakultäten durch diese abgelehnt wurde, nur noch einen Teil seiner Arbeitszeit. Vielmehr ist er nunmehr mit dem Großteil seiner Arbeitszeit für Kapazitätsplanungen im Bereich der medizinischen Ausbildung befasst. Zum Zeitpunkt der Vorbereitung des bibliometrischen Projektes bereitete er bibliometrische Analysen vor und erhob Forschungskennzahlen der Fakultäten.

I8 entwickelt neue Programme und Konzepte der Qualitätssicherung, ist aber auch für die Koordination, die Umsetzung und die Kontrolle der Umsetzung von Qualitätssicherungsmaßnamen zuständig. Zudem berät er andere Hochschulen in Fragen der Implementation von Qualitätsmanagementsystemen. I8 publiziert zudem gelegentlich in Zeitschriften zum Wissenschaftsmanagement bzw. in praxisorientierten Forschungsjournalen.

I10 ist zum Zeitpunkt des Interviews vor allem mit dem Aufbau der Organisationseinheit für Qualitätsmanagement zuständig. Das bedeutet, dass er eine Bestandserhebung der dezentralen Verfahren und Instrumente der Qualitätsentwicklung durchführt, Prozeduren und Standards der Qualitätsentwicklung an der U8 erstellt sowie an dem Entwurf einer Evaluationsordnung arbeitet.

I12 ist, zurückzuführen auf die rezente Gründung der übergeordneten Einrichtung für Qualitätsmanagement, mit der grundlegenden Strukturierung von Prozeduren und Instrumenten der Qualitätsentwicklung beschäftigt, wobei vor allem das Zusammenspiel der drei mit Qualitätsentwicklung befassten Einrichtungen an der U9 geregelt werden muss. Zudem ist I12 wie auch I10 ebenfalls mit dem Entwurf einer Evaluationsordnung befasst. I12 ist häufig, gemeinsam mit Kollegen aus dem Strategiedezernat, in Konsultationen der Hochschulleitung eingebunden.

I13 konzipiert, entwickelt und führt qualitätssichernde Verfahren durch bzw. lenkt diese Aufgabenerfüllung durch seine Mitarbeiter. Zudem ist er für die Durchführung qualitätssichernder Verfahren in den Fakultäten sowie die anschließende Aufbereitung der Daten und die Berichterstattung an die Hochschulleitung zuständig. Ein großer Anteil seiner Arbeit liegt im Verfassen von Zielvereinbarungen, die zwischen Hochschulleitung und den evaluierten Fachbereichen abgeschlossen werden. I12 und I13 verfassen zudem Artikel in Zeitschriften zum Wissenschaftsmanagement bzw. in praxisorientierten Forschungsjournalen.

Von den 13 interviewten Qualitätsentwicklern geben die beiden in den zentralen Einrichtungen arbeitenden Qualitätsentwickler an, dass wissenschaftliches Arbeiten zu Themen der Qualitätsentwicklung zu ca. 30 % bzw. zu ca. 15 % zu ihrem Tätigkeitsprofil gehören (I 3 und I 13), und auch ein Leiter einer Stabsstelle (I8) und ein Leiter eines Dezernates (I12) gaben an, zu geringen Teilen auch wissenschaftlich zu Themen der Qualitätsentwicklung zu arbeiten (I8, I12). Jedoch ist anzumerken, dass das mit Ausnahme der Beschäftigten in den zentralen Einrichtungen nicht Teil der offiziellen Stellenbeschreibung ist, sondern zusätzlich zu den in der Stellenbeschreibung festgelegten Arbeiten, zum Teil auch in der Freizeit, durchgeführt wird. Auch unterscheidet sich die Art der Forschung, die von den genannten Einrichtungen durchgeführt wird, erheblich: Während an der U2 z. T. drittmittelfinanzierte Forschung z. B. zur Kompetenzmessung mit eigenen empirischen Erhebungen durchgeführt wird, handelt es sich bei der an U6 durchgeführten Forschung eher um evaluative Begleitforschung, die auf Fragen der Wirksamkeit von qualitätssichernden Verfahren abzielt. Die von I12 und I13 verfassten Beiträgen in Zeitschriften zum Wissenschaftsmanagement bzw. praxis-orientierten Forschungsjournalen behandeln vor allem, häufig in Bezug zur eige-nen Organisationseinheit, (organisationssoziologisch) Fragen der Organisation und Durchführung von qualitätsentwickelnden Maßnahmen.

Auch durch die Ergebnisse der Online-Befragung kann gezeigt werden, dass für mehr als die Hälfte der Qualitätsentwickler das wissenschaftliche Arbeiten einen Teil ihrer Tätigkeit darstellt. Allerdings zeigen sich dabei, wie auch bei den interviewten Qualitätsentwicklern, große Unterschiede. So geben 40,6 % Prozent der Befragten an, keine Arbeitszeit mit wissenschaftlichen Tätigkeiten im engeren Sinn (also Forschung und Lehre) zu verbringen. 27,5 % der Befragten verbringen fünf bis zehn Prozent ihrer Arbeitszeit mit wissenschaftlichem Arbeiten, 27,5 % der Qualitätsentwickler 11–20 %, 4,3 % der befragten Qualitätsentwickler ver-bringen 21–30 % ihrer Arbeitszeit mit Forschungs- und oder Lehrtätigkeiten. Die Qualitätsentwickler, die wissenschaftlich arbeiten, verbringen so durchschnittlich 9 % ihrer Arbeitszeit mit wissenschaftlichem Arbeiten (siehe Abb. 7.13).

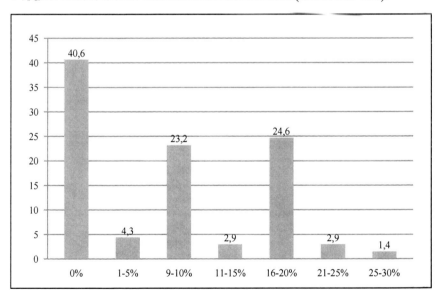

Abb. 7.13 „Wie viel Prozent Ihrer Arbeitszeit arbeiten Sie derzeit wissenschaftlich?" (ungefähre Angabe der Prozentzahl, z. B. 10 %)? N=69, Quelle: Online-Befragung Qualitätsent-wickler 2009

Der doch hohe Anteil an Personen, die wissenschaftlich arbeiten sowie die Beschäftigung von 30 % der Befragten auf wissenschaftlichen Stellen könnte auf den ersten Blick als Indiz für die Entwicklung eines ‚third-space' im Sinne Whitchurchs (u. a. 2008c) gelten, d. h. dass es sich bei den Qualitätsentwicklern um Personen handelt, die zwischen der traditionellen Hochschulverwaltung und der Wissenschaft stehen. Dieser Interpretation wird hier jedoch nicht geteilt, da es sich bei der durch die befragten Qualitätsentwickler betriebenen Forschung um stark auf den Gegenstand Qualitätsentwicklung fokussierende, anwendungsorientierte, nicht disziplinäre Forschung handelt. Hierdurch unterscheidet sie sich stark von der ‚normalen' theoretischen, zum Teil grundlagenorientierten und disziplinären Forschung an Universitäten.[83]

Zum anderen entspricht dieses nicht dem Selbstverständnis der Befragten. In dem Online-Fragebogen wurden die Qualitätsentwickler gebeten, sich und ihre Arbeit zwischen den beiden Polen Verwaltung und Wissenschaft zu verorten, wobei die 1 einer Verortung in der Verwaltung und 5 einer Verortung in der Wissenschaft entspricht. Es zeigte sich, dass sich 18,5 % der Befragten ausschließlich der Verwaltung zuordneten, 41,5 % der Befragten gaben als Antwortkategorie eine ‚2' an, das heißt, die Hinwendung zur Verwaltung ist stärker als die zur Wissenschaft. Eine typische ‚Hybridstellung' zwischen Wissenschaft und Verwaltung gaben lediglich 32,3 % der befragten Qualitätsentwickler an und nur 7,7 % der Befragten eine stärkere Hinwendung zur Wissenschaft als zur Verwaltung. Niemand der Befragten gab an, sich komplett in der Wissenschaft zu verorten (siehe Abb. 7.14).

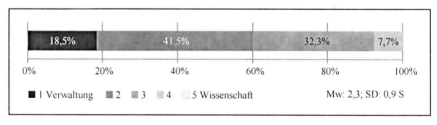

Abb. 7.14   „Wie würden Sie sich und Ihre Arbeit verorten? Schätzen Sie dieses bitte anhand folgender Skala von 1 bis 5 ein, wobei 1 einer Verortung in der Verwaltung entspricht, und 5 einer Verortung in der Wissenschaft". N=69, Quelle: Online-Befragung Qualitätsentwickler 2009

---

[83]   Diese Diskussion, inwiefern es sich bei Forschung im Bereich der Qualitätsentwicklung um ‚normale' Forschung handelt, ist kein Spezifikum dieses Bereiches, sondern der ganzen Hochschulforschung (vgl. Schneijderberg/Kloke/Braun 2011).

Diese stärkere Verwaltungsorientierung zeigt sich auch in dem beruflichen Selbstverständnis der befragten Qualitätsentwickler. Lediglich 8,3 % der Befragten gaben an, dass die Beschreibung „als WissenschaftlerIn, der/die neben der wissenschaftlichen Tätigkeit Managementaufgaben wahrnimmt" voll und ganz bzw. zutrifft. 18,3 % gaben an, dass diese Beschreibung teilweise zutrifft, der Großteil der Befragten, nämlich 73,8 %, sagten aber aus, dass diese Beschreibung gar nicht bzw. eher nicht zutrifft. Hierzu korrespondiert auch der Befund, dass nur knapp 10 % der befragten Qualitätsentwickler ihr berufliches Selbstverständnis „als Angehörige/Angehöriger meiner Ausbildungsdisziplin" umschrieben, 73,3 % der Befragten diese Beschreibung aber für gar nicht bzw. eher nicht zutreffend hielten (siehe Abb. 7.15).[84]

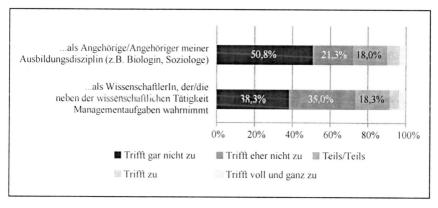

Abb. 7.15   „Inwiefern treffen die unten aufgeführten ‚Statements' auf Ihr berufliches Selbstverständnis zu? *Ich verstehe mich als...* ", N=69, Quelle: Online-Befragung Qualitätsentwickler 2009

Auch unter den interviewten Qualitätsentwicklern findet sich nur eine Person, die sich selbst als Forscher bezeichnet, allerdings ist auch diese Forschung eng auf den Bereich Qualitätsentwicklung bzw. Hochschulentwicklung begrenzt. Zudem dienen die Forschungsergebnisse als Grundlage, um Verfahren und Instrumente der Qualitätsentwicklung evidenzbasiert zu entwickeln und durchführen zu können.

„Wir sind nicht eng gebunden an die Administration, wir sind keine Verwaltung, wir machen selbst Wissenschaft, wir werben selbst viele Drittmittel ein, wir forschen viel [...]

---

[84]   Allerdings muss hier erwähnt werden, dass diese hohen Werte auch auf die Auswahl des Datensamples zurückgeführt werden müssen, in dem nur Personen erfasst wurden, die einen Großteil ihrer Arbeit mit Tätigkeiten im Bereich Qualitätsentwicklung verbringen und nicht mit Forschung und Lehre. Trotzdem hätte man nach Durchsicht der Literatur vor allem zu den deutschen administrativen Hochschulmanagern vermuten können, dass die Verortung zwischen Verwaltung und Wissenschaft eher im mittleren Bereich dieser beiden Pole anzufinden wäre.

Wir haben immer gesagt, wir müssen viel Wissen über Hochschulentwicklung haben, weil wir ansonsten immer ins Blinde hinein agieren" (I3).

Es ist auch nur eingeschränkt davon auszugehen, dass die im vorherigen Kapitel genannte relative hohe Anzahl an auf einer wissenschaftlichen Stelle arbeitenden Qualitätsentwicklern ein Indiz für die Entstehung eines ‚third-space' darstellt. Nach Aussagen der im Rahmen des Projektes ‚Professionalisierungsprozesse im deutschen Hochschulsystem' befragten Personalverantwortlichen an deutschen Hochschulen wurde deutlich, dass häufig Personen, die nicht mehr in den Kernbereichen Forschung und Lehre, sondern eher im Verwaltungsbereich tätig sind, als wissenschaftliche Mitarbeiter beschäftigt werden. Grund hierfür ist, dass es einfacher ist, gegenüber den eigenen Hochschulmitgliedern, aber auch gegenüber der Öffentlichkeit, die Schaffung einer wissenschaftlichen Stelle zu rechtfertigen als eine in der Verwaltung.

Zusammenfassung

Es zeigt sich, dass vor allem Tätigkeiten im engeren Bereich der Qualitätsentwicklung eine sehr hohe Bedeutung im Tätigkeitsprofil der Befragten haben. So hat beispielsweise die Koordination von Qualitätssicherungsmaßnahmen eine sehr hohe Bedeutung; ebenfalls stellt die Entwicklung neuer Programme und Konzepte zur Qualitätssicherung, die Entwicklung und Erschließung neuer Themen sowie die Innovation der Organisation und Methoden der Qualitätssicherung einen bedeutenden Teil des Arbeitsprofils der Qualitätsentwicklung dar. Allerdings wurde in den Interviews deutlich, dass die Entwicklung neuer Themen, Instrumente und Verfahren der Qualitätsentwicklung stark auf den Anwendungskontext der jeweiligen Hochschule bezogen ist, eine abstrakte Übertragbarkeit auf andere Hochschulen jedoch nicht im Fokus der Überlegungen steht.

Alle Befragten zeichnen sich durch eine aktive Auseinandersetzung und Integration aktueller Forschungen im Bereich Evaluations- und Hochschulforschung aus, die dann auch in die Ausgestaltung der Methoden und Instrumente der Qualitätsentwicklung an ihrer Hochschule einfließen, jedoch forschen die Qualitätsentwickler nur zum Teil selbst. So sagen 42 % der in der Online-Befragung befragten Qualitätsentwickler aus, dass sie Teile ihre Arbeitszeit mit Forschung (und Lehre) verbringen, jedoch umfasst die häufig auf den Gegenstand der Qualitätsentwicklung bezogene Forschung lediglich 6–20 % der Arbeitszeit. Dementsprechend verortet sich der Großteil der Befragten eher im Bereich der Verwaltung als in der Wissenschaft, korrespondierend hierzu entspricht in den meisten Fällen das Selbstverständnis der befragten Qualitätsentwickler auch *nicht* dem eines Wissenschaftlers, der neben der wissenschaftlichen Tätigkeit Managementaufgaben wahrnimmt.

Obgleich in der Online-Befragung auch den Items „Umsetzung und Kontrolle der Umsetzung von Qualitätssicherungsmaßnahmen" eine hohe Bedeutung zugeschrieben wurde, zeigte sich in den Interviews, dass dieses von der ‚Steuerungstiefe' der Qualitätentwicklung abhängig ist. Nur an Hochschulen, die über ein umfassendes Qualitätsmanagement verfügen, fällt die Umsetzung der Kontrolle der Umsetzung von Qualitätssicherungsmaßnahmen in den Aufgabenbereich der Qualitätsentwickler.

Es wurde deutlich, dass die Kontaktpflege und die Zusammenarbeit mit hochschulexternen Partnern im Tätigkeitsprofil eine untergeordnete Rolle spielt. Am ehesten wird noch eine Kontaktpflege und der Aufbau von Partnerschaften mit anderen Wissenschaftseinrichtungen betrieben (nähere Ausführungen siehe Kapitel 7.3.4.). Allerdings wird dem Item „Außenkommunikation, Marketing und Pressearbeit für meinen Bereich" noch eine relativ hohe Bedeutung eingeräumt, dieses kann allerdings auch mit der aktiven Herstellung von Akzeptanz und Legitimation (nähere Ausführungen siehe Kapitel 7.3.5) erklärt werden.

Stattdessen richtet sich die Tätigkeit der Qualitätsentwickler eher auf hochschulinterne Prozesse und Strukturen. Dieses wird an der hohen Bedeutung von koordinierenden Tätigkeiten mit der Hochschulverwaltung deutlich. Jedoch zeigt sich auch, dass sich Unterschiede in der Bedeutung der hochschulinternen Zusammenarbeit mit verschiedenen Personengruppen innerhalb der Hochschule zeigen: So geben 44,9 % der Befragten an, dass die Beratung von Studierenden nicht zu ihrem Arbeitsbereich gehört (nähere Ausführungen siehe folgende Analyse zur ‚Zusammenarbeit' mit verschiedenen innerhochschulischen Akteuren).

Der Tätigkeitsbereich ‚Verwaltung und Management' hat nicht dieselbe hohe Bedeutung wie die Tätigkeiten, die direkt dem Bereich Qualitätsentwicklung zugeordnet werden können. Die höchste Bewandtnis im Tätigkeitsprofil der Qualitätsentwicklung hat dabei noch die Personal- und Organisationsentwicklung, gefolgt von der Personalführung. Allerdings ist hier zwischen der Leitungs- und der Mitarbeiterebene zu unterscheiden, letztgenannte Bereiche haben für die Leiter mehr Bewandtnis als für die Mitarbeiter. Die Aufgabe der Budgetierung und Finanzierung gehört bei 40,9 % der Befragten gar nicht zum Aufgabenbereich, für die anderen spielt sie lediglich eine untergeordnete bis mittlere Rolle.

Es kann festgehalten werden, dass die Qualitätsentwicklung an deutschen Hochschulen sehr viele Bereiche rund um das Thema Qualitätssicherung umfasst. Es geht nicht lediglich um die Anwendung, Koordination und Umsetzung qualitätsichernder Maßnahmen und Instrumente, sondern die Qualitätsentwickler sind mit der Entwicklung und Erschließung neuer Themen, Programme und Konzepte

der Qualitätssicherung der Qualitätsentwicklung sowie mit der Innovation beste-
hender beschäftigt. Dieses deutet darauf hin, dass die Qualitätsentwickler nicht
nur mit der routinemäßigen Applikation von bereits vorhandenen Instrumenten
der Qualitätssicherung beschäftigt sind, sondern neue Methoden und neues Wissen
generieren.

Somit wird auch – unter Rückgriff auf die einschlägige Forschung im Bereich
des administrativen Hochschulmanagements – deutlich, warum dort die administrativen Hochschulmanager deutlich von der traditionellen Verwaltung abge-
grenzt werden, die idealiter für die Überwachung und Anwendung rechtlicher
und staatlicher Regeln und Vorgaben zuständig war (Weber 1972: 126ff.; Lüthje
2001: 264).[85]

Inwiefern es sich dabei um Ermessensarbeit handelt, wird im Folgenden analysiert werden.

7.3.2.1 Standardisierbarkeit und Routinisierbarkeit

Sowohl die ‚traditionellen‘, als auch die ‚neuen Professionstheorien‘ gehen davon
aus, dass Professionelle Probleme behandeln, die nicht- standardisierbare und nicht
routinisierbare Lösungen verlangen. Das bedeutet wiederum, dass professionelles
Handeln nicht einer bloßen Applikation von Wissen auf Problemlagen entspricht,
sondern auch die Generierung neuen Wissens beinhaltet. Hierfür ist nach Aussage
der ‚alten‘ und ‚neuen Professionstheoretiker‘ ein Ermessensspielraum notwendig.
Grund hierfür ist die ergebnisoffene und diffuse Anforderungsstruktur der Praxis
professionellen Wissens, die erfordert, kreativ und durch die Generierung neuen
Wissens auf Anforderungen einzugehen; Fähigkeiten, die Whitchurch und Gordon (Gordon/Whitchurch 2010; Whitchurch/Gordon 2010) auch den ‚third-space-
professionals‘ zuschreiben.

Die ergebnisoffene Anforderungsstruktur ist in der Qualitätsentwicklung an
deutschen Hochschulen anzufinden und resultiert daraus, dass das Thema „Quali-

---

[85] Allerdings ist anzumerken, dass dort lediglich auf die Vollzugsfunktion der Verwaltung abgestellt wird, welche sich im Idealbild der Weberschen Bürokratie durch Entscheidungsprogramme
in Form von Rechtssätzen kennzeichnet und dafür die Technik der sogenannten konditionalen
Programmierung (vgl. Luhmann 2000: 260ff.) verwendet, d. h. Entscheidungsprogramme als
subsumptionsfähige ‚Wenn-Dann-Sätze‘. Hiervon ist die Gestaltungsfunktion der Verwaltung zu
unterscheiden. Diese findet dann statt, wenn die gesetzgeberischen Vorgaben eine geringe Re-
gelungsdichte aufweisen. Hier findet sich eine sogenannte formale Programmierung, d. h. die
gesetzliche Programmierung beschränkt sich auf das Vorgeben von Zielen und Zwecken, die Vor-
gabenkonkretisierung wird aber dem Verwaltungshandeln überlassen, wodurch eine „Vorgaben
konkretisierende Gestaltungsfreiheit" (Schuppert 2000: 77) möglich ist (vgl. Ellwein 1976: 170;
Schuppert 2000: 73ff.)

tätsmanagement an deutschen Unis noch total in den Kinderschuhen steckt" (I4) und somit erst Wissen und Instrumente aufgebaut werden müssen. Wie auch aus der Online-Befragung deutlich wurde, müssen Instrumente und Methoden der Qualitätsentwicklung erst noch, und dieses zugeschnitten auf die Bedürfnisse der eigenen Hochschule, entwickelt werden. Das führt dazu, dass es sich bei den Aufgaben der Qualitätsentwickler auch nicht um *„Standardtätigkeiten handelt, sondern um Dinge, die sich fortlaufend weiterentwickeln"* (15). Dass es sich bei der Arbeit der Qualitätsentwickler nicht um Routinetätigkeiten handelt, macht auch I8 deutlich:

> „Es gibt immer was Neues, und wenig Routinetätigkeiten. Also ich denke nicht, dass es einem hier langweilig werden würde. Es stehen immer neue Dinge an. Meine Arbeit wird nie in Routinetätigkeit versinken" (18).

Auch die Aussagen zur Frage, inwiefern es sich bei der Tätigkeit der Qualitätsentwickler um eine abwechslungsreiche Tätigkeit handelt, weisen darauf hin, dass es sich bei der Arbeit der Qualitätsentwickler nicht um eine routinisierte, standardisierte bzw. zu standardisierende Tätigkeit handelt: 54,7 % sagen aus, dass diese Beschreibung „voll und ganz auf ihre derzeitige Tätigkeit zutrifft", 37,5 %, dass dieses „auf ihre Tätigkeit zutrifft". Keiner der Befragten gab als Antwortmöglichkeit „Trifft gar nicht zu„ an, lediglich 1,6 bzw. 6,4 % antworteten mit „Trifft gar nicht zu" bzw. „Trifft eher nicht zu" (siehe Abb. 7.16).

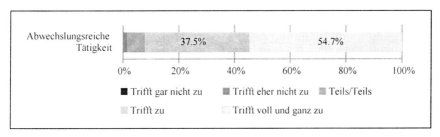

Abb. 7.16   „Inwiefern treffen die im Folgenden genannten Aspekte auf Ihre derzeitige Arbeitssituation zu"? N=69, Quelle: Online-Befragung Qualitätsentwickler 2009

Dass die Qualitätsentwickler Raum zur Eigeninitiative und damit auch Ermessensspielräume und Freiheitsgrade haben, zeigt sich auch in dem Antwortverhalten der Qualitätsentwickler auf die Frage des Ausmaßes der Möglichkeit zur Eigeninitiative. 36 % der Befragten, antworteten, dass sie im Rahmen ihrer Tätigkeit sehr viel Raum für Eigeninitiative haben, 45 % bewerten den Freiraum für Eigeninitiative mit einer 4, d. h. dass viel Eigeninitiative möglich ist. Lediglich 3 % sagen aus, dass keine Eigeninitiative möglich ist (siehe Abb. 7.17).

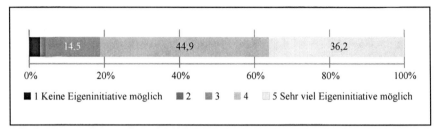

Abb. 7.17   „Inwiefern haben Sie im Rahmen Ihrer Tätigkeit Freiraum zur Eigeninitiative? Schätzen
Sie dieses bitte anhand folgender Skala von 1 bis 5 ein, wobei 1 ‚Keine Eigeninitiative‘
und 5 ‚Sehr viel Eigeninitiative möglich‘ bedeutet.“ N=69, Quelle: Online-Befragung
Qualitätsentwickler 2009

Dass die Qualitätsentwickler über Ermessensspielraum und viel Eigeninitiative
verfügen, wurde auch durch die Interviews deutlich, wenn gleich auch bereits hier
vor allem im Bereich der Entscheidungsfällung und Entscheidungsumsetzung Einschränkungen deutlich wurden (siehe folgende Ausführungen unter b) Einbindung
in verschiedene Entscheidungsschritte). Auf der Ebene der konkreten, operativen
Arbeit aber berichten die Qualitätsentwickler über einen großen Ermessenspielraum, in dem sie frei agieren können.

> „Der Entscheidungsspielraum ist bei mir groß, im Hinblick auf die Gestaltung von
> den Dingen, wie ich sie mache. Also, da habe ich keinen, der mir explizite Vorgaben
> macht“ (I6).

> „Also was mir an meiner Arbeit gefällt, ist, dass ich sehr frei bin im Arbeiten, also auch
> auf konzeptueller Ebene viel arbeite und da ganz problemlos eigene Ideen einbringen
> kann. [...] Wir arbeiten eindeutig nach dem Motto: Es gibt ein Ziel. Und das muss erreicht
> werden. Aber wie, bleibt völlig uns überlassen. Und das ist natürlich was, wo man sich
> gut dabei fühlt“ (I8).

Alle Qualitätsentwickler betonen, dass sie in ihrer täglichen Arbeit, beispielsweise
in der Gestaltung von Arbeitsprozeduren oder der konzeptuellen Entwicklung von
Instrumenten und Verfahren der Qualitätsentwicklung weitestgehend autonom
agieren können.

Von Bedeutung bei der Analyse der Art und des Ausmaßes der Autonomie
ist aber auch die Frage, wer die Ziele der Qualitätsentwickler bzw. der jeweiligen
Abteilung festsetzt sowie die Frage, wer die Arbeit kontrolliert. Während dieses
bei den ‚traditionellen Professionellen‘ in der professionellen Selbstkontrolle bzw.
bei den Peers und dem übergeordneten Berufsverband liegt, befinden sich bei den
‚neuen Professionellen‘ die Aufgabendefinition und die -kontrolle zunehmend in
der Zuständigkeit der beschäftigenden Organisation. In den Interviews zeigt sich,
dass, ähnlich wie bei der Ausgestaltung der täglichen Arbeitspraxis, alle Quali-

tätsentwickler die ‚kleineren' Ziele ihrer Abteilung und ihrer Tätigkeiten festlegen können, die größeren übergeordneten Ziele und vor allem solche, die sich auf die gesamte Hochschulplanung auswirken, allerdings mit der Hochschulleitung abgestimmt werden müssen. Als Grund hierfür wurde in fast allen Fällen angegeben, dass sich die Ziele der Qualitätsentwicklung in die Gesamtentwicklung der Hochschulziele einpassen müssen. An den Universitäten 2, 3 und 6 sind die Ziele der qualitätsentwickelnden Einrichtung und damit auch die der Arbeit der Qualitätsentwickler weiterhin durch Organisationsregelungen bzw. Evaluationsordnungen festgelegt.

> „Also meine Arbeit selbst, so am Tag, gestalte ich wirklich weitgehend selbständig, also, wie ich was mache, das entscheide ich. Was ich sozusagen mache, also sozusagen kleinteilig entscheide ich letztendlich schon auch, aber sozusagen was gemacht wird insgesamt vom Referat her, wird natürlich mit Präsidenten und Dezernatsleitern abgesprochen, also, welche Fachbereiche werden evaluiert, da gebe ich ‚ne Empfehlung ab, wer drankommen könnte, und dann wird die Entscheidung aber natürlich vom Präsidenten getroffen. Ja, und ich setz' dann um und kümmre mich um die Zeitpläne und die Aktivitäten, diese ganzen Dinge, die damit zusammenhängen, das machen wir, und da organisiere ich auch meine Arbeit dann selbst und sozusagen die Arbeit des Referats letztendlich dann auch, wer dann was macht" (I12).

> „Also das Grundkonzept, wohin soll das Qualitätsmanagement gehen, das muss vom Präsidium abgesegnet werden. Die müssen auch dahinter stehen, und wir wissen zum Beispiel, dass unser jetziger, unser neuer Präsident ein bestimmtes Konzept in seiner bisherigen Hochschule hatte, und es ein bisschen anders ist als unseres, und das möchte er jetzt auch gerne hier umsetzen [...]. Wenn es um kleinere Projekte geht, wo man einfach sagt, so da hat sich jetzt was entwickelt, das machen wir mal, da machen wir ein paar Maßnahmen. Wenn jetzt aber zum Beispiel irgendwas, Standards für Graduiertenschulen gesamt-universitär entwickelt würden, das würde, das müsste letztlich der Präsidiumsentscheidung unterliegen, weil das einfach eben immer wieder strukturelle Prägungen dann auch sind, wo man sagen muss, okay, das müssen die auch verantworten" (I10).

Nicht eindeutig zu beantworten ist die Frage, wer die Arbeit der Qualitätsentwickler kontrolliert. Im Gegensatz zu den ‚traditionellen Professionen' wird bei den Qualitätsentwicklern deutlich, dass es nicht die Peers, d. h. andere Qualitätsentwickler sind.[86] An den meisten untersuchten Universitäten scheint die Kontrolle der Arbeit der Qualitätsentwickler nicht explizit geregelt zu sein. Bisher waren nur an den U2 und U10 die Einrichtungen der Qualitätsentwicklung selbst Gegenstand einer Evaluation. An den anderen analysierten Universitäten werden, zum Teil extern geforderte, selbsterstellte Abschlussberichte zu Evaluationen oder auch Jahresberichte angefertigt, die ans Präsidium geleitet werden. Insgesamt scheint die Kontrolle aber nicht stark ausgeprägt zu sein, wie auch I4 auf die Frage antwortete, wer die Ergebnisse der Arbeit kontrolliert:

---

[86] Und auch nicht ein übergeordneter Berufsverband, da dieser, wie in Kapitel 7.3.5 dargestellt wird, nicht existiert.

„Kontrolliert würde ich sagen in dem Sinne gar nicht, sondern dadurch, dass dieser Abschlussbericht der Evaluation ins Rektorat geht, sehen die, was wir in diesem Verfahren gemacht haben" (I4).

Dieses bedeutet aber nicht, dass wie in den ‚traditionellen Professionen' eine Selbstkontrolle stattfindet, sondern vielmehr, dass die Kontrolle einfach nicht stark ausgeprägt ist.[87] Allerdings ist deswegen nicht zu konstatieren, dass es sich bei der Professionalität der Qualitätsentwickler um eine anomische Professionalität handelt. Zwar beruht diese nicht auf einer in einer langen Ausbildung erfolgten internalisierten Selbstkontrolle, und auch nicht auf einer professionellen Kontrolle durch peers. Wie allerdings in Kapitel 7.3.5 (Zuständigkeitsanspruch / Legitimiation) noch gezeigt wird, führen die Qualitätsentwickler die Professionalität ihres Handelns stark auf das Festlegen individueller und organisationaler Servicestandards zurück, so dass von einem funktionalen Äquivalent zumindest in Bezug auf die internalisierte Kontrolle der traditionellen Professionen gesprochen werden kann.

Es kann festgehalten werden, dass die Qualitätsentwickler in Hinblick auf die Aufgabendurchführung über einen hohen Ermessensspielraum und über eine hohe Autonomie verfügen. Dieses ist aber auch notwendig, da es sich aufgrund der Neuartigkeit des Themenfeldes ‚Qualitätsentwicklung an deutschen Hochschulen' um nicht-standardisierbare und nicht routinisierbare Tätigkeiten handelt und somit Autonomie im täglichen Arbeitsalltag nötig ist, um neue Verfahren, Instrumente etc. der Qualitätsentwicklung generieren zu können. Allerdings ist die Autonomie der Qualitätsentwickler in Hinblick auf die Aufgabenfestlegung und -definition, zumindest im übergeordneten Rahmen, eingeschränkt, da dieses von der Hochschulleitung festgelegt wird. Auch sind sie, wie im Folgenden gezeigt wird, vor allem in der Entscheidungsfällung und Entscheidungsumsetzung ebenfalls stark von der Hochschulleitung, aber auch von den Wissenschaftlern abhängig. Die Aufgabenkontrolle der Arbeit der Qualitätsentwickler ist nicht stark ausgeprägt, obliegt aber auch nicht, wie in den ‚traditionellen Professionen', der professionellen Selbstkontrolle.

---

[87]   Dieses ist problematisch, da sich hierdurch die klassische Frage ‚Who guards the guardians?' stellt. Wie im Folgenden noch gezeigt wird, erhalten die Qualitätsentwickler, übertragen durch die Hochschulleitungen, die Aufgabe, die Arbeit der Fakultäten und damit auch indirekt der Wissenschaftler zu kontrollieren. Wenn nun aber die Arbeit der Qualitätsentwickler selbst nicht kontrolliert wird, kann dieses m. E. zu einem Akzeptanz- und Legitimitätsproblem der Qualitätsentwickler führen.

7.3.2.2 Einbindung in hierarchische Strukturen

Die ‚neuen Professionstheoretiker' gehen davon aus, dass die ‚neuen Professionellen' in ihrer Arbeit hierarchie- und weisungsgebunden sind. Damit unterschieden sich die ‚neuen Professionellen' von den ‚traditionellen', da diese autonom im Sinne der Freiheit von Kontroll- und Koordinationsmechanismen sind. Übertragen auf die Qualitätsentwickler würde dieses bedeuten, dass sie in das hierarchische Gefüge der Hochschule eingebunden sind. Somit wären sie in ihren Entscheidungen und Tätigkeiten von der Hochschulleitung als strategische Spitze im Sinne Mintzbergs (vgl. Kapitel 2.2.1) abhängig. Folglich ist zu erörtern, wie sie in hochschulische Entscheidungsprozesse eingebunden sind. In den ‚neuen Professionstheorien' wird wenig auf die Stärke und Art des Einflusses der Tätigkeit der ‚neuen Professionellen' eingegangen. Um die Rolle der Qualitätsentwickler in Entscheidungsprozessen zu beschreiben, ist es zweckdienlich, diese durch die Beschreibung von Mintzberg zur Gestaltung des Systems der Entscheidungsfindung und der Entscheidungsbefugnisse (vgl. Mintzberg 1992: 47ff.) zu ergänzen. So wird auf die Mintzbergsche Entscheidung zwischen horizontaler und vertikaler Dezentralisation sowie die Darstellung von Entscheidungsprozessen als eine Abfolge von Schritten zurückgegriffen (vgl. Mintzberg 1992: 136ff.).

Für die Analyse des Einbezugs der Qualitätsentwickler in Entscheidungsprozesse ist zunächst zu eruieren, mit wem die Qualitätsentwickler überhaupt zusammenarbeiten, d. h. wer an potenziellen Entscheidungen beteiligt sein kann.

a) Zusammenarbeit

Auf die Frage „Wie stark arbeiten Sie in Ihrem Arbeitsalltag mit folgenden Personen/Personengruppen/Institutionen zusammen" wurde – wie auch schon durch das Tätigkeitsprofil – deutlich, dass sich die Arbeit der Qualitätsentwickler vor allem auf interne Prozesse der Hochschule richtet und somit auch am stärksten mit verschieden Gruppen und Personen innerhalb der Hochschule zusammengearbeitet wird. Somit spielt die externe Zusammenarbeit mit Personen, Organisationen in der Privatwirtschaft, in Verbänden, Stiftungen und Kultureinrichtungen, Personen und Organisation in den Medien und Öffentlichkeit und in der Politik/Verwaltung eine eher geringe Rolle, die Mittelwerte liegen hier bei lediglich zwischen 1,6 und 1,7 (1 bedeutet „Keine Zusammenarbeit", 5 eine „Sehr starke Zusammenarbeit"). Dementsprechend gaben 86,9 % (Verbände, Stiftungen Kultureinrichtungen), 84 % (Politik/Verwaltung), 88,3 % (Medien/Öffentlichkeit) und 83,3 %

(Privatwirtschaft) der Qualitätsentwickler an, nicht oder selten mit diesen Akteuren zusammenzuarbeiten.

Auch mit wissenschaftspolitischen bzw. wissenschaftspolitisch beratenden Akteuren wird nicht häufig zusammengearbeitet. So liegen die Mittelwerte in den Antwortkategorien „Zusammenarbeit mit dem Wissenschaftsministerium" (national oder föderal) sowie „Zusammenarbeit mit Mitglieder des Hochschulrats" bei lediglich 2,1. So berichten 40,6 % der Qualitätsentwickler, nicht mit dem Wissenschaftsministerium zusammenzuarbeiten, 43,3 % geben dieses in Bezug auf den Hochschulrat an.

So wird deutlich, dass die Qualitätsentwickler am stärksten mit Personen bzw. Organisationseinheiten innerhalb der Hochschule zusammenarbeiten, jedoch zeigen sich hier wie im Folgenden gezeigt wird, zwischen den verschiedenen Partnern der Zusammenarbeit starke Unterschiede.

Am stärksten arbeiten die Qualitätsentwickler mit dem Rektor bzw. dem Präsidenten oder den Vizerektoren/Präsidenten zusammen. Hier ist der höchste Mittelwert anzufinden (4,4) und somit auch der höchste Wert in der Antwortkategorie der „sehr häufigen Zusammenarbeit": 58,8 % der Qualitätsentwickler geben an, sehr häufig mit der *Hochschulleitung* zusammenzuarbeiten. Auch der Anteil derjenigen, die die Stärke der Zusammenarbeit mit einer 4 (entspricht einer starken Zusammenarbeit) angaben, ist mit 25 % hoch. Am zweithäufigsten – gemessen am Mittelwert, der bei 4,1 liegt, arbeiten die Qualitätsentwickler mit *Mitarbeitern in der zentralen Hochschulverwaltung* zusammen. 36,8 % der Befragten gaben an, sehr stark mit der genannten Personengruppe zusammenzuarbeiten, 41,2 % berichteten über eine starke Zusammenarbeit; 17,6 % schätzen die Stärke der Zusammenarbeit mit einer 3 ein, was mit einer gelegentlichen Zusammenarbeit übersetzt werden kann. Über eine sehr starke bzw. starke Zusammenarbeit mit den *Dekanaten* berichten 29,2 % bzw. 36,9 % der Qualitätsentwickler, lediglich 10,7 % gaben an, selten oder nie mit dem Dekanaten zusammenzuarbeiten. Ebenfalls häufig findet eine Zusammenarbeit zwischen den Qualitätsentwicklern und verschiedenen *Arbeitskreisen und Ausschüssen* statt: 63,2 % der Befragten berichten über eine starke oder sehr starke Zusammenarbeit.

Auffällig ist der relativ geringe Mittelwert der Zusammenarbeit mit den *wissenschaftlichen Mitarbeitern und den Professoren*, der bei lediglich bei 3,0 liegt; allerdings zeigen sich auch hier Unterschiede zwischen den einzelnen Qualitätsentwicklern. Zwar sagt der Großteil der Befragten, nämlich 61,4 % aus, gelegentlich mit den Wissenschaftlern zusammenzuarbeiten. Es gibt wiederum aber auch Qualitätsentwickler, die selten mit den Wissenschaftlern zusammenarbeiten (18,6 %), auf der anderen Seite aber auch solche, die stark oder sehr stark mit den Wissenschaftlern zusammenarbeiten (20,0 %). Aus den Interviews wurde deutlich, dass dieses mit der Organisation der Einrichtung der Qualitätsentwicklung und folglich auch mit dem Aufgabenprofil der Befragten zu tun hat. Generell ist festzuhalten, dass die Qualitätsentwickler vor allem bei der Koordination, aber auch teilweise bei der Entwicklung von Maßnahmen, stark mit den administrativen Hochschulmanagern in den Dekanaten (z. B. Fakultätsgeschäftsführer, Studiengangsmanager, Dekanatsassistenten etc.) zusammenarbeiten, teilweise auch mit dem akademischen Hochschulmanagern (Dekanen), aber nur selten mit den Wissenschaftlern direkt. Wenn eine direkte Zusammenarbeit mit Wissenschaftlern stattfindet, erfolgt diese zumeist über organisierte Arbeitskreise und Ausschüsse (z. B. für Studium und Lehre), in denen dann auch die Wissenschaftler beteiligt werden. Auch die Ergebnisse von Lehrevaluationen werden nur in einigen Fällen von den Qualitätsentwicklern direkt an die Wissenschaftler weitergeleitet, sondern erfolgt in der Regel über den Dekan bzw. die administrativen Hochschulmanager im jeweiligen Dekanat. Die Qualitätsentwickler, die für das bereichsübergreifende Qualitätsmanagement zuständig sind, sagen aus, dass sie sehr selten Kontakt mit den Wissenschaftlern haben, da es ihre Aufgabe ist, Ergebnisse der Qualitätssicherung zu sammeln und für die Hochschul- oder Fakultätsleitungen aufzubereiten, sodass kein häufiger direkter Kontakt zu Wissenschaftlern besteht. Dementsprechend wurde, beispielsweise auf die im Leitfadeninterview gestellte Frage nach der Zusammenarbeit mit den Wissenschaftlern, auch zumeist auf die Fakultäten oder die Fachbereiche im Allgemeinen rekurriert, und es wurde selten von „den Wissenschaftlern" oder „den Professoren" bzw. „wissenschaftlichen Mitarbeitern" gesprochen. Direkter Kontakt zu Wissenschaftlern findet – neben den organisierten Arbeitskreisen – dann statt, allerdings auch nicht stark ausgeprägt, wenn es Rückfragen oder auch Beschwerden zu bestimmten Instrumenten der Qualitätsentwicklung und zu Ergebnissen von Maßnahmen gibt. Dementsprechend antwortete I4 auf die Frage, inwiefern seine Einrichtung und die dort durchgeführte Arbeit in der Hochschule bekannt sei wie folgt:

> „Dadurch, dass unsere Arbeit im Prinzip nichts mit den einzelnen Mitarbeitern zu tun hat – im engeren Sinne jetzt – ist es für uns nicht wichtig, ob die uns kennen oder nicht. Wenn Sie jetzt auf Dekanatsebene fragen würden, da wäre es wichtig, dass die Dekanate wissen, dass es uns gibt" (I4).

Allerdings sei bereits an dieser Stelle darauf hingewiesen, dass der eher seltene direkte Kontakt mit den Wissenschaftlern weder bedeutet, dass die Qualitätsentwickler nicht auf deren Unterstützung angewiesen sind noch, dass die Tätigkeit sich nicht auf die Wissenschaftler als übergeordnete Gruppe innerhalb der Hochschule bezieht (vgl. folgende Ausführungen sowie Kapitel 7.3.5).

Allerdings zeigt die Online-Befragung auch, dass ca. 20 % der Qualitätsentwickler häufig mit den Wissenschaftlern zusammenarbeiten. Hierbei handelt es

sich, das lässt sich zumindest aus den Interviews vermuten, um solche Qualitätsentwickler, wie Interviewpartner 1 und 11, die näher an dem ‚tatsächlichen
Lehrgeschäft' dran sind, da sie selbst z. B. die Lehrveranstaltungsbefragungen
koordinieren. Es zeigt sich, dass bei dieser Gruppe der Qualitätsentwickler im
Vergleich zu den ‚übergeordneten' Einrichtungen auch die Zusammenarbeit mit
den Studierenden stärker ausgeprägt ist, wenngleich auch insgesamt auf niedrigem
Niveau.

   Der Durchschnittswert der Zusammenarbeit zwischen den Studierenden und
den Qualitätsentwicklern ist nicht stark ausgeprägt, er liegt bei 2,5; was einer

	1 Keine Zusammenarbeit	2 Seltene Zusammenarbeit	3 Gelegentliche Zusammenarbeit	4 Starke Zusammenarbeit	5 Sehr starke Zusammenarbeit	Mittelwert [MW] (SD)
RektorIn/PräsidentIn oder Vize-rektorInnen/VizepräsidentInnen	1,5 %	4,4 %	10,3 %	25,0 %	58,8 %	4,4 (0,9)
MitarbeiterInnen der zentralen Hochschul-verwaltung	1,5 %	2,9 %	17,6 %	41,2 %	36,8 %	4,1 (0,9)
Dekanate	1,5 %	9,2 %	23,1 %	36,9 %	29,2 %	3,8 (1,0)
Arbeitskreise/Ausschüsse	4,4 %	8,8 %	23,5 %	39,7 %	23,5 %	3,7 (1,1)
KanzlerIn/Hauptamtliche(r) VizepräsidentIn	13,4 %	23,9 %	16,4 %	23,9 %	22,4 %	3,2 (1,4)
ProfessorInnen/wiss. MitarbeiterInnen	0,0 %	18,6 %	61,4 %	17,1 %	2,9 %	3,0 (0,8)
Studierende	17,4 %	37,7 %	30,4 %	11,6 %	2,9 %	2,5 (1,1)
Wissenschaftsministerium (national oder föderal)	40,6 %	24,6 %	18,8 %	11,6 %	4,3 %	2,1 (1,2)
Mitglieder des Hochschulrats	43,3 %	26,9 %	14,9 %	10,4 %	4,5 %	2,1 (1,2)
Personen/Organisationen in Politik/Verwaltung	53,6 %	30,4 %	8,7 %	5,8 %	1,4 %	1,7 (1,0)
Personen/Organisation in der Privatwirtschaft	64,7 %	19,1 %	10,3 %	4,4 %	1,5 %	1,6 (1,0)
Verbände/Stiftungen/Kulturein-richtungen	59,4 %	27,5 %	5,8 %	4,3 %	2,9 %	1,6 (1,0)
Personen/Organisationen der Medien/Öffentlichkeit	57,4 %	30,9 %	8,8 %	1,5 %	1,5 %	1,6 (0,8)

Tab. 7.15   „Wie stark arbeiten Sie in Ihrem Arbeitsalltag mit folgenden Personen/Personengruppen/
Institutionen zusammen? Schätzen Sie dieses bitte anhand folgender Skala von 1 bis 5
ein, wobei 5 eine ‚Sehr starke Zusammenarbeit' und 1 ‚Keine Zusammenarbeit' bedeutet." N=69, Quelle: Online-Befragung Qualitätsentwickler 2009

seltenen bis gelegentlichen Zusammenarbeit entspricht. Auch in den Interviews wurde berichtet, dass die Studierenden zwar von dem Resultat der Arbeit der Qualitätsentwickler profitieren würden, sie aber nicht häufig mit Studierenden zusammenarbeiten. Grund hierfür ist, dass, wie im Folgenden noch ausgeführt wird, die Qualitätsentwickler ihre Arbeit eher als Schnittstellenkoordinator zwischen Hochschulleitung und Fakultäten sehen, teilweise mit einer stärkeren Orientierung an der Hochschulleitung (siehe Tab. 7.15).

Die starke Zusammenarbeit mit der Hochschulleitung ergibt sich aus der Art, wie die Qualitätsentwickler in Entscheidungsprozesse und deren Umsetzung eingebunden sind. Dieses wird im Folgenden gezeigt.

b) Einbindung der Qualitätsentwickler in verschiedene Entscheidungsschritte

Korrespondierend zum Modus der Zusammenarbeit ergab die Online-Befragung, dass Entscheidungen am häufigsten in Rücksprache mit dem Vorgesetzten getroffen werden, wobei es sich aufgrund der am häufigsten anzutreffenden Organisation der qualitätsentwickelnden Einrichtungen entweder im Falle der Stabsstelle um den (Vize)Präsidenten/Rektor bzw. im Falle eines Dezernates bzw. einer Abteilung in einem Dezernat in den meisten Fällen um den Kanzler handelt. Somit überwiegt auch hier die Anbindung zur Hochschulleitung. Ebenfalls werden Entscheidungen der Qualitätsentwickler sehr häufig in Abstimmung bzw. Rücksprache mit Kollegen im Team getroffen, gelegentlich in Rücksprache mit leitenden Dezernenten und Mitarbeitern in der Verwaltung. Auch wird die Entscheidungsfällung, korrespondierend zu der nicht sonderlich starken Zusammenarbeit mit den Wissenschaftlern auch von den meisten Qualitätsentwicklern nur gelegentlich in Abstimmung und Rücksprache mit diesen gefällt. Nur 14,5 % der befragten Qualitätsentwickler geben an, Entscheidungen sehr häufig alleine zu treffen (siehe Tab. 7.16).

Die Rolle der Qualitätsentwickler in Entscheidungsprozessen wird im Folgenden anhand der Beschreibung von Mintzberg zur Gestaltung des Systems der Entscheidungsfindung und der Entscheidungsbefugnisse durchgeführt, der in diesem Konzept organisatorische Entscheidungsbefugnisse nach der Zentralisation bzw. Dezentralisation und der horizontalen/vertikalen Dezentralisation differenziert. Mintzberg spricht von einer zentralisierten Struktur, wenn sämtliche Entscheidungsbefugnisse an einer einzigen Stelle in der Organisation konzentriert sind; in dem Maß, wie Entscheidungsbefugnisse auf viele Organisationsmitglieder verteilt sind, spricht er von einer dezentralisierten Struktur bzw. Dezentralisation (ebd.: 136). Weiterhin unterscheidet er zwei verschiedene Arten der Dezentralisation, und zwar die der vertikalen sowie der horizontalen Dezentralisation.

	1 Nie	2 Selten	3 Gelegentlich	4 Häufig	5 Sehr häufig	MW (SD)
In Abstimmung/Rücksprache mit meinem Vorgesetzten	1,5 %	1,5 %	7,7 %	33,8 %	55,4 %	4,4 (0,8)
In Abstimmung/Rücksprache mit meinen Kollegen im Team	8,2 %	8,2 %	14,8 %	26,2 %	42,6 %	3,9 (1,3)
In Abstimmung/Rücksprache mit leitenden DezernentInnen	19,4 %	11,3 %	41,9 %	17,7 %	9,7 %	2,9 (1,2)
In Abstimmung/Rücksprache mit MitarbeiterInnen der Verwaltung	7,6 %	21,2 %	47,0 %	18,2 %	6,1 %	2,9 (1,0)
In Abstimmung/Rücksprache mit den WissenschaftlerInnen	11,3 %	19,4 %	46,8 %	17,7 %	4,8 %	2,9 (1,0)
Meistens alleine	18,2 %	23,6 %	30,9 %	12,7 %	14,5 %	2,8 (1,3)
In Abstimmung/Rücksprache mit den Studierenden	25,4 %	34,9 %	25,4 %	12,7 %	1,6 %	2,3 (1,0)
In Abstimmung/Rücksprache mit dem Wissenschaftsministerium	49,2 %	25,4 %	20,6 %	3,2 %	1,6 %	1,8 (1,0)
In Abstimmung/Rücksprache mit externen Partnern	49,2 %	33,3 %	9,5 %	6,3 %	1,6 %	1,8 (1,0)

Tab. 7.16   „Wichtige inhaltliche Entscheidungen, die mein berufliches Tätigkeitsfeld betreffen, treffe ich…", N=69, Quelle: Online-Befragung Qualitätsentwickler 2009

„Die Verteilung formaler Machtbefugnisse entlang der Kette der Linienautorität soll als *vertikale Dezentralisation* bezeichnet werden" (ebd.: 141), d. h. die Weitergabe formaler Machtbefugnisse an nachgeordnete Instanzen in der Autoritätskette, also die Delegation der Entscheidungsbefugnisse entlang der Autoritätskette von der strategischen Spitze bis in die Mittellinie.

> „Der Schwerpunkt liegt hier auf den formalen Machtbefugnissen – dem Wahlakt und seiner Autorisierung – und nicht auf der informellen Macht, die mit der Beratung des Entscheidungsträger und der Durchführung der konkreten Aktion verbunden ist" (ebd.: 144).

Entscheidungsbefugnisse, vor allem informeller Art, können auch an Organisationsmitglieder außerhalb der Linienstruktur (genauer: von Linienführungskräften auf Stabführungskräfte, Analytiker, Hilfsstabexperten und ausführende Mitarbeiter; siehe Beschreibung in Kapitel 2.2.1) weitergeleitet werden, dieses beschreibt die horizontalen Dezentralisation. Diese „ist insoweit gegeben, als Nicht-Führungskräfte für Entscheidungsprozesse verantwortlich sind" (ebd.: 141). Durch das Konzept der horizontalen Dezentralisierung ist es möglich, Machtübertragungen über die Grenzen der Linienstruktur hinaus in den Bereich der informellen Macht zu thematisieren. Jedoch ist weiterhin zu berücksichtigen, dass auch innerhalb eines Entscheidungsprozesses die von verschiedenen Personen ausgeübte Macht unterschiedlich ausgestaltet sein kann. Demensprechend wird ein Bezugsrahmen benötigt, mit dem analysiert werden kann, was bedeutet, den Entscheidungsprozess zu steuern und zu kontrollieren, denn „ausschlaggebend ist natürlich nicht die Verantwortung für die Entscheidungen als solche, sondern letztlich die Steuerung und Kontrolle von Aktionen" (ebd.: 142). Mintzberg greift hierfür auf ein Schema Patersons (1969) zurück, der den Entscheidungsprozess als eine Abfolge von Schritten beschreibt.

Schritt 1 stellt das Sammeln von Informationen dar, um diese ohne Kommentar an den Entscheidungsträger weiterzuleiten und ihn darüber zu unterrichten. Das heißt, dass in diesem Schritt erörtert wird, was getan werden kann. Im zweiten Schritt werden diese Informationen dann verarbeitet, und der Entscheidungsträger hinsichtlich dessen, was getan werden sollte, beraten. Im dritten Schritt wird dann eine Option ausgewählt und damit festgelegt, was getan werden soll. Im vierten Schritt erfolgt dann die Autorisierung zur Durchführung dessen, was getan werden darf und wer die Entscheidung vollzieht. Der fünfte Schritt besteht dann letztendlich in der Durchführung der konkreten Aktionen. Schematisch lässt sich dieses wie folgt darstellen (vgl. Paterson 1969: 150) (siehe Tab. 7.17).

Information →	Beratung →	Wahlakt →	Autorisierung →	Durchführung →
(informelle Machtbefugnisse)	(informelle Machtbefugnisse)	(formale Machtbefugnisse)	(formale Machtbefugnisse)	(informelle Machtbefugnisse)

Tab. 7.17   Abbildung des Entscheidungsprozesses als eine Abfolge von Schritten. Quelle: Paterson (1969: 150), eigene Ergänzung um Art der Machtbefugnisse

Die Macht des einzelnen Mitarbeiters ist nun danach zu bemessen, welche Kontrolle er über diese verschiedenen Schritte ausübt. Eine Maximierung der Macht, und damit die stärkste Zentralisation, ist dann gegeben, wenn er alle Schritte kontrolliert. In dem Maß, wie andere an diesen Schritten beteiligt sind, wird die Macht begrenzt, d. h. der Prozess wird dezentralisiert.

Aus den Interviews wurde deutlich, dass sich die Arbeit der Qualitätsentwickler vor allem auf die Information und die Beratung der Hochschulleitung bezieht. So sind die Qualitätsentwickler zum einen für die Informationsgenerierung und -weitergabe an die Hochschulleitung zuständig. Konkret bedeutet dieses, dass die Qualitätsentwickler die Ergebnisse von qualitätssichernden Maßnahmen der Fakultäten sammeln, zusammenfassen und für die Hochschulleitung aufbereiten, das heißt, sie unterstützen die Hochschulleitung durch Informationsgenerierung und -verbreitung. So beschreibt I1 auch eine seiner Hauptaufgaben darin, „Hintergrundinformationen für Entscheidungen zu liefern". Durch die zentrale Sammlung wird auch die in Kapitel 2 beschriebene Überführung von individuellen in organisationale Verantwortlichkeiten deutlich, da nicht mehr der einzelne Wissenschaftler, bzw. auch nicht mehr die einzelne Fakultät, die Verantwortung für die Qualität von Lehre (und Forschung) trägt, sondern die Hochschule verantwortlich gemacht wird. Dieses beschreibt auch I5:

> „Aber stellen Sie sich mal vor, Sie werden hier als Präsident gefragt: Was tun Sie für die Qualitätssicherung in der Hochschule. Und dann sagen sie: Naja, das passiert bei uns in den Fakultäten [...]. Dann ist erstens der Präsident nicht nach außen rechenschafts- pflichtig, und zweitens weiß er gar nicht, was man im Rahmen der Qualitätssicherung umsetzen und verbessern könnte" (I5).

Zweitens sind die Qualitätsentwickler anschließend für die Beratung der Hochschulleitung hinsichtlich der Ergebnisse und der Folgen von qualitätsentwickelnden Maßnahmen zuständig. So beschreiben sie ihre Abteilung als eine, „die der Hochschulleitung Vorschläge macht" (I7) bzw. die qualitätsentwickelnde Einrichtung als „Beratungsfunktion für Herrn X (Anmerkung der Autorin: der Präsident der Universität)" (I12). fungiert. Typischerweise verfassen die Qualitätsentwickler dabei Berichte und werden zu Gesprächen mit der Hochschulleitung eingeladen, in denen sie dann verschiedene Handlungsoptionen darstellen:

> „Also wir bereiten die Gespräche [zwischen Fachbereich und Hochschulleitung; An- merkung der Autorin] ja vor und wir kommentieren den Bericht des Fachbereichs und sagen, hier, da hat sich nichts getan, oder so, und dann müssen wir dann auch darauf hinweisen, wie man da Einfluss finden kann [...]. Also durch den Vorbericht ist der Vizepräsident immer gut vorbereitet und kriegt dann die Liste dessen, was da vielleicht noch an Problemen ist oder was man positiv hervorheben kann" (I13).

> „Wir schreiben ‚ne Vorlage, das muss dann von dem da zuständigen Präsidiumsmit- glied freigegeben werden, weil das in deren Namen ins Präsidium reingeht. Und dann geht's ins Präsidium rein, dann wird da beraten, manchmal wird man dazu gebeten, dass man noch mal was erläutert oder für Rückfragen zur Verfügung steht. Dann entscheidet das Präsidium oder sagt, ja, nee, das noch nicht und da muss noch mal geändert werden und da sollten wir lieber so oder so das machen" (I10).

> „Wir stehen direkt unter dem Rektorat, als Ideengeber, Inputgeber, für Vorschläge – und in manchen Bereichen auch für Umsetzungen" (I9).

Mintzberg zufolge haben diese ersten beiden, auf informellen Machtbefugnissen basierenden Schritte der Entscheidungsfindung (Information und Beratung) einen großen Einfluss auf die eigentlichen Entscheidungen, da die Kontrolle über die Input-Informationen bestimmt, welche Informationen im Entscheidungsprozess berücksichtigt werden und welche nicht: „Wenn Informationen in hohem Maße gefiltert sind, kann eine solche Kontrolle einer Kontrolle über den Wahlakt als solchen gleichkommen" (ebd.: 143). Noch wichtiger ist allerdings die mit der Beratung verbundene Macht, da die Überlegungen des Entscheidungsträgers in eine Richtung gelenkt werden. Dieses drücken auch I7 sowie I3 aus:

> „Es gibt viele Sachen, die sauber durch die Hochschulleitung als Beschluss gehen müssen. Und da habe ich insofern keine Stimme, aber ein Gewicht, dass ich halt eine Vormerkung schreibe, die zu beschließen ist. Und wenn der Eins-zu-eins gefolgt wird [...] dann habe ich so was wie Einfluss" (I7).

> „Wir sind nicht Strategieentwickler in dem Sinne, dass wir eine Macht hätten, Strategie zu entwickeln, aber natürlich haben wir durch unsere Arbeit Einfluss auf die Strategieentwicklung und es wäre auch – ganz ehrlich gesagt – schlimm, wenn wir das nicht hätten, weil, wenn wir das nicht hätten, dann bräuchten wir auch keine Qualitätsentwicklung" (I3).

Es wird deutlich, dass die Qualitätsentwickler stark in die Entscheidungsschritte ‚Information' und ‚Beratung' einbezogen sind, die auf informeller Macht beruhen. Allerdings verfügen sie über keine Entscheidungsbefugnisse in den Entscheidungsschritten ‚Wahlakt' sowie ‚Autorisierung', die auf formaler Macht basieren. Die beschränkte Einflussnahme im Entscheidungsschritt ‚Wahlakt' zeigt sich darin, dass die Entscheidungskompetenz, welche der von den Qualitätsentwicklern der Hochschulleitung vorbereitete Vorschläge wie bzw. ob überhaupt umgesetzt werden, bei der Hochschulleitung liegt:

> „Wir erarbeiten Aufträge und Ideen und Vorschläge. Die Entscheidung, ob sie dann umgesetzt werden können, liegt dann aber bei der Hochschulleitung" (I4).

> „Naja, man muss immer warten, dass bestimmte Entscheidungen gefällt werden. Das heißt, der Sachstand momentan ist eigentlich, dass das Präsidium informiert ist. Also muss jetzt im Grunde da eine Entscheidung getroffen werden, wie man vorgehen möchte [Anmerkung der Autorin: In Bezug auf die Akkreditierung] [...]. Und bei der Hochschulleitung ist es schon so, dass bestimmte Sachen einfach sehr lange raus gezogen werden und man keine Entscheidungen irgendwo treffen möchte. Und dann lieber dann doch noch mal ein halbes Jahr wartet, und man im Grund ständig auf glühenden Kohlen sitzt und jede Präsidiumssitzung abwartet, ob jetzt was passiert oder nicht. Und das ist natürlich schon immer wieder ein Dämpfer, wenn es heißt, ja, wurde mal wieder vertagt" (I6).

Dass diese Beratungs- und Informationsfunktion seitens der Hochschulleitung auch wahrgenommen wird, wird sowohl von den Qualitätsentwicklern als auch von den im Projekt ‚ConGo@universities' befragten Hochschulleitungen berichtet (vgl. Esdar et al. 2011; Kloke/Krücken 2012a, b). So wird von beiden Gruppen ausgesagt, dass Ergebnisse von qualitätssichernden Verfahren im Bereich der Lehre (vor allem aggregierte Lehrveranstaltungsevaluationen und Fachbereichsevaluationen) für Steuerungsentscheidungen verwendet werden. Es werden, bis auf an den Universitäten 1 und 5, aggregierte Berichte an die Hochschulleitungen geleitet, die bei negativen Evaluationsergebnissen Rücksprache mit den Fakultätsleitungen nimmt:

> „Wenn ein ganzer Fachbereich bei Lehrveranstaltungsevaluationen schlecht abschnei-
> det, wird das an die Hochschulleitung gemeldet, und der VP für Lehre nimmt dann Rück-
> sprache mit dem Studiendekan. Da setzt schon ein intensiver Diskussionsprozess ein"
> (I8).[88]

Auch die Frage, was mit Ergebnissen der Qualitätsentwicklung passiert und wer dafür zuständig ist, liegt auch wiederum im Ermessen der Hochschulleitung („Autorisierung' im Sinne Mintzbergs). Die Qualitätsentwickler berichten, dass sie ohne den formalen Auftrag der Hochschulleitung vor allem gegenüber den Fakultäten nicht tätig werden können:

> „Also zuerst ist klar, dass man die Rückendeckung der Hochschulleitung braucht.
> Also wir können nicht einfach forsch die Fakultäten, die Dekane anschreiben und sagen:
> ‚Wir wollen jetzt die Implementierung eines Qualitätsmanagementsicherungssystems',
> da braucht es natürlich den Rückhalt der Hochschulleitung. Und den muss man sich als
> Erstes holen. Der Auslöser für die Fakultät ist natürlich ein Beschluss oder ein Schreiben
> des Präsidenten […] an sie, wo halt gewisse Dinge […] gefordert werden" (I7).

Hierin wird ein deutlicher Unterschied zu den Annahmen der ‚neuen Professionstheoretiker' Hwang und Powell (2009) und Langer und Manzeschke (2009) deutlich. Anders als in deren Aufsätzen beschrieben, verfügen die Qualitätsentwickler über keine oder nur geringe hierarchische oder administrativen Befugnisse, also formelle Machtbefugnisse. Vielmehr erstreckt sich die Notwendigkeit der Unterstützung durch die Hochschulleitung sogar noch über das Formale hinaus. Die Qualitätsentwickler sind, nach der Autorisierung durch die Hochschulleitung, für die Durchführung bestimmter Maßnahmen im Bereich der Qualitätsentwicklung zuständig, beispielsweise für die Durchführung einer Fachbereichsevaluation oder die Implementation der Systemakkreditierung. Auch bei der Durchführung dieser Maßnahmen sind sie von der offiziell proklamierten Unterstützung der Hochschulleitung abhängig, da sie nicht die nötige Durchsetzungskraft hätten, Entscheidungen alleine umzusetzen:

> „Wenn Sie das Präsidium nicht hinter der Qualitätssicherung haben, dann können sie
> überhaupt nix machen" (I8).

> „Bei der Einführungen der Qualitätssicherung, da muss schon auch die Hochschule
> dahinterstehen. Es ist ja in dem Sinne keine hierarchische Organisation wie ein Unterneh-
> men, wo irgendjemand, der übergeordnet ist, sagt: Du machst das jetzt. Und dann machen

---

[88] Allerdings stehen diesen eher indirekten Konsequenzen von Ergebnissen der Qualitätssicherung die relativ wenig verbreitete Nutzung direkter Konsequenzen, beispielsweise durch mit Sanktionen bzw. Gratifikationen verbundene Zielvereinbarungen gegenüber (vgl. Kloke/Krücken 2012a, b).

die das, die Untergebenen, oder so. Das merkt ja auch die Hochschulleitung, dass das nicht so läuft. Aber trotzdem ist natürlich eine Bestätigung oder eine Unterstützung durch die Hochschulleitung unabdingbar. Also, es muss einfach da sein" (I2).

Damit bestätigen sich durch die geführten Interviews die in Kapitel 3 getroffenen Annahmen von Fischer-Bluhm (2011), Kaufmann (HRK 2009) und Nickel (2007), die beschreiben, dass die Zusammenarbeit, der Führungsstil und das Verhältnis zur Hochschulleitung starken Einfluss auf die tägliche Arbeit und auch den Einfluss der Qualitätsentwickler selbst haben, da vor allem die Umsetzung von Folgemaßnahmen von qualitätssichernden Elementen von der Selbstwahrnehmung der Hochschulleitung als steuernde Instanz abhängig sei. Dieses zeigte sich auch im Forschungsprojekt ,ConGo@universities': Dort konnte festgestellt werden, dass an den Universitäten, an denen die Hochschulleitungen ein eher managerielles, auf die Steuerung der Gesamtorganisation abzielenden Selbstverständnis haben, häufiger Konsequenzen aus aggregierten Lehrveranstaltungsberichten oder Lehrevaluationen beobachten werden konnten, etwa in Form von hochschulinternen Veröffentlichungen dieser Dokumente, direkter Ansprache der Fakultätsleitungen oder auch dem Niederschlag in Zielvereinbarungen zwischen Hochschulleitung und Fakultätsleitung. An Hochschulen, an denen ein eher traditionelles Selbstverständnis der Hochschulleitungen als ,primus inter pares' vorherrscht, finden sich diese direkten Konsequenzen eher seltener. (vgl. Kloke/Krücken 2012a, b).

c) Überbrücken von Handlungslogiken/Orientierungs- und Referenzpunkt

Neben der bereits beschriebenen informellen Macht, die auf der Informations-, und Beratungsfunktion gründet, kann die informelle Macht auch auf dem Innehaben einer ,Kontaktfunktion' beruhen, welche Mintzberg wie folgt beschreibt:

„Die Position ist mit keiner formalen Autorität verbunden, doch da bei Positionsinhabern alle Kommunikationskanäle zusammenlaufen, stellt er dennoch eine organisatorische Schaltzentrale mit erheblichem Einfluss dar. Dieser Einfluss ist jedoch stets informell und beruht auf Wissen, nicht auf Status" (ebd.: 119).

Diese Kontaktposition kann zwischen zwei verschiedenen Linieneinheiten oder auch zwischen Linien -und Stabsgruppen erfolgen (ebd.: 119). Diese Kontaktfunktion ist auch bei den Qualitätsentwicklern anzufinden. Sie beschreiben ihre Rolle auch häufig als „Bindeglied" (I3, I6, I12) oder „Vermittler" (I6, I10, I12, I13) zwischen den Fakultäten und der Hochschulleitung, da sie zwischen den Belangen und Interessen der Hochschulleitung auf der einen Seite und den Fakultäten auf der anderen Seite vermitteln und somit quasi als ,Medium' fungieren (vgl. Kloke/Krücken 2012a, b).

„Unsere Abteilung ist so eine Art Vermittlungsdienst zwischen Präsidium und Fakultäten, und dazu gehört natürlich auch mal zu sagen, ihr wisst, ich gehöre zum Präsidium, aber, und dann trägt man auch mal was zurück und sagt, okay, ich nehme das mal mit, Erfolg weiß ich nicht, aber ich werde es dort ansprechen. Ich denke, dass beruht drauf, dass so ein gewisser Ausgleich entsteht" (I10).

„Also der Senat und die Fächer und die Fachbereiche haben uns stets als eine Einrichtung gesehen, die wirklich zwischen Hochschulleitung und Fachbereichen vermittelnd steht" (I3).

„Ich bin eine Schnittstelle zwischen den Fakultäten und dem Präsidenten" (I13).

In dieser Bindegliedfunktion zeigt sich das, was Noordegraf (2007) als Spezifikum der hybriden Professionellen betrachtet: Nämlich das Überbrücken von verschiedenen Kontrolltypen, hier zwischen dem manageriellen, bzw. dem Organisationshandeln der Hochschulleitung, und dem professionellen Handeln der Wissenschaftler. Somit sehen sich die Qualitätsentwickler zwar als Teil des Steuerungssystems und fühlen sich in ihrer Arbeit dem Präsidenten gegenüber verpflichtet. Gleichzeitig möchten sie aber auch eine starke Dienstleistungsfunktion gegenüber den Fakultäten einnehmen:

„Die Universität oder auch die Leitung [hat] Qualitätsmanagement immer als Teil des Steuerungssystems verstanden. Und in diesem Sinne wollen wir tatsächlich dort, wo Probleme sind, wo Bedarfe, Bedürfnisse geäußert werden, im Sinne einer Dienstleistung unterstützen. Also, wir wollen nicht nur sagen [...] das Präsidium wünscht das, sondern auch von unten die Bedürfnisse aufnehmen und sagen, okay, da unterstützen wir euch" (I10).

„Meine Arbeit ist serviceorientiert, aber auch mit strategischen Komponenten. Also ich begreife meine Arbeit als Serviceleistung. Sowohl Richtung Präsidium, wobei ich natürlich ans Präsidium angebunden bin und natürlich auch letztendlich die Impulse aus dem Präsidium bekomme, aber auch für die Fakultäten eine Serviceleistung bringen möchte. Weil es im Endeffekt ja um das Ziel geht, die Qualität von Studium und Lehre zu verbessern [...]. Wobei natürlich die Ankopplung klar vorgegeben ist" (I12).

Diese hybride Aufgabe, nämlich auf der einen Seite derjenige zu sein, der für die Information, Beratung und Entscheidungsumsetzungen der Hochschulleitung sorgt, auf der anderen Seite aber auch „Entwicklungen von unten" (I8) aufzunehmen, spiegelt sich auch in dem in der Online-Befragung erhobenen Selbstverständnis der Qualitätsentwickler wider, wenngleich auch dort deutlich wird, dass die ‚Servicekomponente' überwiegt. Am stärksten verstehen sich die Qualitätsentwickler als „BeraterIn für meinen Aufgabenbereich innerhalb der Hochschule". 47,5 % der befragten Qualitätsentwickler geben an, dass diese Beschreibung voll und ganz auf ihr berufliches Selbstverständnis zutrifft, 39,3 %, dass dieses zutrifft, 9,8 % bewerten die Beschreibung als teilweise zutreffen, 3,3 % als eher nicht zutreffend. Keiner der Qualitätsentwickler sagt aus, dass diese Beschreibung nicht zutrifft.

Den zweithöchsten Zustimmungswert erhielt die Beschreibung des beruflichen Selbstverständnisses als „ServicedienstleisterIn, der/die Bedürfnisse und Anfragen bearbeitet und umsetzt"; hier stimmen 23 % bzw. 34,4 % der Beschreibung voll und ganz zu bzw. stimmen zu. Allerdings sagen auch 23,0 % aus, dass diese Beschreibung nur teilweise zutrifft, 13,1 % dass diese eher nicht zutrifft und 6,6 % lehnen diese Beschreibung ab. Es kann vermutet werden, dass sich letztgenannte Qualitätsentwickler nicht in dieser Beschreibung wiederfinden, da vor allem durch den letzten Teilsatz eine Konnotation mit einer lediglich ausführenden Tätigkeit hergestellt werden könnte, die aber, wie bereits geschildert, nicht auf die Tätigkeiten der Qualitätsentwickler zutrifft. Diese ‚Beratungs- und Servicefunktion‚ so wurde aus den Interviews deutlich, richtet sich dabei sowohl in Richtung Hochschulleitung, als auch in Richtung der Wissenschaftler bzw. der Fakultäten:

> „Also ich begreife meine Arbeiten als Serviceleistungen. Sowohl Richtung Präsidium als auch Richtung Fakultäten" (I1).

Das Antwortverhalten bezüglich des beruflichen Selbstverständnisses „als StellvertreterIn der Hochschulleitung, der/die für die effektive Umsetzung von Entscheidungen sorgt", ist nicht ganz so eindeutig wie bei den anderen beiden Items:

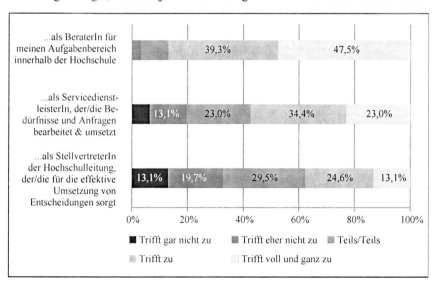

Abb. 7.18   „Inwiefern treffen die unten aufgeführten ‚Statements‘ auf Ihr berufliches Selbstverständnis zu? Ich verstehe mich als…". N=69, Quelle: Online-Befragung Qualitätsentwickler 2009

	MW	SD
...als BeraterIn für meinen Aufgabenbereich innerhalb der Hochschule	4,3	0,8
...als ServicedienstleisterIn, der/die Bedürfnisse und Anfragen bearbeitet & umsetzt	3,5	1,2
...als StellvertreterIn der Hochschulleitung, der/die für die effektive Umsetzung von Entscheidungen innerhalb der Hochschule sorgt	3,2	1,1

Tab. 7.18   Teilauswertung berufliches Selbstverständnis (OB)

12,3 % der Qualitätsentwickler stimmen dieser Beschreibung voll und ganz zu, 23,1 % sagen, dass die Beschreibung zutrifft. Der größte Teil der Befragten, nämlich 41,5 %, bewerten dieses berufliches Selbstverständnis als teilweise zutreffend, 16,9 % als eher nicht zutreffend, 6,2 % lehnen diese Beschreibung ab (siehe Abb. 7.18 und Tab. 7.18).

Diese zurückhaltende Bewertung des letzten Items kann mit der durch die Qualitätsentwickler betonten Notwendigkeit einer engen Verbindung zu den Fakultäten und damit – wenn auch wie im Unterkapitel ‚Zusammenarbeit' beschrieben nur indirekt – zu den dort arbeitenden Wissenschaftlern erklärt werden. Nach Aussagen der Qualitätsentwickler ist die Effektivität von Instrumenten oder Verfahren nämlich davon abhängig, inwiefern diese von den Wissenschaftlern als sinnvoll betrachtet, unterstützt und somit letztendlich auch umgesetzt werden (vgl. Krücken/Blümel/Kloke 2012). Diese Notwendigkeit der Unterstützung durch den ‚operativen Kern' ist ein typisches Charakteristikum für professionelle Organisationen (Mintzberg 1992, vgl. Kapitel 2.2.1).

> „Ein Top-down-Prozess im Bereich der Lehre mit der Qualitätssicherung ist nur bedingt erfolgreich. Der Ball muss dezentral auch gefangen werden, und, sagen wir mal, die schönste Evaluierung nützt nix, wenn man das Ergebnis ungelesen in den Schrank heftet" (I5).

> „Das sind die Wissenschaftlerinnen und Wissenschaftler [...] die ich eigentlich mit ins Boot holen möchte, weil bei jedem einzelnen Instrument, wenn's beiden Seiten nix nutzt, also wenn Studierende und Lehrende mit ‚ner Lehrveranstaltungskritik unzufrieden sind, weil sie das Instrument nicht schätzen, dann brauche ich's auch nicht durchzuführen" (I8).

So berichtet auch I7, dass der Versuch, eine fakultätsübergreifende, durch die Hochschulleitung genehmigte Erhebung bibliomantischer Daten an dem Widerstand der Fakultäten scheiterte. Dieses führt auch dazu, dass die Qualitätsentwickler in ihrer Arbeit darauf achten müssen, nicht zu sehr als ‚verlängerter Arm der Hochschulleitung' wahrgenommen zu werden, da dieses die Akzeptanz seitens der Wissenschaftler gefährden würde (vgl. auch Klug 2011).

> „Also, wir sehen uns an dem Punkt, wir sehen uns auch nicht nur dem Präsidenten verpflichtet, sondern auch den Fachbereichen und sehen uns da als neutrale Einheit. Das wird von den Fachbereichen natürlich noch so erst mal noch nicht wahrgenommen. Das

> müssen wir auch in der Praxis zeigen, dass wir auch die Unterstützung leisten [gegenüber
> den Fakultäten; Anmerkung der Autorin], und dass die uns nicht immer gleich sehen als
> ‚die gucken jetzt mit der Brille des Präsidenten [...]', sondern dass sie auch offen sagen
> können, wenn was nicht funktioniert, und das wir gucken, wie können wir helfen" (I12).

Dementsprechend können auch die hohen zustimmenden Werte bezüglich des beruflichen Selbstverständnisses als ‚Berater' und/oder ‚Servicedienstleister' erklärt werden. Ähnlich wie die administrativen Hochschulmanager in Norwegen (vgl. Gornitzka/Larsen 2004), in Australien (McInnis 1998) und in den USA (Scott 1995) müssen auch die Qualitätsentwickler versuchen, durch das Betonen der Servicefunktion die Kooperationsbereitschaft der Wissenschaftler zu erlangen.

Weiterhin wurde auch von 5 der 13 befragten Qualitätsentwickler ausgedrückt, dass „Respekt" (I10) gegenüber den Wissenschaftler und deren Arbeit unabdingbar für den Erfolg der eigenen Arbeit sei:

> „Zunächst einmal gilt das, was aus dem Fach reinkommt [Anmerkung der Autorin:
> Bei der Gestaltung der Evaluationsordnung]. Die haben die Autonomie, das heißt, sie
> entscheiden über die Inhalte. Und das ist zu respektieren" (I10).

Interessanterweise zeigt sich in den vorliegenden Daten kein eindeutiger Zusammenhang zwischen dem Organisationsmodus der Einrichtung der Qualitätsentwicklung und der Ausprägung des Steuerungsverständnisses. In Anlehnung an die Aussagen von Kaufmann (HRK 2009) sowie Klug (2010) (vgl. Kapitel 4.2.3) hätte davon ausgegangen werden können, dass sich die Qualitätsentwickler, die in einer Stabsstelle arbeiten und somit direkt dem Präsidenten zugeordnet sind, eher als „...als StellvertreterIn der Hochschulleitung, der/die für die effektive Umsetzung von Entscheidungen innerhalb der Hochschule sorgt" (Item aus dem Fragebogen) beschreiben. Anhand eines durchgeführten Mittelwertvergleiches konnte dieser Zusammenhang in der Online-Befragung nicht festgestellt werden. Allerdings äußerten die in den Experteninterviews befragten Qualitätsentwickler, die in einer Stabsstelle beschäftigt waren, häufig, dass sie sich schon allein aufgrund der strukturellen Ansiedlung dem Präsidenten verpflichtet fühlen; aber eben auch sehr stark den Wissenschaftlern, die es in ihrer Arbeit zu unterstützen gilt.

Somit wird unabhängig vom Organisationstypus deutlich, dass die Qualitätsentwickler eine Hauptaufgabe ihrer Tätigkeit darin sehen, eine Balance zwischen Anweisungen und Beschlüssen der Hochschulleitung auf der einen Seite, aber auch den Ansprüchen von den zu unterstützenden Wissenschaftlern auf der anderen Seite zu finden. Dieses korrespondiert mit den Aussagen der in Kapitel 4.2 vorgestellten Studien, die den administrativen Hochschulmanager eine ‚operative Mittlerfunktion' oder die Aufgabe des ‚Schnittstellenmanagements' zwischen Hochschulleitung und Wissenschaftlern zusprechen. Vor allem spiegelt sich in diesen vermittelnden Tätigkeiten jedoch die Beschreibung von Noordegraf (2007) wider, der die Besonderheit des hybriden Professionalismus im Überbrücken zwischen verschiedenen Logiken sieht. Im Fall der Qualitätsentwickler handelt es sich um das Überbrücken der professionellen Arbeit der Wissenschaftler, vermittelt durch die Zusammenarbeit mit den Fakultäten, zum anderen aber auch den Steuerungsanspruch und damit die managerielle Kontrolle durch die Hochschulleitung. Jedoch muss auch bei letzteren angemerkt werden, dass die Qualitätsentwickler, aber auch die Hochschulleitungen die Steuerungsgrenzen der Institution ‚Hochschule' deutlich sehen.

So nehmen die Qualitätsentwickler die begrenzten Möglichkeiten der direkten Steuerung des Lehrengagements der Wissenschaftler, aber auch auf Lehrprozesse selbst wahr (siehe Abb. 7.19). Dieses zeigt sich auch in dem Item im Fragebogen nach der Frage des Einflusses auf die Lehre:[89]

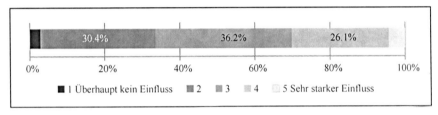

Abb. 7.19 „Wie stark schätzen Sie den Einfluss Ihrer Arbeit auf die Entwicklung und Ausgestaltung der Lehre an Ihrer Hochschule ein? Schätzen Sie dieses bitte anhand folgender Skala von 1 bis 5 ein, wobei 1 ‚Überhaupt kein Einfluss' und 5 ‚Sehr starker Einfluss' bedeutet." N=69, Quelle: Online-Befragung Qualitätsentwickler 2009

Hierfür wurden verschiedene Gründe angeführt, wobei, wie in Kapitel 2.3 sowie 3.3 erwähnt, zwischen dem Einfluss auf das Lehrengagement der Wissenschaftler und des Einflusses auf die Qualität der Lehre unterschieden werden muss. Als stärkster Grund für die schwierige Beeinflussbarkeit des individuellen Lehrengagements wurde die den Wissenschaftlern inhärente intrinsische Motivation genannt, die schwierig von außen, und schon gar nicht durch Zwang, zu beeinflussen sei. Wenn, so Aussage der Qualitätsentwickler, könne diese durch gute organisatorische Rahmenbedingungen aufrechterhalten werden. So soll die Wirkung von qualitätssichernden Instrumenten, z. B. von Lehrveranstaltungsbeurteilungen, auch

---

89 Die Frage nach dem Einfluss der eigenen Arbeit auf die Entwicklung und Ausgestaltung der Forschung wird hier nicht näher dargestellt, da zum einen, wie bereits erwähnt, es nur 2 Einrichtungen gibt, die sich ausschließlich mit Qualitätsentwicklung im Bereich der Forschung beschäftigen, bei den anderen ist dieses lediglich ein Teil des Aufgabenspektrum. Dabei wurde zudem durch die Online-Befragung und die Interviews deutlich, dass sich die Qualitätsentwicklung zwar vom offiziellen Aufgabenprofil her auch auf den Bereich der Forschung bezieht, dieses allerdings in den meisten Fällen noch nicht umgesetzt ist. Zum anderen bezogen sich die Interviewfragen aus forschungspragmatischen Gründen (vgl. Kapitel 6) auf Fragen zur Steuerung der Lehre.

eine formative Funktion übernehmen, d. h. durch das Bereitstellen von Ergebnissen sollen die Wissenschaftler dazu angeregt werden, selbst ihre Lehrpraxis zu überprüfen und zu verbessern:

> „Man muss Qualitätssicherung mit Augenmaß betreiben und als ein Verbesserungs- und Optimierungsinstrument verstehen. Aber das soll nicht in Überregulierung und Überkontrolle ausarten" (14).

> „Evaluationen in der Lehre sollen keine Legitimationsfunktion, sondern eine Entwicklungsfunktion haben" (13).

Als weitere Grenzen der Steuerung des individuellen Lehrengagements wurden nicht ausreichende finanzielle Spielräume genannt, um Anreize für die Lehre zu setzen,[90] des Weiteren auch die grundgesetzlich garantierte Freiheit von Forschung und Lehre.

Auch der unmittelbare Effekt von qualitätssichernden Maßnahmen auf die Qualität der Lehre ist nach Aussagen der Qualitätsentwickler schwierig einzuschätzen. Dieses wurde darauf zurückgeführt, dass die Lehrqualität stark von organisatorischen Lernbedingungen abhängt (Ausstattung, Größe und Art der Veranstaltung). Zum anderen wurde genannt, dass es wenig Wissen über Prädiktoren für ‚gute Lehre' gäbe und bisher die Zusammenhänge zwischen Qualitätssicherung und guter Lehre nicht eindeutig herstellbar seien:[91]

> „Ich denke, dass die Lehre partiell steuerbar ist, man kann die Prozesse verbessern, man kann die Strukturen verbessern, aber [...] was nach wie vor fehlt im Bereich der Qualitätssicherung und Evaluation ist nach wie vor eine stärkere Forschungseinbindung, dass wir auch Kausalbeziehungen in Anführungszeichen [zu dem Zusammenhang Qualität der Lehre und qualitätssichernden Maßnahmen, Anmerkung der Autorin] zumindest andeuten können" (13).

> „Zum Beispiel im Bereich Forschung, ja, da gibt,s einfach die Indikatoren, die gängigen, die man jetzt hat, und die kann man auch messen, und da geht es auch voran. Und im Bereich Lehre, da fängt man ganz von vorne an. Wie will man einfach gute Lehre überhaupt messen" (18)?

---

[90] Allerdings ist fraglich, inwiefern eine Beeinflussung des Lehrengagements maßgeblich durch finanzielle Anreize gesteuert werden kann bzw. ist anzunehmen, dass die finanziellen Anreize sehr hoch sein müssten. In einer 2009 durchgeführten Umfrage unter 1119 deutschen Professorinnen und Professoren wurde nämlich gezeigt, dass weder Lehrindikatoren in der individuellen W-Besoldung und/oder in der leistungsorientierten Bezahlung auf Lehrstuhlebene, noch der Einbezug der Lehre in Zielvereinbarungen zwischen Lehrstühlen und der Fakultäts- bzw. Hochschulleitung Einfluss auf die individuelle Einschätzung der Wichtigkeit der Lehre sowie des tatsächlichen Aufwands akademischer Lehrtätigkeiten haben (Wilkesmann/Schmid 2012).

[91] Diese Einschätzung der Mitarbeiter in der Qualitätssicherung deckt sich mit Untersuchungen zu Auswirkungen qualitätssichernder Maßnahmen im Bereich der Lehre, dort wurde in Wirkungsanalysen gezeigt, dass keine linearen Ursache-Wirkungs-Zusammenhänge zwischen qualitätssichernden Maßnahmen und einer besseren Lehrqualität erwartet werden können (Harvey/Newton 2004: 156).

Folglich ist es für die Qualitätsentwickler schwierig, direkt auf das individuelle Lehrengagement sowie auf die Qualität der Lehre einzuwirken. Allerdings bedeutet dieses nicht, dass die Arbeit der Qualitätsentwickler folgenlos bleibt. Zum einen wirken sie über die Veröffentlichung und Bereitstellung von Evaluationsergebnissen insofern auf die Wissenschaftler ein, als sie zur Reflexion ihrer Lehrleistungen anregen. Dieser auf die einzelne Person abzielende Effekt wird an U6 und U9 noch durch die Hochschulleitungen verstärkt, die über die individuelle Rückmeldung hinaus, gezielt die öffentliche Sichtbarkeit der Ergebnisse forcieren, indem Lehrveranstaltungsbeurteilungen öffentlich ausgehangen werden (vgl. Kloke/Krücken 2012a). Und nicht zuletzt wird durch die Rückmeldung von Ergebnissen der Qualitätsentwicklung, welche für Steuerungsentscheidungen der Hochschulleitungen verwendet werden, Einfluss auf die Entwicklung der gesamten Hochschule genommen. Somit ist, vor dem Hintergrund der in Kapitel 2 beschriebenen organisationssoziologischen Überlegungen festzuhalten, dass sich an der Qualitätssicherung der Übergang von einer losen gekoppelten Organisationsstruktur zu einer Struktur, in der die einzelnen Organisationseinheiten stärker aufeinander bezogen und strategisch kohärenter ausgerichtet wird, beobachten lässt.

Folglich entspricht auch der Referenz- und Orientierungspunkt der Qualitätsentwickler der eigenen Organisation und widerspricht damit dem der ‚traditionellen Professionen', die sich stark an der eigenen Profession orientieren, nicht zuletzt da durch diese die professionelle Selbstkontrolle ausgeübt wird.[92] Bei den ‚neuen Professionellen' hingegen ist der Referenz- und Orientierungspunkt die eigene Organisation, wie idealtypisch in Evetts (z. B. 2009, 2011) Figur des ‚organisational professionalism' dargestellt wird. Der sehr starke Organisationsbezug und die starke Verpflichtung gegenüber der Hochschule, die auch in der Literatur zu den administrativen Hochschulmanagern zu finden ist, zeigt sich auch in allen geführten Interviews, häufig sogar mit demselben Vokabular ausgedrückt.

„Mein Selbstverständnis ist, dass ich hier eigentlich im Sinne der Gesamtuniversität tätig sein möchte" (I5).

„Ich fühle mich eigentlich der Universität als Ganzem verpflichtet. So im Sinne der Universität zu handeln" (I1).

„Ich biete einen Service und Dienstleistungen für die ganze Hochschule an" (I8).

---

[92] Diese Selbsteinschätzung und Orientierung entspricht somit auch dem gewählten Referenzpunkten von Professorinnen und Professoren und deren Verhalten. In Langzeitstudien zu akademischen Professionen zeigte sich, dass Professoren sich am stärksten ihrer Disziplin verpflichtet fühlen, dann dem Fachbereich und erst als Letztes der eigenen Hochschule (vgl. Kehm/Teichler 2012).

So führt auch I5 aus, dass die hohe Akzeptanz, die ihm seinem Empfinden nach entgegengebracht wird, darauf zurück, dass „die Aufgaben die man macht, wichtig für die gesamte Organisation" (I5) sind.

Dass die Qualitätsentwickler sich der gesamten Organisation gegenüber verpflichtet fühlen, kann auch durch die bereits aufgeführte Aufgabe des Überbrückens verschiedener Logiken gezeigt werden. Dementsprechend machen die Qualitätsentwickler auch deutlich, dass sie sich auch nicht einer bestimmten Gruppierung innerhalb der Hochschule verpflichtet fühlen, sondern „den Studierenden, den Lehrenden und dem Präsidium" (I1) oder wie es I3 ausdrückt

> „sowohl den Wissenschaftlern und Wissenschaftlerinnen als auch der Institution gegenüber und damit auch der Hochschulleitung gegenüber" (I3).

Durch den starken Organisationsbezug und die starke Loyalität der eigenen Organisation gegenüber, welches in der Literatur zu den administrativen Hochschulmanagern ebenfalls thematisiert wird, könnten die Qualitätsentwickler sogar als ‚agents of change' beschrieben werden, d. h. sie agieren – mit einem neoinstitutionalistischen Vokabular ausgedrückt – als ‚institutionelle Entrepeneure' (Di Maggio 1988), die bestimmte Handlungs- und Organisationsmodelle in einem spezifischen Feld theoretisieren[93] und legitimieren Muzio/Kirkpatrick 2011: 393; Powell/Di Maggio 1991; Barley/Tolbert 1991; Di Maggio 1991; Suddaby/Viale 2011.), in vorliegendem Fall eben das Organisationsmodell des ‚organisationalen Akteurs'.

Allerdings wird durch die Schwierigkeit der direkten Steuerung der Qualität der Lehre, aber vor allem auch der einzelnen Wissenschaftler, deutlich, dass die Grundzüge einer Expertenorganisation bestehen bleiben. Dieses hängt auch damit zusammen, dass es der Hochschulleitung an Personalmacht (also die Bereitstellung von organisationsinternen Karrierechancen) und an Organisationsmacht (d. h. die Möglichkeit des Ausschlusses von Mitgliedern) fehlt, um kollektiv bindende Entscheidungen durchzusetzen. (vgl. Luhmann 1975: 104ff.; siehe auch Hüther/ Krücken 2011). Zwar übernehmen die Hochschulleitungen verstärkt Verantwortung als handelnde Akteure für die Gesamtorganisation Hochschule, setzten aber auch – wie im Projekt ‚ConGo@universities' festgestellt wurde – sehr stark auf ein auf Kommunikation und Partizipation abstellendes Steuerungsverständnis (vgl. Kloke/Krücken 2012 a, b), obgleich beispielsweise in vielen Landesgesetzen die Beteiligung des Senates an vielen Entscheidungen nicht mehr gesetzlich festgelegt ist (vgl. Hüther 2011). Somit ist in Rekurs auf Noordegraf (2007) festzuhalten, dass zwar eine Vermittlung zwischen verschiedenen Logiken stattfindet, die bürokratisch-managerielle Logik der Hochschulleitung aber von dem von Freidson

---

[93] Zum Begriff des ‚Theoretisierens' siehe Kapitel 7.3.4.

(2001) beschriebenen Idealtypus abweicht, da die hierarchischen Befugnisse der Hochschulleitung eingeschränkt sind. Dieses ist zum einen auf die begrenzte Steuerbarkeit von Wissenschaftler und der ‚unclear technology' Lehre zurückzuführen (vgl. Kapitel 2.3), zum anderen aber auch auf die ‚Steuerungszurückhaltung' der Hochschulleitung.

Somit sollte an dieser Stelle auch erwähnt werden, dass die tatsächliche Arbeitssituation der Qualitätsentwickler nicht die traditionelle Funktion des ‚Managements' oder des ‚Managers' widergibt. Dieses kann an der Beschreibung des Wissenschaftshistorikers Chandler (1977) über die Entstehung des Managements in amerikanischen Wirtschaftsorganisationen Mitte des 19. und frühen 20. Jahrhunderts verdeutlicht werden (vgl. Krücken et al. 2012: 221ff., Krücken 2013). Er beschreibt, dass in Organisationen die Zunahme von Managementaufgaben und damit einhergehend der für diese Funktion spezialisierten Mitarbeiter (die Manager) mit einer Zunahme der Komplexität der Organisation und auch der Umwelt korreliert. Dieses trifft auch auf die Hochschulen zu, jedoch zeigen sich grundlegende Unterschiede zwischen dem Management von Industrieunternehmen und dem von Hochschulen, was auf die bereits genannten Spezifika der Hochschule und der wissenschaftlichen Arbeit zurückzuführen ist. Zwar entspricht die von Chandler beschriebene ‚Sandwichposition' zwischen Leitung und ‚Arbeitsebene' der mittleren Manager (Chandler 1977: 3ff.; 381ff.) denen der Qualitätsentwickler, und beide Personengruppen nehmen Vermittlungs- und Übersetzungsfunktionen in beide Richtungen wahr. Jedoch verfügen die mittleren Manager im Chandlerschen Sinne über die traditionell mit dem Management verbundenen Möglichkeiten der formalen Kontrolle und Führung der Mitarbeiter. Dieses zeigt, dass die Position der Qualitätsentwickler deutlicher schwächer ist als die der mittleren Manager in Industrieunternehmen, die nicht von der formellen und informellen Unterstützung der Leitung (im Falle der Qualitätsentwickler der Hochschulleitung) und der Mitarbeiter (im Falle der Qualitätsentwickler der Wissenschaftler) abhängig sind (vgl. Krücken et al. 2013). Dieses spiegelt sich auch im Selbstverständnis wider. So nehmen sich die Qualitätsentwickler, wie gezeigt werden konnte, als Servicedienstleister im Dienste der Gesamtorganisation Hochschule wahr und nicht als Planer mit Kontroll- und Steuerungsambitionen. Allerdings sollte an dieser Stelle nicht unerwähnt bleiben, dass diese Beschreibung auf den Aussagen der Qualitätsentwickler beruhen, die ‚Gegenseite', besonders die Hochschulleitung und die Wissenschaftler, nicht befragt wurden. Es ist möglich, dass das Antwortverhalten zumindest zum Teil auf Effekten der sozialen Erwünschtheit beruht (vgl. auch Kapitel 6.3.5 zur wahrgenommenen Akzeptanz). Vor allem angesichts der bekannten Spannungen zwischen Wissenschaft und Administration (vgl. Lewis/Altbach 1996) wird so möglicherweise der Aspekte der Service- Funktion überbetont, während Kontroll- und Steuerungsaspekte eher heruntergespielt werden (vgl. Krücken et al. 2012: 245; vgl. Krücken et al. 2013).

Zusammenfassung

Es lässt sich festhalten, dass die Qualitätsentwickler in das hierarchische Gefüge der Hochschulen eingebunden sind, da sie in ihren Entscheidungen und Tätigkeiten von der Unterstützung der Hochschulleitung abhängig sind. Zwar verfügen sie über viel informelle Macht, da sie die Hochschulleitungen mit Informationen ausstatten und sie beraten, die eigentliche Entscheidungsfällung ('Wahlakt' und 'Autorisierung' im Sinne Mintzbergs) aber bei der Hochschulleitung liegt. Auch beim Monitoring und der Umsetzung von Entscheidungen sind sie von der formellen, aber auch informellen Unterstützung der Hochschulleitung abhängig. Somit entspricht die Handlungslogik der Qualitätsentwickler in Bezug auf die Autonomie der von Evetts, Kipping et al, Kipping, Alvesson und Johansson sowie Alvesson und Kärreman beschriebenen, die aussagen, dass die Autonomie der 'neuen Professionellen' durch technokratische und vor allem bürokratische Regularien eingeschränkt ist. Zwar verfügen die Qualitätsentwickler, und dieses wird auch von den eben genannten Professionstheoretikern beschrieben, über eine eng auf den jeweiligen Wissens- und Anwendungsbereich begrenzte Entscheidungsautonomie, da sie, wie unter 7.3.2.1 geschildert, in ihrer täglichen Arbeit die Arbeitsprozeduren weitestgehend autonom gestalten können und im kleinen Rahmen auch Entscheidungen selbst, ohne Rücksprache, treffen können. Bei dem Wahlakt und der Autorisierung sind sie aber von der formalen Macht der Hochschulleitung abhängig, und auch bei der Umsetzung von Entscheidungen der Hochschulleitung sind sie auf die Unterstützung der Hochschulleitung angewiesen. Das bedeutet aber nicht, dass sie über keine Autorität verfügen: Zwar verfügen sie nicht, wie die „manageriellen Professionellen" (Hwang/Powell 2009; Langer/Manzeschke 2009), über hierarchische oder administrative Befugnisse, aber durch die Information, die Beratung und auch die eingenommene Kontaktfunktion können sie auf Steuerungsentscheidungen Einfluss nehmen. Dementsprechend ist im Fall der Qualitätsentwickler eher davon zu sprechen, dass sie über 'über Bande gespielte' Einflussmöglichkeiten verfügen. Jedoch sind sie auch – und hier zeigen sich nach wie vor noch bestehenden Spezifika der Institution 'Hochschule' – auf die Mitarbeit der Wissenschaftler angewiesen. Die Qualitätsentwickler vermitteln zwischen der professionellen Logik der Wissenschaft, vertreten durch die Fakultäten, und der der 'bürokratischen Logik', vertreten durch die Hochschulleitung, und überbrücken somit, wie von Noordegraf (2007) beschrieben, verschiedene Logiken. Dieser Interessenausgleich dient dabei – wie im Folgenden beschrieben wird – der erfolgreichen Entwicklung der gesamten Organisation.

Auf welche Kompetenzen die Aufgabe der Vermittlung zwischen verschiedenen Logiken beruht und wie diese erworben wurden, wird im Rahmen der Professionalitätsdimension 'Wissens-und Kompetenzbasis' erörtert.

7.3.3   Wissens- und Kompetenzbasis

Die zweite übergeordnete Analysedimension im Vergleich der 'alten' und 'neuen' Professionstheorien' ist die der *Wissensbasis*. Während in den 'traditionellen' Professionstheorien' abstraktes Wissen, vermittelt durch eine spezialisierte wissenschaftliche Ausbildung, im Vordergrund steht, kennzeichnet sich die Wissensbasis der 'neuen Professionellen' nach Annahmen von Langer und Manzeschke (2009) bzw. Hwang und Powell (2009) durch eine Kombination von disziplinspezifischem Wissen und Managementwissen aus; Noordegraf (2007) zufolge durch interdisziplinäres Wissen und „interactive skills" (ebd.: 775). Dieses wird auch in der Literatur zu den administrativen Hochschulmanagern und zu den Qualitätsentwicklern thematisiert, in der beschrieben wird, dass die 'Ausbildung' für die Tätigkeiten durch 'learning-on-the-job' und in Co-Produktion mit der Industrie bzw. übertragen auf den Forschungsgegenstand, an der Hochschule erfolgt und somit auch häufig organisationsgebunden ist. Dementsprechend verfügen die 'neuen Professionellen' auch selten über offizielle Zertifikate. Hiervon gehen auch Muzio et al. (2011) aus, die zeigen, dass bei der Einstellung der 'corporate professionals' auf Fähigkeiten und Kompetenzen geachtet wird, die durch bereits gemachte Berufserfahrungen in dem jeweiligen Bereich beruhen; ferner auch auf in andere Industriezweige leicht transferierbare 'Skills' (im Folgenden mit 'Fertigkeiten' übersetzt). In der Lesart von Hwang und Powell (2009) handelt es sich hierbei beispielsweise um Managementwissen und -fertigkeiten.

Im Folgenden werden nochmal die in Kapitel 5 aufgezeigten wesentlichen Unterschiede zwischen den Annahmen in Bezug auf die Wissensbasis zwischen den 'traditionellen' und den 'neuen Professionstheorien' aufzeigt (siehe Tab. 7.19).

Im nachstehenden Unterabschnitt wird zunächst untersucht, welche Kompetenzen für die Arbeit der Qualitätsentwickler im Vordergrund stehen.

Der Kompetenzbegriff ist ein vielschichtiger und uneindeutiger Begriff, der in der Literatur häufig mit 'Eignungsmerkmalen' gleichgesetzt wird (vgl. Schmidt-Rathjens 2007). In vorliegender Arbeit wird der aus verschiedenen Kompetenzdefinitionen gewonnene Kompetenzbegriff von Schmidt-Rathjens verwendet, der folgende Begriffsbestimmung vornimmt:

Traditionelle Professionstheorien	Neue Professionstheorien
• disziplinenspezifische Entwicklung, Weitergabe und Institutionalisierung von Wissen	• interdisziplinäres Wissen (Noordegraf); Managementwissen (Hwang/Powell) Kombination von Fachwissen und Managementwissen (Langer/Manzeschke)
• abstraktes Wissen, vermittelt durch eine spezialisierte, wissenschaftliche Ausbildung • Zertifikat dient als a) Informationsquelle über Wissensbasis und Kompetenzen b) Lizenz, professionell tätig zu werden → Schließung von Marktchancen	• Co-Produktion von Wissen mit der Industrie, organisationsgebundenes Wissen • keine Zertifizierung und Lizensicrung → Fokus auf Kompetenzen und Berufserfahrung

Tab. 7.19   Vergleichende Zusammenfassung ‚alte' und ‚neue' Professionstheorien

> „Unter Kompetenzen versteht man im Allgemeinem Wissen, Fähigkeiten, Motivation, Interesse, Fertigkeiten, Verhaltensweisen und andere Merkmale, die im Zusammenhang mit den Anforderungen einer bestimmten Arbeitsaufgabe stehen" (Schmidt-Rathjens 2007: 593).

Somit ist der Kompetenzbegriff weiter gefasst als der des Wissens, der vor allem auf die kognitive Dimension abzielt. Der Kompetenzbegriff schließt praktische und überfachliche Fähigkeiten genauso ein wie soziale und personale Handlungskompetenzen (vgl. Rychen/Salagnik 2003: 41ff.; Arnold 2001: 176). Somit ist er vor allem im Kontext der ‚neuen Professionstheorien' einschlägiger, da hier stärker als in den ‚traditionellen Professionstheorien' auch auf nicht-formales Lernen abgestellt wird. Dieses schließt im Gegensatz zum formalen Lernen mit dem inhärenten Fokus auf Bildungs- und Berufsberechtigungen auch Lernen im Alltagsvollzug ein (vgl. Gnahs 2010: 30; 37).[94]

Die für eine bestimmte Tätigkeit in Betracht kommenden Kompetenzen, die eine Person, die diese Tätigkeit ausüben will, aufweisen bzw. erwerben sollte, können in einer Anforderungsanalyse zusammengefasst werden (vgl. Weuster 2004: 32ff.). Diese Anforderungsanalyse wird im Folgenden anhand der Stellenanzeigen in der ‚Zeit' dargestellt. Es wurde eruiert, welche Kompetenzen für eine Tätigkeit in der Qualitätsentwicklung durch die stellenausschreibenden Hochschulen nachgefragt werden. Diese wurden anschließend mit den Antworten der Qualitätsentwickler auf der in der Online-Befragung sowie in den Experteninterviews erfragten Einschätzung der Bedeutung verschiedener Kompetenzen für die Arbeit in der jeweiligen Position (‚Kompetenzprofil') verglichen. Allerdings ist zu erwähnen, dass die Kompetenzen, die in den Stellenanzeigen erfasst wurden, nicht

---

[94]   Allerdings ist hier zu erwähnen, dass auch bei den ‚traditionellen Professionstheorien', vor allem bei Oevermann (1996), ein Rückgriff auf Erfahrungswissen für die professionelle Arbeit unabdingbar ist; jedoch ist auch wissenschaftliches Regelwissen, welches in einer akademischen Ausbildung gelehrt wird, für eine professionelle Tätigkeit Voraussetzung.

vollständig deckungsgleich sind mit den Variablen, die die Bedeutung von Kompetenzen in der Online-Befragung erheben. Im Forschungsverlauf, und hierbei vor allem anhand der zeitgleich durchgeführten Experteninterviews, wurde deutlich, dass einige Kompetenzen, die in der Online-Erhebung eher breit abgefragt wurden, differenzierter dargestellt werden müssen, was in der Analyse der Stellenanzeigen dann auch erfolgte (z. B. Differenzierung der Frage in der Online-Befragung zu ‚Kenntnissen des Wissenschaftssystems', welche in der Analyse der Stellenanzeigen genauer nach „Funktions- und/oder Aufgabenerfahrungen im Bereich Qualitätsentwicklung", „Funktions- und/oder Aufgabenerfahrungen in Forschung und Lehre" sowie „Expertise Hochschul-/Wissenschaftsmanagement/-verwaltung/-entwicklung" differenziert wurde). Weiterhin wurde bei den Stellenanzeigen deutlicher nach formalen Qualifikationsanforderungen, d. h. nach zertifiziertem Wissen und Kompetenzen und Kompetenzen, die nicht (zwangsläufig) auf einer reglementierten Ausbildung beruhen, unterschieden. Durch diese teilweise divergierenden Items resultierten bei der Analyse der Anforderungsmerkmale in den Stellenanzeigen und der Online-Befragung auch unterschiedliche Zuordnungen von Items zu übergeordneten Kompetenzbereichen.

a) Anforderungsmerkmale an Qualitätsentwickler aus Sicht der Arbeitgeber

Diese *Anforderungsmerkmale* wurden in vorliegender Arbeit in vier sogenannte *Kompetenzbereiche* aufgegliedert. Im Folgenden werden kurz die den Kompetenzbereichen zugeordneten Kategorien sowie deren empirische Ausprägungen vorgestellt, die Interpretation der Befunde erfolgt bei dem Vergleich der vier Kompetenzbereiche.

Bei dem ersten Kompetenzbereich handelt es sich um formale Qualifikationsanforderungen, d. h. solche, die durch einen Abschluss oder ein Zertifikat nachgewiesen werden können. Hierunter fällt die obligatorische oder für die Stellenbesetzung vorteilhafte Nennung einer abgeschlossenen Promotion sowie einer Fortbildung (Weiterbildung, Studium, Zertifikatslehrgang etc.) im Bereich Hochschul- und Wissenschaftsmanagement/-verwaltung/-entwicklung. Es zeigte sich, dass in 19 % der Stellenanzeigen eine Promotion für eine Anstellung als Qualitätsentwickler als Voraussetzung oder als vorteilhaft genannt wurde, eine Fortbildung im Bereich Hochschul- und Wissenschaftsmanagement/-verwaltung/-entwicklung aber lediglich in 7,1 % der Anzeigen. Das juristische Staatsexamen spielt für eine Einstellung als Qualitätsentwickler fast keine Rolle, da es nur in 3,6 % der Stellenanzeigen nachgefragt wurde (siehe Tab. 7.20).

Formale Qualifikationsanforderungen	
Promotion	19,0 %
Fortbildung im Bereich Hochschul- und Wissenschaftsmanagement	7,1 %
Juristisches Staatsexamen	3,6 %

Tab. 7.20   Nachfrage nach formalen Qualifikationsanforderungen in Stellenanzeigen der Wochenzeitschrift ‚Die Zeit‘. Formale Qualifikationsanforderungen, N=84, Quelle: Stellenanzeigen Qualitätsentwicklung in der Wochenzeitschrift ‚Die Zeit‘

Der zweite Kompetenzbereich ist der, der auf den Bereich der Qualitätssicherung
und damit auch auf den übergeordneten Bereich des Hochschul- und Wissenschaftsmanagements abzielt. Dieser wird im folgendem als ‚wissenschaftsnaher
Kompetenzbereich‘ bezeichnet. Hierunter wurde die Nachfrage in den Stellenanzeigen nach Funktions- und/oder Aufgabenerfahrungen im Bereich Qualitätsentwicklung sowie nach Funktions- und/oder Aufgabenerfahrung in der Forschung
und Lehre gefasst. Das erstgenannte Anforderungsmerkmal der Funktions- und/
oder Aufgabenerfahrung im Bereich der Qualitätsentwicklung ist – wie im Verlauf
dieses Kapitels noch bei der übergreifenden Analyse der vier Anforderungsberei-
che gezeigt wird – die am häufigsten genannte Anforderung an Stellenbewerber in
der Qualitätsentwicklung: In 83,3 % der Anzeigen wird diese Erfahrung nachgefragt. Selten, nämlich nur in 11,9 % der Anzeigen wird eine Funktions- und/oder
Aufgabenerfahrung in Forschung und Lehre genannt.

Unter den wissenschaftsnahen Kompetenzen wird ebenfalls das Anforderungsmerkmal „Expertise im Hochschul-/Wissenschaftsmanagement bzw. -verwal-
tung und -entwicklung" gefasst. Anders als im ersten Kompetenzbereich wurde
bei der Expertise im Bereich des Hochschul- bzw. Wissenschaftsmanagement/-
verwaltung/-entwicklung nicht explizit nach einer formalen Aus- oder Weiterbildung in Hochschul-/Wissenschaftsmanagement gefragt, sondern lediglich nach
Kenntnissen und/oder Erfahrungen in diesem Bereich (siehe Ankerbeispiele des
im Anhang befindlichen Codebuchs), die nicht durch ein Zertifikat oder ähnliches
nachgewiesen werden müssen.

Wissenschaftsnahe Kompetenzen	
Funktions- und/oder Aufgabenerfahrungen im Bereich Qualitätsentwicklung	83,3 %
Funktions- und/oder Aufgabenerfahrungen in Forschung und Lehre	11,9 %
Expertise Hochschul-/Wissenschaftsmanagement/-verwaltung/-entwicklung	26,2 %

Tab. 7.21   Nachfrage nach wissenschaftsnahen Kompetenzen in Stellenanzeigen der Wochenzeitschrift ‚Die Zeit‘, N=84, Quelle: Stellenanzeigen Qualitätsentwicklung in der Wochenzeitschrift ‚Die Zeit‘

Im Vergleich zu den Funktions- und/oder Aufgabenerfahrungen in Forschung und Lehre wird das Anforderungsmerkmal „Expertise im Bereich Hochschul-/ Wissenschaftsmanagement/-verwaltung" (exklusive Qualitätsentwicklung) in mehr als doppelt so vielen, und zwar in 26,2 % der Stellenanzeigen nachgefragt (siehe Tab. 7.21). Weiterhin wurde in den Anzeigen die Häufigkeit der Nennung *bereichsübergreifender Kompetenzen* analysiert. Hierunter werden Kenntnisse verstanden, die sich nicht genuin auf den enggefassten Bereich der Qualitätsentwicklung bzw. den weitergefassten Bereich des Hochschul- und Wissenschaftsmanagement beziehen, sondern eher Kompetenzen im Sinne der ‚transferierbaren Skills' (Muzio et al. 2011) umfassen. Hierunter fällt eine Expertise im Bereich betriebswirtschaftlicher Theorien, Methoden und Instrumente. Diese Expertise wurde in nur 14,3 % der Anzeigen nachgefragt. Unter die bereichsübergreifenden Kompetenzen wurde auch eine Expertise im Bereich empirischer Sozialforschung subsumiert. Im Gegensatz zu der schwachen Nachfrage betriebswirtschaftlicher, ‚managerieller' Expertise zeigte sich eine sehr starke Nachfrage (in 50,8 % der Anzeigen) nach Kenntnissen der empirischen Sozialforschung (siehe Tab. 7.22).

Bereichsübergreifende Kompetenzen	
Expertise betriebswirtschaftlicher Theorien, Methoden, Instrumente	14,3 %
Expertise im Bereich empirischer Sozialforschung	50,8 %

Tab. 7.22   Nachfrage nach bereichsübergreifenden Kompetenzen in Stellenanzeigen der Wochenzeitschrift ‚Die Zeit', N=84, Quelle: Stellenanzeigen Qualitätsentwicklung in der Wochenzeitschrift ‚Die Zeit'.

Der vierte Kompetenzbereich umfasst *soziale und persönliche Kompetenzen.* Wie in der Literatur zu den administrativen Hochschulmanagern wird auch an den ausgeschriebenen Stellenanzeigen deutlich, dass sogenannte ‚Soft Skills' eine wichtige Rolle spielen. Bei der Analyse dieser ‚Soft Skills' wurde in vorliegender Arbeit zwischen sozialen und persönlichen Kompetenzen unterschieden, eine auch in der Arbeits- und Organisationspsychologie gängige Unterscheidung (vgl. z. B. Sonntag 2006: 228). Unter Erstgenannte fallen dabei die obligatorische oder fakultative Nennung von Kooperations- und Teamfähigkeit sowie Kommunikationsfähigkeit/Verhandlungsgeschick. Unter persönliche Kompetenz wurde die persönliche Belastbarkeit, die Fähigkeit zum kreativen Arbeiten und die Entwicklung eigener Ideen/eine selbständige Arbeitsweise gefasst. In über der Hälfte der Anzeigen (53,6 %) wird eine starke Kommunikationsfähigkeit bzw. ein Verhandlungsgeschick nachgefragt, auch die Kooperations- und die Teamfähigkeit wird in 44 % der Anzeigen als Einstellungskriterium bzw. als vorteilhaft für eine Einstellung genannt. Die persönlichen Kompetenzen „selbstständige Arbeitsweise" und „kreatives Arbeiten/Entwicklung eigener Ideen" werden seltener nachgefragt, und zwar in lediglich 20,2 % bzw. 13,1 % der ausgeschriebenen Anzeigen (siehe Tab 7.23).

Soft Skills	
Soziale Kompetenzen	
Kooperations- und Teamfähigkeit	44,0 %
Kommunikationsfähigkeit/Verhandlungsgeschick	53,6 %
Persönliche Kompetenzen	
kreatives Arbeiten/Entwicklung eigener Ideen	13,1 %
selbstständige Arbeitsweise	20,2 %

Tab. 7.23   Nachfrage nach ‚Soft Skills' in Stellenanzeigen der Wochenzeitschrift ‚Die Zeit', N=84, Quelle: Stellenanzeigen Qualitätsentwicklung in der Wochenzeitschrift ‚Die Zeit'.

Bei der übergreifenden Analyse der vier Kompetenzbereiche zeigt sich, dass am häufigsten von allen Anforderungsmerkmalen die Funktions- und/oder Aufgabenerfahrung im Bereich der Qualitätsentwicklung nachgefragt wird: In 83,3 % der Stellenanzeigen für Qualitätsentwickler in der ‚Zeit' wurde die obligatorische oder wünschenswerte Voraussetzung dieser Erfahrungen genannt. Damit zeigt sich auch im Tätigkeitsfeld der Qualitätsentwickler das, was Muzio et al. 2001 für die Rekrutierung der ‚corporate professionals' beschrieb, nämlich dass ein Fokus auf Berufserfahrungen und für die Tätigkeit bereits vorhandene einschlägige Kompetenzen gelegt wird.

Mit einer Angabe in 53,6 % der ausgeschriebenen Stellen stellt die „Kommunikationsfähigkeit/das Verhandlungsgeschick" die am zweithäufigsten nachgefragte Kompetenz dar. Dieses kann sicherlich auf das dargestellte Tätigkeitsprofil zurückgeführt werden, welches sich durch eine intensive Zusammenarbeit und, wie geschildert wurde, auch durch das Vermitteln zwischen verschiedenen Personengruppen innerhalb der Hochschule auszeichnet. Demgemäß ist auch die am vierthäufigsten genannte Nachfrage nach der Kooperations-/ und Teamfähigkeit in 44 % der Stellenanzeigen zu interpretieren, da deutlich wurde, dass die Qualitätsentwickler in ihrer Arbeit auf die Unterstützung seitens der Hochschulleitung und der Wissenschaftler, vertreten durch die Dekane oder die dortigen administrativen Hochschulmanager angewiesen sind, d. h. mit ihnen kooperieren und zusammenarbeiten müssen.

Als einschlägige Kompetenz für die Arbeit als Qualitätsentwickler kristallisiert sich die am dritthäufigsten nachgefragte Expertise im Bereich empirischer Sozialforschung heraus, die in über der Hälfte der ausgeschriebenen Anzeigen (50,8 %) nachgefragt wird. Diese hohe Nachfrage kann – wie später auch durch die Experteninterviews validiert wird – darauf zurückgeführt werden, dass qualitätssichernde Maßnahmen vor allem auf Methoden der empirischen Sozialforschung beruhen. So sind z. B. bei der Entwicklung von Lehrveranstaltungsbeurteilungen Spezifika der Fragebogenkonstruktion zu berücksichtigen, und auch bei der Auswertung sind statistische Kenntnisse unabdingbar.

In gut einem Viertel (26,2 %) der ausgeschriebenen Stellen wird eine Expertise im Hochschul-/ Wissenschaftsmanagement/-Verwaltung/-Entwicklung als obligatorisch bzw. vorteilhaft für eine Einstellung genannt; allerdings findet sich nur in 7,1 % der Anzeigen ein explizit geforderter Nachweis einer zertifizierten Fortbildung. Dieses spiegelt ebenfalls den in den ‚neuen Professionstheorien' genannten Fokus auf vorhandene Kompetenzen im Rahmen der Einstellung neuen Personals dar, der sich deutlich vom dem der ‚traditionellen Professionstheorien', die auf die Bedeutung offizieller Zertifikate und Lizensierungen verweisen, unterscheidet. Dieser Rekrutierungsmodus ist auch auf die Spezifika der ‚Ausbildungssituation' der Qualitätsentwickler zurückzuführen, welche, wie im Verlaufe des Kapitels noch ausgeführt wird, vor allem ‚on-the-job' erfolgte und erfolgt. Bisher war es, vor allem in dem Zeitraum der betrachteten Stellenanzeigen (1998–2008) nicht oder nur eingeschränkt möglich, eine spezifische Weiterbildung im Bereich der Qualitätsentwicklung, bezogen auf den hochschulischen Bereich, zu durchlaufen. Nach eigenen Recherchen und den Aussagen der befragten Experten zufolge gibt es keinen spezifischen Studiengang und auch, mit Ausnahme von bisher 15 im Zeitraum von 2006–2010 angebotenen Fortbildungen im Bereich der Qualitätsentwicklung des Centrums für Hochschulentwicklung, keine, die sich explizit an Qualitätsentwickler an deutschen Hochschulen richten. Zwar existieren an den Universitäten Bonn (seit 2008, im Jahr 2011 allerdings bereits wieder eingestellt) und Saarbrücken (seit 2004) Masterprogramme im Bereich der Evaluation, jedoch fokussieren diese nicht auf die Qualitätsentwicklung an Hochschulen. Ähnliches gilt für die mittlerweile mehreren im deutschsprachigen Raum anzufindenden Studien- und Fortbildungsprogramme im Bereich Hochschul- und Wissenschaftsmanagement (vgl. Nickel/Ziegele 2010: 130; Pausits/Pellert 2009). Zum einen wurden diese zum größten Teil erst innerhalb der letzen Jahre etabliert, und auch hier stellt die Qualitätsentwicklung lediglich einen Teil des Studienprogramms dar. Zudem war die Anzahl an Personen, die eine derartige Weiterbildung absolviert haben, im Zeitraum der betrachteten Stellenanzeigen (noch) relativ gering,[95]

---

[95] Die ersten Kurse (exkl. Inhouse-Kurse) im Bereich Hochschul- und Wissenschaftsmanagement wurden im Jahr 2000 vom Centrum für Hochschulentwicklung angeboten. Der erste Studiengang im Bereich Hochschul- und Wissenschaftsmanagement an der Hochschule Osnabrück wurde im Jahr 2003 etabliert. Vor allem im Bereich der Absolventen von Master-Studiengängen im Bereich Hochschul- und Wissenschaftsmanagement ist von derzeit nicht mehr als 60 Absolventen im Jahr auszugehen (an den Universitäten Speyer, Oldenburg, TU Berlin sowie an den Hochschulen Osnabrück und Bremen). Im Bereich der kürzeren Zertifikatsweiterbildungen ist ein starkes Anwachsen

sodass hierdurch die seltene explizite Nennung eines Weiterbildungszertifikats erklärt werden kann.[96] Die mit lediglich 3,6 % in den Stellenanzeigen zu findende geringe Nachfrage nach einem juristischen Staatsexamen deutet darauf hin, dass das Hochschulmanagement ein spezifisches Tätigkeitsfeld innerhalb des deutschen öffentlichen Sektors und, zumindest in der historischen Betrachtung, auch der traditionellen Hochschulverwaltung darstellt. So zeigen Untersuchungen zu leitenden Mitarbeitern in anderen Bereichen der öffentlichen Verwaltung in Deutschland, dass ca. 60 % über ein abgeschlossenes rechtswissenschaftliches Studium, 15 % über ein wirtschaftswissenschaftliches Studium und nur ca. 25 % über Hochschulabschlüsse in anderen Disziplinen verfügen (Derlien 1990,2003: 420; Oechsler 1982). Zwar existieren für den Ausbildungshintergrund sowie den beruflichen Werdegang der traditionellen deutschen Hochschulverwaltung keine Studien (vgl. Blümel et al. 2010), da sich die Tätigkeit dieser aber vor allem an rechtlichen und administrativen Regeln orientierte (vgl. Lüthje 2001: 264) ist davon auszugehen, dass auch in der traditionellen Hochschulverwaltung ein starker Proporz an Rechtswissenschaftlern anzufinden war. Zudem war für die Position des Hochschulkanzlers bis vor ca. 10 Jahren ein 2. juristisches Staatsexamen als formelle Einstellungsvoraussetzung festgelegt, allerdings ist hier in den letzten Jahren eine Verbreiterung des disziplinären Hintergrundes der Hochschulkanzler zu beobachten (vgl. Blümel et al. 2010). Folglich wird im Verlaufe dieses Kapitels noch die Vermutung überprüft werden, inwiefern dieses auch für den Bereich der Qualitätsentwickler zutrifft.

In 20,2 % der Stellenanzeigen wurde als Anforderung an den potenziellen Stelleninhaber eine selbstständige Arbeitsweise genannt; in 13,1 % das kreative Arbeiten bzw. das Potenzial zur Entwicklung eigener Ideen. Es ist schwierig einzuschätzen, inwiefern dieses auf ‚Ausschreibungsprosa', d. h. eine, die quasi in allen Stellenanzeigen, vor allem für hochqualifizierte Tätigkeiten, zu finden ist, beruht. Allerdings könnte auch interpretiert werden, dass die in den Stellenanzeigen genannte Kompetenz auf die im Tätigkeitsprofil zu findende Anforderung zurückgeht, selbstständig neue Instrumente und Verfahren der Qualitätsentwicklung, entwickeln zu können. Dieses gilt es jedoch mithilfe der Aussagen der Qualitätsentwickler, vor allem in den Interviews, näher zu beleuchten.

---

an Personenschulungstagen vor allem ab dem Jahr 2009 zu beobachten (vgl. Zentrum für Wissenschaftsmanagement 2011). Da sich die Analyse der Stellenanzeigen aber auf die Jahre 1998–2008 bezieht, ist auch hier von einer relativ geringen Anzahl an Weiterbildungsteilnehmern auszugehen.

[96] Zudem ist es aber auch, wie im Laufe des Kapitels noch näher ausgeführt wird, schwierig, das für die Qualitätsentwicklung notwendige implizite bzw. ‚tacit knowledge' (Polanyi 1966) über die Besonderheiten wissenschaftlichen Handelns in einer formalen Ausbildung zu erlernen, da dieses nur im konkreten Forschungshandeln erlangt werden kann (vgl. hierzu auch Krücken 2008: 351ff.).

Dass eine Promotion für eine Einstellung als Qualitätsentwickler Voraussetzung bzw. von Vorteil ist wurde in 19 % (N=16) der Anzeigen genannt, in 1,9 %
(N=10) der Stellenanzeigen wurden eine Funktions- und/oder Aufgabenerfahrungen im Bereich der Lehre und Forschung nachgefragt, ohne dass explizit eine
Promotion genannt wurde. In 13,4 % der Anzeigen konnte eine Nennung beider
Anforderungen beobachtet werden. In Bezugnahme auf die Literatur zu den administrativen Hochschulmanagern ist die mit nur 11,9 % in den Stellenanzeigen
anzufindende Nachfrage nach Funktions- und/oder Aufgabenerfahrungen in Forschung und Lehre auffällig niedrig. Da in den Beschreibungen der administrativen
Hochschulmanager in beinah jedem Beitrag die Hybridfunktion zwischen Forschung und Lehre und Verwaltung bzw. zwischen Wissenschaft und Hochschulleitung dargestellt wurde, wäre zu erwarten gewesen, dass die Nachfrage nach
Funktions-und/oder Aufgabenerfahrungen in Forschung und Lehre höher ausfällt.
Wie im Folgenden anhand der Auswertungen vor allem der Leitfadeninterviews
noch gezeigt wird, scheint für die tägliche Arbeit der Qualitätsentwickler die Funk-
tions- und/oder Aufgabenerfahrungen in Forschung und Lehre auch von hoher
Bewandtnis zu sein, und auch das Innehaben einer Promotion, über die auch knapp
40 % der Befragten verfügen, wird als vorteilhaft geschildert. So kann vermutet
werden, dass die Stellenausschreibenden a) implizit davon ausgehen, dass diese
Erfahrungen vorhanden sind oder b) aufgrund der Kürze des Anzeigentextes andere Kompetenzen, z. B. Erfahrungen im Bereich Qualitätsentwicklung als wichtiger erachtet werden.

Die im Rahmen der Einführung an ‚New Public Management' orientierten
Steuerungsmechanismen (vgl. Kapitel 2) an deutschen Hochschulen führte – anders als hätte angenommen werden können – nicht zu einer starken Bedeutung
von Expertise im betriebswirtschaftlichen Bereich, wie sich an der relativ geringen
Nachfrage nach Kenntnissen betriebswirtschaftlicher Theorien, Methoden und Instrumente in den Stellenanzeigen zeigt.[97] Dieses Ergebnis gibt einen ersten Hinweis darauf, dass es sich bei den Qualitätsentwicklern wahrscheinlich nicht um
‚managerial professionals' im Sinne von Hwang und Powell (2009) bzw. Langer
und Manzeschke (2009) handelt, da deren Wissensbasis zu einem großen Teil auf
gerade ‚manageriellem' Wissen beruht (siehe Abb. 7.20).

---

[97] Allerdings ist hier auch zu erwähnen, dass die NPM-Reformen im deutschen Hochschulsektor nur
partiell übernommen und an die Spezifika der (deutschen) Hochschulen angepasst wurden (vgl.
Bogumil et al. 2010).

Abb. 7.20   Nachfrage nach Wissen und Kompetenzen in Stellenanzeigen der Wochenzeitschrift
,Die Zeit', N=84, Quelle: Stellenanzeigen Qualitätsentwicklung in der Wochenzeitschrift
,Die Zeit'.

Zwischenfazit

Somit können zusammenfassend die folgenden wesentlichen Kompetenzbereiche für eine Tätigkeit in der Qualitätsentwicklung an deutschen Hochschulen – aus Sicht der Stellenausschreibenden – herausgestellt werden: In Korrespondenz zu den Aussagen der ‚neuen Professionstheoretiker' wird ein Fokus auf Kompetenzen und Erfahrungen in dem jeweiligen Bereich gelegt (einschlägig hierfür Muzio et al. 2011). So ist die am häufigsten nachgefragte Kompetenz die der Funktions- und/ oder Aufgabenerfahrungen im Bereich der Qualitätsentwicklung. Am zweit- und vierthäufigsten wird, in Widerspiegelung des durch Vermittlungs- und Mediatorentätigkeiten geprägten Tätigkeitsprofils, die Kommunikationsfähigkeit/das Verhandlungsgeschick bzw. die Kooperations- und Teamfähigkeit genannt. Am dritthäufigsten wurde Expertise im Bereich empirischer Sozialforschung nachgefragt. Fasst man die Nachfrage nach Funktions-/Aufgabenerfahrungen im Bereich der Qualitätsentwicklung, die nach einer Expertise im Bereich Hochschulmanagement sowie nach Funktions- und/oder Aufgabenerfahrungen in Forschung und Lehre zusammen, zeigt sich, dass für die Bewerbung auf eine Position in der Qualitätsentwicklung eine Affinität zum Hochschul- und Wissenschaftsbereich eine überaus wichtige Bedeutung einnimmt; wenngleich auch die wissenschaftsbezogenen Managementtätigkeiten sehr viel stärker nachgefragt werden.

Inwiefern das Kompetenzprofil mit den diesbezüglichen Aussagen der Qualitätsentwickler selbst übereinstimmt, wird im Folgenden thematisiert werden.

b) Kompetenzprofil aus Sicht der Qualitätsentwickler

In der Online-Befragung wurde die Bedeutung verschiedener Kompetenzbereiche erfragt. Zum einen wurde die Bedeutung von *Sozialkompetenzen* wie „Kommunikationskompetenz", „Beratungskompetenz", „Teamfähigkeit" und „Verhandlungskompetenz" erfragt. Unter bereichsübergreifender Expertise wurden „juristische Kenntnisse", „betriebswirtschaftliche Kenntnisse", „Projektmanagementkenntnisse", „Verwaltungskenntnisse" sowie „Kenntnisse der empirischen Sozialforschung" gefasst. Weiterhin wurde um eine Einschätzung der Bedeutung von *Kenntnissen des Wissenschaftssystems* gebeten sowie um die von „Kenntnissen der eigenen wissenschaftlichen Disziplin" (*Disziplinbezogenes Fachwissen*).

Zur genaueren Bestimmung des Kompetenzprofils wurde eine Faktorenanalyse durchgeführt (nähere Erläuterungen zur Methodik der Faktorenanalyse siehe vgl. Kapitel 7.3.2). Aufgenommen in die Faktorenanalyse wurden sämtliche im Fragebogen genannten Kompetenzen/Kenntnisse, nach deren Bedeutung für die

Arbeit in der jeweiligen Position gefragt wurde. Exkludiert wurde die Variable „Führungskompetenz", da sich in dem Sample zu viele Personen befinden, die entweder Mitarbeiter in einer Organisation der Qualitätsentwicklung sind oder als einziger Mitarbeiter für die Qualitätsentwicklung zuständig sind.

Durch die Faktorenanalyse lassen sich drei Faktoren extrahieren, die die verschiedenen Kompetenzbereiche der Qualitätsentwickler widerspiegeln. Die folgende Tabelle zeigt dabei die Zuordnung der in die Faktorenanalyse eingeflossenen Variablen zu den gewonnenen Faktoren (siehe Tab. 7.24).

	Faktor 1 Sozialkompetenzen	Faktor 2 Bereichsübergreifende Expertise und Kenntnisse des Wissenschaftssystems	Faktor 3 Kenntnisse der eigenen wissenschaftlichen Disziplin und betriebswirtschaftliche Kenntnisse
Kenntnisse der eigenen wissenschaftlichen Disziplin (disziplinbezogenes Fachwissen)	-,040	,035	,796
Juristische Kenntnisse	-,225	,546	-,015
Betriebswirtschaftliche Kenntnisse	,050	,106	,783
Projektmanagementkenntnisse	,306	,643	,094
Verwaltungskenntnisse	-,059	,788	-,058
Kenntnisse des Wissenschaftssystems	,211	,686	,158
Kenntnisse der empirischen Sozialforschung	,350	,594	,179
Teamfähigkeit	,681	,057	,121
Verhandlungskompetenz	,706	,349	-,113
Beratungskompetenz	,775	-,044	-,014
Kommunikationskompetenz	,829	,047	-,008

Extraktionsmethode: Hauptkomponentenanalyse. Rotationsmethode: Varimax mit Kaiser-Normalisierung. Fehlende Werte durch Mittelwerte ersetzt. Faktor 1: 28,8 % erklärte Varianz; Faktor 2: 16,3 % erklärte Varianz. Faktor 3: 11,4 % erklärte Varianz; Faktor 4: 5,8 % erklärte Varianz. Maß der Stichprobeneignung nach Kaiser-Meyer-Olkin:0,66; Signifikanz nach Bartlett: 0,00

Tab. 7.24   Faktorenanalyse Wissens- und Kompetenzprofil, N=69,
Quelle: Online-Befragung Qualitätsentwickler 2009

Es lassen sich drei Faktoren extrahieren. Die Variablen „Teamfähigkeit", „Verhandlungskompetenz", „Beratungskompetenz" sowie „Kommunikationskompetenz" laden positiv auf den ersten Faktor. Dieser entspricht dem der bereits in der Gestaltung des Fragebogens zugrunde gelegten Annahme, dass sich diese einzelnen Variablen zu der Hintergrundvariable „Sozialkompetenz" zusammenfassen lassen.

Den einzelnen Variablen dieses Faktors wird, korrespondierend zu den Befunden der Analyse der Stellenanzeigen, eine sehr wichtige Bedeutung für die Arbeit als Qualitätsentwickler zugesprochen. Als wichtigste Kompetenz für die Arbeit in ihrer Position innerhalb der „Sozialkompetenzen" nennen die Qualitätsentwickler eine starke kommunikative Kompetenz: 79,4 % schreiben dieser Kompetenz eine ‚sehr wichtige' Bedeutung zu, 17,6 % bewerten diese Kompetenz mit einer 4, was mit einer ‚wichtigen Bedeutung' übersetzt werden kann. Auch die „Verhandlungs-kompetenz", in dem Codierbuch der Stellenanzeigen mit der „Kommunikationsfä-higkeit" als ein Item zusammenfasst, wird von 95,7 % der Qualitätsentwickler als ‚sehr wichtig' oder ‚wichtig' eingeschätzt. Die zweithöchste Bedeutung (gemessen am Mittelwert) erlangt die „Beratungskompetenz", die von 94,2 % der Qualitäts-entwickler als ‚sehr wichtig' oder ‚wichtig' eingeschätzt wird. Eine ebenfalls wich-tige Kompetenz stellt die „Teamfähigkeit" dar, die in Betrachtung des gesamten Kompetenzprofils die viertwichtigste Kompetenz darstellt. Die starke Betonung von sozialen Kompetenzen ist sicherlich auf das Tätigkeitsprofil der Qualitätsent-wickler zurückzuführen, welches sich durch eine intensive Zusammenarbeit mit verschiedenen Personengruppen innerhalb der Hochschule auszeichnet sowie die Beratungs- und Vermittlungsfunktion der Qualitätsentwickler.

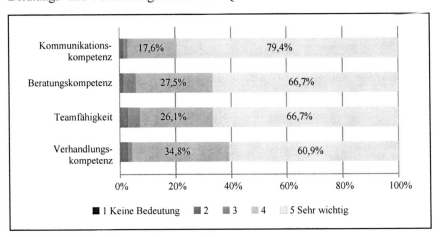

Abb. 7.21   Faktorenanalyse Kompetenzprofil, Faktor 1 „Qualitätsentwicklung", N=69,
             Quelle: Online-Befragung Qualitätsentwickler 2009

Die Bedeutung von sozialen ‚Soft Skills' wurde auch in sämtlichen Interviews deutlich, wie exemplarisch an folgendem Zitat gezeigt werden kann:

„Was halt wichtig ist, man muss kommunikativ sein, man muss vor allen Dingen eine bestimmte, ich nenne es mal Sozialkompetenz haben. Weil man sich ja doch mit sehr vielen unterschiedlichen Stellen ja auch austauschen muss [...]. Es ist etwas anderes, ob ich mit einem Studiengangskoordinator spreche oder bei der Hochschulleitung irgendwas, ich sage mal in Anführungsstrichen, ‚durchdrücken' will" (I7).

„Also ich würde sagen, die Hauptkompetenz ist eine Kommunikationskompetenz. Man muss gut und gerne mit vielen verschiedenen Leuten reden können" (I8).

Somit korrespondieren die Stellenanforderungen der Arbeitgeber, die in den Stellenanzeigen dargelegt werden, mit den Kompetenzeinschätzungen der Qualitätsentwickler, da in beiden Fällen den sozialen Kompetenzen eine hohe Bedeutung zugesprochen wird. Zudem entspricht dieses auch der Beschreibung Noordegrafs (2007), der in den „interactive skills" (ebd.: 775) eine wichtige Kompetenz der hybriden Professionellen sieht, um, wie auch die Qualitätsentwickler, Verbindungen zwischen „organizational rationales and other professionals" (ebd.: 774) herzustellen.[98]

In der Hälfte der Interviews wurde als weitere wichtige Kompetenzen die persönliche Kompetenz „selbstständige Arbeitsweise" genannt, was darauf schließen lässt, dass es sich bei der diesbezüglichen Nachfrage in den Stellenanzeigen nicht um ‚Ausschreibungsprosa' handelt. Vielmehr lässt sich aus den Interviews schlussfolgern, dass, wie unter der Professionalisierungsdimension ‚Handlungslogik' geschildert, aufgrund der ergebnisoffenen Anforderungsstruktur der Qualitätsentwicklung an deutschen Hochschulen, die Qualitätsentwickler in der Lage sein müssen, selbstständig und eigenverantwortlich neue Ideen zu entwickeln.[99]

Anders als angenommen lädt außer den bereichsübergreifenden Kompetenzen zugeordneten Variablen „Projektmanagementkenntnisse", „Verwaltungskenntnisse", „Kenntnisse der empirischen Sozialforschung" und „juristischen Kenntnissen" auch die Variable „Kenntnisse des Wissenschaftssystems" positiv auf den zweiten Faktor. Auch wird aufgrund der in der Tabelle gezeigten Faktorladungen die Variable „betriebswirtschaftliche Kenntnisse" gemeinsam mit der Variable „Kenntnisse der eigenen wissenschaftlichen Disziplin" dem dritten Faktor zugeordnet, was im Verlaufe dieses Kapitels noch interpretiert wird.

Zunächst ist festzustellen, dass den Kompetenzen, die positiv auf den im Folgenden als ‚bereichsübergreifende Expertise' sowie ‚Kenntnisse des Wissenschaftssystems' bezeichneten Faktor positiv laden, eine unterschiedliche Bedeutung zugesprochen wird.

---

[98] Jedoch nicht, anders als bei Noordegraf (2007) angenommen und im vorherigen Kapitel gezeigt, mit „outer worlds" (ebd.: 775), d. h. mit externen Partnern.

[99] Allerdings ist auch hier erneut darauf hinzuweisen, dass dieses für die allgemeine Gruppe der ‚Wissensarbeiter' (Stehr 1994; Willke 1998) gilt.

Es zeigt sich, dass Projektmanagementkenntnisse in dem bereichsübergreifenden Kompetenzbereich die stärkste Bedeutung einnehmen: 40,6 % der Qualitätsentwickler bewerten diese Kompetenz als ‚sehr wichtig‘, 40,6 % als ‚wichtig‘. Diese Kenntnis wird auch von 7 der 13 interviewten Qualitätsentwickler explizit genannt. Die Interviewpartner begründen dieses, wie auch folgendes Zitat verdeutlicht, dass es sich bei ihrer Arbeit um eine Kumulation mehrerer einzelner Projekte handelt (z. B. Projekt ‚Lehrveranstaltungsbeurteilungen‘, Projekt ‚Evaluation eines bestimmten Fachbereiches‘, Projekt ‚Entwicklung eines neuen Instrumentes zur Kompetenzerfassung‘), sodass es notwendig ist, diese verschiedenen, auch mit unterschiedlichen Zeithorizonten versehenen Projekte, organisieren zu können.

> „Das [Projektmanagement; Anmerkung der Autorin] ist eine übergeordnete Kompetenz. Die ist sehr wichtig. Also für mich sind das verschiedene Projekte, die ich mache, und da ist einfach sowohl die zeitliche, inhaltliche Organisation, Planung, Durchführung zu berücksichtigen, also es hat sehr viel mit Organisation zu tun, das quasi alles im Überblick zu behalten" (I1).

Eine relativ hohe durchschnittliche Bedeutung mit einem Durchschnittswert von 3,7 (1=keine Bedeutung; 5=sehr wichtig) erhalten die *Verwaltungskenntnisse*. 25 % schätzen diese Kompetenz als ‚sehr wichtig‘ ein, 36,8 % als ‚wichtig‘. Dieses kongruiert mit dem Selbstverständnis der Befragten, die, wie in Kapitel 7.3.2 dargestellt, ihre Arbeit auf einer Skala mit den Polen ‚Verwaltung‘ und ‚Wissenschaft‘ eher der Verwaltung als der Wissenschaft zuordnen. Den juristischen Kenntnissen hingegen wird eine untergeordnete Bedeutung im Kompetenzprofil zugesprochen. So sagen 11,9 % der Befragten aus, dass juristische Kenntnisse für ihre Arbeit keine Rolle spielen, 34,3 % räumen diesem eine eher untergeordnete Bedeutung ein, und 35,8 % eine mittlere Bedeutung. Dieses korrespondiert zu der seltenen Nachfrage nach einem juristischen Staatsexamen in den Stellenanzeigen. Allerdings wurde in den Interviews deutlich, dass die Unterscheidung zwischen Verwaltungskenntnissen und juristischen Kenntnissen nicht immer trennscharf ist. Unter ‚Verwaltungskenntnissen‘ verstehen die Qualitätsentwickler vielfältige Kenntnisse. Diese umfassen auch im engeren Sinne juristische Kenntnisse über Normen und Gesetze und untergesetzliche Rechtsnormen[100] (z. B. bei der Kapazitätsplanung oder der Akkreditierung), stärker betont wurde aber das eher implizite Wissen um die Ablauforganisation einer Hochschulverwaltung welche sich, wie auch andere öffentliche Verwaltungen, durch Arbeitsteilung, Regelbindung und Hierarchisierung kennzeichnet (vgl. Bogumil/ Jann 2009: 140f.). So berichteten vor allem die selbst in Verwaltungseinheiten beschäftigten Qualitätsentwickler, dass sie in ihrer täglichen Arbeit berücksichti-

---

[100] Unter gesetzlichen Rechtsnormen werden Rechtsverordnungen, Satzungen und Verwaltungsvorschriften verstanden (vgl. Hill 2008: 959ff.).

gen müssen „*wie die Verwaltung tickt*" (I8), aber auch von diejenigen, die nicht direkt in der Verwaltung angesiedelt sind, wurde die Notwendigkeit betont, ein „*Grundverständnis für Verwaltungsprozesse*" (I2) zu haben. Es scheint, dass die Qualitätsentwickler in ihrer Arbeit – verwaltungswissenschaftlich ausgedrückt – eher um die nichtkodifizierten Handlungsformen der Verwaltung wissen müssen und weniger um die verfahrensgesetzlichen Handlungsformen. Letztere umfasst in der legalistischen Verwaltung die rechtliche Formalisierung des Verwaltungshandelns und die rechtliche Regelung der Verwaltungsverfahren (beispielhaft sei hier der Verwaltungsakt als Rechtsform des Verwaltungshandelns zu nennen). Die nichtkodifizierte Handlungsformen beinhalten hingegen das „schlichte Verwaltungshandeln" (vgl. Hermes 2008: 1405ff.) (die über verwaltungsrechtliche Rechtsformen hinausreichende Vielfalt administrativer Handlungen) bzw. das informelle Verwaltungshandeln (welches keine Rechtswirkungen zeigt, aber häufig faktische (Vorab)-Bindungen erzeugt) (vgl. Fehling 2008: 1341ff.).

Ein Bereich, der in der Online-Befragung nicht erhoben wurde, aber nach Meinung von 5 der 13 interviewten Qualitätsentwickler auch von hoher Bedeutung im Kompetenzprofil eines Qualitätsentwicklers ist, ist der der guten schriftlichen Ausdrucksweise. Dieses ist darauf zurückzuführen, dass „*ständig Texte produziert*" (I3) würden, da die offiziellen Beschlüsse und Empfehlungen der Qualitätsentwicklungen in Textform verfasst sind; gleiches gilt für Akkreditierungsanträge und Evaluationsberichte.

Im Vergleich zu den Stellenanzeigen, in denen Expertise im Bereich der empirischen Sozialforschung die am zweithäufigsten nachgefragte Kompetenz darstellt, zeigt sich in der Kompetenzeinschätzung der Qualitätsentwickler ein anderes Bild: Die Qualitätsentwickler selbst schätzen die verschiedenen sozialen Kompetenzen, Kenntnisse des Wissenschaftssystems, Projektmanagement und Verwaltungskenntnisse als wichtiger für ihre Tätigkeit ein als Kenntnisse von Methoden und Instrumenten der empirischen Sozialforschung. Jedoch muss einschränkend angemerkt werden, dass diese Kompetenz bei alleiniger Betrachtung auch für die Mehrheit der befragten Qualitätsentwickler eine wichtige Bedeutung einnimmt: Von 25 % der Befragten wird diese für ihre Tätigkeit als ‚sehr wichtig' eingeschätzt, von 33,8 % als ‚wichtig', und 23,5 % bewerten diese Kompetenz mit einer ‚3', was mit einer mittelstarken Bedeutung übersetzt werden kann. In den Interviews hingegen wird von jedem der 13 interviewten Qualitätsentwickler auf die Frage, welche Kompetenzen für die Ausübung der Tätigkeit im Vordergrund steht, betont, dass Kenntnisse der empirischen Sozialforschung unabdinglich seien:

„Man muss natürlich Wissen haben über die Entwicklung von Erhebungsinstrumenten, Auswertungsverfahren und dem Umgang mit Daten, also Statistik. Das muss man haben" (I1).

„Ganz wichtig sind auch Fähigkeiten im Bereich empirischer Sozialforschung. Einfach Umfragen zu kreieren" (I4).

„Da sagt Ihnen wahrscheinlich jeder dasselbe [Anmerkung der Autorin: Antwort auf die Frage, welche Kompetenzen für die Ausübung der Tätigkeit im Vordergrund stehen]. Also, ein absolutes Muss sind gute empirische Kenntnisse, zumal quantitative empirische Kenntnisse" (I3).

Von allen Interviewpartnern, wurde berichtet, dass die reine, kontextunabhängige Beherrschung von Methoden und Instrumenten der empirischen Sozialforschung für eine Tätigkeit als hochschulischer Qualitätsentwickler nicht ausreichend sei. Somit ist nach Aussagen der Interviewpartner, neben der Expertise im breiter gefassten Bereich der empirischen Sozialforschung, vor allem Wissen über die Instrumente, Methoden und Konzepte der Qualitätsentwicklung an Hochschulen notwendig. Diese als grundlegend für eine Tätigkeit in der Qualitätsentwicklung genannte Expertise ergibt sich nicht zuletzt aus dem von den Qualitätsentwicklern als am wichtigsten bezeichneten Aufgabenkomplex, nämlich dem, der sich direkt auf die Entwicklung, Planung und Umsetzung qualitätssichernder Maßnahmen bezieht (siehe Ausführungen Kapitel 7.3.2). Die Expertise in diesem Bereich wird auch als Einstellungsvoraussetzung für neue Mitarbeiter in der Qualitätsentwicklung von den interviewten Leitern gefordert; auch hier wird auf bereits gemachte Berufserfahrung in der Qualitätsentwicklung geachtet:

„Wir werden zwei neue Leute einstellen hier, und da gucke ich schon, hat man schon mal eine Befragung konzipiert, hat man schon mal ‚ne institutionelle Evaluation aufgesetzt, hat man schon mal ein Peer-Review organisatorisch begleitet, hat man schon mal ein Gutachten geschrieben" (I13).

Besonders hervorgehoben wurde in den Interviews, dass es sich bei den Instrumenten und Methoden der Qualitätsentwicklung an Hochschulen um solche handelt, die spezifisch auf den besonderen Kontext der Hochschule abgestellt sein müssen und hierfür Kenntnisse des Wissenschaftssystems notwendig seien (siehe Abb. 7.22).

Kongruent zu diesem Befund wird die breitgefasste Kompetenz „Kenntnisse des Wissenschaftssystems" von den befragten Qualitätsentwicklern nach den zusammengefassten Sozialkompetenzen als zweitwichtigste Kompetenz genannt. 47,1 % bewerten diese Kenntnisse als ‚sehr wichtig', 34,3 1% als ‚wichtig' und 15,7 % bewerten diese mit einer ‚3', also einer mittelstarken Bedeutung. Kein befragter Qualitätsentwickler sagt aus, dass Kenntnisse des Wissenschaftssystems keine Bedeutung im Kompetenzprofil haben. Diese hohe Bedeutung einer „Wissenschaftsaffinität" (I3) zeigt sich auch in allen Interviews, auch wenn hierbei zwischen zwei verschiedenen Arten bzw. Bedeutungen von Wissenschaftsaffinität unterschieden werden muss. Die eine Art der Wissenschaftsaffinität resultiert

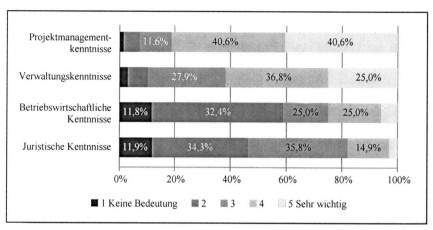

Abb. 7.22   Faktorenanalyse Kompetenzprofil, Faktor 2, Teilfaktor „Bereichsübergreifende Expertise", N=69, Quelle: Online-Befragung Qualitätsentwickler 2009

aus einer eigenen Karriere als Wissenschaftler, welche für die Arbeit als Qualitätsentwickler von neun der 13 Qualitätsentwickler, die auch selbst als Wissenschaftler gearbeitet haben (Ausführungen siehe im folgenden Unterkapitel), als
‚sehr wichtig' eingeschätzt wird. Dieses ist darauf zurückzuführen, da nur so zum
einen ein „Grundverständnis für die Besonderheiten wissenschaftlicher Arbeit"
vorhanden sei bzw. „ein Gespür dafür, was aus der Perspektive eines Forschers
wichtig ist" (I5).[101] Dieses kann durch folgendes Zitat von I3 verdeutlicht werden:

> „Die Mehrzahl der Mitarbeiter und Mitarbeiterinnen hier hat Lehr- und Forschungs-
> erfahrung, das sind alles Dinge, die einfach dazu beitragen, auch in den Verfahren [An-
> merkung der Autorin: der institutionellen Evaluation von Fachbereichen] einfach den
> nötigen Respekt zu entwickeln und nicht einfach zu sagen, warum haben Sie denn jetzt
> nicht mal ‚ne halbe Million Drittmittel eingeworben, und um einfach ein Gefühl dafür zu
> haben, was eigentlich möglich, was denkbar ist. Und eine etwas differenziertere Sicht-
> weise zu bekommen. Und mal selbst die Erfahrung gemacht zu haben, dass man einen
> Drittmittel-Antrag gestellt hat und Artikel eingereicht hat und dass abgelehnt wurde. Ich
> finde, das sind so heilsame Dinge, die man einfach haben sollte, bevor man nach einem
> Studienabschluss einfach sagt, ich werte jetzt mal über Forschung, weil ich drei Artikel
> über Indikatoren gelesen habe" (I3).

Diese „wissenschaftliche Affinität" (I3) ist nicht zuletzt aufgrund der vermittelnden Funktion der Qualitätsentwickler zwischen der Hochschulleitung und den
Wissenschaftlern (allerdings mediiert durch die Fakultäten und deren administra-

---

[101]   Dieses ist auch für die Akzeptanz seitens der Wissenschaftler sehr wichtig, dieses wird näher unter
Professionalisierungsdimension ‚Zuständigkeitsanspruch /Legitimation' (Kapitel 7.3.5) erläutert.

tiven und akademischen Hochschulmanager, vgl. Kapitel 7.3.2) vorteilhaft für eine
Tätigkeit als Qualitätsentwickler.

Die drei Qualitätsentwickler, die nicht direkt in Forschung und Lehre tätig
waren, sondern berufliche Erfahrungen im Hochschul-/ bzw. Wissenschaftsmanagement vorweisen können, als auch die forschungs- und lehrerfahrenen Qualitätsentwickler, fassen unter „Kenntnisse des Wissenschaftssystem" zudem auch
Wissen über die Grundzüge des deutschen Wissenschaftssystems und von Hochschulorganisationen. Vor allem wird hierunter aber die aufgrund der entweder als
Wissenschaftler oder als Wissenschaftsmanager in der *„besonderen Organisation
Universität"* (19) gemachten Erfahrungen verstanden, die einen Umgang mit den
im vorherigen Kapitel geschilderten Grenzen des Managements an Hochschulen
bzw. die Spezifika der Hochschulorganisation mit sich bringen. Besonders die
Qualitätsentwickler, die in Forschung und Lehre gearbeitet haben, sagen aus, dass
im System sozialisierte Mitarbeiter besser hiermit umgehen könnten.

> „Also es ist extrem wichtig, dass man irgendwie schon einen Einblick in das ganze
> System hatte. Die Uni ist ein sehr spezielles System, wie sie einfach funktioniert. Und
> wie Entscheidungsprozesse ablaufen. Und das ist sehr von Vorteil, und es ist essenziell,
> dass man sich in diesem System in gewisser Weise auskennt und auch vielleicht schon
> eigene Erfahrungen als Mitarbeiter so gesammelt hat. Ich denke, jemand, der jetzt von
> völlig extern käme, zum Beispiel aus dem Qualitätsmanagement eines Unternehmens, der
> hätte hier riesige Probleme" (14).

Aus dem Geschriebenen wird deutlich, dass es sich bei dem Wissen, welches im
Verlauf der vorherigen beruflichen Tätigkeit erworben wurde, nicht um standar-
disiertes, kanonisierbares Wissen handelt, welches in einer formalen Ausbildung
erlangt werden kann. Vielmehr wird deutlich, dass vor allem durch die bisherige Tätigkeit im Wissenschaftssektor implizites Wissen über die Besonderheiten
wissenschaftlichen Arbeitens und der Hochschulorganisation von Bedeutung ist.
Somit entspricht dieser Ausschnitt des Kompetenzprofils den Beschreibungen der
administrativen Hochschulmanager in der diesbezüglichen Literatur, in der ebenfalls eine ,Vertrautheit mit den Kernfunktionen der Hochschule' (Klumpp/Teichler
2008: 170) als notwendig betrachtet wird (siehe Abb. 7.23).

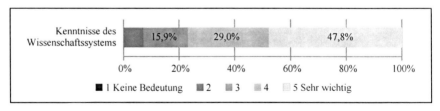

Abb. 7.23   Faktorenanalyse Kompetenzprofil, Faktor 3, Teilfaktor „Kenntnisse des Wissenschaftssystems", N=69, Quelle: Online-Befragung Qualitätsentwickler 2009

Von 5 der 13 Interviewpartner, und zwar von denen, die bereits länger an der jeweiligen Hochschule beschäftigt sind (Interviewpartner 3, 5, 9, 10, 13) wurde zudem noch die Bedeutung organisationsinternen Wissens hervorgehoben. Wie folgendes Zitat verdeutlicht, beschrieben sie, dass in ihrer täglichen Arbeit das Wissen über organisationsspezifische, oft pfadabhängige Entscheidungsprozesse – und Akteure von Vorteil ist:

> „Wichtig ist auch ein unglaublich gutes Wissen um die Organisation, deswegen denke ich, ist es halt immer schwierig, wenn bei Projekten im Bereich QM zeitlich befristete Leute arbeiten, die von außen an die Hochschule kommen. Es ist nämlich unglaublich wichtig die Organisation von ihrem Aufbau her sehr, sehr gut zu kennen, und wissen, was hat's vielleicht in der Vergangenheit schon gegeben und was sollte man eben auf keinen Fall machen, und das ist nun mal leider was, was eben nicht in fünf Ordnern steht, die jemand, der neu kommt, kann sich jetzt nicht die fünf Ordner durchlesen und weiß anschließend die Do's und Don'ts, die er an der Uni X (7) machen sollte" (19).

Somit zeigen sich hier Parallelen zu der starken Orientierung der Qualitätsentwickler an der eigenen Organisation und verdeutlichen die in den ‚neuen Professionstheorien' thematisierte zunehmend stärkere Eingebundenheit der Professionellen in organisationale Kontexte, welche durch ein organisationsspezifisches Kompetenzprofil noch verstärkt wird.

Auf den ersten Blick verwunderlich erscheint die durch die Faktorenanalyse festgestellte hohe Korrelation zwischen der Variable „betriebswirtschaftliche Kenntnisse" und der Variable „Kenntnisse der eigenen wissenschaftlichen Disziplin". In alleiniger Betrachtung der beiden Variablen zeigt sich zunächst – in Kongruenz zu der Analyse der Stellenanzeigen –, dass für die Mehrzahl der Befragten, nämlich 48,9 %, betriebswirtschaftliche Kenntnisse ‚keine bzw. nur eine untergeordnete Bedeutung' spielen, für 16,2 % eine ‚mittelstarke Bedeutung'. Jedoch sagen auch 24,0 % der Befragten aus, dass diese Expertise für ihre tägliche Arbeit eine ‚sehr wichtige' bzw. ‚wichtige Bedeutung' hat. Ein ähnliches Antwortverhalten zeigt sich bei Betrachtung der Bedeutung des disziplinspezifischen Fachwissens für die Arbeit als Qualitätsentwickler. Für 41,5 % der Befragten hat diese ‚keine oder nur eine untergeordnete Bedeutung', für 38,5 % eine ‚mittelstarke Bedeutung'. Allerdings betrachten auch 20 % ihr disziplinbezogenes Fachwissen als ‚wichtig' oder ‚sehr wichtig' für die Arbeit in ihrer jeweiligen Position. Es zeigt sich, und dadurch kann auch die in der Faktorenanalyse festgestellte Korrelation erklärt werden, das 13 der 17 Personen, die den betriebswirtschaftlichen Kenntnissen eine ‚hohe' oder ‚sehr hohe Bedeutung' zusprechen (=25 % der Befragten), auch den Kenntnissen der eigenen wissenschaftlichen Disziplin eine ‚hohe' oder ‚sehr hohe Bedeutung' einräumen (siehe Abb. 7.24).

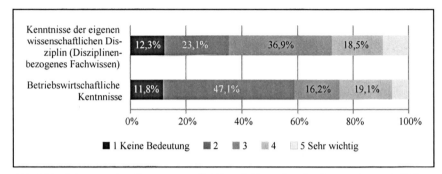

Abb. 7.24   Faktorenanalyse Kompetenzprofil, Faktor 4 „Kenntnisse der eigenen wissenschaftlichen
Disziplin und betriebswirtschaftliche Kenntnisse" , N=69, Quelle: Online-Befragung
Qualitätsentwickler 2009

Diejenigen Qualitätsentwickler, die beiden obengenannten Kenntnissen eine
‚wichtige' oder ‚sehr wichtige Bedeutung' zuschreiben, zeichnen sich auch dadurch aus, dass sie sich eher Richtung Wissenschaft als in Richtung Verwaltung
verorten.[102] So schätzen diese ihre Verortung auf den beiden Polen Verwaltung und
Wissenschaft durchschnittlich mit einer 3,3 ein, also mit einer (wenn auch schwachen) Tendenz Richtung Wissenschaft, während sich die Qualitätsentwickler, die
den betriebswirtschaftlichen und disziplinspezifischen Kenntnissen eine ‚geringe
Bedeutung' zusprechen, sich deutlich Richtung Verwaltung verorten (Ø 2,3; σ 0,9)
(siehe Tab. 7.25).[103]
        Diese Kombination aus einer hohen Bedeutung von betriebswirtschaftlichen
Kenntnissen und disziplinspezifischen Fachwissen zeichnet den ‚managerial professional' im Sinne Hwang und Powells (2009) sowie Langer und Manzeschkes
(2009) aus. Anhand eben gezeigter Befunde kann festgestellt werden, dass dieses

---

[102]   Für diese Analyse wurde zunächst ein Index aus den Variablen „Kenntnisse der eigenen wissenschaft-
        lichen Disziplin" sowie „betriebswirtschaftliche Kenntnisse" gebildet. Die Qualitätsentwickler, die in
        beiden Variablen Werte von 4 oder 5, also zusammengefasst von 8 bis 10 aufweisen (d. h. sie schätzen
        die Kenntnisse als ‚wichtig' oder ‚sehr wichtig' ein) wurden anschließend mithilfe einer durchgeführten
        Zuordnung zu einer Dummy-Variable (0=Werte in beiden Variablen <=7; 1= Werte >=8) identifiziert.
[103]   Es wurde auch ein Mittelwertvergleich zwischen den beiden genannten Gruppen und der Variable
        „berufliches Selbstverständnis als Wissenschaftler, der/die neben der wissenschaftlichen Tätigkeit
        Managementaufgaben wahrnimmt" (Skala von 1 (Trifft gar nicht zu) bis 5 (Trifft voll und ganz
        zu)) durchgeführt. Hier zeigte sich, dass die Qualitätsentwickler, die betriebswirtschaftliche und
        disziplinspezifische Kenntnisse als wichtig betrachten, sich eher als Wissenschaftler verstehen,
        der Managementaufgaben wahrnimmt (Qualitätsentwickler mit Werten in beiden obengenannten
        Variablen <=7 Ø 1,92; σ 1,0; Qualitätsentwickler mit Werten in beiden obengenannten Variablen
        >=8 Ø 2,3; σ 0,9)). Jedoch war dieser Zusammenhang nicht signifikant und zeichnete sich dement-
        sprechend auch durch ein niedriges Eta (0,2) und ein niedriges Eta-Quadrat (0,12) aus, weswegen
        dieser Zusammenhang auch nicht näher interpretiert wird.

	Verortung zwischen Verwaltung und Wissenschaft (1=Verwaltung; 5= Wissenschaft)
Qualitätsentwickler mit Werten in beiden o. g. Variablen <=7	Ø 2,3; σ 0,9
Qualitätsentwickler mit Werten in beiden o. g. Variablen >=8	Ø 3,29; σ 0,6
Eta/Eta Quadrat	Eta. 0,4; 0,17; Signifikanz 0,01***

Tab. 7.25 Mittelwertvergleich Verortung Verwaltung und Wissenschaft, differenziert nach Qualitätsentwicklern mit hohen und niedrigen Zustimmungswerten bei den betriebswirtschaftlichen und disziplinspezifischen Kenntnissen, N=69, Quelle: Online-Befragung Qualitätsentwickler 2009

lediglich für einen kleinen Anteil der befragten Qualitätsentwickler, nämlich für 7 Personen, also 10,1 % der Befragten zutrifft. Diese Personen verorten sich auch eher Richtung Wissenschaft. Somit entspricht dieser Typus des Qualitätsentwicklers eher dem des in Kapitel 4 dargestellten akademischen Wissenschaftsmanagers, der neben seiner wissenschaftlichen Tätigkeit auch Managementtätigkeiten wahrnimmt. Allerdings ist einschränkend zu erwähnen, dass es sich um Tendenzaussagen handelt und hierbei wahrscheinlich eher um das wahrgenommene berufliche Selbstverständnis als um eine tatsächliche Tätigkeitsbeschreibung, da auch diese 7 Personen nur durchschnittlich 13,4 % ihrer Arbeitszeit mit wissenschaftlicher Arbeit verbringen (Gesamtdurchschnitt 9 %).

In keinem der geführten Interviews wurden betriebswirtschaftliche Kenntnisse als eine wichtige Kompetenz für die Tätigkeit als Qualitätsentwickler bewertet. Dieser Befund, in Kombination mit der in der Online-Umfrage von den meisten Qualitätsentwicklern konstatierten relativen geringen Bedeutung von betriebswirtschaftlichen Kenntnissen ist umso bemerkenswerter, als dass gerade die Einführung der Qualitätsentwicklung an deutschen Hochschulen als ein Kernelement der NPM-Reformen gilt und als aus dem Bereich der Privatwirtschaft übertragenes Instrument (vgl. Kapitel 2), dieses sich augenscheinlich aber nicht im Kompetenzprofil des Großteils der Qualitätsentwickler niederschlägt. Folglich entsprechen die meisten der Qualitätsentwickler nicht den ‚managerial professionals' im Sinne von Hwang und Powell (2009) sowie Langer und Manzeschke (2009), da ökonomisches und managerielles Wissen, Können und Haltung keine wichtige Rolle im Kompetenzprofil, noch in der Handlungsorientierung spielen.

Zwischenfazit

Das Kompetenzprofil, welches die Qualitätsentwickler als Grundlage ihrer Arbeit betrachten, setzt sich aus Sozialkompetenzen (Kommunikations-/Beratungs-/Verhandlungskompetenz, Teamfähigkeit), persönlichen Kompetenzen (selbstständige Arbeitsweise), Kenntnissen des Wissenschaftssystems (in Forschung und Lehre und/oder im Wissenschaftsmanagement) sowie bereichsübergreifenden Kenntnissen (Projektmanagementkenntnissen, Verwaltungskenntnisse sowie Kenntnisse der empirischen Sozialforschung, gute sprachliche Ausdrucksweise) zusammen. Als Grundvoraussetzung für eine Tätigkeit in der Qualitätsentwicklung wurde zudem in allen Interviews eine Expertise im Bereich der Instrumente, Methoden und Konzepte der Qualitätsentwicklung an Hochschulen genannt, von fünf Befragten weiterhin organisationsspezifische Kenntnisse (siehe Tab. 7.26 und Abb. 7.25).

	Mittelwert	SD
Kommunikationskompetenz	4,8	0,6
Beratungskompetenz	4,6	0,6
Teamfähigkeit	4,6	0,7
Verhandlungskompetenz	4,5	0,7
Kenntnisse des Wissenschaftssystems	4,3	0,8
Projektmanagementkenntnisse	4,1	0,9
Verwaltungskenntnisse	3,7	1,0
Kenntnisse der empirischen Sozialforschung	3,6	1,2
Betriebswirtschaftliche Kenntnisse	2,8	1,1
Juristische Kenntnisse	2,6	1,0

Tab. 7.26 „Wie wichtig sind die untenstehenden Kompetenzen/Kenntnisse für die Arbeit in Ihrer Position? Schätzen Sie dieses bitte wieder anhand folgender Skala von 1 bis 5 ein, wobei 1 ‚Keine Bedeutung‘ und 5 ‚Sehr wichtig‘ bedeutet." N=69, Quelle: Online-Befragung Qualitätsentwickler 2009

Am wichtigsten bewerten die Qualitätsentwickler die Sozialkompetenzen, was sicherlich auf ihr Tätigkeitsprofil zurückzuführen ist, welches sich auf eine intensive Zusammenarbeit mit vielen verschiedenen Personengruppen innerhalb der Hochschule zurückführen lässt; eine Beschreibung, die dem Tätigkeits- und Kompetenzprofil von Noordegrafs ‚hybrid professionals‘ (ebd.: 2007) entspricht. Als unerlässlich wird eine ‚Wissenschaftsaffinität‘ beschrieben, worunter die Qualitätsentwickler die Berücksichtigung der Spezifika des Managements an Hochschulen bzw. wissenschaftlichen Einrichtungen verstehen. Die Qualitätsentwickler, die selbst in Forschung und Lehre tätig waren, fassen

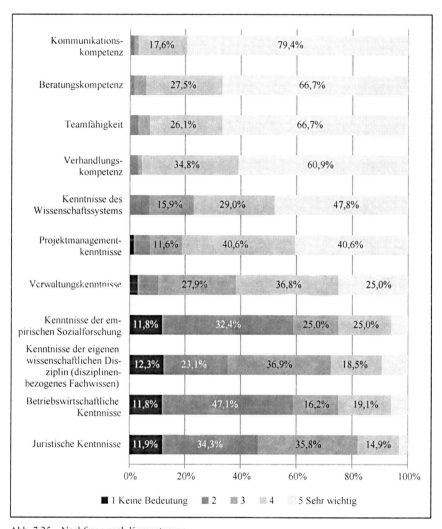

Abb. 7.25 Nachfrage nach Kompetenzen

hierunter zudem das Wissen über und die Erfahrungen mit den ‚unclear technologies' Forschung und Lehre (vgl. Kapitel 2.4). Krücken (2008) begründet die Notwendigkeit einer ‚Wissenschaftsaffinität' u. a. mit der systemtheoretischen Annahme, dass eine Steuerung nur nach Maßgaben der Regeln eines sich selbst steuernden Systems berücksichtigt wird. So ist es notwendig, dass der

(Wissenschafts)-Manager integraler Bestandteil des Systems, seiner Kultur und Regeln ist; eine Argumentation, die sich durch das dargestellte Kompetenzprofil auch empirisch darstellt. Somit wird deutlich, dass die Qualitätsentwickler nicht über transferable Skills im Sinne von Muzio et al. (2011) sowie Hwang und Powell (2009) verfügen, die problemlos von einer Organisationen bzw. von einem Wirtschaftssektor in den anderen übertragen werden können. Im Fall der Qualitätsentwickler ist in den überwiegenden Fällen auch nicht von ‚managerial professionals' zu sprechen, da betriebswirtschaftliche/managerielle Kenntnisse nicht als eine wichtige Kompetenz betrachtet werden.

Im Folgenden wird nun detaillierter analysiert, wie die Qualitätsentwickler Instrumente, Methoden und Konzepte der Qualitätsentwicklung an Hochschulen, die bereichsübergreifenden Kompetenzen, die sozialen Kompetenzen und nicht zuletzt die ‚Wissenschaftsaffinität' erworben haben.

7.3.3.1   Kompetenzerwerb

In den ‚traditionellen Professionstheorien' bildet ein disziplinspezifisches, abstraktes Wissen die Grundlage des professionellen Handelns. Es existiert eine enge Kopplung zu den einzelnen disziplinären Wissenschaften, die ein zentraler Faktor in der Erzeugung, Anwendung, Verbesserung und Vermittlung von Wissen sind (vgl. Kapitel 5.1.4). Die in dieser Ausbildung vermittelten Fähigkeiten werden in Form von Bildungszertifikaten lizensiert, die die (rechtliche) Voraussetzung für die Ausführung der professionellen Tätigkeit darstellt. In den ‚neuen Professionstheorien' wird hingegen nicht mehr zwangsläufig davon ausgegangen, dass die Ausbildung disziplinspezifisch erfolgt, sondern es wird vielmehr davon ausgegangen, dass Wissen und Kompetenzen situations- und organisationsbezogen sowie kontextspezifisch erlangt werden (vgl. Kapitel 5.3.4).

Dieser nicht mehr disziplinspezifische Hintergrund zeigt sich auch bei den Qualitätsentwicklern, wenngleich auch mit 39,1 % der Befragten die größte Anzahl über einen sozialwissenschaftlichen Studienhintergrund verfügt. Am zweithäufigsten (15,6 %) finden sich Sprach- und Kulturwissenschaftler unter den befragten Qualitätsentwicklern, am dritthäufigsten (14,1 %) Psychologen, Mathematiker oder Naturwissenschaftler. Ebenfalls vertreten sind Wirtschaftswissenschaftler, Ingenieurswissenschaftler sowie Pädagogen. Der Großteil der Befragten (95,8 %) verfügt über einen Diplom- /Master- oder Magisterabschluss an einer Universität, lediglich 4,2 % über einen Diplom- /Masterabschluss an einer Fachhochschule. Keine Person verfügt ausschließlich über einen Bachelor-Abschluss. Es wird deutlich, dass vor allem sozial- und geisteswissenschaftliche Absolventen, weniger aber Natur- und Ingenieurwissenschaftler als Qualitätsentwickler arbeiten. Korrespondierend zu den Ergebnissen der Analyse der Stellenanzeigen zeigt sich, dass wenige Juristen (4,7 %) in der Qualitätsentwicklung beschäftigt sind. Auch schlägt sich, kongruent zum Kompetenzprofil, die in der Literatur konstatierte ‚Managerialisierung' (Stock/Wernet 2005; Slaughter/Rhoades 2009) nicht in einer verstärkten Rekrutierung von Mitarbeitern mit wirtschaftswissenschaftlicher Ausbildung nieder (siehe Abb. 7.26).

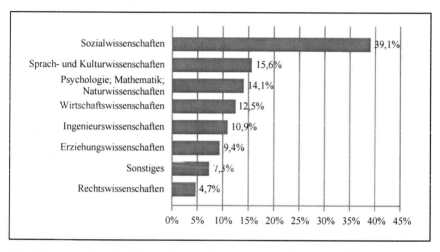

Abb. 7.26   „In welchem Fach haben Sie einen akademischen Abschluss erlangt (Mehrfachnennungen möglich)?". Kategorisierung anhand des Schlüsselverzeichnisses des statistischen Bundesamtes, N=69, Quelle: Online-Befragung Qualitätsentwickler 2009

Diese in der Online-Befragung erhobene disziplinäre Verteilung zeigt sich annähernd auch in den disziplinären Hintergründen der Interviewpartner, auch wenn hier die Qualitätsentwickler mit sozialwissenschaftlichem Hintergrund noch stärker vertreten sind: Von den 13 interviewten Qualitätsentwicklern sind 7 Soziologen bzw. Sozialwissenschaftler. Weiterhin finden sich im Untersuchungssample zwei Politikwissenschaftler, ein Volkswirt, ein Diplom-Kaufmann, und ein Chemiker (siehe Abb. 7.27).

Diese Verteilung der Studienhintergründe kann zum einen arbeitsmarkttheoretisch erklärt werden, und zwar damit, dass letztgenannte Gruppe auf dem allgemeinen Arbeitsmarkt bessere Beschäftigungschancen und auch -bedingungen vorfindet und somit eine Tätigkeit im außeruniversitären Bereich vorzieht. Zum anderen kann die starke Präsenz von Geistes- und Sozialwissenschaftlern auch auf die von einigen Qualitätsentwicklern betonte Notwendigkeit eines

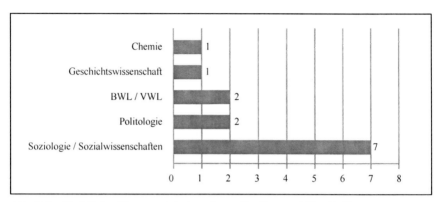

Abb. 7.27 Disziplinärer Hintergrund der interviewten Qualitätsentwickler, N=13,
Quelle: Leitfadeninterviews Qualitätsentwickler 2010

guten schriftlichen Ausdrucksvermögen zurückgeführt werden, welches sicherlich
eher in ebengenannten Disziplinen als in den Natur- und Ingenieurswissenschaften
erworben wird. Durch die dargestellte starke Bedeutung von Kenntnissen der empirischen Sozialforschung ist zu erklären, dass auffällig viele Sozialwissenschaftler
als Qualitätsentwickler tätig sind, da Methoden der empirischen Sozialforschung
Gegenstand ihrer Ausbildung sind. Dieses sagen auch die Interviewpartner 3, 4,
und 8 (selbst Sozialwissenschaftler) aus und auch die Interviewpartner 6 und 13,
die selbst keine Soziologen bzw. Sozialwissenschaftler sind, stellen aus diesem
Grund bevorzugt Sozialwissenschaftler ein:

> „Ich habe Diplom-Sozialwissenschaften studiert, und da ist ja Qualitätsmanagement
> und Evaluation und alles was damit zusammenhängt ein großer Teil. Und die empirische
> Sozialforschung ist ja auch eine große Komponente des sozialwissenschaftlichen Studi-
> ums. Was mich dann dahingehend schon in gewisser Weise qualifiziert für die Arbeit im
> Qualitätsmanagement hier" (I4).

Zudem beschreiben Interviewpartner 3 und 4, dass zudem in sozialwissenschaftlichen Studiengängen auch die Organisationsforschung einen Studiengegenstand
darstellt, was für die Frage der Einsatzmöglichkeiten und den Implikationen von
qualitätsentwickelnden Maßnahmen von Bewandtnis ist:

> „Wir [Anmerkung der Autorin: Soziologen] haben da mit Sicherheit einen Riesenvor-
> teil, weil wir viel mehr in Organisationsforschung hinein denken. Das heißt, da gibt es
> auch wirklich eine fachliche Substanz, die andere nicht haben" (I3).

Die bereits im vorangegangenen Unterkapitel angenommene Spezifität des disziplinären Hintergrundes der administrativen Hochschulmanager im Vergleich zu
der deutschen traditionellen öffentlichen Verwaltung wird auch bei der Analyse
der Ausbildung der Qualitätsentwickler deutlich. Anders als in leitenden Positio-

nen in der deutschen öffentlichen Verwaltung zeigt sich kein ‚Juristenmonopol'
und somit ist auch hier, kongruent zu der Verbreiterung des disziplinären Hintergrundes der Hochschulkanzler (vgl. Blümel et al. 2011 Kanzler Paper; Blümel
2012), aber auch der anderen, häufig neu entstandenen, Funktionalbereiche in den
Hochschulen, eine Verbreiterung des disziplinären Hintergrundes zu beobachten
(vgl. Krücken et al. 2010 WSI). In Rekursnahme auf die theoretischen Annahmen
der ‚neuen Professionstheorien' kann durch diesen interdisziplinären Hintergrund
allerdings nicht automatisch geschlossen werden, dass, wie von Noordegraf (2007)
beschrieben, auch das interdisziplinäre Wissen eine wichtige Rolle im Kompetenzprofil der Qualitätsentwickler spielt, zudem dieses auch nicht als wichtige Kompetenz durch die Qualitätsentwickler bewertet wurde.

Über dem Erwerb der sozialen Kompetenzen finden sich lediglich in den Interviews mit I1, I5, I7 und I12 diesbezügliche Aussagen. Die genannten Qualitätsentwickler beschreiben, dass sie im Rahmen ihrer vorherigen wissenschaftlichen
Tätigkeiten die sozialen Kompetenzen erworben hätten. Da diese Befragten in
großen, interdisziplinären Teams tätig waren, in denen es galt, verschiedene Interessen zu berücksichtigen, wurde hier bereits die Grundlage für beispielsweise die
Vermittlungskompetenzen gelegt:

> „Ich habe viel mit interdisziplinären Teams zu tun gehabt, wo man halt verschiedene
> Kulturen, Fachkulturen, Persönlichkeitsstrukturen zusammenbringen muss [...]. Also, das
> hat da sehr, sehr viel in dem Soft-Skill-Bereich dann gefordert. Also wir haben da auch
> sehr viel da gelernt oder halt auch viel kennen gelernt. Und das war sicherlich auch mit die
> Voraussetzungen, dass ich dann da in der Evaluierung tätig werden konnte" (I7).

Die von allen Qualitätsentwicklern genannte Bedeutung einer ‚wissenschaftlichen
Affinität' d. h. auf der einen Seite ein grundlegendes Verständnis der Spezifika
wissenschaftlicher Arbeit, auf der anderen Seite für die Besonderheiten der ‚Organisation Hochschule', kann den Aussagen der interviewten Qualitätsentwickler
zufolge nur durch eigene Erfahrungen, vor allem durch eine eigene Tätigkeit in
Forschung und Lehre erlangt werden. Folglich zeichnet sich auch der berufliche
Werdegang der Befragten durch eine starke Affinität zum Wissenschafts- und For-
schungssektor aus. So sind 39,7 % der in der Online-Umfrage befragten Qualitätsentwickler promoviert, was vor allem vor dem Hintergrund der nur in 19 % der
Stellenanzeigen nachgefragten Promotion sehr hoch erscheint. 63,5 % der Befragten waren vor ihrer derzeitigen Tätigkeit bereits als Wissenschaftler in Forschung
und/oder Lehre tätig (siehe Abb. 7.28).

Wie bereits erwähnt verfügen auch 10 der 13 Interviewten über berufliche
Erfahrungen in Forschung und Lehre; 7 der befragten Qualitätsentwickler sind
promoviert, einer derzeit mit der Anfertigung einer Promotion beschäftigt. Lediglich 9,6 % der Befragten waren in einer hochschulexternen Einrichtung

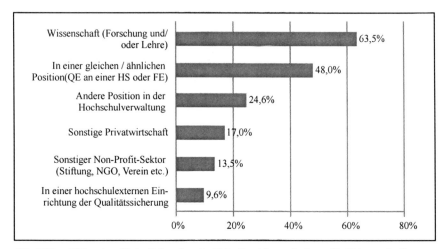

Abb. 7.28   „Bitte geben Sie im Folgenden sämtliche Bereiche an, in denen Sie bisher nach Abschluss Ihrer Ausbildung gearbeitet haben!". (ursprünglich detailliertere Differenzierung,
aus Platzgründen zusammengefasst. Ausführliche Darstellung im Anhang)

der Qualitätsentwicklung beschäftigt, 17 % in der sonstigen Privatwirtschaft.
Auch ist der Anteil der Befragten, die im Non-Profit-Sektor beschäftigt waren,
mit 13,5 % relativ gering. Hierin unterscheidet sich Deutschland von anderen
Ländern, als in empirischen Studien zu Managementreformen an Hochschulen
in Großbritannien, den Niederlanden und den USA eine verstärkte Rekrutierung
von Mitarbeitern konstatiert wird, die über Hochschul- und Weiterbildungsab-
schlüsse im Management bzw. Arbeitserfahrungen außerhalb des Hochschul-
und Wissenschaftssektors, insbesondere in der Privatwirtschaft verfügen (vgl.
Bassnett 2005; Leicht/Fennell 2008; Whitchurch 2004). Vielmehr zeigt sich,
dass das zentrale Charakteristikum der Qualitätsentwickler in der Affinität zum
Wissenschaftssystem zu sehen ist. Dieses wird, neben der hohen Anzahl an Personen, die direkt in Forschung und Lehre beschäftigt waren, auch an den 48 %
der Qualitätsentwickler deutlich, die vorher in einer ähnlichen/gleichen Position in der hochschulischen Qualitätsentwicklung beschäftigt waren, bzw. den
24,6 %, die eine andere Position in der Hochschulverwaltung/im administrativen
Hochschulmanagement innehatten. Dieses spiegelt die auch in den Stellenanzeigen sehr häufig nachgefragte Berufserfahrung im Bereich Qualitätsentwicklung
bzw. einer Expertise im Hochschul-/Wissenschaftsmanagement/-verwaltung/
-entwicklung wider.
    Die 13 interviewten Qualitätsentwickler sagten unisono aus, dass sie das als
Voraussetzung für eine Tätigkeit als Qualitätsentwickler genannte Wissen über In-

strumente und Verfahren der hochschulischen Qualitätsentwicklung „on the job" (I2, I4, I5) erlernt haben, bzw. durch

> „trial and error" (I6) und „ausprobieren. Manches war erfolgreich, manches war nicht erfolgreich. Und dann haben wir immer geguckt, wie man besser werden kann" (I9).

Vielfach wurde die Aussage getätigt, dass die Befragten in ihre „Aufgabe reingewachsen" wären, und zwar

> „einfach durch die Arbeit, die ich irgendwo erst an der Fakultät gemacht hab, sodass ich mich dann eben intensiv damit auseinandergesetzt habe und mit beschäftigen musste. Und mir bestimmte Kompetenzen einfach, auch fachlicher Art, auch aneignen musste" (I5).

Dieses ‚Reinwachsen' scheint ähnlichen beruflichen Mustern zu folgen. Es kristallisieren sich drei übergeordnete Typen an beruflichen Werdegängen der 13 Interviewten aus. Eine Ausnahme hiervon bildet I2, der direkt aus der Wirtschaft (allerdings mit einer nebenberuflich angefertigten Promotion) in die hochschulische Qualitätsentwicklung wechselte. Eine tabellarische Übersicht über den beruflichen Werdegang der Interviewten findet sich im Anhang.

Der *erste Typus* des beruflichen Werdegangs zeichnet sich dadurch aus, dass die Befragten zunächst als wissenschaftliche Mitarbeiter in Universitäten tätig waren, in denen sie in ihren jeweiligen wissenschaftlichen Projekten mit Evaluationen in Berührung kamen. Anschließend arbeiteten sie a) entweder in Funktionalbereichen im administrativen Wissenschaftsmanagement an Hochschulen oder b) in außeruniversitären Wissenschaftseinrichtungen oder wissenschaftsfördernden Organisationen, dort aber ebenfalls im Bereich Qualitätsentwicklung, bevor sie eine hauptamtliche (leitende) Position in der hochschulischen Qualitätsentwicklung übernahmen. Der erstgenannte berufliche Werdegang findet sich bei I1, I5, I10, und I13. So war I1 zunächst in hochschulischen Forschungsprojekten beschäftigt und dort, neben der wissenschaftlichen Bearbeitung, mit der Evaluation dieser Projekte betraut. Danach war er sechs Jahren im Bereich Hochschulplanung und -entwicklung an der U1 beschäftigt, bevor er dann in die, damals neu gegründete, organisatorische Einheit für Qualitätssicherung wechselte. I5 arbeitete als wissenschaftlicher Mitarbeiter im Bereich Naturwissenschaften. Danach war er zunächst als Referent eines Vizerektors für Lehre beschäftigt, dann als Controller für Lehre und Studium und schließlich seit 3 Jahren Leiter der Organisationseinheit für Qualitätsmanagement. I10 war zunächst wissenschaftlicher Mitarbeiter im Fachbereich Soziologie an der U9, danach für 15 Jahre an derselben Universität im Planungsstab tätig. Seit der Etablierung des Referates Qualitätsmanagement im Jahr 2009 ist er dessen Leiter. I13 ist seit 2009 in der derzeitigen Position beschäftigt. Vorher war der studierte und promovierte Geschichtswissenschaftler (Promotion finanziert durch ein Promotionsstipendium) Referent für Studium und

Lehre an einer anderen Universität, und dort für die Evaluation der Lehramtsstudiengänge zuständig. I7, I8 und I11 waren nach einer wissenschaftlichen Tätigkeit in außeruniversitären Wissenschafts(förder)einrichtungen tätig. I7 lehrte und forschte fünf Jahre in der Chemie, bevor er dann, vor seiner derzeitigen Tätigkeit in der Qualitätsentwicklung an der U5 ins Referat Evaluierung der Leibniz-Gemeinschaft wechselte. I8 arbeitete zunächst als wissenschaftlicher Mitarbeiter in der Soziologie, während dieser Beschäftigung entwarf und führte er bereits Lehrevaluationen durch. Danach war er als Mitarbeiter im Bereich der Qualitätsentwicklung an einer Universität beschäftigt, im Anschluss hieran bei verschiedenen wissenschaftsfördernden bzw.-beratenden Einrichtungen (u. a. HIS, freiberuflich, kleinere Beratungsorganisationen, Wissenschaftsverlag). I11 arbeitete nach einer zweijährigen Beschäftigung als wissenschaftlicher Mitarbeiter als Referent in einer Akkreditierungsagentur, bevor er dann in die Qualitätsentwicklung an der U8 wechselte.

Der *zweite Typus* des beruflichen Werdegangs entspricht dem der I6 und I9. Beide waren bereits während ihrer Studienzeit als studentische Hilfskräfte in der Qualitätsentwicklung beschäftigt und lernten dort die Instrumente und Verfahren der Qualitätsentwicklung kennen. I6 arbeitete danach an der U3, an der er auch studentische Hilfskraft war, als Mitarbeiter in der Qualitätsentwicklung, bevor er dann in seine derzeitige Position an der U5 wechselte. I9 beschäftigte sich ebenfalls bereits als studentische Hilfskraft mit qualitätssichernden Fragen, und führte in seinem Fachbereich Lehrevaluationen durch. Direkt nach seiner Diplomarbeit, die er ebenfalls über ein Thema im Bereich der hochschulischen Qualitätsentwicklung schrieb, begann er seine derzeitige Stelle als Qualitätsentwickler an der U7. Dass gerne studentische Hilfskräfte als zukünftige Mitarbeiter eingestellt werden, da diese bereits über die entsprechenden Kenntnisse verfügen, wurde auch von I3 und I13 ausgesagt.

Der *dritte Typus* des beruflichen Werdegangs kennzeichnet sich dadurch aus, dass direkt nach einer wissenschaftlichen Tätigkeit in das administrative Hochschulmanagement im Bereich der Qualitätsentwicklung gewechselt wurde. Diesen beruflichen Werdegang verfolgten I3, I4, und I12. Jedoch ist auch hier zu erwähnen, dass sie bereits während ihrer Tätigkeit als wissenschaftliche Mitarbeiter mit Fragen der Qualitätsentwicklung beschäftigt waren, dieses jedoch nicht den Großteil ihrer Tätigkeit ausmachte.

Es ist festzuhalten, dass der Erwerb von Wissen und Kompetenzen über Methoden und Instrumente der Qualitätsentwicklung ,on-the-job' erfolgte und nicht durch eine festgelegte, standardisierte und kanonisierte Ausbildung. Alle befragten Qualitätsentwickler sagten aus, dass sie *„sich selbst in die notwendigen Kompetenzen und Projekte eingearbeitet"* (I10) und sich ihre Expertise durch *„meinen Berufsweg, durch Zeitschriften und Tagungen"* (I8) angeeignet haben. Diese Kompetenz, sich schnell in neue Themen einarbeiten zu können, ist nach Aussagen von I4, I5, I7 und I8 bereits in ihren vorherigen Tätigkeiten als Wissenschaftler gelegt worden: *„Ich würde mal sagen, das lernt man eigentlich im Wissenschaftlerleben, dass man sich schnell in Themen einarbeiten kann"* (I5). Es lässt sich konstatieren, dass die Qualitätsentwickler sich die für ihre Arbeit benötigten Kompetenzen durch informelles Lernen selbst aneignen. Beim informellen Lernen handelt es sich in der Regel um Lernprozesse, die nicht in einem speziell für Lernzwecke reservierten Rahmen stattfinden, auch wird es nicht durch professionelles Lehrpersonal angeleitet oder begleitet. Informelles Lernen findet stattdessen statt, wenn sich Personen autodidaktisch in ein neues Gebiet einarbeiten und dabei Kenntnisse und Fähigkeiten erwerben, beispielsweise unter Einbezug von Büchern und Zeitschriften (vgl. Gnahs 2010: 37f.).

Unterstützt wurden die Qualitätsentwickler dabei durch den Austausch mit Kollegen, die entweder an der eigenen Hochschule oder an einer anderen deutschen Hochschule beschäftigt sind.

> „Und wir können da auch viel Wissen dann eben von Herrn X [Anmerkung der Autorin: Vizepräsident für Studium und Lehre der Universität, der die Gründung der Stabsstelle für Qualitätsmanagement initiierte] saugen. Also, er ist eben, wie gesagt, sehr firm in dem Bereich Qualitätsmanagement und hat uns da dann am Anfang auch natürlich mit viel Input versorgt" (I4).

Die Qualitätsentwickler, die ihre Tätigkeit an einer ihnen fremden Hochschule anfangen, berichten, dass das Ziel des persönlichen Austausches nicht nur der Erwerb und der Austausch von und über Instrumente der Qualitätsentwicklung sei, sondern auch der Informationsgewinnung über die jeweiligen organisationalen Besonderheiten der beschäftigenden Hochschule diene, die es im alltäglichen Handeln zu berücksichtigen gibt. Die Bedeutung des persönlichen Austausches zeigt sich auch in der Online-Befragung: Dort sagen 66,2 % der Befragten aus, dass sie sich häufig oder sehr häufig mit Kollegen an der eigenen Hochschule austauschen, um Informationen über neue Entwicklungen/Best Practices/neue Impulse in der Qualitätsentwicklung zu erhalten. 59,4 % sagen dieses auch über den Austausch mit Kollegen an anderen Hochschulen aus. Der Besuch von Tagungen wird von 69,5 % der Qualitätsentwickler, vor allem zu Beginn der Tätigkeit als Qualitätsentwickler, genutzt, um einen Einstieg in bestimmte Instrumente und Thematiken der Qualitätsentwicklung zu erlangen. Im weiteren Berufsverlauf wurde dieses jedoch vor allem aufgrund der dortigen Möglichkeit zum persönlichen Austausch mit Kollegen besucht und weniger aufgrund der dort vermittelten Inhalte (Nähere Ausführungen Kapitel 7.3.4).

Zum anderen, und dieses wird sowohl in der Online-Befragung als auch in den Interviews deutlich, erwerben die Qualitätsentwickler häufig (33,3 %) oder sehr häufig (36,2 %) Expertise im Bereich Qualitätsentwicklung durch die Recherche in einschlägiger Literatur. Als wesentliche Informationsquellen, vor allem in den Anfängen der Qualitätsentwicklung, wurden dabei Publikationen des ‚Projektes Q' der Hochschulkonferenz, des Akkreditierungsrates und der zentralen Akkreditierungs- und Evaluationsagentur ‚ZEvA' genannt. Dabei ist jedoch zu erwähnen, dass es sich hierbei häufig um deskriptive Darstellungen von Verfahren, Instrumenten und den Stand der Einführung der Qualitätssicherung an deutschen Hochschulen handelt und weniger um theoretische, wissenschaftliche Auseinandersetzungen mit diesem Thema.

72,5 % der Qualitätsentwickler berichten, dass sie häufig Erkenntnisse durch die Beobachtung von Einrichtungen der hochschulischen Qualitätsentwicklung erlangen. Hierdurch ist zu erwarten, dass es durch mimetische Prozesse zu isomorphen Angleichungsprozessen kommt (vgl. Di Maggio/Powell 1991: 69f.), sodass sich die Organisationseinheiten der Qualitätsentwicklung in ihrem Aufbau und in ihren Abläufen immer ähnlicher werden.[104] Auffällig ist dabei, wie auch bei dem Antwortverhalten zu Partnern des Austausches und der Literaturrecherche, dass sich hierbei die Aktivitäten zum einen stark auf hochschulische Einrichtungen beziehen. Dieses kann durch die bereits dargestellte notwendige Berücksichtigung der Besonderheiten der Organisation ‚Hochschule' erläutert werden. Auch wird ein starker Bezug auf Deutschland deutlich: Der Austausch mit Kollegen an ausländischen Hochschulen, die Literaturrecherche ausländischer Literatur oder die Beobachtung von ausländischen Einrichtungen der Qualitätsentwicklung spielt für die Informationsgewinnung eine untergeordnete Rolle. Auch wird, wie im folgenden Kapitel noch weiter ausgeführt wird, föderalen und nationalen Netzwerken eine wichtigere Rolle zugesprochen als internationalen Netzwerken. Dieses kann dadurch erklärt werden, dass die Qualitätsentwicklung in der derzeitigen Form in Deutschland über eine relativ junge Historie verfügt (vgl. Kapitel 3), und sich das organisationale Feld noch in einem Institutionalisierungsprozess befindet (vgl. Serrano-Velarde 2008), sodass sich (derzeit) der Fokus stark auf Deutschland richtet (siehe Abb. 7.29 und Tab. 7.27).

---

[104] Die Untersuchung von Prozessen der institutionellen Isomorphie im Feld der hochschulischen Qualitätsentwicklung stellt nicht den Gegenstand vorliegender Arbeit dar. Die Autorin hat jedoch bereits die Entstehung von institutioneller Isomorphie durch vor allem Mimese im organisationalen Feld der deutschen Akkreditierungsagenturen aufgezeigt (vgl. Kloke 2005). Da diese zeitlich zumeist vor den Einrichtungen der hochschulischen Qualitätsentwicklung entstanden sind, ist davon auszugehen, dass im letztgenannten Feld ähnliche Prozesse ablaufen. Dieses wird zudem, wie unter der Dimension ‚fachliche Vereinigungen' noch näher ausgeführt wird, ebenfalls durch normativen Isomorphismus verstärkt.

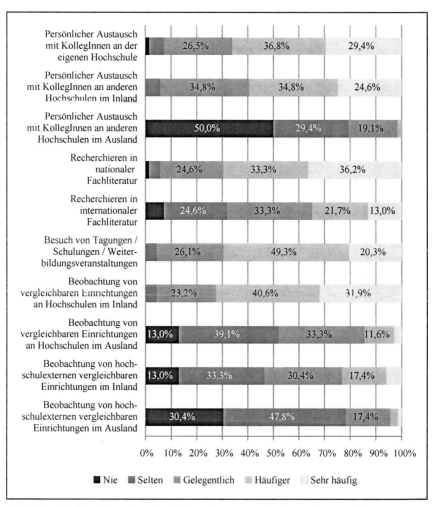

Abb. 7.29   Modi der Informationsbeschaffung über Neuerung in der Qualitätsentwicklung (OB)

Der noch geringe Institutionalisierungsgrad und die geringe Standardisierung und Kanonisierung von Wissen wird von I3, I4, I12, und I13 als durchaus problematisch erachtet. So ist es nach Aussagen der Interviewpartner nicht deutlich, wer kompetent Wissen vermitteln kann, zudem wird das Fehlen theoretisch und empirisch fundierter wissenschaftlicher Studien zu Instrumenten und Wirkungen der Qualitätssicherung beklagt:

	MW	SD
Persönlicher Austausch mit KollegInnen an der eigenen Hochschule (face-to-face, telefonisch, E-mail)	3,8	0,9
Persönlicher Austausch mit KollegInnen an anderen Hochschulen im Inland (face-to-face, telefonisch, E-mail)	3,8	0,9
Persönlicher Austausch mit KollegInnen an anderen Hochschulen im Ausland (face-to-face, telefonisch, E-mail)	1,7	0,8
Recherchieren in nationaler Fachliteratur	4,0	0,9
Recherchieren in internationaler Fachliteratur	3,0	1,
Besuch von Tagungen/Schulungen/Weiterbildungsveranstaltungen	3,9	0,8
Beobachtung von vergleichbaren Einrichtungen an Hochschulen im Inland (z. B. Recherchieren auf deren Homepage, Einholen von Informationen	4,0	0,9
Beobachtung von vergleichbaren Einrichtungen an Hochschulen im Ausland	2,5	0,9
Beobachtung von hochschulexternen vergleichbaren Einrichtungen im Inland	2,7	1,1
Beobachtung von hochschulexternen vergleichbaren Einrichtungen im Ausland	2,0	0,9

Tab. 7.27   „Wenn Sie sich über neue Entwicklungen/Best Practices/neue Impulse in Ihrem Arbeitsbereich informieren möchten, wie gehen Sie vor?" N=69, Quelle: Online-Befragung
Qualitätsentwickler 2009

„Es ist halt auch manchmal fraglich, wer jetzt hier eigentlich Experte ist. Und wer
kann einem denn jetzt eigentlich mehr erzählen, als man nicht selber schon weiß? Wenn
ich jetzt in einer Arbeitsgruppe sitze und da ist ein Mitarbeiter, der arbeitet halt auch seit
einem Jahr an irgendeiner Einrichtung für Qualitätssicherung, warum sollte der mir jetzt
mehr darüber erzählen können als ich ihm? Das sehe ich wirklich auch als ein Problem.
Dass es eben noch kein richtig fundiertes Langzeitfachwissen dazu gibt. Oder wirklich
auch Forschungsprojekte dann dazu geben, die sich seit langen Jahren damit beschäftigen,
wo man dann sagen kann, da kann man wirklich auf fundiertes Wissen bauen" (13).

„Wir selbst haben da – finde ich – große Forschungsdefizite, was denn eigentlich Prädiktoren für erfolgreiche Studiengänge sind oder für erfolgreiches Studium sind. Was
uns fehlt im Bereich der Qualitätssicherung und Evaluation ist nach wie vor eine stärkere
Forschungsbindung, dass wir auch Kausalbeziehungen, tatsächlich in Anführungszeichen
Kausalbeziehungen, zumindest andeuten können.[...] es gibt ganz wenig Wissen, wie
dieser Link herzustellen wäre, es gibt wenig Wissen, was aus der Evaluation folgt, welche
Probleme damit verbunden sind" (14).

Lediglich die bereichsübergreifenden Kompetenzen, und hier vor allem das Projektmanagement sowie Fortbildungen zu anderen Managementthemen, werden im
institutionellen Rahmen erlangt, d. h. das Lernen wird durch spezifisch ausge-
bildetes Personal organisiert, gesteuert, bewertet und auch zertifiziert. So haben
25 % der befragten Qualitätsentwickler eine Fortbildung im Projektmanagement
besucht, 15,6 % zu anderen Managementthemen und 14,1 % eine Fortbildung im
IT-Bereich. Eine Fortbildung im Wissenschafts- und Hochschulbereich absolvier-

ten 9,4 % der Qualitätsentwickler. Dieses dient erneut als Indikator dafür, dass für eine Tätigkeit in der Qualitätsentwicklung weniger der Besitz eines offiziellen Zertifikates von Bewandtnis ist, sondern, wie unter anderem durch den beruflichen Werdegang und die Art der Expertiseaneignung gezeigt wurde, eher die durch gemachte Berufserfahrungen erworbenen Fähigkeiten und Kompetenzen (siehe Abb. 7.30).

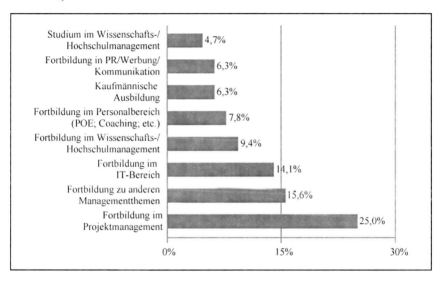

Abb. 7.30   „Besitzen Sie eine der unten genannten Ausbildungen?" (Mehrfachnennungen möglich), N=69, Quelle: Online-Befragung Qualitätsentwickler 2009

Fazit

Die Wissens- und Kompetenzbasis der Qualitätsentwickler setzt sich aus den Bestandteilen

a) soziale Kompetenzen (hier vor allem Kommunikationskompetenzen, Beratungskompetenzen, Verhandlungskompetenzen, Teamfähigkeit),
b) bereichsübergreifende Expertise (Projektmanagementkenntnisse, Verwaltungskenntnisse, Kenntnisse der empirischen Sozialforschung),
c) organisationsspezifische Kenntnissen,

d) Kenntnissen des Wissenschaftssystems (d. h. entweder eigene berufliche
   Erfahrungen in Forschung und Lehre oder aber die Sensitivität, die Besonderheiten des Hochschulmanagements zu berücksichtigen) und
e) Wissen über Methoden und Instrumenten der Qualitätsentwicklung zusammen.

Nur für einen kleinen Teil der befragten Qualitätsentwickler sind zudem noch
betriebswirtschaftliche und disziplinspezifische Kenntnisse von Bedeutung. Somit
entsprechen die Qualitätsentwickler, anders als von Langer und Manzeschke
(2009) beschrieben, nicht den ‚professionellen Managern‘, die in ihrer Arbeit das
substanzielle Wissen einer Disziplin mit Managementfähigkeiten verbinden. Stattdessen zeichnen sie sich, wie von Noordegraf (2007) dargestellt, durch interaktive
Fähigkeiten und Kompetenzen aus. Bei der Einstellung von Qualitätsentwicklern
wird, wie durch die Analyse der Stellenanzeigen gezeigt werden konnte, ein Fokus
auf Kompetenzen und Berufserfahrung in dem Bereich der Qualitätsentwicklung
gelegt und weniger auf offizielle Abschlüsse und Zertifikate, die im Bereich der
Qualitätsentwicklung aber auch nicht, bzw. nur in sehr eingeschränktem Maße
vorhanden sind. Vielmehr wird das für die Arbeit der Qualitätsentwickler notwendige Wissen und die benötigten Kompetenzen durch informelles Lernen erworben, beispielsweise durch den Austausch mit Kollegen, durch Literaturstudien
oder durch Beobachtung von vergleichbaren Einrichtungen. Die Etablierung einer
standardisierten, kanonisierten Ausbildung ist aber auch dadurch erschwert, dass
die Instrumente und Verfahren der Qualitätsentwicklung an die Besonderheiten der
jeweiligen Hochschule angepasst werden, sodass auch organisationsspezifisches
Wissen benötigt wird. Zudem wurde vor allem durch die Interviews mit den Qualitätsentwicklern deutlich, dass viel des benötigten Wissens, vor allem die breit-
gefassten Kenntnisse des Wissenschaftssystems, auf impliziten oder im Terminus
von Polanyi „tacit knowledge" beruhen, welches sich nur im konkreten Handeln
erwerben lässt und nur schwierig explifizierbar ist (vgl. Krücken 2008: 352). Dieses ‚tacit knowledge‘, zum einen über die Besonderheiten von Forschung und
Lehre, zum anderen über organisationsspezifische Besonderheiten, erlangten die
befragten Qualitätsentwickler durch ihre berufliche Tätigkeiten. Der Großteil der
Qualitätsentwickler war vor der Beschäftigung als Qualitätsentwickler in Forschung und Lehre tätig und/oder im administrativen Wissenschaftsmanagement.
Diese ‚wissenschaftliche Affinität‘ zeigt sich auch an dem hohen Anteil an Promovierten, die im Untersuchungssample vertreten sind. Somit wird deutlich, dass zum
einen die Wissens- und Kompetenzbasis, aber auch deren Erwerb nicht dem Modi
der ‚traditionellen Professionen‘ entspricht, sondern der der ‚neuen Professionstheoretiker‘: Während die ‚traditionellen Professionstheorien‘ von einem abstrakten
Wissen, dass durch eine spezialisierte, wissenschaftliche, disziplinäre Ausbildung

vermittelt wurde und durch ein Zertifikat lizensiert wird, ausgehen, verfügen die Qualitätsentwickler über Wissen und Kompetenzen, die situationsspezifisch im Arbeitskontext gewonnen werden. Somit ist im Kontext der Qualitätsentwicklung von einer Bedeutungserweiterung von ‚professionell' zu sprechen. ‚Professionell' wird nun, wie auch von Hwang und Powell (2009) sowie von Muzio et al. (2011) beschrieben, synonym mit einer Qualifikation und der Fähigkeit für eine bestimmte Rolle gesetzt, unabhängig vom Besitz von Lizenz und Mandat. Allerdings kann das Fehlen eines Zertifikates auch als nachteilig betrachtet werden. Zertifikate und Lizenzen dienen dazu, Hinweise über die erlernten, standardisierten Fähigkeiten eines Individuums zu geben und so im Sinne des Konzept des „labor market signals" im Sinne von Spence (1973) dafür sorgen, dass Such- und Passungskosten zwischen Arbeitnehmer und Arbeitgeber auf dem Arbeitsmarkt minimiert werden und auch den Zugang zu bestimmten Tätigkeitsbereich steuern. Da zudem noch viel des Wissens organisationsgebunden ist, erschwert dieses die Transferierbarkeit des Wissens und damit auch die Karrierechancen der Qualitätsentwickler. Hierdurch kann auch erklärt werden, dass über die Hälfte der befragten Qualitätsentwickler aussagen, dass der Aspekt „Gute Chancen für die Karriere" ‚gar nicht', ‚eher nicht' oder ‚nur teilweise' zutrifft (siehe Abb. 7.31)

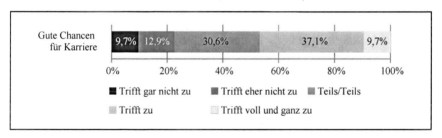

Abb. 7.31 „Inwiefern treffen die im Folgenden genannten Aspekte auf Ihre derzeitige Arbeitssituation zu?" N=69, Quelle: Online-Befragung Qualitätsentwickler 2009

Die Aneignung von Wissen und Kompetenzen über Methoden und Instrumente der Qualitätsentwicklung erhalten die Qualitätsentwickler durch den persönliche Austausch mit Kollegen, durch Literaturrecherche, Beobachtung von anderen Einrichtungen sowie den Besuch von Tagungen. Letztere werden auch durch einschlägige Netzwerke in der Qualitätsentwicklung angeboten und durchgeführt, deren Genese und Funktion im folgenden Kapitel unter der Professionalisierungsdimension ‚fachliche Vereinigungen' analysiert wird.

7.3.4   Fachliche Vereinigungen

Die Berufsverbände der ‚traditionellen Professionen' dienen der Durchsetzung von
Zuständigkeits- und Kontrollansprüchen, der Festlegung und Weiterentwicklung
der Wissensbasis bzw. der Ausbildungsinhalte sowie der Erstellung und Überprüfung des Einhaltens von Standards. Auch sind sie für die Zertifikatserteilung
zuständig. Ferner entwickeln und überwachen die Berufsverbände die Befolgung
der selbst verfassten beruflichen Ethiken. Die ‚Berufsverbände' hingegen, denen
die ‚neuen Professionellen' angehören, dienen weder der Durchsetzung von Zu-
ständigkeits- und Kontrollansprüchen noch notwendigerweise der Bestimmung
und Festlegung einer standardisierten und kanonisierten Wissensbasis und den
entsprechenden Ausbildungsinhalten. Die Vereinigungen der ‚neuen Professionellen' fokussieren dabei eher auf ‚weiche' Formen des Netzwerkens, die der Diffusion von Praktiken und Best Practices dienen. Anders als in den traditionellen
Professionsvereinigungen ist neben der individuellen auch eine organisationale
Mitgliedschaft möglich.

Die grundlegenden Instrumente von fachlichen Vereinigungen bleiben im
Vergleich zu den ‚traditionellen Professionsvereinigungen' jedoch gleich, d. h. es
gibt Tagungen, Fortbildungsprogramme und fachliche Zeitschriften und Magazine. Bei Noordegraf (2007) dienen die Vereinigungen der ‚neuen Professionellen'
ferner der Unterstützung, um mit verschiedenen Anforderungen (diejenigen, die
man an sich selbst stellt, Ansprüche von anderen ‚Professionellen', organisationale
Ansprüche) umzugehen, d. h. es werden sogenannten ‚Coping Strategien' (vgl.
Tewes/Wildgrube 1992) entwickelt.

In den ‚traditionellen' sowie in den ‚neuen Professionstheorien' findet sich die
Beschreibung des Herstellens einer gemeinsamen Identität durch professionelle
Vereinigungen. Da sich die eigene berufliche Identität nicht nur aus der perso-
nalen Identität, sondern immer auch aus der sozialen Identität konstituiert und
diese dann angesprochen wird, „wenn sich die Person vorrangig als Mitglied einer
bestimmten Gruppe und weniger als einzigartiges Individuum betrachtet" (Blanz
1998: 2), kann vermutet werden, dass den Vereinigungen im Bereich der Qualitätsentwickler auch diese wichtige sozialpsychologische Funktion zukommt. Dieses
ist insbesondere deswegen anzunehmen, da das Tätigkeitsfeld und die Verortung
der Qualitätsentwickler innerhalb der Hochschule Gegenstand ständiger Aushand-
lungen sind (vgl. Kapitel 7.3.5).

Im folgenden Kapitel wird also beleuchtet werden, inwiefern die Vereinigungen der Qualitätsentwickler, wie angenommen, die Charakteristika und Funktionen
gemäß der Beschreibung der ‚neuen Professionstheorien' haben.

Um die Eigenschaften und Funktionen der Vereinigungen im Bereich der Qualitätsentwicklung an deutschen Hochschulen analysieren zu können, ist zunächst darzustellen, inwiefern und in welchen Vereinigungen die Qualitätsentwickler organisiert sind.

Fachliche Organisationen	Berufsverbände
• Durchsetzung von Zuständigkeits- und Kontrollansprüchen	• Netzwerke zur Standardsetzung, Diffusion von Best Practices
• Festlegung und Weiterentwicklung von Wissensbasis /Ausbildungsinhalten	• Gemeinsame Entwicklung von 'Coping-Strategien'
• Kontrolle des Zugangs zur Profession, Kontrolle der professionellen Tätigkeit	
• Herstellen gemeinsamer Identität	• Herstellen gemeinsamer Identität
• Erstellung und Überprüfung des Einhaltens von ethischen Kodizes und Standards	
• Individuelle Mitgliedschaft	• Individuelle und organisationale Mitgliedschaft

Tab. 7.28   Fachliche Organisationen/Berufsverbände im Vergleich

Die Qualitätsentwickler zeichnen sich durch einen hohen Organisationsgrad aus. So gaben 94,1 % der Befragten an, Mitglied in berufsbezogenen Verbänden/Vereinigungen und oder in (Info)Netzwerken zu sein (siehe Abb. 7.32).

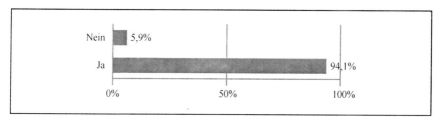

Abb. 7.32   „Sind Sie Mitglied in berufsbezogenen Verbänden/Vereinigungen/(Info)Netzwerken?"
N=69, Quelle: Online-Befragung Qualitätsentwicklung 2009

Im organisationalen Feld der Qualitätsentwicklung an deutschen Hochschulen zeigen sich verschiedene Formalisierungsgrade von Vereinigungen und der daraus resultierenden Organisationsformen. Die im Folgenden dargestellte Kategorisierung verschiedener Formen von Vereinigungen ist vornehmlich anhand des Merkmals des Formalisierungsgrades und der Art der Strukturen der Akteursbeziehungen identifiziert worden. Eine weitere, untergeordnete Kategorie ist die der Regionalität: Innerhalb der im Folgenden dargestellten Kategorien existieren Vereinigungen auf internationaler, nationaler, föderaler und regionaler Ebene. Generell zeigt sich dabei, dass der Formalisierungsgrad und die Reichweite der Vereinigungen zusammenhängt: Eine stärkere Formalisierung geht mit einer größeren regionalen

Reichweite einher, ein Befund, der z. B. auch in der Regionalforschung bekannt ist (vgl. Diller 2002a). Die Qualitätsentwickler wurden in der Online-Umfrage gebeten, anzugeben, in welchen der im folgenden aufgeführten Organisationen und Netzwerken sie Mitglied sind; in den Interviews wurde diese Frage ebenfalls, wenn auch als offene Frage, formuliert.

1. Formalisierte Organisationen. Die formalisierten Organisationen zeichnen sich dadurch aus, dass sie über einen gewählten, auch in der Außendarstellung auftretenden Vorstand und eine festgelegte Organisationsstruktur mit definierten Organen (z. B. Geschäftsstelle, Mitgliederversammlung) verfügen. Sie treten nach außen erkennbar als distinkte Organisation auf (beispielsweise durch einen eigenen Internetauftritt). Die zumeist kostenpflichtige (organisationale oder individuelle) Mitgliedschaft wird durch Antrag entschieden und niedergeschrieben. Häufig sind die institutionalisierten Vereinigungen rechtlich normiert, d. h. sie sind entweder in Form eines eingetragenen Vereins (vgl. §§ 21–79 BGB) als rechtsfähige (§§ 80–88 BGB) oder nicht rechtsfähige Stiftung oder auf internationaler Ebene in Form einer ebenfalls rechtlich normierten Non-Profit-Organisation organisiert (vgl. Wilke 2005: 181ff.). Allerdings handelt es sich dabei nicht, und dieses ist vor allem vor einem professionstheoretischen Hintergrund von Interesse, um Körperschaften des öffentlichen Rechts. Diese mitgliedschaftlich organisierten Vereinigungen nehmen öffentliche Aufgaben unter staatlicher Aufsicht und ggf. unter Einsatz hoheitlicher Mittel wahr (vgl. Gablers Wirtschaftslexikon 2012; Stichwort „Körperschaft öffentlichen Rechts"). Hierunter fallen auch die Rechtsanwaltskammern und Ärztekammern, die professionellen Vereinigungen im dargestellten traditionellen Sinn entsprechen, d. h. sich durch die in der Tabelle dargestellten Kriterien auszeichnen.

Von den formalisierten Organisationen sind, und hier wird auf eine Unterscheidung von Diller (2002 a, b) zurückgegriffen, *2. Kooperative Netzwerke* und *3. Ungerichtete Netzwerke* zu unterscheiden.

Bei ungerichteten Netzwerken handelt es sich um solche, die den Hintergrund der alltäglichen Handlungen der Akteure, d. h. ihren räumlichen und sachlichen Bezugsrahmen bilden. In diesen ungerichteten Netzwerken finden sich eher ‚strong ties', also starke Verbindungen, die auf lange Sicht haltbar sind und die die Basis von Vertrauen, Solidarität und Sicherheit sind (vgl. grundlegend Granovetter 1973; ausführend Diller 2002a: 58f.; vgl. auch Jansen 2006, 2007). Bei diesen ungerichteten Netzwerken handelt es sich zumeist um informelle Kontakte zwischen einzelnen Personen, die jedoch häufig aufgrund der von formalisierten Organisationen und korporativen Netzwerken angebotenen Gelegenheitsstrukturen (vor allem Tagungen und Arbeitstreffen) entstanden. Die ungerichteten Netzwerke entsprechen der Neidthardtschen Definition von sozialer Gruppe: Eine soziale Gruppe ist ein „soziales System, dessen Sinnzusammenhang durch unmittelbare und diffuse Mitgliederbeziehungen sowie durch relative Dauerhaftigkeit bestimmt ist" (Neidhardt 1999: 135).

Im Vergleich zu ungerichteten Netzwerken zeichnen sich *kooperative Netzwerke* durch eine größere formale Geschlossenheit nach außen und einen höheren internen Organisationsgrad aus; was beispielsweise daran abzulesen ist, dass sie über einen eigenen Namen und eine, wenn auch formlos festgehaltene Mitgliedschaft verfügen. Kontrastierend zu den formalisierten Organisationen verfügen die kooperativen Netzwerke jedoch selten über öffentlichkeitswirksame Medien (Homepage, Veröffentlichungen etc.), auch gibt es wenig fest definierte interne Organe; dieses beschränkt sich zumeist auf einen informell ernannten Sprecher. Auch haben sie, und dieses unterscheidet sie von vielen der formalisierten Organisationen, keine feste Rechtsform (vgl. Diller 2002a: 61) (siehe Tab. 7.29).

<---- + Formalisierungsgrad - ---->		
Formalisierte Organisation	Kooperative Netzwerke	Ungerichtete Netzwerke
<---- + Regionalität – ----> International, national, föderal, regional		

Tab. 7.29   Formalisierungs- und Regionalisierungsgrad von Vereinigungen/Netzwerken, Quelle: Eigene Darstellung in Anlehnung an Diller (2002a)

Als *formalisierte Organisation* auf nationaler Ebene kann die Gesellschaft für Evaluation (DeGEval) bezeichnet werden. 19,1 % der Befragten sind in der DeGeval organisiert. Die DeGeval, die die rechtliche Form eines eingetragenen Vereins hat, versteht sich als ein Zusammenschluss von Personen und Institutionen, die im Bereich der Evaluation tätig sind. Sie verfolgt „die Professionalisierung[105] von Evaluation, die Zusammenführung unterschiedlicher Perspektiven der Evaluation sowie Information und Austausch über Evaluation" (Homepage www.degeval.de). Diese Ziele verfolgt die DeGEval „durch die Erarbeitung von Empfehlungen und Leitlinien, Veranstaltungen und Veröffentlichungen" (Homepage www.degeval.de). In der DeGEval ist eine individuelle Mitgliedschaft (derzeit 549 Mitglieder) als auch eine institutionelle Mitgliedschaft möglich (derzeit 134 institutionelle Mitglieder).[106] Innerhalb dieser Gesellschaft existiert ein ‚Arbeitskreis Hochschule‘, der sich direkt an Personen richtet, die sich mit Qualitätsentwicklung an Hochschulen und anderen Wissenschaftseinrichtungen befassen. Der ‚AK Hochschule‘ innerhalb der DeGEval entspricht einem kooperativen Netzwerk und wird

---

[105]   Zur Diskussion der Art der Professionalisierung der DeGeval siehe Brandt (2008).
[106]   Die Mitgliederorganisationen zeichnen sich durch ein breites, sektorenübergreifendes Spektrum aus: So sind viele Hochschulen und Forschungseinrichtungen Mitglied, aber auch beispielsweise „Ramboll Consulting, terre des hommes Deutschland" und ein Referat des Auswärtigen Amtes.

dementsprechend auch in der Übersicht unter dieser Rubrik geführt. Der Arbeitskreis, auf dessen E-Mail-Verteiler sich im April 2012 48 Personen befanden,
fokussiert neben dem Erfahrungsaustausch und der Vernetzung auch die wissenschaftliche Reflexion. Seit 2010 bietet der Arbeitskreis neben den Sessions im
Rahmen der Jahrestagung im Herbst eine zusätzliche Veranstaltung im Frühjahr/
Sommer an.

Auf internationaler Ebene wurde nach einer Mitgliedschaft im *European Network for Quality Assurance in Higher Education (ENQA)* gefragt, die 19,1 % der
Befragten bejahten. Generell gibt es auf europäischer bzw. internationaler Ebene
wenig institutionalisierte Vereinigungen, die sich speziell an Einrichtungen und
deren Mitglieder in der Qualitätsentwicklung in Hochschulen richten. Stärker ausgebaut sind hingegen Vereinigungen auf europäischer bzw. internationaler Ebene,
die Akkreditierungsagenturen adressieren, allerdings ist hier auch die Organisation
Mitglied und nicht die individuellen Qualitätsentwickler. Zu nennen seien hier
EQAR – European Quality Assurance Register for Higher Education, INQAAHE –
International Network for Quality Assurance Register for Higher Education sowie
ECA – European Consortium for Accreditation in Higher Education. ENQA richtet
sich auch in erster Linie an Akkreditierungsagenturen, da aber die Hochschulrektorenkonferenz ein assoziiertes Mitglied ist, können die deutschen Hochschulen und deren Mitarbeiter auch als ,indirektes' Mitglied von ENQA[107] bezeichnet
werden.[108] Von den interviewten Qualitätsentwicklern berichten drei (I1, I3, I12),
individuelles Mitglied bei der DeGEval zu sein.

In *Evaluationsverbünden*, die ebenfalls in die Kategorie der formalisierten Organisationen einzuordnen sind, sind 10,3 % der Befragten organisiert. Die Evaluationsverbünde bestehen aus Zusammenschlüssen mehrerer, meist in regionaler
Nähe befindlicher Hochschulen, die gemeinsam die Qualitätsentwicklung an den
Hochschulen vorantreiben. Diese Evaluationsverbünde verfügen über einen gewählten Vorstand und über eine festgelegte Organisationsstruktur mit mehreren

---

[107] Zudem differenziert sich ENQA von den anderen genannten Organisationen durch die prominente
       Rolle, die es im Zuge des Bologna-Prozesses einnahm. ENQA wurde im Jahr 2000 auf unmittel-
       bare Empfehlung des Europäischen Rates gegründet, um die europäische Kooperation im Feld der
       Qualitätsentwicklung zu stärken. Die unterzeichnenden Staaten der Bologna-Deklaration wurden
       in der Empfehlung des Rates dazu aufgefordert, ein europäisches Netzwerk zu etablieren, das den
       transnationalen Erfahrungsaustausch zwischen Hochschulsystemen anregen und die Integration
       fördern sollte (vgl. Serrano-Velarde 2008: 187f.). Dieses verfolgt sie unter anderem durch die
       Ausarbeitung von Standards und Guidelines, auf die die deutschen Akkreditierungsagenturen in
       ihren Statuten häufig Bezug nehmen.
[108] Es ist anzunehmen, dass die Nennung der Mitgliedschaft in institutionalisierten Netzwerken stark
       auch auf die Perzeption von Veröffentlichungen, den Besuch von Tagungen etc. der genannten
       Organisationen abzielt, wenngleich die Intention der Frage auf eine tatsächliche Mitgliedschaft
       abzielte.

definierten Organen, in den meisten Fällen über einen gewählten Vorstand, eine Geschäftsstelle, eine Mitgliederversammlung sowie festgelegte Arbeitsgruppen. Bei allen Verbünden und Agenturen sind jeweils die Hochschulen Mitglied, und nicht der individuelle Qualitätsentwickler, jedoch gibt es beim ‚Nordverbund' eine AG Qualitätssicherung, in der die Qualitätsentwickler sich in einem institutionalisierten Rahmen über ihre Arbeit austauschen. Die ersten Evaluationsverbünde, nämlich der Verbund Norddeutscher Universitäten und die Zentrale Evaluationsagentur der Niedersächsischen Hochschulen entstanden 1994 bzw. 1995. Derzeit existieren weiterhin das Evaluationsnetzwerk Wissenschaft ENWISS mit einem Koordinierungsbüro an der TU Darmstadt (http://www.intern. tu-darmstadt.de/dez_i/ref_ic/enwiss/enwiss_informationen.en.jsp, (letzter Zugriff am 14.01.2013)), der Hochschulevaluierungsverbund Südwest mit einem Koordinierungsbüro an der Uni Mainz (http://www.hochschulevaluierungsverbund. de/ (letzter Zugriff am 13.01.2013)) sowie die Evaluationsagentur Baden-Württemberg Evalag (www.evalag.de (letzter Zugriff am 13.01.2013)).[109] Allerdings ist zwischen der Organisationsform der Agenturen ZEvA sowie Evalag und den Evaluationsverbünden ENWISS, Südverbund sowie dem Nordverbund zu unterscheiden. Erstgenannte sind auch als Akkreditierungsagenturen tätig und führen die Evaluationen als eine gegen Entgelt angebotene Dienstleistung durch, erstrecken sich somit, vor allem im Akkreditierungsgeschäft, über die föderale Ebene hinweg. Bei den reinen Evaluationsverbünden handelt es sich bei der Evaluation eher um ein kollegiales Coaching, da die Wissenschaftler aus den Fachbereichen die Fachbereiche der jeweils anderen Universitäten evaluieren; hier ist der Bezug deutlich die föderale bzw. regionale Ebene. In den geführten Interviews wurde von I1, I2 und I10 ausgesagt, dass sie (indirektes) Mitglied in einem der genannten Evaluationsverbünde sind (siehe Tab. 7.30).

Eine Hybridstellung zwischen *formalisierter Organisation* und *kooperativem Netzwerk* nimmt auf nationaler Ebene das *Projekt Q der Hochschulrektorenkonferenz (HRK)*[110] ein. Das Projekt Q-Qualitätssicherung[111] bestand von 1998 bis 2010 in Form einer Projektgruppe bei der Hochschulrektorenkonferenz HRK. Zwar

---

[109] Detailliertere Informationen zu Evaluationsverbünden an deutschen Hochschulen siehe Schreier 2003; Kunde, B./Zantopp, J. 2008: Qualitätssicherung in der universitären Lehrerausbildung – Rahmenbedingungen, Möglichkeiten und Grenzen. Dissertation an der Universität Duisburg-Essen, Fachbereich Bildungswissenschaften, http://d-nb.info/990870677/34: 113f.; Serrano-Velarde 2008: 113ff.

[110] Die Hochschulrektorenkonferenz selbst ist eindeutig als formalisierte Organisation zu bezeichnen. Da sie sich im übergeordneten Zielspektrum aber, anders als die DeGEval, nicht auf Qualitätsentwicklung/Evaluation im engeren Sinne bezieht, wird hier an dieser Stelle nicht näher auf die HRK eingegangen.

[111] Ab 2007 wurde das ‚Projekt Q' in ‚Projekt QM' umbenannt, in den Interviews wurde aber zumeist weiterhin vom ‚Projekt Q' gesprochen.

Formalisierte Organisationen			
International	National	Föderal	Regional

• ENQA	• DeGeval
	• (disziplinäre
	  Vereinigung)[112]
	
	Projekt Q
		← • ZeVa
		← • Evalag
			• Nordverbund
			• ENWISS
			• Hochschulevalu-
			  ierungsverbund
			  Südwest

Tab. 7.30   Übersicht formalisierte Organisationen, in Klammern: Nicht spezifisch auf Qualitätsentwicklung bezogene Organisationen, Quelle: Eigene Darstellung

verfügte das ‚Projekt Q' über keine eigene rechtliche Form und war, wie schon der
Name Projekt verdeutlicht, nicht auf zeitliche Dauer ausgelegt, verfügte aber über
eine festgelegte Organisationsstruktur mit distinkten Organen (Geschäftsstelle,
Beirat). In der Außendarstellung wurde die Zugehörigkeit zur HRK deutlich (so
war die Homepage des ‚Projekts Q' auf der der HRK angesiedelt), jedoch wurde
beispielsweise durch ein eigenes Logo auch eine Eigenständigkeit hervorgehoben. Eine individuelle Mitgliedschaft der einzelnen Qualitätsentwickler war nicht
vorgesehen, vielmehr waren diese qua ihrer Zugehörigkeit zu einer Mitglieds-
hochschule der HRK im ‚Projekt Q' organisiert. Ein Großteil der befragten Qualitätsentwickler, nämlich 72,1 %, war (organisationales) Mitglied im ‚Projekt Q',
und auch 8 der 13 interviewten Qualitätsentwickler berichten, dass das ‚Projekt Q'
für ihre Arbeit eine sehr wichtige Vereinigung darstellte. Die zentralen Aufgaben-
schwerpunkte lagen am Anfang in der Etablierung einer Kommunikationsplattform für die an Qualitätssicherungsverfahren Beteiligten und in der Beförderung
des Themas in den Hochschulen, später wurden auch Fragen der Verzahnung der
Qualitätssicherung mit anderen Themenfeldern, wie zum Beispiel Hochschulmar-
keting, Qualitätssicherung in der wissenschaftlichen Weiterbildung und im Kontext des Bologna-Prozesses thematisiert.

In den letzten Jahren wurden unter anderem Themen in Bezug auf die Qualitätsentwicklung als zentrales Prinzip der Hochschulsteuerung bearbeitet (vgl. HRK
2007b)). Auch veröffentlichte das ‚Projekt Q' einschlägige Veröffentlichungen

---

[112] In dem Fragebogen wurde auch nach einer Mitgliedschaft in einer disziplinären Vereinigung gefragt. Da es sich hierbei aber ja nicht um eine spezifische Vereinigung für die Qualitätsentwickler
handelt, wird hierauf nicht näher eingegangen. Es sei nur kurz darstellt, dass sich die bereits konstatierte wissenschaftliche Affinität der Qualitätsentwickler auch in der relativ häufigen Mitgliedschaft dieser in einer Vereinigung oder einem Netzwerk einer wissenschaftlichen Disziplin zeigt
(28 % der befragten Personen sagten dieses aus). Auch hier ist wieder zu vermuten, dass diese Mitgliedschaft noch aus der aktiven Zeit als (disziplin-gebundener) Wissenschaftler stammt. Häufig
handelt es sich bei diesen disziplinären Vereinigungen ebenfalls um formalisierte Organisationen
mit den obengenannten Merkmalen (z. B. Gesellschaft für Soziologie, Verband der Historiker und
Historikerinnen, Verband Biologie, Biowissenschaften und Biomedizin in Deutschland etc.)

zum Thema Qualitätssicherung, unter anderem die alle zwei Jahre durchgeführten ‚Wegweiser-Studien', die die bundesweite, hochschulübergreifende Bestandsaufnahme und Analyse des Implementierungsprozesses von qualitätssichernden Maßnahmen an deutschen Hochschulen zum Gegenstand hatten. Durch das ‚Projekt Q' wurde ein Newsletter herausgegeben, der über aktuelle Geschehnisse im organisationalen Feld der Qualitätssicherung an deutschen Hochschulen informierte. Nicht zuletzt dadurch, dass die Mehrzahl der deutschen Hochschulen in der HRK organisiert ist,[113] wurden die Berichte dort stark perzipiert. Weiterhin organisierte das ‚Projekt Q' jährlich eine Jahrestagung mit jeweils ca. 200 Teilnehmern, die jeweils große Aufmerksamkeit erlangte. Ende 2010 wurde das ‚Projekt Q' eingestellt. Die Aufgaben im Bereich der Qualitätsentwicklung wurden dem bei der HRK neu entstanden Projekt ‚Nexus' (www.hrk-nexus.de, letzter Zugriff am 14.01.2013) zugeordnet. Allerdings ist das Projekt ‚Nexus' breiter angelegt als das ‚Projekt Q'. So ist die Aufgabe von ‚Nexus', „Hochschulen bei der Weiterentwicklung der Studienprogramme und dem Ausbau der Studienqualität zu unterstützen" (Homepage Projekt Nexus), darunter fallen aber beispielsweise auch Themen der Durchlässigkeit (z. B. Anrechnung von vorherig erbrachten beruflichen Leistungen) und der Diversität an Hochschulen. Mit dem Auslaufen eines „der wichtigsten Koordinations- und Informationsplattformen für Qualitätssicherung im deutschen Hochschulraum" (Serrano-Velarde 2008: 65) gibt es derzeit kein deutschlandweites Netzwerk mehr, welches sich ausschließlich an Qualitätsentwickler in deutschen Hochschulen richtet.

Kooperative Netzwerke finden sich vor allem auf föderaler Ebene. Diese verfügen über einem distinkten Namen, einen Netzwerksprecher sowie Treffen in fest definierten zeitlichen Abständen. Die Mitgliedschaft erfolgt auf informellen Antrag und ist zumeist nicht formalisiert festgehalten, vielmehr erfolgt z. B. ein Eintrag in eine Mailingliste. Die Qualitätsentwickler beschreiben die kooperativen Netzwerke als einen bedeutenden Ort für den fachlichen Austausch, sogar noch bedeutender, als der in den formalisierten Organisationen. Als föderale kooperative Netzwerke wurde von den interviewten Qualitätsentwicklern die ‚AG Qualitätsentwicklung' der baden-württembergischen Universitäten, ein Netzwerk der Qualitätsentwickler der Berlin-Brandenburgischen Hochschulen, der sogenannte ‚Bayrische Qualitätszirkel' sowie ein Netzwerk der Controller in Nordrhein-Westfalen genannt, in dem auch viele Qualitätsentwickler vertreten sind. Auf nationaler Ebene wurden als wichtiger Ort des Austausches mit anderen Qualitätsentwicklern von den I7, I8, I9 und I10 sogenannte Benchmarking-Clubs (entweder der soge-

---

[113] Im April 2012 hatte die HRK 267 Mitgliedshochschulen, in denen über 94 % aller Studierenden in Deutschland immatrikuliert sind (www.hrk.de; Stand 09.04.2012).

nannte G 21 Benchmarking-Club der großen deutschen Universitäten oder der Benchmarking-Club der Technischen Universitäten TU 9) aufgeführt.

27,9 % der befragten Qualitätsentwickler sind individuelles Mitglied in einer *allgemeinen hochschulmanagementbezogenen Vereinigung*. Hierunter können beispielsweise kooperative Netzwerke von Hochschulmanagern gefasst werden, in denen sich funktionalbereichsübergreifend ausgetauscht wird. Es ist zu vermuten, dass es sich hierbei vor allem um regionale oder aber auch föderale Netzwerke handelt, da es zum Zeitpunkt der Umfrage (2008) noch keine funktionalbereichsübergreifende Vereinigung für Hochschulmanager in Deutschland gab (siehe Tab. 7.31).[114]

Formalisierte Organisationen			
International	National	Föderal	Regional
X	• AK Hochschule DeGeval • (Benchmarking-Clubs)	• AG Qualitätsentwicklung der baden-württembergischen UniversitätenNetzwerk der Qualitätsentwickler der Berlin-Brandenburgischen Hochschulen • Bayrischer Qualitätszirkel • Netzwerke der Controller in NRW • (hochschulmanagementbezogene Netzwerke)	(hochschulmanagementbezogene Netzwerke)

Tab. 7.31   Übersicht kooperativer Netzwerke im Bereich Qualitätsentwicklung,
Quelle: Eigene Darstellung

Trotz der doch relativ häufig angegebenen ‚indirekten‘ Mitgliedschaft in der ‚European Association for Quality Assurance in Higher Education‘ wurde sowohl in den Interviews als auch in der Online-Befragung deutlich, dass vor allem regionale und föderale formalisierte Organisationen, aber noch stärker kooperative Netzwerke eine hohe Bedeutung für die Arbeit der Qualitätsentwickler haben. Folglich zeigt das Ergebnis der Online-Befragung, dass die Qualitätsentwickler vor allem Formen des Austausches auf regionaler Ebene und mit Hochschulen aus gemeinsamen Netzwerken eine ‚sehr wichtige‘ (41,2 % bzw. 38,8 %) oder eine ‚wichtige‘ (25,0 % bzw. 25,4 %) Rolle einräumen. Auch der Austausch auf Ebene des eigenen Bundeslandes hat für die Qualitätsentwickler eine hohe Bedeutung: So geben 25,8 % der Befragten an, dass derartige Vereinigungen eine ‚wichtige‘

---

[114]   Das ‚Netzwerk Wissenschaftsmanagement‘ wurde erst 2011, unterstützt durch den Stifterverband für die deutsche Wissenschaft, gegründet. Seine Aufgaben sind laut Internetauftritft „die Professionalisierung des Berufes Wissenschaftsmanagement" (www.netzwerk-wissenschaftsmanagement.de, letzter Zugriff am 14.01.2013). Dieses wird durch eigene Förderangebote (peer learning, Stipendienvergabe, regionale Austauschgruppen), einer Jahrestagung aller Wissenschaftsmanagerinnen und -manager und der intensiven Kooperation mit vielfältigen Partnern geleistet.

Bedeutung haben, 34,8 % räumen diesen sogar eine ‚sehr wichtige' Bedeutung ein. Demgegenüber haben institutionalisierte Formen des Austausches auf internationaler Ebene für die Mehrheit der Befragten eine weitaus weniger wichtige Bedeutung: Lediglich 9,2 % der befragten Qualitätsentwickler sagen aus, dass diese eine ‚wichtige' oder ‚sehr wichtige' Funktion für den Austausch haben, die Mehrzahl, nämlich 70,8 % schreibt internationalen Arbeitskreisen, Netzwerken und Vereinigungen keine bzw. nur eine untergeordnete Rolle zu. Dieses Antwortverhalten korrespondiert mit dem zur Frage nach der Art der Information über neue Entwicklungen/Best Practices/neue Impulse für den Arbeitsbereich (siehe Kapitel 7.3.4).: Auch hier spielt der persönliche Austausch mit Kollegen an anderen Hochschulen im Ausland und die Beobachtung von vergleichbaren Einrichtungen der Qualitätsentwicklung im Ausland lediglich eine untergeordnete Rolle (siehe Abb. 7.33 und Tab. 7.32).

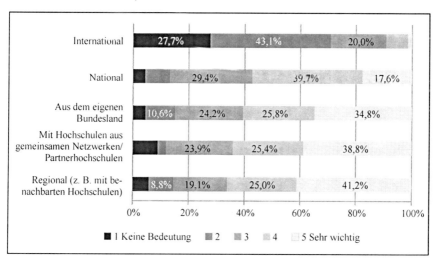

Abb. 7.33   Bedeutung institutionalisierte Formen des Austausches (OB)

Auch in den Interviews wurden mit Ausnahme von I3 keine internationalen formalisierten Organisationen als bedeutend für die eigene Arbeit genannt; kein interviewter Qualitätsentwickler berichtete über die Existenz internationaler kooperativer Netzwerke im Bereich der Qualitätssicherung. Stattdessen wurden vor allem kooperative Netzwerke auf föderaler und/oder regionaler Ebene als bedeutend genannt. Die Bedeutung föderaler Netzwerke führen die I4, I9 und

---

[115]   Hier wurde lediglich nach institutionalisierten Vereinigungen gefragt, d. h. ungerichtete Netzwerke waren in dieser Frage nicht inkludiert.

	MW	SD
Regional (z. B. mit benachbarten Hochschulen)	3,8	1,2
Mit Hochschulen aus gemeinsamen Netzwerken/Partnerhochschulen	3,8	1,2
Aus dem eigenen Bundesland	3,8	1,2
National	3,6	1,0
International	2,1	1,0

Tab. 7.32   „Welche Bedeutung haben für Sie institutionalisierte Formen des Austausches (z. B.
Arbeitskreise/(Info)Netzwerke/Vereinigungen) auf regionaler, föderaler, nationaler und
internationaler Ebene?[115] Schätzen Sie dieses bitte anhand folgender Skala von 1 bis 5
ein, wobei 1 ‚Keine Bedeutung' und 5 ‚Sehr wichtig' bedeutet." N=69,
Quelle: Online-Befragung Qualitätsentwickler 2009

112 auf die rechtlichen Rahmenbedingungen der Hochschulen zurück, die in
Deutschland föderal reguliert werden. Zudem kann im Sinne der ‚Ressource De-
pendance Theorie' (vgl. Pfeffer/Salancik 1978) argumentiert werden, dass aufgrund der – trotz zunehmender Drittmittel und Bundesfinanzierung – starken
föderalen Mittelvergabe in Deutschland diese Ebene einen wichtigen Bezugspunkt
darstellt:[116]

> „Wir haben dann ja in Nordrhein-Westfalen ja halt auch immer die Einrichtung, dass
> sich die Planer der Universitäten immer treffen und sich darüber unterhalten, was das
> Ministerium jetzt gerade sich überlegt hat und den Hochschulen mit auf den Weg gegeben
> hat. Wobei dann halt schon wichtig ist, also eben der Austausch im Lande eben, weil ja
> Hochschulpolitik nun mal eben Ländersache ist" (I9).

Die artikulierte Bedeutung föderaler und regionaler Vereinigungen kann zudem
durch den Transaktionskostenansatz erklärt werden. Unter Transaktionskosten
werden Kosten verstanden, die durch die Anbahnung, Vereinbarung, Kontrolle
und Abwicklung beim Kauf von, gemäß der klassischen Transaktionskostentheorie
(z. B. Williamson 1990) Gütern entstehen, m. E. ist dieses aber auch auf Informationen übertragbar. Netzwerke helfen nun durch den Aufbau von Vertrauen,
Transaktionskosten zu minimieren. Die regionale Nähe senkt dabei die Transaktionskosten, so ist zum Beispiel ein Informationsaustausch wahrscheinlicher, wenn
aufgrund persönlicher Bekanntschaft eine unkomplizierte Kommunikation möglich ist. Dieses ist in einer Region auch dadurch wahrscheinlicher, da z. B. zufäl-
lige Treffen auf gemeinsamen Veranstaltungen und damit Gelegenheitsstrukturen
vorhanden sind (vgl. Heidenreich 2000).

---

[116]   Dieses korrespondiert zu den Einschätzungen der Hochschulkanzler in Deutschland. In einer Umfrage unter 153 deutschen Hochschulkanzlern im Jahr 2007 und 2008 sagten diese aus, dass vor
allem institutionalisierte Formen des Austausches auf Länderebene eine sehr hohe Bedeutung für
ihre Arbeiten haben (vgl. Blümel et al. 2010: 25).

Durch die Betonung von föderalen und regionalen Vereinigungen der Qualitätsentwickler wird ein deutlicher Unterschied im Vergleich zu den Vereinigungen
traditioneller Professionen deutlich: Während in diesen, und hierbei vor allem in
den sich auf den kontinentaleuropäischen Raum beziehenden Professionstheorien, aufgrund der „Staatsvermitteltheit der Professionen" (vgl. Combe/Helsper
1996: 14f.; siehe Ausführungen in Kapitel 5.1.3.) von nationalen Professionsvereinigungen ausgegangen wird, existiert in Deutschland keine einheitliche, nati-
onübergreifende, fest institutionalisierte Vereinigung der Qualitätsentwickler an
Hochschulen.[117]

Anhand der Online-Befragung und der Interviews kann weiterhin gezeigt werden, dass die Vereinigungen der Qualitätsentwickler nicht wie die Berufsverbände
‚traditioneller Professionen' für die Durchsetzung von Zuständigkeits- und Kontrollansprüchen zuständig sind (dieses obliegt dem einzelnen Qualitätsentwickler
wie im folgenden Unterkapitel noch näher ausgeführt wird), noch bestimmen die
genannten Vereinigungen eine standardisierte und kanonisierte Wissensbasis und
die entsprechenden Ausbildungsinhalte. Die formalisierten Organisationen und
hierbei vor allem das ‚Projekt Q' spielen bzw. spielten vor allem bei der formalen
Vermittlung von z. B. Praktiken und Instrumenten der Qualitätsentwicklung, beispielsweise durch Seminare und Kongresse, die von den genannten Vereinigungen
angeboten werden, und durch die Veröffentlichung einschlägiger Literatur (vgl.
Kapitel 7.3.3), eine wichtige Rolle, da sich die Qualitätsentwickler entweder rasch
in einen neuen Themenbereich einarbeiten oder über neue Entwicklungen im organisationalen Feld Hochschule informieren. So beschreibt beispielsweise I7, dass er
sich die ersten Kenntnisse zum Thema ‚Ranking' auf verschiedenen Konferenzen
der genannten formalisierten Organisationen angeeignet hat:

> „Zum Beispiel, Ranking ist ein schönes Thema. Wenn man da wirklich wie die Jung-
> frau zum Kinde kommt und sich da in das Thema rein arbeiten muss, sind natürlich Kon-

---

[117] Dieses ist vor allem vor dem Hintergrund, dass in den meisten Funktionalbereichen im deutschen
administrativen Hochschulmanagement bereits formalisierte Organisationen anzufinden sind, auffällig. Die im Rahmen des Forschungsprojektes ‚Die Professionalisierung im deutschen Hochschulsystem' untersuchten Funktionalbereiche verfügen alle über eine einheitliche deutschlandweit
agierende formalisierte Organisation oder über ein entsprechendes kooperatives Netzwerk. Für den
Bereich Career-Service ist dieses das ‚Career Service Netzwerk Deutschland CSND e.V.' (www.
csnd.de, letzter Zugriff am 14.01.2013), für den Bereich Hochschulkommunikation ist das der
‚Bundesverband Hochschulkommunikation e.V.' (http://www.bundesverband-hochschulkommu-
nikation.de, letzter Zugriff am 14.01.2013), für den Bereich wissenschaftliche Weiterbildung die
‚Deutsche Gesellschaft für wissenschaftliche Weiterbildung und Fernstudium e.V' (www.dgwf.
net, letzter Zugriff am 14.01.2013). Die Technologietransfermanager sind jedoch gemeinsam mit
den Forschungsreferenten im ‚Netzwerk Portal der Forschungs- und Technologiereferenten deutscher Hochschulen' (www.forschungsreferenten.de, letzter Zugriff am 14.01.2013) organisiert,
jedoch ist dieses im Vergleich zu den vorher genannten Vereinigungen deutlich geringer institutionalisiert.

ferenzen eigentlich der ideale Punkt; Startpunkt; um sich schnell einen Überblick über ein Thema zu verschaffen" (17).

Jedoch wurde in den Interviews deutlich, dass vor allem ihre Funktion als Kommunikationsplattform wichtig ist, um sich im persönlichen Kontakt über Praktiken und Organisationsmodi der Qualitätsentwicklung an anderen Hochschulen auszutauschen, diese mit denen der eigenen Hochschule abzugleichen und gegebenenfalls neue Impulse aufzunehmen.[118] Dieses ist die (implizite) Funktion von formalisierten Organisationen, aber auch von den kooperativen Netzwerken, die, wie bereits beschrieben, aufgrund der gleichen Rahmenbedingungen und der häufigen regionalen Nähe sich besonders für diese Aktivitäten anbieten. So dienen die Vereinigungen der formellen, aber auch der informellen Diffusion von Standards und Best Practices und entsprechen somit der Beschreibung der neuen Professionstheorien:

> „Und wir versuchen, auf relativ vielen Tagungen und Workshops eben auch vertreten zu sein. Einerseits, weil es noch nicht so vieles auch in die Richtung gibt, dass man da versucht, alles mitzunehmen. Und weil man da auch unheimlich viele Leute kennen lernt. Und ich muss sagen, eigentlich die informellen Kontakte sind die, die am meisten nützen. Also, wo dann auch spontan mal irgendwelche Treffen einberufen werden über Fakultäten oder über Universitäten hinweg. Wo man sagen kann, okay, so, hier trifft man sich jetzt mal und spricht einfach mal, tauscht Erfahrungen aus; was ist gerade auf Hochschulebene los. Und, ja, dann natürlich auch, was für Ideen gibt's in anderen Hochschulen, was wird da gerade umgesetzt und gemacht. Und die U5 kann da, meines Erachtens, irgendwo insofern nur profitieren und nur lernen, weil sie da wirklich noch im Vergleich relativ weit hinten steht" (16).

> „Ich muss ja wissen, was drumrum passiert [...]. Außerdem sollen wir ja voneinander lernen. Und ich wäre ja vermessen zu sagen, dass wir hier der Weisheit bester Schluss sind. Sondern wenn da andere Unis mit guten Ansätzen kommen, dann sauge ich die regelrecht auf. Ich bin immer auf der Suche nach neuen Impulsen, für uns hier, um die zu nutzen. Und auch, welche weiterzugeben" (18).

Diese Selbst- und Fremdreflexion kann man mit Strang/Meyer (2009: 140ff.) als Theoretisieren bezeichnen (vgl. Krücken et al. 2010: 239). ,Theoretisieren' ist ein Konzept, welches für die Diffusion von Formen und Praktiken, die in einem organisationalen Feld vorherrschen, zentral ist. Unter ,Theoretisieren' verstehen Strang und Meyer (2009) zwar keine wissenschaftliche Reflexion, sondern vielmehr eine Strategie der Sinngebung, die die Entwicklung und Spezifizierung von abstrakten Kategorien und die Formulierung von kausalen Verbindungen (vgl. Strang/Meyer 2009: 140ff.) leisten kann. Hierdurch wird eine Abstraktion von real bestehenden Unterschieden hergestellt, sodass soziale Ähnlichkeiten festgestellt werden können, die Grundlage für Sinngebungs- und Verständigungsprozesse im Feld sind.

---

[118]   Zur Frage von mimetischen Prozessen siehe Fußnote 104.

Durch das Theoretisieren wird die Annahme verstärkt, dass „ähnliche Organisationen in gleicher Weise auf vergleichbare Situationen reagieren" (Kieser/Ebers 2006: 397), welches die interviewten Qualitätsentwickler durch die Aussagen, dass *„das Rad ja nicht immer neu erfunden werden muss"* (15) oder die Aussage, dass *„alle vor den gleichen Themen, alle vor ganz ähnlichen Problemen [stehen] oder [...] ähnliche Ziele dabei [haben]"* (17) deutlich wird.

Diese Möglichkeit der formalen und informellen Informationsbeschaffung durch die formalisierten Organisationen und die kooperativen Netzwerke kann erklären, warum, wie auch schon von Hwang und Powell (2009) und Muzio et al. (2011) beschrieben (vgl. Kapitel 5.3.6 und 5.3.7), im Bereich der ‚neuen Professionen' häufig eine organisationale Mitgliedschaft anzufinden ist und auch, warum häufig die Organisationen selbst Initiator derartiger Vereinigungen sind. Dieses ist auch im organisationalen Feld der deutschen Qualitätsentwicklung an Hochschulen zu beobachten: Alle institutionalisierten Formen des fachlichen Austausches richten sich mit Ausnahme der DeGEval und des Nordverbunds in erster Linie an die Organisation und erst mittelbar an individuelle Mitglieder. Auch entstanden die nationalen Organisationen im Feld Qualitätssicherung, nach deren Mitgliedschaft in der Online-Befragung gefragt wurde (‚Projekt Q' der HRK, DeGEval, Evaluationsverbünde), durch Initiative der Hochschulen. Da die Qualitätsentwickler durch die Nutzung professioneller Netzwerke einen engen Kontakt zu anderen im Feld tätigen Akteuren und vor allem Zugang zu den vorherrschenden und neuen organisationalen Praktiken anderer im Feld tätiger Organisationen erlangen, und dieses auch den beschäftigenden Organisationen, hier den Hochschulen, zu Gute kommt, initiieren und unterstützte diese die Gründung von Organisationen. Vor allem durch die dort entstehenden Gelegenheitsstrukturen entstehen dichte persönliche Netzwerke mit starken Verbindungen (‚strong ties'), in denen, wie auch in der netzwerkanalytischen Literatur beschrieben, der Transfer von neuen Wissen und Praktiken erfolgen kann, der über die Verbindung zwischen einzelnen Organisationen schwieriger zu leisten ist (vgl. Hansen 1999, zitiert in Jansen 2007: 9).

Die Bedeutung der sogenannten ‚strong ties' wird auch bei der Entwicklung sogenannter ‚Coping-Strategien' deutlich: Wie in Kapitel 7.3.2 dargestellt, treten die Qualitätsentwickler als Vermittler zwischen Hochschulleitung und Wissenschaftlern (vertreten durch die Fakultäten) auf und sind hierdurch mit heterogenen Umwelterwartungen und -wahrnehmungen konfrontiert. Wie von Noordegraf (2007) beschrieben, tragen die genannten Vereinigungen, aber vor allem die ungerichteten Netzwerke der Qualitätsentwickler dazu bei, mit etwaig entstehenden Unannehmlichkeiten umzugehen, d. h. sie tragen dazu bei, Coping-Strategien zu finden. Dieses kann anhand der folgenden beiden Zitate verdeutlicht werden:

„Ich glaub', der Austausch spielt ‚ne ganz wichtige Rolle, gerade beim Thema Qualitätsmanagement, weil es eben ‚ne Arbeit ist, die ja auch an Grenzen stößt, wo man auch
frustrierende Erfahrungen macht. Das ist jetzt alles noch harmlos in dem letzten Jahr
gewesen, aber ich denk', wir werden hier auch an unsere Grenze stoßen, wo man denkt,
okay, jetzt sind wir an ‚nem Punkt, irgendwie kommen wir nicht mehr weiter, aber es
muss doch weitergehen und andere sind doch auch weiter, und so. Und ich glaub', da
spielen Netzwerke eine große Rolle" (I12).

„Wir versuchen uns mit denen an den großen Unis, die so im Bereich Planung, Qualitätssicherung zuständig sind, dass wir uns da halt vernetzen und regelmäßig, weil man da
eben halt feststellt, ja, wir haben alle ein Stück weit ehrlich gesagt die gleichen Probleme
mit unseren Hochschulleitungen" (I9).

Dass dieses vor allem in den vor allem föderalen und regionalen kooperativen
Netzwerken und den ungerichteten Netzwerken geschieht, ist darauf zurückzuführen, dass es vor allem ‚strong ties' sind, die Vertrauen vermitteln (Vgl. Fürst/
Schubert 1998: 356). Vertrauen ermöglicht in unübersichtlichen Anfangssituatio-
nen, dass komplexe Realitäten sehr viel schneller und ökonomischer vereinfacht
werden können als Mechanismen wie Autorität oder andere es vermögen (Powell
1996: 96, zitiert in Diller 2002a: 39). Durch Vertrauen wird Reziprozität möglich,
das heißt, man tauscht sich schneller aus.[119] Die Offenbarung der eigenen Position ist riskant, wenn der andere nicht dasselbe tut und lediglich einen Wettbewerbsvorteil daraus zieht. Deswegen ist Vertrauen notwendig, welches vor allem
in ‚strong ties' gebildet wird (vgl. Granovetter 1973; Jansen 1995: 107; Krücken
2009: 51, 54f.).

Erschwert wird jegliche Form des Austauschs allerdings dadurch, dass die
Universitäten zunehmend in einem Wettbewerb stehen (vgl. zusammenfassend
Winter/Würmann 2012). So sagen 4 der 13 interviewten Qualitätsentwickler
aus, dass vor allem durch die Exzellenzinitiative mehr Konkurrenz zwischen den
Universitäten entstanden ist, sodass der fachliche Austausch in Antragszeiten der
Exzellenzinitiative eingeschränkt wird. Grund hierfür ist, dass in stark ausgebau-
ten und distinguierten Qualitätssicherungs- und/oder Managementsystemen ein
Wettbewerbsvorteil gesehen wird. Exemplarisch wird dieses an folgenden beiden
Zitaten deutlich:

„Universitäten stehen auch in Konkurrenz zueinander. Und man hat auch nicht unbedingt den Bedarf, eine andere Uni über alles, was man so macht, aufzuklären, ja? Das
muss man auch mal ganz ehrlich so sehen. Es geht dann irgendwann wieder in neue
Verhandlungen für Exzellenzinitiativen und Elite-Unis, und so weiter. Und möchte man
da wirklich einer anderen Universität ein ausgeklügeltes Qualitätsmanagementsystem
darlegen, damit die es dann genauso machen können" (I4)?

---

[119] Allerdings sind mit ‚strong ties' auch Nachteile verbunden. So verlangt das Aufrechterhalten von
‚strong ties' viel Zeit und Aufmerksamkeit, sie liefern teilweise redundante Informationen und sind
eher statisch (vgl. Jansen 1998).

> „Wir stehen auch aufgrund der Politik sehr stark in einem Wettbewerb miteinander. Und wir sind eine Exzellenz-Uni und wir schreiben gerade am zweiten Exzellenz-Antrag. Die Qualitätssicherung spielt da an vielen Punkten eine Rolle. Wir machen sehr, sehr viele innovative neue Projekte, ganz unabhängig von dem, was so Standard ist, und die werde ich auch so erst nicht bekannt geben. Erst, wenn dann die Exzellenzinitiative durch ist, dann werde ich auch da anfangen, darüber zu berichten" (I8).

Auch I5, I6, I10 und I12 erkennen die Schwierigkeit, Wettbewerbs- und Kooperationsbestrebungen auszubalancieren, stellen aber deutlich die Möglichkeit des Lernens durch Austausch in den Vordergrund:

> „Alle stehen vor ganz ähnlichen Problemen oder haben ähnliche Ziele dabei. Das eine ist sozusagen in Konkurrenz untereinander zu sein, aber das andere ist auch, sich zu befruchten oder an einigen Stellen vielleicht sogar mal 'ne Kooperation aufzubauen. Und mir ist dieses Sich-Befruchten, das Voneinander-Lernen, Anregungen mitnehmen eigentlich sehr viel wichtiger als das andere" (I10).

Diese Verzahnung kooperativer und kompetitiver Elemente ist keine Spezifität des Hochschulbereichs, sondern ist eine in der ökonomischen Theorie bekannte Situation, die dort als ‚Coopetition' (Nalebuff/Brandenburger 2008) bezeichnet wird. Coopetition entsteht beispielsweise dort, wo aus Kooperationen ein Mehrwert für die kooperierenden Akteure geschaffen wird und die Maximierung dieses Mehrwertes ein gemeinsames Interesse darstellt. Allerdings evoziert spätestens die Frage nach der Verteilung der Kooperationsrendite die wettbewerblichen Elemente dieser Beziehung (vgl. Hecker 2007: 3f.) eine Frage, die vor allem bei aktuellen wettbewerblichen Verfahren – hier dem Antragsverfahren im Rahmen der dritten Runde der Exzellenzinitiative – virulent wird.

Anders als von Noordegraf (2007) beschrieben, wird von keinem der befragten Qualitätsentwicklern explizit ausgesagt, dass die Vereinigungen und ungerichteten Netzwerke zur Schaffung einer gemeinsamen Identität beitragen. Zwar wird durch die Aussagen der Qualitätsentwickler deutlich, dass ihre Position, ihre Verortung und damit auch ihre Identität weder innerhalb noch außerhalb der Hochschule gefestigt ist (siehe Ausführungen Kapitel 7.3.5), dies führt aber nicht dazu, dass die Vereinigungen und Netzwerke diese Funktion übernehmen. So steht derzeit der Austausch über Praktiken und Modi der Qualitätsentwicklung im Vordergrund. Es bleibt abzuwarten, inwiefern durch eine zunehmende Konsolidierung und Institutionalisierung des Tätigkeitsfeldes Qualitätsentwicklung an deutschen Hochschulen die Frage nach einer gemeinsamen Identität im Zeitverlauf in den Vordergrund tritt. Dieses Identitätserzeugung wird aber wahrscheinlich auch im Vergleich zu den ‚traditionellen Professionen' dadurch erschwert sein, dass die Qualitätsentwickler als Referenz- und Orientierungspunkt die eigene Organisation betrachten (vgl. Kapitel 7.3.2.) und nicht wie bei den ‚traditionellen Professionen' die eigenen Peers.

Zusammenfassung

Zunächst ist festzuhalten, dass es nach Beendigung des ‚Projektes Q' der HRK in Deutschland keine bundesländerübergreifende Vereinigung bzw. kein Netzwerk existiert, welches sich explizit und ausschließlich an Qualitätsentwickler an deutschen Hochschulschulen richtet. Bei den Organisationen und Netzwerken, die für die Qualitätsentwickler von Bedeutung sind, finden sich verschiedene Institutionalisierungsgrade, die von stärkerer institutionalisierten Verbünden in Form von formalisierten Organisationen (z. B. ‚Projekt Q' der HRK; Nordverbund), zu kooperativen Netzwerken zumeist auf föderaler oder regionaler Ebene (z. B. AG Qualitätsentwicklung der Baden-Württembergischen Universitäten) bis hin zu ungerichteten Netzwerken reichen. Die festgestellte höhere Bedeutung von föderalen und regionalen Vereinigungen konnte durch die in Deutschland anzufindende föderale Rechts- und Finanzstruktur sowie die geringeren Transaktionskosten beim Aufbau von föderalen/regionalen Netzwerken erläutert werden.

Diese Organisationen und Netzwerke dienen vor allem dem Informations- und Wissensaustausch, der Diffusion von Best Practices sowie der Selbst- und Fremdreflexion. Die beiden erstgenannten Funktionen können auch die häufig anzufindende organisationale Mitgliedschaft sowie die Gründungsimpulse durch die Hochschulen erklären, da durch die dort entstehenden Kontaktmöglichkeiten die Mitarbeiter starke Beziehungen (‚strong ties') knüpfen können, die Zugang zu anderen Akteuren im Feld und damit auch zu neuen organisationalen Praktiken anderer Organisationen ermöglichen. Wie in den ‚neuen Professionstheorien', und hier vor allem von Noordegraf (2007) beschrieben, tragen die Netzwerke auch dazu bei, ‚Coping-Strategien' im Umgang mit divergierenden Ansprüchen zu finden. Anders als in den ‚neuen Professionstheorien' dargestellt, tragen die Netzwerke jedoch nicht zu einer gemeinsamen Identitätsbildung bei. Eine Erklärung hierfür bietet die relative Neuartigkeit des Feldes, aufgrund der noch nicht festen Etablierung und Standardisierung von Instrumenten und Praktiken steht diese Funktion (derzeit) im Vordergrund.[120] Zusätzlich erschwert wird dieses aber auch durch den Organisationsbezug (vgl. Kapitel 7.3.2), als auch durch die geschilderte Konkurrenzsituation unterhalb der Hochschulen.[121]

---

[120] Allerdings ist auch zu erwähnen, dass die ‚neuen Professionstheoretiker' Tätigkeitsfelder als Gegenstand analysieren, die in ihrem Institutionalisierungsgrad schon weiter fortgeschritten sind und auch schon über einen längeren Zeitraum existieren als das der Qualitätsentwickler an deutschen Hochschulen. So verweist Noordegraf (2007) häufig auf Manager in öffentlichen Einrichtungen, Hwang und Powell (2009) beziehen sich auf Kulturmanager, Langer und Manzeschke (2009) auf Medizincontroller und Sozialarbeiter mit Managementfunktionen, Muzio et al. (2011), Alvesson und Johanson (2002), Alvesson und Kärremann (2004, 2006) auf Unternehmensberater.

[121] Um Konkurrenzsituationen zu vermeiden und somit einen stärkeren professionsbezogenen Zusam-

Es zeigt sich, dass die Organisationen und Netzwerke im Feld der Qualitäts-entwicklung an deutschen Hochschulen nicht die Charakteristika ‚traditioneller Professionsvereinigungen' zeigen. So definieren und kontrollieren sie weder Aus-bildungsinhalte und entwickeln diese weiter noch erstellen sie ethisches Kodizes und Standards und überprüfen die Einhaltung dieser. Auch treten die Vereinigun-gen, bzw. müsste man auch in Bezug auf die ‚traditionellen Professionstheorien' von einer singulären Vereinigung ausgehen, nicht als regulierender und Norm set-zender Akteur auf, der Zuständigkeits- und Kontrollansprüche durchsetzt. Diese Argumentation findet sich insbesondere in der konfliktorischen Sichtweise, die Professionalisierung vor allem als Statusverbesserung oder Professionalisierungs-projekte betrachtet und in den Berufsverbänden als politische Instanz der Durch-setzung von eigenen Interessen der Professionellen dient (vgl. Larson 1977). Im Feld der Qualitätsentwicklung kann dieses Fehlen eines Akteurs, der gemeinsame Interessen vertritt und ggf. auch durchsetzt, nachteilig für die Karriereperspekti-ven der Qualitätsentwickler sein. Das Fehlen eines starken Berufsverbandes, der Ausbildungsinhalte standardisiert und somit übertragbar macht und gemeinsame Interessen durchsetzt, bietet – neben dem starken Organisationsbezug der Qua-litätsentwickler, deren unklaren Verortung innerhalb der Hochschule sowie des nicht fest definierten Tätigkeitsprofils – eine zusätzliche Erklärung zu dem im Kapitel 5.3.1 vorgestellten Befund, dass die Qualitätsentwickler ihre weiteren Kar-rierechancen eher moderat einschätzen.

7.3.5 Zuständigkeitsanspruch/Legitimation

Während der Zuständigkeitsanspruch der ‚traditionellen Professionen' im Wett-bewerb zwischen verschiedenen beruflichen Gruppen hergestellt wurde, hat sich der Wettbewerb um die Zuständigkeit gemäß den ‚neuen Professionstheorien' in die Organisationen verschoben. Die Durchsetzung des Zuständigkeitsanspruchs ist dabei von der Akzeptanz und Legitimation seitens der Klienten (alte Theorien) bzw. Kunden (neue Theorien) abhängig. Somit wird im folgenden Teilkapitel zu-nächst dargestellt, wie die Qualitätsentwickler die Akzeptanz ihrer Tätigkeit durch verschiedene Personengruppen vor allem innerhalb der Hochschule einschätzen.

Die ‚traditionellen Professionen' erlangen Akzeptanz und Legitimität durch eine Gemeinwohl- und Klientenorientierung, die ‚neuen Professionellen' durch die

---

menhalt zu erreichen, war es Ärzten (bis 2000) und Anwälten (bis 1995) strikt untersagt, Werbung für die eigene Person zu machen. Mittlerweile ist dieses Verbot gelockert, (vgl. Novellierung der §§ 27, 28 Musterberufsordnung (MBO) auf dem 103. Deutschen Ärztetag 2000 in Köln; § 43 Bundesrechtsanwaltsordnung), allerdings gelten nach wie vor Erlaubnisvorbehalte.

Imitation einer Gemeinwohl- und Kundenorientierung, vor allem aber durch die Betonung des zusätzlichen Wertes, der für die Kunden (und nicht aufgrund persönlicher Probleme hilfebedürftiger Klienten) aus den erbrachten professionellen Leistungen resultiert. Die ‚neuen Professionellen' müssen, anders als die ‚traditionellen Professionellen', denen Professionalität qua Zugehörigkeit zu einer Profession und dargestellt durch eine offizielle Lizenz zugesprochen wird, interagierend und kommunizierend um Zustimmung und Anerkennung für ihre Tätigkeit werben (Pfadenhauer 2003: 207; Alvesson/Johansson 2002; vgl. Kapitel 5.3.3). Folglich wird davon ausgegangen, dass die Qualitätsentwickler stark die Vorteile ihrer Arbeit kommunizieren müssen (siehe Tab. 7.33).

Zuständigkeitsanspruch	Legitimität

• wird im Wettbewerb zwischen verschiedenen Professionen ausgetragen
 	
• gesellschaftlicher Akzeptanz und Legitimität wird erreicht durch
  - abstrakte Wissensbasis
  - Gemeinwohlorientierung
  - Verantwortung gegenüber Gesamtgesellschaft und Klienten
 	
• staatliche Lizenz (national)
	• wird im Wettbewerb zwischen verschiedenen beruflichen Gruppen vor allem innerhalb von Organisationen ausgetragen
	
	• organisationale Legitimation und Akzeptanz wird erreicht durch Imitation/Rekurs auf Gemeinwohlorientierung und Gesamtgesellschaft, aber noch stärker Bezug durch Klientenorientierung, Marktwert und einer Darstellung des 'Value Added' durch professionelle Leistungen
	
	• keine Lizenz, wenig Regulierung → Notwendigkeit der 'professionellen Inszenierung'

Tab. 7.33   Zuständigkeitsanspruch/Legitimität ‚alte' und ‚neue Professionstheorien' im Vergleich

Über die verschiedenen Statusgruppen innerhalb der Hochschulen sind starke Divergenzen zwischen der Einschätzung der Qualitätsentwickler in Hinblick auf die Akzeptanz ihrer Tätigkeit zu beobachten. Gleichwohl zeigen sich über alle Akteursgruppen hinweg doch relativ hohe Akzeptanzwerte. Allerdings sei vor der nun folgenden Interpretation dieser Akzeptanzwerte bemerkt, dass diese hohen Werte mit Bedacht betrachtet werden müssen. Zum einen wurde nicht erhoben – dieses stellt aber ein Desiderat für weitergehende Forschungen dar – inwiefern die Akteursgruppen die von den Qualitätsentwicklern eingeschätzte Akzeptanz ebenfalls teilen. Ebenso ist es nicht auszuschließen, dass das Antwortverhalten zumindest zum Teil den Effekt der sozialen Erwünschtheit widerspiegelt.

Die stärkste Akzeptanz wird auf Seiten der Hochschulleitung vermutet. 36,8 % bzw. 32,8 % schätzen diese als sehr stark ein, 36,8 % bzw. 29,9 % als stark. Diese hohe wahrgenommene Akzeptanz kann durch die starke Informations- und Beratungsfunktion für die Hochschulleitung erklärt werden, die im Kapitel 7.3.2 dargestellt wurde. 22,1 % bzw. 22,3 % der Qualitätsentwickler schätzen die Akzeptanz ihrer Tätigkeit durch den den Rektor/Präsidenten bzw. den Kanzler/den Hauptamtlichen Vizepräsidenten als volatil bzw. schwach ein. Persönliche Animositäten oder eine Ablehnung der Qualitätssicherung seitens der Hochschulleitung können diesen Befund erklären, aber auch ein schwacher Steuerungsanspruch der Hochschulleitung kann zu niedrigen Akzeptanzwerten führen: Wie Kloke und Krücken (2012a, b) zeigen konnten, hängt ein starker Steuerungsanspruch der Hochschulleitung mit einer starken Nutzung, und damit auch angenommen der Akzeptanz von qualitätssichernden Maßnahmen zusammen (vgl. Kapitel 7.3.2.). Bei einem schwachen Steuerungsanspruch der Hochschulleitung konnte beobachtet werden, dass qualitätsentwickelnde Maßnahmen eher als Reaktion auf rechtlichen ('Co-Service') Druck eingeführt wurden und Ergebnisse der Qualitätssicherung eher selten Eingang in Entscheidungs-, aber vor allem Steuerungsprozesse fanden (vgl. Kloke/Krücken 2012a, b) und somit auch von einer schwächeren Akzeptanz ausgegangen werden kann.

Über 40 % der Qualitätsentwickler schätzen die Akzeptanz ihrer Tätigkeit seitens der Studierenden als stark oder sehr stark ein. Dieses ist vor dem Hintergrund, dass die Studierenden die 'Nutznießer' qualitätssichernder Maßnahmen sind, nicht überraschend. Auffällig ist hierbei jedoch die Aussage von 39 % der Qualitätsentwickler, dass sie die Akzeptanz seitens der Studierenden nicht einschätzen können. Hierdurch wird erneut deutlich, dass ein direkter Kontakt und eine Zusammenarbeit mit den Studierenden nicht der Regelfall der qualitätsentwickelnden Tätigkeit zu sein scheint. (vgl. Kapitel 7.3.2.2.). Auf die seltene direkte Zusammenarbeit kann auch die von knapp 60 % der Qualitätsentwickler artikulierte schwierige Einschätzbarkeit der Akzeptanz seitens externer Partner und die von 16,7 % der Qualitätsentwickler schwierige Einschätzbarkeit der Akzeptanz seitens der Wissenschaftler zurückgeführt werden.

50,1 % der befragten Qualitätsentwickler berichten, dass die Verwaltungsmitarbeiter ihre Tätigkeit stark oder sehr stark akzeptieren, jedoch gehen auch 30,3 % der Befragten davon aus, dass ihre Tätigkeit nur teilweise akzeptiert ist. Die Vermutung, dass dieses auf eine Konkurrenz der traditionellen Verwaltung und der zumeist neu etablierten Einrichtungen für Qualitätsentwicklung um Ressourcen- und Zuständigkeiten zurückzuführen ist, wird von I11 und I12 geschildert. Auffällig ist, dass diese Interviewten an Hochschulen arbeiten, an denen 'Doppelstrukturen' (d. h. die Verantwortung für die Qualitätsentwicklung liegt zum Teil in der traditionellen Verwaltung, zum Teil aber auch in neu geschaffenen Einheiten (vgl. Kapitel 7.2.1.1), vorhanden sind. Allerdings wird, zurückkehrend auf die Frage nach einem professionellen Wettbewerb um Zuständigkeitsansprüche, nicht die Art des Zuständigkeitswettbewerbs beschrieben, die in den 'traditionellen Professionstheorien' dargestellt wird (und der zugleich ja auch außerhalb von Organisationen stattfindet). Während in den 'traditionellen Professionstheorien' die Frage, wie das Wissen und das Können der Professionellen kontrolliert wird, im Fokus steht, handelt es sich bei der von I1 und I2 beschriebenen Situation eher um eine fehlende Abgrenzung organisatorischer Zuständigkeiten.

Die Frage nach der Durchsetzung von Kompetenz- und Kontrollansprüchen stellen sich die Qualitätsentwickler eher in Bezug auf die Zusammenarbeit mit den Wissenschaftlern, jedoch handelt es sich hierbei nach Meinung der Qualitätsentwickler um einen lediglich von den Wissenschaftlern perzipierten Wettbewerb um Zuständigkeit, der aber nicht in der Intention der Qualitätsentwickler läge. Die Qualitätsentwickler beschrieben, dass die Wissenschaftler ihnen, zumindest zu Beginn der Tätigkeit, kritisch gegenüberstanden. Die Wissenschaftler würden, wie dieses ja auch in der einschlägigen Hochschulforschungsliteratur beschrieben wird (Jansen 2007; Pellert 2000: 45), befürchten, dass die Verwaltung und damit auch die Qualitätsentwickler zu stark auf die fachliche Arbeit und die Autonomie der Wissenschaftler einwirken und diese kontrollieren wollen. Als zusätzliche Befürchtung wurde eine zusätzliche Arbeitslast durch qualitätssichernde Maßnahmen befürchtet. Diese genannten Aspekte können die, vor allem im Vergleich zu der hohen eingeschätzten Akzeptanz seitens der Hochschulleitung, mit lediglich von 5,4 % bzw. 28 % der Qualitätsentwickler getätigten Aussage einer sehr starken

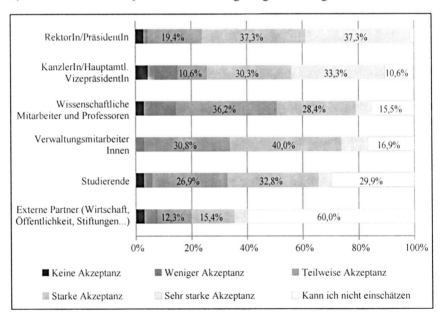

Abb. 7.34 Akzeptanz aus Sicht verschiedener Akteure (OB)

	MW (Antwortkategorie 6= „Kann ich nicht einschätzen" wurde aus Berechnung MW und STD. exkludiert)	SD
RektorIn/PräsidentIn	4,1	1,0
KanzlerIn/Hauptamtl. VizepräsidentIn	3,9	1,2
Verwaltungsmitarbeiter Innen	3,7	0,7
ProfessorInnen & wiss. MitarbeiterInnen	3,3	0,9
Studierende	3,5	0,9
Externe Partner (Wirtschaft, Öffentlichkeit, Stiftungen...)	3,3	1,1

Tab. 7.34   „Wie schätzen Sie die Akzeptanz Ihrer Tätigkeit aus Sicht des/der ... ein?" N=69, Quelle: Online-Befragung Qualitätsentwickler 2009

oder starken perzipierten Akzeptanz ihrer Arbeit durch die Wissenschaftler erklären. So stellt auch die häufigste Antwortkategorie der Qualitätsentwickler die der teilweisen Akzeptanz seitens der Wissenschaftler dar; 11,5 % schätzen ihre Tätigkeit als wenig akzeptiert ein (siehe Abb. 7.34 und Tab. 7.34).

Jedoch artikulieren die Qualitätsentwickler deutlich, dass es ausdrücklich nicht ihre Intention sei, auf die inhaltlichen Kernprozesse der Forschung[122] (inhaltliche Fragen, Wahl des Gegenstandes, wissenschaftliche Vorgehensweise) direkt Einfluss zu nehmen, sondern dieses in den Händen der Wissenschaftlern läge (vgl. Kapitel 2.4 und Kapitel 7.3.2.c).

> „Da [Anmerkung der Autorin: im Bereich der Inhalte von Lehrevaluationen] haben wir kaum Vorgaben, das kann der Fachbereich so gestalten, wie er das für richtig hält. Weil das letztendlich der Experte für die Umsetzung der Ziele ist" (111).

Folglich ist es ein Kernanliegen der Qualitätsentwickler *„glaubhaft darzustellen, dass die Autonomie nicht angegriffen wird"* (110). Dieses ist den Qualitätsentwicklern zufolge auch Grundvoraussetzung für eine gute Zusammenarbeit und damit auch für die Akzeptanz der Tätigkeit der Qualitätsentwickler seitens der Wissenschaftler; auf die sie in ihrer Tätigkeit abhängig sind (vgl. VII.3.2.c). So müssen die Qualitätsentwickler die vor allem anfänglich vorhandene Skepsis seitens der Wissenschaftler durch starke, ‚aufklärerische' Kommunikationsarbeit abschwächen:

> „Vor allem am Anfang haben viele gefragt, was bedeutet das [Anmerkung der Autorin: Etablierung der Organisationseinheit für Qualitätsentwicklung]. Bedeutet das, dass das mit unseren Geldern gekoppelt wird? Oder kriegt das Präsidium all die einzelnen Ergebnisse? Und da war zunächst mal ein bisschen Unruhe. Aber wenn man die Leute informiert und erklärt [...]. Ich habe hier von Anfang an, na ich sage mal das kommunikative

---

[122]   Allerdings wurde auch deutlich, dass die Qualitätsentwickler sehr wohl ihre Aufgabe darin sehen, Einfluss auf die operationalen Entscheidungen im Sinne Berdahl (1990), d. h. die Organisation, hier auf die Lehre zu nehmen (vgl. auch Kapitel 7.3.2.2 c).

Modell gefahren. Im ersten Semester habe ich mich einfach nur bekannt gemacht. Ich bin rumgegangen, habe mich, mein Konzept vorgestellt" (I5).

„Deswegen sind wir auch sehr für persönliche Gespräche und auch fürs Kennenlernen und sich auch wirklich mit den Leute treffen. Wir haben festgestellt, dass das einen sehr positiven Effekt hat, wenn die Fakultäten oder die Vertreter dort eben auch ein Gesicht haben und auch merken, man möchte ihnen nichts Böses" (I6).

„Also man muss immer wieder reden, reden, reden, also Kommunikation und versuchen zu überzeugen und alle ins Boot zu holen" (I8).

Wie in den ‚neuen Professionstheorien' beschrieben, sind die Qualitätsentwickler folglich darauf angewiesen, werbend für ihre Arbeit tätig zu werden, um so Legitimation und Akzeptanz herzustellen.

Eine Imitation bzw. ein Rekurs auf eine Gemeinwohlorientierung und die Gesamtgesellschaft sowie die Herstellung eines Marktwertes lässt sich in den Aussagen der Qualitätsentwickler nicht finden. Stattdessen wird aber sehr stark der Vorteil der Inanspruchnahme der Leistungen der Qualitätsentwickler betont (‚Value Added'). So wird von sämtlichen Interviewten geäußert, dass sie ihre Arbeit als Dienstleistung – hier gegenüber den Wissenschaftlern – verstehen und die Qualitätsentwicklung als Mittel der Arbeitserleichterung für die Wissenschaftler verstanden werden kann:

„Wir müssen werben für unsere Arbeit, indem wir deutlich machen, welchen Nutzen sie vielleicht auch davon haben […]. Man kann es immer wieder anbieten. Und zeigen, dass es für die Person auch Arbeitserleichterung ist" (I1).

„Ich verstehe meine Arbeit als Dienstleistung. Die haben kaum noch was damit [Anmerkung der Autorin: mit der Qualitätssicherung] zu tun […] wir nehmen ihnen [Anmerkung der Autorin: den Wissenschaftlern] auch sehr stark die Arbeit der Qualitätssicherung ab" (I8).

Allerdings ist hier erneut (vgl. Kapitel 7.3.2) darauf hinzuweisen, dass anzunehmenden ist, dass die Qualitätsentwickler vor dem Hintergrund der bekannten Spannungen zwischen Wissenschaftlern und der Verwaltung (vgl. Lewis/Altbach 1996) aus Gründen der ‚sozialen Erwünschtheit' auch eher den Aspekt der Unterstützung und Dienstleistung der Wissenschaftler als den einer möglichen Kontrolle betonen.

Da die Qualitätsentwickler nicht wie die ‚traditionellen Professionen' über eine lizenzierte Ausbildung verfügen, die als Legitimationsgrundlage professionellen Handelns fungieren kann, müssen die ‚neuen Professionellen' den Wert ihrer Professionalität darstellen. Dieses geschieht den ‚neuen Professionstheoretikern' zufolge durch das Festlegen individueller und organisationaler Servicestandards, dem Fokussieren der Bedürfnisse des Kunden (vgl. vorangegangene Ausführungen), Verlässlichkeit und dem erfolgreiche Abschließen vorheriger Projekte (vgl.

Kapitel 5.3.3.). In den geführten Interviews zeigt sich, dass sich die fehlende Lizensierung und damit auch, zumindest gemäß der ‚alten Professionstheorien', die nicht automatisch vorhandene Vertrauensbasis in das professionelle Handeln darin ausdrückt, dass die Qualitätsentwickler unter einer „Beweislast" (I3) stehen. Dieses zeigt sich darin, dass sie ihr tägliches Handeln begründen müssen, sie müssen ihre ‚Professionalität' darstellen:

> „Man muss ganz viel begründen, warum bestimmte Dinge so und nicht anders laufen können. Wir arbeiten nicht mit Druck, sondern mit Überzeugung. Wir erklären, wieso bestimmte Dinge so sein müssen, woher es kommt, belegen es [...] wir beweisen wo es herkommt, dass wir es uns nicht selbst ausgedacht haben" (I13).

> „Ich muss begründen was ich kann, was ich tue, dass ich nicht irgendwie Qualitätsmanagement mache, weil Qualitätsmanagement halt gemacht werden muss, sondern dass ich im Hinterkopf habe, jede einzelne Anforderung, die ich an den Fachbereich stelle, dass ich die auch begründen kann und erläutern kann, und zwar glaubhaft und fundiert, wissenschaftlich fundiert auch, das finde ich, das ist für mich professionell" (I12).

Akzeptanz und Legitimität erhalten die Qualitätsentwickler auch durch bestätigtes und nicht verletztes Vertrauen, das die verschiedenen Akteure in der Hochschule in ihre Arbeit setzen. Die Erzeugung und Aufrechterhaltung dieses Vertrauens benennen die Hälfte der interviewten Qualitätsentwickler als Kennzeichen ihrer ‚Professionalität'. Interessanterweise wird dieser Aspekt in den ‚neuen Professionstheorien' wenig beleuchtet, obgleich sich hier eine Parallele zu den ‚traditionellen Professionen' zeigt, da dort auch das Vertrauensverhältnis zwischen Klienten und Professionellen ein wichtiger Bestandteil der Professionalität ist. Jedoch wird den ‚traditionellen Professionen' seitens der Klienten ein ‚Grundvertrauen' in die professionelle Tätigkeit zugeschrieben, aufgebaut durch die Existenz einer lizensierten Ausbildung und der Orientierung an einem Berufsethos. Die Qualitätsentwickler hingegen müssen sich dieses Vertrauen erst durch kontinuierliche, verlässliche Zusammenarbeit erarbeiten:

> „Vertrauen basiert da auf Erfahrung einfach. Ich glaub', die Fächer haben mit uns bestimmte Erfahrungen gemacht, sie haben gemerkt, dass wir bestimmte Standards einhalten und natürlich unterhalten sie sich auch über die Verfahren untereinander und wenn das konsistent ist – Vertrauen bildet sich dann, wenn Sie konsistente Einschätzungen über die Handlung von Akteuren haben, und ich glaub', die Einschätzungen sind konsistent" (I3).

Zwischenfazit

Es kann festgehalten werden, dass sich die Qualitätsentwickler nicht, wie in den ‚traditionellen Professionstheorien' beschrieben, in einem organisationsexternen, aber auch nur in einem eingeschränkten Maße, in einem organisationsinternen

Wettbewerb um Zuständigkeitsansprüche im Sinne von Konkurrenz um Kompetenz- und Kontrollansprüche befinden. Am ehesten kann von einem Zuständigkeitswettbwerb zwischen den Qualitätsentwicklern und der traditionellen Verwaltung gesprochen werden, allerdings handelt es sich hierbei auch eher um unklare organisatorische Aufgabenzuordnungen. Dieses kann die durch die Qualitätsentwickler wahrgenommenen niedrigeren Akzeptanzwerte, vor allem im Vergleich zu den hohen Akzeptanzwerten der Hochschulleitung, in Bezug auf die Hochschulverwaltung erklären.

Die Qualitätsentwickler äußern, dass die Wissenschaftler bei Aufnahme der Tätigkeit der Qualitätsentwickler aufgrund einer befürchteten Autonomiebeschneidung und eines erhöhten Arbeitsanfalls durch qualitätssichernde Maßnahmen diesen kritisch gegenüber standen. Hierauf können auch die durch die Qualitätsentwickler perzipierten durchschnittlichen Akzeptanzwerte seitens der Wissenschaftler zurückgeführt werden. Jedoch berichten die Qualitätsentwickler unisono, dass ein Wettbewerb um Zuständigkeiten nicht ihre Intention sei, nicht zuletzt, da sie in ihrer Tätigkeit auf die Unterstützung der Wissenschaftler angewiesen seien. So sind die Qualitätsentwickler, wie in den ‚neuen Professionstheorien' beschrieben, darum bemüht, um Zustimmung und Anerkennung für ihre Tätigkeit zu werben. Hierbei ist weniger ein Rekurs auf eine Gemeinwohlorientierung zu beobachten, sondern es wird der ‚Value Added' ihrer Arbeit, vor allem für die Wissenschaftler in Form von Arbeitserleichterungen, betont.

Durch die im Vergleich zu den ‚traditionellen Professionen' fehlende Lizenz müssen die Qualitätsentwickler dem Wert ihre Professionalität darstellen. Dieses leisten die Qualitätsentwickler durch das Festlegen individueller und organisationaler Servicestandards, dem Fokussieren der Bedürfnisse der Stakeholder innerhalb der Hochschule, dem erfolgreichen Abschließen vorheriger Projekte und vor allem durch die Bestätigung, dass in sie gesetztes Vertrauen nicht verletzt wird. Hier zeigt sich, obgleich die Beschreibungen der ‚neuen Professionstheorien' in der Dimension ‚Zuständigkeitsanspruch/Legitimation' auf die Gegebenheiten im Feld der Qualitätsentwicklung zum größten Teil zutreffen, eine interessante Parallele zu den ‚traditionellen Professionen', die das Vertrauensverhältnis zwischen Professionellen und Klienten als wesentliches Charakteristikum der professionellen Beziehung definieren.

8 Zusammenfassung, Forschungsperspektiven und Ausblick

In diesem letzten Kapitel werden zunächst die wichtigsten Untersuchungsergebnisse zusammengefasst und die Ausgangsfrage, wie sich die distinkten Charakteristika der Professionalität der Qualitätsentwickler an deutschen Hochschulen darstellen, beantwortet. Danach werden Forschungsperspektiven aufgezeigt. Den Abschluss der Arbeit bilden hochschulpolitische Implikationen.

8.1 Zusammenfassung der Untersuchungsergebnisse

Im Folgenden werden zunächst kurz die zentralen Ergebnisse der theoretischen Analyse vorgestellt, bevor auf die der empirischen Analyse eingegangen wird.

8.1.1 Ergebnisse der theoretischen Analyse

Rahmenbedingungen der Etablierung der hochschulischen Qualitätsentwicklung (Kapitel 2)

Die Etablierung von qualitätssichernden Einheiten an deutschen Hochschulen kann auf die Einführung von an ,New Public Management' orientierten Steuerungsmechanismen und der hiermit verbundenen Erweiterung der institutionellen Autonomie der Hochschulen zurückgeführt werden. Aus der zunehmend management- und wettbewerbsorientierten Steuerung resultiert die Stärkung des institutionellen Managements der Hochschulen. Dieses bedeutet einen Wandel der Organisation Hochschule, die sich von einem ,lose gekoppelten System' oder einer ,organisierten Anarchie' hin zu einem ,organisationalen Akteur' wandelt, welcher hochschulintern und hochschulextern als einheitlich handelnder und selbstverantwortlicher Akteur auftritt. Allerdings ist davon auszugehen, dass dem Management der Hochschule aufgrund inhärenter Spezifika (unklare Zielbestimmung, schwierige Technisierbarkeit von Forschung und Lehre, externe Relevanz- und Entlohnungsstrukturen, häufiger Wechsel von Organisationsmitgliedern, fehlende Personal- und Organisationsmacht, verfassungsrechtliche Bestimmungen, starker Professionsbezug) Grenzen gesetzt sind.

Definition, Instrumente und Umsetzung der Qualitätsentwicklung (Kapitel 3)

Die Qualitätsentwicklung lässt sich als Ausdruck der Organisationswerdung der Hochschulen fassen, da die ehemals individuellen Verantwortlichkeiten des einzelnen Wissenschaftlers für die Forschung, aber vor allem für die Lehre, auf die Hochschulen übertragen wurden, die als endogene Antwort Stellen für die Qualitätsentwicklung einrichteten. Zudem müssen die Hochschulen im Zuge einer gestiegenen gesellschaftlichen Rechenschaftspflicht Leistungsqualität durch qualitätssichernde Maßnahmen beweisen und darstellen (‚accountability').

Generell kann zwischen der Qualitätsentwicklung, der Qualitätssicherung und dem Qualitätsmanagement unterschieden werden. Die Qualitätsentwicklung fragt danach, wie die Qualitätsziele einer Organisation erreicht werden können, es handelt sich um einen Oberbegriff zweier grundsätzlich zu distinguierender Ansätze, und zwar dem der Qualitätssicherung (alle geplanten und systematischen Maßnahmen einer Organisation, die der Sicherung organisationsseitig definierter Qualitätsanforderungen dienen) und dem des Qualitätsmanagements (Einbezug der Qualitätsentwicklung in einen umfassenden Managementprozess, Verbindung von Qualitätsentwicklung und Steuerung/ -management).

Es muss zwischen verschiedenen Ebenen der Wirkung der Qualitätsentwicklung unentschieden werden, und zwar auf a) der Individualebene, d. h. des (wissenschaftlichen) Personals b) auf der Ebene der Institute und Fakultäten c) der Hochschulleitung d) der gesamten Hochschule. Je nach Ebene, aber auch nach Intention können verschiedene Instrumente von Qualitätssicherung eingesetzt werden, diese reichen vom klassischen Peer Review im Bereich der Forschung über Lehrveranstaltungsbeurteilungen in der Lehre bis hin zu wirtschaftsaffinen Qualitätsmanagementsystemen (z. B. TQM).

'Weder Verwaltung noch Wissenschaft' – Literatur zu den administrativen Hochschulmanagern (Kapitel 4)

Anhand von Finanz- und Personaldaten konnte gezeigt werden, dass in den USA, Finnland und Norwegen im Vergleich zum wissenschaftlichen Personal verstärkt nicht-wissenschaftliches Personal rekrutiert wurde, und dieses zu einem Anstieg des nicht-wissenschaftlichen Personals und einer Abnahme des wissenschaftlichen Personals in der gesamten Personalkonfiguration der Hochschulen führte. In Deutschland konnte diese Entwicklung nicht beobachtet werden, da hier sehr stark vor allem (drittmittelfinanziertes) Personal rekrutiert wurde, während Stellen im nicht-wissenschaftlichen Bereich – und hier vor allem im einfachem Dienst – abgebaut wurden.

Über alle Länder hinweg zeigt sich der soeben beschriebene Abbau an einfachem nicht-wissenschaftlichen Personal und eine starke Zunahme an hochqualifiziertem nicht-wissenschaftlichen Personal, und dieses vor allem im Verwaltungsbereich. Dieses Personal ist den vorgestellten Studien zufolge in Bereichen tätig, die aufgrund neuer gesellschaftlich geforderter Aufgaben etabliert wurden, in Bereichen, in denen als Antwort auf den Rückzug des Staates zunehmend management- und wettbewerbsorientiert gesteuert wird sowie in Bereichen, in denen die Missionen des ‚organisationalen Akteurs Hochschule' umgesetzt werden.

Für die in diesen Bereichen tätigen Mitarbeiter hat sich noch keine einheitliche Definition herausgebildet, in der Literatur findet sich die Verwendung der Begriffe ‚Manager' oder ‚Professionelle' oder eine Kombination der beiden Begriffe (z. B. ‚neue Hochschulprofessionen', ‚managerial professionals'). In vorliegender Arbeit werden diese Mitarbeiter als ‚administrative Hochschulmanager' bezeichnet.

Die einschlägige Literatur, die sich dem Thema der administrativen Hochschulmanager und der Qualitätsentwickler widmet, beschreibt diese unisono als Personengruppe, die weder unmittelbar Forschungs- und Lehrtätigkeiten nachgeht noch ordnet sie sie der traditionellen Verwaltung im von Max Weber beschriebenen idealtypischen Sinne zu. Vielmehr nehmen sie Schnittstellenpositionen zwischen den eben beschriebenen Polen bzw. zwischen der Hochschule und externen Partnern wahr. Sie generieren neues Wissen und Methoden, bereiten Entscheidungen vor und führen diese durch. Für die genannten Aufgaben sind der Literatur zufolge eigene berufliche Erfahrung als Wissenschaftler oder zumindest ein ‚Gespür' für die Spezifika von Forschung und Lehre notwendig, aber auch Expertise in dem jeweiligen spezifischen Funktionalbereich. Die administrativen Hochschulmanager verfügen über Verwaltungskenntnisse, aber auch über Soft Skills (vor allem kommunikative Kompetenzen) und besitzen ein profundes Wissen über die sie beschäftigende Hochschule. Die benötigten Kompetenzen erlangen sie nicht in einer fest definierten und institutionalisierten Ausbildung, sondern durch ‚learning-on-the-job'.

Es wird davon ausgegangen, dass die administrativen Hochschulmanager und auch die Qualitätsentwickler in das hierarchische Gefüge der Hochschule eingebunden sind. Dementsprechend entspricht ihr Selbstverständnis dem eines Servicedienstleister gegenüber anderen Personenkreisen innerhalb der eigenen Hochschule (vor allem für die Wissenschaftler, aber auch für Studenten, die Hochschulleitung und externe Partner). Allerdings zeigen sich hier in der einschlägigen Literatur Unterschiede zwischen der allgemeinen Gruppe der Qualitätsentwickler und der administrativen Hochschulmanager, die sich auch auf das Aufgaben- und Selbstverständnis auswirken: Die Qualitätsentwickler nehmen neben der Service-funktion auch eine (indirekte) Kontrollfunktion gegenüber den Wissenschaftlern ein, vor allem dann, wenn an der Hochschule ein Qualitätsmanagement anzufinden ist (siehe hierzu auch folgende Ausführungen zur Handlungslogik der Qualitäts-entwickler).

Zum Stand der Forschung wurde auf empirischer Ebene das Fehlen umfang-reicher, auf unterschiedlichen Datengrundlagen beruhenden empirischen Daten im Bereich der Qualitätsentwickler an deutschen Hochschulen deutlich. Als the-oretisches Forschungsdesiderat zeigte sich in den vorgestellten Studien ein un-zureichender Einbezug von Professionstheorien. Dieses hat zur Folge, dass nicht deutlich ist, warum in der einschlägigen Literatur von ‚Hochschulprofessionen' oder ‚Hochschulprofessionellen' gesprochen wird und was diese Professionalität charakterisiert.

Theoretischer Bezugsrahmen: Von der Profession zur Professionalität (Kapitel 5)

Somit erfolgte im nächsten Schritt die theoretische Auseinandersetzung mit so-ziologischen professionstheoretischen Ansätzen. Es wurden ‚traditionelle Pro-fessionstheorien', in denen sich Professionalität aus einer Zugehörigkeit zu einer Profession ergibt, mit ‚neueren Professionstheorien' kontrastiert. Diese gehen von einer Professionalität aus, die sich als Handeln einer bestimmten Qualität definie-ren lässt, das auch jenseits der ‚traditionellen' Professionen möglich ist. Die ‚neuen Professionstheorien' bauen auf den ‚traditionellen' auf: Anhand der Kategorien, mit denen die ‚traditionellen Professionstheoretiker' die Frage behandeln, was eine Profession ausmacht, erarbeiten die ‚neuen Professionstheoretiker' die distinkten Merkmale einer Professionalität jenseits von Professionen. Somit konnten Analy-sedimensionen gebildet werden, deren Ausprägungen in vorliegender Arbeit eine Forschungsheuristik für die empirische Analyse der distinkten Charakteristika der Professionalität der Qualitätsentwickler an deutschen Hochschulen bilden. Hierbei handelte es sich um die Dimensionen ‚Handlungslogik', ‚Wissens- und Kompetenzbasis', ‚berufliche Vereinigungen' sowie ‚Zuständigkeitsanspruch/ Legitimation'.[123] (vgl. Übersicht in Kapitel 5.4).

8.1.2   Ergebnisse der empirischen Analyse

Zunehmende Etablierung der Qualitätsentwicklung an deutschen Hochschulen seit 2002 (Kapitel 7.3.1)

Den ‚traditionellen Professionstheoretikern' zufolge stellen Professionen eine Weiterentwicklung eines Berufs dar. Ein Beruf stellt einen Komplex von Tätigkeiten und Fertigkeiten dar, der den Erwerb des Lebensunterhaltes sichert. Daraus folgt, dass die ‚Ware' Arbeitskraft auch auf einem Arbeitsmarkt angeboten und nachgefragt werden muss. Auch die in der Arbeit vorgestellten ‚neuen Professionstheorien' setzen (teilweise implizit, teilweise explizit) in ihren Darstellungen der Professionalität Beruflichkeit voraus.

Es lässt sich konstatieren, dass sich im Tätigkeitsfeld ‚Qualitätsentwicklung an deutschen Hochschulen' ein (wachsender) Arbeitsmarkt entwickelt hat. Dieses kann zum einen anhand einer schriftlichen Umfrage im Jahre 2008 unter deutschen Hochschulkanzlern gezeigt werden: Diese berichten, dass es zu einer Schaffung neuer organisatorischer Einheiten im Bereich der Qualitätsentwicklung und einer starken Etablierung neuer Stellen seit 1998, besonders stark seit 2002/2003 gekommen ist. Diese Entstehung einer zunehmend wachsenden Nachfrage nach Qualitätsentwicklern lässt sich auch anhand von im Zeitraum von 1998 bis 2008 untersuchten Stellenanzeigen für Qualitätsentwickler an deutschen Hochschulen nachweisen: Nach einer besonders starken Nachfrage mit 12 ausgeschriebenen Stellenanzeigen in 2002 (dauerhafte Etablierung des Akkreditierungswesens in Deutschland durch den entsprechenden KMK-Entschluss) steigt die Anzahl in 2007 auf 16, in 2008 auf 22 ausgeschriebene Stellenanzeigen. Der aus der Online-Befragung und den Interviews resultierende Befund des jungen Gründungszeitraums der Einrichtungen der Qualitätsentwicklung (durchschnittlich 2005) sowie die relative kurze Beschäftigungsdauer der Qualitätsentwickler (durchschnittli-

---

[123]   Die Dimensionen ‚Gründe für die Genese von Professionen/Verwendung von Professionalität' sowie Verhältnis von Organisation und Profession waren für die Darstellung der Genese der jeweiligen professionstheoretischen Ansätze sowie deren Differenzen notwendig, bildeten jedoch nicht den Schwerpunkt der empirischen Analyse.

cher Beschäftigungsbeginn 2007) lassen ebenfalls auf eine wachsende Nachfrage schließen.[124]

Organisatorisch-technische Arbeitsbedingungen (Kapitel 7.2)

Die organisatorisch-technischen Arbeitsbedingungen der Qualitätsentwickler wurden vorgestellt, da davon ausgegangen wurde, dass diese die Charakteristika der Professionalität der Qualitätsentwickler beeinflussen.

Die Einrichtungen der Qualitätsentwicklung sind am häufigsten in Stabsstellen organisiert, gefolgt von eigenständigen Referaten/Dezernaten in der zentralen Hochschulverwaltung, Abteilungen, die an ein Referat/Dezernat angegliedert sind. Die Organisation in einem eigenen zentralen (wissenschaftlichen) Institut oder Zentrum ist eher selten anzufinden. Finanziert werden die durchschnittlich 4,1 Mitarbeiter überwiegend durch Haushaltsmittel der Hochschulen, was darauf hinweist, dass die Qualitätsentwicklung in die Regelaufgaben der Hochschulen überführt worden ist.

Es wurde deutlich, dass die Mehrzahl der qualitätsentwickelnden Einrichtungen sich entweder nur auf die Lehre konzentriert oder aber einen alle Hochschulbereiche (Lehre, Akkreditierung, Forschung, Verwaltung) umfassenden Ansatz verfolgt: selten ist eine solitäre Ausrichtung auf die Forschung anzufinden. Diese oft anzufindende Fokussierung auf die Lehre kann dadurch erklärt werden, dass der Organisationsbezug im Bereich der Lehre stärker ist als der im Bereich der Forschung, und diese, wenngleich auch in deutlichen Grenzen, organisierbarer und kontrollierbar als die Forschung ist. Vielfach wurden die qualitätsentwickelnden Einrichtungen auf politischen Druck etabliert, der anfänglich vor allem durch die rechtlichen Vorschriften zur Akkreditierung von Studiengängen höher als im Bereich der Forschung war. Allerdings kann aus den Aussagen der Qualitätsentwickler auch geschlossen werden, dass sich die Qualitätsentwicklung im Bereich der Forschung derzeit im Auf- bzw. Ausbau befindet.

An einigen Universitäten resultierte aus der Neuetablierung der qualitätsentwickelnden Einrichtungen Doppelstrukturen, aus denen für den Arbeitsprozess nicht nur der Qualitätsentwickler, sondern auch für die Mitarbeiter und externe Personen Abstimmungsnotwendigkeiten, unklare Zuständigkeiten und dadurch bedingt auch teilweise Intransparenz entstanden.

---

[124] Es kann jedoch auch davon ausgegangen werden, dass die Qualitätsentwickler durch die kontinuierliche Entwicklung neuer Prozesse und Instrumente der Qualitätsentwicklung diese Nachfrage, wie auch von Dobbin (2009) anhand der „Human Ressource Profession" beschrieben, selbst forcieren (vgl. Ausführungen Kapitel 7.3.1).

Die Mehrzahl (70 %) der in der Onlineerhebung befragten Qualitätsentwickler verfügt über einen unbefristeten Vertrag. Allerdings gilt dieses nur für die befragten leitenden Qualitätsentwickler: Anhand der durchgeführten Analyse von Stellenanzeigen in der Wochenzeitschrift ‚Die Zeit‘ konnte gezeigt werden, dass auf Mitarbeiterebene nur 15,6 % der Stellen unbefristet ausgeschrieben sind, auf Leitungsebene knapp 43 %.

Die Qualitätsentwickler werden am häufigsten in die Entgeltgruppe bzw. Besoldungsstufe 13 eingruppiert (56,5 %), am zweithäufigsten in die Entgeltgruppe bzw. Besoldungsstufe 14 (37,5 %); lediglich 9 % Befragten sind verbeamtet.

Handlungslogik der Qualitätsentwickler – Ermessenspielräume im Kleinen, eingeschränkte Autonomie im Großen (Kapitel 7.3.2)

Um die spezifische Handlungslogik der Qualitätsentwickler erfassen zu können, wurde zunächst deren Tätigkeitsprofil analysiert. Es ließen sich anhand der Online-Umfrage vier Aufgabenkomplexe feststellen, die die Arbeit der Qualitätsentwickler kennzeichnen; diese konnten auch durch die Leitfadeninterviews validiert werden. Am wichtigsten ist der Aufgabenkomplex, der sich konkret auf die Qualitätsentwicklung im engeren Sinne bezieht, d. h. beispielsweise Tätigkeiten wie *„Entwicklung und Erschließung neuer Themen der Qualitätssicherung"* oder *„Koordination von Qualitätssicherungsmaßnahmen"* (Items auf dem Fragebogen). Allerdings zeigte sich hier, dass sich je nach ‚Steuerungstiefe‘ der qualitätsentwickelnden Einrichtungen auch die Aufgaben der Qualitätsentwickler unterscheiden: Die interviewten Qualitätsentwickler, die nicht für ein umfassendes Qualitätsmanagement zuständig sind, sind folglich auch nicht oder nur in geringem Maße für die Umsetzung von qualitätssichernden Maßnahmen und deren Kontrolle zuständig. Der zweitwichtigste Aufgabenkomplex bezieht sich auf die hochschulinterne Zusammenarbeit mit verschiedenen Gruppierungen (wobei, wie im Folgenden noch gezeigt wird, die Hochschulleitung der wichtigste Partner der Zusammenarbeit ist). Der dritte Aufgabenkomplex, der, anderes als in der einschlägigen Literatur zu den administrativen Hochschulmanagern beschrieben, eine eher untergeordnete Rolle im Aufgabenprofil der Qualitätsentwickler spielt, umfasst die Kontaktpflege und Zusammenarbeit mit Personen und Organisationseinheiten außerhalb der eigenen Hochschule. Nur für Leiter von qualitätsentwickelnden Einrichtungen ist der vierte Aufgabenkomplex von Bedeutung, nämlich Verwaltungs- und Managementtätigkeiten für die eigene Organisationseinheit (Personal- und Organisationsentwicklung, Personalführung, Budgetierung und Finanzierung)

Für knapp 60 % der Qualitätsentwickler stellt auch das wissenschaftliche Arbeiten einen Bestandteil des Tätigkeitprofils dar, allerdings umfasst dieses lediglich 9 % der Arbeitszeit und ist häufig auf Forschung im Bereich Qualitätsentwicklung (z. B. Indikatorenentwicklung, organisationssoziologische Abhandlungen zur hochschulinterne Verortung der Qualitätsentwicklung) bezogen. Folglich verorten sich die Qualitätsentwickler zwischen den beiden Polen Wissenschaft und Verwaltung stärker in Richtung der Verwaltung, und auch die Beschreibung des Selbstverständnisses *„als Wissenschaftler, der/die neben auch der wissenschaftlichen Tätigkeit Managementaufgaben wahrnimmt"* (Item aus dem Fragebogen) wird als eher nicht zutreffend beschrieben. Die mit 30 % relative hohe Zahl an Qualitätsentwicklern, die gleichwohl auf einer wissenschaftlichen Stelle beschäftigt sind, ist nach Aussagen von Personalverantwortlichen an deutschen Hochschulen, aber auch den Qualitätsentwicklern selbst, darauf zurückzuführen, dass es einfacher ist, die Schaffung bzw. ‚verdeckte Umwidmung' einer genuin wissenschaftlichen Stelle in eine im Bereich der Qualitätsentwicklung umzuwandeln.

Durch die Bestimmung des Tätigkeitsprofils wurde deutlich, dass die Qualitätsentwickler nicht nur mit der routinemäßigen Applikation von bereits vorhandenen Instrumenten der Qualitätsentwicklung beschäftigt sind, sondern dass sie Probleme behandeln, die nicht standardisierbare und nicht-routinisierbare Lösungen verlangen. Dieses ist laut Aussagen der befragten Qualitätsentwickler nicht zuletzt auf die relative Neuartigkeit des Feldes Qualitätsentwicklung, der neu etablierten Organisationseinheiten und den noch fehlenden bzw. an die jeweiligen Organisationsbedürfnisse anzupassenden Instrumente und Verfahren der Qualitätsentwicklung zurückzuführen. Um mit dieser ergebnisoffenen und diffusen Anforderungsstruktur, in der den ‚traditionellen' und den ‚neuen Professionsansätzen' zufolge professionelles Handeln stattfindet, umzugehen, ist ein Ermessensspielraum notwendig. Über diesen verfügen die Qualitätsentwickler auch, allerdings beschränkt auf die tägliche, konkrete Arbeit, d. h. auf die Gestaltung von Arbeitsprozeduren oder die konkrete Entwicklung von qualitätsentwickelnden Instrumenten; hierbei wird den Qualitätsentwicklern ein hoher Ermessenspielraum und eine große Autonomie zugesprochen. Allerdings ist diese Autonomie, wie auch in den ‚neuen Professionstheorien' beschrieben, dadurch begrenzt, dass die Aufgabendefinition der Qualitätsentwickler in Bezug auf die übergeordneten Ziele ihrer Organisationseinheit durch hierarchische Instanzen, im Falle der Qualitätsentwickler die Hochschulleitung, bestimmt bzw. durch diese gebilligt werden müssen.

Ein zentrales Element der ‚traditionellen Professionstheorie' ist das der Kontrolle der professionellen Tätigkeitsübung durch Professionsangehörige (Kollegialitätsprinzip) bzw. durch Verinnerlichung des Professionsethos durch eine Selbstkontrolle des Professionellen. In den ‚neuen Professionstheorien' wird die

Kontrolle über die Tätigkeitsausübung der Organisation zugesprochen. Im Fall der Qualitätsentwickler an deutschen Hochschulen lässt sich nicht eindeutig beantworten, wer die Kontrolle über die Arbeitsausübung übernimmt. Es wurde deutlich, dass dieses nicht wie im Falle der ‚traditionellen Professionen' die ‚Peers', d. h. andere Qualitätsentwickler sind, allerdings scheint die Kontrolle der Arbeit durch die Organisation auch nicht ausgeprägt; nur an zwei Universitäten waren die qualitätssichernden Einrichtungen selbst Gegenstand von Evaluationen. Die klassische Frage in Evaluationszusammenhängen nach der Kontrolle der Kontrollierenden scheint auch im Falle der deutschen Qualitätsentwicklung (noch) ungeklärt.

Evident wurde hingegen, dass die Qualitätsentwickler – mit der eben beschriebenen Ausnahme der praktische Arbeitsumsetzung – bei übergeordneten Entscheidungen stark in die hochschulinterne Hierarchie der Hochschule eingebunden und weisungsabhängig sind. Zwar verfügen die Qualitätsentwickler durch die Generierung, Aufbereitung und Sammlung steuerungsrelevanter Daten und der Beratung der Hochschulleitung hinsichtlich der Ergebnisse und Folgen von qualitätssichernden Maßnahmen über starke informelle Machtbefugnisse im Sinne Mintzbergs (1992) und Patersons (1969), der eigentliche Wahlakt einer Entscheidung (welche Vorschläge überhaupt bzw. wie umgesetzt werden) sowie die Autorisierung (Bestimmung der Zuständigkeit der Entscheidungsumsetzung) und damit auch die formalen Machtbefugnisse liegen bei der Hochschulleitung. Auch beim Monitoring und der Umsetzung von Entscheidungen sind sie von der formellen, aber auch der informellem Unterstützung der Hochschulleitung abhängig, und hierin unterscheiden sie sich von den ‚managerial professionals' im Sinne von Hwang und Powell (2009) und Langer und Manzeschke (2009), die über hierarchische und administrative Befugnisse verfügen (wenngleich auch diese in das Hierarchie- und Weisungsgefüge ihrer beschäftigenden Organisationen eingebunden sind). Somit zeigt sich auch ein im Vergleich zu traditionellen Managementkonzeptionen (hier in Bezug auf Chandler 1977) ein divergierendes Managementverständnis, da die Qualitätsentwickler anders als die (mittleren) Manager nicht über die üblicherweise mit Managementaufgaben verbundenen Möglichkeiten der formalen Kontrolle und Führung der Mitarbeiter verfügen.

Vielmehr spiegelt der Arbeitsalltag der Qualitätsentwickler das wider, was von den ‚neuen Professionstheoretiker' für die ‚neuen Professionellen, konstatiert wird, nämlich eine eingeschränkte Autonomie durch eine Hierarchie- und Weisungsabhängigkeit. Allerdings ist die informelle Macht vor allem der Entscheidungsschritte ‚Information' und ‚Beratung' nicht zu unterschätzen, da diese die Überlegungen der Entscheidungsträger in eine bestimmte Richtung lenken können und die Expertise der Qualitätsentwickler an den untersuchten Hochschulen

– wenngleich auch im unterschiedlichen Ausmaß – durch die Hochschulleitung auch nachgefragt wird.

Diese informelle Macht ist auch auf die durch die Qualitätsentwickler beschriebene Bindegliedfunktion, vor allem zwischen den Belangen und Interessen der Hochschulleitung und deren der Fakultäten auf der anderen Seite, zurückzuführen. Hierin zeigt sich auch, was in den ‚neuen Professionstheorien' (vor allem von Noordegraf 2007; aber auch von Evetts 2003) als Spezifikum der Professionalität der ‚neuen Professionellen' betrachtet wird: Nämlich dem Überbrücken von verschiedenen Handlungslogiken und Kontrolltypen; hier zwischen dem Manageriellen- bzw. dem Organisationshandeln der Hochschulleitung und dem professionellen Handeln der Wissenschaftler.

Dieses Vermitteln zwischen den verschiedenen Logiken spiegelt sich auch im Selbstverständnis der Qualitätsentwickler wider: Sie sehen sich, wenn auch mit einer stärkeren Hinrichtung zur Hochschulleitung als zu den Wissenschaftlern, als „Berater für meinen Aufgabenbereich innerhalb der Hochschule" und „als Servicedienstleister, der Bedürfnisse und Anfragen bearbeitet und umsetzt" (Items aus dem Fragebogen). Allerdings ist hier zu erwähnen, dass selten ein direkter Kontakt mit ‚den Wissenschaftlern' stattfindet. Wenn die Qualitätsentwickler auf ‚die Wissenschaftler rekurrieren', sind damit häufig die Fakultäten gemeint, genauer gesagt die dort arbeitenden administrativen oder akademischen Hochschulmanager (Fakultätsreferenten, Dekane etc.).

Dieser Interessenausgleich zwischen Hochschulleitung und Fakultäten bzw. Wissenschaftlern dient dabei nach Aussagen der Qualitätsentwickler der erfolgreichen Entwicklung der Gesamtorganisation. Insgesamt ist die in den ‚neuen Professionstheorien' beschriebene starke Loyalität und die starke Verpflichtung gegenüber der (Gesamt)Organisation auch bei den Qualitätsentwicklern anzufinden. Auch hier zeigt sich ein deutlicher Unterschied zu den ‚traditionellen Professionen', deren Orientierungspunkt eindeutig die eigene Profession ist.

In der *Gesamtbetrachtung* zeigt sich, dass die professionelle Handlungslogik der Qualitätsentwickler über die Charakteristika verfügt, die in den ‚neuen Professionstheorien' beschrieben werden bzw. in Bezug auf die Standardisierbarkeit und Routinisierbarkeit ihrer Arbeit in den ‚traditionellen' und den ‚neuen Professionstheorien'. Die Qualitätsentwickler üben Tätigkeiten aus, die nicht standardisierbar und routinisierbar sind, sodass sie folglich in ihrer täglichen Arbeit über Ermessenspielräume verfügen. Allerdings sind sie in übergeordneten Entscheidungen hierarchie- und weisungsgebunden, sodass sie im Gegensatz zu ‚traditionellen Professionen' über eine eingeschränkte Autonomie verfügen.

Ein Charakteristikum im Tätigkeitsprofil der Qualitätsentwickler ist in Kongruenz zu den ‚neuen Professionstheorien' die Überbrückung verschiedener

Handlungslogiken – hier die der manageriellen bzw. bürokratischen der Hochschulleitung und der professionellen Handlungslogik der Wissenschaftlicher. Referenz- und Orientierungspunkt der Qualitätsentwickler ist die eigene Organisation und nicht wie bei den traditionellen Professionen die eigenen ‚Peers‘. Somit entsprechen die der übergeordneten Dimension ‚Handlungslogik‘ untergeordneten Analysedimensionen ‚Ermessensspielraum‘, ‚Autonomie‘, ‚Handlungslogik‘ und ‚Referenz/Orientierung‘ den Ausprägungen, die in den ‚neuen Professionstheorien‘ beschrieben sind

Die Kompetenzbasis der Qualitätsentwickler: Eine Mischung aus 'Soft Skills' (Kommunikations- und Beratungskompetenz) und 'Hard Facts' (Instrumente und Verfahren der hochschulischen Qualitätsentwicklung) (Kapitel 7.3.3)

In vorliegender Arbeit wurde ein Kompetenzbegriff gewählt, der über den Begriff des kognitiven Wissens hinausgeht, und praktische und überfachliche Fähigkeiten wie z. B. soziale und personale Handlungskompetenzen einschließt.

Kompetenzbasis

Es zeigt sich, dass die für die Arbeit in der hochschulischen Qualitätsentwicklung als wesentlich betrachteten Kompetenzen aus Sicht der Arbeitgeber, als auch aus Sicht der Qualitätsentwickler zu großen Teilen übereinstimmen. Als wichtigstes Anforderungsmerkmal wird sowohl von den Arbeitgebern[125] als auch den Arbeitnehmern berufliche Erfahrungen und eine vorhandene Expertise im Bereich der Qualitätsentwicklung (vor allem über Instrumente und Verfahren der Qualitätsentwicklung) genannt. Als sehr wichtig wurden zudem soziale Kompetenzen wie Kommunikationsfähigkeit, Kooperations- und Teamfähigkeit und eine hohe Beratungskompetenz eingeschätzt; dieses ist sicherlich auf das Tätigkeitsprofil der Qualitätsentwickler zurückzuführen, welches sich, wie beschrieben, durch Beratung und Vermittlung zwischen verschiedenen hochschulinternen Akteuren kennzeichnet. Die Bedeutung kommunikativer Kompetenzen findet sich auch in den ‚neuen Professionstheorien‘: So sind Noordegraf (2007) zufolge ‚interactive skills‘ für das Überbrücken von Handlungslogiken – eine der Kernaufgaben der Qualitätsentwickler – unabdingbar.

---

[125] Die seitens der Arbeitgeber nachgefragten Kompetenzen wurden mittels einer Inhaltsanalyse von Stellenanzeigen in der Wochenzeitschrift ‚Die Zeit‘ erfasst.

Seitens der Stellenausschreibenden als auch durch die Qualitätsentwickler selbst wurde die Notwendigkeit einer ‚Affinität' zum Wissenschaftssektor artikuliert. Dieses bedeutet zum einen, dass die Qualitätsentwickler in einer vorherigen Tätigkeit selbst als Wissenschaftler tätig waren, zum anderen wird hierunter auch eine vorangegangene Beschäftigung als administrativer Wissenschaftsmanager gefasst, innerhalb derer ein grundlegendes Verständnis der Spezifika von Forschung und Lehre sowie der ‚besonderen Organisation Hochschule' erlangt wurde. Von der Hälfte der befragten Qualitätsentwickler wurde zudem noch die Bedeutung organisationsinternen Wissens hervorgehoben.

Bei den bereichsübergreifenden Kompetenzen spielen aufgrund der Projektförmigkeit der Arbeit der Qualitätsentwickler (die Arbeit der Qualitätsentwickler besteht aus mehreren Einzelprojekten, die zusammengefasst das Tätigkeitsprofil ausmachen) Projektmanagementkenntnisse eine wichtige Rolle, und auch Fähigkeiten im ‚schlichten bzw. informellen Verwaltungshandeln' (vgl. Hermes 2008; Fehling 2008) wird eine hohe Bedeutung eingeräumt. Kenntnisse der empirischen Sozialforschung, die die Spezifika der hochschulischen Qualitätsentwicklung einbeziehen, werden als unabdingbar betrachtet. Dieses kann auch den hohen Anteil an Mitarbeitern in der Qualitätsentwicklung erklären, die über einen sozialwissenschaftlichen Studienhintergrund verfügen, da dort Methoden der empirischen Sozialforschung Ausbildungsgegenstand sind. Kenntnisse juristischer Verfahren und betriebswirtschaftlicher Theorien, Methoden und Instrumente sind hingegen aus Sicht der Hochschulen und der Qualitätsentwickler eher von untergeordneter Bedeutung. Letzteres sowie die betonte hohe Affinität zum Hochschulsektor weisen darauf hin, dass es sich bei den Qualitätsentwicklern nicht um ‚managerial professionals' im Sinne Hwang und Powells (2009) handelt, deren Einflussmöglichkeiten vor allem auf managerieller Expertise beruhen.

Kompetenzerwerb

Die in Experteninterviews befragten Qualitätsentwickler sagten unisono aus, dass sie das als Voraussetzung für eine Tätigkeit als Qualitätsentwickler benötigte Wissen über Instrumente und Verfahren der hochschulischen Qualitätsentwicklung ‚on the job' gelernt haben. Dabei zeigen sich ähnliche berufliche Werdegänge der Qualitätsentwickler, bevor sie in ihre derzeitige Position als (leitender) Qualitätsentwickler gelangten. Sehr häufig waren die Qualitätsentwickler als wissenschaftliche Mitarbeiter tätig und kamen innerhalb dieser Tätigkeit mit Evaluationen von wissenschaftlichen Projekten in Berührung. Danach wurden Positionen im administrativen Wissenschaftsmanagement (Hochschule und/oder außeruniversitäre

Forschungs- und/oder Forschungsfördereinrichtungen) eingenommen, bevor die Tätigkeit in der Qualitätsentwicklung aufgenommen wurde. Die häufige vorherige wissenschaftliche Tätigkeit zeigt sich auch an der hohen Zahl der promovierten Qualitätsentwickler: Im Online-Fragebogen gaben knapp 40 % an, promoviert worden zu sein, auch führen 7 der 13 interviewten Qualitätsentwickler einen Doktorgrad.

Neues Wissen in und Kompetenzen über neue Entwicklungen in der Qualitätsentwicklung erlangen die Qualitätsentwickler durch eigenständige Literaturstudien und den Besuch von einschlägigen Tagungen, vor allem aber durch den persönlichen Austausch mit Fachkollegen und der Beobachtung anderer hochschulischer Einrichtungen der Qualitätsentwicklung, wobei – wie im Folgenden noch weiter ausgeführt wird – wissenschaftliche Tagungen und kooperative und/oder ungerichtete Netzwerke eine häufig genutzte Gelegenheitsstruktur darstellen.

Es kann festgehalten werden, dass im Bereich der Qualitätssicherung an deutschen Hochschulen ein geringer Standardisierung- und Kanonisierungsgrad des Kompetenzerwerbs vorherrschend ist und somit auch keine Zertifikate anzufinden sind, die zum einen als Informationsquelle über vorhandene Kompetenzen dienen, aber auch der Begrenzung bzw. Schließung des Arbeitsmarktzutritts fungieren; ein Professionsmerkmal, das vor allem in den traditionellen konfliktorischen Professionsansätzen von Bedeutung ist.

Zusammenfassend zeigt sich auch bei dieser Professionalisierungsdimension, dass die Ausprägungen weitestgehend den Beschreibungen der ‚neuen Professionstheorien‘ entsprechen.

Es wird ein Fokus auf Kompetenzen und Berufserfahrung gelegt, während disziplinspezifisches, abstraktes Wissen, das in einer spezialisierten wissenschaftlichen Ausbildung gelehrt und durch ein Zertifikat lizensiert wird, eine untergeordnete Rolle spielt. Dieses korrespondiert zu der Art des Kompetenzerwerbs der Qualitätsentwickler, der zum größten Teil situationsspezifisch im Arbeitskontext erfolgt.

Medium des Wissensaustauschs – die Vereinigungen der Qualitätsentwickler (Kapitel 7.3.4)

Die empirischen Ergebnisse zeigen, dass sich im Feld der Qualitätsentwicklung an deutschen Hochschulen mehrere Vereinigungen finden, die sich durch verschiedene Formalisierungsgrade und Organisationsformen auszeichnen. Die Qualitätsentwickler, bzw. in den meisten Fällen ihre beschäftigenden Hochschulen, sind Mitglied in formalisierten Organisationen vor allem auf nationaler und regionaler

Ebene (z. B. DeGeval, Nordverbund) und partizipieren an kooperativen Netzwerken, die häufig auf regionaler oder föderaler Ebene anzufinden sind (z. B. AG Qualitätsentwicklung der baden-württembergischen Universitäten). Dem Austausch auf regionaler und föderaler Ebene wird die höchste Bedeutung eingeräumt, gefolgt von dem auf nationaler Ebene, während internationale Vereinigungen und Netzwerke eine untergeordnete Rolle spielen. Dieses kann zum einen auf die föderale rechtliche Regulierung deutscher Hochschulen zurückgeführt werden. Zum anderen erleichtert regionale Nähe den Informationsaustausch, da hierdurch Gelegenheitsstrukturen und vertrauensbildende Treffen ermöglicht werden. Dieses gilt insbesondere auch für die ungerichteten Netzwerke, die für die Qualitätsentwickler ebenfalls von hoher Bedeutung für den Informationsaustausch sind, aber vor allem auch für das Entwickeln von ‚Coping-Strategien' (Tewes/Wildgrube 1992) im Umgang mit widersprüchlichen und verschiedenen Anforderungen.

Auf die Vereinigungen der Qualitätsentwickler treffen nur wenige Charakteristika der Berufsverbände ‚traditioneller Professionen' zu, obgleich zu bemerken ist, dass sie über dieselben grundlegenden Instrumente wie diese verfügen, nämlich über Tagungen, teilweise Fortbildungsmöglichkeiten und einschlägige Publikationsorgane. Jedoch sind sie weder für die Durchsetzung von Zuständigkeits- und Kontrollansprüchen zuständig noch bestimmen sie eine standardisierte und kanonisierte Wissensausbildung und kontrollieren den Zugang zum Arbeitsmarkt und die professionelle Tätigkeit selbst. Hierfür wäre aber auch eine nationale, rechtlich normierte Vereinigung Voraussetzung, die in Deutschland im Bereich der hochschulischen Qualitätsentwicklung nicht existiert.[126]

Die existenten Vereinigungen der Qualitätsentwickler an deutschen Hochschulen dienen eher –wie auch in den ‚neuen Professionstheorien' geschildert – der Diffusion von allgemeinen, organisationsübergreifenden Handlungsmustern und Best Practices, die die Grundlage für Sinngebungs- und Verständigungsprozesse (‚Theoretisieren' im Sinne von Strang/Meyer 2009) bilden.

Anhand der durch die Vereinigungen ermöglichte Gelegenheit der formalen und informalen Informationsbeschaffung kann erklärt werden, warum die beschäftigenden Hochschulen die Mitgliedschaft der Qualitätsentwickler in den Vereinigungen unterstützten bzw. sie sogar Initiator neuer Netzwerke sind: Hierdurch erhalten sie Zugang zu den vorherrschenden und neuen Praktiken im Feld. Allerdings wird jegliche Form des Austausches durch den zunehmenden Wettbewerb zwischen den Hochschulen erschwert, sodass im Feld der Qualitätsentwicklung mit der existenten ‚Coopetition' (Nalebuff/Brandenburger 2008) umgegangen wer-

---

[126] Vielmehr ist es so, dass mit dem Auslaufen des ‚Projektes Q' der HRK kein deutschlandweites Netzwerk mehr existiert, welches sich ausschließlich an Qualitätsentwickler an deutschen Hochschulen richtet.

den muss. Anders als jedoch in den ‚neuen Professionstheorien' (vor allem von Noordegraf 2007) beschrieben, wurde als Funktion der Vereinigungen der Qualitätsentwickler nicht die Schaffung einer gemeinsamen Identität genannt, sondern es wurde deutlich, dass der Austausch über Instrumente und Praktiken der Qualitätsentwicklung im Vordergrund steht. Dieses kann zum einen dadurch erklärt werden, dass sich die Qualitätsentwicklung an deutschen Hochschulen noch in der Institutionalisierungsphase befindet, zum anderen wird die gemeinsame Identitätsfindung sicherlich auch durch die starke Orientierung der Qualitätsentwickler an der und Referenz zur eigenen Hochschule erschwert.

Es lässt sich festhalten, dass auch die Professionalisierungsdimension ‚berufliche Vereinigungen' weitestgehend (mit Ausnahme der Identitätsbildung) den Charakteristiken entspricht, die in den ‚neuen Professionstheorien' beschrieben werden.

Legitimation durch aktiv beworbenen Service-Zuständigkeitsanspruch und Akzeptanz/Legitimation der Qualitätsentwickler (Kapitel 7.3.5)

Die Qualitätsentwickler befinden sich nur in einem eingeschränkten Maß im Wettbewerb um Zuständigkeitsansprüche, am ehesten kann ein organisationsinterner Zuständigkeitswettbewerb zwischen den Qualitätsentwicklern und der traditionellen Verwaltung beobachtet werden, allerdings handelt es sich hier auch nicht um Konkurrenz um Kompetenz- und Kontrollansprüche wie in den ‚traditionellen Professionstheorien' beschrieben, sondern eher um einen Wettbewerb um organisatorische Verantwortlichkeiten. Auch mit der Profession der Wissenschaftler findet aus Sicht der Qualitätsentwickler kein Wettbewerb statt, obgleich in den Leitfadeninterviews berichtet wurde, dass die Wissenschaftler die Arbeit der Qualitätsentwickler kritisch betrachten würden. Dieses sei auf die Sorge einer zusätzlichen Arbeitsbelastung durch qualitätssichernde Maßnahmen zurückzuführen sowie auf eine befürchtete Autonomiebeschränkung der Wissenschaftler durch die Qualitätsentwickler. Diese weisen eine autonomieeinschränkende Intention jedoch zurück, nicht zuletzt aufgrund der Angewiesenheit auf die Unterstützung ihrer Arbeit durch die Wissenschaftler, die den Gegenstand der Arbeit der Qualitätsentwickler, nämlich Forschungs- und Lehrtätigkeiten, ja durchführen. So müssen die Qualitätsentwickler viel aufklärerische Kommunikationsarbeit leisten und aktiv für ihre Tätigkeit werben. Hierzu greifen sie auf die in den ‚neuen Professionstheorien' beschriebene Darstellung des ‚Value Added' zurück, also des Vorteils, der sich aus der Inanspruchnahme ihrer Tätigkeiten ergibt (Zeitersparnis und Möglichkeit der Verbesserung von Lehre). Allerdings muss erwähnt werden, dass die über die verschiedenen Statusgruppen innerhalb und außerhalb der Hochschule durch die Qualitätsentwickler wahrgenomme hohen Akzeptanz ihrer Tätigkeit nicht durch Befragungen der entsprechenden Personenkreise validiert wurde. So ist es durchaus möglich, dass man bei Berücksichtigung der hochschulinternen und -externen Personengruppen eine andere Einschätzung der tatsächlichen Akzeptanz erlangt. Auch ist nicht auszuschließen, dass aus Gründen der sozialen Erwünschtheit – nicht zuletzt vor den bekannten Spannungen zwischen Wissenschaft und Verwaltung, die Akzeptanzwerte höher angegeben und Kontrollaspekte gegenüber der geschilderten Servicefunktion ‚heruntergespielt ‘wurden.

Durch die im Vergleich zu den ‚traditionellen Professionen‘ fehlende Lizenz müssen die Qualitätsentwickler ihre Arbeit ‚professionell inszenieren‘. Dieses leisten die Qualitätsentwickler durch das Festlegen individueller und organisationaler Servicestandards, dem Fokussieren der Bedürfnisse der Stakeholder innerhalb der Hochschule, dem erfolgreichen Abschließen vorheriger Projekte und vor allem durch die Bestätigung, dass in sie gesetztes Vertrauen nicht verletzt wird. Auch bei dieser Dimension zeigt sich, dass die Arbeitssituation der Qualitätsentwickler größtenteils den Beschreibungen der ‚neuen Professionstheorien‘ entspricht. So sind die Qualitätsentwickler in ihrem täglichem Handeln von organisationaler Akzeptanz und Legitimation abhängig, auf die sie vor allem durch die Darstellung eines Mehrwertes für die ‚Kunden‘ durch ihre professionellen Leistungen hinweisen. Da sie über keine Lizenz verfügen, besteht die Notwendigkeit der ‚professionellen Inszenierung‘ (Pfadenhauer 2003: 207).

Fazit: Eine distinkte Professionalität der Qualitätsentwickler

Zurückkehrend zur Ausgangsfrage ‚Was charakterisiert die Professionalität der Qualitätsentwickler an deutschen Hochschulen‘ lässt sich zunächst übergreifend festhalten, dass anhand der empirischen Analyse gezeigt werden konnte, dass es sich bei der Professionalität der Qualitätsentwickler nicht um eine handelt, die sich aus der Zugehörigkeit zu einer Profession ergibt, die wie im traditionellen professionssoziologischen Sinne über eine große Autonomie verfügt, deren abstraktes Wissen durch eine spezialisierte, institutionalisierte und universitäre Ausbildung vermittelt wird und deren selbst verwaltete Berufsverbände Berufsethiken aufstellt. Auch sind in der Arbeit der Qualitätsentwickler eine Gemeinwohlorientierung sowie ein Bezug zu einem gesellschaftlichen Zentralwert nicht erkennbar.

Vielmehr spiegelt die Professionalität der Qualitätsentwickler zum einen die Kontextbedingungen wider, in denen sich die ‚neuen Professionellen‘ befinden, zum anderen entsprechen die Charakteristiken ihrer spezifischen Professionalität jenseits von ‚traditionellen Professionen‘ auch weitestgehend den Beschreibungen in den ‚neuen Professionstheorien‘.

Sowohl der Großteil der beschriebenen ‚neuen Professionellen‘ als auch die Qualitätsentwickler finden sich in Situationen wieder, in denen die Bedeutungsbestimmung und Konstruktion von uneineindeutigen Situationen, Rollen und Beziehungen wichtiger wird, und in denen Außenkontakte und die Überbrückung verschiedener Logiken und Rationalitäten zunehmend eine bedeutendere Rolle spielen. Dieses ist, wie in Kapitel 2 beschrieben wurde, aufgrund der zunehmenden multiplen Ziele, und damit einhergehend auch Zielkonflikten, auf die derzeitige Situation der Hochschulen übertragbar. Auch die ‚Akteurswerdung‘ der Hochschulen beschreibt idealiter die Situation, in der neben professionelle Rationalitäten oder Logiken organisationale treten.

Deswegen ist auch im Tätigkeitsfeld Qualitätsentwicklung eine Professionalität anzufinden, die auch jenseits einer Zugehörigkeit zu einer Profession im traditionellen Sinne möglich ist, die aber dennoch nicht konturenlos bleibt.

Die Professionalität der Qualitätsentwickler zeichnet sich durch die Generierung neuen Wissens und Methoden im Bereich der Qualitätsentwicklung und der Organisationsentwicklung aus. Aufgrund der ergebnisoffenen Anforderungsstruktur, die die Arbeit der Qualitätsentwickler kennzeichnet, verfügen sie in täglichen Arbeitskontexten über Handlungsautonomie und über Freiraum zur Eigeninitiative. Mit ihrer auf den Bereich Qualitätsentwicklung bezogenen Expertise tragen sie in einer Beratungs- und Informationsfunktion zur Entscheidungsgenerierung in Hochschulen bei; wenngleich sie bei der Autorisierung und Umsetzung von Maßnahmen in die Hierarchie der Hochschule eingebunden sind. Die wichtigste Aufgabe der Qualitätsentwickler besteht im Überbrücken von verschiedenen Handlungslogiken und Kontrolltypen: Aufbauend auf ihren interaktiven Fähigkeiten und dem Wissen im Umgang mit hybriden Steuerungslogiken vermitteln sie zwischen professioneller und managerieller Kontrolle und tragen so zur Gesamtentwicklung der sie beschäftigenden Hochschule bei, die auch ihr zentraler Referenz- und Orientierungspunkt ist. Die für ihre Tätigkeit als Qualitätsentwickler benötigten Kompetenzen im Bereich der Instrumente und Verfahren der Qualitätsentwicklung erlangen sie ‚on-the-job‘, beispielsweise durch die Beobachtung anderer qualitätsentwickelnder hochschulischer Einrichtungen, den Besuch von Tagungen oder das Studium einschlägiger Literatur. Besonders der Austausch mit anderen Qualitätsentwicklern in den vor allem auf föderaler und regionaler Ebene sich befindenden kooperativen und ungerichteten Netzwerken trägt – neben der Entwicklung gemeinsamer ‚Coping-Strategien‘ – zur Diffusion von Best Practices bei. Diese Möglichkeit der Informationsbeschaffung wird obgleich der ‚Coopetition-Situation‘, in der sich die deutschen Hochschulen befinden, durch die Hochschulen unterstützt, was sich beispielsweise daran ablesen lässt, dass die Hochschulen größtenteils organisationale (Gründungs)Mitglieder der formalisierten Organisationen und der kooperativen Netzwerke sind.

Für die Tätigkeit als Qualitätsentwickler an Hochschulen ist eine wissenschaftliche Affinität Voraussetzung. Das benötigte Wissen um die Spezifika von Forschung und Lehre erwarben die Qualitätsentwickler entweder durch ihre Beschäftigung als administrativer Hochschulmanager, größtenteils aber durch eine eigene vorherige wissenschaftliche Tätigkeit. Die Betonung des vielfach impliziten Wissens, ergänzt durch die junge Geschichte der Qualitätsentwicklung an deutschen Hochschulen, kann das Fehlen einer standardisierten, kanonisierten Ausbildung und damit auch eines Zertifikats erklären. Somit sind die Qualitätsentwickler darauf angewiesen, aktiv für die Akzeptanz ihrer Tätigkeit zu werben und ihre Professionalität zu inszenieren, da ihnen Professionalität nicht automatisch qua Zugehörigkeit zu einer Profession zugesprochen und ihre Professionalität auch nicht durch eine Lizensierung nach außen deutlich wahrnehmbar gesichert wird.

Es bleibt zu konstatieren, dass es mithilfe der ‚neuen Professionstheorien' möglich war, die Spezifika der Professionalität der Qualitätsentwickler unter Einbezug der sich gewandelten Umweltfaktoren an deutschen Hochschulen zu charakterisieren. Dieser Einbezug von wandelnden Kontextbedingungen bedeutet aber auch, dass die Charakteristiken der Professionalität der hochschulischen Qualitätsentwickler wandelbar sind, sodass ein Bestandteil der Professionalität auch immer sein wird, professionelle Aufgaben und Rollen neu zu definieren und diese durchzusetzen (vgl. Noordegraf 2007: 781).

Losgelöst von den konkreten empirischen Ergebnissen der Untersuchung der Qualitätsentwicker lässt sich die professionstheoretische Beschreibung von Professionalität in der Gegenwartsgesellschaft wie folgt umreissen: Professionalität ergibt sich aus dem Handeln einer bestimmten Qualität, das durch eine ergebnisoffene Anforderungsstruktur, der Überbrückung und Integration hybrider Handlungslogiken, einer Referenz/Orientierung an der beschäftigenden Organisation und einer bereichsspezifischen, im Arbeitskontext angeeigneten Kompetenzbasis gekennzeichnet ist. Die existenten ‚professionellen' Vereinigungen dienen vor allem der Standardsetzung und Diffusion von vorherrschenden Praktiken, was widerum zu Angleichungsmechanismen in einem organisationalen Feld führen kann. Die Akzeptanz bzw. die Legitimation der profesionellen Tätigkeit beruht auf Vertrauen durch Performanz, welches als funktionales Äquivalent für ein fehlendes Mandat und eine fehlenden Lizensierung fungiert. Der Rekurs auf ‚Professionalität' kann als disziplinärer Mechanismus auf der Mikroebene wirken, ebenso stellt er aber eine wirkungsvolle Ressource dar, welche dazu dient, eine nach außen gerichtete Autorität und einen hohen Status herzustellen, was wiederum auch dem individuellen und kollektiven Vorteil der ‚neuen Professionellen' dient. Zusammenfassend lässt sich festhalten, dass bei der Beschreibung der neuen Art von Professionalalität der Fokus nicht auf eine besondere Form von Beruflichkeit gelegt werden muss, sondern vielmehr auf Fragen der ‚Performativität' von Professionalität und profesionellem Handel abgestellt werden sollte.

8.2 Forschungsperspektiven und hochschulpolitische Implikationen

Die Ergebnisse der Arbeit verweisen auf theoretische und empirische Forschungsdesiderate, aber auch hochschulpolitische Implikationen, die im Folgenden aufgezeigt werden.

Forschungsperspektiven

Im Hinblick auf die Theorie handelt es sich dabei vor allem um ‚Erklärungslücken' in den theoretischen Ansätzen. Der aus der Arbeit resultierende empirische Forschungsbedarf verweist auf den Einbezug weiterer Akteure in die empirische Analyse.

Generell bietet sich ein Vergleich der Charakteristika der Professionalität der Qualitätsentwickler mit der anderer Funktionalbereiche im administrativen Hochschulmanagement wie z. B. der wissenschaftlichen Weiterbildung, des Technologietransfers oder der Hochschulkommunikation an. Auf quantitativen Daten beruhende Analysen dieser Personengruppen wurden bereits vorgelegt (Krücken et al. 2010; Kloke/Krücken 2010; Schneijderberg/Merkator 2010). Insofern jedoch in der vorliegenden Arbeit gezeigt werden konnte, dass die Ausprägungen der Professionalität auch von den Kontextbedingungen an der jeweiligen Hochschule abhängig sind, könnte im Sinne der Methodentriangulation eine Ergänzung der quantitativen Datenanalyse durch auf qualitativen Daten beruhende Fallstudien, z. B. durch Interviews und Feldbeobachtungen, einen erheblichen Mehrwert darstellen.

Ein Vergleich mit administrativen Hochschulmanagern in anderen Hochschulsystemen könnte die Frage nach gesellschaftlichen und organisationalen Einflussgrößen auf die Charakteristika der Professionalität von administrativen Hochschulmanagern beantworten. Zudem könnte ein Ländervergleich – und hierbei vor allem einer mit Ländern, die über stärker institutionalisierte Ausbildungen und fachliche Vereinigungen im administrativen Hochschulmanagement und vor allem in der Qualitätsentwicklung verfügen – zur Beantwortung der offenen Frage beitragen, inwiefern sich für die Qualitätsentwicklung nachhaltig etablierte Aufstiegs- und Weiterentwicklungsperspektiven entwickeln. Finden sich neue Pfade, beispielsweise ein ‚dritter Karriereweg' zwischen Verwaltung und Wissenschaft (vgl. Krücken et al. 2010: 240)? Zum Verständnis dieser längerfristigen Entwicklung wäre es notwendig, die hier durchgeführten empirischen Untersuchungen in größeren Zeitabständen zu wiederholen, d. h. ein panelartiges Untersuchungsdesign anzulegen. So könnte analysiert werden, ob und wie sich eine etwaige stärkere Institutionalisierung des Tätigkeitsfeldes Qualitätsentwicklung auf die spezifische Professionalität der Qualitätsentwickler auswirkt.

Vor allem bei der Analyse der Professionalitäts-Dimension ‚Zuständigkeitsanspruch und Legitimation' wurde deutlich, dass der Aspekt des Vertrauens der ‚Kunden', also vor allem der Hochschulleitung, aber auch der Wissenschaftler, in die professionelle Arbeit der Qualitätsentwickler eine wesentliche Bedingung für das Gelingen der (Zusammen)Arbeit der Qualitätsentwickler darstellt. Die Basis des Vertrauens wird detailliert in den ‚traditionellen Professionstheorien' behandelt. Dort wird das bestehende Grundvertrauen der Klienten in die professionelle Tätigkeit auf die Lizensierung und die professionelle Selbstkontrolle und die Kontrolle durch den Berufsverband, nach außen durch ein Berufsethos verdeutlicht, zurückgeführt. Daher verwundert es, dass die ‚neueren Ansätze der Professionstheorien' nicht artikulierten, worauf das Vertrauen in die ‚neuen Professionellen' basiert, denn diese verfügen ja weder über eine Lizenz und auch über keine mächtigen Berufsverbände, die eine Kontrollfunktion übernehmen könnten. Zwar wird erläutert, dass die Professionellen vor allem aufgrund der fehlenden Lizensierung aktiv um Vertrauen werben und den Mehrwert ihrer professionellen Arbeit darstellen müssen. Es wird jedoch nicht geklärt, was Grundlage des Vertrauens ist und welche Akteure bzw. Strukturen einen Beitrag zur Vertrauensbildung leisten können. Zur theoretischen und konzeptionellen Herausarbeitung der Entwicklung von Vertrauen wäre es sinnvoll, stärker die Funktion der Organisation mitzudenken.

Die ‚neuen Professionstheorien' zeigen die Spezifika der Professionalität anhand von Berufen auf, die schon stärker institutionalisiert sind als die Qualitätsentwicklung an deutschen Hochschulen. Dieses erklärt den Aspekt, dass mit Ausnahme der Professionstheorien neoinstitutionalistischer Lesart (vgl. Kapitel 5.3) Institutionalisierungs- und Professionalisierungsprozesse theoretisch nicht eng miteinander verbunden sind. Es wäre wünschenswert, differenzierte theoretische Erklärungen für einen Zusammenhang der Entstehung und zunehmenden Institutionalisierung eines gesamten Tätigkeitsfeldes (hier der Qualitätsentwicklung an deutschen Hochschulen) mit Professionalisierungsprozessen (hier im Sinne einer Professionalität auch jenseits von traditionellen Professionen) zu finden. Hierdurch könnten m. E. auch die Intentionen für die Verwendung von ‚Professionalität' bzw. eines Professionalisierungsdiskurses noch deutlicher herausgearbeitet werden. Wie in Kapitel 7.3.2 beschrieben, betonen die Qualitätsentwickler ein Selbstverständnis als Berater und Servicedienstleister für die Hochschulleitung und die Wissenschaftler und weisen Intentionen eines direkten Einbezugs in Entscheidungen der Hochschulleitung sowie einer direkten Kontrolle und Steuerung der Wissenschaftler größtenteils zurück. Allerdings ist dieses Bild nicht ‚komplett', da die Einschätzung der Hochschulleitung und vor allem der Wissenschaftler bezüglich der Wahrnehmung der Rolle und auch der Möglichkeiten der Einflussnahme der Qualitätsentwickler fehlt. Durch eine Befragung der Hochschulleitung und der Wissenschaftler könnte geprüft werden, inwiefern die Einschätzungen der Qualitätsentwickler geteilt werden oder ob die Betonung des Serviceaspektes und die Negierung direkter Kontroll- und Steuerungsaspekte nicht auch auf Effekte der sozialen Erwünschtheit zurückzuführen sind. Dieses kann aufgrund der bekannten Spannungen zwischen Wissenschaft und Verwaltung (Lewis/Altbach 1996; Jansen 2007; Pellert 2000: 45) nicht ausgeschlossen werden (vgl. Krücken et al: 2012: 245). Inwiefern diese Rolle und das Selbstverständnis auch auf Qualitätsentwickler in anderen professionellen Organisationen wie z. B. Krankenhäuser übertragbar sind, stellt ebenfalls ein interessantes Forschungsdesiderat dar.

Unter Rückgriff auf das Mintzbergsche Modell des Entscheidungsprozesses als einer Abfolge von Schritten wurde gezeigt, dass die Qualitätsentwickler durch das Medium Information und daran anschließende Beratungsprozesse indirekt Einfluss auf das Entscheidungsverhalten der Hochschulleitung ausüben können. Auch die Einflussnahme auf die Wissenschaftler erfolgt ‚über Bande', indem die Qualitätsentwickler Ergebnisse von qualitätssichernden Verfahren an die Hochschulleitung berichten, die diese wiederum an die Dekane der Fakultäten übermittelt. In vorliegender Arbeit konnte gezeigt werden, dass die Rollen- und Identitätsverständnisse der Hochschulleitungen die Implikationen von Ergebnissen der Qualitätsentwicklung beeinflussen. Somit ist auch das Rollen- und Identitätsverständnis der Dekane von großem Interesse. Führt auch hier – ähnlich wie bei den Befunden auf der Hochschulleitungsebene – ein stärker managerielles und auf Steuerung des jeweiligen Fachbereichs abstellendes Selbstverständnis zu einer stärkeren Berücksichtigung und Auswirkung der Ergebnisse von qualitätssichernden Maßnahmen? (vgl. Kloke/Krücken 2012a: 322).

Anhand der Ergebnisse dieser Arbeit kann konstatiert werden, dass die Qualitätsentwickler nicht über ‚Macht' im engeren soziologischen Sinne verfügen, die darauf beruht, kollektiv bindende Entscheidungen (Luhmann 1975) umzusetzen, da sie nur mit Unterstützung der Hochschulleitung und bei Akzeptanz der Wissenschaftler Steuerungswirkung entfalten können. Vielmehr sind ‚softe' Formen von

Macht bzw. in der Terminologie von Mintzberg informelle Machtbefugnisse, zu beobachten (vgl. Krücken et al. 2013), d. h. die Einflussnahme der Qualitätsentwickler beruht auf der Sammlung und Weitergabe von Informationen an die Hochschulleitung und auf deren Beratung. Hiermit werden deutliche Unterschiede zu den traditionellen Konzeptionen des mittleren Managements in Industriebetrieben deutlich, welche sich durch weitreichende Kontroll- und Führungsbefugnisse auszeichnen (vgl. Chandler 1977), wohingegen die Führungs- und Entscheidungsposition der Qualitätsentwickler deutlich schwächer ist (vgl. Krücken et al. 2012: 251). Allerdings verweisen auch neuere Ansätze in der Organisations- und Managementliteratur auf den Abschied vom herkömmlichen Steuerungs- und Kontrollverständnis in modernen Arbeitsorganisationen und den Übergang zum ‚empowerment‘ (vgl. Gabler 2012) des einzelnen Mitarbeiters. Dies wird vor allem dadurch ermöglicht, dass Organisationen verstärkt durch flache Hierarchien und Selbststeuerung und -kontrolle geprägt sind (vgl. Blanchard/Carlos/Randolph 1999; Ulrich/Probst 1984). Folglich böte sich ein Forschungsdesign an, das einen Vergleich der Position und Rolle von hochschulischen Qualitätsentwicklern mit der von Qualitätsentwicklern in Industrieunternehmen, die einen derartigen Managementansatz verfolgen, vorsieht.

Dieses schließt an Fragen der Auswirkungen der indirekten Einflussnahme auf die Wissenschaftler durch die Qualitätsentwickler an. Was bewirken Informationen z. B. über Evaluationsergebnisse und damit verbundene Ratschläge? Wird ein Gefühl des ‚Überwachtseins‘ wahrgenommen und beeinflusst dieses das Handeln der Wissenschaftler? Führt die Qualitätsentwicklung zur einer ‚panoptischen Überwachung‘ im Sinne Foucaults (1976), d. h. einer Disziplinierung durch Beobachtung?

Hochschulpolitische Implikationen

Aus der empirischen Analyse ergeben sich auch hochschulpolitische Implikationen, die im Folgenden kurz dargestellt werden.

In den Interviews mit den Qualitätsentwicklern wurde deutlich, dass ein nicht fest definiertes und vor allem nicht quantifiziertes Aufgabenprofil dazu führen kann, dass die Qualitätsentwickler „Mädchen für alles" (I1) sind, was zu einer Unzufriedenheit und damit möglicherweise auch zu einer niedrigeren Arbeitsmotivation und -produktivität führen kann. Um dieser Problemlage entgegenzuwirken, wurden an der U2 Stellenprofile mit quantifizierbaren Aufgabenanteilen entwickelt, deren Passung im halbjährlichen Abstand in Mitarbeitergesprächen zwischen der Leitungsebene (im vorliegenden Fall dem Vizepräsidenten für Lehre) und dem Qualitätsentwickler thematisiert wurden. Zum Zeitpunkt der Interviews wurde diese Maßnahme noch nicht evaluiert, sodass noch nicht eingeschätzt werden kann, inwiefern dieses einer nicht definierten und dadurch teilweise auch willkürlichen Übertragung von Aufgaben an die Qualitätsentwickler entgegenwirkt. Es kann jedoch davon ausgegangen werden, dass die Stellenprofile ein sinnvolles Instrument zum Abgleich der Erwartungen des Arbeitgebers und des Arbeitnehmers darstellen.

Die an einigen Hochschulen vorzufindende Existenz von Doppelstrukturen im Bereich der Qualitätsentwicklung mag zwar in der konkreten Situation einen Weg darstellen, Konflikte zwischen Mitarbeitern in länger bestehenden Organisationseinheiten und denen in neu etablierten Organisationseinheiten der Qualitätsentwicklung zu lindern. Auf längere Sicht sollten die durch Abstimmungsnotwendigkeiten entstehenden Transaktionskosten sowie Intransparenzen für Hochschulangehörige aber auch Externe vermieden werden. (vgl. Ausführungen in Kapitel 7.2).

Es wurde in der Arbeit deutlich, dass im Bereich der hochschulischen Qualitätsentwicklung wenig theoretische und empirische Erkenntnisse über den (wie auch immer gearteten) Einfluss von qualitätssichernden Maßnahmen auf die Forschung und die Lehre existieren. Es böte sich an, diese Forschungen als evaluative Begleitforschung der qualitätsentwickelnden Maßnahmen durch die Qualitätsentwickler durchführen zu lassen. Hierdurch könnte die dringend benötigte wissenschaftliche Fundierung von Qualitätsentwicklung erreicht werden, die nicht zuletzt auch für die Stärkung der Akzeptanz und Legitimität der Qualitätsentwicklung förderlich wäre. Im Bereich der Lehre würde sich eine Orientierung bzw. auch eine Zusammenarbeit mit der empirisch und theoretisch bereits seit langer Zeit etablierten schulischen Lehr-/Lernforschung anbieten.

Wie gezeigt werden konnte, schätzen die Qualitätsentwickler an deutschen Hochschulen ihre Karriereperspektiven eher verhalten ein. Dieses kann darauf zurückgeführt werden, dass ein breiter Bereich des Wissens, über das die Qualitätsentwickler verfügen, kontext- und organisationsspezifisch ausgerichtet ist und dadurch auch schwer in andere Organisationen transferierbar ist. In ‚den traditionellen Professionstheorien' dient ein nationaler, leicht zu identifizierender Berufsverband der Festlegung und Weiterentwicklung von Ausbildungsprogrammen, der Regulierung des Berufszutritts, der Durchsetzung von Zuständigkeitsansprüchen. Zwar beschreiben einige ‚neuere professionstheoretische Ansätze' auch, dass der Verweis auf Professionalität als Strategie für die Sicherung von Beschäftigungsperspektiven verwendet wird, aber wie dieses letztlich umgesetzt wird bleibt unklar. Zudem tritt dieses professionspolitische Funktion in den ‚neuen Professionstheorien' in den Hintergrund und es wird stattdessen eher auf ‚weiche'

Formen des Netzwerkens durch Diffusion von Best Practices, der Entwicklung von ‚Coping-Strategien' etc. abgestellt. Zwar haben die genannten Funktionen der neuen fachlichen Vereinigungen, und damit auch die einzelnen ungerichteten und kooperativen Netzwerke der Qualitätsentwickler, für den individuellen Qualitätsentwickler sicherlich eine hohe Bedeutung, die Karriereperspektiven der Qualitätsentwickler als Kollektiv sichern sie aber nicht. Somit zeigt sich aus theoretischer, aber auch aus ‚professionspolitischer' Sicht, dass die ‚traditionellen professionstheoretischen Ansätze', und hierbei vor allem der konfliktorische, doch nicht gänzlich an Aktualität und Bedeutung verloren haben.

Literaturverzeichnis

Abbott A (1988) The System of Professions. An Essay on the Division of Expert Labor. University of Chicago Press, Chicago.

Ackroyd S (1996) Organisation contra organisation: Professions and organisational change in the United Kingdom. Organization Studies 17 (4) S 599–621

Adamczak W, Debusmann A, Merkator N (2007) Traumberuf ForschungsreferentIn? Universität Kassel (Werkstattbericht, 68), Kassel

Alexander V (1996) Museums and Money: The Impact of Funding on Exhibitions, Scholarship, and Management. Indiana University Press, Bloomington

Altrichter H, Brüsemeister T, Wissinger J (Hrsg) (2007) Educational Governance. Handlungskoordination und Steuerung im Bildungssystem. VS Verlag, Wiesbaden

Alvesson M, Johansson A (2002) Professionalism and Politics in Management Consultancy Work. In: Clark T, Fincham R (Hrsg): Critical Consulting. New Perspectives on the Management Advice Industry. Blackwell, London, S 228–246

Alvesson M, Kärremann D (2004) Interfaces of Control. Technocratic and Socio-Ideological Control in a Global Management. Accounting, Organizations and Society 29 (3 4), S 423–444

Alvesson M, Kärremann D (2006) Professional Service Firms as Collectivities: A Cultural and Processual View. Research in the Sociology of Organizations 24, S 203–230

Alvesson M, Robertson M (2006) The Brightest and the Best: The Role of Elite Identity in Knowledge Intensive Companies. Organization 13 (2), S 195–224

Amaral A, Jones G, Karseth B (Hrsg) (2002) Governing Higher Education: National Perspectives on Institutional Governance. Kluver Academic Publishers, Dordrecht

Amaral A, Meek L, Larsen I (2003) The Higher Education Managerial Revolution? Kluver Academic Publishers, Dordrecht

Apel H–J, Horn K, Lundgreen P, Sandfuchs U (Hrsg) (1999) Professionalisierung pädagogischer Berufe im historischen Prozess. Klinkhardt, Bad Heilbrunn

Armbruster B (2008) Professionelles Schnittstellenmanagement: Die Hochschule als Team. In: Kehm B, Mayer E, Teichler U, Rittgerott C (Hrsg): Hochschulen in neuer Verantwortung – Strategisch, überlastet, divers? Lemmens, Bonn, S 179–181

Arnold R (2001) Kompetenz. In: Arnold R, Nolda S, Nuissl E (Hrsg): Wörterbuch Erwachsenenpädagogik Klinkhardt, Bad Heilbrunn, S 176

Arnold R, Nolda S, Nuissl E (Hrsg) (2001) Wörterbuch Erwachsenenpädagogik. Klinkhardt, Bad Heilbrunn

Association of University Teachers (2001) Building the Academic Team: A Report on the Construction of Academic-Related Staff to the Delivery of Higher Education. http://www.ucu.org.uk/media/pdf/h/j/ academicteam.pdf. Zugegriffen: 04.08.2012

Bacher J, Pögc A, Wenzig K (2010) Clusteranalyse – Anwendungsorientierte Einführung in Klassifi-kationsverfahren. 3. Aufl. Oldenbourg, München

Bäcker G, Bispinck R, Hofemann K, Naegele G (2000) Sozialpolitik und soziale Lage in Deutschland. Band 1: Ökonomische Grundlagen, Einkommen, Arbeit und Arbeitsmarkt, Arbeit und Gesundheits-schutz. 3., grundlegend überarbeitetet und erweiterte Aufl. Westdeutscher Verlag, Wiesbaden

Baer W (1986) Expertise and Professional Standards. In: Work and Occupations 13 (4)

Baldridge J (1971) Power and Conflict in the University. John Wiley, New York

Banscherus U (2011) Qualitätssicherung von Studium und Lehre in der hochschulpolitischen Ausein-andersetzung. Über Stellvertreterdebatten, wechselseitige Blockaden und konzeptionelle Alternativen. Bericht im Auftrag der Max-Traeger-Stiftung, Frankfurt a, M.

Barley S, Tolbert P (1991) At the Intersection of Organizations and Occupations. In: Tolbert P, Bar-ley S (Hrsg) Research in the Sociology of Organizations: Organizations and Professions. JAI Press, Greenwich S 1–16

Barnett R, di Napoli R (Hrsg) (2008) Changing Perspectives in Higher Education. Voicing Perspec-tives. Routledge Abingdon

Bartscher T (2012) Empowerment. Hg. v. Gabler Verlag (Gabler Wirtschaftslexikon). http://wirt-schaftslexikon.gabler.de/Archiv/55835/empowerment-v6.html. Zugegriffen: 14.12.2012

Bea F, Dichtl E, Schweitzer M (Hrsg) (2004) Allgemeine Betriebswirtschaftslehre. Bd 1. Gustav Fi-scher Verlag, Stuttgart

Becher T (1987) The Disciplinary Shaping of the Profession. In: Clark B (Hrsg): The Academic Pro-fession. National, Disciplinary and Institutional Settings. University of California Press, Berkeley, S 271–303

Becher T, Kogan M (1992) Process and Structure in Higher Education. Routledge, London

Beck U, Brater M, Daheim H (1980) Soziologie der Arbeit und der Berufe. Grundlagen, Problemfelder, Forschungsergebnisse. Rowohlt, Hamburg

Becker F, Krücken G, Wild E (Hrsg) (2012) Gute Lehre in der Hochschule. Wirkung von Anreizen, Kontext. WBV Verlag, Bielefeld

Beckmann C (2009) Qualitätsmanagement und Soziale Arbeit., VS Verlag, Wiesbaden

Benz A (2004) Einleitung: Governance – Modebegriff oder nützliches sozialwissenschaftliches Kon-zept. In: Benz A (Hrsg): Governance – Regieren in komplexen Systemen. Eine Einführung. VS Verlag, Wiesbaden, S 11–28

Benz A (Hrsg) (2004) Governance – Regieren in komplexen Systemen. Eine Einführung. VS Verlag, Wiesbaden

Benz A, Lütz S, Schimank U, Simonis G (Hrsg.) (2007) Handbuch Governance: Theoretische Grund-lagen und empirische Anwendungsfelder. VS Verlag, Wiesbaden

Benz W, Kohler J, Landfried K (Hrsg.) (2009) Handbuch Qualität in Studium und Lehre. Evaluation nutzen – Akkreditierung sichern – Profil schärfen! Raabe, Stuttgart

Berdahl R (1990) Academic Freedom, Autonomy and Accountability in British Universities. In: Studies in Higher Education 15, S 169–180

Blanchard K, Carlos J, Randolph P (1999) Management durch Empowerment. Das neue Führungskonzept. Mitarbeiter bringen mehr, wenn sie mehr dürfen. Rowohlt, Reinbek

Blaschke D, Stegmann H (1989) Berufssoziologie. In: Endruweit G, Trommsdorf G (Hrsg) Wörterbuch der Soziologie. Ferdinan Enke, Stuttgart, S 65–71

Blau P (1955) The Dynamics of Bureaucracy. A Study of Interpersonal Relations in Two Government Agencies. University of Chicago Press, Chicago

Bleiklie I, Kogan M (2007) Organization and Governance of Universities. In: Higher Education Policy 20, S 477–493

Blümel A, Kloke K, Krücken G (2010) Hochschulkanzler in Deutschland: Ergebnisse einer hochschulübergreifenden Befragung. Speyer, Forschungsinstitut für öffentliche Verwaltung (FÖV Discussion Papers 61)

Blümel A, Kloke K, Krücken G, Netz N (2010) Restrukturierung statt Expansion: Entwicklungen des nicht-wissenschaftlichen Personals an deutschen Hochschulen. In: die hochschule(2), S 154–172

Boer H F de, Enders J, Leisyte L (2007) Public Sector Reform in Dutch Higher Education. In: Public Administration 85 (1), S 27–46

Bogumil J, Burgi M, Heinze R, Gerber S, Graf I, Jochheim I., Kohrsmeyer M (2010) Formwandel der Staatlichkeit im deutschen Hochschulsystem – Umsetzungsstand und Evaluation neuer Steuerungsinstrumente. http://www.sowi.rub.de/mam/content/regionalpolitik/formwandel_der_staatlichkeit_im_deutschen_hochschulsystem.pdf. Zugegriffen: 13.02.2012.

Bogumil J, Jann W (2009) Verwaltung und Verwaltungswissenschaft in Deutschland. Einführung in die Verwaltungswissenschaft. 2., völlig überarbeitete Aufl. VS Verlag, Wiesbaden

Böhle F, Voß G, Wachtler G (Hrsg) (2010) Handbuch Arbeitssoziologie. VS Verlag, Wiesbaden

Bolte K, Beck U, Brater M (1988) Der Berufsbegriff als Instrument soziologischer Analyse. In: Bolte K (Hrsg): Mensch, Arbeit und Betrieb – Beiträge zur Berufs- und Arbeitskräfteforschung. VCH, Acta Humaniora, Weinheim, S 39–54

Brandt T (2009) Evaluation in Deutschland. Professionalisierungsstand und -perspektiven. Waxmann, Münster

Brater M (2010) Berufliche Bildung. In: Böhle F, Voß G, Wachtler G (Hrsg) Handbuch Arbeitssoziologie. VS Verlag, Wiesbaden, S 805–841

Braun D (2001) Regulierungsmodelle und Machtstrukturen an Hochschulen. In: Stölting E, Schimank U (Hrsg.) Die Krise der Universitäten. Leviathan Sonderheft 20. Westdeutscher Verlag, Opladen, S 243–262

Braun D, Merrien F-X (1999) Governance of Universities and Modernisation for the State: Analytical Aspects. In Braun D, Merrien F-X (Hrsg) Towards a New Model of Governance for Universities. A Comparative View. Jessica Kingsley, London, S 9–33

Braun D, Merrien F-X (Hrsg) (1999) Towards a New Model of Governance for Universities. A Comparative View. Jessica Kingsley, London

Brettschneider F, Wild J (Hrsg) (2007) Handbuch Akkreditierung von Studiengängen. 2. Aufl. WRV Verlag, Bielefeld

Brint S (1994) In an Age of Experts: The Changing Role of Professionals in Politics and Public Life. Princeton University Press, Princeton

Brock D M, Powell M J, Hinings C R (Hrsg) (1999) Restructuring the Professional Organization. Accounting, Health Care and Law. Routledge, London

Bröckling U (2007) Das unternehmerische Selbst. Suhrkamp, Frankfurt a, M.

Brosius F (2002) SPSS. mitp Verlag, Bonn

Brosziewski A (1998) Rationalität, Unsicherheit und Organisation – Zu einer Revision organisationssoziologischer Annahmen in der Professionssoziologie. Dokumentation des 2. Workshops des Arbeitskreises „Professionelles Handeln" vom 24. bis 25. Oktober 1997 in Rorschach (Hrsg.: Achim Brosziewski und Christoph Maeder). http://www.sozialarbeit.ch/dokumente/organisation_profession. pdf. Zugegriffen: 23.03.2012

Brüggemeier M (2001) Public Management. In: Hanft A (Hrsg) Grundbegriffe des Hochschulmanagements. Luchterhand, Neuwied, S 58–67

Brunsson N, Sahlin-Andersson K (2000) Constructing Organizations: The Example of the Public Sector Reform. In: Organization Studies 21 (4), S 721–746

Bucher R, Strauss A (1961) Professions in Process. In: American Journal of Sociology 66 (4), S 325–334

Budäus D (1994) Public Management. Konzepte und Verfahren zur Modernisierung öffentlicher Verwaltungen. Edition Sigma, Berlin

Budäus D, Conrad P, Schreyögg G (Hrsg) (1998) Von der bürokratischen Steuerung zum New Public Management. Eine Einführung. de Gruyter, Berlin, New York

Bull H (2006) Vom Staatsdiener zum öffentlichen Dienstleister. Zur Zukunft des Dienstrechts. Edition Sigma, Berlin

Burrage M, Torstendahl R (Hrsg) (1990) Professions in Theory and History: Rethinking the Study of the Professions. Sage, London

Büschges G (1975) Beruf, Berufswahl und Berufsberatung. In: Lange E, Büschges G (Hrsg) Aspekte der Berufswahl in der modernen Gesellschaft. Aspekte, Frankfurt am.Main, S 13–73

Chandler A (1977) The Visible Hand. The Managerial Revolution in American Business. Harvard University Press, Cambridge, Massachusetts

Chmielewicz K (1994) Forschungskonzeption der Wirtschaftswissenschaft. Poeschel, Stuttgart

Clark B (1983) The Higher Education System. Academic Organization in Cross-National Perspective. University of California Press, Berkeley

Clark B (Hrsg) (1987) The Academic Profession. National, Disciplinary and Institutional Settings. University of California Press, Berkeley

Clark B (1998) Creating Entrepreneurial Universities: Organizational Pathways of Transformation. Pergamon Press, Surrey

Clark T, Fincham R (Hrsg) (2002) Critical Consulting. New Perspectives on the Management Advice Industry. Blackwell, London

Cohen M J, March J, Olsen J (1972) A Garbage Can Model of Organizational Choice. In: Administrative Science Quarterly(17), S 1–25

Combe A, Helsper W (Hrsg) (1996) Pädagogische Professionalität. Untersuchungen zum Typus pädagogischen Handelns. Suhrkamp, Frankfurt a, M.

Combrink C (2008) Qualitätsmanagement von Forschung an Universitäten. Anforderungen und Möglichkeiten am Beispiel der Deutschen Sporthochschule Köln. Masterarbeit. Osnabrück. Fakultät Wirtschafts- und Sozialwissenschaften, Fachhochschule Osnabrück

Conway M (2014–15) Defining Administrators and New Professionals. In: Perspectives: Policy and Practice in Higher Education 4 (1)

Conze W (1972) Arbeit. In: Brunner O, Conze W, Koselleck R (Hrsg) Geschichtliche Grundbegriffe. Historisches Lexikon zur politisch-sozialen Sprache in Deutschland. Klett, Stuttgart

Conze W (1972) Beruf. In: Brunner O, Conze W, Koselleck R (Hrsg): Geschichtliche Grundbegriffe. Historisches Lexikon zur politisch-sozialen Sprache in Deutschland. Klett, Stuttgart, S 490–507

Cooper D J, Greenwood R, Hinings C R, Brown J T (1996) Sedimentation and Transformation in Organizational Change: The Case of Canadian Law Firms. In: Organization Studies 17 (4), S 623–639

Daheim H (1992) Zum Stand der Professionssoziologie. Rekonstruktion machttheoretischer Modelle der Profession. In: Dewe B, Ferchhoff W, Radtke F-O (Hrsg): Erziehen als Profession. Zur Logik professionellen Handelns in pädagogischen Feldern. Leske und Budrich, Opladen, S 21–35

de Boer H, Enders J, Schimank U (2007) On the Way Towards New Public Management? The Governance of University Systems in England, the Netherlands, Austria, and Germany. In: Jansen D (Hrsg): New Forms of Governance in Research Organizations – Disciplinary Approaches, Interfaces and Integration. Springer, Dordrecht, S 137–152

Derlien H (2002) Öffentlicher Dienst im Wandel. In: König K (Hrsg) Deutsche Verwaltung an der Wende zum 21. Jahrhundert. Nomos, Baden-Baden, S 229–253

Dewe, B., Ferchhoff, W., Peters, F., Stüwe, G. (1986) Professionalisierung -Kritik – Deutung. Soziale Dienste zwischen Verwissenschaftlichung und Wohlfahrtsstaatskrise. ISS-Verlag, Frankfurt a. M

Dewe B, Ferchhoff W, Radtke F-O (Hrsg) (1992) Erziehen als Profession. Zur Logik professionellen Handelns in pädagogischen Feldern. Leske und Budrich, Opladen

Di Maggio P (1988) Interest and Agency in Institutional Theory. In: Zucker L (Hrsg) Institutional Patterns and Organizations: Culture and Environment. Ballinger Publishing Company, Cambridge, Massachusetts, S 3–21

Di Maggio P (1991) Constructing an Organizational Field as a Professional Project: U.S. Art Museum, 1920–1940. In: Powell W und Di Maggio P (Hrsg): The New Institutionalism in Organizational Analysis. University of Chicago Press, Chicago, S 267–292

Di Maggio P, Powell W (1991) The Iron Cage Revisited: Institutional Isomorphism and Collective Rationality in Organisation Fields. In: Powell W, Di Maggio P (Hrsg) The New Institutionalism in Organizational Analysis. University of Chicago Press, Chicago, S 41–62

Diaz-Bone R (1996) Statistik für Soziologen. UTB, Stuttgart

Diekmann A (2008) Empirische Sozialforschung. Grundlagen, Methoden, Anwendungen. 19. Aufl. Rowohlt, Hamburg

Dill B, Sporn B (1995) Emerging Patterns of Social Demand and University Reform: Through a Glass Darkly. IAU Press / Pergamon, Oxford

Diller C (2002a) Zwischen Netzwerk und Organisation. Eine Bilanz regionaler Kooperationen in Deutschland. Leske und Budrich, Opladen

Diller C (2002b) Zwischen Netzwerk und Organisation. Die Dynamik der Verstetigung regionaler Kooperationen. In: Raumforschung und Raumordnung (2), S 146–154

Dobbin F (2009) Inventing Equal Opportunity. Princeton University Press, Princeton

Dobson I (2000) 'Them and Us' – General and Non-General Staff in Higher Education. In: Journal of Higher Education Policy and Management 22 (2), S 203–210

Dobson I, Conway M (2003) Fear and Loathing in University Staffing: The Case of Australian Academic and General Staff. In: Journal of the Programme on Institutional Management in Higher Education 15 (3), S 123–133

Hochschulmanagement. In: Kehm B, Mayer E, Teichler U, Rittgerott C (Hrsg) Hochschulen in neuer Verantwortung – Strategisch, überlastet, divers? Lemmens, Bonn, S 175–176

Drori G, Meyer J, Hwang H (Hrsg) (2006) Globalization and Organization. Oxford University Press, Oxford

Dudeck A, Jansen-Schulz B (Hrsg.) (2010) Hochschule entwickeln. Nomos, Baden-Baden

Ellwein T (1976) Regierung und Verwalten. Eine kritische Einführung. Westdeutscher Verlag, Opladen

Enders J (1998) Berufsbild der Hochschullehrer. In: Teichler U, Daniel H D und Enders J (Hrsg) Brennpunkt Hochschule: Neuere Analysen zu Hochschule, Beruf und Gesellschaft. Campus Frankfurt a, M., S 55–79

Enders J, de Boer H, Leisyte L (2009) New Public Management and the Academic Profession: the Rationalisation of Academic Work Revisited. In: Enders J, de Weert E (Hrsg) The Changing Face of Academic Life – Analytical and Comparative Perspectives. Palgarve MacMillian, Basingstoke, S 36–57

Enders J, de Weert E (Hrsg) (2009) The Changing Face of Academic Life – Analytical and Comparative Perspectives. Palgarve MacMillian, Basingstoke

Enders J, Kaulisch M (2005) Vom Homo Academicus zum Homo Oeconomicus? Die doppelte Kontextualisierung der Forschung und ihre (möglichen) Folgen für die Wissenschaft als Beruf. In: Pfadenhauer M (Hrsg) Professionelles Handeln. VS Verlag, Wiesbaden, S 207–220

Endruweit G, Trommsorff G (Hrsg) (2002) Wörterbuch der Soziologie. Lucius Verlag, Stuttgart

Engwall L, Weaire D (Hrsg) (2008) The University in the Market. Portley Press, London

Esdar W, Gorges J, Kloke K, Krücken G, Wild E (2011) Lehre unter den Forschungshut bringen... – Empirische Befunde zu multipler Zielverfolgung und Zielkonflikten aus Sicht von Hochschulleitungen und Nachwuchswissenschaftler(inne)n. In: Centrum für Hochschulentwicklung (Hrsg): Der Bologna-Prozess aus Sicht der Hochschulforschung Analysen und Impulse für die Praxis. CHE-Arbeitspapier Nr. 148. Gütersloh, S 192–204

Etzioni A (Hrsg) (1969) The Semi-Professions and their Organization. Free Press, New York

Etzkowitz H, Leydesdorff L (Hrsg) (1997) Universities and the Global Knowledge Economy: A Triple Helix of University-Industry-Government Relations. Cassels, London

Evetts J (2003) The Sociological Analysis of Professionalism. Occupational Change in the Modern World. In: International Sociology 18 (2), S 395–415

Evetts J (2006) Organizational and occupational Professionalism: the Challenge of NPM. Paper presented at XVI ISA World Congress of Sociology. Durban, South Africa

Evetts J (2008) Professionalität durch Management? Neue Erscheinungsformen von Professionalität und ihre Auswirkungen auf professionelles Handeln. Ein Nachtrag zum ZSR-Schwerpunktheft 3/2007. In: Zeitschrift für Sozialreform 51 (1), S 97–106

Evetts J (2009) The Management of Professionalism: A contemporary Paradox. In: Gewirtz S, Mahony P, Hextall I und Cribb A (Hrsg) Changing Teacher Professionalism: International Trends, Challenges and Ways Forward. Routledge, London, S 19–30

Evetts J (2011) A new Professionalism? Challenges and Opportunities. In: Current Sociology 59 (4), S 406–422

Faulconbridge J, Muzio D (2008) Re-inserting the Professional in the Study of PSFs. In: Global Networks 7 (3), S 249–270

Fehling M (2008) Informelles Verwaltungshandeln. In: Hoffmann-Riem W, Schmidt-Aßmann E, Voßkuhle A (Hrsg) Grundlagen des Verwaltungsrechts. Bd II. Informationsordnung, Verwaltungsverfahren, Handlungsformen, C.H. Beck, München S 1341–1404

Ferlie E, Ashburner L, Fitzgerald L, Pettigrew A (1996) The New Public Management in Action. Oxford University Press, Oxford

Fischer-Bluhm K (2010) Überlegungen zur Rolle und Position von „Qualitätsreferenten" in Hochschulen. In: Pohlenz P, Oppermann A (Hrsg) Lehre und Studium professionell evaluieren: Wie viel Wissenschaft braucht die Evaluation. UVW, Bielefeld, S 55–71

Flick U (2005) Qualitative Sozialforschung. Rowohlt, Hamburg

Flood J (2011) The Re-Landscaping of the legal Profession: Large Law Firms and professional Re-Regulation. In: Muzio D, Kirkpatrick I (Hrsg) Recconnecting Professional Occupations and Professional Organizations. In: Current Sociology 59 (4). Sage, London, S 507–529

Foucault M (1983) Sexualität und Wahrheit I: Der Wille zum Wissen. Suhrkamp, Frankfurt a, M.

Foucault M (1988) Technologies of the Self. In: Martin L, Gutman H, Hutton P (Hrsg) Technologies of the Self. A Seminar with Michel Foucault. University of Massachusetts Press, Amherst, S 16–50

Foucault M (1994) Überwachen und Strafen. Die Geburt des Gefängnisses. Suhrkamp, Frankfurt a, M.

Fournier V (1999) The Appeal to "Professionalism" as a Disciplinary Mechanism. In: Sociological Review 47 (2), S 280–307

Freidson E (1986) Professional Powers: A Study of the Institutionalization of Formal Knowledge. University of Chicago Press, Chicago

Freidson E (2001) Professionalism: The third Logic. Polity Press, Chicago/Cambridge

Fremerey M, Pletsch-Betancourt M (Hrsg) (2008) Prospects of Change in Higher Education. Towards New Qualities and Relevance. Festschrift for Matthias Wesseler. IKO Verlag für Interkulturelle Kommunikation Frankfurt a, M., London

Fritsch M, Henning T, Slavtchev V Steigenberger N (2008) Hochschulen als regionaler Innovationsmotor? Innovationstransfer aus Hochschulen und seine Bedeutung für die regionale Entwicklung. Hg. v. Böckler-Stiftung (Arbeitspapier 158 der Böckler-Stiftung), Berlin

Fuchs-Heinritz W, Lautmann R, Rammstedt O, Wienold H (Hrsg) (2007) Lexikon zur Soziologie. 4., grundlegend überarbeitete Aufl. VS Verlag, Wiesbaden

Fürst D, Schubert H (1998) Regionale Akteursnetzwerke. Zur Rolle von Netzwerken in regionalen Umstrukturierungsprozessen. In: Raumforschung und Raumordnung 56 (5/6), S 352–363

Geser H (2002) Berufssoziologie. In: Endruweit G, Trommsorff G (Hrsg) Wörterbuch der Soziologie. Lucius Verlag, Stuttgart, S 52–57

Gewirtz S, Mahony P, Hextall I, Cribb A (Hrsg) (2009) Changing Teacher Professionalism: International Trends, Challenges and Ways Forward. Routledge, London

Gläser J, Laudel G (2004) Experteninterviews und qualitative Inhaltsanalyse. VS Verlag, Wiesbaden

Gnahs D, Krekel E, Wolter A (Hrsg) (1995) Qualitätsmanagement im Bildungswesen. 2 Bde, Schriften des Internationalen Begegnungszentrums Sankt Marienthal (IBZ), Hannover et al.

Gnahs D (2010) Kompetenzen – Erwerb, Erfassung, Instrumente. W. Bertelsmann Verlag, Bielefeld

Goldwater Institute (2010) Administrative Bloat at American Universities: The Real Reason for High Costs in Higher Education. Policy report

Goode W (1969) The Theoretical Limits of Professionalization. In: Etzioni A (Hrsg) The Semi-Professions and their Organization. Free Press, New York, S 266–313

Goode W (1972) Professionen und die Gesellschaft. Die Struktur ihrer Beziehungen. Im Original (1957)Community within a Community: The Professions. In: Luckmann T, Sprondel W (Hrsg) Berufssoziologie. Kiepenheuer&Witsch, Köln, S 157–167

Gordon G, Whitchurch C (2007) Managing Human Resources in Higher Education: The Implications of a Diversifiying Workforce. In: Higher Education Policy and Management 19 (2), S 135–155

Gordon G, Whitchurch C (Hrsg) (2010) Academic and Professional Identities in Higher Education: The Challgenes of a Diversifying Workforce. International Studies in Higher Education. Routledge, New York

Gornall L (1999) 'New Professionals': Change and Occupational Roles in Higher Education. In: Perspectives: Policy and Practice in Higher Education 3 (2), S 44–49

Gornitzka A, Kyvik S, Larsen I (1998) The Bureaucratisation of Universities. In: Minerva 36, S 21–47

Gornitzka A, Larsen I (2004) Towards Professionalisation? Restructuring of Administrative Workforce in Universities. In: Higher Education 47, S 455–471

Gouldner A W (1957) Cosmopolitans and Locals. In: Administrative Science Quarterly 37, S 281–306

Granovetter M (1973) The Strength of Weak Ties. In: American Journal of Sociology 78 (6), S 1360–1380

Greenwood R, Hinings C R (1988) Organizational Design Types, Tracks and the Dynamics of Strategic Change. In: Organization Studies 9 (3), S 293–316

Greenwood R, Hinings C R, Brown J T (1990) P2-Form of Strategic Management: Corporate Practices in Professional Partnerships. In: Academy of Management Journal 33 (4), S 725–755

Greenwood R Oliver C, Suddab, R, Sahlin-Andersson K (Hrsg) (2008) The SAGE Handbook of Organizational Institutionalism. Sage, London

Greenwood R, Suddaby R (Hrsg) (2006) Professional Service Firms. JAI Press, Oxford

Grendel T, Schmidt U, Springer E (2006) Steuerung und Steuerungswissen im Hochschulsystem. In:Hamburger F, Hradil S, Schmidt U (Hrsg) Mainzer Beiträge zur Hochschulentwicklung, 10, Universität Mainz

Gross C, Kieser A (2006) Are Consultants moving towards Professionalization? In: Greenwood R, Suddaby R (Hrsg): Professional Service Firms. JAI Press, Oxford, S 69–100

Gumport P, Puser B (1995) A Case of Bureaucratic Accretion: Context and Consequences. In: The journal of higher education 66 (2), S 493–520

Gumport P, Sporn B (1999) Institutional Adaptation: Demands for Management Reform and University Administration. In: Smart J (Hrsg) Handbook of Theory and Research (Vol. XIV). Agathon Press, New York, S 176–210

Hagen A von der, Voß G (2010) Beruf und Profession. In: Böhle F, Voß G, Wachtler G (Hrsg) Handbuch Arbeitssoziologie. VS Verlag, Wiesbaden, S 751–805

Halmos P (Hrsg) (1973) Professionalization and Social Change. Sociological Review 20. Wiley, Hoboken

Hanft A (Hrsg) (2000a) Hochschulen managen? Zur Reformierbarkeit der Hochschulen nach Managementprinzipien. Luchterhand, Neuwied

Hanft A (2000b) Sind Hochschulen refom(un)fähig? In: Hanft A (Hrsg) Hochschulen managen? Zur Reformierbarkeit der Hochschulen nach Managementprinzipien. Luchterhand, Neuwied, S 3–25

Hanft A (Hrsg) (2001) Grundbegriffe des Hochschulmanagements. Luchterhand, Neuwied

Hanft A (2008a) Bilanz neuer Entwicklungen: Professionelles Handeln im Spannungsfeld zwischen Wissenschaft und Verwaltung. In: Kehm B (Hrsg) Hochschule im Wandel. Die Universität als Forschungsgegenstand. Campus, Frankfurt a. M., S 195–198

Hanft A (2008b) Bildungs- und Wissenschaftsmanagement. Vahlen, München

Hanlon G (1998) Professionalism as Enterprise: Service Class Politics and the Redefinition of Professionalism. In: Sociology 31 (1), S 43–64

Hansen M (1999) The Search-Transfer Problem: The Role of Weak Ties in Sharing Knowledge across Organization Subunits. In: Administrative Science Quarterly 44, S 82–111

Hartmann H (1964) Funktionale Autorität. Enke, Stuttgart

Hartmann H (1972) Arbeit, Beruf, Profession. In Luckmann T, Sprondel W (Hrsg) Berufssoziologie. Kiepenheuer&Witsch, Köln, S 36–52

Harvey L, Newton J (2004) Transforming Quality Evaluation. In: Quality in Higher Education 10, S 149–165

Haug M (1973) Deprofessionalization: An Alternate Hypothesis for the Future. In: Halmos P (Hrsg) Professionalization and Social Change. Sociological Review 20. Wiley, Hoboken, S 195–211

Hecker A (2007) Outsourcing als Coopetition. Eine spieltheoretische Analyse des Zusammenhangs von Kooperation und Kompetition. In: Schreyögg G, Sydow J (Hrsg) Kooperation und Konkurrenz. Gabler, Stuttgart, S 1–41

Heidenreich M (1999) Berufskonstruktion und Professionalisierung. Erträge der soziologischen For-schung. In: Apel H-J, Horn K, Lundgreen P, Sandfuchs U (Hrsg) Professionalisierung pädagogischer Berufe im historischen Prozess. Klinkhardt, Bad Heilbrunn, S 35–58

Heidenreich M (2000) Regionale Netzwerke. In: Weyer J (Hrsg) Soziale Netzwerke. Konzepte und Methoden der sozialwissenschaftlichen Netzwerkforschung. Oldenbourg, München, S 167–188

Heiling J (2007) Rechnungslegung staatlicher Hochschulen. Berliner Wissenschaftsverlag, Berlin

Heinze T (2002) Evaluation von Forschungsleistungen. Konzeptionelle Überlegungen und Situations-beschreibung für Deutschland. In: Wissenschaftsmanagement (6), S 14–22

Heinze T, Krücken G (Hrsg) (2012) Institutionelle Erneuerungsfähigkeit der Forschung. VS Verlag, Wiesbaden

Heisig U (2005) Professionalismus als Organisationsform und Strategie von Arbeit. In: Pfadenhauer M (Hrsg) Professionelles Handeln. VS Verlag, Wiesbaden, S 27–53

Helsper W, Krüger H, Rabe-Kleeberg U (2000) Professionstheorie, Professions- und Biographienfor-schung: Einführung in den Themenschwerpunkt. In: Zeitschrift für qualitative Bildungs-, Beratungs- und Sozialforschung(1), S 5–19

Hermes G (2008) Schlichtes Verwaltungshandeln. In: Hoffmann-Riem W, Schmidt-Aßmann E, Voß-kuhle A (Hrsg) Grundlagen des Verwaltungsrechts. Bd II. Informationsordnung, Verwaltungsverfah-ren, Handlungsformen, II. C.H. Beck, München, S 1405–1459

Heusser R, Felder S, Gerber T (2009) Quality Audit. Definition und Anwendung in der externen Qua-litätssicherung von Hochschulen. In: Kohler W,. Landfried J, Benz K (Hrsg) Handbuch Qualität in Studium und Lehre. Evaluation nutzen – Akkreditierung sichern – Profil schärfen. Raabe, Stuttgart, S Abschnitt E 7- 5

Hill H (2008) Normsetzung und anderer Formen exekutivischer Selbstprogrammierung. In: Hoffmann-Riem W, Schmidt-Aßmann E, Voßkuhle A (Hrsg) Grundlagen des Verwaltungsrechts. Band II. In-formationsordnung, Verwaltungsverfahren, Handlungsformen, II. C.H. Beck, München, S 959–1030

Hinings C R, Greenwood R, Cooper D (1999) The Dynamics of Change in Large Accounting Firms. In: Brock D M, Powell M J, Hinings C R (Hrsg) Restructuring the Professional Organization. Accounting, Health Care and Law. Routledge, London, S 131–153

Hochschulrektorenkonferenz (1999) Qualität an Hochschulen. Hochschulrektorenkonferenz/ Projekt Q (Hrsg), Bonn (Beiträge zur Hochschulpolitik, 1)

Hochschulrektorenkonferenz (2007a) Verfahren der Qualitätssicherung und Qualitätsentwicklung. Hochschulrektorenkonferenz/Projekt Q (Hrsg), Bonn (Beiträge zur Hochschulpolitik, 8/2007)

Hochschulrektorenkonferenz (2007b) Qualitätsorientierte Hochschulsteuerung und externe Standards. Hochschulrektorenkonferenz/ Projekt Q (Hrsg), Bonn (Beiträge zur Hochschulpolitik, 12/2007)

Hochschulrektorenkonferenz (2009) Qualitätssicherungssysteme an Hochschulen – Maßnahmen und Effekte. Verfasst von Benedict Kaufmann. Hochschulrektorenkonferenz / Projekt Q (Hrsg), Bonn

Hochschulrektorenkonferenz (2010) Wegweiser 2010. Qualität an Hochschulen. Hochschulrektoren-konferenz/ Projekt Q (Hrsg), Bonn (Beiträge zur Hochschulpolitik 8/2010)

Hoffmann-Riem W, Schmidt-Aßmann E, Voßkuhle A (Hrsg) (2008) Grundlagen des Verwaltungs-rechts. Band II. Informationsordnung, Verwaltungsverfahren, Handlungsformen. C.H. Beck, München

Hölscher B, Suchanek J (Hrsg. (2010) Wissenschaft im Kontext von Wirtschaft und Medien. VS Verlag, Wiesbaden

Holzinger K, Joergens H, Knill C (Hrsg) (2007) Transfer, Diffusion und Konvergenz von Politiken. Sonderheft 38 der Politischen Vierteljahresschrift. VS Verlag, Wiesbaden

Hornbostel S (1997) Wissenschaftsindikatoren. Bewertungen in der Wissenschaft. Westdeutscher Verlag, Opladen

Hornbostel S (2004) Leistungsparameter und Ratings in der Forschung. In: Hochschulrektorenkonferenz / Projekt Q (Hrsg) Evaluation – ein Bestandteil des Qualitätsmanagements an Hochschulen. Beiträge zur Hochschulpolitik 9/2004, Bonn, S 173–188

Hornbostel S (2006) Leistungsmessung in der Forschung. In: Hochschulrektorenkonferenz (Hrsg) Von der Qualitätssicherung der Lehre zur Qualitätsentwicklung als Prinzip der Hochschulsteuerung. Beiträge zur Hochschulpolitik, 1/2006, Bonn, S 219–228

Hornbostel S (2008) Bologna und die Forschung. In: Rudinger G, Krahn B, Rietz C (Hrsg) Evaluation und Qualitätssicherung von Forschung und Lehre im Bolognaprozess. V&R unipress, Göttingen, S 59–76

Hornbostel S (2010) (Forschungs-)Evaluation. In: Simon D, Knie A, Hornbostel S (Hrsg) Handbuch Wissenschaftspolitik. VS Verlag, Wiesbaden, S 293–310

Hornbostel S, Simon D (2006) Wie viel (In-)Transparenz ist notwendig? Peer Review revisited. Institut für Forschungsinformation und Qualitätssicherung (Hrsg). IFQ Working Paper, 1, Bonn Huerkamp C (1985) Der Aufstieg der Ärzte im 19. Jahrhundert. Vom gelehrten Stand zum professionellen Experten: Das Beispiel Preußens. Vandenhoeck und Ruprecht, Göttingen

Hughes E (1958) Men and their Work. Free Press, Glencoe

Hughes E (1971) The Sociological Eye. Aldine, New York

Hüther O (2008) Starke Dekane – Schwache Professoren. Vergleich und Analyse der deutschen Landeshochschulgesetze. In: Hochschulmanagement(1), S 23–27

Hüther O (2010) Von der Kollegialität zur Hierarchie? Der New Managerialism in den Landeshochschulgesetzen. VS Verlag, Wiesbaden

Hüther O, Krücken G (2011) Wissenschaftliche Karriere und Beschäftigungsbedingungen – organisationssoziologische Überlegungen zu den Grenzen neuer Steuerungsmodelle an deutschen Hochschulen. In: Soziale Welt(3), S 305–325

Hwang H, Powell W (2009) The Rationalization of Charity: The Influences of Professionalism in the Nonprofit Sector. In: Administrative Science Quarterly 54 (2), S 268–298

Illich I (1977) Entmündigung durch Experten. Zur Kritik der Dienstleistungsberufe. Rowohlt, Reinbeck

Jaeger M (2007) Zielvereinbarungen an Hochschulen im Spannungsfeld zwischen strategischer und partizipativer Steuerung. In: Hochschulrektorenkonferenz / Projekt Q (Hrsg) Qualitätsorientierte Hochschulsteuerung und externe Standards. Beiträge zur Hochschulpolitik, 12/2007, Bonn , S 153–164

Jaeger M (2008) Wie wirksam sind leistungsorientierte Budgetierungsverfahren in Hochschulen? In: Centrum für Hochschulentwicklung (Hrsg): Bilanz und Perspektiven der leistungsorientierten Mittelverteilung. Analysen zur finanziellen Hochschulsteuerung. CHE-Arbeitspapier, Nr. 111, Gütersloh, S 36–50

Jaeger M, Leszczensky M (2007a) Hochschulinterne Steuerung durch Finanzierungsformeln und Zielvereinbarungen. Dokumentation zur gleichnamigen Tagung am 22. und 23. November 2006 in Hannover. HIS HochschulInformationsSystem GmbH (Hrsg), Hannover

Jaeger M, Leszczensky M (2007b) Hochschulsteuerung im Kontext veränderter gesellschaftlicher Rahmenbedingungen – Eine Einführung. In: HIS HochschulInformationsSystem GmbH (Hrsg) Hochschulinterne Steuerung durch Finanzierungsformeln und Zielvereinbarungen. Dokumentation zur gleichnamigen Tagung am 22. und 23. November 2006 in Hannover, Hannover, S. 5–23.

Jansen D (2006) Einführung in die Netzwerkanalyse. Grundlagen, Methoden, Forschungsbeispiele. VS Verlag, Wiesbaden

Jansen D (Hrsg) (2007) Neue Governance für die Forschung. Nomos, Baden-Baden

Jansen D (Hrsg) (2007a) New Forms of Governance in Research Organizations – Disciplinary Approaches, Interfaces and Integration. Springer, Dordrecht

Jansen D (2007b) Theoriekonzepte in der Analyse sozialer Netzwerke. Entstehung und Wirkungen, Funktionen und Gestaltung sozialer Einbettung. Deutsches Forschungsinstitut für öffentliche Verwaltung. (FÖV Discussion Papers, 39), Speyer

Jansen D (Hrsg) (2010) Governance and Performance in the German Public Research Sector. Disciplinary Differences. Springer, Dordrecht

Jaspers K, Rossmann K (1961) Die Idee der Universität. Springer, Berlin

Joerk C (2008 Wissenschaftsmanagement in der außeruniversitären Forschung: Diskurs und Praxis an Instituten der Leibniz-Gemeinschaft und der Max-Planck-Gesellschaft, Fernuniversität Hagen

Jopp M (2008) Eine „Profession" für Generalisten: Hochschulstrukturentwicklungsplanung und Qualitätsmanagement. In: Kehm B, Mayer E, Teichler U und Rittgerott C (Hrsg) Hochschulen in neuer Verantwortung – Strategisch, überlastet, divers? Lemmens, Bonn, S 181–183

Kalberg S (1981) Max Webers Typen der Rationalität: Eckpfeiler für die Analyse von Rationalisierungsprozessen in der Geschichte. In: Sprondel W, Seyfahrt C (Hrsg) Max Weber und die Dynamik der gesellschaftlichen Rationalisierung. Enke, Stuttgart, S 9–38

Kant I (2000) Logik und Metaphysik. 4. Aufl. Mundus, Essen

Kehm B (Hrsg) (2008) Hochschule im Wandel. Die Universität als Forschungsgegenstand. Campus Frankfurt a. M.

Kehm B, Lanzendorf U (2006) Reforming University Governance. Changing Conditions for Research in Four European Countries. Lemmens, Bonn

Kehm B, Mayer E, Teichler U (2008) Resümee der Herausgeber: Auf dem Weg zum Ausbau und zur Stabilisierung der Hochschulprofessionen. In: Kehm B, Mayer E, Teichler U, Rittgerott C (Hrsg) Hochschulen in neuer Verantwortung. Strategisch, überlastet, divers? Lemmens, Bonn (Hochschule innovativ), S 198–200

Kehm B, Mayer E, Teichler U, Rittgerott C (Hrsg) (2008) Hochschulen in neuer Verantwortung. Strategisch, überlastet, divers? (Hochschule innovativ). Lemmens, Bonn

Kehm B, Merkator N, Schneijderberg C (2010) Hochschulprofessionelle?! Die unbekannten Wesen. In: Zeitschrift für Hochschulentwicklung 5 (4)

Kehm B, Teichler U (Hrsg) (2012) The Academic Profession in Europe. New Tasks and New Challenges. Springer, Dordrecht

Kipping M (2011) Hollow from the start? Image Professionalism in Management Consulting. In: Current Sociology 59 (4), S 530–550

Kipping M, Kirkpatrick I (2008) From Taylorism as Product to Taylorism as Process: Knowledge Intensive Firms in a Historical Perspective. In: Muzio D, Ackroyd S, Chanlat J (Hrsg) Redirections in the Study of Expert Labour: Established Professions and New Expert Occupations. Palgarve MacMillian, Basingstoke, S 163–182

Kipping M, Kirkpatrick I, Muzio D (2006) Overly Controlled or Out of Control? Management Consultants and the New Corporate Professionalism. In: Craig J (Hrsg) Productions Values: Futures for Professionalism. Demos, London, S 153–165

Kirkpatrick I, Dent M, Jespersen P (2011) The Contested Terrain of Hospital Management: Professional Projects and Healthcare Reform in Denmark. In: Current Sociology 59 (4), S 489–506

Klatezki T, Tacke V (Hrsg) (2005): Organisation und Profession. VS Verlag, Wiesbaden

Kloke K (2005) Akkreditierung: Mimetische Prozesse und Professionalisierung. In: Krücken G (Hrsg): Hochschulen im Wettbewerb – Eine Untersuchung am Beispiel der Einführung von Bachelor- und Masterstudiengängen an deutschen Universitäten. Endbericht des Lehrforschungsprojektes. Universität Bielefeld. Bielefeld, S 263–300

Kloke K, Krücken G (2010) Grenzstellenmanager zwischen Wissenschaft und Wirtschaft? Eine Studie zu Mitarbeiterinnen und Mitarbeitern in Einrichtungen des Technologietransfers und der wissenschaftlichen Weiterbildung. In: Beiträge zur Hochschulforschung(2), S 32–52

Kloke K, Blümel B, Krücken G, Netz N (2011). Mehr Management, mehr Frauen? Das Berufsfeld administratives Hochschulmanagement aus der Geschlechterperspektive. In: Blättel-Mink B, Franzke F, Wolde A. (Hrsg), Neue Karrierewege für Frauen an der Hochschule? Sulzbach: Ulrike Helmer Verlag, S 61–83.

Kloke K, Krücken G (2012a) „Der Ball muss dezentral gefangen werden" – Organisationssoziologische Überlegungen zu den Möglichkeiten und Grenzen hochschulinterner Steuerungsprozesse am Beispiel der Qualitätssicherung in der Lehre. In: Wilkesmann U, Schmid C (Hrsg) Hochschule als Organisation. VS Verlag, Wiesbaden, S 311–325

Kloke K, Krücken G (2012b) Sind Universitäten noch lose gekoppelte Organisationen? In: Becker F, Krücken G und Wild E (Hrsg) Gute Lehre in der Hochschule. Wirkung von Anreizen, Kontext. WBV Verlag, Bielefeld, S 67–75

Klug H (2008) Hochschulreformen und Informationssysteme. Organisation – Personen – Technik. Nomos, Baden-Baden

Klug T (2010) Professionelle Kompetenz für das Qualitätsmanagement in der Wissenschaft. In: Zeitschrift für Hochschulentwicklung 5 (4), S 82–93

Klumpp M, Teichler U (2008) Experten für das Hochschulsystem: Hochschulprofessionen zwischen Wissenschaft und Administration. In: Kehm B, Mayer E, Teichler U, Rittgerott C (Hrsg) Hochschulen in neuer Verantwortung. Strategisch, überlastet, divers? Lemmens, Bonn, S 169–171

Kogan M (2007) The Academic Profession and its Interface with Management. In: Kogan M, Teichler U, (Hrsg) Key Challenges to the Academic Profession. Kassel (Werkstattbericht, 65), S 161–173

Kogan M, Teichler U (Hrsg) (2007): Key Challenges to the Academic Profession. International Center for Higher Education Research. Kassel (Werkstattbericht, 65)

König K (Hrsg.) (2002) Deutsche Verwaltung an der Wende zum 21. Jahrhundert. Nomos, Baden-Baden

König R, Tönnesmann M (Hrsg) (1970) Probleme der Medizinsoziologie. Westdeutscher Verlag, Opladen

Kracht S(2006) Das neue Steuerungsmodell im Hochschulbereich. Zielvereinbarungen im Spannungsverhältnis zwischen Konsens und hierarchischem Verwaltungsaufbau. Nomos, Baden-Baden

Kreckel R (2002) Externe und interne Impulse zur Erneuerung der Qualitätssicherung in den Hochschulen. Einige einführende Überlegungen. In: Reil T, Winter M (Hrsg) Qualitätssicherung an Hochschulen: Theorie und Praxis. WBV Verlag, Bielefeld, S 16–20

Krempkow R (2005) Leistungsbewertung und Leistungsanreize in der Hochschullehre. Eine Untersuchung von Konzepten, Kriterien und Bedingungen erfolgreicher Institutionalisierung, Dissertation an der TU Dresden

Krücken G (2003) Mission Impossible? Institutional Barriers to the Diffusion of the 'Third Academic Mission' at German Universities. In: International Journal of Technology Management 25, S 18–33

Krücken G (2005) Hochschulen im Wettbewerb – Eine Untersuchung am Beispiel der Einführung von Bachelor- und Masterstudiengängen an deutschen Universitäten. Endbericht des Lehrforschungsprojektes. Krücken G (Hrsg) Universität Bielefeld. http://www.uni-bielefeld.de/soz/personen/kruecken/pdf/Hochschulen_im_Wettbewerb_EB.pdf, Zugegriffen: 19.03.2012.

Krücken G (2008) Lässt sich Wissenschaft managen? In: Wissenschaftsrecht(41), S 345–358

Krücken G (2009) Kommunikation im Wissenschaftssystem – was wissen wir, was können wir tun? In: Hochschulmanagement(2), S 50–56

Krücken G, Drori G (Hrsg) (2009) World Society. The Writings of John Meyer. Oxford University Press, Oxford

Krücken G, Blümel A, Kloke K (2010) Hochschulmanagement – auf dem Weg zu einer neuen Profession? In: WSI Mitteilungen(5), S 234–241

Krücken G, Blümel A, Kloke K (2012a) Wissen schaft Management? Konturen der Managerialisierung im Hochschulbereich. In: Heinze T, Krücken G (Hrsg) Institutionelle Erneuerungsfähigkeit der Forschung. VS Verlag, Wiesbaden, S 219–256

Krücken G, Blümel A, Kloke K (2012b) Alternative Wege an die Spitze? Karrierechancen von Frauen im administrativen Hochschulmanagement. In: Beaufays S, Engels A, Kahlert H (Hrsg.), Einfach Spitze? Neue Geschlechterperspektiven auf Karrieren in der Wissenschaft.: Campus, Frankfurt a.M., S 119–144

Krücken G, Kloke K, Blümel A (2013 forthcoming) The Managerial Turn in Higher Education? The Managerial Turn in Higher Education? On the Interplay of Organizational and Occupational Change in German Academia. In: Minerva.

Krücken G, Kosmützky A, TorkaM (Hrsg) (2007) Universities between Global Trends and National Traditions. Transcript Verlag, Bielefeld

Krücken G, Meier F (2006) Turning the University into an Organizational Actor. In: Drori G, Meyer J, Hwang H (Hrsg) Globalization and Organization. Oxford University Press, Oxford, S 241–257

Krücken G, Meier F (2010) Wissens- und Technologietransfer als neues Leitbild? Universitäts-Wirtschafts-Beziehungen in Deutschland. In: Hölscher B, Suchanek J (Hrsg) Wissenschaft im Kontext von Wirtschaft und Medien. VS Verlag, Wiesbaden, S 91–110

Kühl S (2006) Die Professionalisierung der Professionalisierer? Das Scharlatanerieproblem im Coaching und der Supervision und die Konflikte um die Professionsbildung. http://www.uni-bielefeld.de/soz/organisationssoziologie/pdf/p0406.pdf. Zugegriffen: 06.07.2011

Kühl S, Strodtholz P (Hrsg) (2002) Methoden der Organisationsforschung. Rowohlt, Hamburg

Kuhlmann S, Heinze T (2004) Evaluation von Forschungsleistungen in Deutschland. Erzeuger und Bedarf. In: Wissenschaftsrecht(37)

Kultusministerkonferenz (2011) Instrumente der Qualitätsfeststellung in der Hochschulforschung – Erfahrungen der Länder –. Kultusministerkonferenz. Bonn. http://www.kmk.org/fileadmin/veroeffentlichungen_beschluesse/2011/2011_05_12-Instrumente-Qualitaetsfeststellung.pdf. Zugegriffen: 23.03.2012

Künzel R (2008) Die Messung der Lehrleistungen der Hochschulen: „Mission impossible" und dauerhaftes Steuerungsdefizit? In: hochschule innovativ(20), S 15–17

Kurtz T (1997) Professionalisierung im Kontext sozialer Systeme. Der Beruf des deutschen Gewerbelehrers. Westdeutscher Verlag, Opladen

Kurtz T (1998) Professionen und professionelles Handeln. Soziologische Überlegungen zur Klärung einer Differenz. In: Peters S (Hrsg) Professionalität und betriebliche Handlungslogik. Pädagogische Professionalisierung in der betrieblichen Weiterbildung als Motor der Organisationsentwicklung. WBV Verlag, Bielefeld, S 105–121

Kurtz T (2002) Berufssoziologie. Transcript Verlag, Bielefeld

Lamnek S (1989) Qualitative Sozialforschung. Bd 2: Methoden und Techniken. Psychologie Verlags Union, München

Lange E Büschges G (Hrsg) (1975) Aspekte der Berufswahl in der modernen Gesellschaft. Aspekte, Frankfurt a, M.

Lange S (2009) Neuer gesellschaftlicher Legitimierungsbedarf der Wissenschaft in Deutschland – Veränderungen in der Wissenschafts-Governance am Beispiel der Universitäten. In: Böhlke E, Laborier P, Knie A, Simon D (Hrsg) Exzellenz durch Steuerung? Neue Herausforderungen für das deutsche und französische. WZB Discussion Paper SP III 2009–602. Berlin: WZB, S 70–96

Lange S, Schimank U (2007) Zwischen Konvergenz und Pfadabhängigkeit: New Public Management in den Hochschulsystemen fünf ausgewählter OECD-Länder. In: Holzinger K, Joergens H, Knill C (Hrsg) Transfer, Diffusion und Konvergenz von Politiken. Sonderheft 38 der Politischen Vierteljahresschrift. VS Verlag, Wiesbaden, S 522–548

Langer A, Manzeschke A (2009) Professionelles Management in der Medizin und der Sozialen Arbeit. In: Pfadenhauer M, Scheffer T (Hrsg) Profession, Habitus, Wandel. Peter Lang, Frankfurt a. M., S 153–173

Larson M (1977) The Rise of Professionalism. University of California Press, Berkeley

Leichsenring H (2007) Die Professionalisierung des Fakultätsmanagements – Bericht zur Befragung 2006. Centrum für Hochschulentwicklung, Gütersloh

Leichsenring H (2009) Befragung zum Fakultätsmanagement 2009. Management im Team: Perspektiven von Fakultätsmanager(inne)n und Dekan(inn)en. Centrum für Hochschulentwicklung (Hrsg). (CHE-Arbeitspapier, 129), Gütersloh

Leicht K, Fennell M (2008) Institutionalism and the Professions. In: Greenwood R, Oliver C, Suddaby R, Sahlin-Andersson K (Hrsg) The SAGE Handbook of Organizational Institutionalism. Sage, London, S 431–449

Lengwiler M, Simon D (Hrsg) (2005) New Governance-Arrangements in Science Policy. WZB Berlin. WZB (WZB-Discussion Papers), Berlin

Leslie L, Rhoades G (1995) Rising Administrative Costs: Seeking Explanations. In: The journal of higher education 66 (2), S 187–212

Lewis L, Altbach P (1996) Faculty Versus Administration : A Universal Problem. In: Higher Education Policy 27 (1), S 255–258

Liebold R, Trinczek R (2002) Experteninterview. In: Kühl S, Strodtholz P (Hrsg) Methoden der Organisationsforschung. Rowohlt, Hamburg, S 33–71

Light D (1974) Introduction: The Structure of the Academic Professions. In: Sociology of Education 47 (1), S 2–28

Lippenmeier N (Hrsg) (1984) Beiträge zur Supervision. Bd 3. Gesamthochschul-Bibliothek Kassel

Luckmann T, Sprondel W (Hrsg) (1972) Berufssoziologie. Kiepenheuer&Witsch, Köln

Luckwald J von (2010) Bedeutungszunahme und Qualitätsentwicklung der Career Service-Arbeit an deutschen Hochschulen. Dissertation, Universität Köln

Luhmann N (1975) Macht. Enke, Stuttgart

Luhmann N (1977) Funktion der Religion. Suhrkamp, Frankfurt a, M.

Luhmann N (1981) Ausdifferenzierung des Rechts. Suhrkamp, Frankfurt a, M.

Luhmann N (1981) Soziologische Aufklärung 3. Soziales System, Gesellschaft, Organisation. Westdeutscher Verlag, Opladen

Luhmann N (1984) Soziale Systeme. Grundriss einer allgemeinen Theorie. Suhrkamp, Frankfurt a, M.

Luhmann N (1987) Soziologische Aufklärung 4. Beiträge zur funktionalen Differenzierung der Gesellschaft. Westdeutscher Verlag, Opladen

Luhmann N (2000) Organisation und Entscheidung. Westdeutscher Verlag, Opladen

Luhmann N (2002) Das Erziehungssystem der Gesellschaft. Suhrkamp, Frankfurt a, M.

Luhmann N (2005) Soziologische Aufklärung 4. Beiträge zur funktionalen Differenzierung der Gesellschaft. 3. Aufl. VS Verlag, Wiesbaden

Luhmann N (2011) Strukturauflösung durch Interaktion. Ein analytischer Bezugsrahmen. In: Soziale Systeme 17 (1), S. 3–30. http://www.soziale-systeme.ch/pdf/sozsys_2011-1_luhmann.pdf. Zugegriffen: 05.08.2012

Luhmann N, Schorr K (1982) Das Technologiedefizit der Erziehung und die Pädagogik. In: Luhmann N, Schorr K (Hrsg) Zwischen Technologie und Selbstreferenz: Fragen an die Pädagogik. Suhrkamp, Frankfurt a, M., S 11–40

Luhmann N, Schorr K (Hrsg) (1982) Zwischen Technologie und Selbstreferenz: Fragen an die Pädagogik. Suhrkamp, Frankfurt a, M.

Lüthje J (2010) Aktivierendes Wissenschaftsmanagement. In: Simon D, Knie A, Hornbostel S (Hrsg) Handbuch Wissenschaftspolitik. VS Verlag, Wiesbaden, S 262–279

Martin L, Gutman H, Hutton P (Hrsg) (1988) Technologies of the Self. A Seminar with Michel Foucault. University of Massachusetts Press, Amherst

Mayring P (2000) Forum Qualitative Sozialforschung (Forum Qualitative Sozialforschung, 1). http://www.qualitative-research.net/index.php/fqs/article/view/1089/2384. Zugegriffen: 05.09.2011

Mayring P (2011) Qualitative Inhaltsanalyse. Grundlagen und Techniken. 11., aktualisierte und überarbeitete Aufl. Beltz Verlag, Weinheim

McClelland C (1990) Escape from Freedom? Reflection on German Professionalization 1870–1933. In: Torstendahl R, Burrage M. (Hrsg) The Formation of Professions: Knowledge, State and Strategy. Sage, London, S 97–113

McInnis C (1998) Academics and Professional Administrators in Australian Universities: Dissolving Boundaries and New Tensions. In: Journal of Higher Education Policy and Management 20 (2), S 161–173

McNay I (Hrsg) (2006) Beyond Mass Higher Education. SRHE / Open University Press, Maidenhead

Meier F (2007) Governance der Hochschule. In: Schützeichel R (Hrsg) Handbuch Wissenssoziologie und Wissensforschung. UVK, Konstanz, S 764–772

Meier F (2009) Die Universität als Akteur. Zum institutionellen Wandel der Hochschulorganisation. VS Verlag, Wiesbaden

Meier F (2010) Die gemanagte Universität- Zum Organisationswandel der Hochschule. Unveröffentlichtes Manuskript, Universität Bremen

Meier F, Schimank U (2010) Organisationsforschung. In: Simon D, und Knie A (Hrsg) Handbuch Wissenschaftspolitik. VS Verlag, Wiesbaden, S 106–117

Merkator N, Schneijderberg C (2011) Professionalisierung der Universitäten an den Schnittstellen von Lehre, Forschung und Verwaltung. In: Centrum für Hochschulentwicklung (Hrsg): Der Bologna-Prozess aus Sicht der Hochschulforschung Analysen und Impulse für die Praxis. CHE-Arbeitspapier Nr. 148, Gütersloh, S 204–216

Merton R, Sills D (Hrsg) (1968) International Encyclopedia of the Social Sciences. Macmillan, New York

Meyer J, Rowan B (1977) Institutionalized Organizations: Formal Structure as Myth and Ceremony. In: American Journal of Sociology 83 (2), S 340–363

Meyer J, Schofer E (2007) The University in Europe and the World: Twentieth Century Expansion. In: Krücken G, Kosmützky A, Torka M (Hrsg) Universities between Global Trends and National Traditions. Transcript Verlag, Bielefeld, S 45–62

Mieg H, de Sombre S(2004): Wem vertrauen wir Umweltprobleme an? Gefragt sind Generalisten mit akademisch-abstraktem Wissen. Leitungsgruppe des NFP 43 in Zusammenarbeit mit dem Forum Bildung und Beschäftigung und der Schweizerischen Koordinationsstelle für Bildungsforschung (SKBF) (Hrsg). Bern. http://www.mieg.ethz.ch/docs/MiegNFP04.pdf. Zugegriffen: 28.03.2012

Mikl-Horke G (2001) Soziologie. 5. Aufl. Oldenbourg, München

Millerson G (1964) The Qualifying Associations. A Study in Professionalization. Routledge, London

Mintzberg H (1979) The Structuring of Organizations: A Synthesis of the Research. Prentice Hall, Englewood-Cliffs

Mintzberg H (1992) Die Mintzberg-Struktur. Organisationen effektiver gestalten. verlag moderne industrie, Landsberg

Mittag S, Daniel H P (2008) Qualitätsmanagement an Hochschulen. In: Kehm B (Hrsg) Hochschule im Wandel. Die Universität als Forschungsgegenstand. Campus, Frankfurt a, M., S 281–295

Moran M (2002) Understanding the regulatory state. In: British Journal of Political Sciences 32 (2), S 391–415

Müller W, Köcher T (2009) Qualitätssicherung und Qualitätssteigerung – ein Blick von Innen aus der Sicht der Hochschulen. In: Benz W, Kohler J, Landfried K (Hrsg) Handbuch Qualität in Studium und Lehre. Evaluation nutzen – Akrreditierung sichern – Profil schärfen!, Abschnitt 1.3. Raabe, Stuttgart, S 2–19

Müller-Böling D (1999) Die entfesselte Hochschule. Bertelsmann Stiftung, Gütersloh

Musselin C (2004) The Long March of French Universities. Routledge, New York, London

Musselin C (2007) Are Universities Specific Organizations? In: Krücken G, Kosmützky A, Torka M(Hrsg) Universities between Global Trends and National Traditions. Transcript Verlag, Bielefeld, S 63–86

Muzio D, Ackroyd S, Chanlat J (Hrsg) (2008) Redirections in the Study of Expert Labour: Established Professions and New Expert Occupations. Palgrave MacMillian, Basingstoke

Muzio D, Hodgson D, Faulconbridge J, Beaverstock J, Hall S (2011) Towards Corporate Professionalization: The case of project management, management consultancy and executive search. In: Muzio D, Kirkpatrick I (Hrsg) Reconnecting Professional Occupations and Professional Organizations. Current Sociology 59 (4). Sage, London, S 443–464

Muzio D, Kirkpatrick I (2011) Introduction: Professions and Organizations – A Conceptual Framework. In: Muzio D, Kirkpatrick I (Hrsg) Recconnecting Professional Occupations and Professional Organizations. Current Sociology 59 (4). Sage, London, S 389–405

Muzio, D.; Kirkpatrick, I. (Hrsg) (2011) Recconnecting Professional Occupations and Professional Organizations. Current Sociology 59 (4). Sage, London

Nagel U (1997) Engagierte Rollendistanz. Professionalität in biographischer Perspektive. Leske und Budrich, Opladen

Nalebuff B, Brandenburger A (2008) Coopetition: Kooperativ konkurrieren – Mit der Spieltheorie zum Geschäftserfolg. Rieck, Eschborn

Naschold F, Bogumil J (2000) Modernisierung des Staates – New Public Management in deutscher und internationaler Perspektive. Leske und Budrich, Opladen

Neidhardt F (1995) Evaluationen im Hochschulbereich: Forschungsindikatoren. In: Humanismus und Technik 39, S 21–26

Neidhardt F (1999) Innere Prozesse und Außenweltbedingungen sozialer Gruppen. In: Schäfers B (Hrsg) Einführung in die Gruppensoziologie. 3. Aufl. Quelle und Meyer UTB, Wiesbaden, S 135–156

Neidhardt F (2006) Fehlerquellen und Fehlerkontrollen in den Begutachtungssystemen der Wissenschaft. In: Institut für Forschungsinformation und Qualitätssicherung (Hrsg) Wie viel (In-)Transparenz ist notwendig? Peer Review revisited. (IFQ Working Paper, 1), Bonn, S 7–14

Neidhardt F (2010) Selbststeuerung der Wissenschaft: Peer Review. In: Simon D, Knie A (Hrsg) Handbuch Wissenschaftspolitik. VS Verlag, Wiesbaden, S 280–292

Netz N (2008) The Restructuring of Non-Academic Staff in Higher Education. Master Thesis. Maastricht University, Maastricht. Graduate School of Governance

Nickel S (2006) Steuerungsversuche zwischen Scylla und Charybdis Forschungsmanagement an Hochschulen. Hochschulkurs CHE, 2006

Nickel S (2007) Institutionelle QM-Systeme in Universitäten und Fachhochschulen. Konzepte – Instrumente – Umsetzung. (CHE-Arbeitspapier, 94), Gütersloh

Nickel S (2008) Qualitätsmanagementsysteme: Ein Überblick. In: Beiträge zur Hochschulforschung 30 (1), S 16–38

Nickel S (2011a) (Hrsg) Der Bologna-Prozess aus Sicht der Hochschulforschung Analysen und Impulse für die Praxis. CHE-Arbeitspapier Nr. 148. Centrum für Hochschulentwicklung (Hrsg), Gütersloh

Nickel S (2011b) Qualitätsmanager/in in der Wissenschaft: Karriereweg oder Sackgasse? Deutschland im internationalen Vergleich. In: Qualität in der Wissenschaft(1), S 9–14

Nickel S (2012) Engere Kopplung von Wissenschaft und Verwaltung und ihre Folgen für die Ausübung professioneller Rollen in Hochschulen. In: Wilkesmann U, Schmid C. (Hrsg) Hochschule als Organisation. VS Verlag, Wiesbaden, S 279–293

Nickel S, Fedrowitz J (2011) Karriere als Wissenschaftsmanager. Sonderbeilage „Karriere in Lehre und Forschung", In: Frankfurter Allgemeine Zeitung 2011, S B 2

Nickel S, Ziegele F (2006) Profis ins Hochschulmanagement – Plädoyer für die Schaffung von hauptamtlichen Karrierewegen für Hochschul- und Fakultätsleitungen. In: Hochschulmanagement 5, S 2–7

Nickel S, Ziegele F (2008) Bilanz und Perspektiven der leistungsorientierten Mittelverteilung. Analysen zur finanziellen Hochschulsteuerung. Centrum für Hochschulentwicklung (Hrsg). (CHE-Arbeitspapier, Nr. 111), Gütersloh

Nickel S, Ziegele F (2010) Karriereförderung im Wissenschaftsmanagement- Nationale und internationale Modell. Eine empirische Vergleichsstudie im Auftrag des BMBF. Centrum für Hochschulentwicklung (Hrsg), Gütersloh

Noordegraf M (2007) From "Pure" to "Hybrid" Professionalism. Present Day Professionalism in Ambiguous Public Domains. In: Administration & Society 39 (6), S 761–784

Nullmeier F (2001) Professionalisierung. In: Hanft A (Hrsg) Grundbegriffe des Hochschulmanagements. Luchterhand, Neuwied, S 363–368

Oevermann U (1996) Theoretische Skizze einer revidierten Theorie professionalisierten Handelns. In: Combe A, Helsper W (Hrsg) Pädagogische Professionalität. Untersuchungen zum Typus pädagogischen Handelns. Suhrkamp, Frankfurt a, M., S 70–183

Oevermann U (2005) Wissenschaft als Beruf. Die Professionalisierung wissenschaftlichen Handelns und die gegenwärtige Universitätsentwicklung. In: die hochschule 14 (1), S 15–52

Olk T, Otto H (1989) Perspektivenprofessioneller Kompetenzen. Zum Problem der Vermittlung wissenschaftlichen und alltagsweltlichen Wissen in Modellen sozialpädagogischer Handlungskompetenz. In: Olk T, Otto H. (Hrsg) Soziale Dienste im Wandel 2: Entwürfe sozialpädagogischen Handelns. Luchterhand (2), München, S IX–XXXII

Olk T, Otto H (Hrsg) (1989) Soziale Dienste im Wandel 2: Entwürfe sozialpädagogischen Handelns. Luchterhand (2), München

Oppenheimer M (1973) The Proletarization of the Professional. In: Halmos P (Hrsg) Professionalization and Social Change. Sociological Review 20. Wiley, Hoboken, S 213–227

Osborne D, Gaebler T (1992) Reinventing Government. How the Entrepreneurial Spirit is Transforming the public Sector. Addison-Wesley Publishing, Reading

Osterloh M, Frey B (2008) Anreize im Wissenschaftssystem. https://www.uzh.ch/iou/orga/ssl-dir/wiki/index.php/Main/MargitOsterloh Zugegriffen: 24.05.2011

Parsons T (1939) The Professions and Social Structure. In: Social Forces 17 (4), S 457–467

Parsons T (1947) Introduction. In: Parsons T (Hrsg) The Theory of Social and Economic Organization by Max Weber. Part I of Wirtschaft und Gesellschaft, William Hodge, London et al., S 1–70

Parsons T (Hrsg) (1947) The Theory of Social and Economic Organization by Max Weber. Part I of Wirtschaft und Gesellschaft. William Hodge, London et al

Parsons T (1968) Professions. In: Sills D (Hrsg) International Encyclopedia of the Social Sciences. Macmillan, New York, S 536–547

Parsons T (1970) Struktur und Funktion der modernen Medizin. Übersetzung des Kapitels X aus dem Werk "The Social System" (1951), Glencoe, Illinois. Originaltitel: Social STructure and Dynamic Processes. The Case of Modern Medical Practice.In: König R, Tönnesmann M (Hrsg) Probleme der Medizinsoziologie. Westdeutscher Verlag, Opladen, S 10–57

Parsons T (1978) Action Theory and the Human Condition. Free Press, New York

Parsons T, Platt G (1973) The American University. Harvard University Press, Cambridge, Massachusetts

Pasternack P (2004) Qualitätsorientierung an Hochschulen. Verfahren und Instrumente. HOF-Arbeitsberichte 5'04 (HOF-Arbeitsberichte), Wittenberg

Pasternack P (2006) Qualität als Hochschulpolitik. Lemmens, Bonn

Pasternack P (2007) Qualitätssicherung und Qualitätsentwicklung an Hochschulen. Verfahren und Instrumente. In: Brettschneider F, Wild J (Hrsg) Handbuch Akkreditierung von Studiengängen. 2. Aufl. WBV Verlag, Bielefeld, S 87–103

Paterson T (1969)Management Theory. Business Publications, London

Paulus, W, Schweitzer R, Wiemer S (2011) Klassifikation der Berufe 2010. Entwicklung und Ergebnis. Bundesagentur für Arbeit (Hrsg.). http://statistik.arbeitsagentur.de/Statischer-Content/Grundlagen/Methodenberichte/Arbeitsmarkt-Arbeitsmarktpolitik/Generische-Publikationen/Methodenbericht-Klassifikation-Berufe-2010.pdf. Zugegriffen: 07.12.2011

Pausits A, Pellert A (2009) Winds of Change: Higher Education Management Programmes in Europe. In: Higher Education 34 (3), S 34–49

Pellert A (1999) Die Universität als Organisation: Die Kunst, Experten zu managen. Böhlau, Wien

Pellert A (2002) Hochschule und Qualität. In: Reil T, Winter M (Hrsg) Qualitätssicherung an Hochschulen: Theorie und Praxis. WBV Verlag, Bielefeld, S 21–32

Peters S (Hrsg) (1998) Professionalität und betriebliche Handlungslogik. Pädagogische Professionalisierung in der betrieblichen Weiterbildung als Motor der Organisationsentwicklung. WBV Verlag, Bielefeld

Pfadenhauer M (2003) Professionalität. Eine wissenssoziologische Rekonstruktion institutionalisierter Darstellungskompetenz. Leske und Budrich, Opladen

Pfadenhauer M (2005) Die Definition des Problems aus der Verwaltung der Lösung. Professionelles Handeln revisited. In: Pfadenhauer M (Hrsg) Professionelles Handeln. VS Verlag, Wiesbaden, S 9–27

Pfadenhauer M (Hrsg) (2005) Professionelles Handeln. VS Verlag, Wiesbaden

Pfadenhauer M, Scheffer T (Hrsg) (2009) Profession, Habitus, Wandel. Peter Lang, Frankfurt a, M.

Plessner H (1924) Zur Soziologie der modernen Forschung und ihrer Organisation in der deutschen Universität. In: Scheler M (Hrsg) Versuch zu einer Soziologie des Wissens. Duncker und Humblot, München, Leipzig, S 407–425

Pohlenz P (2010) Agenten des Wandels – Institutionalisierung von Qualitätsentwicklung auf Hochschulebene. In: Zeitschrift für Hochschulentwicklung 5 (4), S 94–109

Pohlenz P, Oppermann A (Hrsg) (2010) Lehre und Studium professionell evaluieren: Wie viel Wissenschaft braucht die Evaluation. UVW, Bielefeld

Polanyi M (1966) The Tacit Dimension. Routledge, London

Powell W, diMaggio P (Hrsg) (1991) The New Institutionalism in Organizational Analysis. University of Chicago Press, Chicago

Powell W, Koput K, Smith-Doerr L (1996) Interorganizational Collaboration and the Locus of Innovation. In: Administrative Science Quarterly 41, S 117 145

Power M (1993) The Audit Society. European Institute for Advanced Studies in Mangement (Hrsg). Working Paper of the European Institute for Advanced Studies in Management, 93–12), Brüssel

Power M (1996) Making Things Auditable. In: Accounting, Organizations and Society 21

Reed M (1996) Expert Power and Control in Late Modernity: An Empirical Review and Theoretical Synthesis. In: Organization Studies 17 (4), S 573–597

Reed M (2002) New Managerialism, Professional Power and Organisastional Governance in UK Universities: A Review and Assessment. In: Amaral A, Jones G, Karseth B (Hrsg) Governing Higher Education: National Perspectives on Institutional Governance. Kluver Academic Publishers, Dordrecht, S 163–186

Reichard C, Röber M (2011) Konzept und Kritik des New Public Management. In: Schröter E (Hrsg) Empirische Policy- und Verwaltungsforschung. Lokale, nationale und internationale Perspektiven. Leske und Budrich, Opladen, S 371–392

Reil T, Winter M (Hrsg) (2002) Qualitätssicherung an Hochschulen. Theorie und Praxis. W. Bertelsmann Verlag, Gütersloh

Reinhold G (1997) Soziologie-Lexikon. 3. Aufl. Oldenbourg, München

Rhoades G (1998) Unionzed Faculty and Restructuring Academic Labour. State University Press, Albany

Rhoades G, Sporn B (2002) New models of Management and Shifting Modes and Costs of Production: Europe and the United States. In: Tertiary Education and Management 8, S 3–28

Röbken H (2006) Profile deutscher Universitätsleitungen In: Beiträge zur Hochschulforschung 28 (4), S 6–29

Rosser V (2004) A National Study on Midlevel Leaders in Higher Education: The Unsung Professionals in the Academy. In: Higher Education 48, S 317–337

Roth E, Heidenreich K (1995) Sozialwissenschaftliche Methoden. Lehr- und Handbuch für Forschung und Praxis. 3. Aufl. Oldenbourg, München

Rudinger G, Krahn B, Rietz C (Hrsg) (2008) Evaluation und Qualitätssicherung von Forschung und Lehre im Bolognaprozess. V&R unipress, Göttingen

Rychen D, Salganik L (2003) A Holistic Model of Competence. In: Rychen D, Salganik L (Hrsg) Key Competencies for a Successful Life and a Well-Functioning Society. Hogrefe, Göttingen, S 41–62

Rychen D, Salganik L (Hrsg) (2003) Key Competencies for a Successful Life and a Well-Functioning Society. Hogrefe, Göttingen

Schäfers B (Hrsg) (1999) Einführung in die Gruppensoziologie. 3. Aufl. Quelle und Meyer UTB, Wiesbaden

Schäfers B (Hrsg) (2000) Grundbegriffe der Soziologie. 6. Aufl.: Leske und Budrich, Opladen

Scheler M (Hrsg) (1924) Versuch zu einer Soziologie des Wissens. Duncker und Humblot, München, Leipzig

Schimank U (2002) Expertise zum Thema: Neue Steuerungssysteme an den Hochschulen. Förderinitiative des BMBF: Science Policy Studies. Unter Mitarbeit von F. Meier. Bonn. http://www.sciencepolicystudies.de/dok/expertise-schimank.pdf. Zugegriffen: 23.03.2012

Schimank U (2005) Die akademische Profession und die Universitäten: "New Public Management" und eine drohende Entprofessionalisierung. In: Klatezki T, Tacke V (Hrsg) Organisation und Profession. VS Verlag, Wiesbaden, S 143–164

Schimank U (2006) Contra Leistungsindikatoren. In: Hochschulrektorenkonferenz (Hrsg) Von der Qualitätssicherung der Lehre zur Qualitätsentwicklung als Prinzip der Hochschulsteuerung (Beiträge zur Hochschulpolitik, 1/2006), Bonn, S 215–218

Schimank U (2007a) Die Governance-Perspektive: Analytisches Potenzial und anstehende konzeptionelle Fragen. In: Altrichter H, Brüsemeister T, Wissinger J (Hrsg) Educational Governance. Handlungskoordination und Steuerung im Bildungssystem. VS Verlag, Wiesbaden, S 231–260

Schimank U (2007b) Elementare Mechanismen. In: Benz A, Lütz S, Schimank U, Simonis G (Hrsg) Handbuch Governance: Theoretische Grundlagen und empirische Anwendungsfelder. VS Verlag, Wiesbaden, S 29–45

Schimank U, Winnes M (2001) Jenseits von Humboldt. Muster und Entwicklungspfade des Verhältnisses von Forschung und Lehre in verschiedenen europäischen Hochschulsystemen. In: Stölting E, Schimank U (Hrsg) Die Krise der Universitäten. Leviathan Sonderheft 20. Westdeutscher Verlag, Opladen, S 295–325

Schmeiser M (2006) Soziologische Ansätze der Analyse von Professionen, der Professionalisierung und des professionellen Handelns. In: Soziale Welt 57, S 295–318

Schmidt U (2008): Evaluation, Lehrpreise, Indikatoren – wohin geht die Leistungsmessung der Hochschulen? In: hochschule innovativ(20), S 12–14

Schmidt U (2009a) Anmerkungen zum Stand der Qualitätssicherung im deutschen Hochschulsystem. In: Qualität in der Wissenschaft(1/2), S 3–10

Schmidt U (2009b) Aufbau, Funktionsweisen, Effekte und Wirkungsgrenzen einer systematischen hochschuleigenen Qualitätssicherung. In: Benz W, Kohler J, Landfried K (Hrsg) Handbuch Qualität in Studium und Lehre. Evaluation nutzen – Akrreditierung sichern – Profil schärfen!, Lfg. 19, E 9.5. Raabe, Stuttgart, S 1–22

Schmidt U (2010) Wie wird Qualität definiert? In: Stifterverband für die Deutsche Wissenschaft (Hrsg) Von der Qualitätsmessung zum Qualitätsmanagement. Praxisbeispiele an Hochschulen, S 10–18. Unter Mitarbeit von M. Winde, Essen

Schmidt-Rathjens C (2000) Anforderungsanalyse und Kompetenzmodellierung. In: Schäfers B (Hrsg) Grundbegriffe der Soziologie. 6. Aufl. Leske und Budrich, Opladen, S 592–602

Schneijderberg C, Kloke K, Braun E (2011) Disziplinäre Zugänge zur Hochschulforschung. In: die hochschule(2), S 7–24

Schneijderberg C, Merkator N (2011) Hochschulprofessionen und Professionalisierung im Bereich Qualitätsentwicklung. In: Qualität in der Wissenschaft(1), S 15–20

Schnell R, Hill P, Esser E (2005) Methoden der empirischen Sozialforschung. 7. völlig überarb. und erw. Aufl. Oldenbourg, München

Schreyögg G, Sydow J (Hrsg) (2007) Kooperation und Konkurrenz. Gabler, Stuttgart

Schröter E (Hrsg) (2011) Empirische Policy- und Verwaltungsforschung. Lokale, nationale und internationale Perspektiven. Leske und Budrich, Opladen

Schuler H, Sonntag K (Hrsg) (2007) Handbuch der Arbeits- und Organisationspsychologie. Hogrefe, Göttingen

Schuppert G (2000) Verwaltungswissenschaft. Verwaltung, Verwaltungsrecht, Verwaltungslehre. Nomos, Baden-Baden

Schütz A, Luckmann T (1979) Strukturen der Lebenswelt. Bd 1. Suhrkamp, Frankfurt a. M.

Schütze F (1984) Professionelles Handeln, wissenschaftliche Forschung und Supervision. In: Lippenmeier N (Hrsg) Beiträge zur Supervision. Bd 3. Gesamthochschul-Bibliothek Kassel, Kassel, S 262–389

Schütze F (1992) Sozialarbeit als ,bescheidene' Profession. In: Dewe B, Ferchhoff W, Radtke F-O (Hrsg) Erziehen als Profession. Zur Logik professionellen Handelns in pädagogischen Feldern. Leske und Budrich, Opladen, S 132–170

Schütze F (2000) Schwierigkeiten bei der Arbeit und Paradoxien des professionellen Handelns. Ein grundlagentheoretischer Aufriß. In: Zeitschrift für qualitative Bildungs-, Beratungs- und Sozialforschung (1), S 49–96

Schützeichel R (Hrsg) (2007) Handbuch Wissenssoziologie und Wissensforschung. UVK, Konstanz

Schützeichel R (2007) Laien, Experten, Professionen. In: Schützeichel R (Hrsg) Handbuch Wissenssoziologie und Wissensforschung. UVK, Konstanz, S 546–578

Schwarz S, Teichler U (Hrsg) (2003) Universität auf dem Prüfstand. Konzepte und Befunde der Hochschulforschung. Campus, Frankfurt a, M.

Schweitzer M (2004) Gegenstand und Methoden der Betriebswirtschaftslehre. In: Bea F, Dichtl E, Schweitzer M (Hrsg) Allgemeine Betriebswirtschaftslehre. Bd 1. Gustav Fischer Verlag, Stuttgart, S 23–79

Scott P (1995) The Meanings of Mass Higher Education. SRHE/Open University Press, Buckingham

Scott P (1997) The Changing Role of the University. In: Tertiary Education and Management 3 (1), S 5–14

Scott W R (1965): Reactions to Supervision in an Heteronomous Professional Organization. In: Administrative Science Quarterly 10, S 65–81

Scott W R (1982) Managing Professional Work: Three Models of Control for Health Organizations. In: Health Services Research 17 (3)

Seeber, G (Hrsg) (2009) Forschungsfelder der Wirtschaftsdidaktik: Herausforderungen – Gegenstandsbereiche – Methoden. Wochenschau Verlag, Schwalbach

Serrano-Velarde K (2008): Evaluation, Akkreditierung und Politik. VS Verlag, Wiesbaden

Sieg U, Korsch D (Hrsg) (2004) Die Idee der Universität heute. K.G. Saur, München

Siegrist H (1988) Bürgerliche Berufe. Die Professionen und das Bürgertum. In: Siegrist H (Hrsg) Bürgerliche Berufe. Zur Sozialgeschichte der freien und akademischen Berufe im internationalen Vergleich. Vandenhoeck und Ruprecht, Göttingen, S 11–48

Siegrist H (Hrsg) (1988) Bürgerliche Berufe. Zur Sozialgeschichte der freien und akademischen Berufe im internationalen Vergleich. Vandenhoeck und Ruprecht, Göttingen

Sills D (Hrsg) (1968) International Encyclopedia of the Social Sciences. Macmillan, New York

Simon D, Knie A (Hrsg) (2010) Handbuch Wissenschaftspolitik. VS Verlag, Wiesbaden

Simon D, Knie A, Hornbostel S (Hrsg) (2010) Handbuch Wissenschaftspolitik. VS Verlag, Wiesbaden

Slaughter S, Rhoades G (2009) Academic Capitalism and the New Economy: Markets, State, and Higher Education. John Hopkins University Press, Baltimore

Smart J (Hrsg) Handbook of Theory and Research (Vol. XIV). Agathon Press, New York

Smith A (1776) An Inquiry into the Nature and Causes of the Wealth of Nations. W. Strahan, London

Sonntag K (2006) Personalentwicklung in Organisationen. 3., überarbeitete und erweiterte Aufl. Hogrefe, Göttingen

Spence M (1973) Job Market Signaling. In: Quarterly Journal of Economics(87), S 296–332

Sprondel W, Seyfahrt C (Hrsg) (1981) Max Weber und die Dynamik der gesellschaftlichen Rationalisierung. Enke, Stuttgart

Stehr N (1994) Arbeit, Eigentum und Wissen. Zur Theorie von Wissensgesellschaften. Suhrkamp, Frankfurt a, M.

Steinhardt I (Hrsg) (2011) Studierbarkeit nach Bologna (Mainzer Beiträge zur Hochschulentwicklung, 17), Mainz

Steinhardt I, Schneijderberg C (2011) Vorwort. In: Steinhardt I (Hrsg): Studierbarkeit nach Bologna (Mainzer Beiträge zur Hochschulentwicklung, 17), Mainz, S 9–14

Stichweh R (1994) Wissenschaft, Universität, Professionen. Soziologische Analysen. Suhrkamp, Frankfurt a, M.

Stichweh R (1996) Professionen in einer funktional differenzierten Gesellschaft. In: Combe A, Helsper W (Hrsg) Pädagogische Professionalität. Untersuchungen zum Typus pädagogischen Handelns. Suhrkamp, Frankfurt a, M., S 49–69

Stichweh R (2004) Neue Steuerungsformen der Universität und die akademische Selbstverwaltung. In: Sieg U, Korsch D (Hrsg) Die Idee der Universität heute. K.G. Saur, München, S 121–134

Stifterverband für die Deutsche Wissenschaft (2006) Qualifizierung für Hochschulprofessionen, Essen

Stifterverband für die Deutsche Wissenschaft (Hrsg) (2010) Von der Qualitätsmessung zum Qualitätsmanagement. Praxisbeispiele an Hochschulen. Unter Mitarbeit von M. Winde, Essen

Stock M, Wernet A (2005) Hochschulforschung und Theorie der Professionen. In: die hochschule 1, S 7–15

Stölting E, Schimank U (Hrsg) (2001) Die Krise der Universitäten. Leviathan Sonderheft 20. Westdeutscher Verlag, Opladen

Strang D, Meyer J (2009) Institutional Conditions for Diffusion. In: Krücken G, Drori G (Hrsg) World Society. The Writings of John Meyer. Oxford University Press, Oxford, S 136–155

Strodtholz P, Kühl S (2002) Qualitative Methoden der Organisationsforschung – ein Überblick. In: Strodtholz P, Kühl S (Hrsg) Methoden der Organisationsforschung. Rowohlt, Hamburg, S 11–33

Suddaby R, Viale T (2011) Professional and Field-Level Change: Institutional Work and the Professional Project. In: Muzio D, Kirkpatrick I (Hrsg) Recconnecting Professional Occupations and Professional Organizations. Current Sociology 59 (4). Sage, London, S 424–442

Szekeres J (2004) The Invisible Workers. In: Journal of Higher Education Policy and Management 28 (2), S 133–145

Szekeres J (2006) General Staff Experiences in the Corporate University. In: Journal of Higher Education Policy and Management 28 (2), S 133–145

Teichler U (2008) Hochschulforschung international. In: Zimmermann K, Kamphans M, Metz-Göckel S (Hrsg) Perspektiven der Hochschulforschung. VS Verlag, Wiesbaden, S 65–86.

Teichler U, Daniel H D, Enders J (Hrsg) (1998) Brennpunkt Hochschule: Neuere Analysen zu Hochschule, Beruf und Gesellschaft. Campus, Frankfurt a, M.

Tewes U, Wildgrube K (1992) Psychologie Lexikon. Oldenbourg, München

Tischer S, Winckler G, Biedermann H, Gatterbauer H, Laske S, Moser R et al. (Hrsg) (2002):Universitäten im Wettbewerb. Zur Neustrukturierung österreichischer Universitäten. Mering, München

Tolbert P, Barley S (Hrsg) (1991) Research in the Sociology of Organizations: Organizations and Professions. JAI Press, Greenwich

Torstendahl R, Burrage M (Hrsg) (1990) The Formation of Professions: Knowledge, State and Strategy. Sage, London

Toulmin S (1994) Kosmopolis. Die unerkannten Aufgaben der Moderne. Suhrkamp, Frankfurt a, M.

Townley B (2002) Managing with Modernity. In: Organization 9, S 549–573

Ulrich H, Probst J (Hrsg) (1984) Self-Organization and Management of Social Systems (Insights, Promises, Doubts and Questions). Springer, Berlin

Visakorpi J (1996) Academic and Administrative Interface: Application to National Circumstances. In: Higher Education Management 8 (2), S 37–40

Vogel R (2006) Zur Institutionalisierung von New Public Management. Disziplindynamik der Verwaltungswissenschaft im Einfluss ökonomischer Theorie. Deutscher Universitätsverlag, Wiesbaden

Walz W, Kätz H, Rawert P, Schmidt K (Hrsg) (2005) Non Profit Law Yearbook 2004. Carl Heymanns Verlag, Köln

Watson T (2002) Professions and Professionalism. Should we jump off the Bandwagon, better to study where it is going? In: International Studies of Management and Organization 32 (2), S 93–105

Weber M (1972) Wirtschaft und Gesellschaft. 5. Aufl. Mohr und Siebeck, Tübingen

Webler W (2007) System- bzw. Prozessakkreditierung – Ausweg aus den Dilemmata der Programmakkreditierung? In: Qualität in der Wissenschaft 1 (2), S 30–38

Weick K (1976) Educational Systems as Loosely Coupled Systems. In: Administrative Science Quarterly (21), S 1–19

Weingart P (2001) Die Stunde der Wahrheit? Zum Verhältnis der Wissenschaft zu Politik, Wirtschaft und den Medien in der Wissensgesellschaft. Velbrück Wissenschaft, Weilerswist

Weingart P (2005) Das Ritual der Evaluierung und die Verführung der Zahlen. In: Lengwiler M, Simon D (Hrsg) New Governance-Arrangements in Science Policy. WZB (WZB-Discussion Papers), Berlin, S 81–99

Welbers U (2007) Studienreform und Qualitätsentwicklung. In: Brettschneider F, Wild J (Hrsg) Handbuch Akkreditierung von Studiengängen. 2. Aufl. WBV Verlag, Bielefeld, S 75–86

Weuster A (2004) DasAnforderungsprofil als Auswahlbasis. In: Weuster A (Hrsg) Personalauswahl. Gabler, Wiesbaden, S 32–62

Weuster A (Hrsg) (2004): Personalauswahl. Gabler, Wiesbaden

Weyer J (Hrsg) (2000) Soziale Netzwerke. Konzepte und Methoden der sozialwissenschaftlichen Netzwerkforschung. Oldenbourg, München

Whitchurch C (2004) Administrative Managers – A Critical Link. In: Higher Education Quarterly 58 (4), S 280–298

Whitchurch C (2006a) Administrators or Managers? The Shifiting Roles and Identities of Professional Administrators and Managers in UK Higher Education. In: McNay I (Hrsg) Beyond Mass Higher Education. SRHE / Open University Press, Maidenhead, S 199–209

Whitchurch C (2006b) Professional Managers in UK Higher Education: Preparing for Complex Futures. Interim Report. Leadership Foundation for Higher Education (Hrsg), London

Whitchurch C (2006c) "Who do they think they are? The Changing Identities of Professional Administrators and Managers in UK Higher Education. In: Journal of Higher Education Policy and Management 28 (2), S 159–171

Whitchurch C (2007a) Beyond Boundaries – Finding a New Vocabulary. In: Higher Education Quarterly 61 (3), S 406–408

Whitchurch C (2007b) The Changing Roles and Identities of Professional Managers in UK Higher Education. In: Perspectives: Policy and Practice in Higher Education 11 (2), S 53–60

Whitchurch C (2008a) Beyond Administration and Management. In: Barnett R, di Napoli R (Hrsg) Changing Perspectives in Higher Education. Voicing Perspectives. Routledge, Abingdon, S 69–88

Whitchurch C (2008b) Beyond Administration and Management: Reconstructing the Identities of Professional Staff in UK Higher Education. In: Journal of Higher Education Policy and Management 30 (4)

Whitchurch C (2008c) Professional Managers in UK Higher Education: Preparing for Complex Futures. Final Report.Hg. v. Leadership Foundation for Higher Education London.

Whitchurch C (2008d) Shifting Identities and Blurring Boundaries: The Emergence of Third Space Professionals in UK Higher Education. In: Higher Education Quarterly 62 (4), S 377–396

Whitchurch C (2009a) Progression Professional Careers in UK Higher Education. In: Perspectives: Policy and Practice. In: Higher Education 13, S 13–10

Whitchurch C (2009b) The Rise of the Blended Professional in Higher Education: A comparison between the UK, Australia and the United States. In: Higher Education 58 (3), S 407–418

Whitchurch C (2010a) Optimising the Potential of Third Space Professionals in UK Higher Education. Leadership Foundation for Higher Education (Hrsg). Leadership Foundation for Higher Education, London

Whitchurch C (2010b) Some Implications of 'Public/Private' Space for Professional Identities in Higher Education. In: Higher Education 60 (6), S 627–640

Whitchurch C (2010c) The Use of Management Trainee Schemes in Higher Education Institutions. In: Perspectives: Policy and Practice in Higher Education 14 (3), S 76–129

Whitchurch C, Gordon G (2010) Diversifying Academic and Professional Identities in Higher Education. Some Management Challenges. In: Tertiary Education and Management 16 (2), S 129–144

Whitchurch C, Gordon G (2011) Some Implications of a Diversifying Workforce for Governance and Management. In: Tertiary Education and Management 2011, S 65–77

Whitchurch C, Skinner M, Lauwerys J (2009) Recent Developments in Relation to Professional Staff in UK Higher Education. In: Australian Universities Review 51 (1), S 56–60

Whitley R (2008) Universities as Strategic Actors: Limitations and variations. In: Engwall L, Weaire D (Hrsg) The University in the Market. Portley Press, London, S 23–37

Wienand E (Hrsg) (2003) Public Relations als Beruf. Kritische Analyse eines aufstrebenden Kommunikationsberufes. Westdeutscher Verlag, Wiesbaden

Wilensky H (1964) The Professionalization of Everyone? In: American Journal of Sociology 70, S 137–158

Wilke B (2005) Transparenz im Spendenwesen: Siegel, Selbstregulierung, Watchdogs. Ein Vergleich USA, Großbritannien und Deutschland. In: Walz W, Kätz H, Rawert P, Schmidt K (Hrsg) Non Profit Law Yearbook 2004. Carl Heymanns Verlag, Köln, S 181–206

Wilkesmann U, Schmid C (Hrsg) (2012) Hochschule als Organisation. VS Verlag, Wiesbaden

Wilkesmann U, Schmid C (2012) The Impacts of New Governance on Teaching at German Universities. Findings from a National Survey. In: Higher Education 63, S 33–52

Williamson O (1990) Die ökonomischen Institutionen des Kapitalismus : Unternehmen, Märkte, Kooperationen. Mohr, Tübingen

Willke H (1998) Organisierte Wissensarbeit. In: Zeitschrift für Soziologie 27 (3), S 161–177

Winde M (2010) Einleitung. In: Stifterverband für die Deutsche Wissenschaft (Hrsg) Von der Qualitätsmessung zum Qualitätsmanagement. Praxisbeispiele an Hochschulen. Unter Mitarbeit von M. Winde, Essen, S 4–9

Winter M, Reil T (2002) Auf dem Weg zu einem integralen Qualitätsmanagementsystem an Hochschulen. In: Reil T, Winter M (Hrsg) Qualitätssicherung an Hochschulen. Theorie und Praxis. W. Bertelsmann Verlag, Gütersloh, S 6–14

Winter M, Würmann C (Hrsg) (2012) Wettbewerb und Hochschulen. HOF Wittenberg (die hochschule), Wittenberg

Winter R, Sarros J (2002) Corporate Reforms to Australian Universities: Views from the Academic Heartland. In: Journal of Institutional Research 11 (2), S 92–104

Wissenschaftsrat (2003) Strategische Forschungsförderung Empfehlungen zu Kommunikation, Kooperation und Wettbewerb im Wissenschaftssystem.Wissenschaftsrat Köln (Hrsg). http://www.wissenschaftsrat.de/download/archiv/5654-03.pdf. Zugegriffen: 22.03.2012

Wissenschaftsrat (2006): Empfehlungen zur künftigen Rolle der Universitäten im Wissenschaftssystem. Wissenschaftsrat Köln (Hrsg). http://www.wissenschaftsrat.de/download/archiv/7067-06.pdf. Zugegriffen: 22.03.2012

Wolter A (1995) Evaluierung der Hochschullehre – Mehr Staatskontrolle oder mehr Hochschulautonomie? In: Krekel D, Wolter E, Gnahs A (Hrsg) Qualitätsmanagement im Bildungswesen. 2 Bde. (Schriften des Internationalen Begegnungszentrums Sankt Marienthal (IBZ), 2).Hannover et al.

Yin R (1994) Case Study Research: Design and Methods. 2. Aufl. Sage, Thousand Oaks

Zentrum für Wissenschaftsmanagement e.V. (2011): Gestalten, steuern, ermöglichen: Das Zentrum für Wissenschaftsmanagement e.V. im Horizont 2017. Unveröffentlichtes Manuskript zum Strategie- und Leitbildprozess des Zentrums für Wissenschaftsmanagement e.V., Speyer

Ziegele F (2002) Mittelvergabe und Zielvereinbarungen. Finanzierungsinstrumente eines neuen Steuerungsmodells im Verhältnis Staat-Hochschule. In: Tischer S, Winckler G, Biedermann H, Gatterbauer H, Laske S, Moser R et al. (Hrsg) Universitäten im Wettbewerb. Zur Neustrukturierung österreichischer Universitäten. Mering, München, S 331–381

Zimmermann G (2000) Beruf. In: Schäfers B (Hrsg) Grundbegriffe der Soziologie. 6. Aufl. Leske und Budrich, Opladen, S 31–34

Zimmermann K, Kamphans M, Metz-Göckel S (Hrsg) (2008) Perspektiven der Hochschulforschung. VS Verlag, Wiesbaden

Zucker L (Hrsg) (1988) Institutional Patterns and Organizations: Culture and Environment. Ballinger Publishing Company, Cambridge, Massachusetts

Anhang A: Kategoriensystem für die inhaltsanalytische Auswertung der Stellenanzeigen in der Wochenzeitschrift „Die Zeit"

Bezeichnung	Codieranweisung für Dauer der Beschäftigung
Art der Beschäftigung	
Teilzeit	• Teilzeit
Vollzeit	• Vollzeit
Unbekannt	• Keine Angabe zur Dauer der Beschäftigung gemacht
Befristung	
Befristet	• Befristung
Unbefristet	• Unbefristet
Unbekannt	• Keine Angabe zur Befristung gemacht
Gehalt	
Gehaltsstufen wie BAT IIa, TV-L 13, ...	• Zunächst wörtliche Aufnahme, nachher Differenzierung nach Vergütungskategorien des öffentlichen Dienstes

Bezeichnung	Codieranweisung für formale Anforderungen	Ankerbeispiel
Formale Qualifikationsanforderungen		
Promotion	Nennung der Anforderung einer abgeschlossenen Promotion	• „Voraussetzung: Abgeschlossene Promotion" • „Eine Promotion bzw. die erkennbare Bereitschaft zur Promotion wäre von Vorteil"
Wirtschaftswissenschaftliches Studium	Nennung eines Studiums im Bereich der Betriebswirtschaftslehre, Volkswirtschaftslehre, Wirtschaftswissenschaften	• „Voraussetzung: abgeschlossenes Hochschulstudium, vorzugsweise der Wirtschaftswissenschaften"
Fortbildung im Bereich Hochschul- bzw. Wissenschaftsmanagement/-entwicklung/-verwaltung	Fortbildung, Weiterbildung, Studium, Zertifikat im Bereich Hochschul bzw. Wissenschaftsmanagement/-entwicklung/-verwaltung	• „Sie verfügen idealerweise über eine Fortbildung im Bereich Hochschulmanagement"

Formale Anforderungen

Funktions- und/oder Aufgabenerfahrung im Qualitätsmanagement	Nennung von Funktions- und Aufgabenerfahrung im Bereich Qualitätsmanagement	• „Wünschenswert sind Berufserfahrung sowie Erfahrungen im Bereich der Qualitätssicherung und Lehrevaluation" • „Voraussetzung: Erfahrungen mit Evaluationsverfahren in Hochschulen" • „mind. 1–2 Jahre Berufserfahrung in der Evaluation, idealerweise im Hochschulbereich"
Funktions- und/oder Aufgabenerfahrung in Forschung und Lehre	Nennung von Funktions- und Aufgabenerfahrung im Bereich Forschung und Lehre an Hochschulen und/oder außeruniversitären Forschungseinrichtungen	• „Idealerweise konnten Sie bereits selbst Forschungs- und Lehrerfahrungen sammeln" • „Sie verfügen über eigene Erfahrung in der Forschung"
Funktions- und/oder Aufgabenerfahrung in der öffentlichen Verwaltung/im öffentlichen Sektor	Kenntnisse und/oder Erfahrungen im Bereich der öffentlichen Verwaltung/des öffentlichen Sektors	• „Berufserfahrung in der öffentlichen Verwaltung"
Expertise im Bereich Hochschul- bzw. Wissenschaftsmanagement/ -entwicklung/ -verwaltung	Kenntnisse und/oder Erfahrungen im Bereich des Hochschul- und Wissenschaftsmanagement/ -entwicklung /-verwaltung	• „gute Kenntnisse der Organisations- und Entscheidungsstrukturen sowie der Verwaltungsabläufe in Hochschulen" • „Erfahrungen im Wissenschaftsmanagement sind von Vorteil" • „Sie verfügen über fundierte Kenntnisse des Hochschulwesens sowie der Hochschulpolitik und kennen die aktuellen Debatten und Entwicklungen der Hochschulreform"
Betriebswirtschaftliche Kenntnisse	Kenntnisse und/oder Erfahrungen im Bereich der Betriebswirtschaft	
Expertise im Bereiche empirischer Forschungsmethoden	Nennung von Kenntnissen und Arbeitserfahrung im Bereich *Datenanalyse, empirischer Forschungsmethoden, Statistik, SPSS, STATA, Kenntnisse empirischer Sozialforschung, Kenntnisse quantitativer und qualitativer Forschungsmethoden- und auswertung*	• „Sie verfügen über Kenntnisse in empirischen Forschungsmethoden" • „Sie sind mit der selbstständigen Erhebung und statistischen Verarbeitung wissenschaftlicher Daten vertraut" • „Wünschenswert sind Erfahrungen im Umgang mit und in der Auswertung von statistischen Daten"

Bezeichnung soziale Kompetenzen	Codieranweisung für soziale Kompetenzen	
Leitungs- und Führungskompetenz	Nennung von Leitungs- und Führungskompetenz (obligatorisch oder fakultativ)	• „Ausgeprägte Leitungskompetenz"
Kooperations- und Teamfähigkeit	Nennung von Kooperations- und Teamfähigkeit (obligatorisch oder fakultativ)	• „Sie zeichnen sich durch Teamfähigkeit aus" • „Sie arbeiten gerne in einem Team"
Belastbarkeit	Nennung von Belastbarkeit (obligatorisch oder fakultativ)	• „Einsatzbereitschaft und Belastbarkeit werden erwartet" • „Persönliche Anforderungen: Hohe Belastbarkeit"
Kommunikationsfähigkeit/Verhandlungsgeschick	Nennung von Kommunikationsfähigkeit/Verhandlungsgeschick (obligatorisch oder fakultativ)	• „Sie verfügen über kommunikative Kompetenzen" • „Ausgeprägte Gesprächs- und Moderationsfähigkeit" • „Sie besitzen Verhandlungsgeschick"
Organisationsfähigkeit	Nennung von Organisationsfähigkeit (obligatorisch oder fakultativ)	• „Hierzu gehören insbesondere Erfahrung mit Prozess- und Organisationsmanagement" • „Sie besitzen Organisationstalent"
Eigene Ideen, Kreativität	Nennung von eigene Ideen, Kreativität (obligatorisch oder fakultativ)	
Selbstständige Arbeitsweise	Nennung von selbstständiger Arbeitsweise (obligatorisch oder fakultativ)	• „Wir wünschen uns von Ihnen ein hohes Maß an Selbständigkeit" • "Engagement und Eigeninitiative in der selbstständigen Arbeit" • „Ihre Stärken liegen im eigenständigen, konzeptionellen und strukturierten Arbeiten"

Anhang B: Online-Befragung Qualitätsentwickler

1. Angaben zur Hochschule

1.1 An welcher Art von Hochschule sind Sie beschäftigt?

Universität in staatlicher Trägerschaft (inkl. Stiftungsuniversitäten)	☐
Technische Universität in staatlicher Trägerschaft	☐
Musik- oder Kunsthochschule in staatlicher Trägerschaft	☐
Fachhochschule in staatlicher Trägerschaft (inkl. Stiftungsfachhochschulen)	☐
Universität in privater Trägerschaft (nicht kirchlich)	☐
Fachhochschule in privater Trägerschaft (nicht kirchlich)	☐
Hochschule in kirchlicher Trägerschaft	☐

1.2 Wann wurde Ihre Hochschule gegründet?

Bis einschließlich 1961	☐
Nach 1961	☐
Weiß nicht	☐

1.3 Wie viele Studierende sind ca. aktuell an Ihrer Hochschule immatrikuliert?

☐☐☐☐☐☐☐ (ungefähre numerische Angabe)

2.   Organisation und Angaben zu Ihrer Organisationseinheit

2.1   Wie lautet die offizielle Bezeichnung der Organisationseinheit, der Ihre Stelle zugeordnet ist?

_____ (ausführliche Angabe)

2.2   Wo/wie ist Ihre Organisationseinheit in der Hochschule angesiedelt?

Keiner Organisationseinheit zugeordnet	☐
Eigenes Referat/Dezernat in der zentralen Hochschulverwaltung	☐
Abteilung, angegliedert in einem Referat/Dezernat in der zentralen Hochschulverwaltung	☐
Stabsstelle	☐
Projektstelle	☐
Eigenes Institut oder Zentrum	☐
Einer Fakultät/einem Fachbereich zugeordnet	☐
Aus der Hochschule ausgegliederte Einheit (z. B. e. V. oder gGmbH ...)	☐
Sonstiges, und zwar ...	☐

2.3   In welcher Funktion sind Sie in Ihrer Organisationseinheit tätig?

Vorgesetzte(r)/LeiterIn	☐
MitarbeiterIn	☐
Bin als Einzige/r in dieser Organisationseinheit tätig	☐
Andere Funktion, und zwar.....	☐

2.4   Seit wann existiert Ihre Organisationseinheit in Ihrer derzeitigen Form?

☐☐☐☐   (ungefähre Angabe der Jahreszahl)

2.5 Wie viele Mitarbeiter (einschließlich SachbearbeiterInnen/SekretärInnen, Auszubildenden und Ihrem Vorgesetzten/Ihnen selbst, ohne studentische Hilfskräfte) arbeiten derzeit in Ihrer Organisationseinheit?

☐☐☐☐   (Angabe bitte in Vollzeitäquivalenten)

2.6 Arbeiten Sie in/für Ihre Organisationseinheit mit Zielvereinbarungen?Arbeiten Sie in/für Ihre Organisationseinheit mit Zielvereinbarungen?

Ja	☐
Nein	☐

2.7 Arbeiten Sie in/für Ihre Organisationseinheit auf Basis einer strategischen Planung

Ja	☐
Nein	☐

2.8 Führen Sie in Ihrer Organisationseinheit Maßnahmen zur Qualitätssicherung der eigenen Arbeit durch?

Ja	☐
Nein	☐

3. Angaben zu Ihrer Position

3.1 Wie lautet Ihre offizielle Dienstbezeichnung/Positionsbezeichnung?

_____ (ausführliche Angabe)

3.2   Wie gestaltet sich Ihr Beschäftigungsverhältnis?

Befristeter Vertrag	☐
Unbefristeter Vertrag	☐
Sonstiges, und zwar	☐

3.3   Wie ist Ihr beruflicher Status laut Arbeitsvertrag?

Wissenschaftliche(r) MitarbeiterIn	☐
Nichtwissenschaftliche(r) MitarbeiterIn (Verwaltung)	☐
Angestellte(r) der ausgegliederten hochschulexternen Einheit	☐
Auf Stundenbasis	☐
Sonstiges, und zwar	☐

3.4   In welche Tarifgruppe sind Sie eingruppiert bzw. welcher Tarifgruppe entspricht ungefähr Ihr Gehalt?

BAT-Ib/E 14/A 14/Äquivalent	☐
BAT-IIa E 13/A 13/Äquivalent	☐
BAT-III/E 12/A 12/Äquivalent	☐
Höher als BAT-Ib/E 14/A 14/Äquivalent	☐
Niedriger als BAT-III/E 12/A 12/Äquivalent	☐
Sonstiges, und zwar	☐

3.5   Sind Sie verbeamtet?

Ja	☐
Nein	☐
Auf Probe	☐

3.6 Seit wann arbeiten Sie auf Ihrer Stelle?

☐☐☐☐ (Angabe der Jahreszahl)

3.7 Wie sind Sie für Ihre jetzige Stelle rekrutiert worden?

Interne Bewerbung/Versetzung	☐
Externe Bewerbung (→ Filter zu 3.9)	☐
Anders, und zwar	☐

3.8 Wie/Wo waren Sie unmittelbar vor Ihrer jetzigen Tätigkeit beschäftigt?

In einer gleichen/ähnlichen Position im Bereich Qualitätssicherung an einer Hochschule/ Forschungseinrichtung	☐
Andere Tätigkeit an einer Einrichtung im Wissenschafts- und Hochschulbereich (z. B. andere Hochschule, Forschungseinrichtung, Wissenschaftsförderung)	☐
An einer Einrichtung im öffentlichen und/oder Non-Profit-Sektor	☐
In einer Organisation der Privatwirtschaft	☐
Studium/Promotionsstudium	☐
Selbstständigkeit	☐
Arbeitssuchend	☐
Sonstiges, und zwar	☐

3.9   Falls Sie über eine externe Ausschreibung auf Ihre Position rekrutiert wurden, wie sind Sie auf Ihre Stelle aufmerksam geworden?

Stellenausschreibung in regionaler Tagespresse	☐
Stellenausschreibung in überregionaler Tagespresse (außer ZEIT)	☐
Stellenausschreibung in der ZEIT	☐
Stellenausschreibung in Internet-Jobportal (nicht hochschulintern)	☐
Branchenspezifisches Jobportal	☐
Stellenausschreibung der Hochschule (Aushang oder Internet)	☐
Stellenausschreibung über Mailverteiler	☐
Stellenangebot beim Arbeitsamt	☐
Bekannte oder Freunde haben mich aufmerksam gemacht	☐
Wurde vom Stellenausschreibenden aufgefordert, mich zu bewerben	☐
Anders, und zwar....................	☐

4.   Angaben zur Ihrem Arbeitsprofil

4.1   Für welche Bereiche der Qualitätssicherung ist Ihre Organisationseinheit zuständig? (Mehrfachantworten möglich)

Qualitätssicherung/Evaluation Studium und Lehre	☐
Qualitätssicherung/Evaluation Forschung	☐
Qualitätssicherung/Evaluation Verwaltung	☐
Akkreditierungsverfahren	☐
Verfahren des Qualitätsmanagements, die die gesamte Hochschule betreffen	☐
Sonstiges, und zwar	☐

4.2   Ist Ihre Organisationseinheit bzw. sind Sie noch für andere Tätigkeiten zuständig? (Zutreffendes bitte ankreuzen)

Forschungsförderung (Information, Beratung, Hilfe bei Antragstellung…)	☐
Entwicklung von strategischen Konzepten für die Forschung	☐
Forschungsberichterstattung	☐
Lehrberichterstattung	☐
EU-Förderung (Information, Beratung, Hilfe bei Antragstellung…)	☐
Tätigkeiten im Bereich Technologietransfer	☐
Tätigkeiten im Bereich Hochschuldidaktik	☐
Studien- und Prüfungsangelegenheiten	☐
Akademisches Controlling	☐
Weiterbildung	☐
Studentische Angelegenheiten	☐
Bologna-Beauftragte(r)	☐
Hochschulplanung	☐
Personalentwicklung im akademischen Bereich	☐
Sonstiges, und zwar….	☐

4.3 Welche Bedeutung haben die folgenden Tätigkeiten in Ihrer Position? Schätzen Sie dieses bitte anhand folgender Skala von 1 bis 5 ein, wobei 1 „Gehört nicht zu Arbeitsbereich" und 5 „Sehr hohe Bedeutung" bedeutet

	Gehört nicht zu Arbeitsbereich 1	2	3	4	Sehr hohe Bedeu-tung 5
Personalführung	☐	☐	☐	☐	☐
Personal- und Organisationsentwicklung	☐	☐	☐	☐	☐
Budgetierung und Finanzierung	☐	☐	☐	☐	☐
Kontaktpflege & Aufbau von Partnerschaften mit anderen Wissenschaftseinrichtungen	☐	☐	☐	☐	☐
Kontaktpflege & Aufbau von Partnerschaften mit Personen/Organisationen in der Privatwirtschaft	☐	☐	☐	☐	☐
Kontaktpflege & Aufbau von Partnerschaften mit Personen/Organisationen in der Politik/Verwaltung	☐	☐	☐	☐	☐
Kontaktpflege & Aufbau von Partnerschaften mit Personen/Organisationen in der Politik/Verwaltung	☐	☐	☐	☐	☐
Kontaktpflege & Aufbau von Partnerschaften mit Personen/Organisationen in der Politik/Verwaltung	☐	☐	☐	☐	☐
Kontaktpflege und Zusammenarbeit mit Verbänden/ Stiftungen/Kultureinrichtungen	☐	☐	☐	☐	☐
Kontaktpflege und Zusammenarbeit mit Medien und Öffentlichkeit	☐	☐	☐	☐	☐
Beratung von Studierenden	☐	☐	☐	☐	☐
Koordination mit der Hochschulverwaltung	☐	☐	☐	☐	☐
Außenkommunikation, Marketing & Pressearbeit für meinen Tätigkeitsbereich	☐	☐	☐	☐	☐
Sekretariats- u. Verwaltungstätigkeiten	☐	☐	☐	☐	☐
Entwicklung neuer Programme und Konzepte zur Qualitätssicherung	☐	☐	☐	☐	☐
Entwicklung und Erschließung neuer Themen der Qualitätssicherung	☐	☐	☐	☐	☐
Umsetzung von Qualitätssicherungsmaßnahmen	☐	☐	☐	☐	☐

Koordination von Qualitätssicherungsmaßnahmen	☐	☐	☐	☐	☐
Kontrolle der Umsetzung von Qualitätssicherungs-maßnahmen	☐	☐	☐	☐	☐
Innovation der Organisation und Methoden der Qualitätssicherung	☐	☐	☐	☐	☐
Disziplinenübergreifende Bearbeitung von Problemstellungen der Qualitätssicherung	☐	☐	☐	☐	☐
Sonstiges, und zwar...	☐	☐	☐	☐	☐

4.4   Wie wichtig sind die untenstehenden Kompetenzen/Kenntnisse für die Arbeit in Ihrer Position? Schätzen Sie dieses bitte anhand folgender Skala von 1 bis 5 ein, wobei 1 „Keine Bedeutung" und 6 „Sehr wichtig" bedeutet.

	Keine Bedeutung 1	2	3	4	Sehr wichtig 5
Kenntnisse der eigenen wissenschaftlichen Disziplin (disziplinbezogenes Fachwissen)	☐	☐	☐	☐	☐
Juristische Kenntnisse	☐	☐	☐	☐	☐
Betriebswirtschaftliche Kenntnisse	☐	☐	☐	☐	☐
Projektmanagementkenntnisse	☐	☐	☐	☐	☐
Verwaltungskenntnisse	☐	☐	☐	☐	☐
Kenntnisse des Wissenschaftssystems	☐	☐	☐	☐	☐
Kenntnisse der empirischen Sozialforschung	☐	☐	☐	☐	☐
Führungskompetenzen	☐	☐	☐	☐	☐
Verhandlungskompetenz	☐	☐	☐	☐	☐
Beratungskompetenz	☐	☐	☐	☐	☐
Teamfähigkeit	☐	☐	☐	☐	☐
Organisationskompetenz	☐	☐	☐	☐	☐

Kommunikationskompetenz	☐	☐	☐	☐	☐
Zeitmanagement	☐	☐	☐	☐	☐
Fremdsprachen	☐	☐	☐	☐	☐
EDV- und IT-Kenntnisse	☐	☐	☐	☐	☐
Sonstiges, und zwar	☐	☐	☐	☐	☐

4.5   Wie viel Prozent Ihrer Arbeitszeit arbeiten Sie derzeit wissenschaftlich?

☐☐   (ungefähre Angabe der Prozentzahl, z. B. 20 %)

4.6   Wie stark schätzen Sie den Einfluss Ihrer Arbeit auf die Entwicklung und Ausgestaltung der Lehre an Ihrer Hochschule ein? Schätzen Sie dieses bitte anhand folgender Skala von 1 bis 5 ein, wobei 5 „Einen sehr starken Einfluss" und 1 „Überhaupt keinen Einfluss" bedeutet.

Überhaupt keinen Einfluss 1	2	3	4	Sehr starker Einfluss 5
☐	☐	☐	☐	☐

4.7   Wie stark schätzen Sie den Einfluss Ihrer Arbeit auf die Entwicklung und Ausgestaltung der Forschung an Ihrer Hochschule ein? Schätzen Sie dieses bitte anhand folgender Skala von 1 bis 5 ein, wobei 5 „Einen sehr starken Einfluss" und 1 „Überhaupt keinen Einfluss" bedeutet.

Überhaupt keinen Einfluss 1	2	3	4	Sehr starker Einfluss 5
☐	☐	☐	☐	☐

4.8 **Welchen Einfluss haben Sie mit Ihrer Tätigkeit auf die Entwicklung der gesamten Hochschule?** Schätzen Sie dieses bitte wieder anhand folgender Skala von 1 bis 5 ein, wobei 5 „Einen sehr starken Einfluss" und 1 „Überhaupt keinen Einfluss" bedeutet.

Überhaupt keinen Einfluss 1	2	3	4	Sehr starker Einfluss 5
☐	☐	☐	☐	☐

5. Zusammenarbeit mit Wissenschaftlern/Administratoren/Externen

5.1 **Wie starken arbeiten Sie in Ihrem Arbeitsalltag mit folgenden Personen/Personengruppen/Institutionen zusammen?** Schätzen Sie dieses bitte anhand folgender Skala von 1 bis 5 ein, wobei 5 eine „Sehr starke Zusammenarbeit", und 1 „Keine Zusammenarbeit" bedeutet.

	Keine Zusammenarbeit 1	2	3	4	Sehr starke Zusammenarbeit 5
RektorIn/PräsidentIn oder VizerektorInnen/ VizepräsidentInnen	☐	☐	☐	☐	☐
KanzlerIn/Hauptamtliche(r) Vizepräsident/in	☐	☐	☐	☐	☐
Leitende VerwaltungsmitarbeiterInnen	☐	☐	☐	☐	☐
Arbeitskreise/Ausschüsse	☐	☐	☐	☐	☐
Mitgliedern des Hochschulrats	☐	☐	☐	☐	☐
MitarbeiterInnen der zentralen Hochschulverwaltung	☐	☐	☐	☐	☐
Dekanate	☐	☐	☐	☐	☐
ProfessorenInnen/wiss. MitarbeiterInnen	☐	☐	☐	☐	☐
Studierenden	☐	☐	☐	☐	☐

Wissenschaftsministerium (national oder föderal)	☐	☐	☐	☐	☐
Personen/Organisationenin der Privatwirtschaft	☐	☐	☐	☐	☐
Personen/Organisationen in der Politik/Verwaltung	☐	☐	☐	☐	☐
Verbände/Stiftungen/Kultur-einrichtungen	☐	☐	☐	☐	☐
Personen/Organisationen der Medien/Öffentlichkeit	☐	☐	☐	☐	☐
Sonstigen, und zwar…	☐	☐	☐	☐	☐

5.2 Wichtige inhaltliche Entscheidungen, die mein berufliches Tätigkeitsfeld betreffen, treffe ich…

	Nie	Selten	Gelegentlich	Häufig	Sehr häufig
Meistens allein	☐	☐	☐	☐	☐
In Abstimmung/Rücksprache mit meinen Kollegen im Team	☐	☐	☐	☐	☐
In Abstimmung/Rücksprache mit meinem Vorgesetzten	☐	☐	☐	☐	☐
In Abstimmung/Rücksprache mit leitenden DezernentInnen	☐	☐	☐	☐	☐
In Abstimmung/Rücksprache mit MitarbeiterInnen der Verwaltung	☐	☐	☐	☐	☐
In Abstimmung/Rücksprache mit den WissenschaftlerInnen	☐	☐	☐	☐	☐
In Abstimmung/Rücksprache mit den Studierenden	☐	☐	☐	☐	☐
In Abstimmung/Rücksprache mit dem Wissenschaftsministerium	☐	☐	☐	☐	☐
In Abstimmung/Rücksprache mit externen Partnern	☐	☐	☐	☐	☐

5.3 Inwiefern haben Sie im Rahmen Ihrer Tätigkeit Freiraum zur Eigeninitiative? Schätzen Sie dieses bitte anhand folgender Skala von 1 bis 5 ein, wobei 5 „Sehr viel Eigeninitiative möglich" bedeutet, und 1 „ Keine Eigeninitiative möglich".

Keine Eigeninitiative möglich 1	2	3	4	Sehr viel Eigeninitiative möglich 5
☐	☐	☐	☐	☐

5.4 Wie schätzen Sie die Akzeptanz Ihrer Tätigkeit ein aus Sicht des/ der...... ein?

	Keine Akzeptanz	Weniger Akzeptanz	Teilweise Akzeptanz	Starke Akzeptanz	Sehr starke Akzeptanz	Kann ich nicht einschätzen
Rektors/Rektorin bzw. Präsidenten/Präsidentin	☐	☐	☐	☐	☐	☐
KanzlerIn/Hauptamtl. VizepräsidentIn	☐	☐	☐	☐	☐	☐
Leitenden VerwaltungsmitarbeiterInnen	☐	☐	☐	☐	☐	☐
Mitgliedern des Hochschulrats	☐	☐	☐	☐	☐	☐
VerwaltungsmitarbeiterInnen	☐	☐	☐	☐	☐	☐
ProfessorenInnen/Wissenschaftlichen MitarbeiterInnen	☐	☐	☐	☐	☐	☐
Wissenschaftlichen MitarbeiterInnen	☐	☐	☐	☐	☐	☐
Studierenden	☐	☐	☐	☐	☐	☐
Externen Partner	☐	☐	☐	☐	☐	☐
(Wirtschaft, Öffentlichkeit, Stiftungen, ...)	☐	☐	☐	☐	☐	☐
Sonstigen, und zwar	☐	☐	☐	☐	☐	☐

5.5 Wenn Sie sich über neue Entwicklungen/Best Practices/neue Impulse in Ihrem Arbeitsbereich informieren möchten, wie gehen Sie zumeist vor?

	Nie	Selten	Gelegentlich	Häufig	Sehr häufig
Persönlicher Austausch mit KollegInnen an der eigenen Hochschule (face-to-face, telefonisch, E-mail)	☐	☐	☐	☐	☐
Persönlicher Austausch mit KollegInnen an anderen Hochschulen im Inland (face-to-face, telefonisch, E-mail)	☐	☐	☐	☐	☐
Persönlicher Austausch mit KollegInnen an anderen Hochschulen im Ausland (face-to-face, telefonisch, E-mail)	☐	☐	☐	☐	☐
Recherche in nationaler Fachliteratur	☐	☐	☐	☐	☐
Recherche in internationaler Fachliteratur	☐	☐	☐	☐	☐
Besuch von Tagungen/Schulungen/ Weiterbildungsveranstaltungen	☐	☐	☐	☐	☐
Beobachtung von vergleichbaren Einrichtungen an Hochschulen im Inland (z. B. Recherchieren auf deren Homepage; Einholen von Informationen)	☐	☐	☐	☐	☐
Beobachtung von vergleichbaren Einrichtungen an Hochschulen im Ausland	☐	☐	☐	☐	☐
Beobachtung von hochschulexternen vergleichbaren Einrichtungen im Inland	☐	☐	☐	☐	☐
Beobachtung von hochschulexternen vergleichbaren Einrichtungen im Ausland	☐	☐	☐	☐	☐
Sonstiges, und zwar	☐	☐	☐	☐	☐

6. Vernetzung

6.1 Wie relevant Sind für Ihre Arbeit folgende Formen des Austausches mit anderen MitarbeiterInnen und BerufskollegInnen?

	Findet nicht statt/ Partizipiere ich nicht	Keine Relevanz 1	2	3	4	Sehr relevant 5
Austausch mit Mitgliedern der Hochschulleitung	☐	☐	☐	☐	☐	☐
Austausch mit MitarbeiterInnen in der Hochschulverwaltung	☐	☐	☐	☐	☐	☐
Austausch mit im gleichen Bereich tätigen KollegInnen an anderen Hochschulen	☐	☐	☐	☐	☐	☐
Austausch mit im gleichen Bereich tätigen KollegInnen an hochschulexternen Einrichtungen	☐	☐	☐	☐	☐	☐
Hochschulinterne Arbeitskreise	☐	☐	☐	☐	☐	☐
Hochschulübergreifende Arbeitskreise	☐	☐	☐	☐	☐	☐
Hochschulinterne Schulungen	☐	☐	☐	☐	☐	☐
Externe Fortbildungen und Tagungen	☐	☐	☐	☐	☐	☐
Austausch mit MitarbeiterInnen von Beratungsorganisationen	☐	☐	☐	☐	☐	☐
Sonstiges, und zwar.....	☐	☐	☐	☐	☐	☐

**6.2   Welche Bedeutung haben für Sie institutionalisierte Foren des Aus-
tausches (z. B. Arbeitskreise/(Info)Netzwerke/Vereinigungen) auf regionaler, förderaler, nationaler und internationaler Ebene? Schätzen
Sie dieses bitte anhand folgender Skala ein, wobei 1 „Keine Bedeutung" und 5 „Sehr wichtig" bedeutet.**

	Keine Be-deutung 1	2	3	4	Sehr wichtig 5
Regional (z. B. mit benachbarten Hochschulen)	☐	☐	☐	☐	☐
Mit Hochschulen aus gemeinsamen Netzwerken/Partner-hochschulen	☐	☐	☐	☐	☐
Aus dem eigenen Bundesland	☐	☐	☐	☐	☐
National	☐	☐	☐	☐	☐
International	☐	☐	☐	☐	☐

6.3   Sind Sie Mitglied in berufsspezifischen Verbänden/Vereinigungen?

Nein	☐
Ja, folgende (Mehrfachnennungen möglich)	
Projekt Q der HRK	☐
DeGEval- Gesellschaft für Evaluation	☐
Evaluationsverbund (z. B. Nordverbund, ZEvA, etc.)	☐
CHEA – Council for Higher Education Accreditation	☐
ECA- Euorpean Consortium for Accreditation in Higher Education	☐
ENQA- European Network for Quality Assurance in Higher Education	☐
INQAAHE – International Network for Quality Assurance Agencies in Higher Education	☐
Joint Quality Initiative	☐
Allgemeine hochschulmanagementbezogene Vereinigungen	☐
Vereinigung/Netzwerk einer wissenschaftlichen Disziplin	☐

6.4 Nennen Sie bitte bis zu drei Verbände/Netzwerke/Vereinigungen, die für Sie im Hinblick auf Ihre Arbeit besonders wichtig sind.

1.

2.

3.

7. Arbeitszufriedenheit und Selbstverständnis

7.1 Inwiefern treffen die im Folgenden genannten Aspekte auf Ihre derzeitige Arbeitssituation zu?

	Trifft gar nicht zu	Trifft eher nicht zu	Teils/teils	Trifft zu	Trifft voll u. ganz zu
Verantwortungsvolle Tätigkeit	☐	☐	☐	☐	☐
Abwechslungsreiche Tätigkeit	☐	☐	☐	☐	☐
Gute Chancen für Karriere	☐	☐	☐	☐	☐
Flexible Arbeitszeitgestaltung	☐	☐	☐	☐	☐
Flexible Arbeitsortgestaltung	☐	☐	☐	☐	☐
Teilzeitmöglichkeit	☐	☐	☐	☐	☐
Familienfreundliche Ausgestaltung	☐	☐	☐	☐	☐
Sonstiges, und zwar …	☐	☐	☐	☐	☐

7.2   Inwiefern treffen die unten aufgeführten „Statements" auf Ihr berufliches Selbstverständnis zu?

Ich verstehe mich …	Trifft gar nicht zu	Trifft eher nicht zu	Teils/teils	Trifft zu	Trifft voll u. ganz zu
… als GeneralistIn, der/die an unterschiedlichen Thematiken und Aufgaben arbeitet	☐	☐	☐	☐	☐
… als SpezialistIn, der/die für seinen Aufgabenbereich Projekte entwirft, koordiniert und ausführt	☐	☐	☐	☐	☐
… als WissenschaftlerIn, der/die neben der wissenschaftlichen Tätigkeit Managementaufgaben wahrnimmt	☐	☐	☐	☐	☐
… als VerwaltungsmitarbeiterIn, der/die auf korrekte Verfahrensabläufe innerhalb der Hochschule achtet	☐	☐	☐	☐	☐
… als ServicedienstleisterIn, der/die Bedürfnisse und Anfragen bearbeitet & umsetzt	☐	☐	☐	☐	☐
… als StellvertreterIn der Hochschulleitung, der/die für die effektive Umsetzung von Entscheidungen innerhalb der Hochschule sorgt	☐	☐	☐	☐	☐
… als BeraterIn für meinen Aufgabenbereich innerhalb der Hochschule	☐	☐	☐	☐	☐
…als Angehörige(r) meiner Ausbildungsdisziplin (z. B. Soziologe, Biologin...)	☐	☐	☐	☐	☐
… keiner festen Kategorie zugehörig	☐	☐	☐	☐	☐

8.   Persönliche Angaben und Werdegang

8.1   Haben Sie einen akademischen Hochschulabschluss?

Ja	☐
Nein	☐

8.1.1 Wenn ja, welche akademischen Grade führen Sie? (Mehrfachnennungen möglich)

Habilitation	☐
Promotion	☐
MBA/MPA	☐
Diplom (Uni)	☐
Diplom (FH)	☐
Magister	☐
Master (Uni)	☐
Master (FH)	☐
Bachelor (Uni)	☐
Bachelor (FH)	☐
Bachelor (Berufsakademie)	☐
Abschluss an Verwaltungsfachhochschule	☐
Sonstiges, und zwar...	☐

8.1.2 In welchem Fach haben Sie einen akademischen Abschluss erlangt? (Mehrfachnennungen möglich)

Rechtswissenschaften	☐
Wirtschaftswissenschaften	☐
Verwaltungswissenschaften	☐
Sozialwissenschaften	☐
Sprach- und Kulturwissenschaften (einschließlich Theologie)	☐
Kunstwissenschaft, Musikwissenschaft	☐
Erziehungswissenschaften	☐

8.1.3 Besitzen Sie eine der unten genannten Ausbildungen? (Mehrfachnennungen möglich)

Psychologie, Mathematik, Naturwissenschaften	☐
Humanmedizin, Tiermedizin, Gesundheitswissenschaften	☐
Sportwissenschaften	☐
Agrar-, Forst- und Ernährungswissenschaften	☐
Ingenieurswissenschaften	☐
Sonstiges, und zwar...	☐

8.2 Bitte geben Sie im Folgenden sämtliche Bereiche an, in denen Sie nach Abschluss Ihrer Ausbildung bisher gearbeitet haben (Mehrfachnennungen möglich)

In einer gleichen/ähnlichen Position (gleiche Hochschule)	☐
In einer gleichen/ähnlichen Position (andere Hochschule oder außeruniversitäre Forschungseinrichtung)	☐
Andere Position in der Hochschulverwaltung/Management (gleiche Hochschule)	☐
Andere Position in der Hochschul- bzw. Forschungseinrichtungsverwaltung/ Management (andere Hochschule oder Forschungseinrichtung)	☐
Wissenschaft/Forschung/Lehre (gleiche Hochschule)	☐
Wissenschaft/Forschung/Lehre (andere Hochschule oder außeruniv. Forschungseinrichtung)	☐
Wissenschaftsnahe Einrichtung/Forschungsförderung (z. B. HRK, KMK, DFG, Akkreditierungsagenturen)	☐
Hochschulforschung/Hochschulberatung (z. B. CHE, HIS, INCHER...)	☐
Kultur-, Bildungs-, Wissenschaftsministerium (föderal oder national)	☐
Sonstige Politik und öffentliche Verwaltung (z.B. Parlament, Ministerien, Kommunen)	☐
In einer hochschulexternen Einrichtung der Qualitätssicherung	☐
Sonstiger Non-Profit-Sektor (Stiftung, NGO etc.)	☐
Sonstige Privatwirtschaft	☐

8.3 Haben Sie vor Ihrer Tätigkeit eigene Forschungserfahrung als WissenschaftlerIn gesammelt?

Nein	☐
Ja, ich bin zwar nicht promoviert, habe aber ☐☐☐ Jahre in der Forschung gearbeitet	☐
Ja, einschließlich der Promotionsphase habe ich ☐☐☐ Jahre in der Forschung gearbeitet	☐

8.4 Haben Sie sich während Ihrer Studienzeit in Gremien/Gruppierungen der hochschulpolitischen Interessensvertretung (z. B. ASTA, Fachschaft, studentisches Mitglied in Evalutions-/Akkreditierungsverfahren) engagiert?

Nein	☐
Ja	☐

8.5 Warum haben Sie sich für Ihre Position in der Hochschule entschieden? (Mehrfachnennungen möglich)

Ich habe mich speziell für diesen Bereich interessiert	☐
Ich habe mich speziell für diesen Bereich ausgebildet	☐
Um Aufstiegschancen wahrzunehmen	☐
Entsprach genau meinen Fähigkeiten	☐
Arbeit/Weiterbeschäftigung in der Forschung zunehmend schwierig	☐
Neues Berufsfeld erschließen	☐
Gute Arbeitsmarktlage	☐
Durch Zufall, oder bin dazu aufgefordert worden	☐
Andere Gründe, und zwar	☐

8.6   Geschlecht

männlich	☐
weiblich	☐

8.7   In welchem Jahr sind Sie geboren?

☐ ☐ ☐ ☐   (Angabe der Jahreszahl)

Anhang C: Leitfaden Experteninterviews Qualitätsentwickler[127]

A. Organisation der Einrichtung zur Qualitätssicherung

- Was sind die Hauptaufgaben Ihrer Abteilung? Worin liegt der Schwerpunkt der Arbeit?

- Mit wie vielen Personen arbeiten Sie hier, und welchen fachlichen Hintergrund haben diese Personen?

- Was war der ausschlaggebende Impuls zur Einrichtung Ihrer Abteilung? Welche Rolle spielte hierbei die Hochschulleitung, und welche das wissenschaftliche Personal?

- Wie wird Ihre Einheit finanziert?

- Hat man sich bei der Einrichtung Ihrer Organisationseinheit an anderen Einrichtungen orientiert? Wenn ja, an welchen? Orientiert man sich bei Verfahren der Qualitätssicherung an denen anderer Hochschulen? Wenn ja, an welchen?

B. Zielkonflikte allgemein (Auslassung)

C. Lehre

- Haben Evaluationsergebnisse Auswirkung auf die leistungsorientierte Mittelvergabe?

- Wie stark engagieren sich Ihrer Meinung nach die Wissenschaftler für

---

[127] Im Folgenden werden nur die Fragen dargestellt, die für die vorliegende Arbeit von Bewandtnis sind. Die Fragen zu Zielkonflikten an Hochschulen, die im Zuge des Projektes „ConGo@universities", in dessen Rahmen zum Teil die Interviews durchgeführt wurden, werden ausgelassen.

die Lehre und Lehrverbesserungen? Denken Sie, dass man das Lehrengagement der Wissenschaftler beeinflussen kann? Wenn ja, wie?

D.   Verortung innerhalb der Hochschule

*   Wie gestaltet sich die Zusammenarbeit zwischen der Hochschulleitung
    und ihrer Abteilung? Gibt es typische Konflikte?

*   Inwiefern werden Ihre Arbeitsergebnisse/Erfahrungen und Einschätzun-
    gen bei Entscheidungen der Hochschulleitung berücksichtigt? (Nach-
    frage: Bei welchen Entscheidungen?)

*   Inwiefern werden Ihre Arbeitsergebnisse/Erfahrungen und Einschätzun-
    gen bei Entscheidungen der Fakultätsleitung berücksichtigt? (Nachfrage:
    Bei welchen Entscheidungen?)

*   Wie häufig und mit wie vielen der Wissenschaftler stehen Sie in Kon-
    takt? Und wie gestaltet sich dann die Zusammenarbeit mit den Wis-
    senschaftlern, das heißt, in welchen Bereichen und wie arbeiten Sie
    zusammen?

*   Sind die Wissenschaftler in die Entwicklung von Verfahren zur Qua-
    litätssicherung eingebunden? Wenn ja, wie? (und auf welcher Ebene:
    zentral oder auf Fakultätsebene)

*   Können Sie einschätzen, wie stark Ihre Arbeit bei den Wissenschaftlern
    akzeptiert ist? Und wenn ja: Worauf beruht diese Akzeptanz?

*   Manchmal ergeben sich ja auch Probleme bei jeglicher Art der Zu-
    sammenarbeit. Gibt es typische Probleme, die bei der Zusammenarbeit
    zwischen Ihnen und den Wissenschaftlern auftauchen? Welches sind
    Faktoren, die eine gute Zusammenarbeit bedingen?

*   Wie stark schätzen Sie den Einfluss Ihrer Organisationseinheit auf die
    Qualität der Lehre ein? (Nachfrage: Wie wird dieser Einfluss ausgeübt?)

*   Wer ist Ihrer Meinung nach letztverantwortlich für die Qualität der
    Lehre: Die Hochschulleitung, die Fakultätsleitung oder der einzelne
    Hochschullehrer?

*   Zwischen Hochschulleitung und Wissenschaftlern: Welche Beschrei-
    bung trifft auf ihr Selbstverständnis zu: Sehen Sie sich eher, bildlich ge-

sprochen, als verlängerter Arm der Hochschulleitung, d. h., als jemand, der Entscheidungen der Hochschulleitung implementiert und durchsetzt, oder eher als Servicedienstleister für die Wissenschaftler oder als etwas ganz anderes?

E. Professionalisierung

- Welche Kompetenzen stehen für die Ausübung Ihrer Tätigkeit im Vordergrund? (Nachfrage: Sind für Ihre Tätigkeit Erfahrungen in der Wissenschaft notwendig? Expertise im Bereich Qualitätssicherung? Managementkompetenzen? Soft Skills?)

- Wie haben Sie diese Kompetenzen erworben?

- Welche Rolle spielen hierfür berufliche Netzwerke? (Nachfrage: Sind Sie Mitglied in beruflichen Netzwerken? Weswegen? Welche Funktion haben diese für Sie persönlich)?

- Wie viel Ermessensspielräume haben Sie in Ihrer Tätigkeit? Wie viel können Sie alleine entscheiden und welche Entscheidungen müssen durch andere „abgesegnet" werden? (Nachfrage: Von wem?)

- Wer bestimmt die Ziele Ihrer Abteilung?

- Wer kontrolliert Ihre Arbeit?

- Wem gegenüber fühlen Sie sich am meisten verpflichtet? (Nachfrage: Anderen im Bereich Qualitätsentwicklung tätigen Personen?)

- Welche Rolle spielt Vertrauen in Ihrer täglichen Arbeit? Auf wessen Vertrauen sind Sie besonders angewiesen? Worauf basiert dieses Vertrauen?

- Wodurch zeichnet sich Ihre Arbeit aus? Was gefällt Ihnen an Ihrer Tätigkeit besonders gut, und was gefällt Ihnen nicht so sehr?

- Wie würden Sie Ihr professionelles Selbstverständnis beschreiben?

- Wo sehen Sie Ihre berufliche Zukunft und die Ihrer Einrichtung an Ihrer Hochschule?

Printed by Printforce, the Netherlands